Sommaire

Un index général pour les deux volumes se trouve à la fin du tome II.

Mort du vieux taureau de l'Année, qui semble orienté Nord-Sud, et naissance du jeune taureau de l'Année Nouvelle, d'un régime de dattes, sous le regard d'une prêtresse crétoise, s'identifiant avec le palmier.
Sceau de verre Minoen de la collection de l'auteur. 1900 environ avant J.-C.

Avant-propos

Après avoir corrigé les épreuves des *Mythes grecs* en 1958, j'ai médité sur Dionysos, le dieu ivre, ainsi que sur les Centaures auxquels s'attache une réputation contradictoire à la fois de sagesse et de dépravation, et également sur le nectar et l'ambroisie des dieux. Ces trois thèmes sont étroitement reliés. En effet, les Centaures vénéraient Dionysos dont les fêtes débridées à l'automne s'appelaient les « Ambroisies ». Je ne pense plus aujourd'hui que ses Ménades, lorsqu'elles parcouraient la campagne dans un état de frénésie, déchiquetant les animaux ou les enfants (voir 27. *f*), puis se vantant d'avoir été jusqu'en Inde et d'en être revenues (voir 27. *c*), étaient seulement ivres de vin ou de boissons à base de lierre (voir 27. *3*). Les preuves que j'ai réunies dans mon livre : *La Nourriture des Centaures* (1958) montrent que les Satyres (ils appartenaient à des tribus dont le totem était un bouc), les Centaures (ceux-ci à des tribus dont le totem était un cheval) et leurs femmes, les Ménades, utilisaient ces breuvages pour se laver la bouche après absorption d'une drogue autrement plus forte : un champignon cru, l'*amanita muscaria*, qui provoque des hallucinations et un véritable délire des sens, confère la vision prophétique et communique une vigueur sexuelle et une puissance musculaire remarquables. A ces transes qui duraient quelques heures succédait une totale prostration. Ce phénomène expliquerait la légende de

Lycurgue, qui, armé d'un simple aiguillon de bœuf, mit en déroute toute l'armée de Dionysos, formée de Ménades et de Satyres ivres, après son retour victorieux de l'Inde (voir 27. *e*).

Sur un miroir étrusque l'*amanita muscaria* figure en relief aux pieds d'Ixion. C'était un héros thessalien qui savourait l'ambroisie en compagnie des dieux (voir 63. *b*). De nombreux mythes (voir 102, 126, etc.) confirment ma théorie selon laquelle ses descendants, les Centaures, usaient de ce champignon ; et selon certains historiens, les « guerriers scandinaves furieux » l'employèrent en d'autres temps pour se donner de l'audace dans les batailles. J'en suis arrivé aujourd'hui à la conviction que l'« ambroisie » et le « nectar » étaient des champignons vénéneux : très certainement l'*amanita muscaria,* mais peut-être aussi d'autres, surtout un petit champignon de fumier assez mince qu'on appelle *panaeolus papilionaceus* qui procure des hallucinations agréables et sans danger. Un champignon assez semblable à celui-ci figure sur un vase attique entre les sabots de Nessos le Centaure. Les « dieux », à qui dans les mythes étaient réservés l'ambroisie et le nectar, étaient peut-être des reines et des rois sacrés de la période préclassique. Le crime du roi Tantale (voir 108. *c*) était d'avoir violé un tabou : il avait invité des gens du commun à partager avec lui l'ambroisie.

Le caractère sacré de la reine et du roi s'était perdu en Grèce ; c'est alors, semble-t-il, que l'ambroisie devint l'élément secret des Mystères éleusiniens, orphiques et des autres Mystères rattachés à Dionysos. En tout cas les participants juraient de ne pas révéler ce qu'ils mangeaient ou buvaient, ils avaient des visions inoubliables et l'immortalité leur était promise. L'« ambroisie » offerte aux vainqueurs des courses olympiques, lorsque la victoire ne leur conféra plus la royauté sacrée, était nettement un produit de remplacement : c'était un mélange d'aliments dont les premières lettres, comme je l'ai montré dans mon livre : *La Nourriture des Centaures*, formaient le mot « champignon » en grec. De même les noms des ingrédients, cités par les auteurs classiques, servant à préparer le nectar et le cécyon, la boisson parfumée à la menthe de Déméter à Éleusis constituaient les lettres du mot « champignon ».

J'ai moi-même mangé du champignon hallucinogène, le *psilocybe,* ambroisie divine utilisée de temps immémorial par les Indiens Masatec de la province d'Oaxaca au

Mexique, j'ai entendu la prêtresse invoquer Tlaloc, la déesse champignon, et j'ai eu des visions transcendantes. Aussi suis-je entièrement d'accord avec R. Gordon Wasson, l'auteur américain qui a découvert cet ancien rite et selon lequel les conceptions de Ciel et d'Enfer en Europe proviendraient peut-être de Mystères de ce genre. Tlaloc était née de la foudre, de même Dionysos (voir 14. *c*), et dans le folklore grec, comme chez les Masatec, tous les champignons en sont également nés — on les dénomme communément « nourriture des dieux » dans les deux langues. Tlaloc portait une couronne formée de serpents, tout comme Dionysos (voir 27. *a*). Tlaloc habitait sous la mer, tout comme Dionysos (voir 27. *e*). La coutume barbare des Ménades d'arracher la tête de leurs victimes (voir 27. *f* et 28. *d*) se rapporte peut-être allégoriquement à l'arrachage de la tête du champignon sacré — puisque au Mexique on ne mange jamais sa tige. On nous dit que Persée, roi sacré d'Argos, converti au culte de Dionysos (voir 27. *j*), donna son nom à Mycènes, du nom d'un champignon qui poussait à cet endroit, qu'il avait lui-même découvert et qui donna naissance à un cours d'eau (voir 73. *r*). L'emblème de Tlaloc était un crapaud, de même celui d'Argos ; et de la bouche du crapaud naît une rivière, sur la fresque de Tepentitla. Mais à quelle époque la culture européenne et la culture de l'Amérique centrale entrèrent-elles en contact ?

Ces théories exigent de plus amples recherches, je n'ai donc pas fait état de mes découvertes dans le texte de la présente édition. Je serais très reconnaissant à toute personne qui, par sa compétence en la matière, m'aiderait à résoudre ce problème.

R.G.

Deya, Majorque, Espagne, 1960.

IERNE
ALBION
MER BAL
Elbe F.
GERMAN
Rhin F.
Seine F.
GAULE
HELVETIE
Alésia
Rhône F.
Pô F
Désert de pierres
LIGURIE
Mts Pyrénées
Massilia
Ile de Phlegra
MER ADRIAT
ITALIE
ETRURIE
HISPANIE
LUSITANIE
Corse
DAUN
TARTESSOS
LATIUM CAMPANIE
Onoba
Gades
Sardaigne
Baléares
MER TYRRHENIENNE
Mt Calpe
Promontoire sacré
Tingis
Colonnes d'Hercule
LUCAN
Mt Abyla
Sicile
MAURITANIE
ION
Syrac
Falerii
Tibur
NUMIDIE
MER DE
Rome
Aricie
Ile de Lampeduse
Ile de Melita
MARSES
Hecatompylos
PETITE SYRTE
Tapacae
Ile Meninx
MER DE
Cumes
Mt Vesuve
Gabes F.
Neapolis
Oea
Pithecousae
Hyria
Tarente
L. Tritonis
GRANDE
MESSAPIE
PSYLLES
NASA
Garama
Petelia
Crotone
GARAMANTES
Iles Lipari
Mt Eryx
0
800
km
Ségeste
Agrylum
Locres
Rhegium
Agrigente ou Camicos
Enna
Mt Etna
0
300
Syracuse
Echelle des cartes en médaillons
Ile de Pantellaria

CARTE DU

MER NOIRE
Salmydessus
Sinope
Amisus
Themiscyra
Oenoé
Pr. de Jason
Ile d'Ares
Trapezus
Vistule F.
Ile de Thynias
Eneté
Byzance
Calpe
MARIANDINES
MER DE MARMARA
BÉBRYCES
CHALYBES
TIBARENIENS
MOSQUES
Comana
Halys F.
Cyzicene
Dascylium
Pruse
Gordium
Tanaïs F.
SARMATES
Borysthènes F.
MER CASPIENNE
CRIMEE
TAURIENS
SCYTHES ROYAUX
Beroë
Ile de Leucé
SCYTHES
Histros
Tomi
Ister F.
MER NOIRE
APSILÉENS
Aea
Phase F.
Phase
COLCHIDE
Pr. de Lepte
Mt Haemos
CHALCEDON
Pr. d'Acheruse
MOSCHIENS
GOGARÈNE
Araxès F.
THRACE
PAPHLAGONIE
Thermodon F.
Mt Ararat
ILLYRIE
Bosphore
BITHYNIE
Scylax F.
EPIRE
PHRYGIE
Halys F.
ARMENIE
Mt Olympe
Troie
DARDANIE
MEDIE
GRECE
Iles de Lesbos
MYSIE
LYDIE
Thymbrium
Comana
Méandre F.
LYCAONIE
CAPPADOCE
Tigre F.
Lycos F.
ASSYRIE
Sicyon
Athènes
Celenes
Cydnos
Mt Amanus
CARIE
Sparte
MER D'ICARIE
LYCIE
PAMPHYLIE
CILICIE
Peloponese
Telmissos
Mallus
Mt Cassius
SYRIE
Euphrate F.
Rhodes
Chypre
Salamis
Oronte F.
Crète
Paphos
Amathus
Babylone
Byblos
PHENICIE
Mt Liban
Cyrene
MER DE CYRENE
Sidon
Damas
Tyr
Ile de Pharos
Canope
Mt Atabyrium
Joppe
Alexandrie
Ascalon
Jerusalem
Gaza
Fleuve d'Égypte
LIBYE
Naucratis
Pelusium
Heliopolis
Memphis
Zeus Ammon
Nil
ARABIE
EGYPTE
GOLFE D'ARABIE
Chemnis
Thèbes

ONDE GREC

Introduction

Les légats de l'Église catholique, au Moyen Age, apportèrent en Angleterre, outre le corpus de l'histoire sainte, un programme universitaire européen fondé sur les classiques grecs et latins. On pensait alors que les légendes liées à certains pays, celles du roi Arthur, de Guy de Warwick, de Robin des Bois, de la Sorcière Bleue de Leicester et du roi Lear, par exemple, avaient été conçues pour la masse ; le clergé ainsi que les classes cultivées au début de la période des Tudor prenaient connaissance des mythes dans Ovide ou Virgile, et dans les récits de la guerre de Troie qui figuraient dans les livres en usage dans les collèges. Bien que la littérature anglaise officielle du XVIe au XIXe siècle ne soit intelligible qu'à la lumière de la mythologie grecque, les classiques sont actuellement tombés dans une telle défaveur qu'il semble naturel de nos jours qu'une personne cultivée ignore qui étaient par exemple Deucalion, Pélops, Dédale, Œnoné, Laocoon ou Antigone. Depuis deux mille ans environ, il est d'usage de rejeter les mythes en les considérant comme des élucubrations bizarres, issues des phantasmes de l'imagination et que la pensée grecque, encore dans les limbes, nous aurait léguées ; quant à l'Église, elle les déprécie afin de mettre en valeur l'enseignement spirituel de la Bible qu'elle considère comme plus important. Cependant il convient de ne pas sous-estimer la valeur des mythes si l'on veut étudier les religions et les sociétés primitives ainsi que l'histoire de l'Europe des premiers âges.

« Chimérique » est la forme adjectivale du substantif *chimaera,* qui signifie « chèvre ». La chimère ne devait pas sembler plus étrange, il y a quatre mille ans, que ne le sont de nos jours un symbole religieux, un blason, ou une marque commerciale. La chimère était un animal hétéroclite, de pure convention, formé (comme le rapporte Hésiode) d'une tête de lion, d'un corps de chèvre et d'une queue de serpent. On a découvert un relief de chimère sur les murs d'un temple hittite à Carchemish, et c'était sans doute, à l'origine, de même que d'autres animaux composites comme le sphinx ou la licorne, un symbole illustrant le calendrier : chaque partie du corps représentait une saison de l'année sacrée de la Reine du ciel — de même (selon Diodore de Sicile) les trois cordes de sa lyre faite d'une carapace de tortue. Cette année primitive à trois saisons a été étudiée par Nilsson dans *Le Calcul du Temps chez les Anciens* (1920). A vrai dire, il n'y a que peu d'éléments dans l'énorme corpus un peu désordonné de la mythologie grecque — qui a fait des emprunts à la Crète, à l'Égypte, à la Palestine, à la Phrygie, à la Babylonie — que l'on soit en droit de considérer comme de véritables mythes comme c'est le cas de la chimère. On pourrait définir le mythe véritable comme un spectacle rituel ou rite mimé donné en représentation au cours de fêtes publiques, et dont des scènes figuraient souvent sur des murs de temples, sur des vases, des sceaux, des coupes, des miroirs, des coffres, des boucliers, des tapisseries, etc. La chimère et les autres animaux avaient probablement un rôle de premier plan dans ces représentations théâtrales, qui, racontées ou figurées, constituaient la source essentielle, la suprême référence pour les lois religieuses de la tribu, du clan ou de la cité. Les sujets de ces spectacles étaient les procédés magiques en usage dans les temps archaïques qui assuraient la fertilité ou la stabilité du royaume d'un roi ou d'une reine sacrée — les royaumes gouvernés par des reines ayant, semble-t-il, précédé les royaumes gouvernés par des rois dans tous les territoires de langue grecque — et on les modifiait si les circonstances ou la situation l'exigeaient. L'essai de Lucien : *De la Danse* comporte une liste impressionnante de spectacles rituels représentés au IIe siècle avant J.-C. ; par ailleurs la description que fait Pausanias des peintures qui décoraient le temple de Delphes et des scènes gravées sur le coffre de Cypsélos indique qu'il existait à cette époque un grand nombre de récits mythologiques très variés, dont aucune trace ne subsiste plus de nos jours.

Il convient de distinguer le mythe véritable :

1) de l'allégorie philosophique, comme dans la cosmogonie d'Hésiode ;

2) de l'explication étiologique des mythes dont le sens est perdu pour nous, comme c'est le cas pour Admète attelant ensemble un lion et un sanglier à son char ;

3) de la satire ou de la parodie, comme c'est le cas du récit que fait Silène au sujet de l'Atlantide ;

4) du récit romanesque : l'histoire de Narcisse et Écho ;

5) de l'histoire romancée : l'épisode d'Arion et du Dauphin ;

6) du roman de ménestrel : l'histoire de Céphale et Procris ;

7) de la propagande à des fins politiques : la fédération de l'Attique par Thésée ;

8) de l'histoire morale : le collier d'Ériphyle ;

9) de l'anecdote humoristique : le récit d'alcôve d'Héraclès, Omphale et Pan ;

10) du mélodrame pour le théâtre : l'histoire de Thestor et ses filles ;

11) de l'épopée héroïque comme le thème principal de l'*Iliade ;*

12) du récit réaliste : la visite d'*Odysseus* aux Phéaciens.

I voir 4 ; 69 ; 83 ; 84 ; 87 ; 89 ; 99 ; 106 ; 136 ; 161 ; 162 -165 ; 170.

Cependant on peut découvrir les éléments d'un mythe authentique dans des légendes à première vue banales et, par ailleurs, il est rare qu'un seul auteur donne la version la plus complète ou la plus révélatrice d'un mythe ; en outre, lorsqu'on cherche le thème original, ne doit-on pas imaginer que plus les sources écrites sont anciennes, plus elles sont dignes de foi. Souvent par exemple le malicieux Callimaque d'Alexandrie ou le frivole Ovide ou l'austère byzantin Tzetzès donnent une version nettement plus ancienne du mythe que ne le font Hésiode ou les tragiques grecs ; et l'*Excidium Troiae* du XIIIe siècle est, pour une grande part, plus solide au point de vue mythologique que l'*Iliade*. Lorsqu'on essaie de comprendre un récit mythique ou pseudo-mythique, il convient d'être très attentif aux noms, à l'origine tribale et au destin des personnages ; il faut ensuite le rétablir dans sa forme primitive de représentation rituelle ; c'est souvent alors que certains détails suggéreront des analogies avec un autre mythe auquel on avait donné un sens anecdotique entièrement différent. Lorsqu'on veut étudier la mythologie grecque, il faut tenir compte des systèmes religieux et politiques qui existaient en Europe avant l'arrivée des envahisseurs aryens venus de loin : du Nord et d'Orient. Toute l'Europe néolithique, à en juger par les mythes et les légendes qui ont survécu, possédait des conceptions religieuses remarquablement cohérentes fondées sur le culte de la déesse-Mère aux noms divers que l'on connaissait aussi en Syrie et en Libye.

L'Europe ancienne n'avait pas de dieux. La Grande Déesse était considérée comme immortelle, immuable et toute-puissante ; et le concept de la filiation par le père n'avait pas pénétré dans la pensée religieuse. Elle avait des amants mais uniquement pour son plaisir et non pas pour avoir des enfants avec un père. Les hommes, dans le système matriarcal, craignaient et adoraient la mère suprême et ils lui obéissaient. L'âtre dans la caverne ou dans la hutte était le plus ancien centre dans la société et le premier mystère était celui de la mère. Ainsi la première victime du sacrifice public grec était toujours offerte à Hestia de l'Atre. La statue aniconique blanche de la déesse, son symbole le plus répandu peut-être, qui figure à Delphes sous la forme de l'Omphalos ou « nombril », représentait probablement à l'origine le petit tas de cendres blanches, bien serré, qui recouvrait le charbon de bois allumé, ce qui est le meilleur moyen de garder du feu sans fumée. Par la suite, il fut identifié dans les représentations peintes avec le monticule sous lequel on cachait la poupée en blé de la moisson, que l'on déterrait, verdoyante, au printemps, et avec le monticule en coquillages marins ou en quartz ou en marbre blanc sous lequel étaient enterrés les rois morts. Les symboles célestes de la déesse n'étaient pas seulement la lune mais aussi, si l'on en juge par Héméra en Grèce et Grainne en Irlande, le soleil. Cependant dans la mythologie grecque primitive le soleil passe après la lune — qui inspire une grande peur superstitieuse, car son intensité ne diminue pas à mesure que l'année décroît et on lui attribue le pouvoir de fournir de l'eau aux cultures ou de les en priver.

Les trois phases de la lune — nouvelle, pleine et vieille — rappelaient les trois âges du matriarcat : celui de la jeune fille, de la nymphe (la femme nubile) et de la vieille femme. Ainsi, comme la marche du soleil au cours de l'année évoquait l'accroissement puis le déclin de ses forces physiques — jeune fille au printemps, nymphe en été, vieille femme en hiver — la déesse s'identifia aux transformations, selon les saisons, de la vie végétale et animale ; et donc aussi avec la Terre-Mère qui, au début de l'année dans le monde végétal, ne donne que des feuilles et des bourgeons, puis des fleurs et des fruits, et enfin cesse de produire. Elle fut d'ailleurs plus tard conçue sous forme d'une autre triade : la jeune fille de la sphère de l'air supérieur, la nymphe de la sphère de la terre ou de la mer, la vieille femme du monde souterrain, personnifiées respectivement par Séléné, Aphrodite et Hécate. Ces analogies mystiques renforcèrent le caractère sacré du nombre trois, et la déesse-Lune se multiplia jusqu'à neuf lorsque chacune des trois personnes — la jeune fille, la nymphe et la vieille femme — se manifestèrent sous une forme triple pour prouver leur rang divin. Ses adorateurs avaient conscience qu'il n'y avait pas trois déesses, mais une seule, et à la période classique le sanctuaire de Stymphale en Arcadie était l'un des rares où elles portaient toutes le même nom : Héra.

Dès le moment où il fut officiellement reconnu que c'est à la suite d'un coït que la femme donne naissance à un enfant — un récit de ce tournant de la religion figure dans le mythe hittite du naïf Appu (H.G. Guterbock : *Kumarbi,* 1946) — les conceptions religieuses de l'homme firent peu à peu des progrès et on cessa d'attribuer aux vents et aux fleuves le pouvoir de féconder les femmes. Il semble que la Nymphe, dans la tribu, choisissait tous les ans, dans son entourage de jeunes hommes, un amant, c'est-à-dire un roi destiné à être sacrifié à la fin de l'année : il était pour elle un symbole de fertilité plutôt que l'instrument de son plaisir sexuel. Son sang servait à faire fructifier les arbres et les moissons ainsi qu'à féconder les troupeaux ; on découpait son corps et les nymphes qui étaient les compagnes de la reine mangeaient sa chair crue

— c'étaient des prêtresses portant des masques de chiennes, de juments ou de truies. Puis plus tard, il y eut une modification, le roi mourut dès que la force du soleil, avec qui il était identifié, commençait à diminuer, en été ; et un autre jeune homme, prétendument son frère jumeau — l'ancien terme irlandais « taniste » lui convient assez bien — devenait alors l'amant de la reine et devait être, selon la coutume, sacrifié au milieu de l'hiver ; comme récompense, il se réincarnait dans un serpent oraculaire. Ces princes consorts obtenaient le pouvoir exécutif uniquement lorsqu'on leur permettait de représenter la reine en portant des robes magiques. Ainsi la monarchie mâle gagnait du terrain ; mais bien que le soleil fût devenu un symbole de fertilité mâle dès le moment où la vie du roi eut été identifiée avec son voyage à travers les saisons, il demeurait toujours sous la dépendance de la Lune de même que le roi demeura encore sous la dépendance de la Reine, du moins théoriquement, longtemps après que le stade matriarcal eut été dépassé. Ainsi les sorcières de Thessalie, région où l'on était conservateur, avaient coutume de menacer le Soleil, au nom de la Lune, d'être englouti dans la nuit éternelle.

Néanmoins il n'existe aucune preuve, même à l'époque où c'étaient les femmes qui constituaient l'autorité suprême en matière religieuse, qu'un homme n'eût pas le droit d'avoir des champs et d'y faire ce qu'il voulait sans qu'une femme vînt contrôler ses activités, bien qu'il soit possible qu'ils aient adopté beaucoup de traits du « sexe faible » jusqu'alors considérés comme spécifiquement masculins. On pouvait leur confier la chasse, la pêche, la cueillette des aliments, la garde des troupeaux et la défense du territoire de la tribu contre des ennemis, tant qu'ils ne transgressaient pas les lois du matriarcat. On choisissait des chefs mâles pour des clans totémiques et on leur octroyait certains pouvoirs, surtout en période de guerre ou d'émigration. Les règles pour choisir celui qui serait le commandant en chef étaient différentes, semble-t-il, selon les matriarchies : en général on choisissait l'oncle maternel de la reine, ou son frère ou le fils de sa tante maternelle. Le commandant en chef primitif avait aussi qualité pour être juge dans des querelles personnelles entre des hommes, dans la mesure où cela n'empiétait pas sur l'autorité religieuse de la reine. La société matrilinéaire la plus primitive qui subsiste encore de nos jours est celle des

Nayars en Inde du Sud, où les princesses, bien qu'elles soient mariées à des maris enfants dont elles divorcent aussitôt, donnent des enfants à des amants sans aucun rang spécial ; et les princesses de nombreuses tribus matrilinéaires d'Afrique occidentale épousent des étrangers ou des hommes du peuple. Les princesses royales de la Grèce préhellénique ne se faisaient pas scrupule de prendre des amants parmi leurs esclaves, à en juger par les cent maisons de Locris et les Locres Épizéphyriens.

Au début le calcul des temps se faisait d'après les lunaisons et toutes les cérémonies importantes avaient lieu à une phase précise de la lune ; on n'avait pas déterminé exactement les solstices et les équinoxes mais on les faisait coïncider avec la nouvelle lune ou la pleine lune la plus proche. Le nombre sept devint particulièrement sacré, parce que le roi mourait à la septième pleine lune après le jour le plus court. Même, lorsque à la suite d'observations astronomiques précises, il s'avéra que l'année comportait 364 jours, plus quelques heures, il fallut la diviser en mois — c'est-à-dire en cycles lunaires — et non en fractions de cycle solaire. Ces mois furent par la suite ce que le monde de langue anglaise appelle encore « les mois de droit coutumier » : ce sont des mois de 28 jours ; 28 était un nombre sacré, en ce sens qu'il pouvait être vénéré comme une femme, dont le cycle menstruel normal est de 28 jours ; c'est aussi la durée exacte des révolutions lunaires par rapport au soleil. La semaine de 7 jours était une unité du mois de droit coutumier, et les caractéristiques de chaque jour étaient, semble-t-il, inspirées de celles des mois correspondants de la vie du roi sacré. Ce système amena une identification plus étroite encore de la femme et de la lune, et, comme l'année de 364 jours est exactement divisible par 28, on pouvait raccorder les fêtes populaires à ces mois coutumiers. Les années de 13 mois subsistèrent chez les paysans en Europe, comme tradition religieuse, pendant plus d'un millénaire après l'adoption du calendrier Julien ; ainsi Robin des Bois qui vivait au temps d'Édouard II pouvait-il s'exclamer dans la ballade célébrant la fête du Jour de mai :

«Combien y a-t-il de mois gais dans l'année ?
— Il y en a treize, oui, en vérité... »

qu'un éditeur de l'époque des Tudor transforma en :

«...Il y en a douze, oui, en vérité... »

Treize, le nombre qui correspondait au mois de la mort du soleil n'a jamais perdu sa mauvaise réputation auprès des personnes superstitieuses. Les jours de la semaine étaient gouvernés par les Titans, génies du soleil, de la lune et des cinq planètes connues à cette époque-là, qui en étaient responsables devant la déesse Créatrice. Ce système a probablement pris naissance à Sumer qui vivait sous le régime matriarcal. Ainsi le soleil passait par treize phases d'un mois, dont le début était le solstice d'hiver au moment où les jours deviennent de nouveau plus longs après s'être pendant longtemps raccourcis en automne. La journée supplémentaire de l'année sidérale, gagnée sur l'année solaire par la révolution de la terre autour de l'orbite du soleil, fut intercalée entre le treizième et le premier mois, et devint le plus important des 365 jours au cours desquels la Nymphe de la tribu choisissait le roi sacré, généralement le vainqueur d'une course, d'un combat de boxe ou d'un concours de tir à l'arc. Mais ce calendrier primitif subit des modifications ; dans certaines régions il semble qu'on ait intercalé le jour supplémentaire non pas au solstice d'hiver, mais à un autre début d'année — à la Chandeleur, lorsque apparaissent les premiers signes du printemps ou à l'équinoxe de printemps au moment où le soleil parvient, comme on le croyait, à sa maturité ; ou bien à la mi-été ; ou bien au lever de l'étoile du Chien, au moment des crues du Nil ; ou bien à l'équinoxe d'automne au moment des premières pluies.

La mythologie grecque s'intéresse avant tout aux rapports sans cesse différents de la reine avec ses amants : au début les rois sont sacrifiés chaque année ou deux fois par an et à la fin, à l'époque où fut composée l'*Iliade* et où les rois pouvaient s'écrier : « Nous sommes plus heureux que nos pères ! », la reine passe au second plan au profit d'une monarchie mâle qui ne devait plus s'interrompre. Il existe en Afrique beaucoup d'équivalents des phases progressives de ce changement.

La mythologie grecque est constituée pour une grande part d'événements politico-religieux. Bellérophon s'empare de Pégase, le cheval ailé, et tue la Chimère. Persée, dans une variante de la même légende, s'envole dans les airs et tranche la tête de la mère de Pégase, la Gorgone Méduse : tout comme Marduk, le héros babylonien, tue le monstre marin féminin Tiamat, déesse de la mer. Le nom de Persée devait s'écrire en réalité : *pterseos,* le « destructeur » ; et il n'était pas, comme le pensait le professeur Kerenyi, une figure archétypique de la mort, mais représentait probablement les Hellènes patriarcaux qui envahirent la Grèce et l'Asie Mineure au début du second millénaire avant J.-C., et revendiquèrent les pouvoirs de la Triple Déesse. Pégase lui était consacré parce que le cheval avec ses sabots en forme de croissant de lune figurait aux cérémonies pour faire venir la pluie ainsi qu'à l'intronisation des rois sacrés ; ses ailes symbolisaient sa nature céleste et non pas sa rapidité. Jane Harrison a fait remarquer (*Prolégomènes à l'étude de la religion des Grecs,* chapitre V) que Méduse fut autrefois la déesse elle-même dissimulée derrière un masque de Gorgone qui servait à la protéger : c'était un visage hideux qui devait mettre en garde les profanes contre le danger qu'il y avait à violer les Mystères. Persée tranche la tête de Méduse : cela veut dire que les Hellènes s'emparent des principaux autels de la Déesse, ôtent aux prêtresses leurs masques de Gorgone et prennent possession des chevaux sacrés — on a découvert une représentation primitive de la Déesse à tête de Gorgone et à corps de Jument en Béotie. Bellérophon, qui est une réplique de Persée, tue la Chimère Lycienne, cela veut dire que les Hellènes annulent le calendrier médusien et le remplacent par un autre.

De même, Apollon détruisant Python à Delphes semble être le récit de la prise du temple crétois de la déesse-Terre par les Achéens ; sa tentative de viol de Daphné, qu'Héra métamorphosa plus tard en laurier, a la même signification. Ce mythe a été cité par des psychiatres freudiens comme symbolisant l'horreur instinctive de la jeune fille pour l'acte sexuel ; mais Daphné n'était pas le moins du monde une jeune fille effarouchée. Son nom est une contraction de Daphoene (« la sanguinaire »), la déesse au tempérament orgiaque, dont les prêtresses, les Ménades, mâchaient des feuilles de laurier pour s'exciter et qui se ruaient dehors périodiquement à la pleine lune, attaquaient de paisibles voyag eurs, déchiquetaient de jeunes enfants et de jeunes animaux ; le laurier contient du cyanure de potassium. Ces collèges de Ménades furent supprimés par les Hellènes et seul un bois de laurier attestait qu'autrefois Daphoene avait occupé ces sanctuaires. En Grèce et jusqu'à la période romaine, il était interdit à quiconque de mâcher des feuilles de laurier, excepté à la pythonisse qu'Apollon conservait à son service à Delphes. Les invasions helléniques du début du second millénaire avant J.-C., qu'on appelle généralement éoliennes et ioniennes, semblent avoir été moins dévastatrices que les invasions achéennes et doriennes qui suivirent. De petites bandes armées de bergers adorateurs de la trinité divine aryenne — Indra, Mithra et Varuna — franchirent la barrière naturelle du mont Othrys et s'installèrent très paisiblement dans les colonies préhelléniques de Thessalie et de Grèce centrale. On les considérait comme des enfants de la déesse locale et ils lui fournirent des rois sacrés. Ainsi une aristocratie militaire mâle cessa de s'opposer à une théocratie féminine non seulement en Grèce, mais en Crète où les Hellènes pénétrèrent également et d'où, par leur intermédiaire, la civilisation crétoise gagna Athènes et le Péloponnèse. Après cela on s'exprime en grec en Égée et, au temps d'Hérodote, un seul oracle parlait une langue préhellénique (Hérodote : VII. 134-5). Le roi agissait comme représentant de Zeus ou de Poséidon ou d'Apollon et portait lui-même le nom de l'un ou de l'autre, bien que Zeus lui-même fût pendant des siècles un simple demi-dieu et non pas une divinité immortelle de l'Olympe. Tous les mythes primitifs où des dieux séduisent des nymphes se rapportent, semble-t-il, à des mariages entre des chefs helléniques et des prêtresses locales de la Lune ; Héra est farouchement opposée à ces mariages, ce qui signifie que le sentiment religieux conservateur y était hostile.

Lorsqu'on s'aperçut que la durée très limitée du règne du roi était gênante, on accepta d'étendre l'année de treize mois à une Grande Année de cent lunaisons à la fin de laquelle les temps solaire et lunaire coïncidaient approximativement. Mais comme les champs et les moissons avaient toujours besoin d'être fertilisés, le roi accepta de passer par un simulacre de mort tous les ans et de céder sa souveraineté pour un jour — le jour intercalaire qui se trouve être en dehors de l'année sidérale sacrée — à un roi-enfant qui était son substitut — ou interrex — qui mourait à la fin de la journée et dont on utilisait le sang pour la cérémonie de l'aspersion. Le roi sacré régnait donc soit pendant toute une Grande Année avec un « taniste » comme lieutenant ou bien ils régnaient alternativement chacun pendant une année, ou bien la Reine les autorisait à partager son royaume en deux parties et à régner ensemble chacun sur la région qui lui était dévolue. Le roi était le délégué de la Reine à de nombreuses cérémonies sacrées et il était revêtu de ses vêtements féminins : il portait de faux seins, empruntait sa hache lunaire comme symbole de souveraineté et même lui empruntait son art magique de faire descendre la pluie. Sa mort rituelle présentait des variantes importantes : il était déchiqueté par des femmes en furie, transpercé par une lance terminée par un aiguillon de raie venimeuse, tué à la hache, atteint au talon par une flèche empoisonnée, précipité du haut d'une falaise, brûlé sur un bûcher, noyé dans un étang ou tué dans un accident de char préparé à l'avance. De toute façon il devait mourir. Puis à un autre stade on substitua des animaux aux enfants sur les autels de sacrifice et le roi refusa de mourir au terme de son règne. Il partageait son royaume en trois parties, en donnait une à chacun de ses successeurs et régnait lui-même durant une autre période.

Son excuse était qu'on savait à présent faire coïncider plus exactement l'année solaire et l'année lunaire, c'est-à-dire dix-neuf ans ou trois cent vint-cinq lunaisons. La Grande Année était devenue une très Grande Année.

Néanmoins et malgré différentes phases, dont de nombreux mythes se font l'écho, c'était son mariage avec une Nymphe tribale qui conférait au roi sacré son pouvoir ; celle-ci était choisie soit par une épreuve de course à pied avec ses compagnes, soit par ultimo-géniture (la plus jeune fille nubile de la branche aînée). Le trône demeurait matrilinéaire, comme il l'était théoriquement en Égypte et le roi sacré et son taniste étaient donc toujours choisis en dehors de la maison royale féminine, jusqu'au moment où un roi audacieux décida enfin de commettre un inceste avec l'héritière considérée comme sa fille ; il acquérait ainsi un nouveau droit au trône lorsque son règne demandait à être renouvelé.

Les invasions achéennes du XIIIe siècle avant J.-C. affaiblirent très sérieusement la tradition matrilinéaire. Il semble que le roi était parvenu à régner jusqu'à la fin du cours naturel de sa vie ; et, lorsque les Doriens arrivèrent vers la fin du second millénaire, c'est le système patrilinéaire qui devint la règle. Un prince ne quittait plus la maison de son père pour épouser une princesse étrangère ; c'est elle qui venait à lui, comme Odysseus avait convaincu Pénélope de le faire. La généalogie devint patrilinéaire bien qu'un incident survenu à Samos et mentionné dans la *Vie d'Homère* du pseudo-Hérodote montre que quelque temps après que l'Apatoria, ou fête du règne de l'homme, eut remplacé la fête du règne de la femme, les rites consistaient en sacrifices à la Déesse-Mère auxquels les hommes n'avaient pas le droit d'assister.

Le système olympien fut alors reconnu par tous ; c'était un compromis entre les conceptions helléniques et préhelléniques : une famille divine composée de six dieux et six déesses, commandée par les cosouverains Zeus et Héra, formait un Conseil des Dieux sur le modèle babylonien. Mais à la suite d'une révolte de la population préhellénique, décrite dans l'*Iliade* comme une conspiration contre Zeus, Héra lui fut assujettie ; Athéna se désignait elle-même comme « entièrement pour le père » et enfin Dionysos assura la prépondérance mâle dans le Conseil, en prenant la place d'Hestia. Cependant les déesses, bien qu'à présent en minorité, ne furent jamais exclues — comme à Jérusalem — car Homère et Hésiode qu'on révérait « avaient attribué aux dieux leurs domaines et des pouvoirs particuliers » (Hérodote : II.53) et il n'était pas facile de les modifier. En outre, et bien que le système consistant à réunir toutes les femmes de sang royal sous le contrôle du roi, et ainsi de décourager les étrangères qui auraient voulu essayer de d'emparer du trône d'après le système matrilinéaire, eût été adopté à Rome, au moment où l'on fonda le Collège des Vestales, et en Palestine lorsque le roi David constitua son harem royal, ce système n'atteignit jamais la Grèce. L'ascendance, la succession et l'héritage patrilinéaires rendaient désormais les mythes inutiles ; c'est alors que commence la légende historique qui, à son tour, s'évanouit dans la lumière de l'histoire ordinaire.

La vie de personnages tels qu'Héraclès, Dédale, Tirésias et Phinée s'étend sur plusieurs générations pour la raison que ce sont des titres et non pas des noms de héros particuliers. Cependant les mythes, bien qu'il soit difficile de les faire concorder avec la chronologie historique, contiennent toujours des éléments concrets : ils transmettent généralement quelque chose de la tradition même lorsque le sens du mythe a été faussé par le récit. Un bon exemple en est l'histoire assez confuse du rêve d'Éaque où des fourmis tombant d'un chêne oraculaire se transforment en hommes et colonisent l'île d'Égine qu'Héra avait dépeuplée. Ici ce qui est intéressant c'est que le chêne était né d'un gland de Dodone, que les fourmis étaient thessaliennes et qu'Éaque était le petit-fils du fleuve Asopos. Ces éléments se sont fondus pour relater de façon précise les immigrations qui eurent lieu à Égine vers la fin du second millénaire avant J.-C.

En dépit de la similitude des thèmes dans la mythologie grecque, diverses interprétations de certains détails ou de légendes particulières demeureront toujours possibles, jusqu'au moment où les archéologues seront en mesure d'apporter des précisions définitives sur les déplacements des tribus en Grèce, tant en ce qui concerne les dates que les itinéraires. De toute façon les points de vue historique et anthropologique sont les seuls qui soient sérieux : la théorie selon laquelle la Chimère, le Sphinx, la Gorgone, les Centaures, les Satyres sont de simples manifestations de l'inconscient collectif de Jung, dont personne n'a donné ni ne donnera jamais une définition précise, est dénuée de tout fondement, et on peut le démontrer. L'Age du Bronze et le début de l'Age du Fer en Grèce n'étaient pas l'enfance de l'humanité comme le pense le docteur Jung. Le fait que Zeus avala Métis, par exemple, et donna ensuite naissance à Athéna par un trou dans sa tête n'est pas une simple fantaisie de l'imagination mais un dogme théologique très ingénieux qui fait état de trois conceptions :

1° Athéna est la fille de Métis par parthénogenèse, cela signifie qu'elle était le plus jeune membre de la triade dont Métis, déesse de la Sagesse, était la souveraine.

2° Zeus avale Métis ; cela signifie que les Achéens suppriment son culte et attribuent toute la sagesse à Zeus, leur dieu patriarcal.

3° Athéna est la fille de Zeus ; cela signifie que les Achéens, adorateurs de Zeus, épargneront les temples d'Athéna à la condition que les fidèles de la déesse acceptent la souveraineté absolue de Zeus.

La scène de Zeus avalant Métis et ce qui en suivit a probablement figuré sur les murs d'un temple. Et de même que l'amoureux Dionysos qui fut le fils de Sémélé par parthénogenèse était né une seconde fois de sa cuisse, de même la cérébrale Athéna était née une seconde fois de sa tête. Si certains mythes paraissent surprenants au premier abord, c'est souvent parce que le mythographe a, par erreur ou délibérément, mal interprété une représentation sacrée ou un rite dramatisé. J'ai appelé ce processus

« iconotropie » et l'on peut en trouver des exemples dans le corpus de littérature sacrée qui masque les réformes radicales apportées aux anciennes croyances. La mythologie grecque abonde en exemples d'iconotropie. Les tables à trois pieds d'Héphaïstos, par exemple, qui couraient aux assemblées des dieux et revenaient toutes seules (*Iliade* XVIII. 368 et suiv.) ne sont pas comme le suggère feu Charles Seltman dans ses *Douze Dieux de l'Olympe* une anticipation des automobiles, mais des disques solaires en or munis chacun de trois pieds (comme l'emblème de l'île de Man), qui représentaient, semble-t-il, le nombre d'années à trois saisons qu'un fils d'Héphaïstos était autorisé à régner dans l'île de Lemnos. De même le fameux jugement de Pâris, où l'on demande au héros de choisir entre les charmes de trois déesses rivales et qui remet la pomme à la plus belle, est en réalité le récit d'un processus rituel ancien du temps d'Homère ou d'Hésiode. Ces trois déesses sont en fait une seule déesse triple : Athéna la jeune fille, Aphrodite la nymphe et Héra la vieille femme — et c'est Aphrodite qui offre la pomme à Pâris et non pas l'inverse. Cette pomme qui symbolise l'amour qu'il a obtenu au prix de sa vie sera le laissez-passer de Pâris pour les Champs Élysées, le verger de pommiers situé en Occident où seules sont admises les âmes des héros. Il est souvent question de présents de ce genre dans la mythologie irlandaise et galloise ; les Hespérides donnent une pomme à Héraclès et Ève, « mère de tous les vivants », en donne une à Adam. Ainsi Némésis déesse du bois sacré, qui dans la mythologie tardive devint le symbole de la vengeance divine à l'encontre des rois orgueilleux, porte une branche chargée de pommes qu'elle offrira au héros. Tous les paradis de l'époque néolithique et de l'Age du Bronze étaient des îles-vergers ; le mot paradis lui-même signifie d'ailleurs « jardin ».

Une véritable science du mythe doit être édifiée sur une étude patiente de l'archéologie, de l'histoire, des religions comparées, et non pas naître de façon subite dans le cabinet de consultation d'un psychiatre. Bien que les jungiens considèrent que les mythes sont des manifestations de la Psyché préconsciente ou des révélations non contrôlées concernant des événements psychiques inconscients, la mythologie grecque en vérité n'était pas plus mystérieuse que ne le sont des affiches électorales modernes ; et, par ailleurs, les mythes circulaient, pour la plupart, dans des pays qui avaient d'étroites relations politiques avec la Crète minoenne, État suffisamment évolué pour avoir constitué des archives, possédé des immeubles à quatre étages dotés d'installations sanitaires, avec des chambres munies de portes à verrous qui ont une allure moderne, qui utilisait des marques de fabrique, le jeu d'échecs, un système de poids et mesures et un calendrier basé sur de patientes observations astronomiques.

Je me suis efforcé pour chaque mythe de réunir en un récit harmonieux tous les éléments dispersés, en indiquant les variantes peu connues, qui parfois en éclairent le sens et, d'un façon générale, de répondre de mon mieux à toutes les questions qui se posaient, en termes d'anthropologie et d'histoire. La tâche que j'ai entreprise, je le sais, dépasse les possibilités d'un homme travaillant seul en dépit des efforts dépensés et du temps consacré. Il y a sans doute un grand nombre d'erreurs. Je me permets de faire remarquer que mes affirmations au sujet de la religion ou des rites méditerranéens avant l'apparition de récits écrits sont de simples hypothèses. Néanmoins j'ai été encouragé, depuis la première édition de ce livre en 1955, par les analogies qui existent dans le livre d'E. Meyrowitz (Faber et Faber) *Le Drame cosmologique d'Akan* et les changements tant religieux que sociaux dont il est question ici. Le peuple d'Akan provient d'une ancienne émigration de Libyo-Berbères, cousins de la population préhellénique grecque, en provenance des oasis du Sahara (voir 3. *3*) et de leurs mariages à Tombouctou avec des nègres du Niger. Au XIe siècle de notre ère, ils pénétrèrent plus au sud vers ce qui est aujourd'hui le Ghana. Quatre cultes différents ont subsisté chez eux. Dans le culte le plus primitif la lune est adorée sous la forme de la triple déesse Ngamé, visiblement identique à la Neith libyenne, à la Tanit carthaginoise, à l'Anatha canaanite, et à l'Athéna de la Grèce primitive (voir 8. *1*). On dit que Ngamé a formé les corps célestes par elle-même (voir I. *1*) et qu'elle a donné la vie aux hommes et aux animaux en tirant des flèches magiques avec son arc en forme de nouvelle lune dans leurs corps inertes. Elle aussi ôte la vie, sous son aspect destructeur, comme le faisait sa réplique la déesse de la Lune, Artémis (voir 22. *1*). On considère qu'une princesse royale, en des temps troublés, peut être investie des pouvoirs lunaires magiques de Ngamé et donner naissance à une divinité tribale qui s'installe dans un sanctuaire et prend le commandement d'une troupe d'émigrants vers un pays nouveau. Cette femme devient reine-mère, chef militaire, juge et prêtresse de la colonie qu'elle fonde. La divinité s'est entre-temps manifestée comme animal totémique ; elle est protégée par un tabou très sévère, dont sont exceptés la chasse qui a lieu une fois par an et le sacrifice d'un seul spécimen animal ; ceci jette une certaine lumière sur la chasse à la chouette que pratiquaient les Pélasges à Athènes (voir 97. *4*). Des États constitués de tribus fédérées se forment alors, la divinité tribale la plus puissante devenant le dieu d'État.

La deuxième forme de culte marque la coalescence d'Akan avec les adorateurs soudanais d'un dieu-père, Odomankoma, qui prétendait avoir fait l'univers sans l'aide de personne (voir 4. *c*) ; ils étaient, semble-t-il, conduits par des chefs mâles élus, et avaient adopté la semaine sumérienne de sept jours. Il existe également un mythe intermédiaire où il est dit que Ngamé a donné la vie à la création inerte d'Odomankoma ; et chacune des divinités tribales devient une des sept puissances planétaires. Ces sept puissances planétaires, — comme je crois que cela est arrivé aussi en Grèce lorsque le culte du titan y pénétra venant d'Orient (voir II. *3*) — forment des couples hommes-femmes. La reine-mère de l'État représentant Ngamé accomplit un mariage sacré tous les ans avec le représentant d'Odomankoma, c'est-à-dire avec l'amant qu'elle a choisi et que les prêtres tuent et écorchent à la fin de l'année. Il semble que les Grecs se soient livrés aux mêmes pratiques (voir 9. *a* et 21. *5*).

Dans le troisième type de culte, l'amant de la reine-mère devient le roi et on le vénère comme l'aspect mâle de la lune ; il correspond au dieu phénicien Baal Haman ; un jeune garçon meurt à sa place chaque année en simulant d'être le roi (voir 30. *1*). La reine-mère délègue alors ses pouvoirs exécutifs à un ministre et se consacre à ses fonctions de fertilisation rituelle.

Dans le quatrième type de culte, le roi qui est devenu le suzerain de plusieurs petits rois insignifiants abroge son aspect de dieu-Lune et se proclame roi-Soleil, à la manière des Égyptiens (voir 67. *1* et *2*). Bien qu'il continue à célébrer le mariage sacré annuel, il se libère de la dépendance de la Lune. A ce stade, le mariage patrilocal remplace le mariage matrilocal et on donne aux tribus des héros mâles comme ancêtres à adorer, tout comme en Grèce — bien qu'en Grèce le culte du soleil n'ait jamais supplanté le culte du dieu du tonnerre.

Chez les Akan tout changement dans le cérémonial de la cour amène une modification du mythe déjà reconnu et qui explique les événements dans le ciel. Ainsi si le roi a nommé un portier royal et rehaussé sa fonction en le mariant à une princesse, on annonce qu'un portier divin dans le ciel se trouve dans la même situation. Il est probable que le mariage d'Héraclès avec la déesse Hébé et sa nouvelle fonction de portier de Zeus (voir 145. *i* et *j*) rendaient compte d'événements similaires à la cour de Mycènes ; et que les fêtes données dans l'Olympe étaient l'écho de fêtes identiques se déroulant à Olympie sous la présidence conjointe du haut roi de Mycènes — semblable à Zeus — et de la grande prêtresse d'Héra à Argos.

Je suis extrêmement reconnaissant à Janet Seymour-Smith et à Kenneth Gay à qui ce livre doit d'avoir pris forme, à Peter et Lalage Green pour avoir relu les premiers chapitres, à Frank Seymour-Smith pour m'avoir envoyé de Londres des textes rares latins et grecs et aux nombreux amis, en particulier à Sally Chilver, au docteur P. Kayberry et à M.G.C. Hodgart qui m'ont aidé à améliorer la première édition.

Deya, Majorque,
R.G.
Espagne.

1.
Le mythe pélasge de la Création

a. Au commencement, Eurynomé, déesse de Toutes Choses, émergea nue du Chaos mais elle ne trouva rien de consistant où poser ses pieds, c'est pourquoi elle sépara la mer d'avec le ciel et, solitaire, dansa sur les vagues. En dansant, elle se dirigea vers le sud et le vent agité sur son passage devint quelque chose de nouveau et de différent : elle pourrait ainsi faire œuvre de création. Poursuivant son chemin de sa démarche onduleuse, elle s'empara de ce vent du Nord, le frotta entre ses mains et voilà qu'apparut le grand serpent Ophion. Eurynomé dansait pour se réchauffer ; elle dansait, sauvage et frénétique, devant Ophion et celui-ci, lentement, envahi par le désir, s'enroula autour de ses membres divins et s'unit à elle. Ainsi le vent du Nord, qu'on appelle aussi Borée, est fécondant, et c'est pourquoi les juments offrent leur croupe au vent et mettent au monde leurs poulains sans l'aide d'aucun étalon [1]. C'est de la même manière qu'Eurynomé devint mère.

b. Ensuite ayant pris la forme d'une colombe, elle couva sur les vagues et, lorsque le moment fut venu, elle pondit l'Œuf Universel. Sur sa demande Ophion s'enroula sept fois autour de cet œuf jusqu'à ce qu'il éclose et se brise. Et de cet œuf sortirent ses enfants, c'est-à-dire tout ce qui existe : le soleil, la lune, les planètes les étoiles, la terre avec ses montagnes, ses rivières, ses arbres, ses plantes et toutes les créatures vivantes.

c. Eurynomé et Ophion choisirent le mont Olympe pour demeure. Mais il l'irrita en proclamant qu'il était l'auteur de l'univers. Alors elle lui écrasa la tête avec son talon, lui brisa les dents et l'exila dans les sombres cavernes de dessous la terre [2].

d. Puis la déesse créa les sept puissances planétaires et les fit gouverner chacune par un Titan et une Titanide ; Théia et Hypérion régnaient sur le Soleil ; Phœbé et Atlas sur la Lune ; Dioné et Crios sur la planète Mars ; Métis et Coeos sur la planète Mercure ; Thémis et Eurymédon sur la planète Jupiter ; Téthys et Océanos sur Vénus ; Rhéa et Cronos sur Saturne [3]. Mais le premier homme fut Pélasgos, l'ancêtre des Pélasges ; il naquit du sol d'Arcadie et d'autres le suivaient à qui il apprit à faire des huttes, à se nourrir de glands et à coudre des tuniques en peaux de porc pareilles à celles que portent encore les gens pauvres en Eubée et en Phocide [4].

★

1. *Dans ce système religieux archaïque, il n'y avait jus qu'alors ni dieux ni prêtres, mais seulement une déesse universelle et ses prêtresses, la femme dominant l'homme qui était sa victime apeurée. On n'honorait pas le père car on attribuait la conception au vent, à l'ingestion de haricots ou à un insecte avalé accidentellement ; l'héritage passait par la ligne maternelle et on considérait les serpents comme des incarnations des morts. Eurynomé (« la grande voyageuse ») était le nom de la déesse en tant que lune visible ; son nom sumérien était Iahu (« la colombe d'en haut »), nom qui échut plus tard à Iahvé Créateur. C'était en tant que colombe que Marduk la coupa en deux à la Fête du Printemps babylonienne, lorsqu'il inaugura le nouvel ordre du monde.*

2. *Ophion ou Borée est le serpent démiurge de la mythologie hébraïque et égyptienne — dans l'art méditerranéen primitif, il se trouve toujours auprès de la Déesse. Les Pélasges, nés de la terre, qui semblent s'être réclamés des dents d'Ophion, étaient peut-être, à l'origine, ce peuple à qui l'on doit les peintures de la période néolithique : ils arrivèrent en Grèce continentale, venant de Palestine, vers 3500 avant J.-C., et les premiers Hellènes — qui étaient les émigrants venus d'Asie Mineure par les Cyclades — les trouvèrent occupant le Péloponnèse sept cents ans plus tard. Mais le mot « Pélasges » en vint à désigner peu à peu tous les habitants préhelléniques, en général, de la Grèce. Ainsi Euripide (cité par Strabon : V.2. 4) rapporte que les Pélasges prirent le*

nom de « Danaéens » lorsque Danaos et ses cinquante filles arrivèrent à Argos (voir 60. f*). Les critiques au sujet de leurs mœurs dissolues (Hérodote : VI. 137) sont probablement dues aux orgies qui étaient une coutume préhellénique. Strabon écrit dans le même passage que ceux qui vivaient près d'Athènes étaient connus sous le nom de Pélargi (« cicognes »). La cigogne était peut-être leur oiseau totémique.*

3. *Les Titans (« seigneurs ») et les Titanides avaient leurs répliques dans l'astrologie babylonienne et palestinienne où ils étaient les divinités gouvernant les sept jours de la semaine sacrée régie par les planètes ; ils ont peut-être été introduits par la colonie canaanite ou hittite qui s'établit dans l'isthme de Corinthe au début du second millénaire avant J.-C. (voir 67.* 2*) ou même par les premiers Hellènes. Mais lorsque le culte du Titan fut aboli en Grèce et que la semaine de sept jours cessa de figurer dans le calendrier officiel, certains auteurs augmentèrent leur nombre : ils devinrent douze, afin probablement qu'ils correspondissent aux douze signes du Zodiaque. Hésiode, Apollodore, Stéphanos de Byzance, Pausanias et les autres ne sont guère d'accord sur leurs noms. Dans la mythologie babylonienne les maîtres des planètes de la semaine, c'est-à-dire Samas, Sin, Nergal, Bel, Beltis et Ninibe étaient tous mâles à l'exception de Beltis, la déesse de l'Amour ; mais dans la semaine germanique, que les Celtes empruntèrent à la Méditerranée orientale, Dimanche, Mardi et Vendredi étaient gouvernés par des Titanides par opposition aux Titans qui gouvernaient les autres jours ; lorsque ce système arriva en Grèce pour la première fois, venant de Palestine, on décida d'adjoindre une Titanide à chaque Titan et d'en faire des couples comme on l'avait fait pour les fils et les filles d'Éole (voir 43.* 4*) ainsi que dans le mythe de Niobé (77.* I*) afin de sauvegarder les intérêts de la déesse. Mais les quatorze ne tardèrent pas à devenir un groupe hétéroclite de sept. Les puissances planétaires étaient les suivantes : le Soleil, pour l'inspiration ; la Lune, pour la magie ; Mars, pour la croissance ; Mercure, pour la sagesse ; Jupiter, pour la loi ; Vénus, pour l'amour ; Saturne, pour la paix. Les astrologues de la Grèce classique adoptèrent le principe des Babyloniens et attribuèrent les planètes à Hélios, Sémélé, Arès, Hermès (ou Apollon), Zeus, Aphrodite, Cronos — dont les équivalents latins mentionnés ci-dessous sont encore utilisés pour désigner les jours de la semaine en français, en italien et en espagnol.*

4. *Finalement, en termes de mythologie, Zeus avala les Titans y compris lui-même sous sa forme primitive — les Juifs de Jérusalem en effet adoraient un dieu transcendant constitué de toutes les puissances planétaires de la semaine : le chandelier à sept branches et les sept piliers de la sagesse sont des symboles de cette théorie. Les sept colonnes planétaires érigées près du tombeau du Cheval à Sparte étaient décorées dit, Pausanias, selon les coutumes d'autrefois et il est possible qu'elles soient en*

rapport avec les rites égyptiens qu'avaient introduits les Pélasges (Hérodote : II. 57). Les Juifs empruntèrent-ils cette théorie aux Égyptiens ou les Égyptiens aux Juifs ? Il est difficile de se prononcer à ce sujet. Mais en tout cas, le Zeus héliopolitain, qu'étudie A. B. Cook dans son Zeus *(I. 570-576), était un personnage égyptien et sa cuirasse était décorée sur le devant, des sept puissances planétaires représentées à mi-corps ; généralement aussi dans le dos figuraient les autres dieux de l'Olympe. On a découvert une statuette en bronze de ce dieu à Tortosa en Espagne et une autre à Byblos en Phénicie ; et on peut voir sur une stèle en marbre à Marseille six bustes des puissances planétaires et un Hermès en pied — ce dernier semble également plus important que les autres dans les statuettes — probablement parce qu'il était l'inventeur de l'astronomie. A Rome, Quintus Valerius Soranus déclarait de même que Jupiter était un Dieu transcendant bien que la semaine ne fût pas la même que celle de Marseille, de Byblos et (probablement) de Tortosa. Mais on empêcha toujours les puissances planétaires d'influencer le culte officiel de l'Olympe car elles étaient considérées comme non grecques (Hérodote : I. 131), et par conséquent inconciliables avec le patriotisme. Aristophane (*La Paix *403 et suiv.) fait dire à Trygalos que la Lune et « ce vieux bandit de Soleil » organisent un complot pour trahir la Grèce et la faire tomber aux mains des Perses barbares.*

5. *Pausanias, lorsqu'il déclare que Pélasgos était le premier homme, indique par là la présence continue d'une civilisation néolithique en Arcadie jusqu'à la période classique.*

2.
Les mythes homérique et orphique de la Création

a. Certains disent que les dieux et les créatures vivantes sont nés du fleuve Océanos qui entoure le monde et que Téthys est la mère de tous ses enfants [1].

b. Mais, selon les Orphiques, la Nuit aux ailes noires, déesse que Zeus lui-même redoute [2], fut courtisée par le Vent et déposa un œuf d'argent dans le sein de l'Obscurité ; et Éros, que certains nomment Phanès, sortit de cet œuf et mit en marche l'univers. Éros avait des ailes, deux sexes et quatre têtes et parfois sifflait comme un serpent ou bêlait comme un bélier. La Nuit qui le nommait Ericepaios et Protogenos Phaéthon [3], vivait avec lui dans une caverne et se manifestait sous trois aspects : Nuit, Ordre et Justice. Devant cette caverne se tenait assise l'inévitable mère

Rhéa ; frappant sur un tambour de bronze elle contraignait l'homme à prêter attention aux oracles de la déesse. Phanès créa la terre, le ciel, le soleil et la lune mais c'était la triple déesse qui gouvernait le monde jusqu'au moment où son sceptre passa aux mains d'Ouranos[4].

★

1. *Le mythe d'Homère est une version de la légende de la Création pélasgienne (voir I. 2) puisque Téthys régnait sur la mer comme Eurynomé et qu'Océanos entourait l'univers comme Ophion.*

2. *Le mythe orphique est une autre version — celle-ci influencée par une doctrine mystique tardive de l'amour (Éros) et des théories au sujet des rapports entre les sexes — l'œuf d'argent de la Nuit signifie la Lune, l'argent étant le métal de la Lune. Comme Ericepaios (« qui se nourrit de bruyère ») le dieu de l'amour Phanès (« qui révèle ») est une abeille céleste au bourdonnement très bruyant, fils de la Grande Déesse (voir 18. 4). La ruche que l'on avait observée était considérée comme la république idéale et elle confirmait le mythe de l'Age d'Or au cours duquel le miel coulait des arbres (voir 5.* b*). On faisait résonner le tambour d'airain de Rhéa pour empêcher les abeilles d'essaimer à de mauvais endroits et pour écarter les influences néfastes de la même façon qu'on utilisait les mugisseurs dans les Mystères. Comme Phaéthon Protoegenos (« le premier à faire briller »), Phanès est le soleil dont les Orphiques firent le symbole de l'illumination (voir 28.* d*) et ses quatre têtes correspondent aux quatre animaux symboliques des quatre saisons. Selon Macrobe, l'oracle de Colophon identifiait ce Phanès avec le dieu transcendant Iao : Zeus (bélier), le Printemps ; Hélios (lion), l'Été ; Hadès (serpent), l'Hiver ; Dionysos (taureau), la Nouvelle Année. Le sceptre de la Nuit passa à Ouranos avec l'arrivée du système patriarcal.*

3.
Le mythe olympien de la Création

a. Au commencement de toutes choses la Terre-Mère surgit du Chaos, et mit au monde son fils Ouranos tandis qu'elle dormait. Du haut des montagnes, il la regardait tendrement et il fit descendre une pluie fertile sur ses fentes secrètes et elle donna naissance à l'herbe, aux fleurs, aux arbres et à tous les animaux et à tous les oiseaux qui convenaient à chacun. Cette même pluie fit couler les rivières et remplit d'eau tous les creux et c'est ainsi que les lacs et les mers furent créés.

b. Ses premiers enfants dont les corps n'étaient qu'à moitié humains furent les géants Briarée aux cent bras, Gygès et Cottos. Puis apparurent les trois terribles Cyclopes à un seul œil, bâtisseurs de murs gigantesques et forgerons, d'abord en Thrace puis en Crète et en Lycie [1] ; Odysseus affronta leurs fils en Sicile [2]. Ils se nommaient Brontès, Stéropès, Argès et leurs fantômes ont élu domicile dans les cavernes situées sous le volcan Etna, depuis le jour où Apollon les tua pour venger la mort d'Asclépios.

c. Les Libyens, cependant, prétendent que Garamas est né avant les géants aux cent bras et que lorsqu'il surgit de la plaine il offrit à la Terre-Mère un sacrifice de glands doux [3].

★

1. *Le mythe patriarcal d'Ouranos fut officiellement accepté par le système religieux olympien. Ouranos, dont le nom signifiait « le ciel », semble avoir acquis sa situation de Père Originel par identification avec le dieu berger Varuna, l'un des trois membres de la trinité mâle aryenne ; mais son nom grec est une forme masculine de Ur-Ana (« reine des montagnes », « reine de l'été », « reine des vents » ou « reine des bœufs sauvages ») — la déesse sous son aspect orgiaque de la mi-été. Le mariage d'Ouranos avec la Terre-Mère rappelle une invasion très ancienne d'Hellènes en Grèce du Nord, ce qui permit au peuple de Varuna de déclarer qu'il avait donné naissance aux tribus indigènes trouvées sur les lieux, tout en reconnaissant qu'il était fils de la Terre-Mère. Apollodore rapporte une variante de ce mythe : la Terre et le Ciel qui s'étaient séparés à la suite d'un combat mortel s'étaient ensuite réunis dans l'amour. Euripide y fait allusion (*la sage Mélanippé, *fragment 484) ainsi que Apollonios de Rhodes (*Argonautiques, *I. 494). Le combat mortel se rapporte probablement à l'opposition des deux systèmes, patriarcal et matriarcal, qu'avaient déclenchée les invasions helléniques. Gygès (« né de la terre ») comporte une autre forme, *gigas *(« géant »), et les Géants sont associés, en mythologie, avec les montagnes de la Grèce septentrionale. Briarée (« fort ») s'appelait aussi Aegacon (*Iliade, *I. 403), et son peuple était donc peut-être les Libyo-Thraces ; leur déesse-Chèvre Aèegis (voir 8. *I) *donna son nom à la mer Égée. Cottos était l'ancêtre éponyme (qui donne son nom) des Cottiens qui adoraient l'orgiaque Cotytto et il répandit son culte de Thrace en Europe septentrionale. On dit de ces tribus qu'elles avaient « cent bras » peut-être parce que les prêtresses étaient au nombre*

de cinquante dans chaque collège, comme les Danaïdes et les Néréides ; peut-être aussi parce que les hommes se groupaient en bandes de cent guerriers comme chez les premiers Romains.

2. *Les Cyclopes semblent avoir été une corporation de forgerons du bronze de l'Hellade primitive.* Cyclops *signifie « œil cerclé » et on leur tatouait probablement des cercles sur le front en l'honneur du soleil, source des feux de leurs fourneaux ; les Thraces continuèrent à se tatouer de la même façon jusqu'à la période classique (voir 28.* 2). *Les cercles concentriques constituent une partie des mystères des forgerons : pour forger des coupes, des casques ou des masques rituels, le forgeron se servait des cercles pour le guider dans son travail. Ces cercles étaient faits par un compas piqué dans le centre du disque plat sur lequel il travaillait. Les Cyclopes avaient aussi un œil unique pour montrer que le forgeron se protège souvent un œil contre les étincelles. Plus tard, on oublia ce qu'ils étaient et les mythographes placèrent de façon fantaisiste leurs fantômes dans les carvernes de l'Etna pour expliquer le feu et la fumée qui sortaient du cratère (voir 35.* I). *Il existait une relation étroite entre les civilisations de Thrace, de Crète et de Lycie ; les Cyclopes devaient avoir habité tous ces pays. La civilisation primitive helladique se répandit aussi en Sicile, mais il est très possible (comme l'a indiqué pour la première fois Samuel Butler) que l'*Odyssée, *qui est d'origine sicilienne, fournisse une explication de la présence des Cyclopes (voir 170.* b), *Les noms de Brontès, Stéropès et Argès (« tonnerre, éclair, éclat ») sont des inventions tardives.*

3. *Garamas est l'ancêtre éponyme des Libyens Garamantes qui occupaient l'oasis de Djabo au sud de Fezzan et dont le général romain Balbus en l'an 19 avant J.-C. avait fait la conquête. On dit qu'ils étaient de race cushite-berbère, et qu'au* IIe *siècle avant J.-C. ils furent soumis par les berbères Lenta qui suivaient le système de la lignée maternelle. Par la suite ils s'incorporèrent aux nègres aborigènes de la rive sud du haut Niger et adoptèrent leur langue. Il n'en existe plus aujourd'hui que dans un seul village, ce sont les Koromantsé.* Garamante *vient des mots* gara, man *et* te, *qui signifient les peuples du pays de « Gara ». Gara semble être la déesse Ker ou Q're ou Car (voir 82.* 6 et 86. 2), *qui donna son nom aux Cariens entre autres, et qui était associée à l'apiculture. Les glands comestibles, qui étaient l'aliment principal de l'ancien monde avant l'introduction du blé poussaient en Libye ; et la colonie garamante d'Amon se joignit à la colonie grecque septentrionale de Dodone pour former une ligue religieuse qui, selon Sir Flinders Petrie, était peut-être née au IIIe millénaire avant J.-C. Ces deux villes possédaient un oracle du chêne très ancien (voir 51.* a). *Hérodote décrit les Garamantes comme un peuple très paisible mais très puissant qui se livrait*

à la culture du palmier, du blé et qui élevait des troupeaux (IV. 174 et 1. 83).

4.
Deux mythes philosophiques de la Création

a. Certains disent qu'au début était l'Obscurité et que de l'Obscurité naquit le Chaos. De l'union de l'Obscurité et du Chaos naquirent la Nuit, le Jour, l'Érèbe et l'Air.

De l'union de la Nuit et de l'Érèbe naquirent le Destin, la Vieillesse, la Mort, le Meurtre, la Continence, le Sommeil, les Rêves, la Discorde, la Souffrance, la Tyrannie, Némésis, la Joie, l'Amitié, la Compassion, les Parques et les Trois Hespérides.

De l'union de l'Air et de la Terre-Mère naquirent la Terreur, l'Habileté, la Colère, la Dissension, les Mensonges, les Meurtres, la Vengeance, l'Intempérance, l'Altercation, le Pacte, l'Oubli, la Peur, la Fierté, le Combat, et aussi Océanos, Métis, et les autres Titans, le Tartare et les Trois Érinyes ou Furies.

De l'union de la Terre et du Tartare naquirent les géants.

b. De l'union de la mer et de ses rivières naquirent les Néréides. Cependant il n'y avait pas encore de mortels, jusqu'au moment où avec la permission de la déesse Athéna, Prométhée, fils de Japet, les modela à l'image des dieux. Il utilisa de l'argile et de l'eau de Panopée en Phocide et Athéna insuffla la vie en eux [1].

c. D'autres disent que le Dieu de Toutes Choses, quel qu'il fût, et certains l'appellent Nature, apparut brusquement dans le Chaos, sépara la terre des cieux, l'eau et la terre et l'air supérieur de l'air inférieur. Après avoir démêlé les éléments il les mit en bon ordre, tels qu'ils sont aujourd'hui, et il sépara la terre en régions, certaines chaudes, certaines froides, d'autres tempérées, et il lui façonna des plaines et des montagnes et la vêtit d'herbes et d'arbres. Au-dessus d'elle, il installa le firmament mouvant qu'il constella d'étoiles et assigna leurs directions aux quatre vents. Il peupla aussi les eaux de poissons, la terre d'animaux et plaça dans le ciel le soleil, la lune et les cinq planètes. Enfin, il créa l'homme qui, seul de tous les animaux, lève son visage vers le ciel et contemple le soleil, la lune et les étoiles — à moins que Prométhée, fils de

Japet, ait fait le corps de l'homme avec de l'eau et de l'argile et que son âme ait été constituée par des éléments divins errants, ayant continué à vivre depuis la Première Création [2].

★

1. *Dans la* Théogonie *d'Hésiode — sur laquelle repose le premier de ces mythes philosophiques — la série des diverses abstractions est assez confuse à cause des Néréides, des Titans et des Géants qu'Hésiode s'est senti obligé d'y inclure. A la fois les Trois Parques et les Trois Hespérides sont la triple déesse-Lune sous son aspect de mort.*

2. *Le deuxième mythe qu'on ne trouve que chez Ovide a été emprunté plus tard par les Grecs à l'épopée babylonienne de Gilgamesh dont le début rapporte la création que fait la déesse Aruru du premier homme, Éabani, à l'aide d'un morceau d'argile ; mais bien que Zeus ait été le dieu universel pendant de nombreux siècles, les mythographes furent contraints d'admettre que le Créateur de toutes choses pouvait peut-être avoir été une femme, la Créatrice. Les Juifs héritiers du mythe de la Création pélasge ou canaanite se sont trouvés aux prises avec la même difficulté. Dans les récits de la* Genèse, *un « esprit du Seigneur », féminin, couve sur la face des eaux mais ne pond pas l'œuf du monde ; et Ève, « la mère de tous les vivants », reçoit l'ordre d'écraser la tête du serpent qui n'est cependant pas destiné à être précipité dans l'abîme jusqu'à la fin du monde.*

3. *De même dans la version talmudique de la Création, l'archange Michel — réplique de Prométhée — crée Adam de la poussière sur l'ordre, non pas de la « mère de tous les vivants », mais de Iahvé. Iahvé lui insuffle ensuite la vie et lui donne Ève qui, comme Pandore, est à l'origine des malheurs de l'humanité (voir 39.* j*).*

4. *Les philosophes grecs distinguaient l'homme prométhéen des créatures imparfaites nées de la terre, dont Zeus détruisit une partie, et dont le restant fut englouti par le Déluge de Deucalion (voir 38.* c*). On trouve cette même distinction dans la* Genèse *VI. 2-4, entre les « fils de Dieu » et les « filles des Hommes » qu'ils épousèrent.*

5. *Les tablettes de Gilgamesh sont tardives et équivoques ; d'après celles-ci, c'est « la Mère Lumineuse du Vide » qui a créé toute chose — «Aruru » n'est qu'un des nombreux noms de cette déesse — et le thème principal est constitué par une révolte contre l'organisation matriarcale par les dieux du nouveau système patriarcal ; Marduk, le dieu babylonien de la cité, est finalement vainqueur de la déesse en la personne de Tiamat — le serpent de mer — et il déclare alors impudemment que c'est lui et personne d'autre, qui a créé les plantes, la terre, les fleurs, les animaux,*

les oiseaux et les hommes. Ce Marduk était un petit dieu arrogant, et de dieu Bel avait antérieurement prétendu, comme lui, avoir vaincu Tiamat et avoir créé le monde. Bel est une forme masculine de Belili, la déesse-mère sumérienne. Le passage du système matriarcal au système patriarcal semble s'être opéré, en Mésopotamie comme ailleurs, par la révolte du prince consort de la reine à qui elle avait conféré le pouvoir exécutif en lui permettant d'adopter son nom ainsi que ses vêtements et ses objets sacrés (voir 136. 4).

5.
Les cinq âges de l'homme

a. Certains nient que Prométhée ait créé les hommes, ou qu'aucun homme soit né des dents d'un dragon. Ils disent que la Terre leur donna naissance spontanément, comme les meilleurs de ses fruits, spécialement le sol de l'Attique [1], et que Alalcoménée fut le premier homme qui fit son apparition près du lac Copaïs en Béotie, avant même que la Lune existât. Il fut le conseiller de Zeus au moment de sa querelle avec Héra, et le tuteur d'Athéna alors qu'elle était encore jeune fille [2].

b. Ces hommes furent appelés la race d'or ; ils étaient les sujets de Cronos, ils n'avaient aucun souci, ils vivaient sans travailler et se nourrissaient uniquement de glands, de fruits sauvages et du miel qui coulait des arbres ; ils buvaient le lait des brebis et des chèvres, ne connaissaient pas la vieillesse, dansaient et riaient beaucoup, et la mort pour eux n'était guère plus effrayante que le sommeil. Tous ces hommes maintenant ont disparu, mais leurs esprits ont survécu : ce sont les génies des heureuses grottes rustiques, portant bonheur à qui les rencontre, et défenseurs de la justice.

c. Ensuite vint une race d'argent, mangeuse de pain, également créée par des dieux. Les hommes de cette race étaient totalement soumis à leurs mères et n'osaient pas leur désobéir, bien qu'ils vécussent jusqu'à cent ans parfois. Ils étaient querelleurs et ignorants et ne sacrifiaient jamais aux dieux, mais ne se faisaient pas la guerre entre eux. Zeus les extermina tous.

d. Ensuite vint une race d'airain qui tombait des frênes comme des fruits mûrs et qui avait des armes d'airain.

Ces hommes se nourrissaient de viande et de pain, ils étaient heureux de faire la guerre, c'était des hommes insolents et sans pitié. La Mort Noire s'est emparée d'eux.

e. La quatrième race d'hommes était aussi une race d'airain, mais plus noble et plus généreuse, car ils furent engendrés par des dieux et des femmes mortelles. Ils combattirent glorieusement au siège de Thèbes, au cours de l'expédition des Argonautes et durant la guerre de Troie. Ils devinrent des héros et demeurèrent dans les Champs Élysées.

f. La cinquième race est la race de fer, actuelle ; elle est l'indigne descendante de la quatrième race ; elle est constituée d'hommes dégénérés, cruels, injustes, méchants, luxurieux, dépourvus d'amour filial et sans honneur [3].

★

1. *Bien que le mythe de l'Age d'Or provienne en fin de compte d'une tradition relatant la soumission tribale à la déesse-Abeille, la cruauté de son règne à la période préagricole avait été complètement oubliée au temps d'Hésiode, et tout ce qui en subsistait, c'était une conception idéaliste d'après laquelle les hommes auraient vécu un jour tous ensemble dans une parfaite harmonie, comme les abeilles (voir II. 2). Hésiode était un modeste agriculteur et sa vie difficile l'avait rendu morose et pessimiste. Le mythe de la race d'argent rappelle aussi certaines coutumes matriarcales — comme celles qui subsistaient encore à la période classique chez les Picts, les Moesynoechiens de la mer Noire (voir 151.* e*), et dans quelques tribus des Baléares, de la Galicie et du golfe des Syrtes — et selon lesquelles les hommes étaient encore méprisés bien que l'agriculture eût fait son apparition et que les guerres fussent rares. Le métal de la déesse-Lune est l'argent. La troisième race, ce sont les envahisseurs helléniques primitifs : des bergers de l'Age du Bronze qui adoptèrent le culte du frêne de la Déesse et de son fils Poséidon (voir 6. 4 et 57. 1). La quatrième race était celle des rois guerriers de l'Age Mycénien, la cinquième celle des Doriens du* XII*e* *siècle avant J.-C. qui utilisaient des armes en fer et détruisirent la civilisation mycénienne.*

*Alalcomeneos (gardien) est un personnage imaginaire ; c'est la forme masculine d'Alalcomeneïs, un des noms d'Athéna (*Iliade *IV. 8) gardienne de la Béotie. Il obéit au dogme patriarcal selon lequel aucune femme, fût-ce une déesse, ne peut parvenir à la* *sagesse sans l'enseignement d'un homme et selon lequel la déesse-Lune et la Lune elle-même étaient des créations récentes de Zeus.*

6.
La castration d'Ouranos

a. Ouranos engendre les Titans de la Terre-Mère, après avoir jeté ses enfants révoltés, les Cyclopes, dans le Tartare, sombre lieu du monde souterrain qui se trouve aussi éloigné de la terre que la terre l'est du ciel ; il faudrait à une enclume, si on l'y projetait, neuf jours pour en atteindre le fond. Pour se venger, la Terre-Mère persuada les Titans d'attaquer leur père et c'est ce qu'ils firent, sous la conduite de Cronos, le plus jeune des sept qu'elle arma d'une faucille en silex. Ils surprirent Ouranos dans son sommeil, et ce fut avec la faucille en silex que l'impitoyable Cronos le châtra ; s'emparant des organes génitaux de la main gauche (qui a été depuis lors de mauvais augure), il les jeta, ainsi que la faucille, dans la mer près du cap Drépanon. Mais des gouttes de sang s'écoulant de la blessure tombèrent sur la Terre-Mère et elle donna naissance aux Trois Érinyes, furies qui vengent les parricides et les parjures : ce sont Alecto, Tisiphoné, et Mégère. Les nymphes des frênes, qu'on appelle les Méliades, naquirent aussi de ce sang.

b. Les Titans alors relâchèrent les Cyclopes du Tartare et confièrent la souveraineté de la terre à Cronos.

Mais Cronos ne fut pas plutôt maître du pouvoir suprême qu'il relégua de nouveau les Cyclopes dans le Tartare avecles géants aux cent bras, et, prenant pour épouse sa sœur Rhéa, il régna sur l'Élide [1].

★

1. *Hésiode qui rapporte ce mythe était un Cadmien et les Cadmiens étaient venus d'Asie Mineure (voir 59. 5), probablement après l'effondrement de l'empire hittite ; ils transportaient avec eux cette légende de la castration d'Ouranos. On sait cependant que ce n'était pas un mythe hittite puisqu'on a découvert une version hurrienne (horite) plus ancienne. La version d'Hésiode est peut-être l'écho d'une alliance survenue entre les divers colons préhelléniques de la Grèce méridionale et centrale, dont les principales tribus étaient en faveur du culte des Titans, et qui*

luttaient contre les envahisseurs helléniques primitifs venus du Nord. Ils furent victorieux mais ils se proclamèrent les suzerains des indigènes du Nord à qui ils venaient de rendre la liberté. La castration d'Ouranos ne doit pas être nécessairement comprise dans un sens métaphorique, surtout si l'on tient compte du fait que certains des vainqueurs étaient originaires de l'Afrique orientale où jusqu'à aujourd'hui les guerriers Galla portent une petite faucille dans les batailles pour émasculer leurs ennemis. Il existe des affinités très étroites entre les rites religieux de l'Afrique orientale et ceux de la Grèce primitive.

2. *Les Grecs, par la suite, ont fait de « Cronos », «* Chronos *» : « le Temps » armé de sa faux impitoyable. Mais il est figuré en compagnie d'un corbeau comme Apollon, Asclépios, Saturne et le dieu britannique primitif Bran ; et Cronos signifie probablement « corneille » comme le latin* cornix *et le grec* corônè. *Le corbeau était un oiseau oraculaire qui était censé habiter l'âme d'un roi sacré après que celui-ci avait été sacrifié (voir 25. 5 et 50. 1).*

3. *Ici les trois Érinyes ou Furies qui naquirent des gouttes du sang versé d'Ouranos sont la Triple-déesse elle-même, et il est probable qu'au cours du sacrifice du roi destiné à faire fructifier les vergers, ses prêtresses portaient des masques terrifiants de Gorgone pour effrayer et éloigner les profanes. Il semble que ses organes sexuels aient été jetés dans la mer pour inciter les poissons à se reproduire. Le mythographe interprète les Érinyes vengeresses comme un avertissement donné à Zeus de ne pas émasculer Cronos avec la même faucille ; leur fonction, à l'origine, était de venger les offenses faites uniquement à une mère ou à un pieux dévot qui demandait la protection de la déesse du Foyer (voir 105.* k, *107.* b *et 113.* a*) mais non les offenses faites à un père.*

4. *Les nymphes du frêne sont les Trois Furies qui sont d'une humeur plus gracieuse ; le roi sacré était voué au frêne, à l'origine utilisé dans les cérémonies pour faire descendre la pluie (voir 57. 1). En Scandinavie, il devint l'arbre de la magie universelle ; les Trois Nornes ou Trois Parques rendaient la justice sous un frêne dont Odin, au moment où il se proclama le père de l'humanité, fit son coursier magique. Ce sont sans doute les femmes qui furent les premières faiseuses de pluie, en Grèce comme en Libye.*

5. *Les faucilles néolithiques en os, renforcées de silex ou d'obsidienne, semblent bien avoir survécu pour des usages rituels, longtemps après qu'elles eurent été remplacées par des faucilles en bronze et en fer destinées à l'agriculture.*

6. *Les Hittites disent que Kumarbi (Cronos) arracha avec ses dents les organes sexuels du dieu du ciel Anu (Ouranos), avala un peu de semence et cracha le reste sur le mont Kansura où elle devint une déesse ; le dieu de l'Amour qu'il conçut de cette manière fut arraché de son côté par Ea, le frère d'Anu. Ces deux naissances ont été fondues par les Grecs en une seule légende selon laquelle Aphrodite naquit de la mer imprégnée des organes*

sexuels d'Ouranos qu'on avait coupés (voir 10. b*). Kumarbi accouche ensuite d'un autre enfant qui sort de sa cuisse — comme Dionysos qui était né une seconde fois de la cuisse de Zeus (voir 27.* b*) — et qui mène le char de la tempête tiré par un taureau pour venir au secours d'Anu. Le « couteau » qui sépara la terre du ciel est, dans cette même légende, l'arme avec laquelle le fils de Kumarbi, le géant Ullikummi, est tué (voir 35. 4).*

7.
Le renversement de Cronos

a. Cronos épousa sa sœur Rhéa, à qui le chêne est consacré [1]. Mais la Terre-Mère et aussi son père Ouranos mourant avaient prédit que l'un de ses propres fils le détrônerait. C'est pourquoi chaque année il dévorait ses enfants que Rhéa mettait au monde : ce fut d'abord Hestia puis Déméter et Héra, puis Poséidon [2].

b. Rhéa était furieuse. Elle mit au monde Zeus, son troisième fils, en pleine nuit sur le mont Lycée en Arcadie, où les créatures n'ont pas d'ombre [3] et après l'avoir baigné dans le fleuve Néda, elle le donna à la Terre-Mère ; celle-ci le transporta à Lyctos en Crète où elle le cacha dans l'Antre de Dicté sur le mont Aegéon. Là, la Terre-Mère le confia aux soins de la nymphe Adrastée et à sa sœur Io, l'une et l'autre filles de Mélissée, et à la nymphe-chèvre Amalthée. Il mangeait du miel et il partageait le lait d'Amalthée avec le bouc Pan, son frère de lait. Zeus fut reconnaissant à ces trois nymphes qui avaient été bonnes pour lui et lorsqu'il devint le maître de l'univers il plaça Amalthée parmi les étoiles : elle devint la constellation du Capricorne [4]. Il emprunta aussi une de ses cornes qui ressemblait à celle d'une vache et la donna aux filles de Mélissée ; ce fut la célèbre corne d'abondance, que son possesseur trouve toujours remplie de tout ce qu'il souhaite boire et manger. Mais certains disent que Zeus avait été allaité par une truie, qu'il était monté sur son dos et qu'il avait perdu son cordon ombilical à Omphalion près de Cnossos [5].

c. Entourant le berceau d'or de Zeus enfant, accroché dans un arbre (afin que Cronos ne puisse le trouver ni dans le ciel, ni sur terre, ni sur mer), se tenaient les Curètes, fils de Rhéa. Ils frappaient leurs boucliers de leurs lances et criaient pour couvrir ses vagissements, dans la crainte que Cronos ne les entendît de loin. Rhéa avait enveloppé de langes une grosse pierre qu'elle donna à Cronos sur le mont Thaumasion en Arcadie ; il l'avala croyant que c'était le jeune Zeus. Néanmoins, Cronos eut des soupçons et se mit à la poursuite de Zeus qui métamorphosa ses nourrices en ourses et se changea lui-même en serpent : d'où les constellations du Serpent et des Ours [6].

d. Zeus changea de caverne et atteignit l'âge d'homme parmi les bergers de l'Ida, il découvrit alors Métis la Titanide, qui vivait près de l'Océan. Sur son conseil, il alla rendre visite à sa mère Rhéa et demanda à être nommé échanson de Cronos. Rhéa l'aida de bon cœur dans son projet de vengeance. Elle lui procura le breuvage émétique que Métis lui avait dit de mélanger à la boisson au miel, et Cronos, ayant largement bu, vomit d'abord la grosse pierre, puis les frères et les sœurs aînés de Zeus. Ils sortirent indemnes et pour lui témoigner leur gratitude, ils lui demandèrent d'être leur chef dans une guerre contre les Titans, qui, de leur côté, avaient choisi pour chef Atlas, car Cronos à présent n'était plus assez jeune [7].

e. La guerre dura dix ans, mais à la fin la Terre-Mère prédit la victoire à son petit-fils Zeus s'il prenait pour alliés ceux que Cronos avait relégués dans le Tartare ; aussi s'approcha-t-il secrètement de Campé la vieille gardienne du Tartare, la tua, lui prit ses clefs et ayant délivré les Cyclopes et les Géants aux cent bras, leur redonna des forces par des boissons et des mets divins. Là-dessus les Cyclopes donnèrent à Zeus la foudre comme arme pour l'attaque, à Hadès un casque qui rend invisible, et à Poséidon un trident. Après que les trois frères eurent tenu un conseil de guerre, Hadès, invisible, se rendit auprès de Cronos pour lui voler ses armes ; et tandis que Poséidon le menaçait de son trident et détournait son attention, Zeus le frappa de sa foudre. Les trois Géants aux cent bras prirent alors des rochers et les lancèrent sur les derniers Titans tandis qu'un cri terrible et soudain du bouc Pan les mettait en fuite. Les dieux se mirent à leur poursuite. Cronos et tous les Titans vaincus sauf Atlas furent exilés dans une île britannique dans l'Extrême Occident (ou, selon certains, relégués dans le Tartare) et gardés par les Géants aux cent bras ; ils ne troublèrent plus l'Hellade. Atlas, leur chef, reçut un châtiment exemplaire : il fut condamné à porter les cieux sur ses épaules. Mais les Titanides furent épargnées à cause de Métis et de Rhéa [8].

f. Quant à Zeus, il installa à Delphes la grosse pierre que Cronos avait vomie. Elle se trouve encore là de nos jours, ointe d'huile continuellement, et on fait sur elle des offrandes de laine non tissée [9].

g. Certains disent que Poséidon ne fut ni dévoré ni vomi, mais que Rhéa donna à Cronos un poulain à manger à sa place, qu'elle le cacha parmi les gardiens de chevaux [10]. Et les Crétois, qui sont menteurs, racontent que Zeus naît chaque année dans la même caverne dans un éclair de feu et un torrent de sang ; et que chaque année il meurt et on l'enterre [11].

★

1. *Rhéa, associée à Cronos en tant que Titanide du septième jour, peut être comparée à Dioné ou Diane, la Triple-déesse du culte de la colombe et du chêne (voir 11. 2.). Le crochet en forme de bec que portait Saturne, réplique latine de Cronos, ressemblait à un bec de corbeau et on l'employait, semble-t-il, le septième mois de l'année sacrée, qui comportait treize mois, pour émasculer le chêne en coupant son gui (voir 52). De la même façon, on employait une faucille rituelle pour moissonner la première gerbe de blé. Cela constituait le signal du sacrifice du roi-Zeus sacré et, à Athènes, Cronos qui partageait un temple avec Rhéa était adoré sous l'aspect de Sabazios le dieu de l'Orge, que l'on moissonnait dans les champs et que l'on pleurait comme Osiris ou Lityersès ou Manéros (voir 136.* e*) ; mais, déjà à l'époque à laquelle se rapportent ces mythes, les rois avaient obtenu l'autorisation d'étendre leur règne à une Grande Année de cent lunaisons et tous les ans d'offrir en sacrifice à leur place des jeunes garçons ; ainsi Cronos est figuré mangeant ses propres enfants pour éviter d'être détrôné. Porphyre (*De l'Abstinence : *II. 56) rapporte que les Curètes crétois avaient coutume d'offrir autrefois à Cronos des sacrifices d'enfants.*

2. *En Crète on substitua très tôt un chevreau à la victime humaine ; en Thrace on lui substituait un jeune taureau ; chez les adorateurs éoliens de Poséidon, un poulain. Mais dans les districts reculés d'Arcadie on mangeait encore sacrificiellement de jeunes enfants jusqu'à l'époque chrétienne. On ne sait pas exactement si le rituel éléen était basé sur le cannibalisme ou bien si — Cronos étant un Titan corbeau — c'étaient des corbeaux sacrés qui mangeaient les victimes mises à mort.*

3. *Le nom d'Amalthée, « tendre », indique qu'elle était une jeune déesse. Io était une déesse-nymphe orgiaque (voir 56.* I*). Adrastée signifie « celle à qui on ne peut échapper », la Vieille Femme oracle de l'automne. A elles trois, elles formaient l'habituelle triade lunaire. Les Grecs ensuite identifièrent Adrastée avec la déesse bergère Némésis, déesse du frêne faiseur de pluie, qui était devenue une déesse de la vengeance (voir 2. 32). A Argos on représentait Io sous forme d'une vache blanche en chaleur — sur certaines monnaies crétoises de Praesos elle est figurée allaitant Zeus — mais Amalthée qui vivait sur la « Colline du Bouc » était toujours une chèvre ; et Mélissée (« l'homme du miel ») qu'on croit être le père d'Adrastée et d'Io est en réalité leur mère, Mélissa, la déesse sous forme de la Reine-abeille qui tuait tous les ans son consort mâle. Diodore de Sicile (v. 70) et Callimaque (*Hymne à Zeus *49) disent tous deux que les abeilles nourrissaient le jeune Zeus. Mais sa mère la déesse nourricière est quelquefois aussi décrite comme une truie car c'était un des symboles de la déesse Vieille Femme (voir 74.* 4 *et 96.* 2*) et sur certaines monnaies sidoniennes elle est une chienne semblable à celle qui avait allaité Nélée (voir 68.* d*). Les ourses sont les animaux d'Artémis (voir 22.* 4 *et 80.* c*) ; Les Curètes assistaient à ces holocaustes — et Zeus sous forme de serpent est Zeus-Ctésios, protecteur des entrepôts, parce que les serpents exterminent les souris.*

4. *Les Curètes constituaient la troupe armée qui accompagnait le roi et le cliquetis de leurs armes était censé chasser les esprits maléfiques pendant les rites (voir 30.* a*). Leur nom, que les Grecs tardifs interprétèrent comme « les jeunes gens qui avaient rasé leurs cheveux », signifiait probablement « adorateur de Ker ou Car », nom très répandu de la Triple-déesse (voir 57.* 2*). Héraclès prit sa corne d'abondance au taureau d'Achéloos (voir 142.* d*) et la taille énorme de la corne de la chèvre sauvage crétoise a induit les mythographes, qui ne connaissaient pas la Crète, à doter Amalthée d'une corne de vache tout à fait anormale.*

5. *Les envahisseurs hellènes semblent avoir offert leur amitié aux peuples préhelléniques du culte des Titans, mais peu à peu ils se séparèrent de leurs sujets alliés et envahirent le Péloponnèse. Thallos, l'historien du* Ier *siècle, cité par Tatien dans son* Discours aux Grecs, *dit que la victoire de Zeus, allié aux Géants-aux-cent-bras, sur les Titans de Thessalie, eut lieu trois cent vingt-deux ans avant le siège de Troie, c'est-à-dire en 1505 avant J.-C., ce qui est une date assez plausible de l'extension du pouvoir hellénique en Thessalie.*

6. *Hadès, Poséidon et Zeus, qui sont trois frères, rappellent la trinité védique mâle — Mitra, Varuna et Indra (voir 3.* I *et 132. 5) qui apparaît dans un traité hittite qu'on a daté de 1380 avant J.-C. environ — mais dans ce mythe ils semblent incarner trois invasions helléniques successives généralement connues sous le nom d'invasion ionienne, éolienne et achéenne. Les adorateurs*

préhelléniques de la déesse-Mère assimilèrent les Ioniens qui devinrent les enfants d'Io, soumirent les Éoliens mais furent submergés par les Achéens. Les anciens chefs helléniques qui devinrent rois sacrés des cultes du chêne et du frêne prirent le nom de Zeus et Poséidon et furent contraints de mourir à la fin de leur règne (voir 45. 2). Ces deux arbres ont tendance à attirer la foudre et ils figurent par conséquent dans les cérémonies populaires pour faire venir la pluie et faire le feu, dans toute l'Europe.

7. *La victoire des Achéens mit fin à la tradition du sacrifice des rois. Ils firent de Zeus et de Poséidon des Immortels et les représentèrent l'un et l'autre armés de la foudre — une hache double que portait autrefois Rhéa et dont les religions minoenne et mycénienne avaient interdit l'usage aux mâles (voir 131. 6). Par la suite, la foudre de Poséidon se transforma en un trident pour la pêche, ses principaux adorateurs étant devenus des marins, tandis que Zeus, lui, conservait le sien comme symbole de son pouvoir suprême. Le nom de Poséidon, que l'on écrivait parfois* Potidôn, *a peut-être été emprunté à sa mère, la déesse qui donna son nom à la cité de Potidaea, « la déesse-Eau d'Ida » — Ida désignant toute montagne boisée. Le fait que les Géants-aux-cent-bras aient été les gardiens des Titans dans l'extrême Nord signifie peut-être que les Pélasges parmi lesquels se trouvaient les Centaures de Magnésie —* centaure *est peut-être de la même famille que le latin* centuria, *« une troupe composée de cent guerriers » — n'abandonnèrent pas le culte des Titans mais continuèrent à croire en un Paradis situé à l'extrême Nord et également qu'Atlas soutenait le ciel.*

8. *Le nom de Rhéa est probablement une variante d'*Era, *« la terre » ; son oiseau était la colombe, son animal le lion de montagne. Le nom de Déméter signifie « mère Orge » ; Hestia (voir 20.* c*) est la déesse du foyer domestique. La pierre qu'on employait à Delphes dans les cérémonies pour faire descendre la pluie semble avoir été un météorite de grande taille.*

9. *« Dicté » et le « mont Lycée » étaient d'anciens centres du culte de Zeus. On offrait probablement un sacrifice passé par le feu sur le mont Lycée, au moment où aucune créature n'avait d'ombre — c'est-à-dire à midi à la mi-été ; mais Pausanias ajoute que, bien qu'en Éthiopie les hommes n'aient pas d'ombre au moment où le soleil se trouve dans le Cancer, ce n'est pas le cas sur le mont Lycée. Il s'agit peut-être d'un jeu de mots ou d'une plaisanterie : toute personne en effet qui franchissait cette enceinte était condamnée à mourir (Aratos :* Phénomènes *91) et tout le monde sait que les morts n'ont plus d'ombre (Plutarque :* Questions grecques *39). La caverne de Psychro, que l'on considère généralement comme l'antre de Dicté, en vérité ne l'est point, celle-ci n'ayant pas encore été découverte. Omphalion (« petit ombilic ») indique qu'il s'agit d'un lieu où se trouvait un oracle (voir 20. 2).*

7. 6 — 7. 9

10. *Le cri que pousse brusquement Pan et qui terrifia les Titans est devenu proverbial et a donné le mot « panique » (voir 26.* c*).*

8.
La naissance d'Athéna

Selon les Pélasges, la déesse Athéna naquit près du lac Tritonis, en Libye, où elle fut trouvée et nourrie par les trois nymphes de Libye qui se vêtent de peaux de chèvre [1]. Jeune fille, elle tua par accident sa compagne de jeu Pallas, alors qu'elles combattaient amicalement avec la lance et le bouclier ; en signe de douleur, elle plaça le nom de Pallas avant le sien. Venant en Grèce par la Crète, elle vécut d'abord dans la ville d'Athènes près du fleuve béotien Triton [2].

★

I. *Platon identifiait Athéna, patronne d'Athènes, avec la déesse libyenne Neith, qui appartenait à une époque où la paternité n'était pas reconnue (voir I.* I.*). Neith avait un temple à Saïs où Solon était bien traité uniquement parce qu'il était Athénien (Platon :* Timée *5). Les prêtresses vierges de Neith s'affrontaient tous les ans dans des combats armés (Hérodote : IV. 180), apparemment pour la fonction de Grande-prêtresse. Le récit que fait Apollodore (III. 12. 3) du combat entre Athéna et Pallas est une version patriarcale tardive. Il dit qu'Athéna née de Zeus et élevée par le dieu-Fleuve Triton, tua accidentellement sa sœur de lait Pallas, fille du fleuve Triton, parce que Zeus interposa son égide au moment où Pallas était sur le point de frapper Athéna, détournant ainsi son attention. Quant à l'égide, c'était un sac magique en peau de chèvre qui contenait un serpent et était protégé par un masque de Gorgone. Il appartenait à Athéna bien avant que Zeus se proclamât son père (voir 9. d). Des tabliers en peau de chèvre constituaient le costume habituel des jeunes filles libyennes et Pallas signifie simplement « jeune fille » ou « jeune homme ». Hérodote écrit (IV. 189) : « Le vêtement et l'égide d'Athéna furent empruntés par les Grecs aux femmes libyennes qui sont habillées exactement comme elles, excepté que leurs robes en cuir ont des franges faites de lanières et non de serpents. » Les jeunes filles éthiopiennes portent encore ce costume, qui est parfois orné de cauris, symbole yonique. Hérodote ajoute ici que les cris de triomphe,* ololu, ololu, *poussés en l'honneur d'Athéna (*Iliade VI. *297-301), étaient d'origine libyenne.* Tricone *signifie* « la *troisième reine » : c'est-à-dire l'aînée des membres de la* *triade — mère de la jeune fille qui combattit contre Pallas et de la nymphe qu'elle devint ensuite — exactement comme Coré-Perséphone était fille de Déméter (voir 24.* 3*).*

2. *Des poteries qu'on a retrouvées indiquent une immigration libyenne en Crète vers 4000 avant J.-C. ; et il semble qu'un grand nombre de réfugiés, adorateurs de la déesse libyenne, venus du Delta occidental, arrivèrent au moment où la Haute et la Basse-Égypte furent réunies de force sous la première dynastie en 3000 avant J.-C. environ. La première époque minoenne commença tout de suite après et la civilisation crétoise gagna la Thrace et la Grèce helladique primitive.*

3. *Parmi les autres personnages mythiques portant le nom de Pallas, se trouve le Titan qui épousa le fleuve Styx et, par elle, devint le père de Zelos (« zèle »), Cratos (« puissance »), Bia (« force ») et Nikè (« victoire ») (Hésiode :* Théogonie *376 et 383 ; Pausanias : VII. 26. 5 ; Apollodore : 2. 2-4) ; il constituait peut-être une allégorie du dauphin pélopien consacré à la déesse-Lune (voir 108. 5). Homère appelle un autre Pallas « le père de la lune » (Hymne homérique à Hermès, 100). Un troisième Pallas fut le père des cinquante Pallantides, ennemis de Thésée (voir 97.* g *et 99.* a*), qui semblent avoir été en guerre contre les prêtresses d'Athéna. D'un quatrième Pallas, on avait fait le père d'Athéna (voir 9.* a*).*

9.
Zeus et Métis

a. Certains Hellènes disent qu'Athéna avait un père du nom de Pallas, géant ailé à corps de bouc, qui par la suite essaya de l'outrager, et qu'elle ajouta son nom au sien après lui avoir arraché la peau pour en faire son égide et les ailes pour s'en couvrir les épaules [1] ; à moins que l'égide n'ait été la peau de la Gorgone Méduse, qu'elle écorcha après que Persée lui eut coupé la tête [2].

b. D'autres disent que son père était un certain Itonos, roi d'Iton en Phtiotide, et qu'elle tua sa fille Iodama accidentellement en lui faisant voir la tête de la Gorgone [3] qui la changea en pierre, parce qu'elle avait pénétré sans permission sur son territoire, la nuit.

c. D'autres encore disent que Poséidon était son père, mais qu'elle le renia et demanda à être adoptée par Zeus ; et que celui-ci l'adopta avec plaisir [4].

d. Mais les prêtres d'Athéna elle-même racontent l'histoire suivante au sujet de sa naissance. Zeus convoitait Métis, la Titanide, qui se métamorphosait constamment pour lui échapper jusqu'à ce qu'elle fût prise et rendue enceinte. Un oracle de la Terre-Mère déclara alors que l'enfant serait une fille et que si Métis enfantait de nouveau, le fils qu'elle porterait détrônerait Zeus, de la même manière que Zeus avait lui-même détrôné Cronos et que Cronos avait détrôné Ouranos. C'est pourquoi après avoir entraîné Métis vers sa couche avec de douces paroles, Zeus ouvrit brusquement la bouche et l'avala, et ce fut la fin de Métis, bien qu'il affirmât par la suite qu'elle lui donnait des conseils de l'intérieur de son ventre. Au bout d'un certain temps, un jour, se promenant sur les rives du lac Triton, il fut pris d'un mal de tête si violent qu'il lui sembla que son crâne allait éclater et il se mit à pousser de tels cris que le firmament entier lui fit écho. Hermès arriva en courant, il avait immédiatement deviné la cause des douleurs de Zeus. Il persuada Héphaïstos, ou, selon certains, Prométhée, de prendre son coin et son maillet et de faire une brèche dans le crâne de Zeus, d'où, poussant un cri puissant, jaillit Athéna tout armée [5].

★

I. *J.E. Harrison considère avec raison que la légende d'Athéna née de la tête de Zeus « est une ruse désespérée de la théologie pour se soustraire aux lois matriarcales ». C'est également un moyen de souligner que la sagesse est une prérogative masculine. Jusqu'alors, seule la déesse possédait la sagesse. Hésiode a réussi en fait à concilier trois conceptions tout à fait différentes dans sa légende :*

1. *Athéna, la déesse de la cité des Athéniens, était la fille, née par parthénogenèse, de l'immortelle Métis, Titanide du quatrième jour, et de la planète Mercure, qui présidait à la sagesse et à toutes les connaissances.*
2. *Zeus absorba Métis mais ne perdit pas pour autant la sagesse (i. e. les Achéens supprimèrent le culte des Titans et conférèrent toute la sagesse à leur dieu Zeus).*
3. *Athéna était la fille de Zeus (i. e. les Achéens insistèrent pour que les Athéniens reconnaissent la suprématie patriarcale de Zeus).*

Il s'est inspiré de trois exemples analogues pour l'agencement de son mythe : Zeus poursuivant Némésis (voir 32. b) ; *Cronos avalant ses enfants, garçons et filles (voir 7.* a*) ; la seconde naissance de Dionysos de la cuisse de Zeus (voir 14.* c*) ; et l'ouverture de la tête de la Terre-Mère par deux hommes armés de haches, apparemment pour délivrer Coré (voir 24.* 3*) — comme* *on le voit par exemple sur une amphore à figures noires de la Bibliothèque Nationale à Paris. Athéna devient alors l'interprète docile de Zeus et supprime délibérément sa vie passée. Elle emploie des prêtres et non pas des prêtresses.*

2. *Pallas, qui signifie « jeune fille », est un nom qui ne convient guère à un géant ailé dont la tentative de viol sur la personne d'Athéna a été probablement inspirée par une représentation de son mariage rituel sous l'aspect d'Athéna Laphria, avec un roi-bouc (voir 89.* 4*) après un combat avec son rival (voir 8.* I*). Cette coutume libyenne de mariage avec un bouc se répandit en Europe septentrionale et faisait partie des fêtes de Mai. Les Akans, peuples de Libye, écorchaient autrefois leur roi.*

3. *Athéna rejetant la paternité de Poséidon indique une modification du pouvoir suprême, survenue autrefois à Athènes (voir 16.* 3*).*

4. *Le mythe d'Itonos (« homme-saule ») signifie que les Itoniens proclamaient qu'ils adoraient Athéna bien avant les Athéniens, et son nom démontre qu'elle avait un culte du saule en Phtiotide — comme celui de sa réplique, la déesse Anatha à Jérusalem, jusqu'au moment où les prêtres de Iahvé prirent sa place et déclarèrent que le saule faiseur de pluie était l'arbre de Iahvé à la Fête des Tabernacles.*

5. *Il en coûtait la vie à un homme de retirer une égide — la peau de chèvre tunique de chasteté que portaient les jeunes filles libyennes — sans le consentement de celles qui le portaient ; d'où le masque protecteur de la Gorgone qui y était fixé et le serpent caché dans le sac de cuir. Mais comme on décrit l'égide d'Athéna comme un bouclier, j'émets l'hypothèse dans la* Déesse Blanche *que c'était un étui destiné à un disque sacré, semblable à celui qui contenait l'alphabet sacré de Palamède et qu'il prétend avoir inventé (voir 52.* a *et* 162. 5*). Le professeur Richter considère que les figurines de Chypre tenant des disques de la même taille proportionnellement que le célèbre disque de Phaestos, sur lequel est inscrite en spirale une légende sacrée, constituaient une anticipation d'Athéna et de son égide. Les boucliers des héros qu'Homère et Hésiode ont si soigneusement décrits semblent avoir porté des signes pictographiques gravés sur une bande spiralée.*

6. *Iodama, qui signifie probablement « jeune génisse d'Io », devait être une ancienne statue de la déesse-Lune (voir 56.* I*) et la légende de sa transformation en pierre est un avertissement aux jeunes filles curieuses qui tenteraient de violer le secret des Mystères (voir 25. d).*

7. *Ce serait une erreur de penser qu'Athéna était seulement ou surtout la déesse d'Athènes. De nombreuses acropoles anciennes lui étaient consacrées, notamment Argos (Pausanias : II. 24. 3), Sparte (*Ibid. *: 3. 17. 1), Troie (*Iliade *VI. 88), Smyrne (Strabon : IV. 1. 4), Épidaure (Pausanias : II. 32. 5), Trézène (Pausanias :*

III. 23. 10), et Phénée (Pausanias : X. 38. 5). Ce sont tous des pays de peuplement préhellénique.

10
Les Parques.

a. Les Parques sont au nombre de trois ; elles sont habillées de blanc ; Érèbe les engendra de la Nuit ; ce sont Clotho, Lachésis et Atropos. Atropos, la plus petite, est la plus terrible des trois [1].

b. Zeus qui pèse la vie des hommes et informe les Parques de ses décisions peut, dit-on, changer d'avis et intervenir pour sauver qui il lui plaît, lorsque le fil de la vie, filé sur le fuseau de Clotho et mesuré par la baguette de Lachésis, est près d'être coupé par les ciseaux d'Atropos. En fait, les hommes prétendent qu'ils peuvent eux-mêmes, dans une certaine mesure, diriger leur destin en évitant les dangers superflus. C'est pourquoi les jeunes dieux se moquent des Parques, et on dit qu'un jour Apollon plein de malices les enivra pour sauver son ami Admète de la mort [2].

c. D'autres soutiennent, au contraire, que Zeus lui-même est soumis aux Parques, comme la Pythie l'avoua un jour dans un oracle ; parce qu'elles ne sont pas ses enfants, mais des filles nées par parthénogenèse de la grande déesse Nécessité, avec laquelle même les dieux ne peuvent lutter, et qu'on appelle « La Puissante Parque »[3].

d. A Delphes on vénère seulement deux Parques, celle de la naissance et celle de la mort ; et à Athènes c'est Aphrodite Uranie qui est l'aînée des trois [4].

★

1. *Ce mythe semble basé sur la coutume consistant à broder les insignes de la famille et du clan sur les bandelettes servant de langes à un nouveau-né, ce qui lui conférait sa place dans la société (voir 60. 2) ; mais les Moires ou Trois Parques sont la Triple déesse-Lune — d'où leur robe blanche et le fil de lin qui lui est consacré comme il l'était à Isis. Clotho est la « fileuse », Lachésis, « celle qui mesure le fil », Atropos est « celle à laquelle on ne peut échapper ».* Moire *signifie un « quartier » ou une « phase » et la lune a trois phases et comporte trois personnes : la nouvelle lune, la déesse-Jeune fille du printemps, première*

période de l'année, la pleine lune, la déesse-Nymphe de l'été, deuxième période, et enfin la vieille lune, la déesse-Vieille Femme de l'automne, dernière période (voir 60. 2).

2. *Zeus s'appelait lui-même le « maître des Parques » au moment où il s'empara du pouvoir suprême et du droit de mesurer la vie de l'homme, d'où probablement la disparition, à Delphes, de Lachésis, « celle qui mesure ». Mais Eschyle, Hérodote ou Platon ne prirent pas au sérieux sa prétention d'être leur père.*

3. *Les Athéniens appelaient Aphrodite, Uranie « l'aînée des Parques » parce qu'elle était la déesse-Nymphe à laquelle autrefois le roi sacré était sacrifié, au solstice d'été. « Uranie » signifie « reine des montagnes » (voir 19. 3).*

11.
La naissance d'Aphrodite

a. Aphrodite, déesse du Désir, surgit nue de l'écume de la mer, chevauchant une conque ; elle aborda d'abord sur l'île de Cythère, mais s'étant aperçu que c'était une petite île, elle se rendit au Péloponnèse et finalement s'installa à Paphos, dans l'île de Chypre où se trouve encore le centre principal de son culte. Les herbes et les fleurs poussaient sous ses pas. A Paphos, les saisons, filles de Thémis, se hâtèrent de la vêtir et de la parer.

b. Certains soutiennent qu'elle naquit de l'écume qui s'amassa autour des organes génitaux d'Ouranos, lorsque Cronos les jeta dans la mer ; d'autres que Zeus l'engendra de Dioné, fille, soit d'Océanos et de Téthys, la nymphe de la mer, soit de l'Air et de la Terre. Mais tous s'accordent à dire qu'elle vole dans les airs accompagnée de colombes et de moineaux [1].

★

1. *Aphrodite (née de l'écume de la mer) est cette même déesse dont l'empire était très vaste, qui émergea du Chaos puis dansa sur la mer, et qui était adorée en Syrie et en Palestine sous le nom d'Ishtar ou Ashtaroth (voir I. 1). Son culte le plus important se trouvait à Paphos où on peut encore voir la statue blanche aniconique originale de la déesse dans les ruines d'un temple romain grandiose ; c'est là que, chaque année au printemps, ses prêtresses se plongeaient dans la mer et ressortaient régénérées.*

2. *On l'appelle fille de Dioné, parce que Dioné était la déesse du chêne où la colombe amoureuse faisait son nid (voir 51.* a*). Zeus se prétendit son père après s'être emparé de l'oracle de Dioné à Dodone et par conséquent Dioné devint sa mère. « Téthys » et «Téthis » sont des noms de la déesse sous son aspect créateur (ces mots sont formés comme « Thémis » et « Thésée », sur* tithénai, *« disposer » ou « mettre en ordre ») et sous son aspect de déesse de la mer puisque la vie prit naissance dans la mer (voir 2.* a*). Les colombes et les moineaux étaient connus pour leur lubricité et toute nourriture venant de la mer est encore considérée comme aphrodisiaque dans les pays méditerranéens.*

3. *Cythère était un important centre de commerce situé entre la Grèce et le Péloponnèse et c'est probablement par là que son culte pénétra pour la première fois en Grèce. La déesse crétoise était étroitement associée à la mer ; des coquillages tapissaient le sol du palais qui était son sanctuaire à Cnossos. Elle est figurée sur une pierre dure de la caverne de l'Ida, soufflant dans un coquillage et une anémone de mer se trouve auprès de son autel ; l'oursin de mer et la seiche (voir 81.* I*) lui étaient consacrés. Un coquillage de triton a été découvert dans son ancien sanctuaire à Phaestos ainsi que dans beaucoup d'autres tombes du minoen tardif ; certains de ces coquillages sont en terre cuite.*

12.
Héra et ses enfants

a. Héra, fille de Cronos et de Rhéa, qui était née dans l'île de Samos, ou, selon certains, à Argos, fut élevée en Arcadie par Téménos, fils de Pélasgos. Les Saisons étaient ses nourrices [1]. Après avoir exilé leur père Cronos, Zeus, le frère jumeau d'Héra, la chercha à Cnossos en Crète, ou, selon certains, au mont Thornax (qu'on appelle maintenant mont des Coucous) en Argolide où il la courtisa, d'abord sans succès. Mais elle eut pitié de lui lorsqu'il adopta le déguisement d'un coucou mouillé et elle le réchauffa tendrement dans son sein. Il reprit alors aussitôt sa véritable apparence et la viola. Elle en eut tellement honte qu'elle se maria avec lui [2].

b. Tous les dieux apportèrent des cadeaux pour le mariage. La Terre-Mère, notamment, donna à Héra un arbre couvert de pommes d'or, qui par la suite fut gardé par les Hespérides dans le verger d'Héra sur le mont Atlas. Elle et Zeus passèrent à Samos leur nuit de noces qui dura trois cents ans. Héra se baignait régulièrement dans la source de Canathos, près d'Argos, et renouvelait ainsi sa virginité [3].

c. D'Héra et de Zeus naquirent les dieux Arès, Héphaïstos et Hébé, bien que certains prétendent qu'Arès et sa sœur jumelle Éris furent conçus au moment où Héra touchait une certaine fleur et Hébé au moment où elle touchait une laitue [4], et qu'Héphaïstos était aussi son fils par parthénogenèse, prodige qu'il ne voulut pas croire jusqu'à ce que, l'ayant emprisonnée dans une chaise mécanique dont les bras se repliaient et serraient celui qui était assis, il l'eût contrainte à jurer par le Styx qu'elle ne mentait pas. D'autres disent qu'Héphaïstos était son fils par Talos, neveu de Dédale [5].

★

1. *Le nom d'Héra qu'on considère généralement comme un mot grec signifiant « dame » représente peut-être à l'origine une « Herw-a » (« protectrice »). Elle est la Grande Déesse préhellénique. Samos et Argos étaient les deux centres principaux où on l'adorait en Grèce, mais les Arcadiens prétendaient que leur culte était le plus ancien et ils disaient qu'il était contemporain de leur ancêtre Pélasgos (« l'ancien »), né de la terre. Le mariage forcé d'Héra avec Zeus commémore les conquêtes de la Crète et de la Grèce mycénienne — c'est-à-dire crétoise — et la fin de sa suprématie dans ces deux pays. Il se présenta à elle probablement sous l'aspect d'un coucou transi ce qui signifie que certains Hellènes, qui étaient arrivés en Crète comme fugitifs, acceptèrent de servir dans la garde royale puis fomentèrent une révolution de palais et s'emparèrent du pouvoir. Cnossos fut mis à sac par deux fois — par les Hellènes semble-t-il — en 1700 avant J.-C. et en 1400 avant J.-C. environ ; Mycènes tomba aux mains des Achéens un siècle plus tard. Le dieu Indra dans le Ramayana avait, de même, courtisé une nymphe, déguisé en coucou ; et Zeus s'était adjugé le sceptre d'Héra, surmonté d'un coucou. On a découvert à Mycènes des figurines en feuilles d'or représentant une déesse argienne nue tenant des coucous ainsi que des perchoirs de coucou dans un temple miniature en feuilles d'or au même endroit. Sur un sarcophage crétois très connu d'Hagia Triada, figure un coucou perché sur une hache double.*

2. *Hébé, la déesse enfant, était l'échanson des dieux dans les cultes olympiens. Elle épousa par la suite Héraclès (voir 145.* i *et 5) après que Ganymède eut usurpé ses fonctions (voir 29.* c*). « Héphaïstos » semble avoir été le titre du roi sacré en tant que demi-dieu solaire. Arès était le titre de son général ou « taniste » dont l'emblème était le sanglier sauvage. Ces deux titres devinrent*

des noms de dieux lorsque le culte olympien se fut établi et on les choisit pour jouer le rôle respectivement de dieu de la guerre et de dieu forgeron. La « certaine fleur » était probablement l'aubépine : Ovide dit que la déesse Flora — à laquelle l'aubépine était associée — la montre à Héra. L'aubépine ou épine blanche est en rapport avec le miracle dans la mythologie populaire européenne ; dans la littérature celtique, « sa sœur » est l'épine noire, symbole de dissension — la sœur jumelle d'Arès, Éris.

3. *Talos le forgeron était un héros crétois né de la sœur de Dédale, Perdix (« perdrix ») avec laquelle le mythographe a identifié Héra. Les perdrix consacrées à la Grande Déesse figuraient dans les orgies de l'équinoxe de printemps en Méditerranée orientale où l'on exécutait une danse sautillante à l'imitation de la démarche des perdrix. D'après Aristote, Pline et Élien, les poules étaient fécondées simplement par le cri du coq. Héphaïstos « le boiteux » et Talos semblent être le même personnage né par parthénogenèse ; l'un et l'autre ont été précipités dans le vide par des rivaux jaloux (voir 23.* b *et 92. b) — à l'origine, en l'honneur de leur mère divine.*

4. *A Argos, la fameuse statue d'Héra était posée sur un socle d'or et d'ivoire ; la légende qui l'avait faite prisonnière de son siège est peut-être née de la coutume grecque d'attacher les statues divines à leur trône « pour les empêcher de s'enfuir ». En perdant la statue de son dieu ou de sa déesse une cité risquait de perdre la protection divine et c'est pourquoi les Romains avaient systématiquement fait en sorte que « Rome fût aimée des dieux » — Rome, à l'époque impériale, était devenue le repaire des statues volées. « Les Saisons » étaient ses nourrices : c'était une façon de dire qu'Héra était une déesse du calendrier de l'année. D'où le coucou du printemps figurant sur son sceptre et la grenade mûre de la fin de l'automne qu'elle tenait dans sa main gauche pour symboliser la mort de l'année.*

5. *Un héros, comme le mot l'indique, était un roi sacré qui avait été sacrifié à Héra et dont le corps se trouvait sous la terre, son âme s'étant envolée dans son paradis situé derrière le Vent du Nord. Les pommes d'or dans la mythologie grecque et celtique étaient des « laissez-passer » pour ce paradis (voir 53.* 7, *133.* 4, *et 159.* 3*).*

6. *Le bain par lequel Héra renouvelait tous les ans sa virginité était le même que celui que pratiquait Aphrodite à Paphos. Il semble que c'était là une cérémonie de purification prescrite à la prêtresse de la Lune après qu'elle eut tué son amant, le roi sacré (voir 22.* I *et 150* I*). Héra, qui était la déesse du règne végétal, au printemps, en été et en automne (symbolisée également par la lune nouvelle, pleine et décroissante) était adorée à Stymphale en tant qu'enfant, femme et veuve (Pausanias : VIII. 22. 2 — voir 128.* d*).*

7. *La nuit de noces à Samos dura trois cents ans, peut-être parce que l'année sacrée des Samiens comme celle des Étrusques*

consistait en dix mois de trente jours seulement : on avait supprimé janvier et février (Macrobe : I. 13). Chaque jour représentait une année. Mais il est possible que les mythographes aient ici fait allusion au fait qu'il fallut trois cents années aux Hellènes pour imposer la monogamie au peuple d'Héra.

13.
Zeus et Héra

a. Zeus seul avait le droit de se servir de la foudre ; et c'est grâce à la crainte qu'inspirait son éclair fatal qu'il maintenait son autorité sur la famille querelleuse et insoumise du mont Olympe. Il commandait également aux corps célestes, établissait des lois, faisait respecter les pactes et prononçait des Oracles. Lorsque sa mère Rhéa, prévoyant les difficultés que créeraient ses désirs amoureux, lui interdit de se marier, il fut pris de colère et menaça de la violer. Bien qu'elle se fût changée sur-le-champ en serpent menaçant, Zeus n'en fut pas effrayé, il se changea en serpent mâle et, s'unissant à elle en un nœud indissoluble, il mit sa menace à exécution [1]. C'est alors que commença la longue série de ses aventures amoureuses. Il devint père des Saisons et des Trois Parques par Thémis, des Grâces par Eurynomé, des Trois Muses par Mnémosyne avec qui il s'unit pendant neuf nuits ; et certains disent qu'il fut le père de Perséphone, reine du monde souterrain que son frère Hadès épousa de force, par la nymphe Styx [2]. Ainsi était-il tout-puissant sur la terre comme au ciel ; sa femme Héra était son égale pour une chose seulement : elle pouvait conférer le don de prophétie à l'homme ou à l'animal de son choix [3].

b. Zeus et Héra se chamaillaient continuellement. Furieuse de ses infidélités, elle l'humiliait souvent par ses intrigues. Bien qu'il lui confiât ses secrets, et acceptât parfois ses conseils, il n'avait pas totalement confiance en elle ; Héra, de son côté, savait que s'il était offensé au-delà de certaines limites, il la fouetterait ou même lancerait sa foudre contre elle. Elle avait recours à de cruelles intrigues, comme dans l'affaire de la naissance d'Héraclès, et parfois elle empruntait la ceinture d'Aphrodite pour attiser sa passion et ainsi affaiblir sa volonté [4].

c. Il vint un moment où l'exubérance et les excès de Zeus devinrent à ce point insupportable, qu'Héra, Poséidon, Apollon et tous les autres habitants de l'Olympe, excepté Hestia, l'entourèrent par surprise tandis qu'il était endormi sur sa couche, l'attachèrent avec des lanières de cuir et firent cent nœuds afin qu'il ne puisse plus bouger. Il les menaça de les tuer sur-le-champ mais ils avaient mis la foudre hors de sa portée et se moquèrent de lui. Tandis qu'ils célébraient leur victoire et discutaient âprement pour savoir qui serait son successeur, Thétis la Néréide, prévoyant une guerre civile dans l'Olympe, se hâta d'aller chercher Briarée aux cent bras qui défit promptement les lanières, se servant de toutes ses mains à la fois et libéra son maître. Comme Héra était à l'origine de la conspiration dirigée contre lui, Zeus la suspendit dans le ciel, une chaîne d'or attachée au poignet et une enclume à chaque cheville. Les autres dieux étaient furieux mais n'osaient pas lui porter secours malgré ses cris déchirants. A la fin, Zeus se décida à la libérer à une condition : qu'ils fassent le serment de ne plus jamais s'insurger contre lui ; ce qu'ils firent à contrecœur. Zeus punit Apollon et Poséidon en les envoyant comme esclaves servir le roi Laomédon pour qui ils bâtirent la ville de Troie ; il pardonna aux autres parce qu'ils avaient agi sous la contrainte [5].

★

1. *Les rapports de mari et femme entre Zeus et Héra sont le reflet de ceux qui existaient chez les barbares de l'âge dorien : les femmes avaient été dépossédées de tous leurs pouvoirs magiques, excepté celui de la prophétie ; elles étaient considérées uniquement comme une propriété. Il est fort possible que la circonstance au cours de laquelle Briarée et Thétis sauvèrent la suprématie de Zeus, après la conspiration de tous les dieux de l'Olympe contre lui, ait été en réalité une révolution de palais fomentée contre le Haut Roi hellénique, par des princes vassaux qui réussirent presque à le détrôner et que celui-ci ne fut sauvé que par l'intervention de sa garde personnelle, non hellénique, recrutée en Macédoine, patrie de Briarée, et celle d'un détachement de troupes de Magnésie, peuple de Thétis. S'il en fut ainsi, la conspiration aurait été ourdie sur l'instigation de la grande prêtresse d'Héra que le Haut Roi rabaissa par la suite, ainsi que le mythe en fait foi.*

2. *Le viol par Zeus de Rhéa, déesse de la Terre, implique que les Hellènes, adorateurs de Zeus, transformèrent toutes les cérémonies funéraires et agricoles. Elle lui avait interdit de se*

marier, ce qui signifie que jusqu'alors la monogamie était tout à fait inconnue ; les femmes prenaient autant d'amants qu'il leur plaisait. Le fait qu'il soit le père des Saisons par Thémis signifie que les Hellènes réglèrent également le calendrier : Thémis (« l'ordre ») était la Grande Déesse qui divisa l'année en treize mois comportant deux saisons séparées par les solstices d'hiver et d'été. A Athènes, ces saisons étaient personnifiées par Thallô et Carpô (à l'origine « Carpho ») qui signifient respectivement « qui germe » et « qui se fane » ; leur temple contenait un autel à Dionysos phallique (voir 27. 5). On peut en voir une représentation sur un bas-relief taillé dans le roc à Hattusas ou à Ptéria où elles constituent les deux aspects jumeaux de la déesse-Lion Hepta, née sur les ailes d'un aigle, du soleil à deux têtes.

3. *Charis (« grâce ») était la déesse sous l'aspect ingénu qu'elle avait au moment où la Grande-prêtresse choisissait le roi sacré pour amant ; Homère parle de deux Charites — Pasithéa et Calé qui semblent nées du fractionnement forcé des trois mots :* pasi thea cale, *« la déesse que tous les hommes trouvent belle ». Les deux Charites Auxô (« accroissement ») et Hégémoné (« domination »), que les Athéniens honoraient correspondaient aux deux saisons. Par la suite, les Charites furent honorées sous un aspect triple à l'image des trois Grâces — la Triple-déesse, lorsqu'elle était d'humeur intraitable (voir 106. 3). Le fait qu'elles étaient des enfants de Zeus par Eurynomé, « Créatrice », implique que le seigneur hellène avait le droit de disposer à son gré de toutes les jeunes filles à marier.*

4, *Les Muses (« déesses de la montagne ») qui étaient trois, à l'origine (Pausanias : IX. 29. 2), sont la Triple-déesse sous son aspect orgiaque. Ce n'est que tardivement qu'on a fait de Zeus leur père ; Hésiode les appelle les filles de la Terre-Mère et de l'Air.*

14.
Naissance d'Hermès, Apollon, Artémis, Dionysos

a. Zeus était plein d'ardeur et il eut des rapports amoureux avec de nombreuses nymphes descendant des Titans ou des dieux et, après la création de l'homme, avec des mortelles ; pas moins de quatre grandes divinités de l'Olympe furent enceintes de ses œuvres hors du mariage. D'abord il eut Hermès par Maia la fille d'Atlas, qui le mit au monde dans une caverne sur le mont Cyllène en Arcadie. Puis il eut Apollon et Artémis par Léto la fille des Titans Coeos et Phoebé, après qu'il l'eut changée en caille comme il l'était devenu lui-même au moment de s'unir à elle [1] ; mais Héra, jalouse, envoya le serpent Python à la poursuite de Léto à travers le monde entier et elle décréta que Léto ne serait délivrée en aucun lieu éclairé par le soleil. Sur les ailes du Vent du Sud, Léto arriva enfin à Ortygie, où elle mit au monde Artémis, qui aussitôt née aida sa mère à se rendre entre un olivier et un dattier qui poussaient sur la face nord du mont Cynthe à Délos, et là elle la délivra d'Apollon après qu'elle eut subi les douleurs pendant neuf jours. Délos, qui était jusqu'alors une île flottante, fut fixée définitivement dans la mer et, par décret, personne n'est plus autorisé à y naître ni à y mourir ; les malades et les femmes enceintes sont transportés en bac jusqu'à Ortygie [2].

b. La mère du fils de Zeus, Dionysos, porte divers noms : certains disent que c'était Déméter, ou bien Io [3], certains l'appellent Dioné, d'autres Perséphone, avec qui Zeus s'unit sous forme de serpent ; et d'autres Léthé [4].

c. Mais l'histoire la plus courant dit ceci : Zeus, déguisé en mortel, avait en secret une aventure avec Sémélé (« lune ») la fille du Roi Cadmos de Thèbes ; Héra, jalouse, déguisée en une vieille voisine, conseilla à Sémélé, enceinte de six mois déjà, de demander comme faveur à son mystérieux amoureux de ne pas la tromper plus longtemps et de se montrer tel qu'il était en réalité et sous son aspect véritable ; sinon, comment saurait-elle qu'il n'était pas un monstre ? Sémélé suivit son conseil et Zeus ayant refusé, elle lui interdit l'accès de sa couche. Alors, furieux, il apparut sous la forme du tonnerre et de l'éclair et elle fut consumée. Mais Hermès sauva son enfant qui n'était encore qu'au sixième mois, le cousit dans la cuisse de Zeus, afin qu'il continuât d'être porté durant trois mois et, lorsque le terme fut venu, il le délivra. C'est pourquoi Dionysos est appelé « deux fois né » ou « fils de la double porte » [5].

★

1. *Les nombreux viols dont Zeus se rend coupable sont en rapport, semble-t-il, avec la conquête que firent les Hellènes des anciens temples de la déesse, comme par exemple celui du mont Cyllène ; ses mariages réfèrent à une ancienne coutume consistant à donner le nom de Zeus aux rois sacrés du culte du chêne. Hermès, son fils né à la suite du viol de Maia — c'est le nom de*

la déesse-Terre sous son aspect de Vieille Femme — n'était pas, à l'origine, un dieu mais la puissance totémique d'une colonne phallique ou cairn. Les danses orgiaques en l'honneur de la déesse avaient lieu autour de ces colonnes.

2. Un des éléments de la divinité d'Apollon semble bien avoir été une souris oraculaire — « Apollon Sminthéen » (« Apollon-Souris ») est un de ses noms les plus anciens (voir 158. 2) — que l'on venait consulter dans le sanctuaire de la Grande Déesse, ce qui explique peut-être qu'il soit né où le soleil ne brille jamais, c'est-à-dire sous la terre. Les souris étaient associées à la maladie et à la guérison. C'est pourquoi les Hellènes adorèrent Apollon comme dieu de la médecine et de l'art divinatoire ; ils déclarèrent plus tard qu'il était né sous un olivier et un palmier sur le versant nord d'une montagne. Ils en firent le frère jumeau de la déesse des naissances, Artémis, et lui donnèrent pour mère Léto, la fille des Titans Phoebé (« lune ») et Coeos (« intelligence ») — connue en Égypte et en Palestine sous le nom de Lat, déesse de la fertilité, du palmier et de l'olivier : d'où son arrivée en Grèce, poussée par un Vent du Sud. En Italie, elle devint Latone (« reine Lat »). Sa querelle avec Héra indique un conflit entre d'anciens émigrants de Palestine et des tribus indigènes qui adoraient une autre déesse-Terre ; le culte de la souris qu'elle semble avoir apporté avec elle était fortement établi en Palestine (I Samuel VI. 4 et Isaïe LXVI. 17). Python poursuivant Apollon rappelle l'usage des serpents dans les maisons grecques et romaines, pour se débarrasser des souris. Mais Apollon était aussi le fantôme du roi sacré qui avait mangé la pomme — le mot Apollon provient peut-être de la racine abol, « pomme », plutôt que d'apollunai, « détruire », qui en est l'étymologie courante.

3. Artémis, à l'origine déesse orgiaque, avait pour oiseau sacré la voluptueuse caille. Les cailles volant par bandes vers le nord, au printemps, avaient dû choisir l'île d'Ortygie pour y faire halte au cours de leur migration. La légende selon laquelle Délos, lieu de naissance d'Apollon, était, depuis, devenue une île flottante (voir 43. 4), est peut-être une mauvaise interprétation du récit selon lequel le lieu de sa naissance n'avait pas été officiellement désigné : en effet pour Homère (Iliade, IV. 101) on l'appelle Lycégène, « né en Lycie » ; quant aux Éphésiens, ils se vantaient qu'il était né à Ortygie près d'Éphèse (Tacite : Annales III. 61). A la fois les Béotiens de Tégyres et les Zôstériens attiques prétendaient aussi qu'il était né sur leur sol (Stéphanos de Byzance sub Tegyra).

4. Dionysos débuta probablement en personnifiant un roi sacré que la déesse tuait rituellement d'un trait de foudre le septième mois du solstice d'hiver, et que ses prêtresses dévoraient (voir 27. 3). Ceci explique ses différentes mères : Dioné, la déesse du Chêne, Io et Déméter, déesses du Blé, et Perséphone, déesse de la Mort. Plutarque, lorsqu'il appelle Dionysos « fils de Léthé (« l'oubli ») », se réfère à son dernier aspect de dieu de la Vigne.

5. *La légende de Sémélé, fille de Cadmos, semble rappeler l'intervention décisive des Hellènes en Béotie qui mit fin à la tradition du sacrifice du roi : Zeus olympien affermit alors son pouvoir, prend sous sa protection le roi condamné et tue la déesse à l'aide de sa propre foudre. Ainsi Dionysos devient un Immortel après être né une seconde fois de son père immortel. On adorait Sémélé à Athènes au cours des Lénéennes, fête des Bacchantes : au cours de ces fêtes un taureau d'un an représentant Dionysos était découpé en neuf morceaux et lui était sacrifié — un morceau était jeté dans le feu et le restant était mangé cru par ses adorateurs. On explique généralement* Sémélé *comme étant une forme de Séléné (« lune ») ; neuf était le nombre traditionnel des prêtresses orgiaques de la lune qui participaient à cette fête. On peut en voir neuf en train de danser autour du roi sacré sur une peinture murale dans une caverne à Cogul et c'est encore neuf personnages qui tuent et dévorent saint Samson de Dol, au Moyen Age.*

15.
La naissance d'Éros

a. Certains prétendent qu'Éros, éclos de l'Œuf primordial, fut le premier dieu, puisque sans lui, aucun des autres dieux n'aurait pu naître. Ils le tiennent pour contemporain de la Terre-Mère et du Tartare et soutiennent qu'il n'a eu ni père ni mère à moins que ce ne fût Ilithye, déesse des Naissances, protectrice des sages-femmes [1].

b. D'autres soutiennent qu'il était fils d'Aphrodite par Hermès ou par Arès ou par son propre père Zeus ; ou bien le fils d'Iris par le Vent d'Ouest. C'était un jeune garçon turbulent qui n'avait aucune considération pour l'âge ni pour la situation ; il volait avec ses ailes d'or, tirait ses flèches au hasard et embrasait cruellement les cœurs avec ses traits redoutables [2].

★

1. *Éros (« la passion sexuelle ») était, pour Hésiode, une pure abstraction. Les Grecs primitifs le décrivaient comme un* Ker *ou « calamité ailée », comme la Vieillesse ou la Peste, désirant faire entendre que la passion sexuelle désordonnée pouvait être cause de troubles dans une société organisée ? Les poètes postérieurs cependant prirent à ses farces un plaisir pervers et, à l'époque de Praxitèle, la sentimentalité s'y mêlant, on en avait fait un beau*

jeune homme. Son temple le plus célèbre se trouve à Thespies où les Béotiens l'adoraient sous la forme d'une simple colonne phallique — le pâtre Hermès ou Priape, sous un autre nom (voir 150. a). Les différents récits au sujet de sa généalogie s'expliquent d'eux-mêmes. Hermès était un dieu phallique ; Arès, en tant que dieu de la guerre, augmentait le désir chez les femmes des guerriers. Le fait qu'Aphrodite fût la mère d'Éros et Zeus son père est une allusion destinée à faire entendre que la passion sexuelle ne s'arrête pas devant l'inceste ; sa naissance de l'Arc-en-ciel et du Vent d'Ouest est une simple fantaisie lyrique. « Eileithyia », « celle qui aide les femmes en couches » était l'un des noms d'Artémis, ce qui signifie qu'aucun amour n'est aussi fort que l'amour maternel.

2. *Éros n'a jamais été considéré comme un dieu assez sérieux pour figurer dans la famille des douze maîtres de l'Olympe.*

16.
Poséidon : caractéristiques et attributions

a. Zeus, Poséidon et Hadès, après avoir détrôné leur père Cronos, tirèrent au sort pour la souveraineté du ciel, de la mer et de l'obscur monde souterrain (la terre avait été laissée à la disposition de tous). Zeus tira le ciel, Hadès le monde souterrain et Poséidon la mer. Poséidon, qui est l'égal de son frère quant à la magnificence, avait moins de pouvoir que lui ; il était d'un caractère bourru et querelleur ; il se mit aussitôt à bâtir son palais au fond de la mer au large d'Aégée, port béotien. Dans ses vastes écuries, il possède pour ses chars des chevaux blancs à la crinière d'or et aux sabots d'airain ainsi qu'un chariot d'or à l'approche duquel les tempêtes s'apaisent instantanément tandis que les monstres marins surgissent hors de l'eau et l'entourent en dansant [1].

b. Ayant besoin d'une femme pour rester à la maison dans les profondeurs de la mer, il courtisa Thétis, la Néréide ; mais Thémis ayant prophétisé que tout fils qui naîtrait de Thétis serait plus grand que son père, il cessa de la courtiser et lui permit d'épouser un mortel du nom de Pélée. Amphitrite, autre Néréide qu'il rechercha ensuite, résista à ses avances et s'enfuit dans les montagnes de l'Atlas pour lui échapper, mais il envoya des messagers à sa poursuite, parmi lesquels un certain Delphinos qui plaida la cause de Poséidon d'une façon si charmante qu'elle céda et le pria d'organiser le mariage. Pour lui témoigner sa reconnaissance, Poséidon plaça l'image de Delphinos au milieu des étoiles : c'est la constellation du Dauphin [2].

Amphitrite donna trois enfants à Poséidon : Triton, Rhodé et Benthésicymé ; mais il lui donna autant de raisons d'être jalouse que Zeus à Héra par ses aventures avec des déesses, des nymphes et des mortelles. Son inclination pour Scylla, fille de Phorcys, l'irrita tout particulièrement et elle la changea en un monstre aboyeur à six têtes et douze pattes, en jetant des herbes magiques dans l'étang où elle se baignait [3].

c. Poséidon était avide de royaumes terrestres et un jour il revendiqua l'Attique en plantant son trident dans l'Acropole d'Athènes, où se forma aussitôt un puits d'eau salée qui s'y trouve encore. Plus tard, au cours du règne de Cécrops, Athéna vint et s'installa d'une manière plus agréable en plantant le premier olivier près du puits. Poséidon, furieux, la provoqua en combat singulier et Athéna était prête d'accepter si Zeus ne s'était interposé et ne leur avait ordonné de se soumettre à un arbitrage. Ils se présentèrent donc devant un tribunal des dieux composé de leurs collègues divins, qui prièrent Cécrops d'entendre les témoins. Zeus n'émit pas d'opinion, mais tous les autres dieux soutinrent Poséidon et toutes les déesses soutinrent Athéna. Et ainsi, à la majorité d'une voix, le tribunal décréta qu'Athéna avait plus de droits sur le territoire parce qu'elle lui avait fait un meilleur cadeau.

d. Extrêmement irrité, Poséidon envoya d'énormes vagues qui submergèrent la plaine de Thria, où se trouvait Athéné, la ville d'Athéna : et c'est alors que la déesse établit sa demeure à Athènes, à laquelle elle donna aussi son nom. Toutefois, pour apaiser la colère de Poséidon, les femmes d'Athènes furent privées de leur droit de vote et il fut interdit aux hommes de porter le nom de leur mère comme ils l'avaient fait jusqu'alors [4].

e. Poséidon disputa également Trézène à Athéna ; et à cette occasion Zeus donna l'ordre que la cité fût partagée entre eux deux — ce qui fut désagréable à l'un et à l'autre. Ensuite, il essaya, sans succès, d'obtenir de Zeus, Égine et de Dionysos, Naxos ; et ayant disputé Corinthe à Hélios, il ne reçut que l'Isthme tandis qu'à Hélios était octroyé l'Acropole. Furieux, il essaya de prendre à Héra l'Argolide et il était tout prêt à combattre encore, refusant de comparaître devant ses pairs olympiens, qui, disait-il, étaient prévenus contre lui. En conséquence, Zeus soumit l'affaire aux dieux-Fleuves Inachos, Céphise et Astérion, dont le jugement fut en faveur d'Héra. Comme il lui avait été interdit de se venger par des inondations comme précédemment, il fit exactement le contraire : il dessécha les rivières de ses juges en sorte qu'elles ne coulent plus à présent en été. Toutefois, par amour pour Amymônê, une des Danaïdes, affligée par cette sécheresse, il fit que la source de Lerce en Argolide ne cesse jamais de couler [5].

f. Il se vante d'avoir créé le cheval, mais on dit que lorsqu'il était encore nouveau-né, Rhéa en donna un à Cronos ; il revendique aussi l'invention de la bride, bien qu'Athéna l'eût déjà inventée avant lui ; mais on ne lui conteste pas d'avoir institué les courses de chevaux. En tout cas les chevaux lui sont consacrés, peut-être à cause de sa poursuite amoureuse de Déméter, alors qu'en larmes elle était à la recherche de sa fille Perséphone. On dit que Déméter fatiguée et découragée par sa recherche et peu disposée à des badinages amoureux avec aucun dieu ou Titan, se transforma en jument et s'en fut paître avec le troupeau d'un certain Oncos, fils d'Apollon qui régnait à Oncéion en Arcadie. Mais elle ne réussit pas à duper Poséidon, qui se transforma lui-même en étalon et s'unit à elle ; de cette union indigne naquit la nymphe Despoena et le cheval sauvage Aérion. La colère de Déméter fut si violente qu'elle est encore adorée localement comme « Déméter en Fureur » [6].

★

I. *Thétis, Amphitrite et Néréis étaient des noms locaux de la Triple déesse-Lune maîtresse de la mer ; et, comme Poséidon était le dieu Père des Éoliens qui aimaient la mer, celui-ci déclara qu'il était son mari partout où elle avait des adorateurs. Pélée épousa Thétis sur le mont Pélion (voir 81. 2). Néréis signifie « l'humide », et le nom d'Amphitrite se rapporte au « troisième élément », la mer, qui est posée sur la terre, le premier élément ; au-dessus d'elle se trouve le second élément, l'air. Dans les poèmes d'Homère, Amphitrite signifie simplement « la mer » ; elle n'est pas la femme de Poséidon. Sa répugnance à épouser Poséidon va de pair avec la répugnance qu'éprouve Héra à l'égard de Zeus et avec celle de Perséphone à l'égard d'Hadès. Son mariage signifiait que les prêtres mâles cherchaient à enlever aux femmes le monopole de l'industrie de la pêche. La légende de Delphinos est une simple allégorie romanesque : les dauphins font leur apparition lorsque la mer se calme. Les enfants d'Amphitrite n'étaient autres qu'elle-même sous son aspect triple ; Triton était la nouvelle lune, signe de chance ; Rhodé, la pleine lune de la moisson, et Benthésicymé, la vieille lune dangereuse. Mais Triton, depuis, est devenu masculin. Aegée se trouvait sur la rive béotienne abritée par l'Eubée et servait de port à Orchomène. C'est dans ces parages que l'expédition navale contre Troie opéra son rassemblement.*

2. *La légende de la vengeance d'Amphitrite contre Scylla a son équivalent dans la vengeance de Pasiphaé contre une autre Scylla (voir 91. 2). Scylla « celle qui déchire » ou « jeune chien » est simplement un aspect désagréable d'elle-même : la déesse de la Mort, à tête de chien, Hécate (voir 31. f), qui était chez elle sur terre et sur les eaux. Un sceau découvert à Cnossos la montre menaçant un homme dans un bateau de la même manière qu'elle menaçait Odysseus dans le détroit de Messine (voir 170. t). Le récit que cite Tzetzès semble avoir été tiré, d'une manière fautive, d'un ancien vase peint sur lequel figure Amphitrite debout auprès d'un étang où se trouve un monstre à tête de chien. De l'autre côté du vase est figuré un héros noyé, pris entre deux déesses triples à têtes de chien, à l'entrée du monde souterrain (voir 131. a et 134.* I*).*

3. *Les tentatives de Poséidon pour s'emparer de certaines villes sont des mythes politiques. Sa querelle au sujet d'Athènes indique qu'il avait fait une tentative malheureuse pour devenir la divinité tutélaire de la ville à la place d'Athéna. Mais la victoire d'Athéna fut incomplète car elle dut faire des concessions au système patriarcal : les Athéniens abondonnèrent la coutume crétoise en vigueur en Carie jusqu'à la période classique (Hérodote : I. 173) et ils cessèrent de porter le nom de leur mère. Varron qui donne ce détail dit que cette décision fut plébiscitée par tous les hommes et par toutes les femmes d'Athènes. Il est clairement établi que les Pélasges ioniens d'Athènes furent vaincus par les Éoliens et qu'Athéna ne reconquit sa souveraineté qu'en s'alliant aux Achéens de Zeus qui, par la suite, lui retirèrent la paternité de Poséidon et la firent naître une seconde fois de la tête de Zeus.*

4. *L'olivier cultivé avait été, à l'origine importé de Libye ce qui explique le mythe de l'origine libyenne d'Athéna ; mais ce qu'elle apporta ne devait être qu'une simple bouture — l'olivier cultivé a besoin d'être greffé sur un olivier sauvage — ; on pouvait encore voir son arbre à Athènes au* II*e siècle avant J.-C. L'inondation de la plaine de Thria est probablement un événement historique, mais on ne peut en préciser la date. Il est fort possible qu'au début du* XIV*e siècle avant J.-C., période que les météorologues disent avoir été extrêmement pluvieuse, les fleuves d'Arcadie ne se trouvèrent jamais à sec et que, par la suite, leur tarissement fût attribué à la vengeance de Poséidon. Le culte du soleil préhellénique à Corinthe est un fait bien établi (Pausanias : II. 4. 7 — voir 67. 2).*

5. *Le mythe de Déméter et Poséidon réfère à une invasion Hellène de l'Arcadie. Il existait à Phigalie une figuration de Déméter à tête de jument, patronne du culte préhellénique du cheval. Les chevaux étaient consacrés à la lune parce que leurs sabots laissent une trace en forme de croissant de lune et que la lune était considérée comme la source de toutes les eaux ; c'est pourquoi on a associé Pégase à des sources (voir 75.* b*). Les premiers Hellènes firent venir d'au-delà de la Caspienne une race de chevaux plus grands qu'ils introduisirent en Grèce — l'expèce que l'on trouvait dans le pays était de la taille d'un poney des Shetland approximativement et ne convenait pas aux attelages de chars. Ils semblent s'être emparés des centres du culte du cheval où les rois guerriers épousaient par la force les prêtresses locales, acquérant ainsi un droit sur le territoire ; ils supprimaient aussi parfois les orgies de la jument sauvage (voir 72.* 4*). Les chevaux sacrés Areion et Despoina (nom de Déméter elle-même) furent alors considérés comme les enfants de Poséidon. Amymôné était peut-être le nom de la déesse à Lerne, centre du culte de l'eau des Danaïdes (voir 60. g et* 4*).*

6. *Déméter sous son aspect de Furie, de même que Némésis sous son aspect de Furie (voir 32.* 3*), n'était autre que la déesse dans son humeur homicide annuelle ; la légende de Poséidon et Déméter à Tilphoussa en Béotie était déjà ancienne à l'arrivée des Hellènes. Cette légende existe dans la littérature sacrée hindoue primitive : Saranyu se change en jument, Vivaswat devient un étalon et s'unit à elle ; le fruit de leurs amours sont les deux héros Asvins. «Déméter-Érinys » représentait peut-être, non pas une « Déméter-Furie », mais une « Déméter-Saranyu », ce qui serait une tentative pour réconcilier les deux civilisations ennemies ; mais pour les Pélasges, qui étaient rancuniers, Déméter avait été offensée et elle le demeura.*

17.
Hermès : caractéristiques et attributions

a. Lorsque Hermès naquit sur le mont Cyllène, sa mère Maia le déposa dans ses langes sur un van d'osier, mais il grandit et devint un petit garçon avec une surprenante rapidité, et dès qu'elle eut le dos tourné, il s'esquiva et partit en quête d'aventures. Il arriva sur le mont Piéros, en Thessalie, où Apollon gardait un beau troupeau de génisses ; il décida de les voler. Mais craignant d'être trahi par les traces de leurs pas, il fit rapidement des sandales avec l'écorce d'un chêne abattu et les fixa à l'aide d'herbes tressées aux pattes des génisses qu'il poussa devant lui sur la route, la nuit. Apollon s'aperçut du larcin, mais la ruse d'Hermès le trompa et, bien qu'il eût fait des recherches à l'ouest jusqu'à Pylos et jusqu'à Onchestos à l'est, il fut contraint, en fin de compte de promettre une récompense pour la capture du voleur. Silène et les satyres avides de récompense se répandirent dans différentes directions pour essayer de retrouver une trace mais pendant longtemps ce fut sans succès. Enfin comme quelques-uns d'entre eux traversaient l'Arcadie, ils entendirent une musique assourdie telle qu'ils n'en avaient jamais entendue auparavant ; la nymphe Cyllénè leur dit, à l'entrée de la caverne, qu'un enfant exceptionnellement doué venait de naître en ce lieu et qu'elle en était la nourrice ; il avait ingénieusement construit un jouet musical au moyen d'une carapace de tortue et de boyaux de vache, il avait ainsi bercé sa mère qui s'était endormie.

b. « Et qui lui a donné les boyaux de vache ? » demanda vivement le satyre, ayant remarqué deux peaux étendues à l'extérieur de la caverne. « Accusez-vous le pauvre enfant d'être un voleur ? » fit Cyllénè. Il y eut un échange de propos assez vifs.

c. C'est à ce moment que survint Apollon ; il avait découvert l'identité du voleur en observant le comportement suspect d'un oiseau à longues ailes. Il pénétra dans la caverne, éveilla Maia et lui dit d'un ton sévère qu'Hermès devait rendre les génisses volées. Maia montra du doigt l'enfant, encore enveloppé dans ses langes et qui feignait de dormir : « Cette accusation est ridicule », s'écria-t-elle. Mais Apollon avait reconnu les peaux. Il prit Hermès dans ses bras et l'emmena dans l'Olympe ; là il l'accusa formellement du vol, et, en guise de preuve, montra les peaux de génisse. Zeus, qui avait de la peine à croire que son petit-fils nouveau-né était un voleur, lui conseilla de plaider non coupable mais Apollon refusait de céder et, à la fin, Hermès faiblit et avoua.

« C'est bien, dit-il, venez, vous aurez votre troupeau. Je n'en ai égorgé que deux et je les ai découpées en douze parts égales pour les offrir en sacrifice aux douze dieux.

— *Douze* dieux ? fit Apollon, mais qui donc est le douzième ?

— Votre serviteur, Monsieur, répondit Hermès d'un air modeste. Je n'ai guère mangé plus que ma part, bien que j'eusse grand-faim et j'ai brûlé le reste, selon la loi. »

C'est là le premier sacrifice sous forme de chair qui ait jamais été fait.

d. Les deux dieux retournèrent au mont Cyllène ; Hermès salua sa mère et tira de dessous une peau de mouton quelque chose qu'il avait caché : « Que tenez-vous donc là ? » demanda Apollon. En réponse, Hermès lui montra la lyre en carapace de tortue qu'il venait de créer et y joua un air si charmant à l'aide du plectre qu'il avait aussi fabriqué, chantant la noblesse d'Apollon, son intelligence et sa générosité qu'on lui pardonna sur-le-champ. Il conduisit Apollon étonné et ravi jusqu'à Pylos en jouant de la musique tout le long du chemin ; là il lui rendit le restant du troupeau qu'il avait caché dans une caverne.

« Je te propose un marché ! s'écria Apollon. Tu gardes les génisses et je prends la lyre.

— D'accord », fit Hermès et ils se serrèrent la main.

e. Pendant que les génisses affamées mangeaient de l'herbe, Hermès coupa des roseaux, en fit une flûte de berger et joua un nouvel air de musique. Apollon, ravi à nouveau, s'écria : « Je te propose un marché ! Si tu me donnes la flûte, je te donnerai cette houlette en or qui me sert à faire paître mon troupeau et à l'avenir tu seras le dieu de tous les pâtres et bergers.

— Ma flûte vaut plus que ta houlette, répondit Hermès, mais je veux bien en faire l'échange avec toi, si tu m'apprends aussi l'art des augures, parce que je crois que c'est très utile.

— Non, je ne le peux pas, dit Apollon, mais tu peux aller, si tu veux, voir nos vieilles nourrices, les Thries qui habitent sur le Parnasse, elles t'apprendront à prédire l'avenir à l'aide de petits caillous. »

f. Ils se serrèrent la main encore une fois et Apollon, ramenant l'enfant dans l'Olympe, raconta à Zeus tout ce qui s'était passé. Zeus avertit Hermès d'avoir à respecter désormais les droits de propriété, et de s'abstenir de faire des mensonges imprudents ; néanmoins il ne pouvait s'empêcher d'être amusé : « Tu sembles être un petit dieu fort ingénieux, éloquent et persuasif, dit-il.

— Alors adopte-moi comme messager, répondit Hermès et je serai responsable de la sécurité de toute propriété divine, je ne ferai jamais de mensonge, bien que je ne puisse promettre de dire absolument toute la vérité.

— On ne peut guère l'espérer de ta part, dit Zeus en souriant, mais tes fonctions comporteront d'établir des contrats, de favoriser le commerce et de veiller à la libre circulation des voyageurs sur toutes les routes du monde. »

Après qu'Hermès eut accepté ces conditions, Zeus lui donna une houlette de messager avec des cordons blancs (et chacun reçut l'ordre de la respecter), un chapeau rond contre la pluie et des sandales ailées en or qui le transportaient avec la rapidité du vent. Il fut immédiatement accueilli dans la famille Olympienne à qui il apprit l'art de faire du feu en imprimant un mouvement très rapide à un bâton à feu.

g. Par la suite, les Thries montrèrent à Hermès comment prédire l'avenir d'après le déplacement des cailloux dans une bassine d'eau, et lui-même inventa à la fois le jeu des osselets et l'art de prédire l'avenir d'après leur position. Hadès l'adopta également comme messager pour lui amener les morts avec douceur et après les avoir convaincus, en posant la houlette d'or sur leurs yeux [1].

h. Ensuite il assista les Trois Parques pendant qu'elles composaient l'alphabet ; il inventa l'astronomie, l'échelle musicale, l'art de la boxe et les arts gymniques, les poids et mesures (que certains attribuent à Palamède) et la culture de l'olivier [2].

i. Certains affirment que la lyre inventée par Hermès avait sept cordes, d'autres qu'elle n'en avait que trois correspondant aux saisons, ou quatre correspondant aux quarts de l'année, et que c'est Apollon qui en amena le nombre à sept [3].

j. Hermès eut de nombreux fils : parmi eux, Échion, le messager des Argonautes ; Autolycos le voleur et Daphnis l'inventeur de la poésie bucolique. Ce Daphnis était un beau jeune homme sicilien, que sa mère, une nymphe, abandonna dans un bosquet de lauriers sur la montagne d'Héra ; d'où le nom que lui ont donné les bergers, ses parents nourriciers. Pan lui apprit à jouer de la flûte ; Apollon l'aimait et il avait coutume de chasser en compagnie d'Artémis qui prenait plaisir à sa musique. Il prodiguait tous ses soins à ses nombreux troupeaux, qui étaient de la même race que ceux d'Hélios. Une nymphe appelée Nomia lui fit jurer de lui être toujours fidèle sous peine de devenir aveugle s'il la trompait ; mais sa rivale, Chimère, trouva moyen de le séduire pendant qu'il était ivre et Nomia le rendit aveugle comme elle l'en avait menacé. Daphnis se consola pendant un certain temps avec des poèmes tristes sur la cécité, mais il ne vécut pas longtemps. Hermès le changea en un rocher que l'on peut encore voir dans la ville de Céphalénitanum, et il fit naître une source appelée Daphnis qui jaillit à Syracuse où des sacrifices annuels lui furent consacrés [4].

★

1. *Le récit mythique de l'enfance d'Hermès n'a survécu que dans sa transcription tardive. Une tradition, racontant les attaques contre les troupeaux effectuées par les puissants Messéniens à l'encontre de leurs voisins (voir 74.* g *et 171.* h*), et faisant état d'un traité y mettant fin, semble avoir été incorporée sous forme de mythe à un récit relatant comment les Hellènes barbares l'emportèrent sur une civilisation créto-helladique qu'ils avaient découverte en Grèce centrale et méridionale et comment ils exploitèrent ces Créto-hellènes au nom du dieu Apollon qu'ils avaient adopté — la boxe, les sports gymniques, les poids et mesures, la musique, l'astronomie et la culture de l'olivier étaient durs aux préhellènes (voir 162.* 6*) — et aussi comment ils avaient appris les bonnes manières.*

2. *Hermès est né, en tant que dieu, des phallus de pierre qui étaient des centres locaux d'un culte de fertilité préhellénique (voir 15.* I*) — le récit de sa croissance rapide est peut-être dû à une sorte d'humour obscène d'Homère — mais aussi de l'Enfant Divin du calendrier Préhellénique (voir 24.* 6, *44.* I, *105.* I, *174.* 4, etc.*) ; du dieu égyptien Thoth, le dieu de l'intelligence ; et d'Anubis, guide des âmes dans le monde souterrain.*

3. *Les trois rubans blancs de messagers fixés au bâton d'Hermès furent pris, à tort, par la suite, pour des serpents, parce qu'il était le messager d'Hadès ; d'où le nom d'Échion. Les Thries sont la Triple Muse (« déesse de la montagne ») du Parnasse et leur divination au moyen de cailloux jetés se pratiquait également à Delphes (Mythographi Graeci :* Appendix Narrationum *67). C'est à Athéna qu'on attribua d'abord l'invention des osselets divinatoires (Zenobius :* Proverbes *V.75) et ceux-ci devinrent d'un usage populaire ; mais l'art augural continua d'être réservé à un petit nombre tant en Grèce qu'à Rome. « L'oiseau-aux-longues-ailes » d'Apollon était probablement la grue d'Hermès ; en effet les prêtres d'Apollon empiétaient constamment sur le terrain d'Hermès qui présidait auparavant aux arts divinatoires, à la littérature et aux arts, comme l'avaient fait les prêtres d'Hermès pour Pan, les Muses et Athéna. L'invention du feu était attribuée à Hermès parce que le frottement du bâton mâle dans le tronc creux femelle était considéré comme de la magie phallique.*

4. *Silène et ses fils les Satyres étaient des personnages comiques classiques dans le théâtre attique (voir 83.* 5*) ; à l'origine, c'étaient des montagnards primitifs de la Grèce du Nord. Une des nymphes disait qu'il était un autochtone ou un fils de Pan (Nonnos :* Dionysiaca *XIV. 97 ; XXIX. 262 ; Elien :* Varia Historia *III. 18).*

5. *La légende romanesque de Daphnis est née d'une colonne phallique à Céphalénitanum et d'une fontaine à Syracuse, l'une comme l'autre vraisemblablement entourées d'un bosquet de lauriers où l'on entonnait des chants en l'honneur de la mort invisible. On disait que Daphnis était aimé d'Apollon parce qu'il avait emporté le laurier de la déesse orgiaque de Tempé (voir 21. 6).*

18.
Aphrodite : caractéristiques et attributions

a. Il était rare qu'Aphrodite prêtât aux autres déesses sa ceinture magique qui rendait tout le monde amoureux de celle qui la portait car elle était jalouse de ses prérogatives. Zeus l'avait donnée en mariage à Héphaïstos, le dieu forgeron boiteux, mais le véritable père des trois enfants qu'elle lui donna, Phobos, Déimos et Harmonie, n'était autre qu'Arès au beau corps, le dieu de la guerre, fougueux, ivrogne et querelleur. Héphaïstos ne savait rien de l'infidélité de sa femme jusqu'à une certaine nuit où les amants s'étaient attardés plus que de coutume dans leur lit au palais d'Arès en Thrace ; Hélios, en se levant, les surprit ensemble et rapporta la chose à Héphaïstos.

b. Furieux, Héphaïstos se retira dans sa forge et forgea un filet de chasse en bronze aussi léger qu'un fil de vierge, mais qu'il était impossible de rompre, et il le fixa en secret aux colonnes et aux bords de son lit de noces. Il dit à Aphrodite qui revenait de Thrace, toute souriante, racontant qu'elle avait été à Corinthe pour affaires : « Je te prie de m'excuser, chère épouse, je vais prendre quelques jours de vacances à Lemnos, mon île favorite ». Aphrodite ne proposa pas de l'accompagner et, dès qu'il fut hors de vue, envoya en toute hâte chercher Arès. Celui-ci ne tarda pas à arriver. Ils se mirent au lit, tout heureux, mais à l'aube ils se trouvèrent empêtrés dans le filet, tout nus, et dans l'impossibilité de fuir. Héphaïstos, revenu de son voyage, les surprit ainsi et convoqua tous les dieux à être les témoins de son déshonneur. Il déclara alors qu'il ne délivrerait sa femme que lorsque les précieux cadeaux de mariage qu'il avait offerts à Zeus, son père adoptif, lui seraient restitués.

c. Les dieux accoururent pour voir Aphrodite dans cette situation délicate ; mais les déesses firent preuve de tact et restèrent chez elles. Apollon donnant un coup de coude à Hermès : « Tu ne serais pas mécontent d'être à la place d'Arès, malgré le filet et tout, avoue-le. » Hermès jura qu'il aurait été enchanté, même s'il y avait eu trois filets au lieu d'un et que toutes les déesses fussent présentes avec un air désapprobateur. Sur ces mots les deux dieux se mirent à rire bruyamment, mais Zeus était tellement irrité qu'il refusa de rendre les cadeaux de mariage et il ne voulut pas s'immiscer dans une vulgaire querelle entre mari et femme ; il déclara qu'Héphaïstos avait été stupide, en tout cas, d'avoir rendu cette affaire publique. Poséidon, qui, à la vue du corps dénudé d'Aphrodite, était tombé amoureux d'elle, dissimula sa jalousie à l'égard d'Arès et fit semblant de compatir à la mésaventure d'Héphaïstos.

« Puisque Zeus refuse d'intervenir, dit-il, je me charge de faire payer à Arès l'équivalent de ces fameux cadeaux de mariage, en échange de sa libération [1].

— Très bien, fit Héphaïstos d'un air sombre. Mais si Arès ne remplit pas ses engagements, c'est toi qui prendras sa place sous le filet.

— Aux côtés d'Aphrodite ? demanda en riant Apollon.

— Je ne pense pas qu'Arès manque à sa parole, dit Poséidon d'un air digne. Mais s'il arrivait qu'il y manquât je suis prêt à payer la dette et à épouser Aphrodite. »

Et ainsi Arès fut libéré et retourna en Thrace, et Aphrodite se rendit à Paphos où elle retrouva sa virginité dans la mer [1].

d. Flattée de la déclaration d'amour spontanée d'Hermès, Aphrodite passa, peu après, une nuit avec lui ; ainsi naquit Hermaphrodite, un être bisexué ; satisfaite également de l'intervention de Poséidon en sa faveur, elle lui donna deux fils, Rhodos et Hérophilos [2]. Inutile de dire qu'Arès ne tint pas ses engagements arguant que si Zeus ne payait pas, il n'y avait aucune raison pour qu'il le fasse et en fin de compte personne ne paya car Héphaïstos était follement épris d'Aphrodite et n'avait en réalité aucunement l'intention de divorcer.

e. Plus tard, Aphrodite céda à Dionysos et lui donna Priape ; c'était un enfant laid pourvu d'organes génitaux énormes ; c'est Héra qui lui avait donné cette apparence obscène, pour témoigner à Aphrodite sa désapprobation à l'égard de sa conduite. Priape est jardinier et porte une serpette [3].

f. Bien que Zeus n'eût jamais commerce avec sa fille adoptive Aphrodite, comme le prétendent certains, l'effet magique de sa ceinture le maintenait dans un état de perpétuelle tentation et à la fin il décida de l'humilier en la faisant s'éprendre d'un mortel. Il choisit le bel Anchise, roi des Dardaniens, petit-fils d'Ilos. Une nuit qu'il dormait dans sa cabane de berger sur le mont Ida à Troie, Aphrodite lui rendit visite déguisée en princesse phrygienne, vêtue d'une robe rouge éclatante, et se donna à lui sur un lit recouvert de peau d'ours et de lions, tandis que des abeilles ensommeillées bourdonnaient autour d'eux. Lorsqu'ils se séparèrent à l'aube, elle lui révéla son identité et lui fit promettre de ne dire à personne qu'elle avait passé la nuit avec lui. Anchise fut horrifié d'apprendre qu'il avait contemplé le corps nu d'une déesse et la supplia d'épargner sa vie. Elle lui assura qu'il n'avait rien à craindre, et que leur fils serait célèbre[4]. Quelques jours plus tard, alors qu'Anchise buvait avec ses compagnons, l'un d'eux demanda : « Ne préférerais-tu pas coucher avec la fille de tel ou tel plutôt qu'avec Aphrodite ? — Non, répliqua-t-il imprudemment. Ayant couché avec l'une et l'autre, la question ne se pose pas. »

g. Zeus entendit par hasard ces vantardises et lança sa foudre sur Anchise qui aurait été tué sur le coup si Aphrodite n'avait interposé sa ceinture et détourné la foudre dans le sol à ses pieds. Cependant le choc affaiblit à ce point Anchise qu'il ne fut plus jamais capable de se tenir droit, et Aphrodite, après avois mis au monde son fils Énée, sentit s'éteindre sa passion pour lui[5].

h. Un jour, la femme du Cinyras le Cypriote — certains l'appellent le roi Phénix de Byblos et d'autres le roi Théias l'Assysien — se vanta imprudemment que sa fille Smyrna était plus belle qu'Aphrodite elle-même. La déesse se vengea de l'insulte en faisant s'éprendre Smyrna de son propre père et la fit entrer dans son lit par une nuit très sombre après que sa nourrice l'eut enivré au point qu'il ne savait plus ce qu'il faisait.

Par la suite, Cinyras s'aperçut qu'il était à la fois le père et le grand-père de l'enfant non encore né de Smyrna ; fou de colère, il saisit une épée et la chassa du palais ; il la rattrapa au sommet d'une colline, mais Aphrodite changea promptement Smyrna en arbre à myrrhe et l'épée du roi, en s'abattant, le fendit en deux : le jeune Adonis en sortit trébuchant ; Aphrodite, qui regrettait déjà sa mauvaise action, cacha Adonis dans un coffre et le confia à Perséphone, reine des Enfers, en lui demandant de le ranger dans un lieu sombre.

i. Perséphone eut la curiosité d'ouvrir le coffre et trouva Adonis à l'intérieur. Il était si charmant qu'elle le sortit, le prit dans ses bras et l'éleva dans son propre palais. La nouvelle parvint à Aphrodite qui se rendit au Tartare pour réclamer Adonis. Perséphone ayant refusé de le rendre car elle avait fait de lui son amant, Aphrodite en appela à Zeus. Zeus, sachant fort bien qu'Aphrodite aussi avait des vues sur Adonis, refusa d'être juge dans une querelle aussi déplaisante et il transféra l'affaire à un tribunal inférieur, présidé par la Muse Calliope. Le verdict de Calliope fut que Perséphone et Aphrodite avaient sur Adonis des droits égaux, Aphrodite pour l'avoir fait naître et Perséphone pour l'avoir délivré du coffre ; mais on lui accorderait de petites vacances chaque année afin de lui permettre de se reposer des sollicitations amoureuses des deux insatiables déesses. En conséquence, elle divisa l'année en trois parties égales, dont il devait passer l'une avec Perséphone, l'autre avec Aphrodite et la troisième tout seul.

Mais Aphrodite tricha : elle porta sa ceinture tous les jours et persuada Adonis de lui consacrer sa part personnelle, de n'accorder qu'à contrecœur à Perséphone le temps qui lui était dû et de ne pas respecter l'arrêt du tribunal [6].

j. Perséphone, justement affligée, se rendit en Thrace où elle raconta à Arès, son bienfaiteur, qu'Aphrodite lui préférait à présent Adonis, « un simple mortel », s'écria-t-elle et de surcroît efféminé. Arès devint fou de jalousie. Déguisé en sanglier sauvage, il fonça sur Adonis qui chassait sur le mont Liban et le perça de part en part sous les yeux d'Aphrodite. Des anémones naquirent de son sang et son âme descendit au Tartare. Aphrodite, en larmes, alla trouver Zeus et demanda qu'Adonis ne fût pas contraint de passer plus de la moitié sombre de l'année avec Perséphone et pût être son compagnon pendant les mois d'été. Zeus, magnagime, promit. Mais certains disent que le sanglier n'était autre qu'Apollon et qu'il s'était vengé d'une offense qu'Aphrodite lui avait faite [7].

k. Un jour, pour rendre Adonis jaloux, Aphrodite passa plusieurs nuits à Lilybée avec Boutès l'Argonaute et par lui devint la mère d'Éryx, un roi de Sicile. Elle eut d'Adonis un fils, Golgos, fondateur de la dynastie des Golgides chypriotes, et une fille, Béroë, qui fonda Béroë en Thrace et certains prétendent que c'est Adonis et non Dionysos qui fut le père de son fils Priape [8].

l. Les Parques assignèrent à Aphrodite un unique devoir divin : aimer ; mais un jour Athéna, l'ayant surprise à travailler sur un métier à tisser, se plaignit qu'on avait empiété sur ses prérogatives et menaça d'y renoncer complètement. Aphrodite s'excusa vivement et, depuis lors, n'a plus jamais rien fait de ses mains [9].

★

1. *Les derniers Hellènes abaissèrent la Grande Déesse de la Méditerranée qui avait été pendant longtemps la divinité la plus importante à Corinthe, à Sparte, à Thespies et à Athènes, en la mettant sous une tutelle masculine et en considérant ses orgies solennelles comme des écarts adultères. Le filet d'Héphaïstos dans lequel Homère fait prendre Aphrodite était à l'origine le filet d'Aphrodite déesse de la mer (voir 89.* 2*) et il semble que ses prêtresses le portaient au cours du carnaval du printemps ; la prêtresse de la déesse scandinave Hollé ou Godé faisait de même, à la Fête de Mai.*

2. *Priape naquit des statues phalliques impudiques qui présidaient aux orgies dionysiaques. On en a fait le fils d'Adonis à cause des « jardins » miniatures que l'on offrait au cours de ses fêtes. Le poirier (apios) était consacré à Héra première déesse du Péloponnèse qu'on appela en conséquence Apia (voir 64.* 4 *et 74.* 6*).*

3. *Aphrodite Urania (« reine de la montagne ») ou Érycina (« de la bruyère ») était la déesse nymphe de la mi-été. Elle tuait le roi sacré qui s'était uni à elle au sommet d'une montagne, à l'instar de la Reine-abeille qui tue le mâle : en lui arrachant ses organes sexuels. Elle imite les abeilles de la bruyère d'où la robe rouge qu'elle porte au moment de son aventure avec Anchise au sommet de la montagne ; de là aussi le culte de Cybèle, l'Aphrodite phrygienne du mont Ida, adorée comme Reine-abeille et l'autoémasculation en état de transe de ses prêtres en souvenir de son amant Attis (voir 79.* I.*). Anchise était l'un des nombreux rois sacrés qui furent frappés rituellement par la foudre après avoir été prince consort de la déesse de la Vie-dans-la-Mort (voir 24.* a*). Dans la version la plus ancienne du mythe il est tué, mais dans les versions plus tardives, il échappe à la mort : afin de permettre la légende du pieux Énée qui apporte à Rome le Palladion sacré et sauve son père lorsque Troie est en flammes (voir 168.* c*). Son nom identifie Aphrodite à Isis, dont le mari Osiris fut émasculé par Set déguisé en sanglier ; « Anchise » est en réalité un synonyme d'Adonis. Il avait un sanctuaire à Égeste, près du mont Éryx (Denys d'Halicarnasse : I.* 53*) et c'est pourquoi Virgile dit qu'il mourut à Drépanon, une ville voisine, et qu'il fut enterré*

*sur la montagne (*Énéide *III. 710, 759, etc.). D'autres sanctuaires d'Anchise existaient en Arcadie et en Troade. Dans le sanctuaire d'Aphrodite sur le mont Éryx on montrait un rayon de miel et on disait que c'était un don votif de Dédale lorsqu'il s'enfuit (voir 92.* h*).*

4. *En tant que déesse de la Mort-dans-la-Vie, Aphrodite s'acquit de nombreux surnoms qui semblent en désaccord avec sa beauté et sa bienveillance. A Athènes elle était l'Aînée des Parques et sœur des Érinyes ; et ailleurs, Mélaenis (« la noire »). Ce nom, Pausanias en a donné une explication ingénieuse : il signifie, selon lui, que tout ce qui concerne l'amour se passe la nuit ; Scotia (« la sombre ») ; Androphonos (« la tueuse d'hommes ») ; et même, selon Plutarque, Épitymbia (« celle des tombes »).*

5. *Le mythe de Cinyras et Smyrna évoque de toute évidence une période historique où le roi sacré d'une société matrilinéaire décida de prolonger son règne au-delà de sa durée habituelle. A cet effet, il fit célébrer son mariage avec la jeune prêtresse, nominalement sa fille, qui devait être reine au cours de la période suivante, au lieu de la laisser devenir la femme d'un autre petit prince qui lui aurait enlevé son royaume (voir 65.* I.*),*

6. *Adonis (du phénicien :* Adon, *« seigneur ») est une variante grecque du demi-dieu syrien Tammuz, l'esprit de la végétation annuelle. En Syrie, en Asie Mineure et en Grèce, l'année de la déesse sacrée était, à certain moment, divisée en trois périodes, gouvernées respectivement par le lion, la chèvre et le serpent (voir 75.* 2*). La chèvre, qui symbolisait la période centrale, était la déesse de l'amour, Aphrodite ; le serpent, symbolisant la dernière période, était la déesse de la mort, Perséphone ; le lion, symbolisant la première période, était consacré à la déesse de la naissance, appelée ici Smyrna, qui n'avait pas de liens avec Adonis. En Grèce ce système fut remplacé par une année comportant deux saisons, marquées soit par les équinoxes, selon le système oriental, comme à Sparte et à Delphes, soit par les solstices, selon le système occidental, comme à Athènes et à Thèbes ; c'est là l'explication de la différence entre le verdict de la Muse Calliopé et le verdict de Zeus.*

7. *Tammuz fut tué par un sanglier comme beaucoup de personnages mythiques similaires — Osiris, Zeus Crétois, Ancée l'Arcadien (voir 157. e), Carmanor le Lydien (voir 136.* d*) et le héros irlandais Diarmuid. Ce sanglier semble avoir été autrefois une truie à défenses en forme de croissant de lune, c'est-à-dire la déesse en personne se manisfestant avec les attributs de Perséphone ; mais lorsque l'année fut divisée en deux parties, la partie lumineuse gouvernée par le roi sacré et la partie sombre par son taniste ou rival, ce dernier arrivait déguisé en sanglier — de même que Set lorsqu'il tua Osiris ou Finn Mac Cool lorsqu'il tua Diarmuid. Les gouttes du sang de Tammuz sont allégoriquement les anémones qui donnent une teinte rouge aux versants du mont Liban après les pluies d'hiver ; les Adonies, fêtes de deuil en*

Liban après les pluies d'hiver ; les Adonies, fêtes de deuil en l'honneur de Tammuz, se tenaient à Byblos, chaque année, au printemps. Adonis naissant de l'arbre à myrrhe — la myrrhe était un aphrodisiaque bien connu — indique le caractère orgiaque de ces rites. Les gouttes de résine qui tombaient de l'arbre à myrrhe étaient censées être ses larmes (Ovide : Métamorphoses *X. 500 ss.). Hygin fait de Cinyras un roi d'Assyrie (*Fables *58), peut-être parce qu'on supposait que son culte y avait pris naissance.*

8. *Hermaphrodite, le fils d'Aphrodite, était un jeune homme avec des seins de femme et de longs cheveux. De même que l'*androgyne, *ou femme à barbe, l'hermaphrodite avait naturellement des désirs physiques assez capricieux, mais en tant que concepts religieux, l'un et l'autre sont nés du passage du système matriarcal au système patriarcal. Hermaphrodite est le roi sacré lorsqu'il est le délégué de la reine (voir 136. 4), et il portait des seins artificiels. L'androgyne est la mère d'un clan préhellénique qui a échappé au système patriarcal ; pour conserver ses prérogatives concernant la justice ou le droit d'anoblir les enfants qu'elle avait eus d'un père esclave, elle porte une fausse barbe comme c'était la coutume à Argos. Les déesses à barbe comme l'Aphrodite de Chypre et les dieux efféminés, comme Dionysos, correspondent à ces périodes de transition dans les sociétés.*

9. *Harmonie semble, de prime abord, un nom étrange pour une fille née d'Aphrodite et d'Arès ; mais à cette époque comme de nos jours, lorsqu'un pays se trouvait en guerre les sentiments étaient exaltés et il régnait une certaine harmonie dans les cœurs et entre les êtres.*

19.
Arès : caractéristiques et attributions

a. L'Arès de Thrace aime la guerre. Il se bat pour son propre plaisir. Sa sœur, Éris, cherche constamment des occasions de susciter la guerre en propageant des rumeurs et en instillant la jalousie dans les cœurs. Comme elle, il ne favorise jamais une cité ou un parti plutôt qu'un autre mais il combat dans un camp ou dans l'autre selon ses sympathies. Il n'est heureux que lorsqu'il tue et qu'il pille. Tous ses compagnons immortels le haïssent, depuis Zeus jusqu'à Héra et les autres, excepté Éris et Aphrodite, qui éprouvent pour lui une passion perverse, ainsi que le vorace Hadès qui accueille les jeunes et valeureux guerriers tombés au combat.

b. Arès n'a pas été toujours victorieux. Athéna, plus

adroite, l'emporta deux fois sur lui dans la bataille et une fois les géants d'Aloades le firent prisonnier et le gardèrent enfermé dans un vase d'airain pendant treize mois ; il était à demi mort lorsque Hermès vint le délivrer. En une autre circonstance, Héraclès l'obligea à revenir en courant dans l'Olympe, fou de terreur. Il a trop de mépris pour les procès pour siéger dans un tribunal en tant que plaignant ; il n'a participé qu'à un seul procès où il était l'accusé : ce fut au moment où ses compagnons divins l'accusèrent du meurtre prémédité du fils de Poséidon, Halirrothios. Il essaya de se justifier en prétendant qu'il avait empêché que sa fille Alcippé, de la famille de Cécrops, ne fût violée par ledit Halirrothios. Comme personne n'avait été témoin du crime excepté Arès lui-même et Alcippé, qui naturellement confirma les dires de son père, le tribunal l'acquitta. Ce fut là le premier jugement jamais prononcé dans un procès pour meurtre. La colline sur laquelle se déroula le procès fut appelée Aréopage, nom qu'elle porte encore [1].

★

1. *Les Athéniens n'aimaient pas la guerre excepté pour défendre leur liberté ou pour d'autres raisons aussi importantes ; ils méprisaient les Thraces, les considérant comme des barbares, parce qu'ils faisaient de la guerre un passe-temps.*

2. *Dans le récit que fait Pausanias du meurtre, Halirrothios avait déjà réussi à violer Alcippé. Mais Halirrothios ne peut être qu'un synonyme de Poséidon et Alcippé est un synonyme de la déesse à tête de jument. En fait, ce mythe rappelle le viol de Déméter par Poséidon et se réfère à la conquête d'Athènes par le peuple de Poséidon et à l'humiliation infligée à la déesse (voir 16.* 3*), mais il a été altéré pour des raisons patriotiques et amalgamé à une légende concernant un procès pour meurtre qui avait eu lieu autrefois. « Aréopage » signifie probablement « la colline de la Déesse propitiatrice »* areia, *étant un des noms d'Athéna.*

20.
Hestia : caractéristiques et attributions

a. La gloire d'Hestia est de n'avoir jamais pris part à la guerre ni à une querelle. Son cas est unique dans l'Olympe. En outre, comme Artémis et Athéna, elle a toujours résisté aux propositions amoureuses que lui firent les dieux, les Titans et les autres ; car après que Cronos eut été détrôné et que Poséidon et Apollon se présentèrent à elle comme deux prétendants rivaux, elle jura sur la tête de Zeus de demeurer vierge pour toujours. A la suite de cela, Zeus, reconnaissant, lui accorda la première victime de chaque sacrifice public [1] parce qu'elle avait su protéger la paix de l'Olympe.

b. Un jour, au cours d'une fête champêtre à laquelle assistaient les dieux, Priape, ivre, essaya de la violer après que tout le monde repu se fut endormi ; mais un âne se mit à braire bruyamment. Hestia s'éveilla, poussa un cri en voyant Priape à califourchon sur elle et le mit en fuite, tout penaud : il était comique à voir dans sa retraite précipitée [2].

c. Elle est la déesse du foyer. Dans les maisons ou sur la place publique, elle protège les pieux dévots qui viennent chercher protection auprès d'elle. Hestia est universellement respectée, non seulement parce qu'elle est la plus douce, la plus vertueuse et la plus charitable de tous les habitants de l'Olympe mais aussi parce qu'elle a inventé l'art de construire des maisons. Son feu est à tel point sacré que si un âtre s'éteint soit par accident soit en signe de deuil, on le rallume à l'aide d'une roue à feu [3].

★

1. *Ce qui était au centre de la vie grecque, même à Sparte où la famille était subordonnée à l'État, c'était l'âtre dans la maison, qui était aussi considéré comme un autel de sacrifice, et Hestia, qui en était la déesse, représentait la sécurité personnelle et le bonheur ainsi que le devoir sacré de l'hospitalité. La légende des cadeaux de mariage qu'elle reçoit de Poséidon et d'Apollon a peut-être été inspirée par les cultes associés de ses trois divinités à Delphes. Priape essayant de la violer est une mise en garde anecdotique contre la conduite sacrilège à l'égard des invitées féminines qui se mettent sous la protection de l'âtre public ou privé : même l'âne, symbole de luxure (voir 35. 4), proclame la folie criminelle de Priape.*

2. *La statue blanche archaïque aniconique de la Grande Déesse, utilisée dans toute la Méditerranée orientale, semble avoir représenté un tas de charbon incandescent dont on conservait le feu en le recouvrant de cendres blanches ; c'était le moyen le plus économique et le plus agréable de se chauffer, dans les temps anciens ; ce feu ne dégageait ni fumée ni flamme et constituait le centre naturel au cours des réunions de famille ou de clan. A*

*Delphes, le tas de charbon est devenu la « pierre à feu » que l'on employait à l'extérieur et devint l'*omphalos *ou protubérance ombilicale que l'on voyait fréquemment sur les vases peints grecs ; il représentait ce que l'on croyait être le centre du monde. Cet objet sacré qui a survécu à la destruction du temple porte gravé le nom de la Terre Mère ; il est d'une hauteur de trente centimètres et d'une largeur de quarante centimètres environ : c'est là approximativement la hauteur et la forme d'un feu de charbon de bois suffisant pour chauffer une grande pièce. A la période classique, la Pythie était assistée d'un prêtre qui provoquait ses transes en faisant brûler des grains d'orge, du chanvre et des feuilles de laurier sur une lampe à l'huile dans un lieu couvert et qui ensuite interprétait ce qu'elle disait. Mais il est probable qu'on posait autrefois le chanvre, le laurier et l'orge sur les cendres brûlantes du petit tas de charbon de bois, ce qui est une façon plus simple et plus efficace d'obtenir la fumée déclenchant la prophétie (voir 51. b). On a découvert dans les autels crétois et mycéniens de nombreuses cuillères triangulaires ou en forme de feuille, en pierre ou en argile, dont certaines portent les traces d'un grand feu et semblent avoir été utilisées pour entretenir le feu sacré. Le tas de charbon de bois était quelquefois placé sur une table à trois pieds, ronde, en argile, peinte en rouge, blanc et noir, couleurs qui sont celles de la lune (voir 90.* 3*) ; on en trouve des spécimens au Péloponnèse, en Crète et à Délos. L'une d'elles, découverte dans une tombe à Zafer Papoura près de Cnossos, avait encore son tas de charbon de bois.*

21.
Apollon : caractéristiques et attributions

a. Apollon, fils de Zeus par Léto, est un enfant né avant terme, à sept mois ; mais les dieux grandissent vite. Thémis le nourrit de nectar et d'ambroisie et à l'aube du quatrième jour il demanda un arc et des flèches qu'Héphaïtos lui procura immédiatement. En quittant Délos il se dirigea droit vers le mont Parnasse où se cachait le dragon Python, ennemi de sa mère et le blessa grièvement de ses flèches. Python s'enfuit vers l'oracle de la Terre-Mère à Delphes, cité qui porte ce nom en l'honneur du monstre Delphyné, son compagnon ; mais Apollon eut l'audace de le poursuivre jusque dans le sanctuaire et là le tua près de la fissure sacrée [1].

b. La Terre-Mère rapporta cette offense à Zeus qui non seulement donna l'ordre à Apollon de se rendre dans la vallée de Tempé pour se purifier mais institua les Jeux Pythiens en l'honneur de Python, qu'en signe de pénitence, Apollon devait présider. Apollon, témérairement, ne tint aucun compte de l'ordre que lui avait donné Zeus de se rendre dans vallée de Tempé. Au lieu de cela il se rendit en Aegialie pour se purifier, accompagné d'Artémis, mais arrivé là, et comme le lieu ne lui plaisait guère, il s'embarqua pour Tharra en Crète où le roi Carmanor se chargea de la cérémonie [2].

c. A son retour en Grèce, Apollon se mit à la recherche de Pan, le vieux dieu d'Arcadie aux pieds de bouc, de fâcheuse réputation et, l'ayant persuadé par la flatterie de lui révéler l'art de la prophétie, s'empara de l'Oracle de Delphes et garda à son service sa prêtresse qu'on appelait la Pythonisse.

d. Léto en apprenant la nouvelle se rendit, en compagnie d'Artémis, à Delphes où elle s'écarta pour accomplir un rite privé dans un bosquet sacré. Le géant Tityos interrompit ses dévotions et essayait déjà de la violer lorsque Apollon et Artémis ayant entendu ses cris accoururent et le tuèrent d'une nuée de flèches. Zeus, le père de Tityos, fut très grandement soulagé à l'idée que cet acte pouvait être considéré comme une pieuse vengeance. Au Tartare, Tityos fut étendu à terre pour être supplicié. Ses bras et ses jambes furent solidement fixés au sol et son corps ne couvrait pas moins de neuf acres. Deux vautours lui dévoraient le foie [3].

e. Ensuite Apollon tua le satyre Marsyas, un des suivants de la déesse Cybèle. Voici comment la chose arriva : un jour Athéna fit une flûte double avec des os de cerf et en joua à un banquet des dieux. Elle ne parvenait pas à comprendre pourquoi Héra et Aphrodite riaient en silence en se cachant derrière leurs mains bien que la musique semblât ravir les autres dieux ; elle se retira donc, seule, dans un bois en Phrygie, reprit sa flûte et, au bord d'une rivière, regarda son image dans l'eau pendant qu'elle soufflait dans la flûte. S'étant rendu compte aussitôt que ses joues gonflées et son visage congestionné lui donnaient un aspect comique, elle jeta sa flûte et lança une malédiction sur quiconque la ramasserait.

f. Marsyas fut l'innocente victime. Il trébucha sur la flûte et il ne l'eut pas plus tôt appuyée sur ses lèvres que, se souvenant de la musique d'Athéna, la flûte se mit à jouer toute seule. Il parcourut ainsi la Phrygie dans la suite de Cybèle enchantant les paysans ignorants qui s'exclamaient qu'Apollon lui-même n'aurait pu jouer mieux même sur sa lyre ; et Marsyas commit l'imprudence de ne pas les contredire. Cela provoqua, bien sûr, la colère d'Apollon qui lui proposa un concours dont le vainqueur aurait le droit d'infliger au vaincu le châtiment de son choix. Marsyas accepta et Apollon choisit les Muses pour jury. Le concours se déroulait sans qu'aucun vainqueur s'imposât ; les Muses étaient charmées tout autant par les deux instruments lorsque Apollon, interpellant Marsyas, s'écria : « Je te défie de faire sur ton instrument ce que je fais : tourne-le à l'envers, joue et chante en même temps. »

g. Faire cela avec une flûte était manifestement impossible et Marsyas n'y parvint pas tandis qu'Apollon, renversant sa lyre, chantait des hymnes si merveilleux en l'honneur des dieux de l'Olympe que les Muses ne purent faire moins que de lui donner la palme. Alors avec toute sa soi-disant douceur, Apollon se vengea de Marsyas de la plus cruelle façon : il l'écorcha tout vif et cloua sa peau à un pin (ou selon certains à un platane). Elle est maintenant suspendue dans la grotte où le fleuve Marsyas prend sa source [4].

h. Plus tard, Apollon gagna un autre concours de musique que présidait le roi Midas ; cette fois c'est sur Pan qu'il l'emporta. Étant devenu le dieu incontesté de la musique, il joua depuis lors sur sa lyre à sept cordes aux banquets des dieux. Une autre de ses tâches fut de garder les troupeaux que les dieux possédaient en Piérie mais par la suite il en chargea Hermès [5].

i. Bien qu'Apollon refuse de se lier par le mariage il donne des enfants à de nombreuses nymphes ainsi qu'à des mortelles ; parmi elles Phthie par qui il devint père de Doros et ses frères ; Thalie la Muse par qui il devint père des Corybantes ; Coronis qui lui donna Asclépios ; Aria qui lui donna Miletos et Cyrène qui lui donna Aristée [6].

j. Il séduisit également la nymphe Dryope qui gardait les troupeaux de son père sur le mont Oeta, en compagnie de ses amies les Hamadryades. Apollon se déguisa en une tortue avec laquelle elles jouèrent toutes et lorsque Dryopé la mit dans son sein il se transforma en serpent et se mit à siffler, effrayant ainsi les Hamadryades qui prirent la fuite, et il put la posséder. Elle lui donna Amphissos qui fonda la cité d'Oeta où il bâtit un temple à son père ; mais un jour, les Hamadryades vinrent la voler et l'emportèrent en laissant à sa place un peuplier [7].

k. Apollon était toujours heureux en amour. Une fois il essaya de voler Marpessa à Idas, mais elle demeura fidèle à son époux. Une autre fois, il poursuivit Daphné, nymphe de la montagne, prêtresse de la Terre-Mère, fille du fleuve Pénée en Thessalie, mais au moment où il allait l'atteindre, elle appela à son secours la Terre-Mère qui en un instant l'enleva comme par enchantement jusqu'en Crète, où elle devint Pasiphaé. La Terre-Mère laissa un laurier à sa place, et, de son feuillage, Apollon fit une couronne pour se consoler [8].

l. Sa tentative auprès de Daphné, il faut le dire, ne fut pas due à une impulsion subite ; il y avait longtemps qu'il était amoureux d'elle et il avait provoqué la mort de son rival Leucippos, fils d'Oenomaos, qui s'était déguisé en jeune fille et s'était joint aux danses de Daphné sur la montagne. Apollon, qui était au courant, grâce à son don de divination, conseilla aux nymphes de la montagne de se baigner nues et ainsi de s'assurer qu'elles étaient bien toutes des femmes ; l'imposture de Leucippe fut aussitôt découverte et les nymphes le mirent en pièces [9].

m. Il y eut aussi l'affaire du beau jeune homme nommé Hyacinthos, un prince spartiate dont non seulement le poète Thamyris tomba amoureux — ce fut le premier homme qui courtisa quelqu'un de son propre sexe — mais Apollon lui-même qui fut le premier dieu à qui la chose arriva. Apollon ne considéra pas Thamyris comme un rival sérieux ; ayant appris qu'il se vantait de surpasser le chant des Muses, il le leur rapporta malicieusement et elles ravirent sur-le-champ à Thamyris la vue, la voix et le souvenir de la musique. Mais le Vent d'Ouest aussi s'était amouraché d'Hyacinthos et il devint follement jaloux d'Apollon ; et un jour que celui-ci apprenait à Hyacinthos à lancer le disque, le Vent d'Ouest, le saisissant au vol, l'abattit sur le crâne de Hyacinthos et le tua. De son sang naquit la jacinthe, sur laquelle sont encore gravées ses initiales [10].

n. Apollon n'encourut la colère de Zeus qu'une seule fois après la fameuse conspiration pour le détrôner, ce fut lorsque son fils Asclépios le médecin eut l'audace de ressusciter un homme mort, et ainsi de voler un de ses sujets à Hadès. Hadès naturellement porta plainte en Olympe. Zeus foudroya Asclépios et Apollon se vengea en tuant les Cyclopes. Zeus, furieux de la perte de ses armuriers, aurait banni Apollon dans le Tartare pour toujours, si Léto n'avait imploré son pardon et ne s'était engagé à l'amener à s'amender. La sentence fut réduite à une année de travaux forcés, au cours de laquelle Apollon devrait se mettre au service du roi Admète de Phères. Obéissant aux conseils de Léto, Apollon non seulement exécuta la sentence avec humilité mais rendit de grands services à Admète [11].

o. La leçon lui servit car il prêcha par la suite la modération en toute chose : les phrases « connais-toi toi-même » et « l'excès est un défaut » étaient constamment sur ses lèvres. Il ramena les Muses de leur demeure du mont Hélicon à Delphes, il sut dompter leur frénésie débordante et les dirigea dans des danses rythmiques et convenables qu'il réglait pour elles.

★

1. *L'histoire d'Apollon est confuse. Les Grecs en avaient fait le fils de Léto, déesse connue sous le nom de Lat, dans le sud de la Palestine (voir 14.* 2*), mais il était aussi le dieu des Hyperboréens (« les hommes d'au-delà du Vent du Nord ») qu'Hécataeos (Diodore de Sicile : II. 47) identifia nettement comme étant les Britanniques, bien que Pindare (*Odes pythiennes *X. 50-55) les considérait comme des Libyens. Délos était le centre de ce culte hyperboréen qui semble s'être étendu vers le sud-est jusqu'à Nabatée et la Palestine, et au nord-ouest, jusqu'à la Grande-Bretagne, incluant Athènes. Il y avait de constants échanges entre les différents états qui pratiquaient ce culte (Diodore de Sicile :* loc. cit.*).*

2. *Apollon, chez les Hyperboréens, sacrifiait des hécatombes d'ânes (Pindare :* loc. cit.*), ce qui l'identifie au « Jeune Horus » dont les Égyptiens fêtaient tous les ans la victoire sur son ennemi Set, en conduisant des ânes sauvages à un précipice (Plutarque :* Isis et Osiris *30). Horus vengeait le meurtre, par Set, de son père Osiris — le roi sacré bien-aimé de la Triple déesse-Lune Isis ou Lat que son taniste ou* alter ego *sacrifiait au milieu de l'été et au milieu de l'hiver et dont Horus était lui-même la réincarnation. Le mythe de Python poursuivant Léto correspond au mythe de Set poursuivant Isis (pendant les soixante-douze jours les plus chauds de l'année). De plus on identifie Python avec Typhon, le Set grec (voir 36.* 1*) dans l'*Hymne homérique à Apollon. *L'Apollon hyperboréen est en réalité un Horus grec.*

3. *Mais on a donné au mythe une teinte politique ; on dit que Python fut envoyé à la poursuite de Léto par Héra qui lui avait donné naissance par parthénogenèse, pour contrarier Zeus (*Hymne homérique à Apollon *305) ; et Apollon, après avoir tué Python*

(et probablement aussi sa femme Delphyné), s'empare de l'autel oraculaire de la Terre-Mère à Delphes — car Héra était la Terre-Mère ou Delphyné sous son aspect prophétique. Il semble que des Hellènes du Nord, alliés à des Thraco-Libyens, avaient envahi la Grèce centrale et le Péloponnèse ; là ils se heurtèrent aux adorateurs de la déesse-Terre préhellénique mais ils réussirent à s'emparer des autels oraculaires les plus importants. A Delphes, ils détruisirent le serpent oraculaire sacré — un serpent similaire était conservé dans l'Érechthéion à Athènes (voir 25. 2) — et établirent l'oracle au nom de leur dieu, Apollon Sminthien. Smintheios (« dela souris ») — même qu'Esmun le dieu de la guérison canaanite — avait comme symbole une souris guérisseuse. Les envahisseurs s'accordèrent pour l'identifier avec Apollon, l'Horus hyperboréen que leurs alliés adoraient. Pour apaiser les esprits à Delphes, on institua des jeux funèbres qui avaient lieu régulièrement en l'honneur du héros mort Python, et sa prêtresse resta en fonction.

4. *La déesse-Lune Brizo (« celle qui apaise ») de Délos, qu'on ne peut distinguer de Léto, peut être identifiée avec la Triple-déesse hyperboréenne Brigit qui passa dans le christianisme sous le nom de sainte Brigitte ou sainte Bride. Brigitte était la patronne de tous les arts et Apollon suivit son exemple. La tentative du géant Tityos pour violer Léto indique un soulèvement avorté des montagnards de la Phocide contre leurs envahisseurs.*

5. *Les victoires d'Apollon sur Marsyas et Pan commémorent les conquêtes helléniques de la Prygie et de l'Arcadie ainsi que le remplacement des instruments à vent par des instruments à corde dans ces régions, excepté chez les paysans. Le châtiment de Marsyas se rapporte peut-être au roi sacré qu'on écorchait rituellement — de même Athéna retire à Pallas son égide magique (9.* a*) — ou à l'écorce d'une pousse d'aune que l'on découpe pour fabriquer un pipeau de berger, l'aune étant la personnification d'un dieu ou d'un demi-dieu (voir 28.* I *ou 57.* I*). Les Doriens grecs et les Milésiens prétendaient qu'Apollon était leur ancêtre et lui rendaient des honneurs spéciaux. Les Corybantes, danseurs des fêtes du solstice d'hiver, étaient considérés comme ses enfants par Thalie la Muse, parce qu'il était le dieu de la musique.*

6. *Apollon poursuivant Daphné, la nymphe de la montagne fille du fleuve Pénée et prêtresse de la Terre-Mère, réfère sans doute à la prise de Tempé par les Hellènes ; la déesse Daphoené (« la sanguinaire ») y était adorée par un collège de Ménades orgiaques « mâchant le laurier » (voir 46. 2 et 51. 2). Après la suppression de ce collège — le récit de Plutarque indique que les prêtresses s'enfuirent en Crète où la déesse-Lune s'appelait Pasiphaë (voir 88. e) — Apollon adopta le laurier dont, par la suite, seule la Pythonisse avait le droit de mâcher ses feuilles. Daphoené avait probablement été une déesse à tête de jument à Tempé comme à Phigalie (voir 16. 5) ; Leucippos (« cheval*

blanc ») était le roi sacré du culte local du cheval qui était mis à mort et déchiqueté tous les ans par les femmes en furie qui se baignaient après *leur meurtre pour se purifier et non pas* avant *(voir 22.* I *et 150.* I*).*

7. *Apollon séduisant Dryopé sur l'Oeta constitue peut-être le récit du remplacement d'un culte du chêne par un culte d'Apollon à qui était consacré le peuplier (voir 42. d) ; de même lorsqu'il séduit Aria. Son déguisement en tortue est en rapport avec la lyre qu'il avait achetée à Hermès (voir 17. d). Le nom de Phthie indique qu'elle était l'aspect automnal de la déesse. Son échec auprès de Marpessa (« celle qui saisit ») semble rappeler l'échec d'Apollon essayant de s'emparer de l'autel de Messène : celui de la déesse-Graine sous forme de Truie (voir 74.* 4*). Apollon au service d'Admète de Phères rappelle peut-être un événement historique : l'abaissement des prêtres d'Apollon ainsi châtiés pour le massacre d'une corporation de forgerons préhelléniques dont ils s'étaient rendus coupables, et qui jouissaient de la protection de Zeus.*

8. *Le mythe d'Hyacinthos, qui, à première vue, ne semble être qu'une simple histoire d'amour pour expliquer la forme de la jacinthe grecque (voir 165. j et* 2*), se rapporte au héros-fleur crétois Hyacinthos (voir 159.* 4*), qu'on appelait aussi, semble-t-il, Narcisse (voir 85.* 2*), dont le culte avait été introduit dans la Grèce mycénienne et qui donna son nom au dernier mois de l'été, Hyacinthios, en Crète, à Rhodes, à Cos, à Théra et à Sparte. L'Apollon dorien usurpa le nom d'Hyacinthos à Tarente où il avait une tombe de héros (Polybe : VIII. 30) ; à Amyclès, ville mycénienne une autre tombe d'Hyacinthos servit de base au trône d'Apollon. A ce moment-là, Apollon était un immortel et Hyacinthos ne régnait que pendant une saison : sa mort occasionnée par un disque qui l'atteint à la tête rappelle celle de son neveu Acrisios (voir 73.* 3*).*

9. *Coronis (« corneille »), mère d'Asclépios par Apollon, était probablement un des noms d'Athéna (voir 25.* 5*), mais les Athéniens refusèrent toujours de lui accorder des enfants et altérèrent le mythe (voir 50. b).*

10. *A la période classique la musique, la poésie, la philosophie, l'astronomie, les mathématiques, la médecine et toutes les sciences étaient passées sous le contrôle d'Apollon. Il était l'ennemi de la barbarie, il représentait la modération en toute chose et les sept cordes de sa lyre étaient en rapport avec les sept voyelles de l'alphabet grec (voir 52.* 8*) auxquelles on donnait une signification mystique et que l'on employait dans la thérapeutique par la musique. Finalement, et parce qu'il était identifié avec le Jeune Horus, conception solaire, il fut vénéré comme le soleil dont le culte à Corinthe avait été remplacé par celui de Zeus solaire ; et sa sœur Artémis était avec raison identifiée à la lune.*

11. *Cicéron, dans son essai :* De la nature des dieux *(III. 23)*

fait d'Apollon, fils de Léto, le quatrième Apollon d'une série ancienne où l'on distinguait l'Apollon, fils d'Hephaïstos, l'Apollon père des Corybantes crétois et l'Apollon qui donna à l'Arcadie ses lois.

12. *Apollon tuant le serpent Python n'est cependant pas un mythe aussi simple qu'il paraît au premier abord car la pierre* omphalos *sur laquelle était assise la Pythie était traditionnellement la tombe du héros incarné dans le serpent et dont elle proférait les oracles (Hesychios* sub Tertre d'Archos *; Varron :* Les langues latines *VIII 17). Le prêtre hellénique d'Apollon avait usurpé les fonctions de roi sacré, qui en toute légitimité, et au cours d'une cérémonie, avait toujours tué le héros qui était son prédécesseur. Ceci est prouvé par le rite des Stepteria dans Plutarque :* Pourquoi les oracles sont silencieux *(15). Tous les neuf ans une cabane représentant la demeure du roi était construite sur l'emplacement de l'aire à battre le blé, à Delphes, et, la nuit, elle était brusquement attaquée par... [ici le récit s'interrompt]...on renversait la table des primeurs, on mettait le feu à la cabane et les porteurs de torches s'enfuyaient du sanctuaire sans se retourner. Après cela, le jeune homme qui avait participé à cet exploit se rendait à Tempé pour se purifier et il en revenait, porté en triomphe, couronné et tenant une branche de laurier.*

13. *Cette brusque attaque organisée contre l'homme qui se trouve à l'intérieur de la cabane rappelle le meurtre mystérieux de Romulus par ses compagnons. Il rappelle également le sacrifice annuel des Buphonies à Athènes, lorsque les prêtres, qui avaient tué le Zeus-bœuf avec une hache double, prenaient la fuite sans se retourner (voir 53. 7), mangeaient la chair du bœuf au cours d'un repas pris en commun, puis simulaient la résurrection du bœuf et faisaient comparaître la hache devant un tribunal où elle était accusée de sacrilège.*

14. *A Delphes, comme à Cnossos, le roi sacré devait probablement régner pendant neuf ans (voir 88. 6). Le jeune garçon se rendait à Tempé certainement parce que le culte d'Apollon y avait pris naissance.*

22.
Artémis : caractéristiques et attributions

a. Artémis, sœur d'Apollon, est armée d'un arc et de flèches et, comme lui, elle possède le pouvoir de faire naître des épidémies ou de provoquer la mort soudaine parmi les mortels ; elle possède aussi celui de les guérir. Elle est la protectrice des petits enfants et de tous les jeunes animaux mais elle aime aussi la chasse et particulièrement la chasse aux cerfs.

b. Un jour, alors qu'elle n'était encore qu'une enfant de trois ans, son père Zeus, sur les genoux de qui elle était assise, lui demanda quel cadeau elle souhaiterait recevoir. Artémis répondit aussitôt : « Je t'en prie donne-moi une éternelle virginité, autant de noms que mon frère Apollon, un arc et des flèches semblables aux siens, la fonction d'apporter la lumière, une tunique de chasse couleur safran avec une bordure rouge et courte jusqu'aux genoux, soixante jeunes nymphes océanes toutes du même âge comme dames d'honneur, vingt nymphes de l'Amnisos en Crète pour prendre soin de mes brodequins et nourrir mes lévriers lorsque je ne chasse pas, toutes les montagnes du monde et enfin la cité qu'il te plaira de choisir pour moi ; une seule suffira car j'ai l'intention de vivre dans les montagnes la plupart du temps. Malheureusement les femmes en travail m'invoqueront souvent, puisque ma mère Léto me porta et me mit au monde sans douleur, et que les Parques m'ont pour cela assigné d'être la protectrice des naissances[1]. »

c. Elle se dressa pour toucher la barbe de Zeus ; il eut un sourire empreint de fierté et lui dit : « Avec des enfants comme toi, je n'ai pas à redouter la colère ni la jalousie d'Héra ! Tu auras tout ce que tu as demandé et davantage encore ; tu auras non pas une, mais trente cités et une place dans beaucoup d'autres, à la fois sur le continent et dans l'archipel ; et je te nomme gardienne de toutes les routes et de tous les ports[2]. »

d. Artémis le remercia, sauta sur ses genoux et se rendit d'abord au mont Leucos en Crète, puis elle s'en fut près de l'océan où elle choisit de nombreuses nymphes âgées de neuf ans pour faire partie de sa suite ; leurs mères étaient ravies[3]. Héphaïstos l'invita à rendre visite aux Cyclopes dans l'île de Lipara ; elle les trouva en train de forger un abreuvoir pour les chevaux de Poséidon, Brontès, qui avait reçu des instructions pour fabriquer tout ce qu'elle souhaitait, la prit sur ses genoux ; mais, comme ses cajoleries lui étaient désagréables, elle lui arracha une touffe de poils sur la poitrine et jusqu'à sa mort il y conserva une plaque où la peau était à découvert ; il donnait l'impression d'avoir la gale. Les nymphes étaient terrifiées par l'aspect sauvage des Cyclopes et par le vacarme de leur forge et il y avait de quoi ; du reste, lorsqu'une petite fille est désobéissante, sa mère la menace de Brontès, Argès ou Stéropès. Mais Artémis leur dit hardiment de laisser de côté, pour un certain temps, l'abreuvoir de Poséidon et de fabriquer pour elle un arc d'argent et un carquois rempli de flèches ; en échange, ils mangeraient la première bête qu'elle abattrait [4]. Munie de ces armes, elle se rendit en Arcadie où Pan était en train de découper un lynx pour nourrir ses chiennes et leurs chiots. Il lui donna trois chiens aux oreilles coupées, deux bigarrés et un tacheté, capables à eux six de ramener des lions vivants et sept rapides lévriers de Sparte [5].

e. Ayant capturé vivantes quatre biches à cornes, elle les attela à un char d'or, leur fixa des mors en or et s'en fut en direction du nord vers le mont Haemos en Thrace. Elle coupa sa première branche de pin sur l'Olympe Mysien et l'alluma aux escarbilles d'un arbre frappé par la foudre, pour en faire un flambeau. Elle essaya son arc d'argent quatre fois : ses deux premières cibles furent des arbres ; sa troisième cible fut une bête sauvage, et sa quatrième cible une cité d'hommes méchants [6].

f. Puis elle s'en retourna en Grèce où ses nymphes d'Amnisos dételèrent ses biches, les frottèrent de la tête aux pieds, les nourrirent, leur donnèrent du trèfle hâtif, des pâturages d'Héra, dont se nourrissaient les coursiers de Zeus, et les firent boire à des abreuvoirs d'or [7].

g. Un jour le dieu-fleuve Alphée, fils de Thétis, eut l'audace de s'éprendre d'Artémis et de la poursuivre à travers la Grèce, mais elle s'enfuit à Létrinoi en Élide (ou, selon certains, dans l'île d'Ortygie, près de Syracuse). Là elle enduisit son visage ainsi que celui de toutes ses nymphes d'une boue blanchâtre, de telle sorte qu'on ne pouvait la distinguer de ses suivantes. Alphée fut contraint de se retirer, poursuivi par leurs rires moqueurs [8].

h. Artémis exigeait de ses compagnes une parfaite chasteté pareille à celle qu'elle pratiquait elle-même. Zeus, ayant séduit l'une d'elles, Callisto, fille de Lycaon, Artémis s'aperçut qu'elle était enceinte. Elle la changea alors en ourse, appela sa meute et Callisto aurait été certainement traquée et tuée par ses chiens de chasse si Zeus ne l'avait hissée au ciel. Par la suite, il la fit figurer parmi les étoiles. Mais selon certains c'est Zeus lui-même qui aurait changé Callisto en ourse et Héra, jalouse, aurait fait qu'Artémis la poursuivît par erreur à la chasse. Le fils de Callisto, Arcas, fut sauvé et devint l'ancêtre des Arcadiens [9].

i. Un jour, en une autre circonstance, Actéon, fils

d'Aristée, qui se tenait adossé contre un rocher près d'Orchomène, aperçut par hasard Artémis en train de se baigner dans un torrent tout proche ; il ne s'éloigna pas et la regarda. De crainte qu'il ne se vantât par la suite auprès de ses compagnons qu'elle s'était montrée nue en sa présence, elle le changea en cerf et le fit mettre en pièces par sa meute de cinquante chiens [10].

★

1. *La Jeune Fille à l'Arc d'Argent que les Grecs enrôlèrent dans la famille olympienne était le personnage le plus jeune de la triple Artémis, « Artémis » étant encore un nom de la Triple-déesse-Lune ; elle avait donc le droit de nourrir ses biches de trèfle, symbole de la trinité. Son arc d'argent représentait la nouvelle lune. Mais l'Artémis olympienne n'était pas uniquement une jeune vierge ; ailleurs, à Éphèse par exemple, on adorait sa seconde personne, la nymphe orgiaque Aphrodite, accompagnée d'un consort mâle. Ses principaux symboles étaient le palmier (voir 14. a), le cerf et l'abeille (voir 18.* 3*). Sa fonction de sage-femme est plutôt en rapport avec la Vieille Femme de même d'ailleurs que ses flèches mortelles ; et les prêtresses âgées de neuf ans rappellent que la mort de la lune s'exprime par trois fois trois. Elle rappelle la « Dame des choses violentes » crétoise, c'est-à-dire la déesse-Nymphe suprême des sociétés totémiques archaïques ; et le bain rituel où la surprend Actéon, de même que les biches à cornes de son char (voir 125. a) et les cailles d'Ortygie (voir 14.* 3*) semblent convenir davantage à la Nymphe qu'à la Jeune Vierge. Il semble qu'Actéon était un roi sacré du culte préhellénique du cerf, déchiqueté à la fin de son règne de cinquante mois, c'est-à-dire d'une moitié de Grande Année ; le roi conjoint ou taniste régnait le reste du temps. La nymphe en vérité se baigna* après *le meurtre et non pas* avant. *Il existe de nombreux équivalents de cette coutume rituelle dans les mythologies irlandaise et galloise et jusqu'au Ier siècle après J.-C. on chassait et on tuait périodiquement, sur le mont Lycée en Arcadie, un homme revêtu d'une peau de cerf. Les chiens devaient être blancs avec des oreilles rouges comme les « chiens de l'Enfer » de la mythologie celtique. Il existait une cinquième biche à cornes qui échappa à Artémis (voir 125. a).*

2. *Le mythe où elle est poursuivie par Alphée semble calqué sur celui où ce dernier poursuit en vain Aréthuse : celle-ci est transformée en source et lui en fleuve (Pausanias : V.7.2). Ce mythe a peut-être été créé pour expliquer le gypse ou argile blanche dont les prêtresses d'Artémis Alpheia à Létrino et à Ortygie s'enduisaient le visage en l'honneur de la Déesse Blanche.* Alph *indique à la fois la blancheur et une céréale :* alphos *est la lèpre ;* alphe *est le bénéfice ;* alphiton *est l'orge perlée ;* Alphito

était la déesse du Grain Blanc sous la forme d'une Truie. La statue la plus célèbre d'Artémis à Athènes s'appelait « le sourcil blanc » (Pausanias : I.26. 4). La signification du mot Artémis *est incertaine : peut-être « puissamment bâtie » de* artémès *; ou bien « celle qui découpe » car les Spartiates l'appelaient* Artamis, d'artao *; ou bien « celle qui fait comparaître noblement », d'*airo *et* themis *; ou bien encore la syllabe « themis » peut signifier « eau » parce que la lune était considérée comme la source de toutes les eaux.*

3. *Ortygie, « l'île aux cailles » près de Délos, était aussi consacrée à Artémis (voir 14. a).*

4. *Le mythe de Callisto a été inventé pour expliquer les deux petites filles habillées en ourses qui apparaissaient dans la fête d'Artémis Brauronienne en Attique ainsi que le rapport traditionnel qui existe entre Artémis et la Grande Ourse. Mais on peut supposer qu'il existe une version plus ancienne de ce mythe où Zeus aurait séduit Artémis bien qu'elle se fût transformée d'abord en ourse et qu'elle se fût enduit le visage avec de l'argile blanche dans l'espoir de lui échapper. Artémis était, à l'origine, maîtresse des étoiles mais elle perdit cette fonction au profit de Zeus.*

5. *La raison pour laquelle on arracha les poils de Brontès est incertaine ; Callimaque se réfère peut-être avec humour à quelque représentation connue de l'événement dont la peinture se serait écaillée à l'endroit de la poitrine du Cyclope.*

6. *En tant que « Dames des choses violentes » ou patronne de tous les clans totémiques, on offrait tous les ans à Artémis un holocauste vivant d'animaux totémiques, des oiseaux et des plantes, et ce sacrifice a persisté jusqu'à la période classique à Calydon (Pausanias : IV. 32. 6) ; on l'appelait aussi Artémis Laphria. A Messène, les Curètes, en tant que représentants d'un clan totémique (IV. 32. 9), lui offraient un sacrifice passé au feu similaire. Il y avait également un sacrifice du même genre à Hiérapolis où les victimes étaient suspendues à des arbres d'une forêt artificielle reconstituée à l'intérieur du temple de la déesse (Lucien :* La Déesse syrienne *41).*

7. *L'olivier était consacré à Athéna, le palmier à Isis et à Lat. Sur un sceau de verre du Minoen moyen (voir frontispice), la déesse est figurée debout auprès d'un palmier, vêtue d'une jupe en feuilles de palmier et tenant dans sa main un palmier miniature ; elle regarde le jeune taureau de la Nouvelle Année qui vient de naître d'un régime de dattes. De l'autre côté de l'arbre se trouve un taureau en train de mourir : il s'agit certainement du taureau royal de la Vieille Année.*

23.
Héphaïstos : caractéristiques et attributions

a Héphaïstos, le dieu Forgeron, était si débile à sa naissance, que sa mère Héra, dégoûtée, le jeta du haut de l'Olympe pour échapper au désagrément et à la peine que lui causait son aspect pitoyable. Il survécut cependant à cette mésaventure, sans aucun dommage physique, car il tomba dans la mer où Téthys et Eurynomé, qui se trouvaient non loin de là, lui portèrent secours. Ces aimables déesses le gardèrent auprès d'elles dans une grotte sous-marine où il installa sa première forge, et il les remercia de leur bonté en leur fabriquant toutes sortes d'objets utiles ou dont elles pouvaient se parer [1].

Un jour, neuf ans plus tard, Héra rencontra Téthys qui portait ce jour-là une broche qu'il avait façonnée ; elle lui dit : « Où donc, ma chère, avez-vous trouvé ce merveilleux bijou ? »

Téthys hésita à répondre mais Héra la contraignit de dire la vérité. Elle fit revenir immédiatement Héphaïstos dans l'Olympe où elle lui installa une forge beaucoup plus belle avec vingt soufflets fonctionnant jour et nuit, elle l'entoura d'égards et arrangea son mariage avec Aphrodite.

b. Héphaïstos s'était à ce point réconcilié avec Héra qu'il eut l'audace de reprocher à Zeus en personne de l'avoir laissée suspendue dans le ciel par les poignets au moment où elle s'était révoltée contre lui. Mais il aurait été plus sage pour lui de se taire, car Zeus fort en colère le précipita au bas de l'Olympe une seconde fois. Il tomba durant un jour entier. En atteignant le sol sur l'île de Lemnos, il se brisa les deux jambes et, bien qu'immortel, il lui restait bien peu de vie dans le corps lorsque les habitants de l'île le découvrirent. Par la suite, après qu'on lui eut pardonné et qu'il eut réintégré l'Olympe, il ne pouvait plus marcher qu'avec des béquilles [2].

c. Héphaïstos est laid, il a mauvais caractère, mais il a une grande force dans les bras et dans les épaules ; en outre, il est d'une habileté sans égale dans son travail. Il fabriqua un jour deux femmes articulées en or pour l'aider dans sa forge ; elles étaient même capables de parler et elles s'acquittaient parfaitement des tâches souvent difficiles qu'il leur confiait. Il possédait aussi un assortiment de tables à trois pieds munies de roues d'or, rangées autour de son atelier et qui pouvaient aller toutes seules auprès des dieux et revenir, lorsqu'il y avait une réunion [3].

★

1. *Héphaïstos et Athéna avaient des temples communs à Athènes. « Héphaïstos » provient peut-être d'une forme altérée d'*hemero-phaistos, *« celui qui brille pendant le jour » (i. e. le soleil), tandis qu'Athéna était la déesse de la lune, « celle qui brille pendant la nuit », patronne des arts de la forge et de tous les arts mécaniques. Il n'est pas généralement admis que tous les outils ou les armes ou les instruments de l'Age du Bronze possédaient des propriétés magiques et que le forgeron fût une sorte de sorcier. Ainsi, des trois personnes de la triade de la Lune Brillante (voir 21. 4), l'une était la patronne des poètes, l'autre des forgerons, la troisième des médecins. Lorsque la déesse fut détrônée, le forgeron fut élevé au rang de dieu. Le dieu forgeron boiteux est une tradition que l'on retrouve dans les pays très éloignés, comme l'Afrique occidentale et la Scandinavie ; dans les temps primitifs, on mutilait peut-être volontairement les forgerons afin de les empêcher de s'enfuir et de gagner les tribus ennemies. Mais on exécutait aussi une danse sautillante de la perdrix au cours d'orgies érotiques rattachées aux Mystères des Forgerons (voir 92. 2) et, comme Héphaïstos avait épousé Aphrodite, il est possible qu'on l'ait mutilé et rendu boiteux seulement une fois par an : à la Fête du Printemps.*

La métallurgie pénétra en Grèce pour la première fois par les îles Égéennes. L'importation de l'Hellade de bronze et d'or finement travaillés explique peut-être le mythe d'Héphaïstos gardé dans une grotte de Lemnos par Thétis et Eurynomé, qui étaient des noms de la déesse de la Mer, créatrice de l'univers. Les neuf années qu'il passa dans la grotte indiquent qu'il était soumis à la lune. Sa chute, comme celle de Céphalos (voir 89. j*), de Talos (voir 92.* b*), de Sciron (voir 96.* f*), d'Iphitos (voir 135.* b*), etc., était le sort réservé au roi sacré dans de nombreuses régions de la Grèce lorsque son règne arrivait à son terme. Les béquilles d'or servaient peut-être à soulever du sol son talon sacré.*

2. *Les vingt tables à trois pieds d'Héphaïstos ont, semble-t-il, la même origine que les Gastérochires qui bâtirent Tirynthe (voir 73.* 3*) : c'étaient des disques solaires en or munis de trois pieds, comme l'emblème de l'île de Man, et qui entouraient certainement une figuration ancienne du mariage d'Héphaïstos et d'Aphrodite. Ils représentent des années à trois saisons et indiquent la durée de son règne ; il meurt au début de la vingtième année, au moment où l'année solaire et l'année lunaire coïncident approximativement. Ce cycle a été officiellement reconnu à Athènes seulement vers la fin du* V*e* *siècle avant J.-C. mais il avait été*

*découvert plusieurs centaines d'années auparavant (*la Déesse Blanche*). Héphaïstos était en rapport avec les forges de Vulcain dans les îles volcaniques Lipari, parce que Lemnos, siège de son culte, est une île volcanique et qu'un jet de gaz naturel y brûla continuellement pendant des siècles (Tzetzès :* Lycophron *227) sur le mont Moschynos (Hésychios* sub *Moschynos). Une flamme similaire, décrite par l'évêque Méthodius au* IVe *siècle après J.-C., était visible sur le mont Lemnos en Lycie et existait encore en 1801. Héphaïstos avait des autels sur ces deux montagnes. Lemnos (probablement de* Leibein, *« celle qui déborde », était le nom de la Grande Déesse de son île où régnait le système matriarcal (Hecataeos, cité par Stéphanos de Byzance* sub *Lemnos — voir 149.* I*).*

24.
Déméter : caractéristiques et attributions

a. Les prêtresses de Déméter, déesse des champs de blé, initiaient les jeunes mariés aux secrets du lit, mais Déméter elle-même n'a point de mari. Quand elle était encore jeune et gaie, elle mit au monde Coré et le beau Iacchos avec le secours de Zeus, son frère, en dehors du mariage [1]. Elle fut aussi mère de Ploutos par le Titan Iasios ou Iasion, dont elle s'éprit au mariage de Cadmos et d'Hermioné. Échauffés par le nectar qui coulait à flots au cours du banquet, les amoureux se glissèrent hors de la maison et s'unirent ouvertement dans un champ trois fois labouré. A leur retour, Zeus comprit, à leur attitude et aux traces de boue sur leurs bras et leurs jambes, ce qui venait de se passer entre eux ; furieux à l'idée que Iasios avait osé toucher Déméter, il le frappa à mort de sa foudre. Mais selon certains, Iasios fut tué par son frère Dardanos ou déchiqueté par ses propres chevaux [2].

b. Quant à Déméter, elle avait une âme douce et Érysichthon, fils de Triopas, fut un des rares hommes avec qui elle se conduisit durement. A la tête de vingt de ses compagnons, Érysichthon eut la témérité de violer un bosquet que les Pélasges avaient planté pour elle dans la plaine du Dotion et il se mit à abattre les arbres sacrés pour se procurer du bois destiné à sa nouvelle salle de banquet. Déméter prit la forme de Nicippé, prêtresse du bosquet, et lui enjoignit avec douceur de s'arrêter. C'est seulement lorsqu'il la menaça de sa hache qu'elle se montra dans sa splendeur et le condamna à souffrir d'une faim perpétuelle, quoi qu'il mangeât. Il rentra pour dîner et dévora gloutonnement toute la journée aux frais de ses parents ; mais plus il mangeait, plus il maigrissait, jusqu'au jour où ses parents ne parvinrent plus à subvenir à sa subsistance ; il devint alors mendiant, parcourant les rues et se nourrissant d'ordures.

A l'inverse, Déméter fit un cadeau royal à Pandaréos le Crétois qui vola le chien d'or de Zeus la vengeant ainsi de la mort d'Iasios : ce cadeau était de ne jamais souffrir de l'estomac [3].

c. Déméter perdit sa gaîté pour toujours le jour où la jeune Coré, plus tard appelée Perséphone, lui fut enlevée. Hadès s'était épris de Coré et il se rendit auprès de Zeus pour lui demander la permission de l'épouser. Zeus craignait d'offenser son frère aîné par un refus catégorique, mais il savait aussi que Déméter ne lui pardonnerait jamais si Coré était enfermée au Tartare ; aussi, en diplomate, répondit-il qu'il ne pouvait ni accorder ni refuser son consentement. Cette réponse enhardit Hadès qui enleva la jeune fille pendant qu'elle cueillait des fleurs dans un pré — peut-être était-ce à Enna en Sicile, à Colone en Attique, ou bien à Hermioné ou quelque part en Crète, ou bien près de Pise ou encore près de Lerne ou à Nysa en Béotie ou ailleurs dans une des nombreuses contrées que Déméter parcourut au cours de sa recherche errante pour retrouver Coré. Mais ses prêtres disent que c'était à Éleusis. Elle chercha Coré sans prendre de repos pendant neuf jours et neuf nuits, sans manger ni boire, appelant sans cesse sa fille, mais en vain. Les seules nouvelles qu'elle put recueillir vinrent de la vieille Hécate, qui, de bonne heure un matin, avait entendu Coré crier : « Au secours, on m'enlève, au secours ! » Elle s'était dépêchée de se porter à son aide mais n'avait trouvé aucune trace de la jeune fille [4].

d. Le dixième jour, après une désagréable rencontre avec Poséidon au milieu des troupeaux d'Oncos, Déméter vint sous un déguisement à Éleusis où le roi Céléos et sa femme Métanira lui donnèrent l'hospitalité ; on lui demanda de rester comme nourrice pour Démophon, le prince qui venait de naître. Iambé, leur fille boiteuse, essaya de dérider Déméter en lui récitant des vers bouffons et obscènes et Baubô, la vieille nourrice sèche, lui conseilla en plaisantant de prendre un peu de boisson d'orge : elle poussa des gémissements comme si elle allait accoucher et, d'une manière tout à fait inattendue, elle tira de dessous sa jupe le propre fils de Déméter, Iacchos, qui sauta dans les bras de sa mère et l'embrassa.

e. « Oh comme tu bois goulûment ! » s'écria Abas le fils aîné de Céléos, au moment où Déméter avalait d'un trait le contenu du pichet d'eau d'orge parfumée à la menthe. Déméter le regarda sévèrement et il fut métamorphosé en lézard. Un peu gênée de ce qu'elle avait fait, Déméter décida d'être agréable à Céléos en rendant Démophon immortel. Et, cette nuit-là, elle le tint au-dessus du feu pour consumer en lui son humanité. Mais Métanira, fille d'Amphictyon, qui était entrée par hasard dans la salle avant que l'opération fût terminée, rompit le charme et Démophon mourut. « Infortunée demeure que la mienne », se lamentait Céléos, en versant des larmes sur le sort de ses deux fils. C'est à la suite de cela qu'il fut appelé Dysaulès. « Sèche tes larmes, Dysaulès, lui dit Déméter, tu as encore trois fils en comptant Triptolème à qui je compte octroyer des dons si merveilleux que tu oublieras ta double perte. »

f. En effet Triptolème, qui faisait paître les troupeaux de son père, avait reconnu Déméter et lui avait donné les renseignements dont elle avait besoin : dix jours auparavant, ses frères Eumolpos, un berger, et Eubuléos, un porcher, qui se trouvaient aux champs à nourrir leurs bêtes virent tout à coup la terre s'ouvrir engloutissant le cochon d'Eumolpos sous leurs yeux ; puis, dans un bruit sourd de sabots, un char tiré par des chevaux noirs apparut et s'engouffra dans la faille ouverte. Le visage de celui qui conduisait le char n'était pas visible, mais de son bras droit il serrait fortement contre lui une jeune fille qui poussait des cris perçants. Eumolpos avait appris la chose par Eubuléos et il en avait fait le sujet d'un chant de lamentation.

g. Forte de cette preuve, Déméter convoqua Hécate. Ensemble, elles se rendirent auprès d'Hélios qui voit tout et le contraignirent à reconnaître que c'était Hadès le coupable et qu'il était très certainement de connivence avec son frère Zeus. Déméter était si furieuse qu'au lieu de retourner dans l'Olympe elle continua à errer sur la terre, empêchant les arbres de porter des fruits et les herbes de pousser, si bien que la race des hommes se trouva menacée d'extinction. Zeus, gêné d'aller en personne voir Déméter à Éleusis, lui envoya d'abord un message par l'entremise d'Iris (auquel elle ne prêta aucune attention) puis une délégation des dieux de l'Olympe porteurs de présents de réconciliation et lui demanda de se résigner et d'accepter ses volontés. Mais elle refusa de regagner l'Olympe et jura que la terre resterait stérile jusqu'à ce que Coré lui fût rendue.

h. Zeus n'avait plus le choix. Il envoya Hermès porter le message suivant à Hadès : « Si tu ne rends pas Coré, nous sommes tous perdus ! » Et celui-ci à Déméter : « Ta fille te sera rendue à la seule condition qu'elle n'ait pas encore goûté de la nourriture des Morts. »

i. Et comme Coré n'avait pas mangé une croûte de pain depuis son enlèvement, Hadès, contraint de dissimuler son dépit, lui dit : « Mon enfant, vous paraissez malheureuse ici et votre mère vous pleure. J'ai donc décidé de vous renvoyer chez vous. »

j. Les larmes de Coré cessèrent de couler et Hermès l'aida à monter sur son char. Mais juste au moment où elle se mettait en route pour Éleusis, un des jardiniers d'Hadès, du nom d'Ascalaphos, s'écria en hululant d'un air moqueur : « J'ai vu Mme Coré cueillir une grenade dans votre verger et en manger sept grains ; je suis prêt à témoigner qu'elle a goûté de la nourriture des Morts. » Hadès sourit et dit à Ascalaphos de se jucher à l'arrière du char d'Hermès.

k. A Éleusis, Déméter, heureuse, embrassa Coré, mais en entendant l'affaire de la grenade elle devint plus triste que jamais et dit une fois encore : « Je ne remonterai pas dans l'Olympe et je ne retirerai pas ma malédiction concernant la terre. » Zeus demanda alors à Rhéa, la mère d'Hadès, de se joindre à lui pour discuter avec Déméter et l'on parvint enfin à un compromis : Coré passerait trois mois de l'année en compagnie d'Hadès, et serait reine du Tartare avec le titre de Perséphone, et les neuf autres mois avec Déméter. Hécate s'offrit à veiller à ce que cet accord soit respecté et à constamment s'occuper de Coré.

l. Déméter consentit enfin à rentrer chez elle. Avant de quitter Éleusis, elle apprit à Triptolème, Eumolpos et Céléos (ainsi qu'à Dioclès, roi de Phères, qui avait activement cherché Coré durant toute cette période) la manière de pratiquer son culte et elle les initia à ses mystères. Mais elle punit Ascalaphos pour ses cancans en le poussant dans un trou et en le recouvrant d'un énorme rocher. Hercule l'en délivra par la suite. Elle le changea en hibou brachyote [5]. Elle récompensa aussi les Phénéatiens d'Arcadie, où elle se reposa après que Poséidon l'eut outragée, en leur donnant toutes sortes de semences decéréales, mais elle leur interdit de planter des fèves. Ce fut un certain Cynamités qui, le premier, osa le faire ; il possède un temple près du fleuve Céphise [6].

m. A Triptolème elle donna de la semence de blé, une charrue en bois et un char traîné par des serpents ; elle l'envoya autour du monde enseigner aux hommes l'agriculture. Mais auparavant elle lui donna des leçons dans la plaine du Raros et c'est pourquoi certains le disent fils du roi Raros. Et à Phytalos, qui l'avait traitée avec bonté sur les berges du Céphise, elle donna un figuier, le premier qu'on eût jamais vu en Attique, et elle lui enseigna la manière de le cultiver [7].

★

1. *Coré, Perséphone et Hécate étaient la Déesse Triple sous ses aspects de Jeune Vierge, de Nymphe et de Vieille Femme, à une époque où seules les femmes pratiquaient les Mystères de l'Agriculture. Coré représente le blé en herbe, Perséphone, l'épi mûr et Hécate le blé moissonné. Mais Déméter était la désignation générale de la déesse et on a donné le nom de Perséphone à Coré ce qui rend la légende confuse. Le mythe racontant l'aventure de Déméter dans le champ trois fois labouré indique un rite de fertilité qui a subsisté jusqu'à ces temps derniers dans les Balkans : la prêtresse du blé s'unissait ouvertement au roi sacré au moment des semailles d'automne afin d'assurer une bonne récolte. En Attique, on labourait le champ une première fois au printemps puis, après la moisson d'été, on le labourait plus légèrement transversalement et, finalement, après les sacrifices aux dieux des Labours ; on le labourait une nouvelle fois dans la direction du début, au mois automnal de Pyanepsion, pour les nouvelles semailles (Hésiode :* Travaux et les Jours *432-433, 460, 460, 462 ; Plutarque ;* Isis et Osiris *69).*

2. *Perséphone (de* phero *et* phonos, *« celle qui cause la destruction ») qu'on appelait aussi Persephatta à Athènes (de* ptersis *et* éphato, *« celle qui règle la destruction ») et Proserpine (« l'effrayante ») à Rome, était semble-t-il, le nom que portait la Nymphe au moment où elle sacrifiait le roi sacré. Le nom d'Hécate (« cent ») se rapporte, semble-t-il, aux cent mois lunaires que comportait son règne et aux cent moissons. La mort du roi, frappé par un trait de foudre ou déchiqueté par les dents des chevaux ou par la main de son taniste (son* alter ego*) était le sort qui lui était généralement réservé dans la Grèce primitive.*

3. *L'enlèvement de Coré par Hadès fait partie du mythe dans lequel la trinité hellénique des dieux épousait par la force la*

Triple-déesse préhellénique — Zeus, Héra ; Zeus ou Poséidon, Déméter ; Hadès, Coré — comme dans le mythe irlandais, Brian, Iuchar, Iucharba épousent la Triple-déesse Eire, Fodhla et Banbha (voir 7. 6 *et 16.* I*). Il s'agit de la mainmise des hommes sur les Mystères de l'Agriculture, pratiqués jusque-là par les femmes, dans les temps primitifs. Ainsi l'incident de Déméter refusant de donner du blé à l'humanité n'est qu'une autre version du complot d'Ino pour détruire la récolte d'Athamas (voir 70. c). Un peu plus loin le mythe de Coré explique l'enterrement en hiver d'une figurine de blé féminine que l'on exhumait au début du printemps et qui, à ce moment-là, était verdoyante. Cette coutume préhellénique a subsisté dans les campagnes jusqu'à la période classique et elle comporte de nombreuses illustrations sur des vases peints où figurent des hommes en train de délivrer Coré d'une motte de terre à l'aide de pioches ou bien brisant la tête de la Terre-Mère avec des haches.*

4. *La légende d'Érysichtion, fils de Triopas, est une simple anecdote morale : chez les Grecs comme chez les Latins, de même que chez les Irlandais primitifs ; abattre des arbres dans un lieu sacré entraînait la peine de mort. Mais une faim torturante, que les Elizabéthains appelaient « le loup », n'aurait pas été le châtiment approprié pour punir l'abattage des arbres et le nom d'Érysichthon — né également de Cécrops, l'introducteur des gâteaux d'orge (voir 25.* d*) — signifie « celui qui déchire la terre », ce qui indique que son véritable crime était d'avoir osé labourer sans l'autorisation de Déméter comme l'avait fait Athamas. Pandaréos, volant le chien d'or, indique une intervention crétoise en Grèce au moment où les Achéens tentèrent de réformer les rites de l'agriculture. Ce chien, qu'on avait enlevé à la déesse-Terre, témoigne clairement de l'indépendance que manifestait le haut roi achéen à son égard (voir 134.* I*).*

5. *Les mythes d'Hylas (« des terres boisées » — voir 150.* I*), d'Adonis (voir 18.* 7*), de Lityersès (voir 136.* I*), et de Linos (voir 147.* I*) décrivent le deuil annuel après la mort du roi sacré, ou du jeune garçon qui prenait sa place, sacrifié pour apaiser la déesse de la végétation. Ce même « substitut » apparaît dans la légende de Triptolème qui voyageait dans un char tiré par un serpent et transportait des sacs de blé, pour indiquer symboliquement que sa mort apportait la richesse. Il était aussi Ploutos (« richesse ») né dans le champ labouré et dont a été tiré par euphémisme le surnom rituel d'Hadès de Pluton. Triptolème (*triptolmaios*, « trois fois audacieux ») était peut-être le nom que l'on donnait aux rois sacrés qui avaient osé par trois fois labourer le champ et s'étaient unis trois fois à la prêtresse du blé. Céléos, Dioclès et Eumolpos, à qui Déméter enseigna l'art de l'agriculture, représentent les prêtres qui étaient à la tête de l'Amphictyonie — on fait de Métanira la fille d'Amphictyon — et qui l'honoraient à Éleusis.*

6. *C'était à Éleusis (« la venue ») cité mycénienne, que l'on*

*célébrait les grands Mystères éleusiniens au mois de Boedromion (« courant pour demander du secours »). Les initiés de Déméter en transes s'unissaient symboliquement à sa place avec Iasios ou Triptolème ou Zeus, simulant ses amours dans un lieu retiré du temple, en frottant un objet phallique contre le revers de la bottine d'une femme ; Éleusis dériverait ainsi d'*Eilythuies, *« (le temple) de celle qui se laisse aller à ses instincts dans un lieu caché ». Les mystagogues, habillés en bergers, pénétraient alors avec des cris joyeux portant un tamis qui contenait le jeune Brimos, fils de Brimo (« celui qui est en colère »), fruit instantané de ce mariage rituel. Brimo était un des noms de Déméter et Brimos, un synonyme de Ploutos ; mais ceux qui le célébraient le connaissaient plutôt sous le nom de Iacchos — extrait de l'hymne orgiaque,* Iacchos, *que l'on chantait le sixième jour du Mystère, au cours d'une procession à la lueur des torches qui partait du temple de Déméter.*

7. *Eumolpos représente les bergers qui apportaient l'enfant en chantant ; Triptolème est un gardien de vaches au service d'Io la déesse-Lune sous sa forme de vache (voir 56.* I*), qui arrosait le grain de blé ; et Eubuleos un gardien de cochons au service de la déesse Marpessa (voir 74.* 4 *et 96.* 2*), Phorcis, Choeré, ou Cerdo la déesse-Truie qui faisait germer le blé. Eubuleos fut le premier à faire connaître le destin de Coré parce que le gardien de cochons dans la mythologie européenne primitive signifie devin ou magicien. Ainsi, de même, Eumaeos (« celui qui cherche bien »), le gardien de cochons d'Odysseus (voir 171.* a*), est invoqué comme* dios *(« semblable à Dieu ») ; et bien qu'à la période classique les gardiens de cochons eussent depuis longtemps cessé d'exercer leur art divinatoire, on sacrifiait toujours à Déméter et à Perséphone des porcs en les précipitant dans des crevasses naturelles. Eubuleos ne bénéficia pas de l'enseignement de Déméter, probablement parce que son culte de déesse-Truie avait été supprimé à Éleusis.*

8. *« Raros », soit qu'il signifie « enfant avorté » ou bien « matrice », est de toute façon un nom qui ne convient pas à un roi et il est probable qu'il se rapportait à la matrice de la mère-Blé d'où sortait le blé.*

9. *Iambe et Baubô personnifient les chants obscènes que l'on chantait en mètres iambiques dans les Mystères d'Éleusis pour détendre l'atmosphère ; mais Iambe, Déméter et Baubô sont la triade familière de la Jeune Vierge, la Nymphe et la Vieille Femme. Les vieilles nourrices dans la mythologie grecque représentent presque toujours la déesse sous son aspect de Vieille Femme. Abas fut métamorphosé en lézard parce que les lézards se tiennent dans des lieux très chauds et très secs et qu'ils peuvent vivre sans eau ; il s'agit là d'un récit moral que l'on racontait pour apprendre aux enfants à respecter leurs aînés et à vénérer leurs dieux.*

10. *La légende de Déméter essayant de rendre Démophon immortel a son équivalent dans les mythes de Médée (voir 156.* a*)*

et de Thétis (voir 81. r*). Elle se rapporte en partie à la coutume primitive, largement répandue, de protéger les enfants contre les influences maléfiques en transportant autour d'eux, à leur naissance, un feu sacré, ou en mettant sous eux une grille chaude ; et en partie aussi à la coutume de brûler vifs des enfants en satisfaction vicaire au roi sacré (92.* 7*) et pour leur conférer l'immortalité. Célios, le nom du père de Démophon, peut signifier « celui qui fait brûler » aussi bien que « pivert » ou « sorcier ».*

11. *C'est un tabou primitif basé sur une nourriture de couleur rouge que l'on ne pouvait offrir qu'aux morts (voir 170.* 5*) ; on croyait ainsi que la grenade — comme l'anémone à huit pétales écarlates — provenait du sang répandu d'Adonis ou de Tammuz (voir 18.* 7*). Les sept graines de la grenade représentent peut-être les sept phases de la lune au cours desquelles les cultivateurs attendent de voir apparaître les pousses vertes du blé. Mais Perséphone mangeant la grenade est à l'origine Shéol, la déesse de l'Enfer, dévorant Tammuz, tandis qu'Ishtar (Shéol elle-même sous un autre aspect) pleure pour apaiser son fantôme. Héra, en tant qu'ancienne déesse de la Mort, tenait aussi une grenade à la main.*

12. *L'*ascalaphos *ou hibou brachyote était un oiseau de mauvais augure et la légende de sa queue était racontée pour expliquer le bruit que font les hiboux en novembre, avant que commencent les trois mois d'hiver, ceux de l'absence de Coré. Héraclès délivra Ascalaphos (voir 134.* d*).*

13. *Déméter offrant une figue à Phytalos, qui était d'une famille en vue d'Attique (voir 97.* a*), signifie tout simplement que la fécondation des figuiers — qui s'effectue en amenant du pollen de figuier sauvage sur un figuier cultivé — cessait d'être une prérogative féminine de même que l'agriculture. Le tabou sur la plantation des fèves par des hommes semble avoir subsité plus longtemps que le tabou sur le blé, à cause du rapport étroit qui existait entre les fèves et les fantômes. A Rome, on jetait des fèves aux fantômes à la Fête de Toutes les Ames. Si la graine germait et devenait une plante et qu'une femme mangeait les fèves qu'elle avait fait pousser, elle se trouvait enceinte d'un fantôme. C'est pourquoi les Pythagoriciens s'abstenaient des fèves sauf s'ils voulaient priver un ancêtre de la possibilité de se réincarner.*

14. *On dit que Déméter était arrivée en Grèce par la Crète et qu'elle avait abordé à Thoricos, en Attique (*Hymne à Déméter *123). La chose est probable : les Crétois, en effet, s'étaient établis en Attique où ils furent les premiers à exploiter les mines d'argent de Laurion. En outre, Éleusis se trouve sur le territoire de Mycènes et Diodore de Sicile (V. 77) écrit que des rites très proches de ceux d'Éleusis se pratiquaient à Cnossos, ouverts à tous ceux qui le désiraient, et que (V. 79), selon les Crétois, tous les rites d'initiation avaient été créés par leurs ancêtres. Mais il faut chercher l'origine de Déméter en Libye.*

15. *Selon Ovide, les fleurs que cueillait Coré étaient des coquelicots ; on a découvert à Gazi, en Crète, une statue de la déesse, dont la coiffure était faite en coquelicots ; une autre déesse, figurant sur une terre cuite découverte à Palaiokastro, tient des coquelicots dans sa main, et sur l'anneau d'or du Trésor de Mycènes à l'Acropole, une Déméter assise offre trois coquelicots à une Coré debout. Les graines de coquelicots étaient utilisées comme condiment, sur du pain, et les coquelicots sont tout naturellement associés à Déméter puisqu'ils poussent dans les champs de blé ; mais Coré cueille ou accepte des coquelicots à cause de la propriété narcotique qu'ils possèdent et aussi parce que leur couleur écarlate assure la résurrection après la mort (voir* 27. 12*). Elle est sur le point de se retirer dans son sommeil annuel.*

25.
Athéna : caractéristiques et attributions

a. Athéna inventa la flûte, la trompette, la poterie, la charrue, le râteau, le joug pour les bœufs, le char et le navire. C'est elle la première qui enseigna les nombres et tous les arts pratiqués par les femmes, celui de la cuisine, l'art de tisser et de filer. Bien que déesse de la guerre, elle n'aime pas les batailles comme Arès et Éris ; au contraire, elle est heureuse quand elle peut faire cesser une querelle ou lorsqu'elle peut soutenir le droit par des moyens pacifiques. En temps de paix elle ne porte pas d'armes ; quand elle en a besoin, elle les emprunte généralement à Zeus. Elle est encline à la clémence : lorsque les voix des juges sont à égalité dans un procès à l'Aréopage, elle vote toujours de manière à faire libérer l'accusé. Cependant une fois engagée dans la bataille elle n'est jamais vaincue, même contre Arès, car elle possède une meilleure connaissance de la stratégie et les sages capitaines s'adressent toujours à elle lorsqu'ils ont besoin d'un conseil [1].

b. Beaucoup de dieux, de Titans et de Géants auraient été heureux d'épouser Athéna, mais elle repoussa toutes les avances qui lui furent faites. Une fois, au cours de la guerre de Troie, ne voulant pas emprunter des armes à Zeus, qui s'était déclaré neutre, elle pria Héphaïstos de lui en fabriquer un assortiment spécialement pour elle. Héphaïstos n'accepta aucun paiement et dit timidement qu'il exécuterait le travail pour l'amour d'elle ; n'ayant pas saisi le sens de ses paroles, elle vint un jour dans sa forge pour le voir travailler le métal incandescent, et Héphaïstos, s'étant brusquement tourné vers elle, la saisit et essaya de lui faire violence. Héphaïstos qui se conduit rarement de façon aussi grossière avait été la victime d'une farce que lui avait faite, par malice, Poséidon : celui-ci lui avait fait savoir qu'Athéna était en route pour sa forge avec l'autorisation de Zeus et qu'elle espérait vivement qu'on lui ferait la cour avec ardeur. Au moment où elle se dégageait de ses bras, Héphaïstos éjacula contre sa cuisse, un peu au-dessus du genou. Elle essuya le sperme à l'aide d'une poignée de laine qu'elle jeta avec dégoût. Cette poignée de laine tomba sur le sol près d'Athènes et féconda accidentellement la Terre-Mère qui était justement en visite de ce côté-là. Révoltée à l'idée d'être mère d'un enfant qu'Héphaïstos avait essayé de faire à Athéna, la Terre-Mère déclara qu'elle ne voulait pas se charger de l'élever.

c. « C'est bien, dit Athéna, je m'en occuperai moi-même. » Et elle prit à sa charge l'enfant aussitôt né, l'appela Erichthonios et, afin que Poséidon ne puisse pas rire du succès de sa plaisanterie, elle le cacha dans une corbeille sacrée qu'elle remit à Aglauros, la fille aînée du roi athénien Cécrops, en lui donnant l'ordre d'en prendre grand soin [2].

d. Cécrops, fils de la Terre-Mère, moitié homme moitié serpent, comme Erichthonios — dont certains croient qu'il était son père — est le premier roi à avoir reconnu la descendance par le père. Il épousa une fille d'Actaeos, le premier roi d'Attique. Il institua la monogamie, divisa l'Attique en douze communautés, éleva des temples à Athéna, abolit certains sacrifices sanglants et les remplaça par des offrandes de simples gâteaux d'orge [3]. Sa femme s'appelait Agraulos ; ses trois filles, Aglauros, Hersé et Pandrosos, vivaient dans une maison de trois pièces sur l'Acropole. Un après-midi que les jeunes filles revenaient d'une fête, portant sur leur tête les corbeilles sacrées d'Athéna, Hermès donna de l'argent à Aglauros pour qu'elle l'aide à approcher Hersé, la plus jeune des trois sœurs, dont il s'était violemment épris. Aglauros garda l'or d'Hermès mais ne fit rien pour le mériter car Athéna l'avait rendu jalouse du bonheur d'Hersé. Hermès, très irrité, pénétra dans la maison, changea Aglauros en pierre et abusa d'Hersé. Après qu'Hersé eut donné deux fils à

Hermès : Céphale, le bien-aimé d'Éôs, et Céryx, le premier messager des Mystères d'Éleusis, elle et sa sœur Pandrosos, et aussi leur mère Agraulos, eurent la curiosité de jeter un coup d'œil sous le couvercle du panier que portait Aglauros. Ayant vu un enfant avec une queue de serpent au lieu de jambes, prises de panique, elles se mirent à crier et sautèrent du haut de l'Acropole, Agraulos la première [4].

e. A la nouvelle de ce fatal incident, Athéna éprouva un tel chagrin qu'elle laissa tomber l'énorme rocher qu'elle était en train de transporter sur l'Acropole pour en faire un nouveau rempart : il devint le mont Lycabète. Quant au corbeau qui lui avait apporté la nouvelle, elle changea sa couleur, de blanc il devint noir et elle interdit aux corbeaux de jamais revenir sur l'Acropole. Erichthonios se réfugia alors sous l'égide d'Athéna ; elle s'occupa de lui et l'éleva avec tant d'amour qu'on la prenait pour sa véritable mère. Par la suite il devint roi d'Athènes et enseigna à ses concitoyens l'usage du métal d'argent. Il figure parmi les étoiles du ciel sous l'aspect de la constellation de l'Aurige car il avait introduit le char à quatre chevaux [5].

f. Il existe un autre récit très différent de la mort d'Agraulos : un jour qu'on donnait l'assaut à Athènes elle se jeta, dit-on, de l'Acropole pour obéir à un oracle et ainsi sauva la situation. Cette version explique pourquoi tous les jeunes Athéniens, au moment de prendre les armes, se rendent au temple d'Agraulos, et là, dédient leur vie à la cité [6].

g. Athéna, bien que tout aussi modeste qu'Artémis, est beaucoup plus généreuse. Un jour que Tirésias l'avait surprise par hasard dans son bain, elle lui posa les mains sur les yeux et le rendit aveugle mais, en compensation, elle lui conféra le don de divination [7].

h. On ne se souvient pas qu'elle se soit montrée jalouse sauf en une seule circonstance. Voici l'histoire : Arachné, une princesse de Colophon en Lydie, célèbre pour sa teinture pourpre, était tellement habile dans l'art de filer, qu'Athéna elle-même ne pouvait rivaliser avec elle. Comme on lui montrait une étoffe dans laquelle Arachné avait tissé des scènes illustrant les amours olympiennes, la déesse chercha attentivement pour y découvrir un défaut, mais n'y étant pas parvenue, elle fut prise d'une rage froide et la déchira en petits morceaux. Lorsque Arachné, terrorisée, se pendit à un chevron, Athéna la métamorphosa en araignée, l'insecte qu'elle détestait le plus — elle transforma la corde en une toile d'araignée et Arachné y grimpait pour aller se cacher [8].

★

1. *Les Athéniens avaient fait de la virginité de leur déesse le symbole de l'inexpugnabilité de leurs villes, et en conséquence, ils altérèrent les mythes primitifs où elle était violée par Poséidon (voir 19.* 2*) et par Borée (voir 48.* I*), et refusèrent de considérer Erichthonios, Apollon et Lychnos (« lampe ») comme ses fils par Héphaïstos. Ils faisaient venir « Erichthonios » soit d'*erion *« laine » soit d'*eris *« dissension », et* chthonos *« terre » et ils inventèrent le mythe de sa naissance pour expliquer la présence sur les figurations archaïques d'un enfant serpent dont la tête apparaît derrière l'égide de la déesse. Le rôle de Poséidon dans la naissance d'Erichthonios a peut-être été à l'origine beaucoup plus simple et plus concret ; sinon pourquoi Erichthonios aurait-il introduit à Athènes le char à quatre chevaux de Poséidon ?*

2. *Ahténa était la déesse-Triple et lorsque le personnage central, la déesse-Nymphe, fut supprimé et que les mythes la concernant furent transférés à Aphrodite, Orithyie (voir 48.* b*) ou Alcippé (voir 19.* b*) il resta la jeune vierge vêtue de peaux de chèvres, spécialement rattaché à la guerre (voir 8.* I*), et la Vieille Femme qui inspirait les oracles et présidait à tous les arts.* Erichthonios *est peut-être la forme allongée d'*érechtheos *(voir 47.* I*) qui signifie « du pays de la bruyère » (voir 18.* I*) et non pas « beaucoup de terre » comme on le croit généralement. Les Athéniens le représentaient sous forme d'un serpent à tête humaine parce qu'il était le héros ou le fantôme du roi sacrifié qui faisait connaître les désirs de la Vieille Femme. Sous cet aspect de Vieille Femme, Athéna était entourée d'une chouette et d'un corbeau. L'ancienne famille royale d'Athènes se réclamait d'Erichthonios et d'Erechtheos elle s'appelait les Erechthéides ; ceux-ci portaient des serpents d'or en guise d'amulettes et conservaient un serpent sacré dans l'Erechthéion. Mais Erichthonios était également un vent fécondant qui soufflait des montagnes couvertes de bruyère et on portait l'égide d'Athéna (ou une copie de son égide) à tous les couples nouvellement mariés d'Athènes pour assurer la fécondité des femmes (Suidas* sub *Aegis).*

3. *Les plus belles poteries crétoises ont été fabriquées par des femmes, on le sait, et il en était de même certainement, à l'origine, de tous les ustensiles domestiques inventés par Athéna ; mais dans la Grèce classique les artisans étaient obligatoirement des hommes. L'argent, dans les premiers temps, était plus précieux que l'or, étant plus difficile à raffiner, et consacré à la lune ; l'Athènes de Périclès dut sa suprématie, pour une grande part, aux riches mines du Laurion que les Crétois avaient été les*

premiers à exploiter, ce qui lui permit de faire venir de la nourriture et d'acheter des alliés.

4. L'événement qui fit sauter du haut de l'Acropole les filles de Cécrops était peut-être la prise d'Athènes par les Hellènes, à la suite de quoi il y aurait eu une tentative pour contraindre les prêtresses d'Athéna à la monogamie comme on le voit dans le mythe d'Halirrhothios (voir 19. b). Elles préférèrent la mort au déshonneur — d'où le serment des jeunes Athéniennes au temple d'Agraulos. L'autre légende de la mort d'Agraulos n'est qu'une simple anecdote morale : c'est une mise en garde à l'égard de ceux qui seraient tentés de violer les mystères d'Athéna. « Agraulos » était aussi un nom de la déesse-Lune : agraulos et sa translitération aglauros signifient la même chose, agraulos étant l'épithète homérique qualifiant les bergers et aglauros (comme hersé et pandrosos) se rapportant à la lune, source de la rosée qui rafraîchit les pâturages. A Athènes les jeunes filles sortaient à la pleine lune, à la mi-été et recueillaient la rosée — cette coutume a subsisté en Angleterre jusqu'au siècle dernier — pour des usages sacrés. Cette fête s'appelait les Herséphories « cueillette de la rosée ». Agraulos ou Agraulé était en réalité le nom d'Athéna elle-même et on dit qu'Agraulé était adorée à Chypre jusqu'à une date assez récente et exigeait des sacrifices humains. Sur un anneau d'or mycénien figurent trois prêtresses s'avançant vers un temple ; les deux premières répandent la rosée, la troisième, probablement Agraulos, portait une branche attachée à son coude. Cette cérémonie était peut-être originaire de Crète. Hermès séduisant Hersé, dont il paya le prix en or à Aglauros, se rapporte sans doute à la prostitution des prêtresses devant une statue de la déesse Aglauros, changée en pierre. Les corbeilles sacrées, que l'on transportait dans ces occasions, devaient contenir des serpents phalliques et autres objets similaires destinés aux orgies. La prostitution rituelle des adorateurs de la déesse-Lune se pratiquait en Crète, à Chypre, en Syrie, en Asie Mineure et en Palestine.

5. Athéna chassant le corbeau est une variante du bannissement de Cronos — Cronos signifie « corbeau » (voir 6. 2) — c'est-à-dire le triomphe de l'Olympe attribué à tort à Cécrops qui est en réalité Ophion-Borée, le démiurge pélasge (voir 1. 1). Le changement de couleur du corbeau rappelle celui de la réplique galloise d'Athéna : Branwen, « corbeau blanc », sœur de Bran (voir 57. 1). Il semble qu'un des noms d'Athéna fût « Coronis ».

6. La vengeance d'Athéna contre Arachné est peut-être autre chose qu'une simple fable, si elle rend compte d'une rivalité commerciale très ancienne entre les thalassocraties athéniennes et lydio-cariennes qui étaient toutes deux d'origine crétoise. De nombreux sceaux sur lesquels figure le symbole de l'araignée, découverts à Milet, en Crète — cité dont est issu Milétos le Carien et qui était également la plus grande exportatrice de laine de couleur de l'ancien monde — indique qu'il s'agit d'une industrie

textile florissante au début du IIe millénaire avant J.-C. Pendant une longue période, les Milésiens possédèrent le contrôle très lucratif de tout le commerce de la mer Noire et ils possédaient un entrepôt à Naucratis, en Égypte. Athéna avait donc de bonnes raisons d'être jalouse de l'araignée.

7. *Il y a, dans Homère, une contradiction apparente. Selon le* Catalogue des Bateaux *(*Iliade *II. 547 ss.), Athéna installa Erechthée dans son somptueux temple à Athènes ; mais selon l'*Odyssée *(VII. 80) elle se rend à Athènes et pénètre dans sa forteresse. En vérité, le roi sacré possédait ses appartements personnels dans le palais de la Reine où l'on conservait la statue de la déesse. Il n'y avait pas de temple en Crète ou dans la Grèce mycénienne mais seulement des autels domestiques et des cavernes oraculaires.*

26
Pan : caractéristiques et attributions

a. Nombre de dieux et de déesses de la Grèce, bien que très puissants, n'ont jamais figuré parmi les Douze Olympiens. Pan, par exemple, un humble personnage, mort à présent, fut content de vivre sur la terre dans la bucolique Arcadie : Hadès, Perséphone, Hécate savent que leur présence dans l'Olympe n'est pas souhaitée. Quant à la Terre-Mère, elle est bien trop vieille et trop maniaque pour s'accommoder de la vie de famille de ses petits-enfants et arrière-petits-enfants.

b. Selon certains c'est Hermès qui fut le père de Pan par Dryopé, fille de Dryops, ou par la nymphe Oenoe, ou par Pénélope, femme d'Odysseus, qu'il visita sous la forme d'un bélier, ou par Amalthée la chèvre [1]. On disait qu'il était si laid à sa naissance avec ses cornes, sa barbiche, sa queue et ses pattes de bouc, que sa mère s'enfuit de terreur en le voyant et Hermès l'emporta dans l'Olympe pour amuser les dieux. Mais Pan était le frère de lait de Zeus et par conséquent beaucoup plus vieux qu'Hermès ou que Pénélope de qui il fut engendré (selon certains) par tous les prétendants qui la courtisaient durant l'absence d'Odyssée. Selon d'autres encore, il était le fils de Cronos et de Rhéa, ou de Zeus par Hybris, et c'est là la version la moins improbable [2].

c. Il vivait en Arcadie où il gardait les moutons et les vaches et s'occupait des ruches. Il participait aux danses des nymphes de la montagne et aidait les chasseurs à trouver du gibier. Il était en somme un personnage tranquille, insouciant et paresseux, aimant par-dessus tout sa sieste et il se vengeait de ceux qui le dérangeaient en poussant brusquement, derrière un bosquet ou dans une grotte, un grand cri, qui leur faisait dresser les cheveux sur la tête. Pourtant les Arcadiens avaient si peu de respect pour lui que lorsqu'ils rentraient bredouilles après une longue journée de chasse, ils ne craignaient pas de le fouetter avec des scilles [3].

d. Pan séduisit de nombreuses nymphes, notamment Écho, qui lui donna Iynx, mais cet amour finit mal à cause de la passion d'Écho pour Narcisse ; et Euphèmé, nourrice des Muses, qui lui donna Crotos, le Sagittaire du Zodiaque. Il se vanta aussi de s'être uni à toutes les Ménades de Dionysos pendant qu'elles étaient ivres [4].

e. Un jour, il tenta de violer la chaste Pitys qui ne lui échappa que parce qu'elle fut métamorphosée en un pin dont il porta par la suite une branche tressée sur la tête, en guise de coiffure. Une autre fois, il poursuivit la chaste Syrinx, du mont Lycée jusques aux bords du fleuve Ladon où elle devint roseau ; alors, comme il ne pouvait pas la distinguer des autres roseaux, il en coupa quelques-uns au hasard et en fit la flûte de Pan. Son plus grand succès en amour fut d'avoir réussi à séduire Séléné ; il y parvint en dissimulant son apparence de bouc et ses poils noirs sous une toison bien propre. Ne sachant pas qui il était, Séléné consentit à monter sur son dos et ne lui résista pas lorsqu'il voulut prendre son plaisir avec elle [5].

f. Les dieux de l'Olympe, tout en méprisant Pan pour son manque de raffinement et son penchant à la débauche, exploitaient ses pouvoirs. Apollon l'amena par la flatterie à lui apprendre l'art de la prophétie et Hermès imita une flûte qu'il avait laissée tomber, déclara qu'elle était de son invention et la vendit à Apollon.

g. Pan est le seul parmi les dieux qui soit mort à notre époque. La nouvelle de sa mort parvint à un certain Thamos qui était marin sur un bateau faisant voile vers l'Italie en passant par l'île de Paxi. Une voix divine s'éleva de la mer et dit fortement : « Thamos, Thamos, es-tu là ? Lorsque tu atteindras Palodès, annonce que le grand Pan est mort. » C'est ce que fit Thamos et sur le rivage, la nouvelle fut accueillie par des cris, des gémissements et des pleurs [6].

1. *Pan — on considère généralement que son nom provient de* paein, *« faire paître » — représente le « diable » ou l'« homme dressé », du culte arcadien de la fertilité qui ressemble beaucoup au culte des sorcières de l'Europe occidentale. Cet homme, qui était revêtu d'une peau de bouc, était l'amant que les Ménades avaient pourchassé et se réservaient pour leurs orgies en haute montagne ; tôt ou tard il payait cette faveur de sa vie.*

2. *Les récits concernant la naissance de Pan offrent de nombreuses variantes. Comme Hermès était la force qui résidait dans la pierre phallique se trouvant au centre de ces orgies (voir 14.* 1*), les bergers disaient que leur dieu Pan était son fils par un pivert, oiseau dont les coups de bec sur le tronc des arbres annonçaient, croyait-on, la pluie d'été. Le mythe d'après lequel il engendra Pan d'Oenoe s'explique de soi-même bien que les Ménades, à l'origine, utilisassent d'autres excitants que le vin (voir 27.* 2*) ; le nom de sa célèbre mère Pénélope (« au visage voilé ») indique que les Ménades au cours de leurs orgies se barbouillaient le visage d'une sorte de peinture rappelant les rayures d'une variété de canards appelés* penelope. *Plutarque dit que les Ménades qui tuèrent Orphée furent tatouées par leurs maris en guise de châtiment (voir 28.* f*) ; on peut voir sur un vase peint au British Museum (catalogue E. 301) une Ménade dont les bras et les jambes portent un tatouage imitant le quadrillage d'un tissu. La visite que fait Hermès à Pénélope sous forme d'un cerf — le diable-cerf est une figure aussi répandue dans le culte des sorcières en Occident que le diable-bouc —, l'union de celle-ci avec tous les prétendants (voir 171.* 1*) et l'affirmation que Pan s'était uni à toutes les Ménades réfèrent à la licence qui régnait dans les orgies en l'honneur de la déesse-Sapin Pitys ou Élaté (voir 78.* 1*). Les montagnards arcadiens étaient la population la plus ancienne de la Grèce (voir 1. 5) et leurs voisins, plus civilisés, les méprisaient.*

3. *Le fils de Pan, le torcol ou oiseau mangeur de serpent, était un oiseau migrateur de printemps qu'on utilisait pour fabriquer des charmes érotiques (voir 56.* 1 *et 152.* 2*). Les scilles contiennent un poison irritant — utile contre les rats et les souris — et on les employait comme purgatif et diurétique avant de prendre part à un acte rituel ; c'est ainsi que la scille en vint à être tenue pour neutraliser les influences maléfiques (Pline :* Histoire naturelle *XX. 39) ; on fouettait la statue de Pan avec des tiges de scille si le gibier n'avait pas été assez abondant (voir 108.* 10*).*

4. *Pan séduisant Séléné se rapporte à une orgie du début de mai au cours de laquelle la jeune reine de Mai montait sur le dos de son homme dressé avant de célébrer avec lui son mariage dans la forêt nouvelle. A cette époque, le culte du cerf avait remplacé le culte du bouc en Arcadie (voir 27.* 2*).*

5. *Thamos l'Égyptien s'était trompé : il avait pris les lamentations rituelles* Thamos Panmegas tethnece *(« le grand Tammuz est mort ! ») pour l'annonce de la nouvelle : « Thamos, le grand*

Pan est mort ! ». En tout cas, Plutarque, prêtre de Delphes de la fin du Ier siècle avant J.-C., le crut et l'écrivit ; et lorsque Pausanias fit son grand voyage en Grèce, environ un siècle plus tard, il constata que les autels consacrés à Pan, les sanctuaires, les cavernes et les montagnes sacrées étaient encore assidûment fréquentés.

27.
Dionysos : caractéristiques et attributions

a. Sur l'ordre d'Héra, les Titans s'emparèrent du fils nouveau-né de Zeus, Dionysos, un enfant cornu, la tête couronnée de serpents, et, en dépit de ses transformations, le coupèrent en petits morceaux qu'ils firent bouillir dans un chaudron tandis qu'un grenadier surgissait du sol à l'endroit où son sang s'était répandu ; mais, secouru et reconstitué par sa grand-mère Rhéa, il revint à la vie. Perséphone, à qui Zeus l'avait confié, l'amena au roi Athamas d'Orchomène et sa femme Ino, à qui elle recommanda de l'élever dans le quartier des femmes, déguisé en fille. Mais on ne pouvait tromper Héra et elle punit les époux royaux en les rendant fous, en sorte qu'Athamas tua leur fils Léarchos qu'il avait pris pour un cerf [1].

b. Puis, sur l'ordre de Zeus, Hermès le transforma provisoirement en chevreau ou en cerf et le présenta aux nymphes du mont Hélicon, Macris, Nysa, Érato, Bromie et Bacché. Elles l'installèrent dans une caverne, le dorlotèrent, le nourrirent de miel et, en récompense, Zeus les plaça par la suite parmi les étoiles sous le nom d'Hyades. Ce fut sur le mont Nysa que Dionysos inventa le vin et c'est à cause de cela surtout qu'il est vénéré [2]. Lorsqu'il devint un homme, Héra le reconnut comme étant le fils de Zeus, en dépit de son air efféminé dû à son éducation, et elle le rendit fou. Il parcourut le monde accompagné de son précepteur Silène et une armée de Satyres et de Ménades déchaînés, dont les armes étaient un bâton entouré de lierre, surmonté d'une pomme de pin, appelé *thyrse,* des épées, des serpents et des rhombes destinés à semer la terreur. Il s'embarqua pour l'Égypte et y apporta la vigne ; à Pharos, le roi Protée le reçut de façon très hospitalière. Parmi les Libyens du delta du Nil, en face de Pharos, vivaient des reines Amazones à qui Dionysos demanda de marcher avec lui contre les Titans pour rétablir le roi Amon sur le trône dont il avait été chassé. La défaite infligée aux Titans et la remise sur le trône du roi Amon sont les premiers de ses nombreux succès militaires [3].

c. Ensuite, il se tourna vers l'orient et se rendit en Inde. En atteignant l'Euphrate, il se heurta au roi de Damas qu'il écorcha vif mais il construisit un pont sur le fleuve avec du lierre et de la vigne ; après quoi, un tigre envoyé par son père Zeus l'aida à traverser le fleuve Tigre. Il atteignit l'Inde après avoir surmonté de nombreuses résistances sur sa route et il conquit le pays tout entier auquel il enseigna l'art de la viticulture ; il dota ces régions de lois et fonda de grandes villes [4].

d. Sur le chemin du retour, il eut à combattre les Amazones dont il rejeta les hordes jusqu'à Éphèse. Certaines d'entre elles se réfugièrent dans le temple d'Artémis où leurs descendantes habitent encore ; d'autres s'enfuirent à Samos ; Dionysos les poursuivit sur des navires et il en tua un si grand nombre que le champ de bataille s'appelle Panhaema. Près de Phloeon, un certain nombre d'éléphants qu'il avait amenés des Indes moururent et leurs os émergent encore de la terre [5].

e. Après cela, Dionysos revint en Europe en passant par la Phrygie où sa grand-mère Rhéa le purifia des nombreux meurtres qu'il avait commis pendant sa folie et l'initia aux Mystères. Il envahit ensuite la Thrace ; mais ses hommes n'avaient pas plus tôt atteint l'embouchure du fleuve Strymon, que Lycurgue, roi des Édoniens, les attaqua furieusement à l'aide d'un aiguillon de bœuf et captura l'armée tout entière sauf Dionysos qui plongea dans la mer et se réfugia dans la grotte de Thétis. Rhéa, affligée de cette défaite, aida les prisonniers à s'échapper et rendit fou Lycurgue : il tua son propre fils Dryas avec une hache, s'étant imaginé qu'il était en train d'arracher la vigne. Avant de recouvrer ses esprits, il avait commencé à élaguer le cadavre en lui coupant le nez, les oreilles, et les doigts ; et le sol de Thrace devint stérile à cause de ce crime atroce. Lorsque Dionysos, revenu du fond de la mer, annonça que cette stérilité ne cesserait que si Lycurgue était mis à mort, les Édoniens le conduisirent au mont Pangée, et là, des chevaux sauvages l'écartelèrent [6].

f. Dionysos ne rencontra plus de résistance en Thrace. Il rentra alors dans sa Boétie bien-aimée, se rendit à

Thèbes, et incita les femmes à se joindre à ses orgies sur le mont Cithéron. Penthée, roi de Thèbes, à qui déplaisaient les menées lubriques de Dionysos, l'arrêta ainsi que toutes ses Ménades mais il perdit la raison et, au lieu d'enchaîner Dionysos, il enchaîna un taureau. Les Ménades s'échappèrent à nouveau et, dans un état de frénésie, regagnèrent la montagne où elles déchiquetèrent de jeunes veaux. Penthée essaya de les arrêter, mais, surexcitées par le vin et dans un état de transe religieuse, elles lui brisèrent les membres un à un. Sa mère Agavé les conduisait et c'est elle qui lui arracha la tête [7].

g. A Orchomène, les trois filles de Minyas, nommées Alcathoé, Leucippé et Arsippé ou Aristippé ou Arsinoé, refusèrent de participer aux orgies, bien que Dionysos lui-même, déguisé en jeune fille, les y eût invitées. Alors il se métamorphosa, devenant successivement lion, taureau, panthère et les rendit folles. Leucippé offrit son fils Hippasos en sacrifice ; il avait été choisi par tirage au sort — et les trois sœurs, après l'avoir mis en pièces, le dévorèrent puis parcoururent les montagnes dans un état de frénésie jusqu'à ce qu'enfin Hermès les changeât en oiseaux, bien que certains disent qu'il les changea en chauves-souris [8]. Le meurtre d'Hippasos était expié chaque année à Orchomène au cours de cérémonies appelées Agrionies (« provocation à la bestialité ») où les célébrantes font semblant de chercher Dionysos ; supposant qu'il est parti avec les Muses, elles s'assoient en cercle et posent des devinettes jusqu'à ce que le prêtre de Dionysos se précipite hors de son temple, armé d'une épée, et tue la première femme qui lui tombe sous la main [9].

h. Après que toute la Béotie eut reconnu la divinité de Dionysos, il fit un voyage dans les îles Égéennes, répandant la joie et la terreur partout où il passait. A Icaria, il s'aperçut que son navire était en mauvais état et ne pouvait plus tenir la mer ; il en loua un à des marins tyrrhéniens qui se disaient en partance pour Naxos, mais il apparut que c'étaient des pirates. Ne sachant pas qu'ils transportaient un dieu, ils mirent le cap sur l'Asie avec l'intention, à l'arrivée, de le vendre comme esclave. Dionysos fit pousser sur le pont un cep de vigne qui entoura le mât tandis que du lierre s'enroulait autour du gréement ; il changea les rames en serpents et lui-même devint lion ; il remplit le navire d'animaux fantômes et fit chanter des flûtes, si bien que les pirates, pris de panique, sautèrent par-dessus bord et devinrent des dauphins [10].

i. C'est à Naxos que Dionysos rencontra la charmante Ariane que Thésée avait abandonnée et il l'épousa aussitôt. Elle lui donna Oenopion, Thoas, Staphylos, Latromis, Euanthès et Tauropolos. Par la suite, il plaça sa couronne de mariée parmi les étoiles [11].

j. De Naxos, il se rendit à Argos et punit Persée — celui-ci avait commencé par lui tenir tête en tuant un grand nombre de ses compagnons — et frappa de démence les femmes d'Argos : elles se mirent à dévorer tout vivants leurs propres enfants. Persée s'empressa de reconnaître qu'il avait eu tort et apaisa Dionysos en bâtissant un temple en son honneur.

k. Finalement, ayant établi son culte à travers le monde, Dionysos monta au ciel, et maintenant il est assis à la droite de Zeus ; il fait partie des douze grands dieux. La discrète déesse Hestia abandonna sa place à la table divine en sa faveur, heureuse de trouver une excuse pour échapper aux querelles et aux jalousies de sa famille et certaine d'être accueillie de façon calme et paisible dans la ville de Grèce où il lui plairait de se rendre. Dionysos descendit alors — en passant par Lerne — jusqu'au Tartare où il acheta, en faisant un cadeau de myrte à Perséphone, la libération de Sémélé, sa mère, qui était morte. Elle monta avec lui dans le temple d'Artémis à Trézène ; mais pour éviter de faire de la peine ou de créer des jalousies parmi les Ombres, il changea son nom et la présenta à ses compagnons de l'Olympe sous celui de Thyoné. Zeus mit un appartement à sa disposition. Héra s'enferma dans un silence irrité mais se résigna [12].

★

1. *Le fait essentiel dans la légende mystique de Dionysos est la diffusion du culte du vin en Europe, en Asie et en Afrique du Nord. Le vin ne fut pas inventé par les Grecs : il semble bien avoir été primitivement importé de Crète dans des jarres. Le raisin poussait à l'état sauvage sur la côte méridionale de la mer Noire ; de là sa culture gagna le mont Nysa en Libye, par la Palestine et de là la Crète ; il atteignit l'Inde par la Perse, et la Grande-Bretagne, à l'Age du Bronze, par la Route de l'Ambre. Les orgies à base de vin de l'Asie mineure et de la Palestine — la fête canaanite des Tabernacles était à l'origine une orgie bachique, elle comportait les mêmes transes que les orgies à base de bière*

de Thrace et de Phrygie. Le triomphe de Dionysos provient du fait que le vin remplaça partout les autres excitants (voir 38. 3*). D'après Phérécyde (178),* Nysa *signifie « arbre ».*

2. *Il avait été autrefois le desservant de la prêtresse-Lune Sémélé (voir 14.* 5*) — que l'on appelait aussi Thyoné ou Cotytto (voir 31.* 1*) et il était la victime désignée de ces orgies. Le fait qu'il fût élevé comme une fille, de même qu'Achille (voir 160.* 5*), rappelle l'usage crétois de garder les jeunes garçons « dans l'obscurité » (*scotioi*), c'est-à-dire dans le quartier des femmes, jusqu'à la puberté. Un de ses noms était* Dendritès, *« l'adolescent de l'arbre », et la Fête du Printemps, au moment où les arbres se recouvrent subitement de feuilles et où l'univers entier se trouve envahi par le désir, célébrait son émancipation. On le décrit comme un enfant muni de cornes afin de ne pas spécifier s'il s'agissait de cornes de chèvres ou de cerf ou de taureau ou de bélier, qui possédaient chacun un culte particulier dans les lieux différents. Lorsque Apollodore dit qu'il était déguisé en chevreau pour échapper à la colère d'Héra — « Ériphos » (« chevreau ») était un des noms que l'on lui donnait (Hesychios* sub *Ériphos — il se réfère au culte crétois de Dionysos-Zagreus, la chèvre sauvage qui possédait de très grandes cornes. Virgile (*Géorgiques *II. 380-384) se trompe lorsqu'il explique que les chèvres étaient des animaux généralement sacrifiés à Dionysos « parce que les chèvres offensaient la vigne en la broutant ». Dionysos, sous forme de cerf, n'est autre que Learchos que tua Athamas lorsqu'il fut rendu fou par Héra. En Thrace, il était un taureau blanc. Mais en Arcadie, Hermès le déguisa en cerf parce que les Arcadiens étaient des bergers et que le Soleil entrait dans le signe du Bélier au moment de leur Fête du Printemps. Les Hyades (« faiseuses de pluie ») à qui il confia Dionysos changèrent de nom et s'appelèrent « les hautes », « les infirmes », « les passionnées », « les rugissantes », « les furies », afin de décrire par leurs noms les cérémonies qui se déroulaient. Hésiode indique le nom primitif des Hyades comme étant Phaesylé (« lumière tamisée »), Coronis (« corneille »), Cleia (« célèbre »), Phaeo (« faiblement éclairée ») et Eudora (« généreuse ») ; et la liste d'Hygin (*Astronomie poétique *II. 21) est à peu près la même.* Nysos *signifie « infirme », et au cours de ces orgies à base de bière qui avaient lieu sur la montagne, le roi sacré semble avoir sautillé comme une perdrix — de même qu'à la Fête du Printemps canaanite appelée* Pesach *(« boitillant » — voir 23.* 1*). Mais le fait que Macris nourrissait Dionysos de miel et que les Ménades utilisaient des branches de sapins tressées comme thyrses fait penser à un excitant plus ancien : la bière additionnée de lierre et sucrée avec de l'hydromel. L'hydromel était « le nectar » à base de miel fermenté que les dieux buvaient encore dans l'Olympe d'Homère.*

3. *J.-E. Harrison qui fut la première à signaler (*Prolégomènes ch. *VIII) que Dionysos le dieu du vin s'était superposé tardivement à Dionysos le dieu de la bière, appelé aussi Sabazios, remarque*

que tragédie *provient peut-être non pas de* tragos *« bouc », comme le pense Virgile (*loc. cit.*), mais de* tragos *« épeautre », graine utilisée à Athènes pour fabriquer la bière. Elle ajoute que sur les anciens vases peints ce sont des hommes-chevaux et non pas des hommes-boucs qui figurent comme compagnons de Dionysos et que sa corbeille de raisin est primitivement un van. En réalité, le bouc libyen ou crétois était associé au vin et le cheval helladique, à la bière et au nectar. C'est pourquoi Lycurgue, qui est l'ennemi du Dionysos tardif, est déchiqueté par des chevaux sauvages — les prêtresses de la déesse-à-tête-de-Jument — ce qui fut le sort également du Dionysos primitif. La légende de Lycurgue est devenue obscure à cause d'un récit étranger qui lui a été incorporé et selon lequel une malédiction avait frappé son pays à la suite du meurtre de Dryas (« chêne »). Dryas était le roi-chêne mis à mort chaque année. On lui coupait les extrémités et celles-ci servaient à éloigner son fantôme (voir 153.* b *et 171.* i*) ; l'abattage sans motif d'un chêne sacré entraînait la peine de mort. Cotytto était le nom de la déesse en l'honneur de laquelle on célébrait les Rites Édoniens (Strabon : X. 3. 16).*

4. *Dionysos se manifestait sous forme de lion, de taureau et de serpent, parce que ces animaux étaient des symboles de l'année tripartie (voir 31.* 7 ; *75.* 2 *et 123.* I*) ; il était né en hiver sous forme de serpent (il était couronné d'un serpent) ; il devenait un lion au printemps ; et il était tué et dévoré sous forme de taureau, de bouc ou de cerf à la mi-été. C'étaient là ses différentes formes lorsque les Titans l'attaquèrent (voir 30.* a*). Ses mystères ressemblaient à ceux d'Osiris, d'où son voyage en Égypte.*

5. *La haine d'Héra pour Dionysos et sa coupe de vin, de même que l'hostilité que lui témoignent Penthée et Persée reflètent l'opposition des conservateurs à l'emploi rituel du vin ainsi qu'aux coutumes extravagantes des Ménades qui, de la Thrace, avaient gagné Athènes, Corinthe, Sicyone, Delphes et d'autres cités évoluées. Par la suite, vers la fin du* VIIe *siècle et au début du* VIe *siècle avant J.-C., Périandre, tyran de Corinthe, Clisthène, tyran de Sicyone, et Pisistrate, tyran d'Athènes, ayant décidé d'approuver le culte, instituèrent des fêtes officielles en l'honneur de Dionysos. C'est alors que l'on admit que Dionysos et sa vigne avaient été acceptés dans le Ciel — il remplaça Hestia et devint lui-même un des douze dieux de l'Olympe à la fin du* V^e^ *siècle avant J.-C., bien que certains dieux continuassent à exiger des « sacrifices sans vin ». Mais malgré l'inscription d'une des tablettes du palais de Nestor à Pylos, récemment déchiffrée, prouvant qu'il possédait une statue divine au* XIIIe *siècle avant J.-C., Dionysos ne cessa jamais en réalité d'être un demi-dieu, et on pouvait voir à Delphes la tombe dont il ressuscitait (Plutarque :* Isis et Osiris *35) ; les prêtres considéraient Apollon comme la partie immortelle de Dionysos (voir 28.* 3*) ; la seconde naissance rituelle d'un homme constituait une cérémonie d'adoption juive bien connue (*Ruth *III. 9), empruntée aux Hittites.*

6. *Dionysos voyageait dans un bateau en forme de croissant de lune et la légende de sa querelle avec les pirates semble avoir été inspirée par la même représentation que celle qui donna naissance à la légende de Noé ; les animaux de l'arche : le lion, le serpent et les autres créatures sont ses différents aspects selon les saisons. En fait, Dionysos n'est autre que Deucalion (voir 38.* 3*).*

7. *Pharos, petite île au large du delta du Nil, sur le rivage de laquelle Protée passa par les mêmes métamorphoses que Dionysos (voir 169.* a*), possédait le plus grand port d'Europe à l'Age du Bronze (voir 39.* 2 *et 169.* 6*). C'était un entrepôt pour les marchands de Crète, d'Asie Mineure, des îles Égéennes, de la Grèce, de la Palestine. De là le culte du vin a pu se répandre dans toutes les directions ; le récit de la campagne de Dionysos en Libye raconte peut-être l'aide militaire envoyée aux Garamantes par leurs alliés grecs (voir 3.* 3*) ; celui de sa campagne des Indes a été considéré comme un récit légendaire fantaisiste de la marche désordonnée d'Alexandre en direction de l'Indus, mais cette légende est plus ancienne en date et n'est que la relation de l'expansion de la culture de la vigne vers l'Est. Le voyage de Dionysos en Phrygie, où Rhéa l'initia, indique que les rites grecs de Dionysos, sous le nom de Sabazios ou de Bromios, étaient d'origine phrygienne.*

8. *La couronne Boréale, le diadème nuptial d'Ariane, s'appelait aussi la « Couronne crétoise ». Elle était la déesse-Lune crétoise et les enfants adonnés au vin qu'elle eut de Dionysos — Oenopion, Thoas, Staphylos, Tauropolos, Latromis et Euanthès — étaient les ancêtres éponymes de tribus helléniques vivant à Chios, Lemnos, Chersonèse de Thrace et au-delà (voir 98.* o*). Comme le culte de la vigne avait atteint la Grèce et les îles Égéennes par la Crète —* oinos, *« le vin », est un mot crétois — Dionysos a été confondu avec Zagreus qui fut comme lui mis en pièces à sa naissance (voir 30.* a*).*

9. *Agavé, mère de Penthée, est la déesse-Lune qui présidait aux orgies de la bière. Hippasos mis en pièces par les Trois Sœurs, qui sont la Triple-déesse sous son aspect de Nymphe, trouve son équivalent dans la légende galloise de Pwyll, prince de Dyfedd, où, au début de Mai Rhiannon, déformation de Rigantona (« grande reine »), dévore un poulain, qui, en réalité, n'est autre que son fils Pryderi (« angoisse »). Poséidon dut lui aussi dévoré sous la forme d'un poulain par son père Cronos, mais, probablement dans une version plus ancienne, par sa mère Rhéa (voir 7.* g*). La signification de ce mythe est que le rite primitif selon lequel des Ménades à tête de jument déchiquetaient chaque année la victime, qui était un jeune garçon — Sabazios, Bromios ou autres — et mangeaient sa chair crue, fut remplacé par les orgies dionysiaques, plus calmes ; le changement se manifesta par la mise à mort d'un jeune poulain au lieu d'un jeune garçon.*

10. *La grenade qui naquit du sang de Dionysos était aussi l'arbre de Tammuz-Adonis-Rimmon ; lorsque le fruit est mûr il*

s'entrouvre comme une plaie rouge découvrant des grains écarlates. Il symbolise la mort et l'assurance de la résurrection quand Héra ou Perséphone le tient dans sa main (voir 24. 11*).*

11. *Dionysos allant au secours de Sémélé, dont le nom fut changé en celui de Thyoné (« reine en furie »), a été inspiré de représentations figurant la cérémonie qui avait lieu à Athènes sur le terre-plein réservé à la danse et sous une pluie de pétales de fleurs, un prêtre enjoignait à Sémélé de sortir d'un* omphalos *ou tertre artificiel, et de venir, en compagnie de « l'esprit du Printemps », le jeune Dionysos (Pindare :* Fragment *75. 3). A Delphes, une cérémonie similaire avait lieu, à laquelle ne participaient que des femmes et qu'on appelait l'*Hérôis *ou « fête de l'héroïne ». Il est probable qu'une cérémonie du même genre se déroulait au temple d'Artémis à Trézène. La déesse-Lune, il faut le rappeler, avait trois aspects comme l'indiquent les vers de John Skelton :*

Diane, dans les vertes forêts
Lune brillante, au firmament
Perséphone enfin, dans les Enfers.

Sémélé était en réalité un des noms de Coré ou Perséphone et la scène de sa remontée est peinte sur de nombreux vases grecs ; sur certains d'entre eux, figurent des satyres munis de pioches aidant l'héroïne à sortir ; leur présence indique qu'il s'agissait d'un rite pélasgien. Ce qu'ils exhumaient était sans doute une figurine en blé enfouie après la moisson et qui à présent verdoyait. Bien entendu, Coré ne montait pas au ciel ; elle voyageait sur la terre avec Déméter jusqu'au moment de son retour dans le Monde Souterrain. Mais tout de suite après que Dionysos fut promu au rang de dieu dans l'Olympe, l'Assomption de sa mère-vierge s'institua en dogme et lorsqu'elle fut devenue déesse on la distingua de Coré qui continua, comme les héroïnes, à monter et à descendre.

12. *La vigne était le dixième arbre de l'année sacrée selon les arbres et correspondait au mois de Septembre, la période des vendanges. Le lierre, le onzième arbre, correspondait au mois d'Octobre, période où les Ménades se livraient à leurs orgies et s'enivraient en mâchant des feuilles de lierre ; et il était important également parce que, de même que les quatres autres arbres — le chêne-kermès sur lequel vivaient les cochenilles, l'aune de Phoronée, la vigne et la grenade de Dionysos — il fournissait une teinture rouge (voir 52.* 3*). On utilisait la teinture rouge pour colorer les visages des statues mâles de la fertilité (Pausanias : II. 2. 5) et des rois sacrés (voir 170.* 11*) ; à Rome la coutume avait survécu de peindre en rouge le visage du général victorieux. Le général représentait le dieu Mars qui était un Dionysos-Printemps avant de devenir le dieu romain de la guerre qui donna son nom au mois de Mars. Les souverains britanniques se font*

légèrement colorer le visage dans les grandes solennités pour paraître bien portants et prospères. En outre, le lierre grec, comme la vigne et le platane, possède une feuille à cinq pointes qui représente la main créatrice de la déesse-Terre Rhéa (voir 53. a*). Le myrte était un arbre de la mort (voir 109.* 4*).*

28.
Orphée

a. Orphée fils du roi de Thrace Oeagre et de la Muse Calliope était le poète et le musicien le plus célèbre qui ait jamais vécu. Apollon lui fit don d'une lyre et les Muses lui apprirent à en jouer ; et non seulement il attendrissait les bêtes féroces mais il charmait aussi par sa musique les arbres et les rochers au point qu'ils se déplaçaient et le suivaient. A Zoné en Thrace, on peut encore voir de vieux chênes de la montagne dans l'attitude exacte d'une de leurs danses [1].

b. Après un voyage en Égypte, Orphée se joignit aux Argonautes avec qui il s'embarqua pour la Colchide et sa musique les aida à vaincre de nombreuses difficultés. A son retour, il épousa Eurydice que certains nomment Agriopé et il s'installa en Thrace parmi les sauvages Cicones [2].

c. Un jour près de Tempé, dans la vallée du fleuve Pénée, Eurydice rencontra Aristée qui essaya de la violer. En s'enfuyant, elle posa le pied sur un serpent et elle mourut de la morsure qu'il lui fit ; mais Orphée descendit courageusement au Tartare dans l'espoir de la ramener. Il utilisa le passage qui s'ouvre à Aornos en Thesprotie et à son arrivée, non seulement il charma le passeur Charon, le chien Cerbère et les trois Juges des Morts par sa musique plaintive, mais il interrompit momentanément les supplices des damnés ; il adoucit à tel point le cruel Hadès qu'il obtint la permission de ramener Eurydice dans le monde d'en haut. Hadès n'y mit qu'une seule condition : qu'Orphée ne se retourne pas jusqu'à ce qu'elle soit revenue sous la lumière du soleil. Eurydice suivit Orphée dans le sombre passage, guidée par la musique de sa lyre, mais lorsqu'il revit à nouveau la lumière du jour, il se retourna pour voir si elle était toujours derrière lui et ainsi la perdit pour toujours [3].

d. Lorsque Dionysos envahit la Grèce, Orphée négligea de l'honorer mais enseigna d'autres mystères sacrés et flétrit les sacrifices humains auprès des hommes de Thrace qui l'écoutaient respectueusement. Tous les matins, il se levait pour saluer l'aube sur le sommet du mont Pangée et il prêchait qu'Hélios, qu'il appelait Apollon, était le plus grand de tous les dieux. Vexé, Dionysos le livra aux Ménades, en Macédoine. Elles attendirent que leurs maris aient pénétré dans le temple d'Apollon dont Orphée était le desservant, se saisirent des armes déposées à l'extérieur, firent irruption dans le temple, tuèrent leurs maris et mirent en pièces Orphée. Elles jetèrent sa tête dans l'Hébros mais elle flottait, continuant à chanter tandis que le courant l'emportait vers la mer ; elle fut ainsi portée jusqu'à l'île de Lesbos [4].

e. Les Muses en larmes recueillirent ses membres et les enterrèrent à Leibèthres, au pied du mont Olympe où le chant du rossignol est, jusqu'aujourd'hui, plus beau que partout ailleurs. Les Ménades avaient essayé de se laver du sang d'Orphée dans l'Hélicon, mais le dieu-Fleuve plongea sous la terre et disparut pendant environ six kilomètres, puis émergea sous un autre nom, celui de Baphyra. Ainsi évita-t-il de devenir complice du crime [5].

f. On dit qu'Orphée avait condamné les débordements des Ménades et prêché l'homosexualité, Aphrodite avait donc été irritée autant que Dionysos. Ses collègues olympiens, cependant, ne pouvaient guère accepter de justifier un meurtre ; Dionysos sauva la vie des Ménades en les changeant en chênes et elles demeurèrent enracinées au sol. Les habitants de la Thrace, qui avaient survécu au massacre, décidèrent de tatouer leurs épaules pour rappeler qu'il ne fallait pas tuer les prêtres. Cette coutume existe encore de nos jours [6].

g. Quant à la tête d'Orphée, après avoir été attaquée par un serpent de Lemnos, jaloux (Apollon le changea sur-le-champ en pierre), elle fut transportée dans une caverne à Antissa, consacrée à Dionysos. Là, elle émettait des oracles nuit et jour au point qu'Apollon, voyant ses oracles de Delphes, de Grynéon et de Claros désertés, vint un jour se mettre debout sur la tête d'Orphée et s'écria : « Cesse donc de te mêler de mes affaires, il y a trop longtemps que je te supporte, toi et tes chants, j'en ai assez ! » La tête alors demeura silencieuse [7]. La lyre d'Orphée avait également été portée par les eaux jusqu'à

Lesbos et déposée dans le temple d'Apollon. C'est à son intervention et à celle des Muses que la Lyre doit de figurer comme constellation dans le ciel [8].

h. Certains font un récit totalement différent de la mort d'Orphée : ils disent que Zeus le tua de sa foudre pour avoir divulgué des secrets divins. Il avait, il est vrai, institué les Mystères d'Apollon en Thrace, ceux d'Hécate à Égine et ceux de la souterraine Déméter à Sparte [9].

★

1. *La tête d'Orphée chantant rappelle celle du dieu-Aune Bran qui, d'après le* Mabinogion, *émettait des chants mélodieux sur le rocher d'Harlech dans le Nord du Pays de Galles ; c'est peut-être une légende concernant les pipeaux funèbres en écorce d'aunes. Ainsi le nom d'Orphée, s'il provient d'*ophruoeis, *« sur la rive du fleuve » est peut-être le nom de la réplique grecque de Bran, Phoronée (voir 57.* I*) ou Cronos, et se rapporte aux aunes « qui poussent sur les rives du Penée et des autres fleuves ». Le nom du père d'Orphée, Oeagre (« de l'alisier sauvage ») indique qu'il s'agit du même culte puisque le fruit de l'alisier et de l'aune (en espagnol :* aliso*) portent l'un et l'autre le nom de la déesse de la rivière préhellénique Halys ou Alys ou Élis, reine des îles Élyséennes où Phoronée, Cronos et Orphée se rendirent après leur mort. Aornos est l'Avernus, une variante italique de l'Avalon celtique (« île des pommiers » — voir 31.* 2*).*

2. *Diodore de Sicile dit qu'Orphée utilisait l'ancien alphabet de treize consonnes ; la légende selon laquelle les arbres le suivaient ainsi que les animaux sauvages, charmés par ses chants, se rapporte, semble-t-il, à la série des arbres correspondant aux saisons et aux animaux symboliques de cet alphabet (voir 52.* 3 *; 132.* 3 *et* 5*). En tant que roi sacré, il était frappé d'un trait de foudre — c'est-à-dire tué au moyen d'une hache double — dans un bois de chênes, puis déchiqueté par les Ménades du culte du taureau, comme Zagreus (voir 15.* a*), ou du culte du cerf comme Actéon (voir 22.* i*) ; en réalité les Ménades représentaient les Muses. Dans la Grèce classique, seuls les Thraces pratiquaient le tatouage. Sur un vase peint représentant le meurtre d'Orphée figure une Ménade portant sur son avant-bras de petits cerfs tatoués. Cet Orphée n'entra pas en conflit avec le culte de Dionysos : il* était *Dionysos et il jouait du grossier pipeau en bois d'aune et non pas de la lyre, instrument raffiné. Ainsi Proclus (commentaire de la* Politique *de Platon : p. 398) écrit :*

« Comme Orphée était le personnage principal des rites dionysiaques on disait qu'il avait subi le même sort que le dieu... »

et Apollodore (I. 3. 2) lui attribue l'invention des Mystères de Dionysos.

3. *Le nouveau culte du Soleil Père-de-Tout semble avoir été introduit en Égée par les prêtres qui fuyaient Akhenaton, ce monothéiste du* XIVe *siècle avant Jésus-Christ, et s'être greffé sur les cultes locaux ; d'où le prétendu voyage d'Orphée en Égypte. Les prêtres orphiques qui portaient le costume égyptien appelaient le demi-dieu dont ils mangeaient la chair de taureau crue, « Dionysos », et réservaient le nom d'Apollon au Soleil immortel, distinguant ainsi Dionysos, le dieu des sens, d'Apollon, le dieu de l'intellect. Ceci explique la raison pour laquelle la tête d'Orphée se trouvait dans le sanctuaire de Dionysos, et sa lyre dans le sanctuaire d'Apollon. On raconte que sa lyre et sa tête avaient été portées par les eaux jusqu'à Lesbos qui était le centre le plus important de musique lyrique ; Terpandre, le plus ancien musicien historiquement connu, était originaire d'Antissa. La tête d'Orphée attaquée par le serpent est ou bien la révolte d'un héros oraculaire plus ancien contre l'intrusion d'Orphée à Antissa, ou bien la révolte d'Apollon pythien dont parle Philostrate de façon plus directe.*

4. *La mort d'Eurydice mordue par un serpent et l'échec d'Orphée lorsqu'il essaie de la ramener à la lumière du jour sont deux faits qui n'apparaissent que tardivement dans la mythologie. Ils semblent provenir d'une mauvaise interprétation de représentations d'Orphée reçu au Tartare où sa musique charme la déesse-Serpent Hécate ou Agriopé (« visage cruel ») et l'amène à accorder des faveurs spéciales à tous les fantômes initiés aux Mystères orphiques, et également d'autres représentations où Dionysos, dont Orphée était un prêtre, descend au Tartare à la recherche de sa mère Sémélé (voir 27.* k*). Ce sont les victimes d'Eurydice qui meurent à la suite d'une morsure de serpent et non pas Eurydice elle-même (voir 33.* I*).*

5. *Le mois de l'aune est le quatrième de la série des arbres sacrés et il précède le mois du saule associé à la magie par l'eau de la nymphe Hélicé (« saule » — voir 44.* I*) ; les saules ont aussi donné leur nom au fleuve Hélicon dont les boucles entourent le Parnasse et qui est consacré aux Muses — la Triple-déesse de la montagne qui était la déesse de l'inspiration. C'est pourquoi Orphée était figuré, sur une fresque du temple de Delphes (Pausanias : X. 30. 3), appuyé à un saule et touchant ses branches. Le culte grec de l'aune fut supprimé à une époque très ancienne, cependant il en subsiste des traces dans la littérature classique : les aunes entourent les îles de la mort de la déesse-Magicienne Circé (Homère :* Odyssée *V. 64 et 239) — elle avait également un cimetière dans un bois de saules à Colchis (Apollonios de Rhodes : III. 200 — voir 152.* b*) et, selon Virgile, les sœurs de Phaéthon furent métamorphosées en un bosquet d'aunes (voir 42.* 3*).*

6. *Cela ne veut pas dire que la décapitation d'Orphée ne fut qu'une simple métaphore s'appliquant aux branches coupées de l'aune. Un roi sacré subissait obligatoirement une mise à mort*

par démembrement et il est très possible que les Thraces aient eu la même coutume comme il en existe de similaires aujourd'hui chez les Iban Dayaks dans le Sarawak. Lorsque les chasseurs de têtes rentraient, après une expédition couronnée de succès, les femmes Iban employaient les trophées pour fertiliser les rivières par des invocations. On faisait chanter la tête, on la faisait se lamenter, répondre à des questions et on la berçait tendrement jusqu'à ce qu'elle consente à entrer finalement dans un sanctuaire oraculaire où elle donnait des conseils sur tous les événements importants, et, à l'instar des têtes d'Eurysthée, de Bran et d'Adam, elle protégeait contre les invasions (voir 146. 2).

29.
Ganymède

a. Ganymède, fils du roi Tros, qui donna son nom à Troie, était le plus bel adolescent vivant sur la terre ; c'est pourquoi il fut choisi par les dieux pour être l'échanson de Zeus. On dit que Zeus, le désirant également comme compagnon de lit, prit la forme d'un aigle et l'enleva dans les plaines de Troade [1].

b. Après cela, Hermès, au nom de Zeus, fit don à Tros d'un cep de vigne en or, œuvre d'Héphaïstos, et de deux beaux coursiers, pour le dédommager de la perte de son fils ; en même temps, il lui assura que Ganymède était devenu immortel à l'abri des infirmités de la vieillesse et qu'en ce moment même il souriait, une coupe d'or à la main en versant le clair nectar au Père du Ciel [é].

c. On dit qu'Éôs avait d'abord enlevé Ganymède par amour et que Zeus le lui avait pris. Quoi qu'il en soit, Héra ressentit vivement l'insulte qui lui était faite tant à elle-même qu'à sa fille Hébé, jusqu'alors l'échanson des dieux ; mais elle n'arriva à rien sauf à irriter Zeus qui plaça l'image de Ganymède parmi les étoiles : c'est le Verseau [3].

★

1. *La fonction de Ganymède, échanson de tous les dieux — et non pas seulement de Zeus comme dans les récits primitifs — ainsi que les deux chevaux donnés en présent au roi Tros en dédommagement pour sa mort, indiquent que la fresque montrant le nouveau roi en train de se préparer pour son mariage sacré a*

*été mal interprétée. La coupe de Ganymède devait contenir une libation offerte à l'ombre de son prédécesseur royal ; le prêtre, qui officie dans la scène et à qui il oppose une résistance symbolique, a sans doute été également mal interprété et pris pour Zeus amoureux. De même la mariée qui attend est née en réalité d'une mauvaise interprétation : il ne s'agit pas d'Éôs, comme l'a cru le mythographe qui se souvenait d'Éôs séduisant Tithonos fils de Laomédon — en effet Laomédon est aussi considéré par Euripide (*Les Troyennes *822) comme le père de Ganymède. Cette représentation devait illustrer également le mariage de Pélée et de Thétis auquel assistaient les dieux assis sur leurs douze trônes dans le ciel : les deux chevaux étaient les instruments rituels de sa seconde naissance en tant que roi après un simulacre de mort (voir 81. 4). Le prétendu enlèvement de Ganymède par un aigle s'explique par une peinture sur un vase à figures noires de Caeré : un aigle s'abattant sur les cuisses d'un roi nouvellement intrônisé, appelé Zeus, indique le pouvoir divin qui lui est conféré — son *ka, *son autre moi — de même, le faucon solaire descendait sur le pharaon au moment de son couronnement. Mais la tradition concernant la jeunesse de Ganymède indique que le roi figurant dans cette scène était le substitut du roi, l'intérim ou *interrex *qui gouvernait pour un jour seulement : comme Phaéthon (voir 42. 2), Zagreus (voir 30. 1), Chrysippos (voir 105. 2), etc. On peut donc dire que l'aigle de Zeus ne lui a pas seulement conféré la royauté mais l'a aussi emporté dans l'Olympe.*

2. *L'ascension au ciel sur le dos d'un aigle, ou sous la forme d'un aigle, n'est qu'une fantaisie religieuse ; elle est très répandue. Aristophane en a fait une caricature dans *La Paix *(1 ss.) en faisant monter son héros au ciel sur le dos d'un scarabée-bousier. L'âme du héros celtique Lugh — Llew Llaw dans le *Mabinogion *— s'envole vers le ciel sous la forme d'un aigle après que le taniste ou *alter ego *l'a tué au milieu de l'été. Étana, le héro babylonien, s'éleva vers les palais célestes d'Ishtar sur le dos d'un aigle après son mariage sacré à Kish, mais il tomba dans la mer et se noya. Notons ici en passant que la mort d'Étana n'était pas le sacrifice habituel de la fin de l'année, comme le cas d'Icare (voir 92. 3), mais un châtiment pour les mauvaises récoltes qui avaient affligé son règne. Il s'était envolé à la recherche d'une plante de fertilité magique. Le récit d'un perpétuel combat entre un aigle et un serpent se mêle à la légende — l'année croissante et l'année décroissante, le roi et son *alter ego *— et, comme dans le mythe de Llew Llaw, l'aigle arrivé à son dernier souffle au moment du solstice d'hiver voit ses forces et sa vie magiquement renouvelées. Nous trouvons aussi dans *Les Psaumes *CIII. 5 : « Et comme l'aigle, se renouvelle ta jeunesse. »*

3. *Le mythe de Zeus-Ganymède était extrêmement populaire en Grèce et à Rome, car il constituait une justification religieuse de l'amour passionnel d'un homme mûr pour un jeune garçon.*

Jusqu'alors la sodomie avait été seulement tolérée comme la forme extrême du culte de la Déesse : les adorateurs mâles de Cybèle essayaient d'atteindre à l'union avec elle par l'extase en s'émasculant et en portant des vêtements de femmes et c'est pourquoi les prêtres sodomites étaient reconnus et acceptés dans les temples de la Grande Déesse à Tyr, Joppé, Hiérapolis et à Jérusalem (1 Rois XV. *1 et 2* Rois XXIII. *7) jusqu'à peu de temps avant l'Exil. Mais cette nouvelle passion, dont l'inauguration a été attribuée à Thamyris (voir 21. m) par Apollodore, souligne la victoire du système patriarcal sur le système matriarcal. Elle transforme la philosophie grecque en un jeu de l'intellect auquel les hommes pouvaient jouer sans le concours des femmes, à présent qu'ils avaient découvert un nouveau champ d'expériences : l'homosexualité. Platon l'exploita à fond et il employa le mythe de Ganymède pour justifier ses propres sentiments à l'égard de ses disciples (*Phédon *79) ; bien qu'ailleurs (*Lois I. *8) il condamne la sodomie comme étant contre nature et qualifie la faiblesse de Zeus de « perfide invention crétoise ». (Ici il est d'accord avec Stéphanos de Byzance* [sub *Harpagia*], *qui dit que le roi Minos de Crète enleva Ganymède pour en faire son compagnon de lit, « car Zeus lui en avait donné l'exemple en agissant de même ».) A mesure que la philosophie de Platon se répandait, les femmes grecques, qui jusqu'alors constituaient la classe intellectuelle dominante, dégénèrent et devinrent des ouvrières non payées qui fabriquaient des enfants tandis que Zeus et Apollon étaient les dieux régnants.*

4. *Le nom de Ganymède se rapporte à l'émotion et à la joie que lui procure la perspective de son mariage et non au plaisir de Zeus désaltéré par le nectar que lui verse son compagnon de lit ; mais, devenu en latin* catamitus, *son nom a donné le mot « catamite » qui signifie l'objet passif du plaisir homosexuel masculin.*

5. *La constellation du Verseau identifiée à Ganymède était à l'origine le dieu égyptien qui présidait aux sources du Nil : il versait de l'eau et non du vin d'une jarre (Pindare :* Fragment *110) ; mais les Grecs ne s'intéressaient guère au Nil. Le nectar de Zeus, dont les mythographes tardifs disaient que c'était un vin rouge surnaturel, était en réalité de l'hydromel doré (voir 27.2) ; et l'ambroisie, cette délicieuse nourriture des dieux semble bien avoir été une bouillie d'orge, d'huile et de fruits hachés (voir 98. 7) dont les rois se délectaient tandis que leurs sujets plus pauvres se nourrissaient d'asphodèles (voir 31. 2), de mauve et de glands.*

30.
Zagreus

a. Zeus engendra secrètement son fils Zagreus avec Perséphone avant qu'elle fût emportée dans le monde souterrain par Hadès, son oncle. Il le confia aux fils de Rhéa, les Curètes crétois, ou bien aux Corybantes qui ont la garde de son berceau dans l'antre de l'Ida ; là ils s'amusaient à sauter autour de lui en faisant retentir leurs armes comme ils l'avaient fait autour de Zeus à Dicté. Mais les Titans, ennemis de Zeus, se blanchirent avec de la chaux, se rendant ainsi méconnaissables, et attendirent que les Curètes fussent endormis. A minuit, ils entraînèrent Zagreus en lui montrant des jouets : une pomme de pin, des rhombes, des pommes d'or, un miroir, un jeu d'osselets et une touffe de laine. Zagreus fit preuve de courage lorsqu'ils se jetèrent sur lui pour le tuer ; il se métamorphosa plusieurs fois pour essayer de leur échapper : il devint successivement Zeus habillé d'une veste en peau de chèvre, Cronos en train de faire descendre la pluie, puis lion, cheval, serpent à cornes, tigre, taureau. A ce moment-là les Titans s'emparèrent de lui et, le tenant solidement par les cornes et les pattes, ils le déchirèrent avec leurs dents et dévorèrent sa chair crue.

b. Athéna interrompit cet horrible festin un peu avant sa fin sauvant le cœur de Zagreus ; elle l'enferma dans une statue en plâtre dans laquelle elle insuffla la vie et ainsi Zagreus devint immortel. Ses os furent recueillis et enterrés à Delphes et Zeus frappa les Titans de sa foudre et les tua [1].

★

1. *Ce mythe se rapporte au sacrifice annuel, en Crète, d'un jeune garçon que l'on substituait à Minos, le roi-Taureau. Il régnait pendant une journée, exécutait une danse illustrant les cinq saisons — lion, chèvre, cheval, serpent et veau — et on mangeait sa chair sans la faire cuire. Ses jouets que les Titans utilisaient pour le séduire étaient tous des objets dont se servaient les philosophes orphiques qui héritèrent de cette tradition mais qui mangeaient la chair crue d'un veau au lieu de celle d'un enfant. Le rhombe était une pierre trouée ou un morceau de terre cuite qui, lorsqu'on le faisait tourner autour d'une corde, émettait le bruit du vent qui se lève ; quant à la touffe de laine, elle était*

peut-être utilisée pour enduire de plâtre mouillé les Curètes qui étaient des jeunes gens ayant coupé leurs premières boucles de cheveux consacrées à la déesse Car (voir 95. 5). On les appelait aussi Corybantes ou danseurs à la houppe. Les autres présents de Zagreus servaient à expliquer la nature et le sens de la cérémonie au cours de laquelle les participants et le dieu devenaient un seul être : la pomme de pin était un ancien emblème de la déesse en l'honneur de qui les titans le sacrifiaient (voir 20. 2) ; le miroir représentait l'autre moi de l'initié, ou son ombre ; les pommes d'or son laissez-passer pour les Champs Élysées après un simulacre de mort ; l'osselet son pouvoir de divination (voir 17. 3).

2. *Un hymne crétois découvert il y quelques années à Palaiokastro, près de l'Antre de Dicté, s'adresse au Cronien, le plus célèbre des jeunes gens, qui s'avance en dansant à la tête de ses démons en faisant de grands sauts pour augmenter la fertilité du sol et des animaux ainsi que pour assurer le succès des pêcheurs. Jane Harrison, dans son* Thémis, *pense que les instructeurs portant des boucliers dont on parle et qui « t'arrachèrent, ô enfant immortel, à Rhéa » désiraient simplement tuer et manger la victime, qui était un initié de leur société secrète. Tous ces simulacres de mort dans les cérémonies initiatiques, qui existent dans maints endroits dans le monde, semblent basés, en dernière analyse, sur une tradition du sacrifice de l'homme ; et les transformations de Zagreus selon le calendrier le distinguent des membres ordinaires de la fraternité totémique.*

3. *La métamorphose de Zagreus en tigre, ce qui est inhabituel, s'explique par son identification avec Dionysos (voir 27.* c*) dont la légende de mort et de résurrection est similaire, bien que la chair consommée soit cuite au lieu d'être crue, et que le nom d'Athéna y remplace celui de Rhéa. Dionysos était lui aussi un serpent à cornes — il avait des cornes et des boucles en forme de serpents, à sa naissance (voir 27.* a*) ; les Orphiques qui étaient ses fidèles le mangeaient sacramentellement sous la forme d'un taureau. Zagreus devint « Zeus revêtu d'une peau de chèvre » parce que Zeus, ou son fils substitué à lui, était monté au ciel revêtu d'un manteau fait de la peau de la chèvre Amalthée (voir 7.* b*). « Cronos faiseur de pluie » se rapporte à l'usage des rhombes dans les cérémonies pour amener la pluie. Dans ce contexte, les Titans étaient les* Titanoi, *« hommes de plâtre blanc », c'est-à-dire les Curètes en personne, déguisés de manière à n'être pas reconnus par l'ombre de la victime. Lorsque les sacrifices humains passèrent de mode, on représenta Zeus brandissant sa foudre contre les cannibales ; et les* Titanes *« seigneurs de la semaine de sept jours » se confondirent avec les* Titanoi *(« hommes de plâtre blanc ») à cause de leur hostilité à l'égard de Zeus. L'Orphique qui avait mangé la chair de son dieu ne touchait jamais plus à aucune sorte de viande.*

4. *On connaissait également Zeus-Zagreus en Palestine méridionale. D'après les tablettes de Ras Shamra, Ashtar occupa*

*momentanément le trône du ciel tandis que le dieu Baal, ayant mangé de la nourriture des morts, languissait dans le Monde Souterrain. Ashtar n'était encore qu'un enfant et lorsqu'il était assis sur le trône, ses pieds ne touchaient pas le sol ; Baal revint alors et le tua avec une massue. La Loi de Moïse interdisait les fêtes d'initiation en l'honneur d'Ashtar : « Tu ne feras pas cuire un chevreau dans le lait de sa mère » — cette injonction est trois fois répétée (*Exode XXIII. *19 ; 34. 26 ;* Deutéronome XIV. *21).*

31.
Les dieux du monde souterrain

a. Quand les Ombres descendent au Tartare, dont l'entrée principale se trouve dans un petit bois de peupliers noirs près de la mer, chacune d'elles est munie d'une pièce de monnaie que ses parents ont pieusement placée sous la langue du cadavre. Ainsi sont-ils en mesure de payer l'avare Charon qui leur fait passer le Styx dans une barque délabrée. Ce fleuve sinistre limite le Tartare à l'ouest [1] et possède comme affluents l'Achéron, le Phlégéton, le Cocyte, l'Aornis et le Léthé. Les Ombres sans argent sont vouées à attendre éternellement sur la rive, à moins qu'échappant à Hermès leur guide, elles ne parviennent à se faufiler en rampant par une issue de derrière, comme à Ténaros en Laconie [2] ou à Aornos en Thesprotie. Un chien à trois têtes, ou selon certains à cinquante têtes, nommé Cerbère, garde la rive opposée du Styx, prêt à dévorer les vivants qui essaieraient d'entrer ou les Ombres qui tenteraient de fuir [3].

b. La première région du Tartare contient les tristes Champs d'Asphodèles où les âmes des héros errent sans but parmi la foule des morts moins célèbres qui s'agitent comme des chauves-souris et où seul Orion a le cœur de chasser un cerf fantôme [4]. Il n'est personne qui ne préférerait être esclave d'un paysan sur terre plutôt que de gouverner tout le Tartare.

Leur seul plaisir est dans les libations de sang que leur offrent les vivants ; lorsqu'ils boivent ils se sentent presque redevenir des hommes. Au-delà de ces prairies se trouve l'Érèbe et c'est là qu'habitent Hadès et Perséphone. A gauche, lorsqu'on s'avance vers le palais, un cyprès blanc étend son ombre sur le Léthé où les fantômes ordinaires viennent boire par groupes. Les âmes initiées s'abstiennent de cette eau, préférant s'abreuver à l'eau de Mémoire qu'ombrage un peuplier blanc [?], ce qui leur donne une certaine supériorité sur leurs compagnons [5]. Non loin de là, les ombres nouvellement arrivées sont jugées quotidiennement par Minos, Rhadamante et Éaque au carrefour de trois routes. Rhadamante juge les Asiatiques et Éaque les Européens, mais l'un et l'autre en réfèrent à Minos pour les cas difficiles. Après le verdict, les Ombres sont dirigées vers l'une des trois routes : à celle qui mène aux Champs d'Asphodèles, lorsqu'elles ne sont ni bonnes ni mauvaises ; à celle qui mène aux plaines du châtiment au Tartare si elles sont mauvaises ; à celle qui mène aux Champs Élysées si elles sont vertueuses.

c. L'Élysée, gouverné par Cronos, se trouve près du territoire d'Hadès, son entrée est proche du fleuve de Mémoire, mais n'en fait pas partie — c'est un lieu où il fait continuellement jour, où il n'y a ni neige ni froid, où les jeux, la musique et les danses ne cessent jamais et dont les habitants peuvent choisir de renaître sur la terre quand il leur plaît. C'est non loin de là que se trouvent les îles Fortunées, réservées à ceux qui sont nés trois fois et qui trois fois ont accédé aux Champs Élysées [6]. Mais selon certains il existe une autre île Fortunée appelée Leucé, dans la mer Noire, face aux bouches du Danube, boisée et remplie d'animaux, sauvages et apprivoisés, où les Ombres d'Hélène et d'Achille participent à de grandes réjouissances et récitent les vers d'Homère aux héros qui ont accompli les hauts faits qu'il a célébrés [7].

d. Hadès, cruel et jaloux de ses prérogatives, respire rarement l'air d'en haut, sauf pour affaires ou bien lorsqu'un désir subit l'envahit. Un jour il éblouit la Nymphe Menthé par l'éclat de son char d'or tiré par quatre chevaux noirs et il n'aurait certainement pas eu de peine à la séduire si la reine Perséphone n'avait fait à temps son apparition et métamorphosé Menthé en menthe odorante. Une autre fois, Hadès essaya de violer la Nymphe Leucé, qui fut, elle aussi, métamorphosée ; elle est ce peuplier blanc qui se trouve au bord du fleuve de Mémoire [8]. Hadès ne laisse jamais échapper de son plein gré un de ses sujets, et il en est bien peu de ceux qui vont au Tartare qui en reviennent vivants pour le décrire. Aussi Hadès est-il le dieu le plus détesté.

e. Hadès ne sait rien de ce qui se passe dans le monde supérieur ou dans l'Olympe [9], excepté les nouvelles fragmentaires qui lui parviennent lorsque les mortels frappent le sol de leurs mains en l'invoquant par des jurons et des malédictions. Son bien le plus précieux est le casque qui rend invisible dont les Cyclopes lui firent don, en témoignage de gratitude, lorsqu'il avait consenti à les libérer sur l'ordre de Zeus. Toutes les pierres précieuses et les métaux rares cachés sous la terre sont à lui, mais il ne possède rien au-dessus du sol à l'exception de quelques sombres sanctuaires en Grèce et peut-être dans l'île d'Érythie, un troupeau de bestiaux qui, selon certains, appartient en réalité à Hélios [10].

f. La reine Perséphone, cependant, peut se montrer à la fois bienveillante et compatissante. Elle est fidèle à Hadès, mais n'a point d'enfants de lui et préfère la compagnie d'Hécate, déesse des magiciennes, à la sienne [11]. Zeus lui-même honore Hécate au point qu'il lui a toujours maintenu ses anciens privilèges : ceux d'accorder ou de refuser aux mortels les grâces qu'ils lui demandent. Elle possède trois corps ou trois têtes : de lion, de chien et de jument [12].

g. Tisiphoné, Alecto et Mégère, les Érinyes ou Furies, vivent dans l'Érèbe et sont plus âgées que Zeus ou quiconque parmi les dieux de l'Olympe. Leur fonction est d'écouter les plaintes des mortels au sujet de l'insolence des jeunes à l'égard des vieux, des enfants vis-à-vis des parents, des hôtes vis-à-vis de leurs invités et celles des chefs de famille ou des assemblées à l'égard des pieux dévots et également de punir ces crimes en poursuivant implacablement les coupables sans trêve ni répit, par monts et par vaux, à travers villes et pays. Les Érinyes sont des vieilles femmes, dont les cheveux sont des serpents, elles ont une tête de chauve-souris et des yeux injectés de sang. Elles tiennent à la main des fouets cloutés de cuivre et leurs victimes meurent dans d'affreuses tortures [13]. Il est imprudent de prononcer leur nom dans une conversation ; c'est pour cela qu'on les nomme, par antiphrase, les Euménides, ce qui veut dire les Bienveillantes, de même qu'on appelle Hadès Pluton ou Ploutos, le Riche.

★

1. *Les mythographes ont fait un effort désespéré pour concilier les conceptions divergentes des habitants de la Grèce primitive au*

sujet du monde de l'Au-delà. Selon l'une de ces conceptions, les ombres vivaient dans leurs tombes ou dans des cavernes ou des grottes souterraines où elles pouvaient prendre l'aspect de serpents, de souris, de chauves-souris, mais jamais se réincarner sous forme d'êtres humains. Selon une autre conception, les âmes des rois sacrés étaient visibles et déambulaient dans les îles de la mort où leur corps avait été enterré. Selon une troisième conception, les ombres pouvaient redevenir des hommes en pénétrant dans des fèves, des noix ou un poisson et être mangées par leur future mère. Selon une quatrième conception, ils se rendaient dans l'extrême-Nord où le soleil ne se lève jamais et lorsqu'ils revenaient — si jamais ils revenaient — ils étaient des vents fécondants. Selon une cinquième conception, ils se rendaient en Occident où le soleil se couche dans la mer dans un monde immatériel très semblable au nôtre. Selon une sixième conception, l'ombre recevait un châtiment d'après la vie qu'elle avait menée. A cela les Orphiques ajoutèrent finalement la théorie de la métempsychose, la transmigration des âmes : ce processus pouvait, jusqu'à un certain point, être contrôlé par des formules magiques.

2. *Perséphone et Hécate représentaient chez les peuples préhelléniques l'espoir de la renaissance, mais Hadès qui était un concept hellénique représentait la mort inéluctable. Cronos, en dépit de ses actes cruels, continuait à jouir des plaisirs élyséens car ils avaient toujours été les privilèges du roi sacré et les mêmes joies étaient promises à Ménélas (*Odyssée IV. *561) non pas parce qu'il avait été spécialement vertueux ou courageux mais parce qu'il avait épousé Hélène, la prêtresse de la déesse-Lune spartiate (voir 159.* I*). L'adjectif du vocabulaire homérique* asphodelos *s'appliquant uniquement à* leimônes *(« prairies ») signifie probablement « dans la vallée de ce qui ne se réduit pas en cendres » (de* a *privatif,* spodos : *cendre,* élos : *vallée) : c'est-à-dire l'ombre du héros après que son corps a été brûlé ; excepté en Arcadie, où l'on consommait des céréales, les racines d'asphodèles et les graines qu'on offrait aux ombres des morts constituaient l'essentiel de la nourriture des Grecs avant l'introduction du blé. L'asphodèle pousse naturellement, à l'état sauvage, même sur les îles dépourvues d'eau, et les fantômes, de même que les dieux, sont conservateurs quant à leur alimentation. « Champs Élysées » semble vouloir dire « pays des pommiers » —* alisier *est un mot prégallois qui désigne la sorbe — de même qu'« avalon » dans le cycle d'Arthur est* avernus *chez les Latins ou* avolnus, *l'un et l'autre formés sur la racine indo-européenne* abol *qui signifie : pomme.*

3. *Cerbère était la réplique grecque d'Anubis, le fils à tête de chien de la déesse de la mort libyenne Nephthys, qui conduisait les âmes dans le Monde Souterrain. Dans le folklore européen, qui est en partie d'origine libyenne, on chassait les âmes des damnés vers l'Enfer du Nord à l'aide d'une meute hurlante de lévriers — les lévriers d'Annwn, Herne, Arthur ou Gabriel. Ce*

mythe provient de la migration bruyante des oies sauvages, en été, en direction des lieux où elles se reproduisent, sous le cercle arctique. Au début, Cerbère avait cinquante têtes, comme la meute fantôme qui mit en pièces Actéon (voir 22. I*) ; mais par la suite il n'eut que trois têtes, comme sa maîtresse Hécate (voir 134.* I*).*

4. *Styx (« détestée »), petite rivière d'Arcadie dont on croyait que les eaux étaient un poison mortel, était située dans le Tartare uniquement par les mythographes tardifs. L'Achéron (« rivière du malheur ») et le Cocyte (« qui gémit ») sont des noms fantaisistes destinés à décrire les affres de la mort. Aornis (« sans oiseau ») est une traduction fautive, en grec, de l'italique* avernus. *Léthé signifie « oubli » et Érèbe « couvert ». Phlégéthon (« qui brûle ») réfère à l'usage de brûler les gens mais aussi peut-être à la théorie selon laquelle les pêcheurs étaient brûlés dans des torrents de lave. Tartare semble être le redoublement de la syllabe préhellénique* tar *qui se retrouve dans les noms de lieu situés en Occident ; sa signification infernale est tardive.*

5. *Les peupliers noirs étaient consacrés à la déesse de la Mort (voir 51. 7 et 170.* I*) et les peupliers blancs ou trembles, soit à Perséphone, en tant que déesse de la régénération, soit à Héraclès parce qu'il hersa l'Enfer (voir 134.* f*) — des coiffures en feuilles de trembles ont été découvertes dans des tombes mésopotamiennes du* IV*e millénaire avant J.-C. Les tablettes orphiques ne disent pas le nom de l'arbre qui se trouvait sur le bord de l'étang du Souvenir ; il s'agit probablement du peuplier blanc en lequel Leucé fut changé, mais il est possible que ce fût un noyer, symbole de la Sagesse (voir 86.* I*) ; le bois du cyprès blanc, considéré comme imputrescible, était utilisé pour les coffres d'ameublement et les cercueils.*

6. *Hadès avait un temple au pied du mont Menthe en Élide et la tentative de viol de Menthé (menthe) a été probablement inspirée par l'emploi de la menthe dans les rites funèbres ainsi que du romarin et du myrte pour couvrir l'odeur de putréfaction des cadavres. La boisson à base d'eau d'orge de Déméter à Éleusis était parfumée à la menthe (voir 24.* e*). Bien qu'on lui attribue le troupeau du soleil d'Érythie (« terre rouge ») parce que c'était le lieu où mourait le soleil chaque nuit, on appelle plus généralement Hadès, Cronos ou encore Géryon dans ce contexte (voir 132.* 4*).*

7. *Le récit d'Hésiode concernant Hécate montre qu'elle était la Triple-déesse originelle possédant le pouvoir suprême au ciel, sur la terre et au Tartare ; mais les Hellènes insistèrent sur son pouvoir destructeur aux dépens de son pouvoir créateur, jusqu'à ce qu'enfin elle ne fût plus invoquée qu'au cours de rites clandestins de magie noire, particulièrement à la jonction de trois routes. Le fait que Zeus ne lui ait pas retiré son ancien pouvoir d'accorder à tout mortel ce qu'il désire dans son cœur est un tribut que paie Zeus aux sorcières thessaliennes dont tout le*

monde redoutait la puissance. Le lion, le chien, le cheval, ainsi que ses têtes se rapportent, de façon évidente, à l'ancienne année divisée en trois parties ; le chien était l'étoile du Chien Sirius de même que les têtes de Cerbère.

8. *Les compagnes d'Hécate, les Érinyes, personnifiaient les remords de conscience après qu'on avait violé un tabou — au début, le tabou de l'offense, de la désobéissance, de la violence à l'égard d'une mère (voir 105.* k *et 114.* l*) ; les pieux dévots et les autres se mettaient sous la protection d'Hestia, déesse du foyer (voir 20.* c*) ; manquer d'égards envers eux aurait été désobéir à la déesse et l'offenser.*

9. *Leucé, la plus importante île de la mer Noire mais tout de même très petite, est, de nos jours, un bagne roumain où ne pousse aucun arbre (voir 164.* 3*).*

32.
Tyché et Némésis

a. Tyché est la fille de Zeus ; c'est lui qui lui a conféré le pouvoir de décider du sort de tel ou tel mortel. A certains elle déverse, d'une corne d'abondance, un monceau de présents. A d'autres elle retire tout ce qu'ils possèdent. Tyché n'est absolument pas responsable de ses décisions et court en jonglant avec une balle, symbole des incertitudes du sort : tantôt en haut, tantôt en bas. Mais si jamais il arrive qu'un homme, à qui elle a accordé ses faveurs, s'enorgueillit de ses richesses et n'en offre pas une partie en sacrifice aux dieux ou s'il ne soulage pas la pauvreté de ces concitoyens, alors l'ancienne déesse Némésis intervient pour le ramener à l'humilité [1]. Némésis, dont la demeure est à Rhamnonte en Attique, tient dans une main une branche de pommier et dans l'autre une roue ; elle porte une couronne décorée de cerfs et un fouet pend à sa ceinture. Elle est fille d'Océanos et a quelque chose de la beauté d'Aphrodite.

b. Selon certains, Zeus s'éprit de Némésis et la poursuivit sur la terre et dans la mer. Bien qu'elle prît mille formes, il finit par la violer en se changeant en cygne et de l'œuf qu'elle pondit naquit Hélène qui fut cause de la guerre de Troie [2].

★

1. *Tyché (« le hasard »), comme Dicé et Aedos (personnifications de la Loi naturelle, de la Justice et de la Pudeur), était une divinité artificielle créée par les premiers philosophes alors que Némésis (« juste décret ») était la déesse-Nymphe de la Mort-dans-la-Vie qu'ils définissaient à présent d'une différente façon et qui exerçait une sorte de contrôle moral sur Tyché. Le fait que la roue de Némésis était à l'origine de l'année solaire apparaît dans la structure du nom de sa réplique latine Fortuna (de* vortumna, *celle qui fait tourner l'année). Lorsque la roue avait accompli un demi-cercle, le roi sacré, parvenu au sommet de sa gloire, était destiné à mourir — les cerfs d'Actéon sur sa couronne (voir 22.* i*) le laissent entendre —, mais lorsque la roue avait accompli un tour complet, fermant le cercle, il se vengeait de son rival qui l'avait supplanté. Son fouet était autrefois employé dans les flagellations destinées à féconder les arbres et à fertiliser les champs de blé et la branche de pommier constituait le passeport du roi pour les Champs Élysées (voir 53.* 5 *; 80.* 4 *et 133.* 4*).*

2. *La Némésis que Zeus avait chassée (voir 62.* b*) n'est pas le concept philosophique de la vengeance divine à l'encontre de présomptueux mortels mais la déesse Nymphe originelle dont le nom habituel était Léda. Dans le mythe préhellénique la déesse chasse le roi sacré et, bien qu'il passe par des transformations saisonnières (voir 30.* I*), elle se transforme elle-même en l'animal ennemi correspondant et le dévore au solstice d'été. Dans le mythe hellénique, les rôles sont renversés : la déesse s'enfuit, changeant de forme, mais le roi la poursuit et finalement réussit à la violer, comme dans la légende de Zeus et Métis (voir 9.* d*) ou celle de Pélée et Thétis (voir 81.* k*). Les transformations saisonnières figuraient sans doute sur la roue de Némésis, mais dans la* Cypria *d'Homère on ne parle que d'un poisson et « de différents animaux » (voir 89.* 2*). Léda est une autre forme de Léto ou Latone que Python, et non pas Zeus, avait chassée (voir 14.* a*). Les cygnes étaient consacrés à la déesse (Euripide :* Iphigénie en Tauride *1095 ss.), à cause de leur plumage et également parce que leur formation en vol, figurant un V, était un symbole féminin et aussi parce qu'au milieu de l'été, ils volaient vers le Nord, vers des régions inconnues, pour se reproduire ; on supposait qu'ils emportaient l'âme du roi mort (voir 33.* 5 *et 142.* 2*).*

3. *Le concept philosophique de Némésis était vénéré à Rhamnonte où (selon Pausanias I. 33.* 2-3*), le commandant en chef des Perses qui avait l'intention d'édifier un trophée en marbre blanc pour célébrer sa conquête de l'Attique avait été obligé de se retirer à la suite de la nouvelle d'une défaite navale à Salamine ; le marbre fut employé pour une statue de la déesse-Nymphe Némésis. On suppose que c'est à cause de cet incident que Némésis en vint à personnifier la « vengeance divine » et non plus le « juste décret » du drame annuel de la mort ; pour Homère, en tout cas,* nemesis *était simplement un sentiment humain d'honnêteté qui poussait à régler une dette loyalement ou à accomplir son*

devoir comme il convenait. Mais Némésis la déesse-Nymphe portait le nom d'Adrastéia (« celle à laquelle on ne peut échapper » — Strabon : XIII. 1. 13), qui est aussi le nom de la nourrice de Zeus, une nymphe du frêne (voir 7. b*) ; et comme les nymphes du frêne et les Érinyes étaient sœurs, nées du sang d'Ouranos, il est fort possible que Némésis en soit venue à incarner l'idée de la vengeance ; le frêne était une des métamorphoses saisonnières de la déesse, particulièrement importante pour les bergers qui étaient ses fidèles, à cause de sa relation avec les orages et avec le mois où naissent les agneaux, qui était le troisième de l'année sacrée (voir 52.* 3*).*

4. *On dit que Némésis est la fille d'Océanos parce que, de même que la déesse-Nymphe tenant la branche de pommier, elle était également Aphrodite née de la mer, sœur des Érinyes (voir 18.* 4*).*

33.
Les enfants de la mer

a. Les cinquante Néréides, douces et bienveillantes, font partie de la suite de la déesse de la mer Téthys ; ce sont des sirènes, filles de la nymphe Doris par Nérée, le vieux patriarche de la mer qui possède le pouvoir de se métamorphoser [1].

b. Les Phorcides, leurs cousins, fils de Céto par Phorcys, autre vieux sage de la mer, sont Ladon, Échidna et les trois Gorgones, qui habitent la Libye ; les trois Grées et, selon certains, les trois Hespérides. Les trois Gorgones se nommaient Sthéno, Euryalé et Méduse ; elles furent toutes trois belles autrefois. Mais une nuit, Méduse s'unit à Poséidon et Athéna, furieuse qu'ils aient passé la nuit ensemble dans un de ses temples, la changea en monstre ailé avec des yeux étincelants, d'énormes dents, une langue sortant de la bouche, des griffes de bronze, une chevelure de serpents ; son regard changeait les hommes en pierre. Lorsqu'un jour Persée trancha la tête de Méduse et que les fils de Poséidon, Chrysaor et Pégase naquirent de son corps mort, Athéna fixa la tête sur son égide, mais selon certains l'égide était fait de la peau de Méduse qu'Athéna lui avait arrachée [2].

c. Les Grées sont belles et d'une blancheur de cire mais dès leur naissance elles avaient les cheveux gris ; à elles trois, elles n'ont qu'un œil et une dent. Elles s'appelle Ényo, Péphrêdô et Dino [3].

d. Les trois Hespérides, Hespéria, Æglé et Érythie habitent en Extrême-Occident le jardin que la Terre-Mère donna à Héra. Certains les appellent filles de la Nuit, d'autres filles d'Atlas et d'Hespéris, fille d'Hespéros ; elles chantent d'une voix douce et mélodieuse [4].

e. Une moitié d'Échidna était une femme ravissante et l'autre moitié un serpent tacheté. Elle vivait dans une profonde caverne au pays des Arimes, où elle mangeait les hommes tout vivants et elle donna à son mari Typhon une progéniture de monstres effroyables ; mais Argos-aux-Cent-Yeux la tua pendant son sommeil [5].

f. Ladon était tout entier serpent bien qu'il fût doué du don de la parole ; il garda les pommes d'or des Hespérides jusqu'à ce qu'Héraclès le tuât [6].

g. Nérée, Phorcys, Thaumas, Eurybié et Céto étaient tous enfants de Pontos par la Terre-Mère ; ainsi les Phorcides et les Néréides se considèrent-ils comme les cousins des Harpyes. Celles-ci sont les filles ailées de Thaumas par Électre, la nymphe océane qui enlève les criminels pour les livrer au châtiment des Érinyes ; elles vivent dans une caverne en Crète [7].

★

1. *Il semble que le nom de la déesse-Lune Eurynomé (« loi s'étendant au loin » ou « longs voyages ») indique qu'elle régissait le ciel et la terre ; Eurybié (« immense puissance ») commandait à la mer ; Euridyce (« justice totale »), le serpent possessif qui gouverne le Monde Souterrain. On lui offrait des sacrifices humains mâles en tant qu'Euridyce et la mort était toujours occasionnée par le venin d'un serpent (voir 28.* 4 : *154.* b *et 168.* e*). La mise à mort d'Échidna par Argos se rapporte probablement à la suppression au culte argien de la déesse-Serpent. Son frère Ladon est le serpent oraculaire qui habite tous les paradis ; il entoure de ses replis le pommier (voir 133.* 4*).*

2. *Parmi les autres noms marins d'Eurybia figure Thétis (« celle qui dispose de ») ou sa variante Téthys ; Céto, le monstre marin qui correspond au Rahab hébraïque ou au Tiamat babylonien (voir 73.* 7*) ; Néréis la déesse de l'élément liquide ; Électre, qui fournit l'ambre, produit de la mer très apprécié par les Anciens (voir 148.* 11*) ; Thaumas, le magnifique, et Doris la généreuse. Nérée,* alias *Protée (« premier homme ») — « le vieil homme de la mer », prophète, qui emprunta son nom à Néréis, et non pas l'inverse, semble avoir été un roi sacré oraculaire enterré dans une île côtière (voir 133.* d*) ; il est représenté sur un vase peint primitif avec une queue de poisson en compagnie d'un lion, d'un*

*cerf et d'une vipère qui sort de son corps. Protée, de même, dans l'*Odyssée *change de forme, pour indiquer les saisons que traversait le roi sacré depuis sa naissance jusqu'à sa mort (voir 30.* I*).*

3. *Il semble que les cinquante Néréides aient été un collège de cinquante prêtresses de la Lune dont les rites magiques assuraient une bonne pêche ; et les Gorgones, représentant la Triple-déesse, portaient des masques de protection — avec des yeus étincelants et exorbités, la langue pendante et des dents menaçantes — pour effrayer et écarter ainsi tous ceux qui étaient étrangers au Mystère (voir 73.* 9*). Les héros d'Homère ne connaissaient qu'une seule Gorgone qui était une ombre dans le Tartare (*Odyssée *XI. 6-335) et dont Athéna portait la tête, objet de terreur pour Odysseus (*Odyssée *XI. 634) ; Athéna la portait sur son égide certainement pour empêcher les gens de contempler les Mystères divins, qu'elle contribuait ainsi à dissimuler ; les boulangers grecs avaient coutume de peindre des têtes de Gorgone sur leurs fours pour décourager les curieux et les empêcher d'ouvrir la porte du four, de regarder à l'intérieur et ainsi de laisser pénétrer de l'air qui aurait risqué d'abîmer le pain. Les noms des Gorgones — Sthéno (« forte »), Euryalé (« errant par le monde ») et Méduse (« la rusée ») — sont des dénominations de la déesse-Lune ; les Orphiques appelaient la pleine Lune « tête de Gorgone ».*

4. *Poséidon donnant naissance à Pégase par Méduse rappelle le cheval Aréion auquel il donne naissance par Déméter lorsqu'elle se déguise en jument et devient furieuse (voir 16.* f*) ; les deux mythes racontent comment les Hellènes de Poséidon épousèrent de force les prêtresses de la Lune sans tenir compte de leurs masques de Gorgone et s'approprièrent les rites du cheval sacré pour faire venir la pluie. Mais on conservait dans un coffre de pierre, à Phénéos, un masque de Déméter que le prêtre de Déméter portait lorsqu'il célébrait la cérémonie consistant à frapper les esprits infernaux avec des verges (Pausanias : VIII. 15. 1).*

5. *Chrysaor était l'emblème de la nouvelle lune de Déméter, la faucille d'or ou la faux ; ses consorts la portaient quand ils étaient délégués par elle. Athéna, dans cette version, est la collaboratrice de Zeus. Elle naît une seconde fois de sa tête et trahit l'ancienne religion (voir 9.* I*). Les trois Harpyes considérées par Homère comme des personnifications des vents de tempêtes (*Odysée *XX. 66-78) étaient l'Athéna primitive, la Triple-déesse dans son pouvoir de brusque destruction. De même les Grées, les Trois Grises comme l'indiquent leurs noms, Ényo (« la guerrière »), Péphrédô (« la guêpe ») et Dino (« la terrible »), leur œil et leur dent unique proviennent d'une mauvaise interprétation d'une représentation sacrée (voir 73.* 9*) ; quant au cygne c'est un oiseau de mort dans la mythologie européenne (voir 32,* 2*).*

6. *Phorcys, forme masculine de Phorcis, la déesse sous l'aspect de Truie (voir 74.* 4 *et 96.* 2*), qui dévore les cadavres, apparaît sous la forme d'*Orcus *chez les Latins, qui est un nom d'Hadès*

et sous forme de porcus, *porc. Les Gorgones et les Grises étaient appelées les Phorcides car il en coûtait la vie de profaner les Mystères de la déesse ; mais le don de prophétie de Phorcys se rapporte probablement à un oracle du porc (voir 24. 7).*

7. *Les noms des Hespérides, décrits comme les enfants soit de Céto et de Phorcys soit de la Nuit, soit d'Atlas le Titan qui soutient les cieux dans l'Extrême-Occident (voir 39.* I *et 133.* e*), se rapportent au coucher du soleil. Le ciel est alors vert, jaune et rouge, comme un pommier chargé de pommes ; et le soleil, sectionné par l'horizon comme une demi-pomme rouge, meurt de façon dramatique dans les eaux occidentales. Quand le soleil disparaît, Hespéros apparaît ; cette étoile était consacrée à la déesse de l'Amour, Aphrodite, et la pomme était le présent par lequel la prêtresse attirait le roi, qui était le représentant du soleil ; elle l'entraînait vers sa mort par des chants d'amour. Lorsqu'on coupe une pomme en deux, transversalement, on aperçoit, au cœur de chacune des moitiés, une étoile à cinq branches.*

34.
Les enfants d'Échidna

a. Échidna donna à Typhon une progéniture effroyable : Cerbère le chien des Enfers à trois têtes, l'Hydre, serpent de mer à plusieurs têtes qui vivait à Lerne, la Chimère, une chèvre à tête de lion et à corps de serpent qui crachait du feu et Orthros le chien à deux têtes de Géryon, qui s'unit avec sa propre mère et eut d'elle le Sphinx et le lion de Némée [1].

★

1. *Cerbère (voir 31.* a *et 134.* e.*), que les Doriens avaient associé à Anubis le dieu égyptien à tête de chien, qui conduisait les âmes dans le Monde Souterrain, semble avoir été, à l'origine, la déesse de la Mort Hécate ou Hécabe (voir 158.* I*) ; on la décrivait comme une chienne parce que les chiens mangent la chair des cadavres et hurlent à la lune.*

2. *La Chimère était, semble-t-il, un symbole du calendrier rattaché à l'année tri-partie (voir 75.* 2*), dont les emblèmes, pour les saisons, étaient le lion, la chèvre et le serpent.*

3. *Orthros (voir 132.* d*) qui donna naissance à la Chimère, au Sphinx (voir 105.* e*), à l'Hydre (voir 60.* h *et 124.* c*) et au lion de Némée (voir 123.* b*) par Échidna, n'était autre que Sirius, l'étoile du Chien qui inaugurait l'année nouvelle athénienne. Il avait*

deux têtes comme Janus car l'année réformée, à Athènes, comportait deux saisons et non pas trois : le fils d'Orthros, le Lion était l'emblème de la première moitié de l'année et sa fille, le Serpent, de la seconde moitié ; au moment où le symbole de la chèvre disparut, la Chimère fut remplacée par le Sphinx, dont le corps était celui d'un lion ailé muni d'une queue de serpent. Comme l'année réformée commençait lorsque le soleil était dans le signe du Lion et que la période du Chien avait alors commencé, Orthros regardait dans deux directions simultanément — en avant, la nouvelle année et en arrière, l'ancienne — de même que la déesse du Calendrier Cardea que les Romains appelaient pour cette raison Postvorta et Antevorta. Orthos s'appelait aussi « celui du début », probablement parce qu'il annonçait l'année nouvelle.

35.
La révolte des Géants

a. Furieux de ce que Zeus avait enfermé les Titans dans le Tartare, un certain nombre de grands et terribles Géants, à la chevelure hirsute, à longues barbes et dont les pieds sont des serpents, complotèrent d'attaquer le ciel. Ils étaient nés à Phlégrae, en Thrace, de la Terre-Mère et étaient au nombre de vingt-quatre [1].

b. Sans avertissement, ils prirent des rochers et des torches enflammées et les lancèrent vers le ciel du haut de leurs montagnes. Les Olympiens étaient en mauvaise posture. Héra prédit d'un air sombre que les Géants ne pourraient jamais être tués par aucun dieu, mais seulement par un mortel vêtu d'une peau de lion, et que ce même mortel ne pourrait rien faire à moins que, devançant l'ennemi, on ne cueille une certaine herbe qui rend invulnérable et qui pousse en un lieu secret de la terre. Zeus aussitôt tint conseil avec Athéna ; il l'envoya auprès d'Héraclès, le mortel vêtu d'une peau de lion, auquel Héra faisait évidemment allusion, pour l'avertir de ce qui se passait, et il interdit à Éôs, à Séléné et à Hélios de donner de la lumière pour un certain temps. A la faible lueur des étoiles, Zeus chercha à tâtons sur la terre, dans la région qu'Athéna lui avait indiquée, trouva l'herbe et la ramena au ciel.

c. Les Olympiens pouvaient à présent se battre contre les Géants. Héraclès lança sa première flèche contre Alcyonée, le chef des ennemis. Il tomba à terre mais il se releva ayant repris des forces, car il se trouvait sur sa terre natale de Phlégrae. « Vite, noble Héraclès, s'écria Athéna, traîne-le dans un autre pays ! » Héraclès mit Alcyonée sur ses épaules et le transporta au-delà de la frontière de la Thrace où il le tua d'un coup de massue.

d. Alors Porphyrion bondit dans le ciel du haut de la pyramide de rochers que les Géants avaient entassés et tous les dieux reculèrent. Seule Athéna se défendit. Porphyrion alors se rua sur elle et essaya de l'étrangler, mais, blessé au foie par une flèche décochée au bon moment par Éros, sa colère se transforma en désir et il arracha la magnifique robe d'Héra. Zeus, croyant que sa femme était sur le point de subir ses outrages, s'élança et, stimulé par la colère et la jalousie, il abattit Porphyrion de sa foudre. Il se releva mais Héraclès, revenu de Phlégrae en un clin d'œil, le blessa mortellement d'une flèche. Pendant ce temps, Éphialtès avait attaqué Arès et l'avait vaincu et obligé à s'humilier ; mais Apollon atteignit le misérable d'une flèche à l'œil gauche et appela Héraclès qui au même instant lui planta une flèche dans l'œil droit. Ainsi mourut Éphialtès.

e. Et chaque fois qu'un dieu blessait un Géant, comme lorsque Dionysos frappa Eurytos de son thyrse ou qu'Hécate brûla Clytios de ses torches, ou qu'Héphaïstos versa sur Mimas une louche de métal en fusion ou qu'Athéna écrasa le luxurieux Pallas sous une pierre, c'était Héraclès qui devait assener le coup mortel. Les pacifiques déesses Hestia et Déméter ne participèrent pas à la bataille ; épouvantées, elles se tordaient les mains sans bouger. Les Parques, quant à elles, usèrent à bon escient de leur massue d'airain [2].

f. Découragés, les autres Géants s'enfuirent vers la terre, poursuivis par les Olympiens. Athéna lança un énorme projectile sur Encélade qui l'aplatit et il devint l'île de la Sicile. Poséidon brisa une partie de l'île de Cos avec son trident et la lança sur Polybotès ; elle devint la petite île voisine de Nisyros, au-dessous de laquelle il est enterré [3].

g. Les derniers Géants s'arrêtèrent une dernière fois à Bathos près de Trapézonte en Arcadie, où la terre continue de brûler et où les laboureurs trouvent encore sous leur soc des os de Géants. Hermès, ayant emprunté le casque d'Hadès qui confère l'invisibilité, abattit Hippolytos et Artémis perça d'une flèche Gration, tandis que les Parques brisaient le crâne d'Agrios et de Thoas avec leurs massues.

Arès, armé de sa lance et Zeus brandissant sa foudre eurent raison du reste, bien qu'Héraclès fût appelé chaque fois pour tuer chacun des Géants lorsqu'il tombait. Mais selon certains, le combat eut lieu dans les plaines phlégréennes près de Cumes en Italie [4].

h. Silène le satyre, né de la Terre, prétend avoir pris part à la bataille aux côtés de son élève Dionysos, mis à mort Encelade et semé la terreur parmi les Géants par les braiments de son vieil âne, mais Silène est ivre la plupart du temps et incapable de discerner ce qui est vrai de ce qui est faux [5].

★

1. *Il s'agit ici d'une légende post-homérique dans une version dégradée : Éros et Dionysos qui participent au combat ne sont arrivés que tardivement dans l'Olympe (voir 15.* I-2 *et 27. 5) et Héraclès y est admis avant son apothéose sur le mont Oeta (voir 147.* h*). Elle se propose d'expliquer la découverte d'ossements de mammouths à Trapézonte (où on peut encore les voir dans le musée local) ainsi que les flammes des volcans à Bathos qui se trouve non loin de là, de même qu'à Palléné en Arcadie ou en Thrace, à Cumes et dans les îles de Sicile et de Nisyros sous lesquelles Athéna et Poséidon avaient, dit-on, enterré deux de ces géants.*

2. *L'événement historique qui est à la base de la révolte des Géants, ainsi que de la révolte des Aloades (voir 37.* b*) dont elle est considérée comme un doublet, semble être une tentative concertée des montagnards non helléniques de s'emparer de certaines forteresses helléniques ; elle fait état de leur défaite face aux alliés des Hellènes. Mais l'impuissance et la lâcheté des dieux contrastent avec la force invincible d'Héraclès et les incidents comiques de la bataille participent plus du conte populaire que du mythe.*

3. *Il existe cependant un élément religieux dissimulé dans la légende. Ces géants ne sont pas des êtres en chair et en os, mais des esprits de la terre comme l'indiquent leurs queues de serpents et on ne peut en venir à bout qu'à l'aide d'une plante magique. Aucun mythographe ne nomme la plante mais il s'agissait probablement de l'*éphialtion*, un spécifique des cauchemars ; Éphialtès, le nom d'un chef des géants, signifie littéralement « celui qui saute sur » (*incubus *en latin) ; et toutes les tentatives de Porphyrion pour étrangler et abuser d'Héra ainsi que celles de Pallas pour abuser d'Athéna indiquent que cette légende se rapporte essentiellement à la sagesse qui fait que l'on invoque Héraclès Sauveur lorsqu'on est en proie aux cauchemars érotiques qui vous surprennent à n'importe quelle heure de la journée.*

4. *Alcyonée (« âne puissant ») est probablement l'esprit du sirocco « le souffle de l'Ane Sauvage ou Typhon » (voir 36.* I*) qui suscite de mauvais rêves, des désirs de meurtre et de viol ; et c'est la raison pour laquelle Silène prétend avoir mis en déroute les Géants grâce au braiment de son âne (voir 20.* b*). Mimas (« imitation ») se rapporte peut-être à l'illusion trompeuse des rêves ; et Hippolytos (« débandade de chevaux ») rappelle la Déesse-à-tête-de-Jument à laquelle on attribuait autrefois les cauchemars. Dans le Nord, c'est Odin qu'invoquaient ceux qui étaient affligés du « Cauchemar et de son signe 9 » jusqu'à ce qu'il fût remplacé par saint Swithold.*

5. *On peut découvrir l'usage qu'a fait Héraclès de la plante en étudiant le mythe babylonien de la lutte cosmique entre les nouveaux dieux et les anciens. Marduk, l'homologue d'Héraclès, tient près de ses narines une plante pour se préserver des émanations délétères de la déesse Tiamat ; il s'agit ici de neutraliser le souffle d'Alcyonée.*

36. Typhon

a. Pour se venger de l'expermination des Géants, la Terre-Mère s'unit au Tartare et peu après, dans l'antre corycien en Cilicie, elle mit au monde son plus jeune fils, Typhon, le plus gigantesque monstre qui fût jamais [1]. A partir des cuisses, il n'était que serpents, et ses bras, lorsqu'il les étendait, pouvaient atteindre à cent lieues dans n'importe quelle direction ; en outre, il avait d'innombrables têtes de serpents en guise de mains. Sa tête d'âne bestiale touchait les étoiles, ses larges ailes voilaient la lumière du soleil, ses yeux lançaient les flammes et les roches incandescentes jaillissaient de sa bouche. Lorsqu'il se rua vers l'Olympe, les dieux pris de terreur s'enfuirent jusqu'en Égypte où ils se dissimulèrent en prenant des formes animales : Zeus devint un bélier, Apollon un corbeau, Dionysos un bouc, Héra une génisse blanche, Artémis un chat, Aphrodite un poisson, Arès un sanglier, Hermès un ibis, etc.

b. Seule Athéna ne recula pas ; elle railla Zeus pour son manque de courage tant et si bien qu'ayant repris sa véritable apparence, il lança un trait de sa foudre contre Typhon et le poursuivit en le frappant avec la faucille de silex dont il s'était servi pour châtrer son père Ouranos.

Blessé et hurlant, Typhon s'enfuit sur le mont Casius qui domine la Syrie du Nord et là ils luttèrent corps à corps. Typhon enroula autour de lui ses myriades d'anneaux, le désarma, lui prit sa faucille et après lui avoir coupé les tendons de ses mains et des pieds, il le traîna dans l'antre corycien. Zeus était bien immortel mais pour le moment il était incapable de bouger le petit doigt ; Typhon avait caché les tendons dans une peau d'ours, sous la garde du monstre femelle à jambes de serpents, Delphyné.

c. La nouvelle de la défaite de Zeus répandit la consternation parmi les dieux, mais Hermès et Pan se rendirent en secret dans la grotte et là Pan fit peur à Delphyné en poussant un cri effroyable, tandis qu'Hermès s'emparait adroitement des tendons ; ils les remirent en place dans les membres de Zeus [2].

d. Mais d'aucuns disent que c'est Cadmos qui réussit à obtenir les tendons de Delphyné en la flattant : il lui dit qu'il avait besoin des tendons pour en faire des cordes à sa lyre et pour pouvoir jouer de la musique pour elle ; et que c'est Apollon qui la tua [3].

e. Zeus revint dans l'Olympe et, sur un char traîné par des chevaux ailés, il poursuivit encore Typhon avec sa foudre. Typhon s'était rendu au mont Nysa où les Trois Parques lui offrirent des fruits éphémères en lui promettant qu'ils lui feraient recouvrer ses forces alors qu'en réalité ils le condamnaient à une mort certaine. Il atteignit le mont Haemos en Thrace et, saisissant des montagnes entières, il les lança contre Zeus qui, interposant les traits de sa foudre, les fit retomber sur le monstre, le blessant affreusement. Les torrents de sang qui jaillissaient de la blessure de Typhon donnèrent au mont Haemos son nom. Il s'enfuit vers la Sicile où Zeus mit fin à la poursuite et au combat en lançant sur lui le mont Etna qui crache encore des flammes jusqu'aujourd'hui [4].

★

1. *« Corycien » qu'on dit signifier « sac de cuir » rappelle peut-être l'ancienne coutume d'enfermer les vents dans des sacs de cuir comme faisait Éole (voir 170. g) et qu'avaient conservées les sorcières du Moyen Age. Dans l'autre antre corycien, à Delphes, le compagnon du Serpent Delphyné s'appelait Python et non pas Typhon ; Python (« serpent ») personnifiait le Vent du Nord destructeur — on décrivait généralement les vents comme les êtres*

à queue de serpent — qui souffle du mont Casius, sur la Syrie, et du mont Haemos sur la Grèce (voir 21. 2). Typhon, d'autre part, signifie « fumée paralysante » et la description que l'on fait de lui évoque une éruption volcanique ; c'est pourquoi on dit que Zeus l'avait finalement enterré sous le mont Etna. Mais le nom de Typhon signifiait aussi le sirocco brûlant qui soufflait du désert du sud et dévastait la Libye et la Grèce, véhiculant une odeur volcanique, et que les Égyptiens décrivaient comme un âne du désert (voir 35. 4 et 83. 2). Le dieu Set, dont Typhon était, disait-on, l'haleine, mutila Osiris de la même façon que Python mutila Zeus mais finalement l'un comme l'autre furent vaincus, et c'est ce parallèle qui a fait confondre Python avec Typhon.

2. *La fuite des dieux en Égypte, comme le fait observer Lucien (*Sacrifices *14) fut inventée pour expliquer le culte égyptien des dieux à forme animale — Zeus-Amon était un bélier (voir 133.* j*), Hermès-Thoth, un ibis ou une grue (voir 52. 6), Héra-Iris, une vache (voir 56. 2), Artémis-Pasht, un chat, etc. ; mais il est possible aussi qu'il s'agisse de prêtres et de prêtresses qui, pris de peur, s'étaient enfuis de l'archipel égéen au moment où une éruption volcanique engloutit la grande île de Théra un peu avant 2000 avant J.-C.*

3. *Le mythe de Zeus, Delphyné et la peau d'ours, raconte l'humiliation qu'infligea à Zeus la Grande Déesse vénérée sous la forme d'une ourse et dont l'oracle principal se trouvait à Delphes ; les Cadmiens de Béotie semblent être intervenus pour préserver le culte de Zeus mais on ne sait pas exactement à quelle époque se situe historiquement cet événement. Les « fruits éphémères » de Typhon que lui avaient donnés les Trois Parques sont certainement les habituelles « pommes de la mort » (voir 18. 4 ; 32. 4 ; 33. 7, etc) ; dans une version proto-Hittite de ce mythe le serpent Illyunka détruit le dieu-Tempête et emporte ses yeux et son cœur (qu'il retrouve grâce à un stratagème). Le Conseil des Dieux fait alors appel à la déesse Inara pour perpétrer la vengeance. Illyunka qu'elle invite à un festin mange gloutonnement et lorsqu'il est tout à fait repu, elle l'attache avec une corde et il est tué par le dieu-Tempête.*

4. *Le mont Casius (aujourd'hui Djbel-el-Akra) n'est autre que le mont Hazzi qui figure dans la légende hittite d'Ullikummi, le géant de pierre qui grandit et atteignit des proportions gigantesques, et auquel son père Kumarbi donna l'ordre de détruire les soixante-dix dieux du ciel. Le dieu-Tempête, le dieu-Soleil, la déesse de la Beauté et tous les autres dieux essayèrent en vain de tuer Ullikummi ; enfin Éa, le dieu de la Sagesse, réussit à couper les pieds du monstre avec le couteau qui, à l'origine, avait séparé le Ciel de la Terre et le précipita dans la mer. Certains éléments de cette légende se retrouvent dans le mythe de Typhon et également dans celui des Aloades qui s'étaient, eux aussi, développés jusqu'à atteindre des proportions gigantesques et qui avaient utilisé les montagnes comme échelle pour atteindre le Ciel*

(voir 37. b*). Il est vraisemblable que les Cadmiens, venant d'Asie Mineure, avaient introduit ces légendes en Grèce (voir 6.* I*).*

37.
Les Aloades

a. Éphialtès et Otos étaient les bâtards d'Iphimédie, fille de Triops. Elle s'était éprise de Poséidon et avait coutume de s'accroupir sur le bord de la mer, de recueillir des vaguelettes dans ses mains et de les verser dans son sein. C'est ainsi qu'elle devint enceinte. Éphialtès et Otos furent néanmoins appelés les Aloades parce qu'Iphimédie épousa par la suite Aloée qui avait été nommé roi d'Asopie en Béotie par son père Hélios. Les Aloades grandissaient chaque année d'une coudée en largeur et d'une brasse en hauteur, et à neuf ans, lorsqu'ils eurent neuf coudées de large et neuf brasses de haut, ils déclarèrent la guerre à l'Olympe et Éphialtès jura par le Styx d'outrager Héra et Otos de violer Artémis [1].

b. Ayant décidé qu'Arès le dieu de la Guerre serait leur première prise, ils se rendirent en Thrace, le désarmèrent, l'enchaînèrent et l'enfermèrent dans un pot de bronze qu'ils cachèrent dans la maison de leur belle-mère Ériboea, Iphimédie étant morte. Ils entreprirent alors le siège de l'Olympe : ils firent un remblai pour servir à l'assaut en mettant le mont Pélion sur le mont Ossa et de plus menacèrent de jeter des montagnes dans la mer jusqu'à ce qu'elle soit à sec, bien que les basses terres fussent recouvertes par les vagues. Leur confiance était inébranlable car on avait prédit qu'aucun homme ni aucun dieu ne pourraient les tuer.

c. Sur le conseil d'Apollon, Artémis envoya un message aux Aloades : s'ils levaient le siège, elle consentirait à les rencontrer dans l'île de Naxos et là s'abandonnerait aux étreintes d'Otos. Otos fut transporté de joie, mais Éphialtès, n'ayant pas reçu de message similaire de la part d'Héra, fut irrité et jaloux. Une violente querelle éclata à Naxos où ils se rendirent ensemble : Éphialtès insista pour que la proposition soit refusée, ou qu'alors, et comme il était l'aîné, il fût le premier à posséder Artémis. La querelle avait atteint son paroxysme lorsque Artémis apparut sous la forme d'une biche blanche. Chacun des Aloades, saisissant sa javeline, se prépara à prouver à l'autre qu'il était meilleur tireur. Comme elle s'élançait entre eux deux, rapide comme le vent, ils lancèrent leurs javelines et se transpercèrent l'un l'autre de part en part. Ainsi périrent-ils tous deux et la prédiction selon laquelle aucun homme ni aucun dieu ne pourrait les tuer se trouva réalisée. Leurs corps furent transportés à Anthédon en Béotie pour être enterrés ; mais les habitants de Naxos leur rendent les honneurs dus aux héros. On leur attribue la fondation d'Ascra en Béotie et on les considère comme les premiers mortels à avoir adoré les Muses de l'Hélicon [2].

d. Ainsi, le siège de l'Olympe ayant été levé, Zeus se mit à la recherche d'Arès et contraignit Éribœa à le libérer du pot d'airain où il était à moitié mort. Quant aux ombres des Aloades, elles descendirent au Tartare où elles furent solidement attachées à un poteau avec des cordes faites de vipères vivantes. Ils sont là, assis dos à dos, et la nymphe Styx, l'œil farouche, penchée sur le haut du poteau leur rappelle qu'ils n'ont pas tenu leur serment [3].

★

1. *Il s'agit ici encore d'une version populaire de la Révolte des Géants (voir 35.* b*). Le nom d'Éphialtès, l'assaut contre l'Olympe, la menace faite à Héra et la prophétie concernant leur invulnérabilité, se retrouvent dans les deux versions. Éphialtès et Otos, fils de « l'aire à battre le blé » par « celle qui donne la vigueur aux organes sexuels », petits-fils de « triple visage » c'est-à-dire Hécate, et adorateurs des féroces Muses, personnifient les Incubes ou cauchemars érotiques qui étouffent les femmes et leur font outrage pendant leur sommeil. Comme le cauchemar, dans la légende britannique, ils sont liés au nombre neuf. Le mythe est confus à cause d'un épisode historique rapporté par Diodore de sicile (V. 50 ss). Il dit qu'Aloeos, un Thessalien, envoya ses fils pour délivrer leur mère Iphimédie et leur sœur Pancratis (« toute-puissance »), aux mains de Thraces qui les avaient emmenées à Naxos ; leur expédition fut couronnée de succès mais ils se disputèrent au sujet du partage de l'île et s'entretuèrent. Cependant, et bien que Stéphanos de Byzance rapporte que la cité d'Aloion, en Thessalie, doit son nom aux Aloades, les premiers mythographes en font des Béotiens.*

2. *Les deux jumeaux se tuant mutuellement rappellent l'éternelle rivalité qui oppose le roi sacré et son alter ego (le taniste) pour l'amour de la Déesse Blanche, et qui, tour à tour, périssent par la main l'un de l'autre. Le fait qu'ils se nomment « fils de l'aire à battre le blé » et qu'ils échappent à la mort par la foudre de*

Zeus, relie ce mythe au culte du blé plutôt qu'au culte du chêne. Leur châtiment au Tartare, semblable à celui de Thésée et Pirithoos (voir 103. c*), semble avoir été inspiré par un ancien symbole du calendrier où les deux têtes des jumeaux étaient figurées dos à dos, de part et d'autre d'une colonne ; ils sont l'un et l'autre assis sur la Chaise de l'Oubli. La colonne sur laquelle est juchée la déesse de la Mort-dans-la-Vie indique le moment de l'année où le règne du roi sacré prend sa fin et où celui de son rival, le taniste, commence ; en Italie, ce même symbole devint Janus à deux têtes ; mais la Nouvelle Année italienne tombait en janvier et non pas au moment de l'ascension héliaque de Sirius-à-deux-têtes (voir 34.* 3*).*

3. *L'emprisonnement d'Arès pendant treize mois est un fragment mythique qui n'a aucun rapport avec la légende et dont la date est incertaine ; il se rapporte peut-être à un armistice d'une année entière — l'année pélasgienne comportait treize mois — conclu entre les Thessalo-Béotiens et les Thraces. Le Pélion, l'Ossa et l'Olympe sont des montagnes de l'est de la Thessalie d'où l'on pouvait voir dans le lointain, la Chersonèse en Thrace où la guerre, interrompue par cette suspension d'armes, avait peut-être eu lieu.*

38.
Le déluge de Deucalion

a. Le Déluge de Deucalion, ainsi nommé pour le distinguer de celui d'Ogygie et des autres déluges, eut pour cause la colère de Zeus contre les fils de Lycaon fils de Pélasgos. Lycaon, quant à lui, fut le premier à apporter la civilisation en Arcadie et institua le culte de Zeus Lycien ; mais il encourut la colère de Zeus en lui sacrifiant un jeune garçon. En conséquence, il fut transformé en loup et sa maison fut frappée par un éclair. Les fils de Lycaon étaient vingt-deux, selon certains, et selon d'autres cinquante [1].

b. La nouvelle des crimes commis par les fils de Lycaon parvint dans l'Olympe et Zeus en personne se rendit chez eux, déguisé en pauvre voyageur. Ils eurent l'audace de lui proposer une soupe d'entrailles en mélangeant les entrailles de leur frère Nyctimos à celles de chèvres et de moutons qu'elle contenait déjà. Zeus, écœuré et révolté, repoussa la table sur laquelle on lui avait servi cet odieux repas — le lieu fut appelé, à la suite de cela, Trapézonte —

et les métamorphosa tous en loups excepté Nyctimos à qui il redonna la vie [2].

c. A son retour dans l'Olympe, Zeus dégoûté envoya un grand déluge sur la terre pour faire disparaître la race humaine tout entière mais Deucalion, roi de Thia, averti par son père Prométhée le Titan, à qui il avait rendu visite dans le Caucase, construisit une arche, la remplit de provisions et s'y embarqua avec sa femme Pyrrha, fille d'Épiméthée. Alors le vent du sud se mit à souffler, la pluie se mit à tomber et les fleuves se précipitèrent en grondant vers la mer ; celle-ci, s'étant mise à monter avec une étonnante rapidité, emporta toutes les villes de la côte et de la plaine ; et ainsi toute la terre fut recouverte par les eaux excepté quelques sommets montagneux ; toutes les créatures terrestres paraissaient mortes sauf Deucalion et Pyrrha. L'arche flotta pendant neuf jours, puis enfin les eaux se retirèrent et elle se posa sur le mont Parnasse ou, selon certains, sur le mont Etna ; ou le mont Athos ou le mont Othrys en Thessalie. On dit que Deucalion fut rassuré par un colombe qu'il avait envoyée faire un vol de reconnaissance [3].

d. Ayant débarqué sur la terre ferme et désormais en sécurité, ils offrirent un sacrifice à Zeus le Père, protecteur des fugitifs, puis s'en furent prier au temple de Thémis près du fleuve Céphise, dont le toit était à présent recouvert d'algues et dont l'âtre était éteint. Ils demandèrent humblement que le genre humain fût reconstitué et Zeus, entendant leurs paroles de loin, envoya Hermès leur dire que tout ce qu'ils demanderaient leur serait accordé. Thémis se montra en personne et dit : « Couvrez-vous la tête et jetez les os de votre mère derrière vous. » Comme Deucalion et Pyrrha avaient des mères différentes et que toutes deux étaient décédées, ils comprirent que la Titanide voulait parler de la Terre-Mère dont les os étaient les pierres qui bordaient le fleuve. Ils se baissèrent donc, et, la tête couverte, ils ramassèrent les pierres et les jetèrent en arrière par-dessus leur épaule et chaque pierre devint tantôt un homme et tantôt une femme selon que c'était Deucalion ou Pyrrha qui l'avait lancée. Ainsi le genre humain fut reconstitué et depuis lors « un homme » (laos) et « une pierre » (laas) sont le même mot dans beaucoup de langues [4].

e. Cependant, il s'avéra que Deucalion et Pyrrha ne furent pas les seuls survivants du déluge, car Mégarée, un fils de Zeus, avait été tiré de son sommeil par les cris des grues qui lui recommandèrent d'aller sur le mont Géranéia qui était demeuré hors de l'eau. Un autre à avoir échappé était Cérambos du Pélion que les nymphes changèrent en scarabée et qui s'envola jusqu'au sommet du Parnasse [5].

f. De même les habitants de Parnassos, cité fondée par le héros du même nom, fils de Poséidon, qui inventa l'art augural, furent éveillés par les hurlements des loups et ils les suivirent sur le sommet de la montagne. Ils nommèrent leur nouvelle cité Lycoréia, du nom des loups [6].

g. En sorte que le déluge n'eut que peu d'efficacité car quelques-uns des habitants de Parnassos se rendirent en Arcadie et réitérèrent les horreurs de Lycaon. La coutume se maintint longtemps de sacrifier à Zeus Lycien un jeune garçon dont les entrailles, mélangées à d'autres dans une soupe aux tripes, étaient offertes à des bergers réunis au bord d'un torrent. Le berger qui mangeait les entrailles du jeune garçon (attribuées par tirage au sort) poussait des hurlements de loup, suspendait ses vêtements à un chêne, traversait la rivière à la nage et devenait loup-garou. Pendant huit ans, il vivait avec les loups mais il s'abstenait de manger de la chair humaine durant ce laps de temps ; il pouvait enfin revenir, traverser à nouveau la rivière à la nage en sens inverse et reprendre ses vêtements. On raconte qu'un habitant de Parrhasia, du nom de Damarcos, passa huit ans avec les loups, reprit la vie humaine et la dizième année, après avoir subi un sévère entraînement au gymnase, remporta l'épreuve de pugilat aux Jeux Olympiques [7].

h. Ce Deucalion était le frère d'Ariane la Crétoise et le père d'Oresthée, roi des Ozoles de Loeride ; il possédait en ce temps-là une chienne blanche qui mit bas un morceau de bois qu'Oresthée planta et qui devint un plant de vigne. Un autre de ses fils, Amphictyon, recevait chez lui Dionysos et il fut le premier homme à mélanger du vin et de l'eau. Mais son fils aîné, le plus fameux, fut Hellen, le père de tous les Grecs [8].

★

1. *La légende de Zeus et des tripes d'enfants n'est pas un mythe mais seulement une anecdote morale exprimant le dégoût des peuplades plus civilisées de la Grèce à l'égard des anciennes pratiques de cannibalisme de l'Arcadie qui survivaient encore au nom de Zeus et qu'on appelait « barbares et contre nature » (Plutarque :* Vie de Pélopidas*). Cécrops, vertueux Athénien,*

contemporain de Lycaon (voir 25. d*), n'offrait que des gâteaux d'orge et s'abstenait même des sacrifices d'animaux. Les rites de Lycaon, dont l'auteur dit que Zeus ne l'y avait jamais encouragé, avaient pour but, semble-t-il, d'empêcher les loups de dévaster les troupeaux de moutons et de vaches en leur envoyant un roi qui fût humain. « Lycée » signifie « de la louve », mais aussi « de la lumière », et l'éclair, dans le mythe de Lycaon, prouve que Zeus Arcadien débuta comme roi sacré faiseur de pluie — au service de la divinité-Louve, la Lune, vers laquelle se dirigeaient les hurlements des loups.*

2. *Une Grande Année comptait cent mois ou huit années solaires ; elle était divisée en deux parties égales entre le roi sacré et son taniste ; et les cinquante fils de Lycaon — un pour chaque mois du règne du roi sacré — devaient sans doute être ceux qui mangeaient de sa soupe aux tripes. Le chiffre vingt-deux, à moins qu'on y soit parvenu en comptant le nombre des familles qui se prétendaient descendantes de Lycaon et qui devaient participer au festin à base de tripes, se rapporte probablement aux vingt-deux lustres de cinq années qui constituaient un cycle — le cycle de cent dix années constituait le règne d'une lignée particulière de prêtresses.*

3. *Le mythe du Déluge de Deucalion, qui vient, semble-t-il, d'Asie à travers les Hellènes, est de la même origine que la légende biblique de Noé. Mais, bien que l'invention du vin par Noé ait donné lieu à un conte moral hébraïque justifiant incidemment l'asservissement des Canaanites par leurs conquérants sémitiques et kassites, les Grecs ont supprimé la partie où Deucalion s'attribue l'invention du vin et ont remplacé celui-ci par Dionysos. Cependant on dit que Deucalion était le père d'Ariane qui était mère, par Dionysos, de nombreuses tribus pratiquant le culte du vin (voir 27. 8) et il a conservé son nom de « marin du vin nouveau » (de* deucos *et* halieus*). Le mythe de Deucalion raconte un déluge mésopotamien du* IIIe *millénaire avant J.-C. ; mais aussi la fête du Nouvel An en Babylonie, en Syrie et en Palestine. Cette fête célébrait le vin doux nouveau versé par Parnapishtim aux constructeurs de l'Arche et dans laquelle (selon l'épopée babylonienne de Gilgamesh) lui et sa famille échappèrent au déluge envoyé par la déesse Ishtar. L'arche était en forme de croissant de lune (voir 123. 5) et la fête se célébrait à la nouvelle lune la plus rapprochée de l'équinoxe d'automne ; elle était destinée à amener les pluies d'hiver. Ishtar, dans la mythologie grecque, s'appelle Pyrrha — c'est le nom de la déesse-mère des Puresati (les Philistins), peuple crétois qui arriva en Palestine par la Sicile en 1200 avant J.-C. environ ; en grec,* pyrrha *signifie « de couleur rouge feu » : c'est un qualificatif du vin.*

4. *Xisuthros était le héros de la légende du Déluge Sumérien apporté par Bérose, et son arche se posa sur le mont Ararat. Toutes ces arches étaient construites en bois d'acacia et c'est de*

ce même bois qu'Isis s'était servi pour construire la barque funèbre d'Osiris.

5. *Le mythe d'un dieu courroucé décidé à punir la méchanceté des hommes en suscitant un déluge semble bien être un emprunt tardif grec aux Phéniciens ou aux Juifs. Mais le nombre des différentes montagnes situées en Grèce, en Thrace et en Sicile sur lesquelles Deucalion s'est prétendument posé indique qu'un mythe diluvien ancien s'est superposé à la légende plus tardive d'un Déluge survenu en Grèce occidentale. Dans la plus ancienne version grecque du mythe, Thémis renouvelle la race humaine sans en demander d'abord la permission à Zeus ; il est donc probable que c'est à elle et non pas à lui que l'on attribuait le Déluge comme en Babylonie.*

6. *La transformation de pierres en hommes est peut-être encore un emprunt helladique à l'Orient ; saint Jean Baptiste se référait à une légende similaire, en faisant un jeu de mots avec les vocables hébraïques* banim *et* abanim, *lorsqu'il déclare que Dieu est capable de donner des* enfants *à Abraham en métamorphosant les* pierres *du désert (*Matthieu *III. 3-9 et* Luc *III. 8).*

7. *Le fait qu'une chienne blanche, la déesse-Lune Hécate, ait mis au monde un pied de vigne sous le règne d'Oresthée, fils de Deucalion, constitue probablement le mythe grec le plus ancien concernant le vin. On dit que le nom d'Ozoles provient d'*ozoi, *« branches de vigne » (voir 147.* 7*). Un des méchants fils de Lycaon s'appelait aussi Oresthée, ce qui explique peut-être le rapport un peu forcé que les mythographes ont établi entre le mythe de la soupe aux tripes et celui du Déluge de Deucalion.*

8. *Amphictyon, le nom d'un autre des fils de Deucalion, est la forme masculine d'Amphictyonis, la déesse au nom de laquelle la célèbre confédération du Nord, l'Amphictyonie, avait été fondée ; selon Strabon, Callimaque et le scholiaste de l'*Oreste *d'Euripide, elle fut réglementée par Acrisios d'Argos (voir 73.* a*). Les Grecs, qui étaient civilisés, contrairement aux Thraces dissolus, s'abstenaient de boire du vin pur ; le fait de le couper d'eau à la Conférence des États membres, qui avait lieu à la saison des vendanges à Antheia, près des Thermopyles, constituait une précaution contre les querelles, souvent meurtrières.*

9. *Hellen, le fils de Deucalion, était l'ancêtre éponyme de la race hellénique tout entière (voir 43.* b*) : son nom indique que c'était un délégué royal de la prêtresse d'Hellé, ou Hellen ou Hélène ou Séléné, la Lune et, selon Pausanias (III. 20. 6), la première tribu qui s'appela « les Hellènes » venait de Thessalie où l'on adorait Hellé (voir 70.* 8*).*

10. *Aristote (*Météorologica *I. 14) dit que le Déluge de Deucalion se produisit « dans l'ancienne Grèce (Graecia), c'est-à-dire dans le district de Dodone et du fleuve Acheleos ».* Graeci *signifie « adorateurs de la Vieille Femme », probablement la déesse-Terre de Dodone qui apparaissait sous une forme triple : les Grées (voir 33.* c*), et l'on a émis l'hypothèse que les Achéens avaient été*

contraints d'envahir le Péloponnèse à cause des pluies inhabituelles très abondantes qui avaient transformé leurs pâturages en marécages. Le culte d'Hellé (voir 62. 3, *70.* 8 *et 159.* I*) semble avoir remplacé celui des Grées.*

11. *Le scarabée était un symbole d'immortalité en basse Égypte parce qu'il survivait à la crue du Nil — le Pharaon sous l'aspect d'Osiris entrait dans la barque solaire sous la forme d'un scarabée ; — on le considérait comme animal sacré en Palestine et dans les Cyclades, dans les îles d'Étrurie et aux Baléares ; Antoninus Liberalis mentionne aussi le mythe de Cérambos ou Térambos et cite Nicandre.*

39.
Atlas et Prométhée

a. Prométhée, le créateur de la race humaine, que certains considèrent comme faisant partie des sept Titans, était le fils soit du Titan Eurymédon, soit de Japet par la Nymphe Clyméné ; ses frères étaient Épiméthée, Atlas et Ménoetios [1].

b. Le Géant Atlas, l'aîné de ses frères, connaissait bien les profondeurs de la mer ; il gouvernait un royaume bordé par une côte escarpée plus vaste que l'Afrique et l'Asie réunies. Ce territoire, l'Atlantide, se trouvait au-delà des Colonnes d'Hercule et un chapelet d'îles, où poussaient des arbres fruitiers, le séparait d'un continent plus éloigné, non relié au nôtre. Les sujets d'Atlas firent des canaux et cultivèrent une immense plaine centrale dont l'eau provenait des montagnes qui l'entouraient entièrement, excepté une ouverture sur la mer. Ils construisirent aussi des palais, des bains, des hippodromes, des ports et des temples ; ils faisaient la guerre non seulement sur l'autre continent à l'ouest, mais aussi à l'est, en Égypte et en Italie. Les Égyptiens disent qu'Atlas était le fils de Poséidon qui avait donné naissance, par Clito, cinq fois de suite, à des jumeaux ; ceux-ci avaient prêté serment de fidélité à leur frère sur le sang d'un taureau sacrifié au sommet d'une colonne ; et au début c'étaient des hommes extrêmement vertueux, portant avec sérénité le fardeau de leurs immenses richesses en or et en argent. Mais un jour la cupidité et la méchanceté envahirent leur cœur et, avec la permission de Zeus, les Athéniens seuls et sans aide les vainquirent et abattirent leur puissance. Au même moment les dieux envoyèrent un déluge, qui, en un jour et une nuit, engloutit l'Atlantide tout entière ; les ports et les temples furent recouverts d'une boue épaisse et il devint impossible de naviguer sur la mer [2].

c. Atlas et Ménoetios, qui avaient échappé au déluge, se joignirent alors à Cronos et aux Titans dans la guerre funeste que leur livrèrent Zeus et les dieux de l'Olympe. Zeus tua Ménoetios d'un trait de sa foudre et l'envoya dans le Tartare mais il épargna Atlas qu'il condamna à porter le ciel sur ses épaules pour toute l'éternité [3].

d. Atlas était le père des Hyades et des Hespérides ; il a, depuis lors, toujours porté les cieux, sauf en une circonstance, lorsque Héraclès le remplaça temporairement. Certains disent que Persée changea Atlas en pierre et en fit le mont Atlas en lui montrant la tête de la Gorgone. Mais ils oublient que Persée était, selon l'opinion commune, un ancêtre lointain d'Héraclès [4].

e. Prométhée, qui était plus avisé qu'Atlas, avait prévu l'issue de la révolte contre Cronos et, par conséquent, préféra combattre aux côtés de Zeus ; il persuada Épiméthée de faire de même. Il était, à la vérité, le plus avisé de sa race, et Athéna, à la naissance de laquelle il avait assisté lorsqu'elle était sortie de la tête de Zeus, lui enseigna l'architecture, l'astronomie, les mathématiques, la navigation, la médecine, la métallurgie et d'autres arts utiles qu'il communiqua aux hommes. Mais Zeus, qui avait décidé d'exterminer totalement la race des hommes, et qui ne l'avait épargnée que sur l'intervention expresse de Prométhée, s'irrita de leurs talents divers et aussi de voir leurs pouvoirs s'accroître sans cesse [5].

f. Un jour, une querelle éclata à Sycione, au sujet d'un taureau offert en sacrifice : on n'était pas d'accord sur les morceaux qui devaient être consacrés aux dieux et ceux qui étaient destinés aux hommes. Prométhée, appelé pour être l'arbitre du conflit, dépeça et découpa un taureau et cousit dans sa peau deux sacs avec une ouverture qu'il remplit de ce qu'il avait découpé. Un sac contenait toute la chair, mais il la dissimula sous l'estomac, qui est la partie la moins appétissante de l'animal ; l'autre contenait les os cachés sous une couche de graisse. Lorsqu'il demanda à Zeus de choisir, celui-ci, facilement trompé, choisit le sac contenant les os et la graisse qui sont aujourd'hui encore la part réservée aux dieux ; mais Zeus punit Prométhée qui riait derrière son dos, en retirant le feu aux hommes : « Qu'ils mangent donc leur viande crue ! » s'écria-t-il [6].

g. Prométhée se rendit aussitôt chez Athéna et la pria de le faire entrer secrètement dans l'Olympe, ce qu'elle lui accorda. Aussitôt qu'il y fut parvenu, il alluma une torche au char de feu du Soleil et il en détacha un morceau de braise incandescente qu'il glissa dans la tige creuse d'un fenouil géant. Puis, éteignant sa torche, il s'enfuit sans être aperçu et donna le feu aux hommes [7].

h. Zeus jura de se venger. Il donna l'ordre à Héphaïstos de fabriquer une femme en argile, aux quatre vents d'insuffler la vie en elle et à toutes les déesses de l'Olympe de la parer. Cette femme, Pandore, la plus belle qui fût jamais créée, Zeus l'envoya en présent à Épiméthée, sous l'escorte d'Hermès. Mais Épiméthée, qui avait été prévenu par son frère de n'accepter aucun cadeau venant de Zeus, s'excusa respectueusement et refusa son présent. De plus en plus irrité, Zeus fit enchaîner Prométhée, nu, à une colonne dans les montagnes du Caucase où un vorace vautour lui dévorait le foie toute la journée, du début à la fin de l'année. Et il n'y avait pas de terme à sa souffrance, car toutes les nuits (au cours desquelles Prométhée souffrait cruellement du froid et du gel), son foie se reconstituait.

i. Mais Zeus gêné d'avouer qu'il avait voulu se venger, et pour s'excuser de sa cruauté, mit en circulation une histoire qui n'était pas vraie : Athéna, racontait-il, avait fait monter Prométhée dans l'Olympe à cause d'une secrète aventure amoureuse.

j. Épiméthée, très ému du sort de son frère, s'empressa d'épouser Pandore, que Zeus avait faite aussi sotte, aussi méchante et aussi paresseuse qu'il l'avait faite belle, et elle fut la première d'une très longue série de femmes semblables à elle. Peu après, elle ouvrit une jarre, que Prométhée avait recommandé à son frère de tenir close et dans laquelle il avait eu le plus grand mal à enfermer tous les maux capables d'affliger le genre humain : notamment la vieillesse, le travail, la maladie, la folie, le vice et la passion. Tous les maux se répandirent au-dehors en une immense nuée et piquèrent Épiméthée et Pandore sur toutes les parties de leurs corps puis s'attaquèrent aux mortels. Cependant la trompeuse Espérance, que Prométhée avait aussi enfermée dans la jarre, les dissuada, par ses mensonges, d'un suicide général [8].

★

1. *Les mythographes tardifs ont compris Atlas simplement comme une personnification du mont Atlas, en Afrique du Nord, dont la cime paraissait supporter le ciel ; mais pour Homère, les colonnes dont il se servait pour soutenir le firmament se trouvaient très loin dans l'océan Atlantique auquel Hérodote donna son nom pour lui rendre hommage. Au début, il était peut-être le Titan du second Jour de la Semaine qui sépara les eaux du Ciel des eaux de la Terre. C'est de l'Atlantique que provient la plus grande partie de la pluie en Grèce, particulièrement au moment de l'ascension héliaque des étoiles filles d'Atlas, les Hyades ; c'est ce qui explique en partie pourquoi il demeurait dans l'Extrême-Occident. Il y a deux significations au fait qu'Héraclès le soulage de son fardeau céleste (voir 133.* 3-4 *et 123.* 4*).*

2. *La légende égyptienne de l'Atlantide — qui est courante également dans le folklore des riverains atlantiques, de Gibraltar aux Hébrides, et également parmi les Yorubas en Afrique occidentale — ne doit pas être rejetée comme une pure fantaisie de l'imagination ; elle semble dater du* IIIe *millénaire avant J.-C. Mais la version de Platon, dont il dit que Solon l'avait connue par ses amis les prêtres libyens de Saïs dans le Delta, s'est greffée, semble-t-il, sur une tradition plus tardive : les Crétois minoens qui avaient élargi leur sphère d'influence jusqu'en Égypte et en Italie furent vaincus par une coalition hellénique à la tête de laquelle se trouvait Athènes (voir 98.* I*) et les gigantesques ouvrages portuaires construits par les Keftiu (« marins »), désignant les Crétois et leurs alliés dans l'île de Pharos (voir 27.* 7 et 169. 6*), furent engloutis, peut-être à la suite d'un très violent séisme — ils ont été récemment redécouverts par des plongeurs en eau profonde. Ces ouvrages se composaient d'un bassin extérieur et d'un bassin intérieur couvrant une superficie de cent hectares (Gaston Jondet :* Les Ports submergés de l'ancienne île de Pharos, *1916). Cette identification d'Atlantis avec Pharos expliquerait que l'on désigne parfois Atlas comme le fils de Japet, le Japhet de la Genèse, que les Hébreux disent être le fils de Noé, et dont ils firent l'ancêtre de la confédération des Peuples de la mer — et parfois comme le fils de Poséidon, patron des navigateurs grecs. Noé n'est autre que Deucalion (voir 38.* c*) et, bien que dans le mythe grec, Japet soit le grand-père de Deucalion, cela signifie simplement qu'il était l'ancêtre éponyme de la tribu canaanite qui introduisit en Grèce la légende du Déluge mésopotamien et non atlantéen. De nombreux détails dans le récit de Platon, notamment le sacrifice de taureaux sur les colonnes et le système d'eau chaude et froide dans le palais d'Atlas, donnent la certitude qu'il s'agit des Crétois et non d'un autre peuple. Comme Atlas, les Crétois « connaissaient l'immensité de la*

mer ». Selon Diodore (V.3), après que la plupart des habitants de la Grèce eurent été anéantis par le grand Déluge, les Athéniens perdirent le souvenir d'avoir fondé Saïs en Égypte. C'est là, semble-t-il, une manière embarrassée de dire qu'après l'engloutissement des ouvrages portuaires de Pharos, les Athéniens oublièrent leurs attaches religieuses avec la ville de Saïs où l'on adorait la même déesse libyenne Neith ou Athéna ou Tanit.

3. *L'histoire que raconte Platon, où il parle d'un grand nombre d'éléphants se trouvant dans l'Atlantide, crée une certaine confusion au sujet de ce pays alors qu'il s'agit peut-être d'importantes importations d'ivoire en Grèce, passant par Pharos, mais ces détails ont peut-être été empruntés à une légende plus ancienne. Les origines des légendes ayant trait à l'Atlantide ont fait l'objet de nombreuses théories, et, sous l'influence de Platon, tout le monde a dirigé tout naturellement ses regards vers l'océan Atlantique. Jusqu'à une période récente, on croyait que la barre de l'Atlantique (qui s'étend de l'Islande aux Açores puis s'incurve vers le sud-est en direction de l'île de l'Ascension et Tristan da Cunha) en était un vestige ; mais les études océanographiques montrent qu'en dehors de ces crêtes qui émergent à la surface de la mer, tout le récif se trouvait recouvert par la mer depuis au moins soixante millions d'années. On sait qu'une seule grande île habitée de l'Atlantique a disparu : c'est le plateau appelé aujourd'hui le Banc du Dogre. Mais les ossements et les outils retirés à l'aide de filets montrent que le cataclysme survint à l'époque néolithique et il est assez peu vraisemblable que la nouvelle de la disparition de l'île soit parvenu en Europe par des survivants qui auraient été portés par la mer à une si grande distance ; il est plus plausible, en revanche, de supposer que le souvenir d'une catastrophe différente ait été conservé par les immigrants hautement civilisés venus de Libye et généralement connus sous le nom de « constructeurs de tombes ».*

4. *C'étaient des cultivateurs et ils arrivèrent en Grande-Bretagne vers la fin du III*[e] *millénaire avant J.-C., mais on n'a trouvé aucune explication à leur émigration en masse vers l'Espagne méridionale en passant par la Tunisie et le Maroc et de là, au nord, vers le Portugal et au-delà. Selon la légende galloise de l'Atlantide qui parle des Cantrevs de Dyfed perdus (qu'on a situés dans la baie de Cardigan, ce qui est impossible), une tempête renversa les murs et détruisit seize villes. Le Hy Brasil irlandais, la ville d'Ys bretonne, le pays de Lyonesse (situé entre la Cornouaille et les îles Scilly, ce qui est aussi une impossibilité), l'Ile Verte française, l'Ilha Verde portugaise, sont toutes des variantes de cette légende. Mais si ce que les prêtres égyptiens ont réellement dit à Solon était que le cataclysme se produisit dans l'extrême-nord et que les survivants parvinrent au-delà des « Colonnes d'Hercule », il est alors facile d'identifier l'Atlantide.*

5. *C'est le pays des Atlantes dont Diodore de Sicile (voir 131.* m*) dit que ce sont des hommes hautement civilisés qui vivent*

à l'ouest du lac Tritonis auquel les Amazones de Libye, c'est-à-dire les tribus matriarcales décrites plus tard par Hérodote, enlevèrent leur ville de Cerné. Il n'est guère possible de dater archéologiquement la légende de Diodore, mais il la situe avant une invasion des Cyclades et de la Thrace par les Libyens, événement qui ne peut avoir eu lieu après le IIIe millénaire avant J.-C. Si donc l'Atlantide était la Libye occidentale, les Déluges qui la firent disparaître devaient être soit des pluies surabondantes comme celles qui occasionnèrent les célèbres Déluges de Mésopotamie et d'Ogygie (voir 38. 3-5*), soit une grande marée accompagnée d'un fort vent de nord-ouest, semblable à celles qui firent disparaître une grande partie des Pays-Bas aux* IIIe *et* XIIIe *siècles et forma le Zuiderzée, soit un affaissement des régions côtières. Il est possible que l'Atlantide ait été submergée au moment de la formation du lac Tritonis (voir 8.* a*), qui semble avoir occupé une superficie de plusieurs milliers de milles carrés des basses terres de Libye, et qui peut-être s'étendaient vers le nord jusqu'aux golfes Syrtes (le géographe Scylax parlait du « golfe de Tritonis ») et où de dangereux récifs témoignent de l'existence d'un chapelet d'îles dont seules Djerba et les Kerkennaes ont subsisté.*

6. *L'île qui se trouvait au centre du lac et dont parle Diodore (voir 131.* n*) était peut-être Chaamba Bou Rouba, au Sahara. Diodore semble se référer à un cataclysme lorsqu'il écrit au sujet des Amazones et des Atlantes (III. 55) : « Et on dit qu'à la suite de tremblements de terre, les régions de Libye avoisinant la mer engloutirent le lac Tritonis qui disparut. » Si le lac Tritonis existait encore de son temps, c'est qu'il avait entendu dire probablement : « ...A la suite de tremblements de terre en Méditerranée, la mer engloutit une partie de la Libye et forma le lac Tritonis. » Le Zuiderzée et le lac Copaïs ont de nos jours été asséchés l'un et l'autre, et le lac Tritonis, qui, selon Scylax, couvrait encore neuf cents milles carrés à la période classique, s'est considérablement réduit et forme maintenant les marais salants de Chott Melghir et Chott el Jerid. Si c'était là l'Atlantide, quelques-uns des agriculteurs dépossédés de leurs terres s'en seraient allés vers l'ouest, au Maroc, d'autres vers le sud et auraient traversé le Sahara ; d'autres vers l'est, en Égypte, et au-delà, emportant avec eux leur histoire ; quelques-uns d'entre eux seraient restés près du lac. Les éléphants dont parle Platon ont peut-être été découverts dans cette région bien que le littoral montagneux de l'Atlantide fasse partie de la Crète que les Égyptiens, qui détestaient la mer, ne connaissaient que par ouï-dire.*

7. *Les cinq couples de jumeaux fils de Poséidon, qui avaient fait serment d'obéissance à Atlas, auraient été des représentants des royaumes de « Keftiu », alliés des Crétois. A l'époque mycénienne, la double souveraineté était la règle : Sparte, avec Castor et Pollux, Messène avec Idas et Lyncée, Argos avec*

Proetos et Acrisios, Tirynthe avec Héraclès et Iphiclès, Thèbes avec Étéocles et Polynice. Les fils de Poséidon se seraient montrés cupides et cruels seulement après la chute de Cnossos, au moment où l'honnêteté dans les affaires commerciales commença à se perdre et que les marchands devinrent des pirates.

8. *Le nom de Prométhée (« prévoyance ») trouve peut-être son origine dans une lecture fautive du mot sanscrit* pramantha, *la swatiska, ou roue à feu, qu'il était censé avoir inventée puisque Zeus-Prométhée, à Thurii, était représenté tenant une roue de feu. Prométhée, héros populaire indo-européen, a été confondu peu à peu avec le héros carien Palamède, l'inventeur ou le propagateur de tous les arts de la civilisation (sous l'inspiration de la Déesse) ; et avec le dieu babylonien Éa qui prétendait avoir créé un homme splendide, du sang de Kingu (sorte de Cronos), tandis que la déesse-Mère Aruru avait créé un homme inférieur fait d'argile. Les frères Pramanthu et Manthu qui figurent dans le* Bhāgavata Purāna, *épopée sanscrite, sont peut-être les modèles qui ont servi pour Prométhée et Épiméthée (« imprévoyance ») ; cependant, le récit d'Hésiode concernant Prométhée, Épiméthée et Pandore n'est pas un véritable mythe mais une histoire antiféminine, problablement de son invention, bien qu'elle soit basée sur celle de Démophon et Phyllis (voir 169.* j*). Pandore (« celle qui apporte tout ») était la déesse-Terre, Rhéa, vénérée sous ce nom à Athènes et ailleurs (Aristophane :* Les Oiseaux *971) ; Philostrate (*Vie d'Apollonios de Tyane *VI. 39), et le pessimiste Hésiode la blâme pour avoir fait un homme qui fût mortel et apporté tous les malheurs de l'existence ; et aussi pour la conduite frivole et indécente des épouses. Son histoire du partage du taureau ne constitue pas, elle non plus, un mythe : c'est une anecdote comique inventée pour expliquer le châtiment de Prométhée et l'étrangeté de la coutume d'offrir aux dieux uniquement les os de la cuisse et la graisse de l'animal sacrifié. Dans la* Genèse, *le caractère sacré des os de la cuisse trouve son explication dans la claudication de Jacob après son combat avec l'ange. La jarre de Pandore (et non la boîte) contenait à l'origine des âmes ailées.*

9. *Les habitants des îles grecques transportent encore le feu d'un lieu à un autre dans une tige de fenouil géant, et Prométhée enchaîné sur le Caucase est peut-être une légende retenue par les Hellènes au moment où ils émigrèrent de la mer Caspienne pour se rendre en Grèce : celle d'un géant gelé couché sur la neige des cimes et entouré de vautours.*

10. *Les Athéniens furent assez embarrassés pour nier que leur déesse eût pris Prométhée pour amant, ce qui indique qu'il avait été localement identifié avec Héphaïstos, autre inventeur et dieu du feu, dont la légende était la même (voir 25.* b*), car il partageait un temple avec Athéna sur l'Acropole.*

11. *Ménoetios (« force perdue ») est un roi sacré du culte du chêne ; son nom est peut-être en rapport avec sa mutilation rituelle (voir 7.* I *et 50. 2).*

12. *La* swatiska, *dirigée de droite à gauche, est un symbole du soleil, celle dirigée de gauche à droite, un symbole de la lune. Chez les Akan d'Afrique, peuplade qui descend des Libyo-berbères (voir* Introduction, fin*), elle représente la Triple-déesse Ngamé.*

40.
Éôs

a. A la fin de chaque nuit, Éôs aux doigts couleur de rose et vêtue de jaune, fille des Titans Hypérion et Théia, se lève de son lit à l'est, monte sur son char tiré par les chevaux Lampos et Phaéton et se dirige vers l'Olympe où elle annonce l'approche de son frère Hélios. Lorsque Hélios paraît, elle devient Héméra et elle l'accompagne dans ses voyages, puis, devenue Hespéra, elle annonce qu'ils ont fait bon voyage jusqu'aux rives occidentales d'Océan [1].

b. Aphrodite, furieuse de trouver un jour Arès dans le lit d'Éôs, la condamna à de continuelles amours avec de jeunes mortels ; timide et rougissante, elle se mit donc en secret à les séduire les uns après les autres. D'abord Orion, ensuite Céphale, puis Clitos, petit-fils de Mélampous, bien qu'elle fût mariée à Astraeos qui était de la race des Titans et à qui elle donna non seulement les vents du Nord, de l'Ouest et du Sud mais aussi Eosphoros et, selon certains, toutes les autres étoiles du ciel [2].

c. Enfin Éôs fit la conquête de Ganymède et Tithonos, fils de Tros ou d'Ilos. Lorsque Zeus lui enleva Ganymède, elle lui demanda de conférer l'immortalité à Tithonos ce à quoi il consentit. Mais il oublia de demander pour lui la jeunesse éternelle, don que Séléné obtint pour Endymion, et Tithonos devint de jour en jour plus vieux, plus grisonnant, et plus ridé ; sa voix se fit chevrotante et Éôs fatiguée de s'occuper de lui comme d'un enfant l'enferma dans sa chambre à coucher où il devint cigale [3].

★

1. *Fantaisie hellénique, la vierge-Aurore était considérée à contrecœur par les mythographes comme une titanide de la deuxième génération ; son char à deux chevaux et son annonce du Soleil sont des allégories. Elle provient de la déesse-Mère Usha aux doigts de sang, indienne (Usha = Éôs).*

2. *Les perpétuelles amours d'Éôs avec de jeunes mortels sont aussi des allégories : l'aurore donne aux amants de minuit un renouveau de passion et c'est aussi le moment où généralement les hommes sont emportés par la fièvre. L'allégorie de son union avec Astraeos est assez claire : les étoiles apparaissent à l'aurore, à l'est, et Astraeos, le vent de l'aube, s'élève comme s'il émanait d'elles. D'où, le vent étant considéré comme un agent de fécondation, Éôs devient la mère, par Astraeos, le l'Étoile du Matin, solitaire dans le ciel. Astraeos était un autre nom de Céphale dont on dit aussi qu'il donna naissance, par elle, à l'Étoile du Matin. Il s'ensuit philosophiquement, l'Étoile du soir étant la même que l'Étoile du Matin et le soir étant la dernière apparence de l'aube, que toutes étoiles naissent nécessairement d'Éôs, et de même les vents, à l'exception du vent de l'aube. Cette allégorie cependant est en contradiction avec le mythe de la création de Borée par la déesse-Lune Eurynomé (voir 1.* I*).*

3. *Dans l'art grec, Éôs et Héméra sont deux personnages qui ne se distinguent pas l'un de l'autre. Les allégoristes ont donné à Tithonos le sens de « octroi d'une prolongation » (de* teino *et* oné*) en rapport avec la prolongation de sa vie » à la demande d'Éôs ; mais il était probablement une forme masculine du nom même d'Éôs, Titoné — de* tito *« jour » (Tzetzès :* Lycophron *941) et* oné, *« reine » — et signifiait « compagnon de la reine du jour ». Les cigales reprennent leur activité aussitôt que la chaleur du jour se fait sentir, et la cigale d'or était un emblème d'Apollon, le dieu-Soleil des colons grecs d'Asie Mineure.*

41.
Orion

a. Orion était un chasseur d'Hyria en Béotie et c'était le plus bel homme vivant. Il était fils de Poséidon et d'Euryalé. Un jour, dans l'île de Chios, il tomba amoureux de Méropé, fille du fils de Dionysos, Oenopion. Oenopion avait promis de donner Méropé en mariage à Orion s'il débarrassait l'île des dangereuses bêtes fauves qui l'infestaient. C'est ce qu'il se mit en devoir de faire et il rapportait tous les soirs les peaux des bêtes qu'il avait abattues à Méropé. Mais lorsque ayant enfin terminé la tâche qu'on lui avait assignée il demanda qu'elle devînt sa femme, Oenopion fit courir le bruit qu'il y avait encore des lions, des ours et des loups dissimulés dans les montagnes et il refusa de tenir sa promesse, mais la vérité c'est qu'il était épris d'elle.

b. Une nuit, Orion, découragé, but toute une gourde du vin d'Oenopion qui l'échauffa à tel point qu'il fit irruption dans la chambre à coucher de Méropé et la força à s'unir à lui. Lorsque vint l'aube, Oenopion invoqua son père Dionysos qui envoya des satyres pour faire boire à Orion plus de vin encore ; celui-ci s'endormit enfin profondément ; Oenopion lui creva alors les deux yeux et le jeta sur le sable au bord de la mer. Un oracle annonça que l'aveugle retrouverait la vue s'il se rendait à l'est et tournait ses yeux en direction d'Hélios à l'endroit où il se lève de l'Océan. Orion prit une petite barque, se mit à ramer, et, se guidant au son du marteau d'un Cyclope, il atteignit Lemnos. Là il pénétra dans la forge d'Héphaïstos, saisit un jeune apprenti du nom de Cédalion et le mit sur ses épaules afin qu'il le dirige. Cédalion guida Orion sur mer et sur terre jusqu'à ce qu'il fût parvenu enfin à l'Océan lointain ; là, Éôs s'éprit de lui et son frère Hélios lui rendit la vue.

c. Après avoir été à Délos en compagnie d'Éôs, Orion revint pour se venger d'Oenopion qu'il ne parvenait pas, cependant, à découvrir au Chios, car il était caché dans une chambre souterraine que lui avait construite Héphaïstos. S'étant embarqué pour la Crète où il pensait qu'Oenopion aurait pu s'enfuir pour se mettre sous la protection de Minos son grand-père, Orion rencontra Artémis, qui, comme lui, avait la passion de la chasse. Elle le persuada bientôt d'oublier sa vengeance et de venir plutôt chasser en sa compagnie [1].

d. Mais Apollon savait qu'Orion n'avait pas refusé l'invitation d'Éôs à partager sa couche dans l'île sacrée de Délos — et l'Aurore rougit encore tous les jours au souvenir de cette indiscrétion — et qu'il s'était en outre vanté de débarrasser toute la terre des bêtes fauves et des monstres. Craignant donc que sa sœur Artémis ne se montre aussi sensible à son charme qu'Éôs l'avait été, Apollon se rendit auprès de la Terre-Mère et, lui ayant répété avec perfidie ce dont s'était vanté Orion, il fit en sorte qu'Orion fût poursuivi par un monstrueux scorpion. Orion attaqua le scorpion d'abord avec des flèches, puis avec son épée, mais pensant que la mer était l'armure la plus sûre, il plongea dans les flots et nagea en direction de Délos où il espérait qu'Éôs le protégerait. Apollon appela alors Artémis : « Tu vois, là-bas très loin, cette chose noire qui flotte sur la mer, près d'Ortygie ? C'est la tête d'un méchant appelé Candaon qui vient de séduire Opis, une de vos prêtresses hyperboréennes. Faisons un concours, je te défie de l'atteindre d'une de tes flèches ! » Or, Candaon était le surnom d'Orion en Béotie mais cela, Artémis l'ignorait. Elle visa attentivement, lâcha sa flèche, et se lança à la nage pour retrouver sa victime. Lorsqu'elle vit que c'était Orion, elle implora Asclépios, fils d'Apollon, de le ressusciter ; celui-ci y consentit mais Orion fut anéanti par la foudre de Zeus avant qu'Asclépios ait pu intervenir. Artémis alors plaça l'image d'Orion parmi les étoiles où il est éternellement poursuivi par le Scorpion. Son ombre déjà était descendue dans les Champs d'Asphodèles.

e. Certains disent cependant que le scorpion mordit Orion et le tua et qu'Artémis était fâchée contre lui parce qu'il avait poursuivi de jeunes vierges, ses compagnes, les sept Pléiades, filles d'Atlas et de Pléioné. Elles s'enfuirent à travers les prairies béotiennes, jusqu'à ce que, changées en colombes, elles eussent été placées par les dieux parmi les étoiles. Mais c'est là un récit erroné, car les Pléiades n'étaient pas des vierges, trois d'entre elles s'étaient unies à Zeus, deux à Poséidon, une à Arès et la septième épousa Sisyphe de Corinthe et ne figura pas dans la constellation car Sisyphe était un simple mortel [2].

f. D'autres racontent l'étrange histoire que voici à propos de la naissance d'Orion, pour expliquer son nom (que l'on écrit quelquefois Urion) et aussi la tradition qui en faisait un fils de la Terre-Mère. Hyriée, un pauvre fermier éleveur d'abeilles, s'était juré de ne pas avoir d'enfant et il était devenu vieux et impotent, mais un jour, Zeus et Hermès lui rendirent visite sous un déguisement et, comme il les avait très bien reçus, ils s'enquirent du présent qui lui ferait le plus plaisir. Hyriée, avec un profond soupir, leur répondit que ce qu'il désirait le plus au monde, avoir un fils, était à présent impossible. Les dieux lui ordonnèrent alors de sacrifier un taureau, de puiser de l'eau à l'aide de sa peau et ensuite de l'enterrer dans la tombe de sa femme. C'est ce qu'il fit et neuf mois plus tard un enfant lui naquit qu'il appela Urion — « le puisatier » — et effectivement la constellation d'Orion, quand elle se lève et quand elle se couche, amène la pluie [3].

★

1. *La légende d'Orion est constituée de trois ou quatre mythes amalgamés. Le premier, assez confus, est celui d'Oenopion. Il a trait à un roi sacré qui refuse de quitter son trône au terme de son règne, bien que le nouveau candidat au trône ait accompli ses combats rituels et épousé la reine avec le cérémonial et les réjouissances habituels. Mais le nouveau roi n'est qu'un intérim ou* interrex *qui, après avoir régné une journée, est, selon la loi, mis à mort et dévoré par les Ménades (voir 30.* 1*) ; le vieux roi, qui simulait la mort, dans sa tombe, se remarie alors avec la reine et poursuit son règne (voir 123.* 4*).*

2. *Le détail, sans rapport avec le mythe, du marteau du Cyclope, explique la cécité d'Orion : une représentation où figurait Oaysseus brûlant l'œil du Cyclope ivre (voir 170.* d*) s'est mêlé, semble-t-il, à une allégorie hellénique : le Titan Soleil, rendu aveugle par ses ennemis chaque soir et retrouvant la vue, à l'aube, le lendemain. Orion (« celui qui habite la montagne ») et Hypérion (« celui qui habite les hauteurs ») sont, en réalité, ici, le même personnage. La légende d'Orion se vantant de pouvoir exterminer les bêtes féroces ne se rapporte pas seulement à ses combats rituels (voir 123.* 1*) c'est aussi une légende du Soleil Levant, dont les premiers rayons font rentrer tous les animaux sauvages dans leurs tanières.*

3. *Le récit de Plutarque au sujet du scorpion envoyé par le dieu Set pour tuer le jeune Horus, fils d'Isis et d'Osiris, à la période la plus chaude de l'été, explique la mort d'Orion à la suite d'une morsure de serpent et le recours d'Artémis à Asclépios (Plutarque :* Isis et Osiris *19). Horus meurt mais Râ, le dieu-Soleil, le ressuscite et ensuite venge la mort de son père Osiris ; dans le mythe original, Orion avait dû également ressusciter. Orion est aussi, pour une part, Gilgamesh, l'Héraclès babylonien attaqué par les hommes-Scorpions de la dixième tablette de l'épopée du calendrier — mythe qui évoquait la blessure mortelle du roi sacré au moment où le Soleil entrait dans le signe du Scorpion. La saison au cours de laquelle la blessure avait été faite varie selon l'ancienneté du mythe ; au moment où le Zodiaque fut créé, le signe du Scorpion couvrait le mois d'août, mais à la période classique, à cause de la précession des équinoxes, il correspondit au mois d'octobre.*

4. *On trouve une autre version de la mort d'Orion sur une tablette hittite de Ras Shamra. Anat ou Anatha, la déesse des Batailles, s'éprit d'un beau chasseur du nom d'Aqhat et, comme il l'avait vexée en refusant de lui donner son arc, elle demanda au cruel Yatpan de le lui voler. A son grand désespoir, Yatpan non seulement tua Aqhat, mais laissa tomber l'arc dans la mer. La signification de ce mythe du point de vue de l'astronomie est qu'Orion et son Arc — la partie de la constellation que les Grecs appelaient « Lévrier » — descendait au-dessous de l'horizon pendant deux mois entiers à chaque printemps. En Grèce, cette légende semble être l'adaptation d'un récit mythique selon lesquel les prêtresses orgiaques d'Artémis — Opis n'est autre que le nom*

d'Artémis elle-même — tuèrent un amoureux qui était venu dans leur petite île d'Ortygie. En Égypte, comme le retour de la constellation d'Orion ramène la chaleur de l'été, on a confondu celui-ci avec Set, l'ennemi d'Horus, et des deux étoiles brillantes au-dessus de sa tête on a fait ses oreilles d'âne.

5. *Le mythe de la naissance d'Orion est peut-être autre chose qu'une banale histoire comique. Son thème est identique à celui de Philémon et Baucis (Ovide :* Métamorphoses *VIII. 670. 724). Il a peut-être été créé pour expliquer la première syllabe de son nom ancien d'Urion — comme provenant d'*ourein, *« uriner », et non d'*ouros *la forme homérique d'*oros, *« montagne ». Cependant, il est possible qu'un charme pour faire venir la pluie originaire de l'Afrique primitive, et qui consiste à uriner sur une peau de taureau, ait été connu des Grecs ; le fait qu'Orion était le fils de Poséidon, le dieu de l'eau est une allusion transparente à ses pouvoirs de faiseur de pluie.*

6. *Le nom des Pléiades, de la racine* plei, *« naviguer », réfère à leur lever à la saison où débute le beau temps favorable à la navigation. Mais la forme pindarique* peleiades, *« petite troupe de colombes », était peut-être la forme originale puisque les* Hyades *sont de jeunes porcs. Il semble qu'une septième étoile du groupe ait disparu vers la fin du second millénaire avant J.-C. (voir 67.* j*), car Hygin (*Fables *192) dit qu'Électre disparut à cause de la douleur que lui avait causée l'anéantissement de la Maison de Dardanos. La vaine poursuite des Pléiades par Orion, qui se situe dans la constellation du Taureau, réfère à leur présence au-dessus de l'horizon juste avant la réapparition d'Orion.*

42.
Hélios

a. Hélios, qu'Euryphaessa aux-yeux-de-vache ou Théia engendra du Titan Hypérion, est frère de Séléné et d'Éôs. Éveillé par le chant du coq, animal qui lui est consacré, et annoncé par Éôs, il traverse le ciel tous les jours sur son char tiré par quatre chevaux et se rend d'un splendide palais situé à l'Extrême-Orient près de Colchis, à un splendide palais à l'Extrême-Occident où ses chevaux déharnachés paissent dans les Iles des Bienheureux [1]. Il vogue sur la mer océane qui fait tout le tour de la terre, il met son char et son attelage sur un bac en or que lui a fabriqué Héphaïstos et dort toute la nuit dans une cabine confortable [2].

b. Hélios voit tout ce qui se passe sur la terre, mais il est assez distrait ; il ne s'aperçut même pas que son troupeau sacré lui avait été volé par les compagnons d'Odysseus. Il possède plusieurs troupeaux dont chacun compte plus de trois cent cinquante bêtes. Ceux de Sicile sont gardés par ses filles Phaethousa et Lampétia, mais il conserve son plus beau troupeau dans l'île espagnole d'Érythie [3]. Rhodes est sa propriété. Il se trouva que Zeus, lorsqu'il attribua les villes et les cités aux différents dieux, avait oublié Hélios. « Ah, fit-il, voilà que je dois tout recommencer. — Mais non, répliqua poliment Hélios, j'ai justement aujourd'hui remarqué, à certains signes, qu'une nouvelle île allait émerger de la mer au Sud de l'Asie Mineure et je serai tout à fait satisfait de la posséder. »

c. Zeus appela la Parque Lachésis pour être témoin que toute île nouvelle qui surgirait appartiendrait à Hélios [4] ; et lorsque l'île de Rhodes émergea des vagues au milieu de la mer, Hélios se l'appropria. Là il eut sept fils et une fille de la nymphe Rhodé. D'aucuns disent que Rhodes existait déjà et qu'elle ne faisait qu'émerger à nouveau de la mer après avoir été submergée par le déluge que Zeus avait envoyé. Les Telchines étaient ses habitants aborigènes et Poséidon s'éprit de l'une d'elles, la nymphe Halia, de qui il eut Rhodé et six fils ; ces six fils offensèrent Aphrodite lorsqu'elle se rendit à Paphos venant de Cythère et elle les rendit fous ; ils enlevèrent leur mère et se livrèrent à des extravagances tellement insensées que Poséidon les noya au fond des mers et ils devinrent les Démons orientaux. Mais Halia se jeta dans la mer et fut divinisée sous le nom de Leucothée, cependant on raconte la même histoire au sujet d'Ino, mère de Mélicerte. Les Telchines, prévoyant le déluge, prirent la mer et se rendirent dans toutes les directions spécialement en Lycie et cessèrent de revendiquer Rhodes. Rhodé resta donc seule héritière et ses sept fils par Hélios régnèrent sur l'île après qu'elle eut émergé pour la seconde fois. Ils devinrent des astronomes célèbres ; ils avaient une sœur nommée Électryo, morte vierge, et qui maintenant est vénérée comme demi-déesse. L'un d'eux, du nom d'Actis, fut exilé pour fratricide et s'enfuit en Égypte où il fonda la ville d'Héliopolis ; ce fut lui le premier qui enseigna l'astrologie aux Égyptiens, sous l'inspiration de son père Hélios. Les Rhodiens ont construit en son honneur le Colosse, haut de soixante-dix coudées. Zeus ajouta aux territoires d'Hélios la nouvelle île de la Sicile qui avait servi de projectile au cours de la révolte des Géants.

d. Un matin, Hélios céda à son fils, Phaéthon, qui le harcelait pour obtenir la permission de conduire le char du soleil. Phaéthon désirait montrer à ses sœurs Proté et Clyméné ce dont il était capable : sa mère adoptive Rhodé (dont le nom est incertain car on lui donnait les noms de ses deux filles outre celui de Rhodé) l'y encouragea. Mais Phaéthon n'était pas assez fort pour diriger les chevaux blancs que ses sœurs avaient attelés pour lui et il les mena d'abord si haut au-dessus de la terre que tout le monde grelottait et ensuite si bas près de la lettre que les champs furent grillés. Zeus, dans un accès de colère, le tua d'un trait de foudre et il tomba dans le Pô. Le long de ses rives, ses sœurs désolées furent changées en peupliers qui pleurent des larmes d'ambre ou, selon certains, en aulnes [5].

★

1. *La subordination du Soleil à la Lune jusqu'au moment où Apollon usurpa la place d'Hélios, lui retirant ainsi toute réalité physique, est un des traits remarquables de la mythologie grecque primitive. Hélios n'était même pas un Olympien ; il était le simple fils d'un Titan ; mais bien que Zeus ait emprunté plus tard certains caractères solaires du dieu hittite et corinthien Tesup (voir 67.* I*) et d'autres dieux solaires orientaux, ceux-ci étaient sans importance comparés à ses attributs du tonnerre et de l'éclair. Le nombre des têtes de bétail des troupeaux d'Hélios — qui dans l'*Odyssée *n'est autre qu'Hypérion (voir 170.* I*) — rappelle sa subordination à la Grande Déesse ; c'est en effet le nombre de jours que comportent douze lunaisons complètes, comme dans l'année de Numa (Censorinus : XX) moins les cinq jours consacrés à Osiris, Isis, Set, Horus et Nephtys. C'est aussi un multiple des nombres de la Lune : cinquante et sept. Les soi-disant filles d'Hélios sont en réalité des prêtresses de la Lune — les vaches étant des animaux lunaires et non solaires dans la mythologie primitive européenne ; la mère d'Hélios, Euryphaessa aux-yeux-de-vache, n'est autre que la déesse-Lune elle-même. L'allégorie du char solaire traversant le ciel est hellénique mais Nilsson a montré que les cultes de clan ancestraux, même dans la Grèce classique, étaient réglés sur la lune seule — comme l'était l'agriculture dans la Béotie d'Hésiode. Une bague en or de Tirynthe et une autre bague provenant de l'Acropole de Mycènes prouvent que la déesse contrôlait à la fois la Lune et le Soleil qui sont placés au-dessus de sa tête.*

2. *Dans la légende de Phaéton — autre nom d'Hélios (Homère :* Iliade *XI. 735 et* Odyssée *V. 479) — une histoire très instructive s'est greffée sur l'allégorie du char et dont la morale est que les pères font du tort à leurs enfants en prêtant l'oreille aux conseils*

de leurs épouses. Cette légende n'est cependant pas aussi simple qu'elle paraît. Elle possède une importance mythique en ce sens qu'elle rappelle le sacrifice annuel d'un prince royal, pratiqué le jour même qui était considéré comme appartenant à l'année terrestre et non pas à l'année sidérale, c'est-à-dire le lendemain du jour le plus court. Le roi sacré faisait semblant de mourir au coucher du soleil ; l'enfant intérimaire était à l'instant même investi de ses titres et prérogatives ainsi que de ses accessoires sacrés ; il épousait la reine et il était tué vingt-quatre heures plus tard : en Thrace, déchiqueté par les femmes déguisées en chevaux (voir 27. d, 130. I*) mais, à Corinthe et ailleurs, il était attaché à un char du soleil et traîné par des chevaux rendus fous jusqu'à ce que mort s'ensuive ; le vieux roi ressortait alors de sa tombe où il s'était tenu caché (voir 41.* I*) et succédait à l'enfant. Les mythes de Glaucos (voir 71.* a*), de Pélops (voir 109.* j*) et d'Hippolyte (« panique des chevaux », voir 101.* g*) se rapportent à une coutume qui semble avoir été empruntée par les Hittites à Babylone.*

3. *Les peupliers noirs étaient consacrés à Hécate, alors que les peupliers blancs étaient une promesse de résurrection (voir 31.* 5 *et 134.* f*) ; ainsi la transformation des sœurs de Phaéton en peupliers indique qu'il s'agit d'une des îles des morts où des prêtresses réunies en collège officiaient au temple oraculaire d'un roi tribal. Le fait qu'elles furent aussi, dit-on, transformées en aunes milite en faveur de cette hypothèse : en effet, ce sont des aunes qui bordaient l'Aeaea « qui gémit » de Circé, île des Morts située à l'entrée de l'Adriatique, non loin de l'embouchure du Pô (Homère :* Odyssée *V. 64 et 239). Les aunes étaient consacrés à Phoronée, héros oraculaire et inventeur du feu (voir 57.* I*). La vallée du Pô était la région méridionale où se terminait, à l'Age du Bronze, la route par laquelle l'ambre, consacré au soleil, parvenait en Méditerranée, après être passé par la Baltique (voir 148. 9).*

4. *Rhodes appartenait à la déesse-Lune Danaé appelée aussi Camira, Ialysa et Linda (voir 60.* 2*) jusqu'au moment où elle fut chassée par Tesup, dieu-Soleil hittite, adoré sous forme de héros (voir 93.* I*) — Danaé peut être identifiée à Halia (« de la mer »), Leucothée (« déesse blanche ») et à Électryo (« ambre »). Les six fils et la fille de Poséidon, de même que les sept fils d'Hélios, réfèrent à une semaine de sept jours régie par des puissances planétaires ou Titans (voir 1.* 3*). Actis ne fonda pas Héliopolis — Onn ou Aunis — une des plus anciennes villes d'Égypte, et il est ridicule de prétendre qu'il ait enseigné l'astrologie aux Égyptiens. Mais après la guerre de Troie, les Rhodiens furent, pendant un certain temps, les seuls commerçants voyageant sur mer, reconnus par les Pharaons et ils semblent avoir eu des attaches religieuses assez anciennes avec Héliopolis, centre du culte de Râ. Le « Zeus héliopolitain », qui porte sur sa cuirasse*

des signes représentant les sept puissances planétaires, est peut-être d'inspiration rhodienne ; des statues similaires ont été découvertes à Tortosa, en Espagne, et à Byblos, en Phénicie (voir 1. 4).

43.
Les fils d'Hellen

a. Hellen, fils de Deucalion, épousa Orséis et se fixa en Thessalie où son fils aîné Éole lui succéda [1].

b. Doros, le plus jeune des fils d'Hellen, émigra au mont Parnasse où il fonda la première communauté dorienne. Le second, Xouthos, s'était déjà enfui à Athènes après avoir été accusé de vol par ses frères ; là il épousa Créüse, fille d'Érechthée qui lui donna Ion et Achaeos. Ainsi les quatres races grecques, les Ioniens, les Éoliens, les Achéens et les Doriens sont descendants d'Hellen. Cependant, Xouthos ne réussit pas à Athènes : choisi comme arbitre à la suite de la mort d'Érechthée, il désigna Cécrops II, l'aîné de ses beaux-frères comme héritier légitime du trône. Cette décision se révéla impopulaire et Xouthos, exilé de la ville, mourut en Aegialie (maintenant l'Achaïe) [2].

c. Éole séduisit la fille de Chiron, la prophétesse Théa que certains appellent Thétis, qui était la compagne de chasse d'Artémis. Théa redoutait que Chiron ne la punisse sévèrement lorsqu'il apprendrait la chose, mais elle n'osa pas demander l'aide d'Artémis ; cependant Poséidon désirant rendre service à son ami Éole, pour la cacher, la transforma momentanément en jument appelée Euippé. Lorsqu'elle eut mis bas sa poulaine Mélanippé, qu'il changea plus tard en petite fille, Poséidon plaça son image parmi les étoiles ; c'est actuellement la constellation du Cheval. Éole emporta Mélanippé, changea son nom en celui d'Arné et la confia à un certain Desmontès qui, étant sans enfant, fut heureux de l'adopter. Chiron ne sut rien de tout cela.

d. Poséidon séduisit Arné qu'il avait remarquée depuis qu'elle était petite fille ; Desmontès, ayant découvert qu'elle attendait un enfant, la rendit aveugle, l'enferma dans une tombe vide et lui donna le minimum de pain et d'eau nécessaire à la vie. Elle mit au monde des jumeaux que Desmontès ordonna à ses serviteurs d'abandonner sur le mont Pélion pour être dévorés par les bêtes féroces.

Mais un berger d'Icarie trouva et secourut les deux jumeaux, dont l'un ressemblait tellement à son grand-père maternel qu'il fut appelé Éole, l'autre dut se contenter du nom de Boeotos.

e. Pendant ce temps, Métapontos, roi d'Icarie, avait menacé sa femme Théano, qui était stérile, de la quitter si elle ne lui donnait pas un héritier dans l'année. Un jour, alors qu'il était allé consulter un oracle, elle s'adressa à ce berger et lui demanda son aide ; celui-ci lui amena les deux enfants trouvés et au retour de Métapontos, elle les fit passer pour les siens propres. Par la suite, elle prouva qu'elle n'était pas du tout stérile en lui donnant des jumeaux ; cependant les deux petits enfants trouvés, nés de parents divins, étaient plus beaux que les siens. Et, comme Métapontos n'avait aucune raison de suspecter qu'Éole et Boeotos n'étaient pas ses enfants, ils demeurèrent ses favoris. Théano, devenue jalouse, attendit que Métapontos eût quitté la maison, cette fois pour un sacrifice au temple d'Artémis Métapontine. Elle donna alors l'ordre à ses propres enfants d'aller à la chasse avec leurs frères aînés et de les tuer en faisant croire à un accident. Mais le plan de Théano échoua car, dans le combat qui eut lieu, Poséidon prêta assistance à ses propres enfants. Éole et Boeostos revinrent bientôt portant les corps morts de leurs agresseurs au palais ; lorsque Théano les vit arriver, elle se poignarda avec un couteau de chasse.

f. Éole et Boeotos s'enfuirent alors et se réfugièrent auprès de leur père nourricier, le berger, et Poséidon révéla le secret de leur naissance. Il leur donna l'ordre de porter secours à leur mère qui dépérissait toujours au fond de sa tombe et de tuer Desmontès. Ils obéirent sans hésiter ; Poséidon redonna la vue à Arné et tous trois retournèrent à Icarie. Lorsque Métapontos apprit que Théano l'avait trompé, il épousa Arné et il fit de ses enfants ses héritiers légitimes [3].

g. Tout alla bien pendant quelques années jusqu'au jour où Métapontos décida de répudier Arné et de se remarier. Éole et Boeotos prirent le parti de leur mère et tuèrent Autolyté, la nouvelle reine, mais ils furent contraints de renoncer à leur héritage et de s'enfuir. Boeotos, accompagné d'Arné, se réfugia au palais de son grand-père Éole qui lui légua la partie méridionale de son royaume auquel il donna un nom nouveau, celui d'Arné ; ses habitants s'appellent encore les Béotiens ; deux villes de Thessalie, dont l'une devint plus tard Chéronée, prirent aussi le nom d'Arné [4].

h. Éole, pendant ce temps, avait pris la mer avec quelques-uns de ses amis et, voguant vers l'ouest, il prit possession des sept îles Éoliennes de la mer Tyrrhénienne où il devint célèbre comme confident des dieux et gardien des vents. Il résidait à Lipari, île flottante aux rochers escarpés, où les vents étaient enfermés. Il eut six fils et six filles de sa femme Énarété ; ils s'entendaient bien et vivaient tous ensemble dans un palais entouré d'un mur d'airain. La vie s'écoulait en fêtes perpétuelles, en chansons et en jeux jusqu'au jour où Éole découvrit que son plus jeune fils Macarée avait eu des rapports amoureux avec sa sœur Canacé. Saisi d'horreur, il jeta aux chiens le fruit de leurs amours incestueuses et envoya à Canacé une épée avec laquelle, obéissante, elle se tua. Mais il apprit que ses autres enfants, les garçons et les filles, n'ayant jamais appris que l'inceste chez les humains déplaisait aux dieux, s'étaient accouplés en toute innocence et se considéraient comme maris et femmes. Ne voulant pas offenser Zeus qui considère l'inceste comme une prérogative de l'Olympe, Éole défit ces unions et donna l'ordre à quatre de ses fils d'émigrer. Ils se rendirent en Italie et en Sicile où chacun d'eux fonda un royaume célèbre et rivalisa avec son père pour la chasteté et la justice. Seul le cinquième, l'aîné de ses fils, resta chez lui et succéda à Éole sur le trône de Lipari. Mais d'aucuns disent que Macarée et Canacé eurent une fille Amphissa qui fut par la suite aimée d'Apollon [5].

i. Zeus avait enfermé les vents parce qu'il pensait que si on ne les surveillait pas, ils seraient capables un jour d'emporter le ciel et la terre, et c'est Éole qui eut la charge de les garder comme le souhaitait Héra. Sa fonction était de les laisser sortir un par un, selon son gré ou à la demande expresse d'un dieu de l'Olympe. Lorsqu'on avait besoin d'une tempête, il plongeait sa lance dans le roc et les vents sortaient en grondant du trou qu'il avait fait jusqu'à ce qu'il le rebouchât à nouveau. Éole était si prudent et si expert que lorsque l'heure de sa mort fut venue, Zeus ne le relégua pas au Tartare, mais l'installa sur un trône dans l'Antre des Vents où il se trouve encore. Héra soutient Éole et déclare que ses fonctions lui donnent le droit de prendre part aux festins des dieux ; mais les autres habitants de l'Olympe, en particulier Poséidon qui revendique la propriété de la mer et de tout l'air qui se trouve au-dessus et conteste à quiconque le droit de faire naître des tempêtes, le considèrent comme un intrus [6].

★

1. *Les Ioniens et les Éoliens, les deux premières vagues d'Hellènes patriarcaux qui s'abattirent sur la Grèce, furent convaincus par les Helladiens, qui étaient déjà sur les lieux, d'adorer la triple Déesse et, par là-même, de transformer leurs coutumes sociales en devenant des Grecs (*graicoi, *« adorateurs de la déesse Grise ou Vieille Femme »). Par la suite, les Achéens et les Doriens réussirent à imposer le système patriarcal et l'héritage patrilinéaire ; en conséquence, ils firent d'Achaeos et de Doros les fils de la première génération issus d'un ancêtre commun, Hellen — forme masculine de la déesse-Lune Hellé ou Hélène.* Le Marbre de Paros *rapporte que cette transformation des Grecs en Hellènes eut lieu en 1621 avant J.-C., ce qui semble une date raisonnable. Éole et Ion furent alors relégués dans la deuxième génération et on les appela les fils du voleur Xouthos, ce qui était une façon de désapprouver le culte orgiaque éolien et ionien de la déesse-Lune orgiaque Aphrodite, dont l'oiseau sacré était le* xouthos *ou moineau, et dont les prêtresses ne tenaient aucun compte du système patriarcal d'après lequel les femmes étaient la propriété de leur père et de leur mari. Mais Euripide, qui était un loyal Ionien d'Athènes, fait d'Ion le frère aîné de Doros et d'Achaeos et également le fils d'Apollon (voir 44.* a*).*

2. *Poséidon séduisant Mélanippé et Déméter-à-tête-de-Jument (voir 16.* f*) ainsi qu'Éole séduisant Euippé, sont des incidents qui se rapportent sans doute tous à un fait unique : la prise de possession par les Éoliens des centres préhelléniques du culte du cheval. Le mythe d'Arné, rendue aveugle et enfermée dans un tombeau où elle porta les jumeaux Éole et Boetos qui, par la suite, furent abandonnés sur une montagne pour être la proie des bêtes féroces, est apparemment inspiré par une représentation familière qui a donné naissance aux mythes de Danaé (voir 73.* 4*), d'Antiope (voir 76.* a*), etc. On y voit une prêtresse de la Terre-Mère accroupie dans une tombe* tholos, *offrant les jumeaux de la nouvelle année aux bergers afin qu'ils soient initiés à ses Mystères ; les tombes* (tholoi) *avaient leur entrée toujours orientée à l'est ; elles constituaient ainsi une promesse de résurrection ; on recommande à ses bergers de déclarer qu'ils ont trouvé les jeunes enfants abandonnés sur la montagne et allaités par quelque animal sacré, une vache, une truie, une chèvre, une chienne ou une louve. Les animaux sauvages, dont les jumeaux ont été prétendument sauvés, représentent les transformations, selon les saisons, du roi sacré nouveau-né (voir 30.* I*).*

3. *Excepté pour la question des vents captifs et de l'inceste à Lipara, la suite du mythe se rapporte aux migrations tribales.*

Les mythographes sont extrêmement embarrassés par Éole, dont on dit qu'il était le fils d'Hellen d'une part, et par un autre Éole, fils de Xouthos, à qui l'on confère cette parenté afin de faire des Éoliens des Grecs à la troisième génération, et d'autre part par un troisième Éole, petit-fils du premier.

4. Comme les dieux homériques ne considéraient pas le moins du monde comme répréhensible l'inceste des fils et des filles d'Éole, il semble que ni lui ni Énarété n'étaient des mortels (et par conséquent qu'ils n'étaient pas soumis aux lois de la parenté instituées par les prêtres) mais des Titans ; et également que leurs fils et leurs filles n'étaient autres que les six couples qui avaient la charge des sept corps célestes et des sept jours de la semaine sacrée (voir 1. d). Ce serait là l'explication des privilèges de leur existence et de la vie, semblable à celle des dieux, qu'ils menaient, exempte de tous les problèmes de nourriture, de boisson ou de vêtement, ainsi que de leur séjour dans un palais imprenable construit sur une île mouvante — comme l'était Délos avant la naissance d'Apollon (voir 14. 3). « Macareos » signifie « heureux », comme seuls les dieux l'étaient. On laissa aux mythographes latins le soin d'humaniser Éole et de l'éveiller à une conception plus sérieuse de la vie de famille ; leurs additions à ce mythe leur permirent d'expliquer à la fois la fondation des royaumes éoliens en Italie et en Sicile — car « Canaché » signifie « aboyant », et son fils avait été jeté aux chiens — et la coutume italienne de sacrifier des jeunes chiens. Ovide tira, semble-t-il, cette légende du deuxième volume de l'*Histoire étrusque*, de Sostratos (Plutarque : *Vies parallèles* 28).

5. Les vents étaient, à l'origine, la propriété d'Héra et les dieux mâles n'avaient aucun pouvoir sur eux ; selon le récit de Diodore, Éole enseigne tout simplement aux habitants des îles à se servir de la voile pour naviguer et il prédit, d'après des signes qu'il voit dans le feu, les vents qui vont se lever. Le contrôle des vents, considérés comme les esprits des morts, est un des privilèges que les représentants de la déesse de la Mort ont le plus tenté de conserver ; les sorcières, en Angleterre, en Écosse et en Bretagne, prétendaient encore avoir le contrôle des vents et les vendaient aux marins jusqu'aux XVIe et XVIIe siècles. Mais les Doriens en avaient eu assez : déjà du temps d'Homère, ils avaient élevé Éole, l'ancêtre éponyme des Éoliens, au rang de petit dieu et lui avaient donné la charge de ses compagnons, les vents, aux dépens d'Héra — les îles Éoliennes, qui portent son nom, étaient situées dans une région connue pour la violence et la diversité de ses vents (voir 170. g). Ce compromis fut apparemment accepté de mauvaise grâce par les prêtres de Zeus et de Poséidon, qui s'opposaient à la création de tout dieu nouveau, et certainement également par les fidèles d'Héra, très conservateurs, qui considéraient le vent comme sa propriété inaliénable.

44.
Ion

a. Apollon s'unit en secret à la fille d'Érechthée, Créüse, femme de Xouthos, dans une caverne située sous les Propylées, à Athènes. Lorsque son fils vint au monde, Apollon l'enleva et le déposa à Delphes où il devint prêtre du temple et on l'appela Ion. Xouthos n'avait pas d'héritier, et un jour, après avoir hésité longtemps, il s'en fut consulter l'oracle de Delphes et lui demanda comment il pourrait faire pour avoir un fils. A sa grande surprise, on lui dit que la première personne qu'il rencontrerait en quittant le sanctuaire serait son fils : c'était Ion, et Xouthos en conclut qu'il l'avait eu de quelque Ménade au cours d'une orgie dionysiaque à Delphes plusieurs années auparavant. Ion ne put le contredire sur ce point et il le reconnut comme son père. Or Créüse, attristée de voir que Xouthos avait maintenant un fils alors qu'elle n'en avait pas, essaya de tuer Ion en lui offrant à boire une coupe de vin empoisonné. Mais Ion fit d'abord une libation aux dieux et une colombe descendit du ciel pour goûter le vin répandu. La colombe périt et Créüse se réfugia dans le sanctuaire d'Apollon. Lorsque Ion, furieux et voulant se venger, essaya de l'en tirer de force, la prêtresse intervint et lui dit qu'il était le fils de Créüse par Apollon, que Xouthos ne devait pas être détrompé et qu'il devait continuer à croire qu'il était son père par une Ménade. Puis on promit à Xouthos qu'il aurait de Créüse, Doros et Achaeos.

b. Plus tard, Ion épousa Hélicé, fille de Sélinos, roi d'Aegialie, à qui il succéda sur le trône ; et à la mort d'Érechthée, il fut choisi pour être roi d'Athènes. Chez les Athéniens les quatre professions : cultivateur, artisan, prêtre et soldat, doivent leur nom aux fils qu'il eut d'Hélicé [1].

★

1. *Ce mythe un peu théâtral a été créé, dit-on, pour prouver l'ancienneté des Ioniens par rapport aux Doriens et aux Achéens (voir 43.* 1*) et également pour reconnaître leur descendance divine*

à partir d'Apollon. Mais Créüse, dans la caverne, est peut-être la déesse offrant l'enfant, ou les enfants, du Nouvel An (voir 43. 2) à un berger, qu'on a pris à tort pour Apollon en vêtements de berger. Hélicé, le saule, était l'arbre du cinquième mois consacré à la Triple Muse et que sa prêtresse utilisait pour toutes les opérations magiques, notamment celles concernant l'eau (voir 28. 5) ; les Ioniens semblent s'être soumis à elle de leur plein gré.

45.

Alcyoné et Céyx

a. Alcyoné était fille d'Éole le gardien des Vents et d'Énarété. Elle épousa Céyx de Trachis, fils de l'Étoile du Matin, et ils étaient si heureux ensemble qu'ils eurent la témérité de s'appeler, lui : Zeus, et elle : Héra. Le véritable Zeus en fut fort irrité ainsi qu'Héra. Ils firent éclater une tempête autour du navire à bord duquel se trouvait Céyx qui s'en allait consulter un oracle, et le noyèrent. Son ombre apparut à Alcyoné qui, bien à contrecœur, était demeurée à Trachis ; là, égarée de douleur, elle se jeta dans la mer. Un dieu eut pitié d'eux et les transforma tous deux en martins-pêcheurs.

b. Et depuis lors, chaque hiver, la femelle du martin-pêcheur enterre son mâle avec de grandes lamentations, puis, construisant un nid très serré avec des épines, elle le lance à la mer, y pond ses œufs et les couve. Elle fait tout cela durant les « jours de l'Alcyon » — les sept jours qui précèdent et les sept jours qui suivent l'équinoxe d'hiver, au cours desquels Éole interdit aux vents de souffler sur les eaux.

c. Mais, selon certains, Céyx fut changé en mouette [1].

★

1. *La légende du nid de l'alcyon et du martin-pêcheur (qui n'est pas basée sur l'histoire naturelle, puisque l'alcyon ne construit rien qui ressemble de loin ou de près à un nid, mais dépose simplement ses œufs dans des trous au bord de la mer) ne peut que se rapporter à la naissance du nouveau roi sacré au solstice d'hiver — après que la reine qui représente sa mère, la déesse-Lune, a accompagné le cadavre du vieux roi à l'Ile des Morts. Mais comme le solstice ne coïncide pas toujours avec la même phase de la lune, il faut comprendre le « chaque année » comme*

une « Grande Année » de cent lunaisons, à la fin de laquelle les périodes lunaires et solaires se trouvaient à peu près synchrones, et le règne du roi se terminait.

2. *Homère rattache l'alcyon à Alcyoné (voir 80.* d*) qui était un des noms de Cléopâtre, la femme de Méléagre (*Iliade *IX. 562), et à la fille d'Éole, gardien des vents (voir 43.* h*).* Halcyon, *par conséquent, ne peut pas signifier* hal-cyon, *« chien de mer » comme on le croit généralement, mais* alcy-one, *« la reine qui préserve du mal ». Cette étymologie se trouve confirmée par le mythe d'Alcyoné et Céyx, et par la manière dont Zeus et Héra les punissent. Il ne faut pas trop insister sur cette partie de la légende où il est question de la mouette bien que cet oiseau, qui pousse un cri plaintif, fût consacré à la déesse de la mer Aphrodite ou Leucothée (voir 170.* y*) comme l'alcyon de Chypre (voir 160.* g*). Il semble qu'au cours de la dernière partie du IIe millénaire avant J.-C. les Éoliens, qui voyageaient sur la mer et qui avaient accepté de vénérer la déesse-Lune préhellénique comme leur ancêtre divine et leur protectrice, se trouvèrent soumis aux Achéens adorateurs de Zeus et qu'ils furent contraints à accepter la religion olympienne. « Zeus qui, selon Tzetzès, avait été jusqu'ici le nom que portaient des rois insignifiants » (voir 168.* I*) fut, à partir de ce moment, réservé uniquement au Père du Ciel. Mais en Crète, la vieille tradition mystique selon laquelle Zeus naissait et mourait chaque année persista jusqu'à la période chrétienne et l'on pouvait voir, à Cnossos, des tombes de Zeus sur le mont Ida et sur le mont Dicté, qui étaient l'un et l'autre des centres de culte. Callimaque écrit, scandalisé, dans son* Hymne à Zeus : *« Les Crétois mentent toujours ; ils ont même construit ta tombe ; mais tu n'es point mort car tu es éternellement vivant ».*

3. *Pline, qui décrit en détail le prétendu nid de l'alcyon — le zoophyte que Linné appelle* halcyoneum *— rapporte que l'alcyon se montre rarement, et seulement aux deux solstices, au moment où disparaissent les Pléiades. Ceci prouve bien, qu'à l'origine, elle était une manifestation de la déesse-Lune, alternativement la déesse de la Vie-dans-la-Mort au solstice d'hiver et la déesse de la Mort-dans-la-Vie au solstice d'été — qui, chaque Grande Année, au début de novembre, au moment où apparaissaient les Pléiades, convoquait le roi sacré pour lui annoncer sa mort.*

4. *Il existe encore une autre Alcyoné fille de Pléioné (« reine voyageant sur la mer ») par Atlas, et qui était le chef des sept Pléiades (voir 39.* d*). Le lever héliaque des Pléiades, au mois de mai, marquait le début de la reprise de la navigation chaque année ; leur coucher indiquait la fin de cette période, au moment où (comme Pline le note dans un passage sur l'alcyon) un vent du nord très froid se met à souffler. Les circonstances de la mort de Céyx indiquent que les Éoliens, qui étaient des navigateurs réputés, adoraient la déesse comme « Alcyoné » parce qu'elle les préservait des rochers et du mauvais temps : Zeus causa le*

naufrage du bateau de Céyx en le frappant d'un trait de sa foudre — par animosité contre la puissance de la déesse. Cependant, on attribuait toujours à l'alcyon le pouvoir magique d'apaiser les tempêtes et on utilisait son corps séché comme talisman pour préserver de l'éclair de Zeus — probablement en se basant sur le fait que la foudre ne tombe jamais deux fois de suite au même endroit. La Méditerranée est généralement calme au moment du solstice d'hiver.

46.
Térée

a. Térée, fils d'Arès, régnait sur les Thraces qui occupaient alors Daulis, en Phocide, bien que selon certains il fût roi de Pagae en Mégaride [1] ; ayant été mandé comme arbitre dans une querelle à propos des frontières, par Pandion, roi d'Athènes et père des jumeaux Boutès et Érechthée, il épousa leur sœur Procné qui lui donna un fils, Itys.

b. Mais par malheur, Térée, ravi par la voix de la jeune sœur de Procné, Philomèle, était tombé amoureux d'elle et, un an plus tard, ayant caché Procné dans une cabane des champs, près de son palais à Daulis, il déclara à Pandion qu'elle était morte. Pandion, prenant part à la douleur de Térée, lui offrit généreusement Philomèle à la place de Procné et lui donna une escorte de gardes athéniens lorsqu'elle se rendit à Daulis pour son mariage. Térée tua les gardes et dès que Philomèle fut entrée dans le palais, il la prit de force. Procné en fut bientôt informée, mais Térée, par précaution, lui coupa la langue et l'enferma avec les esclaves ; elle ne put communiquer avec Philomèle qu'en brodant sur la robe de mariée qui lui était destinée un message secret ainsi conçu : « Procné est parmi les esclaves. »

c. Cependant un oracle avait averti Térée qu'Itys mourrait de la main d'un proche parent et, soupçonnant son père Dryas de vouloir l'assassiner pour s'emparer du trône, il l'abattit à l'improviste d'un coup de hache. Ce même jour, Philomèle prenait connaissance du message brodé sur sa robe. Elle se rendit en toute hâte dans le quartier des esclaves, trouva une chambre verrouillée, enfonça la porte et délivra Procné qui parlait de façon inintelligible et courant en rond dans la pièce.

« Comment me venger de Térée qui m'a séduite et prétendait que tu étais morte ? » gémissait Philomèle, hagarde. Procné, n'ayant pas de langue, ne pouvait pas répondre, mais elle se précipita dehors et, s'emparant de son fils Itys, elle le tua, le vida de ses entrailles et le fit bouillir dans un chaudron de cuivre pour que Térée le mange à son retour.

d. Lorsque Térée sut de quelle chair il avait mangé, il saisit la hache avec laquelle il avait tué Dryas et se mit à la poursuite des deux sœurs qui s'enfuyaient du palais. Il ne tarda pas à les rejoindre et était sur le point de commettre un double meurtre lorsque les dieux les changèrent tous trois en oiseaux ; Procné devint une hirondelle, Philomèle, un rossignol, Térée, une huppe. Et les habitants de la Phocide disent qu'aucune hirondelle n'ose faire son nid à Daulis ou dans ses environs, et qu'aucun rossignol ne chante dans la crainte de Térée. Mais l'hirondelle, qui n'a pas de langue, pousse des cris et vole en cercle tandis que la huppe la poursuit en faisant « *pou ? pou ?* » (où ? où ?), quant au rossignol, il s'en va vers Athènes et là il se lamente sans cesse au sujet d'Itys dont il a causé malencontreusement la mort, et fait « *Itu ! Itu !* » [2].

e. Mais certains disent que Térée fut changé en faucon [3].

★

1. *Cette histoire assez extravagante semble avoir été inventée pour expliquer une série de peintures murales thraco-pélasgiennes, découvertes par des envahisseurs phocidiens dans un temple à Daulis (« brousailleux »), illustrant différentes méthodes de prophétie employées dans le pays.*

2. *La langue coupée de Procné provient d'une mauvaise interprétation d'une scène représentant la prophétesse dans un état de transe provoqué par le mâchonnement de feuilles de laurier ; son visage est crispé, non pas par la douleur, mais à cause de son état d'extase, et sa langue qui paraît être coupée est en réalité une feuille de laurier que lui tend le prêtre qui interprète ses balbutiements incompréhensibles. Les lettres, brodées sur la robe de mariée, proviennent également d'une mauvaise interprétation d'une autre scène : une prêtresse lance une poignée de bâtonnets oraculaires sur une étoffe blanche, à la manière celtique décrite par Tacite, ou à la manière scythe décrite par Hérodote, et ceux-ci, par leur disposition, prennent la forme des lettres qu'elle est sur le point de lire. Dans la scène où, dit-on, Térée mange Itys, une prêtresse du saule cherche des présages dans les entrailles d'un enfant sacrifié au profit d'un roi. La scène représentant*

Térée et l'oracle le figurait probablement endormi sur une peau de mouton, dans un temple et recevant en songe une révélation (voir 51. g*). Les Grecs ne pouvaient guère s'y tromper. La scène représentant le meurtre de Dryas figurait probablement un chêne au-dessous duquel des prêtres interprétaient les augures à la façon des druides, d'après la manière dont un homme tombait au moment où il mourait. La transformation de Procné en hirondelle a été probablement inspirée par une scène représentant une prêtresse vêtue d'une robe en plumes d'oiseau et interprétant les augures d'après le vol d'une hirondelle : les métamorphoses de Philomèle en rossignol et de Térée en huppe semblent résulter de fausses interprétations similaires. Le nom de Térée (celui qui surveille, qui épie) indique qu'un augure mâle était figuré dans la scène de la huppe.*

3. *On peut supposer qu'il existait deux autres scènes : un héros oraculaire à queue de serpent à qui sont offerts des sacrifices sanglants et un jeune homme consultant un oracle d'après le vol des abeilles. Ce sont respectivement Érechthée et Boutès (voir 47.* I*), l'apiculteur le plus célèbre de l'Antiquité, frères de Procné et de Philomèle. Leur mère était Zeuxippé, « celle qui attelle les chevaux », certainement une Déméter-à-tête-de-Jument.*

4. *Tous les mythographes, à l'exception d'Hygin, font de Procné un rossignol et de Philomèle une hirondelle. Il doit s'agir là d'une tentative assez grossière pour rectifier une erreur commise antérieurement par quelque poète qui avait fait couper par Térée la langue de Philomèle et non pas celle de Procné. La huppe est un oiseau royal parce qu'elle possède des plumes sur le sommet de la tête formant une crête et elle convient parfaitement à la légende de Térée parce que son nid est connu et célèbre pour sa puanteur. Selon le Coran, la huppe révéla à Salomon des secrets prophétiques.*

5. *Daulis, qu'on appela plus tard Phocis, semble avoir été le centre d'un culte des oiseaux. Phocos, le fondateur éponyme du nouvel État, s'appelait fils d'Ornytion (« oiseau de lune » — voir 81.* b*) et un autre roi, par la suite, s'appela Xouthos (« moineau » — voir 43.* I*). Hygin écrit que Térée devint un faucon, oiseau royal en Égypte, en Thrace et en Europe septentrionale.*

47.
Érechthée et Eumolpos

a. Le roi Pandion mourut prématurément de chagrin lorsqu'il apprit ce qui était arrivé à Procné, Philomèle et Itys. Ses fils jumeaux se partagèrent son héritage : Érechthée devint roi d'Athènes et Boutès, prêtre à la fois d'Athéna et de Poséidon [1].

b. De sa femme Praxithéa, Érechthée eut quatre fils parmi lesquels son successeur, Cécrops ; et aussi sept filles : Protogénie, Pandore, Procris, femme de Céphale, Créüse, Orithye, Chthonia, qui épousa son oncle Boutès, et Otionia, la plus jeune [2].

c. Or, Poséidon était épris en secret de Chioné, la fille d'Orithye par Borée. Elle lui donna un fils, Eumolpos, mais le jeta à la mer, redoutant la colère de Borée. Poséidon veilla sur Eumolpos et le rejeta sur le rivage d'Éthiopie où il fut élevé dans la maison de Benthésicymé, sa demi-sœur par la déesse Amphitrite. Quand Eumolpos eut atteint l'âge, Benthésicymé le maria à une de ses filles ; mais il tomba amoureux d'une autre de ces filles et c'est pourquoi elle l'exila en Thrace où il complota contre son protecteur, le roi Tégyrios, et il fut contraint de chercher refuge à Éleusis. Là il s'amenda et devint prêtre des Mystères de Déméter et de Perséphone auxquels il initia Héraclès en même temps qu'il lui enseignait à chasser et à jouer de la lyre. Eumolpos jouait très bien de la lyre et il obtint la victoire au concours de flûte, lors des Jeux qui accompagnèrent les funérailles de Pélias. Les prêtresses qui officiaient avec lui à Éleusis étaient les filles de Céléos ; et sa piété qui était célèbre lui valut enfin le pardon, au moment de sa mort, du roi Tégyrios, qui lui légua le trône de Thrace [3].

d. Lorsque la guerre éclata entre Athènes et Éleusis, Eumolpos vint à la tête d'importantes forces thraces au secours d'Éleusis et réclama le trône d'Attique au nom de son père Poséidon. Les Athéniens étaient très inquiets et lorsque Érechthée consulta un oracle on lui dit d'offrir en sacrifice à Athéna sa plus jeune fille, Otionia, s'il désirait la victoire. Otionia, consentante, fut conduite à l'autel et ses deux sœurs aînées, Protogénie et Pandore, se donnèrent également la mort, car elles avaient fait un jour le vœu que si l'une d'elles mourait de mort violente, elles se tueraient [4].

e. Au cours de la bataille qui eut lieu, Ion donna la victoire aux Athéniens, et Érechthée tua Eumolpos au moment où il s'enfuyait. Poséidon cria vengeance auprès de son frère Zeus qui anéantit sur-le-champ Érechthée d'un trait de sa foudre ; mais selon certains, Poséidon le tua d'un coup de trident sur les Hautes Roches où la terre s'ouvrit pour le recevoir.

f. Aux termes de la paix qui fut conclue, les Éleusiniens furent totalement assujettis aux Athéniens excepté pour les Mystères. Céryx, le plus jeune fils d'Eumolpos, succéda à son père dans son sacerdoce, et ses descendants jouirent encore héréditairement à Éleusis de grands privilèges [5].

g. Ion régna après Érechthée ; et, en raison du sacrifice volontaire de ses trois filles, des libations sans vin leur furent consacrées [6].

★

1. *Le mythe d'Érechthée et Eumolpos se rapporte à la soumission d'Éleusis à Athènes et à l'origine thraco-libyenne des Mystères d'Éleusis. Un culte athénien de la nymphe-Abeille orgiaque de la mi-été a été aussi introduit dans la légende, puisque Boutès est associé dans la mythologie grecque à un mythe de l'abeille sur le mont Éryx (voir 154.* d*) ; et son frère jumeau Érechthée (« celui qui s'affaire au-dessus de la bruyère ») et non pas « celui qui met en pièces » est l'époux de l'« active Déesse », la Reine-abeille. Le nom du roi Tegyrios de Thrace, dont le petit-fils d'Érechthée hérita le royaume, établit encore un lien avec les abeilles : il signifie « couvreur de ruches ». Athènes était célèbre pour son miel.*

2. *Les trois nobles filles d'Érechthée, comme les trois filles de son ancêtre Cécrops, sont la Triple-déesse pélasgienne à qui l'on offrait des libations en des circonstances solennelles : Otionia (« aux oreilles rabattues ») dont on dit qu'elle fut choisie pour être sacrifiée à Athéna et qui n'est autre que la déesse-Chouette Athéna elle-même ; Protogenié, Eurynomé Créatrice (voir I.* 1*) ; et Pandore, la déesse-Terre Rhéa (voir 39.* 8*). Au moment du passage du système matriarcal au système patriarcal, il est possible qu'on ait sacrifié quelques prêtresses d'Athéna à Poséidon (voir 121.* 3*).*

3. *Le trident de Poséidon et la foudre de Zeus étaient, à l'origine, la même arme, la* labrys *sacrée ou hache double, mais ils se différencièrent lorsque Poséidon devint roi de la mer ; Zeus revendiqua alors pour lui seul le droit à la foudre (voir 7.* 7*).*

4. *Boutès, qui s'était enrôlé avec les Argonautes (voir 148.* 1*), n'appartenait pas réellement à la famille des Érechthéides ; mais ses descendants, les Boutéides d'Athènes, se forcèrent un chemin dans la société athénienne et, vers le* VI*e siècle, ils occupaient les fonctions de prêtres d'Athéna Polias et de Poséidon Érechthée — le Poséidon hellénique s'était confondu avec l'ancien héros pélasgien — et en avaient fait un héritage familial (Pausanias : I. 26. 6) ; ils semblent avoir faussé le mythe dans ce sens, comme ils avaient altéré le mythe de Thésée (voir 95.* 3*). Le Boutès attique fut amalgamé avec leur ancêtre, le fils thrace de Borée, qui avait colonisé Naxos et, au cours d'une incursion*

belliqueuse en Thessalie, avait violé Coronis (voir 50. 5), la princesse lapithe (Diodore de Sicile : V. 50).

48.

Borée

a. Orithye, fille d'Érechthée, roi d'Athènes, et de Praxithéa, était un jour en train de danser et de virevolter sur le bord de l'Ilissos, quand Borée, fils d'Astraeos et d'Éôs et frère des Vents du Sud et de l'Ouest, emporta Orithye sur un rocher près du fleuve Erginès et là, l'enveloppant dans un épais manteau de nuages noirs, il l'enleva [1].

b. Borée aimait depuis longtemps Orithye et, à plusieurs reprises, avait demandé sa main, mais Érechthée l'avait toujours renvoyé en lui faisant des promesses. Finalement, considérant qu'il avait perdu trop de temps en vaines paroles, Borée recourut à sa violence naturelle. On dit cependant qu'Orithye portait un panier à la procession annuelle des Thesmophories, qui remonte en lacets le long de la côte de l'Acropole, jusqu'au temple d'Athéna Poliade, quand Borée la serra dans ses ailes fauves et l'emporta sans que personne l'eût remarqué.

c. Il l'emmena dans la ville de Cicon en Thrace, où elle devint sa femme et lui donna deux jumeaux, Calaïs et Zétès, auxquels il poussa des ailes lorsqu'ils atteignirent l'âge d'homme ; et aussi deux filles, Chioné, mère d'Eumolpos par Poséidon, et Cléopâtra, la future épouse du roi Phinée, qui fut la victime des Harpyes [2].

d. Borée a des serpents en guise de pieds et il habite une caverne sur le mont Haemos, dans les sept salles de laquelle Arès loge ses chevaux ; mais il est aussi chez lui au bord du Strymon [3].

e. Un jour, ayant pris la forme d'un étalon à crinière noire, il s'accoupla avec les trois mille juments d'Érichthonios, fils de Dardanos, qui paissaient dans les prairies qui bordent le Scamandre. Douze poulains naquirent de cette union ; ils étaient si légers qu'ils galopaient sur les blés sans que se courbent les épis et sur la crête des vagues sans que s'en froisse l'écume [4].

f. Les Athéniens considéraient Borée comme leur beau-frère et, l'ayant invoqué avec succès pour anéantir la flotte du roi Xerxès, ils lui érigèrent un beau temple sur les rives de l'Ilissos [5].

★

1. *Borée à la queue de serpent, le Vent du Nord, était un des noms du démiurge Ophion qui dansait avec Eurynomé ou Orithye, déesse de la création (voir I.* a*) et qui la rendit enceinte. Mais Ophion était à Eurynomé ou Borée à Orithye dans le même rapport qu'Érechthée avec l'Athéna originale ; Athéna Poliade (« de la cité »), pour qui dansait Orithye, était peut-être Athéna Pôlias — Athéna « la pouliche », déesse du culte local du cheval, la bien-aimée de Borée-Érechthée qui devint ainsi le beau-frère des Athéniens. Le culte de Borée semble avoir pris son origine en Libye. Il faut se souvenir qu'Hermès, lorsqu'il était amoureux d'Hersé, l'avait enlevée sans encourir le courroux d'Athéna, pendant qu'elle transportait pourtant — cela bien avant Orithye — une corbeille sacrée dans une procession similaire vers l'Acropole. Les Thesmophories semblent avoir été une fête orgiaque au cours de laquelle les prêtresses se prostituaient publiquement afin de fertiliser les champs de blé (voir 24.* I*). Ces corbeilles contenaient des objets phalliques (voir 25.* 4*).*

2. *Une théorie primitive, selon laquelle les enfants étaient des réincarnations d'ancêtres morts, ayant pénétré dans le corps des femmes comme de brusques rafales de vent, subsistait dans le culte érotique de la déesse-Jument ; et Homère avait assez d'autorité pour continuer à faire croire aux Romains, comme Pline, que les juments espagnoles devenaient aptes à concevoir en offrant leur croupe au vent (Pline :* Histoire naturelle *IV. 35. VIII. 67). Varron et Columelle parlent du même phénomène, et Lactance, au* IIIe *siècle avant J.-C., établit également une analogie entre ce phénomène et l'imprégnation de la Vierge par le Saint-Esprit.*

3. *Borée souffle en hiver de la chaîne de l'Haemos et du Strymon et, lorsque vient le printemps avec ses fleurs, il semble qu'il ait fécondé toute la terre de l'Attique ; cependant comme il ne peut souffler en arrière, le mythe du viol d'Orithye raconte également l'extension du culte du vent du nord, d'Athènes en direction de la Thrace. De la Thrace, ou directement d'Athènes, il arrivait en Troade où le propriétaire des trois mille juments était Érichthonios, un synonyme d'Érechthée (voir 158.* g*). Les douze poulains avaient probablement servi à tirer trois chars à quatre chevaux : un char pour chaque triade annuelle, printemps, été et automne. Le mont Haemos était le repaire du monstre Typhon (voir 36.* e*).*

4. *Socrate, qui n'entendait rien aux mythes, n'a pas compris le sens du viol d'Orithye : il suppose qu'une princesse de ce nom qui jouait sur les falaises qui bordent l'Ilissos ou sur la colline*

d'Arès, fut accidentellement emportée par le vent et se tua (Platon : Phèdre *VI. 229.* b*). Le culte de Borée avait été récemment rétabli, à Athènes, pour commémorer la destruction qu'il avait faite de la flotte des Perses (Hérodote : VII. 189). Il avait aussi aidé les Mégalopolitains contre les Spartiates et obtenu des sacrifices annuels (Pausanias : VIII. 36. 3).*

49.
Alopé

a. Le roi d'Arcadie, Cercyon, fils d'Héphaïstos, avait une fille très belle du nom d'Alopé, qui fut séduite par Poséidon, et, sans que son père s'en aperçût, elle mit au monde un fils, qu'elle donna l'ordre à une nourrice d'abandonner sur une montagne. Une jument l'allaitait lorsqu'un berger le découvrit ; il l'emmena dans le parc à moutons et là, la magnificence de ses langes suscita autour de lui un très vif intérêt. Un compagnon du berger se proposa pour élever l'enfant mais insista pour garder les langes comme preuve de la haute naissance de l'enfant. Les deux bergers finirent par se quereller et un meurtre s'en serait suivi si leurs compagnons ne les avaient menés au roi Cercyon. Cercyon demanda à voir les langes, objet de leur querelle, et quand on les eut apportés, il reconnut qu'ils avaient été découpés dans une robe de sa fille. La nourrice, alors, prit peur et avoua toute la vérité. Cercyon donna l'ordre qu'Alopé fût emprisonnée et l'enfant à nouveau abandonné. Une seconde fois, il fut allaité par une jument et, cette fois, découvert par le second berger qui, à présent assuré de son lignage royal, l'emporta dans sa cabane et l'appela Hippothoos [1].

b. Lorsque Thésée tua Cercyon, il mit Hippothoos sur le trône d'Arcadie ; entre-temps, Alopé était morte en prison et on l'enterra au bord de la route d'Éleusis à Mégare, non loin de l'endroit où eut lieu le combat contre Thésée. Mais Poséidon la changea en une source qui s'appelle Alopé [2].

1. *Ce mythe est d'un type familier (voir 43.* c ; *68.* d ; *105.* a, *etc.), excepté qu'Hippothoos est abandonné deux fois sur la montagne et que la première fois les bergers en viennent aux mains. Cette anomalie provient peut-être d'une mauvaise interprétation d'une série de représentations figurant les jumeaux royaux*

découverts par des bergers et ces mêmes jumeaux se battant lorsqu'ils sont devenus adultes — comme Pélias et Nélée (voir 68. f*), Proetos et Acrisios (voir 73.* a*) ou Étéocle et Polynice (voir 106* b*).*

2. *Alopé est la déesse-Lune sous la forme de renarde qui donna son nom à la cité thessalienne d'Alopé (Phérécyde, cité par Stéphanos de Byzance* sub *Alopé) ; la renarde était aussi l'emblème de Messène (voir 89.* 8 *et 146.* 6*). Le mythographe se trompe probablement lorsqu'il écrit que le vêtement que portait Hippothoos avait été taillé dans la robe d'Alopé : il devait s'agir des bandelettes servant de langes sur lesquelles étaient brodés les insignes de son clan et de sa famille (voir 10.* I *et 60.* 2*).*

50.
Asclépios

a. Coronis, fille de Phlégias, roi des Lapithes et sœur d'Ixion, vivait en Thessalie sur les bords du lac Boébé, où elle avait coutume de laver ses pieds [1].

b. Apollon devint son amant et il laissa un corbeau à plumes blanches pour la garder tandis qu'il allait à Delphes pour affaires. Mais Coronis nourrissait depuis longtemps une passion secrète pour Ischys l'Arcadien, fils d'Élatos, et elle lui fit partager sa couche bien qu'elle fût déjà enceinte d'Apollon. Avant même que le corbeau, fort surexcité, se fût mis en route pour Delphes afin de rapporter le scandale et en même temps recevoir des félicitations pour sa vigilance, Apollon sut, grâce à son don de divination, que Coronis avait été infidèle et il maudit le corbeau pour n'avoir pas crevé les yeux d'Ischys au moment où il avait approché Coronis. A la suite de cette malédiction, le corbeau devint noir et depuis lors tous ses descendants sont noirs [2].

c. Apollon s'étant plaint à sa sœur Artémis de l'affront qui lui avait été fait, elle le vengea en tirant toutes les flèches de son carquois sur Coronis. Alors Apollon, en voyant son corps, se sentit soudain envahi de remords, mais il ne pouvait plus à présent lui rendre la vie. Son esprit était descendu au Tartare, son cadavre avait été déposé sur le bûcher funéraire, on répandait sur elle les derniers parfums et déjà on allumait le feu lorsque, tout à coup, Apollon recouvra ses esprits ; il fit signe à Hermès qui, à la lueur des flammes, arracha l'enfant encore vivant du sein de Coronis [3]. C'était un garçon. Apollon l'appela Asclépios et il l'emmena dans l'antre du centaure Chiron où il apprit les arts de la médecine et de la chasse. Quant à Ischys, appelé aussi Chylos, selon certains, il fut tué par Zeus d'un trait de foudre et, selon d'autres, par Apollon lui-même [4].

d. Mais les habitants d'Épidaure racontent une histoire tout à fait différente. Ils disent que le père de Coronis, Phlégyas, fondateur de la ville de Phlégya, où il avait rassemblé les meilleurs guerriers de toute la Grèce et qui vivait de coups de main et de rapines, était venu à Épidaure pour reconnaître le terrain et se faire une idée de la puissance de ses habitants ; sa fille Coronis qu'il ne connaissait pas, et qui était enceinte d'Apollon, y vint également. Dans le temple d'Apollon à Épidaure, assistée d'Artémis et des Parques, Coronis mit au monde un fils qu'elle exposa aussitôt sur le mont Thittion, aujourd'hui célèbre pour les vertus médicinales de ses plantes. Là, Aresthanas qui gardait ses chèvres, s'apercevant que sa chienne et une de ses chèvres ne se trouvaient plus auprès de lui, se mit à leur recherche et les découvrit en train d'allaiter, à tour de rôle, un nouveau-né. Il était sur le point de soulever l'enfant, quant une vive lumière, tout autour de lui, l'en dissuada. Peu soucieux d'être mêlé à un mystère divin, mais le cœur ému de dévotion, il fit demi-tour, abandonnant ainsi Asclépios à la protection de son père Apollon [5].

e. Asclépios, disent les Épidauriens, apprit l'art de guérir à la fois d'Apollon et de Chiron. Il devint si habile dans la pratique de la chirurgie et dans l'emploi des médicaments qu'on le vénère comme le fondateur de la médecine. Mais il ne guérissait pas seulement les malades ; Athéna lui avait donné deux fioles contenant du sang de la Gorgone Méduse ; à l'aide de celui qu'on avait tiré de sa veine gauche, il pouvait rendre la vie aux mortels et à l'aide de celui qu'on avait tiré de sa veine droite, il pouvait tuer instantanément. Selon d'autres, Athéna et Asclépios se partagèrent le sang : lui l'employait pour sauver la vie, elle pour la détruire et fomenter des guerres. Athéna avait donné deux gouttes de ce même sang à Érichthonios, l'une pour tuer, l'autre pour guérir, et elle avait fixé les fioles à son corps de serpent avec des lanières d'or [6].

f. Parmi ceux qu'Asclépios ressuscita se trouvaient Lycurgue, Capanée et Tyndare. On ne sait pas exactement à quelle occasion Hadès se plaignit à Zeus que ses sujets lui étaient volés, si c'est après la résurrection de Tyndare, ou de Glaucos, ou d'Hippolyte, ou d'Orion ; ce qui est certain c'est qu'Asclépios fut accusé d'avoir été soudoyé et que lui et son malade furent tués par la foudre de Zeus [7].

g. Cependant, Zeus rendit ensuite la vie à Asclépios et réalisa ainsi la prédiction faite imprudemment par la fille de Chiron, Euippé, qui avait déclaré qu'Asclépios deviendrait un dieu, qu'il mourrait et redeviendrait un dieu, réalisant ainsi deux fois son destin. L'image d'Asclépios, tenant un serpent guérisseur dans sa main, fut placée par Zeus parmi les étoiles [8].

h. Les Messéniens prétendent qu'Asclépios était né à Thelpousa, et les Thessaliens qu'il était né à Tricca en Thessalie. Les Spartiates l'appellent Agnitas parce qu'ils ont élevé une statue le représentant taillé dans un tronc de saule, et les habitants de Sicyone le vénèrent sous la forme d'un serpent monté sur un chariot tiré par une mule. A Sicyone il est représenté tenant dans sa main gauche une pomme de pin, tandis qu'à Épidaure sa main est posée sur une tête de serpent ; dans les deux représentations, il tient un sceptre dans sa main droite [9].

i. Asclépios était le père de Podalirios et de Machaon, les deux médecins qui soignèrent les Grecs durant le siège de Troie, et de la radieuse Hygie. Les Latins l'appellent Esculape et les Crétois disent que c'est lui, et non pas Polyidos, qui ressuscita Glaucos, fils de Minos, en lui donnant une certaine herbe que lui avait indiquée un serpent dans une tombe [10].

★

1. *Ce mythe se rapporte à la politique ecclésiastique de la Grèce du Nord, de l'Attique et du Péloponnèse : la suppression, au nom d'Apollon, d'un culte médical préhellénique, présidé par les prêtresses de la Lune, aux autels oraculaires de héros locaux réincarnés sous forme de serpents ou de corbeaux ou de corneilles. Parmi leurs noms figuraient celui de Phoronée, que l'on peut identifier avec Bran, le dieu-corbeau celtique ou Vron (voir 57.* 1*) ; celui d'Érichthonios à la queue de serpent (voir 25.* 2*) et de Cronos (voir 7.* 1*), qui est une forme de Coronos (« corbeau » ou « corneille »), nom de deux autres rois lapithes (voir 78.* a*) ; « Asclépios » (« l'infiniment bon ») aurait été un nom respectueux donné à tous les héros médecins dans l'espoir de s'attirer leur bienveillance.*

2. *La déesse Athéna, patronne de ce culte, n'était pas, à l'origine, considérée comme une jeune fille ; le héros mort avait été, en effet, à la fois son fils et son amant. On lui donna le nom de « Coronis » à cause du corbeau oraculaire ou de la corneille et celui d'« Hygie » à cause des guérisons qu'elle opérait. Sa panacée était le gui,* ixias, *mot auquel les noms d'Ischys (« puissance ») et Ixion (« indigène fort ») sont étroitement liés (voir 63.* I*). Le gui de l'Europe orientale, ou loranthus, est un parasite du chêne et non pas, comme l'espèce occidentale, du peuplier ou du pommier ; et « Esculape », la forme latine d'Asclépios — qui signifie apparemment « ce qui pend du chêne comestible » c'est-à-dire le gui —, est probablement le nom primitif de l'un et de l'autre. Le gui était considéré comme l'organe sexuel du chêne et, lorsque les Druides le coupaient rituellement avec une faucille d'or, ils opéraient symboliquement une émasculation (voir 7.* I*) ; le liquide visqueux de ses fruits passait pour être le sperme du chêne, liquide qui avait une puissante vertu de régénération. Sir James Frazer a fait remarquer dans son* Rameau d'or *qu'Énée s'était rendu dans le Monde Souterrain en tenant à la main un bouquet de gui et qu'il détenait ainsi le pouvoir de revenir à volonté à l'air libre. La « certaine plante » qui fit sortir Glaucos de sa tombe était probablement aussi le gui. Ischys, Asclépios, Ixion et Polyidos sont en réalité le même personnage mythique, ce sont des personnifications du pouvoir guérisseur qui réside dans les parties génitales, coupées, du héros-chêne sacrifié. « Chylos », autre nom d'Ischys, signifie le jus d'une plante ou d'une baie.*

3. *Athéna, donnant à Asclépios et à Érichthonios le sang de la Gorgone, indique que les rites de guérison en usage dans ce culte constituaient un secret gardé par des prêtresses et il en coûtait la vie de vouloir le connaître — la tête de la Gorgone est un avertissement formel donné aux curieux (voir 73. 5). Mais le sang du roi-chêne sacrifié ou de son substitut-enfant a probablement été dispensé en ces occasions concuremment au jus du gui.*

4. *Les mythographes d'Apollon ont rendu sa sœur Artémis responsable du meurtre d'Ischys ; et, effectivement, elle était, à l'origine, la même déesse qu'Athéna, en l'honneur de laquelle le roi-chêne était mis à mort. Ils ont également fait tuer par Zeus Ischys et Asclépios, au moyen de traits de foudre ; et c'est un fait que tous les rois-chênes tombaient sous les coups de la hache double, qui prit plus tard l'aspect d'un trait de foudre, et leurs corps étaient généralement rôtis dans un feu de joie.*

5. *Apollon maudit le corbeau, brûla Coronis à cause de ses amours illégitimes avec Ischys et déclara qu'Asclépios était son propre fils, puis par la suite, Chiron à qui il apprit l'art de guérir. En d'autres termes, les prêtres helléniques d'Apollon reçurent l'aide de leurs alliés magnésiens, les Centaures, qui étaient les ennemis héréditaires des Lapithes, pour s'emparer d'un oracle du corbeau thessalien, ainsi que de son héros, en chassant*

les prêtresses de la Lune et en supprimant le culte de la déesse. Apollon conserva le corbeau ou la corneille comme symbole de la divination. Mais ses prêtres avaient découvert que l'interprétation par les rêves était un moyen plus simple et plus efficace pour diagnostiquer le mal de leurs patients, que le croassement énigmatique de ces oiseaux. A la même époque, l'emploi sacré du gui fut interrompu en Arcadie, en Messénie, en Thessalie et à Athènes ; et Ischys devint le fils du pin (Élatos) et non plus du chêne — d'où la pomme de pin dans la main de la statue d'Asclépios à Sicyone. Il y avait aussi une autre princesse lapithe du nom de Coronis que Boutès, l'ancêtre des Boutéides athéniens, avait violée (voir 47. 4*).*

6. *L'aspect de serpent qu'avait Asclépios, de même qu'Érichthonios — à qui Athéna avait aussi conféré le pouvoir de ressusciter les morts à l'aide du sang de la Gorgone — montre qu'il était un héros oraculaire ; mais on conservait dans son temple, à Épidaure, plusieurs serpents apprivoisés (Pausanias : II. 28. 1), comme symbole de régénération parce que les serpents changent de peau chaque année (voir 160.* 11*). La chienne, qui allaita Asclépios au moment où les gardiens le saluèrent comme leur roi nouveau-né, était probablement Hécate ou bien Hécabe (voir 31.* 3 ; *38.* 7 ; *134.* I ; *168.* n *et* I*) ; et c'est peut-être pour expliquer cette chienne, en compagnie de laquelle il est toujours représenté, qu'on a fait de Chiron son guide à la chasse. Son autre mère nourricière — la chèvre — était probablement la Chèvre-Athéna sous l'égide de laquelle Érichthonios se réfugia (voir 25.* 2*) ; en effet, si Asclépios, à l'origine, avait un frère jumeau — comme Pélias qui avait été allaité par une jument et Nélée par une chienne (voir 68.* d*) — ce devait être Érichthonios.*

7. *Athéna, lorsqu'elle naquit pour la deuxième fois, sous forme de la fille vierge et droite de Zeus Olympien, devait nécessairement suivre l'exemple d'Apollon et maudire le corbeau son ancien compagnon (voir 25.* e*).*

8. *Le saule était un arbre qui possédait une puissance magique lunaire (voir 28.* 5 ; *44.* I *et 116.* 4*) ; et le médicament amer préparé à partir de son écorce est encore aujourd'hui un spécifique du rhumatisme — auquel les Spartiates, dans leurs vallées humides, devaient être fortement sujets. Mais on bourrait les lits des matrones, aux fêtes des Thesmosphories à Athènes, de branches de cette espèce particulière de saules à laquelle l'Asclépios spartiate était associé, c'est-à-dire l'*agnus castus, *car il s'agissait, au cours de cette fête de la fécondité (voir 48.* I*), d'éloigner les serpents (Arrien :* Histoire des Animaux *IX. 26) ; en réalité, il s'agissait d'encourager des fantômes qui avaient la forme de serpents et, par conséquent, les prêtres d'Asclépios étaient peut-être spécialisés dans la guérison de la stérilité.*

51.
Les oracles

a. Les oracles de Grèce et de Grande Grèce sont fort nombreux, mais le plus ancien est celui de Zeus à Dodone. Dans l'ancien temps, deux colombes noires s'envolèrent de Thèbes, en Égypte : l'une vers Ammon, en Libye, l'autre vers Dodone. Chacune d'elles se posa sur un chêne qu'elle déclarèrent être un oracle de Zeus. A Dodone, les prêtresses de Zeus écoutent les roucoulements des colombes ou le bruissement des feuilles du chêne, ou encore le cliquetis des vases d'airain suspendus aux branches. Un autre oracle de Zeus très célèbre se trouve à Olympie où les prêtres répondent après avoir examiné les entrailles des victimes [1].

b. L'oracle de Delphes appartint d'abord à la Terre-Mère. Elle y institua, comme prophétesse, Daphnis ; Daphnis était assise sur un trépied, respirait les vapeurs prophétiques comme fait encore la Pythie. Selon certains, la Terre-Mère conféra ce privilège à la Titanide Phœbé ou à Thémis et celle-ci céda ses droits à Apollon qui édifia pour lui-même un autel fait avec des branches de laurier rapporté du Tempé. Mais selon d'autres, Apollon vola l'oracle de la Terre-Mère après avoir tué Python, et les prêtres Hyperboréens, Pagasos et Agyiéos y établirent son culte.

c. On dit que le premier autel à Delphes était fait en cire d'abeilles et en plumes ; le deuxième, en tiges de fougères tressées ; le troisième en branches de lauriers ; Héphaïstos construisit le quatrième en bronze avec des oiseaux chanteurs en or, perchés sur le toit, mais un jour la terre l'engloutit, et le cinquième, fait d'une pierre dressée, fut détruit par le feu au cours de la cinquante-huitième Olympiade (489 av. J.-C.) et remplacé par l'autel actuel [2].

d. Apollon possède de nombreux autres oracles : ceux de Lycie et ceux de l'Acropole à Argos, tous deux dirigés par une prêtresse. Mais à Isménion en Béotie, ses oracles sont rendus par des prêtres après examen des entrailles. A Claros, près de Colophon, son augure boit de l'eau d'un puits secret et rend son oracle en vers, tandis qu'à Telmissos et ailleurs, on interprète les rêves [3].

e. Les prêtresses de Déméter rendent des oracles aux malades à Patras, en regardant dans un miroir descendu à l'aide d'une corde dans un puits. A Pharos, en échange d'une pièce de monnaie, les malades qui consultent Hermès sont assurés d'avoir une réponse augurale dans les premiers mots qu'ils entendent prononcer en quittant la place du marché [4].

f. Héra possède un oracle vénérable près de Pagae ; et on consulte encore la Terre-Mère à Aegeira en Achaïe, dont le nom signifie « site des Peupliers Noirs », et où la pythie boit du sang de taureau, poison fatal aux autres mortels [5].

g. Outre ceux-là, il existe de nombreux autres oracles de héros, l'oracle d'Héraclès à Bura en Achaïe, où la réponse est donnée en jetant quatre dés [6] ; et d'innombrables oracles d'Asclépios que les malades viennent en foule consulter pour être guéris. Les remèdes leur sont indiqués dans leurs rêves après une période de jeûne [7]. Les oracles du Thébain Amphiaraos et d'Amphilochos de Mallos, avec Mopsos le plus infaillible de tous les augures, procèdent comme les oracles d'Asclépios [8].

h. En outre, Pasiphaé possède un oracle à Thalamae, en Laconie, patronné par les rois de Sparte, où les réponses sont également données dans des rêves [9].

i. Certains oracles ne sont pas aussi faciles à consulter que d'autres. Par exemple, à Lébadée, il existe un oracle de Trophonios, fils d'Erginos l'Argonaute, où le dévot doit se livrer à des purifications pendant plusieurs jours avant de consulter l'oracle et loger dans une maison dédiée à la Chance et à un certain Bon Génie ; il doit se baigner exclusivement dans la source Hercyna et sacrifier à Trophonios, à sa nourrice Déméter Europé et à d'autres divinités. Là il se nourrit de viande sacrée, surtout celle du bélier qui a été sacrifié à l'ombre d'Agamède, frère de Trophonios, qui l'aida à ériger le temple d'Apollon à Delphes.

j. Lorsqu'il est prêt à consulter l'oracle, le dévot est conduit jusqu'au fleuve par deux jeunes garçons âgés de treize ans, et là, il est lavé et frotté d'huile. Ensuite il boit l'eau d'une source appelée l'Eau du Léthé, qui doit l'aider à oublier son passé ; et ensuite de celle d'une autre source, proche de celle-ci, appelée l'Eau de Mémoire, qui doit l'aider à se souvenir de ce qu'il a vu et entendu. Chaussé de bottes, vêtu d'une tunique de lion et portant des bandelettes comme une victime sacrificielle, il s'approche alors du gouffre de l'oracle. Celui-ci ressemble à une immense cuve à pétrir le pain d'une profondeur de sept mètres ; il y descend par une échelle et se trouve, au fond, devant une étroite ouverture, à travers laquelle il passe ses jambes en tenant dans sa main un gâteau d'orge et de miel. Puis, brusquement tiré par les chevilles, il est aspiré comme par le tourbillon d'une rivière rapide, et, dans l'obscurité il reçoit un coup violent sur le crâne ; il semble qu'il soit tout près de mourir, et à ce moment-là une voix invisible lui révèle l'avenir ainsi que de nombreux autres mystérieux secrets. Aussitôt que la voix a fini de parler, il perd complètement conscience et il est renvoyé, les pieds en avant, vers le fond du gouffre, mais débarrassé des petits gâteaux au miel ; après quoi il est assis sur ce qu'on appelle la Chaise de Mémoire et on lui demande de répéter ce qu'il a entendu. Finalement, encore tout étourdi, il s'en retourne à la maison du Bon Génie où il retrouve ses esprits ainsi que la faculté de rire.

k. La voix invisible est celle d'un des Bons Génies, appartenant à l'Age d'Or de Cronos, descendu de la lune pour s'occuper des oracles et des rites initiatiques, et qui occupe les emplois de Châtieur, de Veilleur et de Sauveteur en tous lieux ; il consulte l'ombre de Trophonios qui a la forme d'un serpent et rend l'oracle demandé en échange des petits gâteaux au miel apportés par le dévot [10].

★

1. *Tous les oracles étaient élus par la déesse-Terre, dont l'autorité était si fortement établie que les envahisseurs patriarcaux avaient pris l'habitude de s'emparer de ses autels, et soit de nommer eux-mêmes des prêtres, soit de conserver les prêtresses à leur service. Ainsi, Zeus à Dodone et Ammon dans l'oasis de Siwah remplacèrent le culte du chêne oraculaire consacré à Dia ou Dioné (voir 7.* 1*) — de même que le Jahvé hébraïque remplaça l'acacia oraculaire d'Ishtar (1* Chroniques *XIV. 15) — et Apollon s'empara des autels de Delphes et d'Argos. A Argos, la pythie avait toute liberté. A Delphes, un prêtre s'interposait entre la pythie et les pieux dévots pour transformer les mots incohérents qu'elle proférait en hexamètres ; à Dodone, des prêtresses-Colombes et également des oracles mâles de Zeus émettaient des prophéties.*

2. *L'autel de la Terre-Mère, à Delphes, fut fondé par les Crétois qui léguèrent aux Hellènes leur musique sacrée, leurs rituels, leurs*

danses et leur calendrier. Le sceptre crétois qu'elle tenait dans sa main, la labrys *ou hache double, donna son nom à la corporation des prêtres de Delphes, les Labryades, qui subsistaient encore à la période classique. Le temple fait de cire d'abeille et de plumes est lié à la déesse-Abeille (voir 7.* 3 ; *18.* 3 *et 47.* I*) et à la déesse-Colombe (voir 1.* b *et 62.* a*) ; le temple en fougères rappelle les propriétés magiques que l'on attribuait à la graine de la fougère, au solstice d'été et au solstice d'hiver (Sir James Frazer consacre plusieurs pages à ce sujet dans son* Rameau d'or*) ; le temple du laurier rappelle la feuille de laurier que la Pythie et ses compagnes mâchaient au cours de leurs orgies — Daphnis est une forme abrégée de Daphoenéèssa (« la sanguinaire ») car Daphné vient de Daphoené (voir 21.* 6 *et 46.* 2*). L'autel de bronze, englouti dans la terre, indique peut-être, tout simplement, la quatrième partie d'une chanson delphique, qui réfère, comme dans « le Pont de Londres s'est effondré », aux différents matériaux qui servirent successivement à la construction du temple et qui n'étaient pas ceux qui convenaient ; mais il réfère peut-être aussi à un* tholos *souterrain, la tombe d'un héros qui s'incarnait dans le python. Le tholos, maison fantôme en forme de ruche, semble être d'origine africaine et elle fut introduite en Grèce par la voie de la Palestine. La sorcière d'Endor présidait à un autel similaire et le fantôme d'Adam émettait des oracles à Hébron. Philostrate parle des oiseaux d'or dans sa* Vie d'Apollonios de Tyane *VI. 11 et les décrit comme des torticols ressemblant à des sirènes ; mais Pindare les appelle des rossignols (*Fragment*, cité par Athénée 290 e). On ne sait pas au juste si les oiseaux étaient des rossignols oraculaires ou bien des torticols utilisés comme philtres d'amour (voir 152.a) et également pour amener la pluie (Marinos, Proclus 28).*

3. *L'examen des entrailles semble avoir été un procédé de divination indo-européen. La divination au moyen de quatre osselets était peut-être liée à l'alphabet, à l'origine, puisque c'étaient des signes et non des nombres qui étaient, dit-on, inscrits sur les quatre faces de l'osselet en forme de dé. Douze consonnes et quatre voyelles (de même que dans l'Ogham irlandais dit de « O'Sullivan ») constituent la forme la plus simple à laquelle peut être réduit l'alphabet grec. Mais, à la période classique, seuls des nombres étaient inscrits — un, trois, quatre et six sur chaque osselet — et la signification de toutes les combinaisons possibles avait été codifiée très exactement. La prophétie par les songes est universellement pratiquée.*

4. *Les prêtres d'Apollon défloraient rituellement les prêtresses pythiennes à Delphes, qui étaient considérées comme les épouses d'Apollon ; mais lorsque l'une d'entre elles faisait l'objet d'un scandale pour s'être laissée séduire par un pieux dévot, elle était obligée alors d'attendre jusqu'à l'âge de cinquante ans pour vivre avec lui, bien qu'elle portât toujours sa robe de mariée. On considérait le sang du taureau comme un poison violent à cause*

de sa puissance magique (voir 155. a*) ; le sang des taureaux sacrés, que l'on utilisait parfois pour consacrer toute une tribu, comme dans* Exode *XXIV.* 8, *était mélangé à une grande quantité d'eau avant d'être aspergé sur les champs afin de les fertiliser. La prêtresse de la Terre, cependant, pouvait boire tout ce que la Terre-Mère buvait elle-même.*

5. *Héra, Pasiphaé et Ino étaient des noms de la Triple-déesse et l'interdépendance de ces trois personnages était symbolisée par le trépied sur lequel s'asseyait la prêtresse.*

6. *Le cérémonial de l'oracle de Trophonios — que Pausanias avait visité — rappelle la descente dans l'Averne, d'Énée tenant à la main un bouquet de gui, lorsqu'il s'en fut consulter son père Anchise et fait également songer à Odysseus, avant lui, allant consulter Tirésias ; il montre également que ces mythes relèvent d'un rite d'initiation au cours duquel le novice passe par une mort fictive, reçoit un enseignement mystique d'un personnage jouant le rôle d'une ombre, et renaît dans un nouveau clan ou société secrète. Plutarque fait observer que les Trophoniades — les mystagogues de l'antre obscur — font partie de l'âge préolympien de Cronos et il les associe très justement aux Dactyles Idéens qui pratiquaient les Mystères de Samothrace.*

7. *Le peuplier noir était consacré à la déesse de la Mort à Pagae et Perséphone possédait un bois sacré de peupliers noirs dans l'Extrême-Occident (Pausanias : X. 30. 3 et voir 170.* l*).*

8. *Amphilochos et Mopsos s'étaient tués l'un l'autre mais leurs ombres s'étaient mises d'accord pour fonder ensemble un oracle (voir 169.* e*).*

52.
L'alphabet

a. Les Trois Parques, ou selon certains, Io, la sœur de Phoronée, inventèrent les cinq voyelles du premier alphabet et les consonnes B. et T. Palamède, fils de Nauplios, inventa les onze autres consonnes ; et Hermès convertit ces sons en caractères en faisant des lettres en forme de coins à cause du vol en formation triangulaire des grues ; il introduisit cette écriture de Grèce en Égypte. C'était là l'alphabet des Pélasges, que Cadmos, par la suite, ramena en Béotie et qu'Évandre d'Arcadie, un Pélasge, introduisit en Italie où sa mère Carmenta composa les quinze caractères familiers de l'alphabet latin.

b. D'autres consonnes, depuis, ont été ajoutées à l'alphabet grec par Simonide de Samos et par Épicharme de

Sicile ; et deux voyelles, le O long et le E bref, par les prêtres d'Apollon, de sorte que sa lyre sacrée possède à présent une voyelle pour chacune de ses sept cordes.

c. Alpha fut la première des dix-huit lettres, parce qu'*alphé* veut dire honneur et *alphainein* inventer, et parce que l'Alphée est le fleuve le plus remarquable ; de plus Cadmos, bien qu'il ait changé l'ordre des lettres, conserva la place d'*alpha*, parce que dans la langue des Phéniciens, *aleph* signifie bœuf, et parce que la Béotie est le pays des bœufs [1].

★

1. *L'alphabet grec était une simplification des hiéroglyphes crétois. Les savants sont actuellement généralement d'accord pour penser que le premier alphabet écrit fut composé en Égypte au* XVIIIe *siècle avant J.-C. à la suite d'influences crétoises, ce qui correspond à la tradition d'Aristide, rapportée par Pline, selon laquelle un Égyptien du nom de Menos (« la lune ») en aurait été l'inventeur « quinze ans avant le règne de Phoronée, roi d'Argos ».*

2. *Il existe cependant des preuves indiquant qu'avant l'introduction en Grèce de l'alphabet phénicien modifié, un alphabet, constituant un secret religieux, était conservé par les prêtresses de la Lune-Io ou les Trois Parques ; il était étroitement rattaché au calendrier et ses lettres n'étaient pas des caractères écrits mais de petites branches d'arbres correspondant aux différents mois.*

3. *L'ancien alphabet irlandais, de même que celui utilisé par les druides gaulois dont César a parlé, n'était peut-être pas écrit, au début ; toutes les lettres qui le constituaient possédaient des noms dérivés de ceux des arbres : on l'appelait le* Beth-luis-nion *(« bouleau-sorbier-frêne ») d'après ses trois premières consonnes ; et sa composition, où se décèle une origine phrygienne, correspondait à celle des alphabets pélasgien et phrygien, c'est-à-dire treize consonnes et cinq voyelles ; l'ordre primitif était le suivant A, B, L, N, O, F, S, H, U, D, T, C, E, M, G, Ng ou Gn, R, I, qui est probablement aussi l'ordre qu'utilisait Hermès. Les Ollaves irlandais en ont fait une langue de sourds-muets et ils utilisaient leurs phalanges pour représenter les différentes lettres ou bien un langage de chiffres parlés. Chaque consonne représentait un mois de vingt-huit jours faisant partie d'une série de treize mois qui commençaient deux jours après le solstice d'hiver :*

1-24 déc.	*B*	*bouleau ou olivier*
2-21 janv.	*L*	*sorbier*
3-18 févr.	*N*	*fresne*
4-18 mars	*F*	*aune ou cornouiller*

5-15 avril	*S*	*saule ; SS (Z), épine noire*
6-13 mai	*H*	*aubépine ou poirier sauvage*
7-10 juin	*D*	*chêne ou térébinthe*
8-8 juill.	*T*	*houx ou chêne épineux*
9-5 août	*C*	*noyer ; CC (Q) pommier sorbier ou cognassier*
10-2 sept.	*M*	*vigne*
11-30 sept.	*G*	*lierre*
12-28 oct.	*Ng*	*ou Gn roseau ou boule de neige*
13-25 nov.	*R*	*sureau ou myrte*

4. *En 400 avant J.-C., à la suite d'un bouleversement religieux, l'ordre fut changé de la façon suivante afin qu'il correspondît avec un nouveau système de calendrier : B, L, F, S, N, H, D, T, C, Q, M, G, Ng, Z, R. Cet alphabet était rattaché à Héraclès Ogmios ou « Ogma visage de soleil » comme le précédent l'était à Phoronée (voir 132.* 3*).*

5. *Chaque voyelle représentait une situation trimestrielle dans l'année : O (genêt) l'équinoxe de printemps ; U (bruyère) le solstice d'été ; E (peuplier) l'équinoxe d'automne, A (sapin ou palmier) l'arbre de la naissance et I (if), l'arbre de la mort se partageaient le solstice d'hiver. La correspondance entre les arbres et les périodes de l'année est implicite dans les mythologies grecque et latine ainsi que dans la tradition sacrée de toute l'Europe et,* mutatis mutandis, *en Syrie et en Asie Mineure. La nymphe Carmenta (voir 86.* 2 *et 132.* 6*) inventa le B et le T, ainsi que les voyelles, parce que chacune des consonnes du calendrier introduisait une moitié de son année partagée entre le roi sacré et son alter ego (son taniste).*

6. *Les grues étaient consacrées à Hermès (voir 17.* 3 *et 36.* 2*), protecteur des poètes, avant qu'Apollon usurpât ses fonctions ; les caractères alphabétiques les plus anciens étaient en forme de coins ; Palamède (« intelligence ancienne »), et sa grue sacrée (Martial :* Épigrammes *XIII. 75) était l'homologue carien du dieu égyptien Thoth, inventeur de caractères, avec son ibis voisin de la grue ; et Hermès était l'homologue hellénique primitif de Thoth (voir 162.* s*). Le fait que Simonide et Épicharme aient ajouté de nouvelles lettres à l'alphabet appartient à l'histoire et non plus au mythe ; cependant, la raison exacte de cette addition demeure incertaine. Deux des lettres ajoutées,* xi *et* psi *n'étaient pas nécessaires et la suppression de l'aspirée (H) et* digamma *(F) appauvrit le système.*

7. *On peut démontrer que le nom des lettres conservé dans le* Beth-luis-nion, *dont il est dit traditionnellement qu'ils proviennent de la Grèce et qu'ils furent introduits en Irlande par la voie de l'Espagne (voir 132.* 5*), constituait un charme grec archaïque en l'honneur de la Déesse Blanche arcadienne Alphito qui, à la période classique, avait dégénéré en un simple jeu d'enfant. L'ordre des lettres cadmien, devenu l'ABC bien connu, semble*

bien être une erreur dans l'ordre des lettres, due aux marchands phéniciens ; ils utilisaient l'alphabet secret pour le commerce mais craignaient d'offenser la déesse en révélant son ordre véritable.

Ce sujet compliqué et important est traité dans la Déesse Blanche d'une manière plus approfondie.

8. *Les voyelles ajoutées par les prêtres d'Apollon à sa lyre étaient probablement celles mentionnées par Démétrios, philosophe alexandrin du Ier siècle avant J.-C., lorsqu'il écrit dans son essai* Du Style :

« En Égypte, les prêtres chantent des hymnes aux dieux en proférant sept voyelles successivement et leurs sonorités produisaient sur les auditeurs une impression aussi forte que celle que provoquaient la flûte et la lyre… mais peut-être vaut-il mieux que je ne m'étende pas davantage sur ces questions. »

On peut déduire de là que l'on utilisait les voyelles dans la musique thérapeutique produite par la lyre, dans les sanctuaires d'Apollon.

53.
Les Dactyles

a. Certains disent que pendant que Rhéa était enceinte de Zeus, elle enfonça ses doigts dans le sol pour soulager ses douleurs et ainsi naquirent les Dactyles : cinq femmes de sa main gauche et cinq hommes de sa main droite. Mais il est généralement admis qu'ils vivaient sur le mont Ida en Phrygie, bien avant la naissance de Zeus et, selon certains, c'est la nymphe Anchialé qui les mit au monde dans l'Antre de Dicté, près d'Oaxos. Les Dactyles mâles étaient forgerons et ils découvrirent le fer pour la première fois dans le mont Bérécynthe, tout proche ; leurs sœurs se fixèrent à Samothrace où elles suscitaient l'émerveillement de tous par leurs sortilèges ; elles enseignèrent à Orphée les Mystères de la Déesse : leur nom est secret et n'est divulgué à personne [1].

b. Selon d'autres, les hommes étaient les Curètes qui protégèrent le berceau de Zeus en Crète ; ils vinrent à Élis et érigèrent un temple pour apaiser Cronos. Ils se nommaient : Héraclès, Paeonaeos, Épimédès, Iasios, Acésidas. Héraclès avait apporté l'olivier sauvage des îles Hyperboréennes à Olympie, où il fit faire à ses jeunes frères une compétition de course à pied : ainsi naquirent les Jeux Olympiques. On dit aussi qu'il couronna Paeonaeos qui avait remporté la victoire, avec une branche d'olivier sauvage, et qu'ensuite ils dormirent dans des lits faits de son feuillage vert. Mais la vérité est qu'on ne se servit de l'olivier pour couronner le vainqueur qu'à partir de la Septième Olympiade, le jour où l'oracle de Delphes donna l'ordre à Iphitos de l'utiliser à la place de la branche de pommier qu'on décernait jusqu'alors au vainqueur [2].

c. Acmon, Damnaménée et Celmis sont les noms des trois premiers Dactyles ; selon certains Celmis fut transformé en fer pour le punir d'avoir offensé Rhéa [3].

★

1. *Les Dactyles personnifient les doigts et la course olympique d'Héraclès est une histoire qu'on raconte aux enfants en tambourinant sur la table avec quatre doigts (sans le pouce) où l'index remporte toujours la victoire. Mais la science secrète de l'orphisme reposait sur une série d'arbres magiques utilisés pour le calendrier, à chacun desquels étaient assignées la phalange d'un doigt et une lettre de l'alphabet-calendrier orphique qui paraît être d'origine phrygienne (voir 52.* 3*). L'olivier sauvage correspond à la première phalange du pouce qui était censée représenter le siège de la virilité et qu'on appelait par conséquent Héraclès. On disait que cet Héraclès avait des feuilles qui poussaient sur son corps (Palaephatos : 37). L'appellation populaire des doigts en Occident a conservé le souvenir de ce système : par exemple, « le doigt du fou », qui correspond à Épimédès, est le médius et le « doigt médecin », qui correspond à Iasios, est l'annulaire ; également dans la chiromancie : Saturne représente Épimédès — Saturne avait fait preuve d'une certaine lenteur d'esprit au cours de sa lutte contre Zeus ; Apollon, le dieu guérisseur, représente Iasios. L'index est attribué à Jupiter ou Zeus qui gagna l'épreuve de course à pied. L'auriculaire, Mercure ou Hermès, est le doigt magique. Dans toute l'Europe primitive, la métallurgie s'accompagnait d'incantations et les forgerons considéraient leurs doigts de la main droite comme leurs Dactyles et abandonnaient leur main gauche aux sorcières.*

2. *La légende d'Acmon, Damnaménée et Celmis, dont les noms se rapportent à l'art du forgeron, est aussi une histoire pour enfants qu'on racontait en battant l'index contre le pouce comme un marteau frappe l'enclume puis en glissant l'extrémité du médius entre le pouce et l'index comme si c'était un morceau de fer incandescent. Le fer parvint en Crète à travers la Phrygie, de la lointaine côte de la mer Noire méridionale, et Celmis qui était une personnification du fer fondu aurait été soumis à la Grande Déesse Rhéa, patronne des forgerons, dont le déclin, au point de vue religieux, débuta avec la fonte du fer et l'arrivée des Doriens dont les armes étaient en fer. Elle ne reconnaissait comme minerais terrestres que l'or, l'argent, le cuivre, le plomb et l'étain ;*

cependant le fer météorique était très apprécié à cause de son origine miraculeuse, et un météorite était peut-être tombé sur le mont Bérécynthe. On a découvert un météorite non travaillé dans une caverne néolithique, à Phaestos, auprès d'une statue de la déesse accroupie, de coquillages et de bols servant aux offrandes. Tout le fer des premiers temps de l'Égypte est d'origine météorique : il contient une forte proportion de nickel et il est presque complètement à l'abri de la rouille. L'offense dont se rendit coupable Celmis à l'égard de Rhéa fit qu'on appela le médius : digita impudica.

3. *Les Jeux Olympiques naquirent d'une épreuve de course à pied à laquelle participèrent des jeunes filles en vue d'obtenir le privilège de devenir prêtresses de la déesse-Lune Héra (Pausanias : V. 16. 2) ; et, comme cet événement eut lieu durant le mois Parthénios, « des jeunes-filles », il semble qu'il se soit reproduit tous les ans. Lorsque Zeus épousa Héra — c'est-à-dire lorsque les Athéniens introduisirent en Grèce une nouvelle forme de royauté sacrée (voir 12. 7) — il y eut une autre course à laquelle prirent part uniquement de jeunes hommes en vue d'obtenir les dangereux privilèges de devenir le consort de la prêtresse, c'est-à-dire le Soleil pour la Lune qu'elle était, et ainsi roi d'Élis ; de la même manière Antée avait organisé une épreuve de course à pied entre les prétendants de sa fille (Pindare :* Pythiques *IX), suivant en cela l'exemple d'Icare (voir 160.* d*) et de Danaos (voir 60.* m*).*

4. *Les Jeux eurent lieu ensuite tous les quatre ans au lieu d'être annuels et la course des jeunes filles se déroulait lors d'une fête distincte, soit quinze jours avant, soit quinze jours après les Jeux Olympiques proprement dits ; on conférait le titre de roi sacré au vainqueur de la course au moment de son mariage avec la nouvelle prêtresse, et les honneurs divins, auxquels donnait droit cette victoire, à l'époque classique étaient l'écho de cet usage. On remettait au vainqueur une couronne d'olivier d'Héraclès ou de Zeus, on le saluait comme le « Roi Héraclès », on lui lançait des feuilles d'arbres comme Jack O'Green, puis il menait en dansant la procession triomphale et mangeait du taureau sacrifié dans la Salle du Conseil.*

5. *Le prix, qui était à l'origine une pomme ou une branche de pommier, équivalait à une promesse d'immortalité lorsqu'il était, selon l'usage, tué par son successeur. Plutarque dit que bien que la course à pied constituât la seule épreuve des Jeux Olympiques, à leur origine, un combat singulier se déroulait également et qui ne prenait fin qu'à la mort du vaincu. Ce combat figure dans la mythologie : c'est la légende selon laquelle les Jeux Olympiques commencèrent par une épreuve de lutte entre Zeus et Cronos pour obtenir l'Élide (Pausanias : V. 7), c'est-à-dire le combat de la mi-été entre le roi et son taniste (alter ego) ; l'issue en était décidée et réglée à l'avance — le taniste arrivait, armé d'une lance.*

6. *Un scholiaste de Pindare (*Olympiques *III. 33), citant Comarchos, indique que la Nouvelle Année élienne était calculée à partir*

du solstice d'hiver et qu'une seconde Nouvelle Année commençait au milieu de l'été. Donc il est probable que le nouveau Zeus-Héraclès, c'est-à-dire le vainqueur de la course, tuait le taniste de la Vieille Année, Cronos-Iphiclès, au milieu de l'hiver. C'est pour cette raison qu'Héraclès fut le premier à instituer les Jeux et qu'il donna son nom à la Colline des Morts de Cronos « à la saison où le sommet était recouvert d'une neige abondante » (Pindare : Olympiques *X. 49).*

7. *Dans les temps très anciens, on lançait des feuilles de chêne sur Zeus-Héraclès et on lui remettait la branche de pommier juste avant qu'il soit tué par son taniste ; il avait obtenu, par sa victoire, la branche d'olivier sauvage au milieu de l'hiver. La branche de pommier remplaçant la branche d'olivier, l'arbre qui chasse les mauvais esprits, implique l'abolition de ce combat mortel et la conversion de l'année unique, partagée en deux moitiés, en une Grande Année. Celle-ci débutait au milieu de l'hiver, lorsque le soleil et la lune étaient dans une position favorable à un mariage Soleil-Lune ; elle était partagée en deux olympiades de quatre années chacune ; le roi et son taniste régnaient successivement ou simultanément. Bien qu'à la période classique la course solaire de chars — dont le prototype, dans la mythologie, est l'épreuve où s'affrontent Pélops et Oenomaos pour obtenir Déidamie (voir 109.* 3*) — fût devenue l'événement le plus important dans les Jeux, on considérait encore qu'être assailli à coups de feuilles, après une victoire, portait malheur ; Pythagoras conseillait à ses amis de prendre part à cette épreuve mais de ne point la gagner. Le bœuf de la victoire que l'on mangeait dans la Salle du Grand Conseil était très nettement un substitut du roi, comme aux fêtes des Buphonies, à Athènes (voir 21.* 13*).*

8. *Olympe ne se trouve pas en territoire mycénien et, par conséquent, il est peu vraisemblable que les mythes préachéens aient été empruntés à la Crète ; ils sont probablement pélasgiens.*

54.
Les Telchines

a. Les neuf Telchines à tête de chien et dont les mains sont des nageoires, fils de la Mer, naquirent à Rhodes où ils fondèrent les villes de Camiros, Ialysos et Lindos ; de là ils passèrent en Crète dont ils furent les premiers habitants. Rhéa leur confia Poséidon enfant et ils forgèrent son trident, mais, longtemps auparavant ils avaient fabriqué pour Cronos la faucille dentée avec laquelle il châtra son père Ouranos ; en outre, ils furent les premiers à sculpter la forme des dieux.

b. Cependant, Zeus décida de les anéantir par un Déluge, car ils s'étaient mêlés du temps, faisant naître des brouillards magiques, et empoisonnaient les récoltes au moyen de vapeurs soufrées et d'eaux du Styx. Avertis par Artémis, ils s'enfuirent et traversèrent tous la mer : les uns s'en furent en Béotie, où ils érigèrent le temple d'Athéna à Teumessos ; d'autres à Sicyone, d'autres en Lycie, d'autres à Orchomène, où ils furent les chiens qui déchirèrent Actéon. Mais Zeus anéantit les Telchines de Teumessos par un Déluge ; Apollon, sous la forme d'un loup, anéantit ceux de Lycie, bien qu'ils aient tenté de l'apaiser en lui élevant un nouveau temple ; il n'en existe plus à Orchomène, mais on dit qu'il en existait encore quelques-uns à Sicyone [1].

★

1. *Le fait que les neuf Telchines étaient Enfants de la Mer, qu'ils étaient les lévriers d'Artémis, qu'ils suscitaient des brouillards magiques et qu'ils fondèrent des cités qui portèrent le nom des trois Danaïdes : Camira, Ialysa et Linda (voir 60.* d*), indique qu'ils étaient, à l'origine, des émanations de la déesse-Lune Danaé : les trois personnes de sa triade (voir 60. 2). « Telchine » est dérivé, d'après les grammairiens grecs, de* thelgein, *« enchanter ». Mais comme la femme, le chien et le poisson étaient mêlés, dans les figurations de la Scylla tyrrhénienne — qui était aussi chez elle en Crète (voir 91. 2) — ainsi que dans les figures de proue des bateaux tyrrhéniens ; ce mot est peut-être une variante de « Tyrrhen » ou « Tyrsen » :* l *et* r *ayant été confondus par les Libyens et la consonne suivante étant quelque chose d'intermédiaire entre une aspirée et une sifflante. Il semble qu'ils aient été vénérés par des peuplades matriarcales primitives de Grèce, de Crète et de Lydie et des îles Égéennes, persécutées par les envahisseurs hellènes à organisation patriarcale, puis absorbées et contraintes d'émigrer vers l'ouest. Ils sont peut-être originaires de l'Afrique orientale.*

2. *Les brouillards magiques étaient suscités par des charmes tirés du saule. Les eaux du Styx (voir 31. 4) étaient censées être à ce point sacrées que la moindre de leurs gouttes causait la mort, à moins qu'elle ne fût bue dans une coupe taillée dans un sabot de cheval — ce qui prouve qu'elles étaient consacrées à la déesse-à-tête-de-Jument d'Arcadie. On dit qu'Alexandre le Grand fut empoisonné par l'eau du Styx (Pausanias : VIII. 18. 2). L'usage magique qu'en faisaient les Telchines indique que leurs fidèles se groupaient près du mont Nônacris (« neuf pics ») qui fut, à une certaine époque, le principal centre religieux de la Grèce ; même*

les dieux de la Grèce faisaient leurs serments les plus solennels en jurant par le Styx.

55.
Les Empuses

a. Les démons immondes appelés Empuses, enfants d'Hécate, ont un arrière-train d'âne et portent des sandales de bronze — à moins, comme le prétendent certains, qu'ils n'aient une jambe d'âne et une jambe de bronze. Ils ont l'habitude de terrifier les voyageurs mais on peut les chasser en proférant des insultes ; dès qu'ils les entendent, ils prennent la fuite en poussant des cris. Les Empuses prennent la forme de chiennes, de vaches ou de belles jeunes femmes et, sous ce dernier aspect, s'unissent aux hommes, la nuit ou pendant la sieste, et sucent leurs forces vitales jusqu'à ce qu'ils meurent [1].

★

I. *Les Empuses (« celles qui violent ») sont des démons femelles insatiables, concept probablement introduit en Grèce par la Palestine, où elles existaient sous le nom de Lilim (« enfants de Lilith ») et on croyait qu'elles avaient des derrières d'âne — l'âne symbolisant la sensualité et la cruauté. Lilith « la chouette ululante » était une Hécate canaanite et les Juifs fabriquaient des amulettes pour se protéger de ses maléfices jusqu'au Moyen Age. Hécate régnait réellement au Tartare (voir 31. f) et portait une sandale de bronze — c'est Aphrodite qui portait une sandale d'or — et ses filles, les Empuses, suivirent son exemple. Elles pouvaient se transformer en belles jeunes filles ou en vaches aussi bien qu'en chiennes, parce que la Chienne Hécate qui faisait partie de la Triade-Lune était la même déesse qu'Aphrodite ou Héra-aux-Yeux-de-Vache.*

56.
Io

a. Io, fille du dieu-Fleuve Inachos, était une prêtresse d'Héra argienne ; Zeus, à qui Iynx, fille de Pan et d'Écho, avait fait boire un philtre d'amour, s'était épris d'Io et, le jour où Héra l'accusa de lui être infidèle et changea Iynx en torcol pour la punir, il fit un mensonge : « Je n'ai jamais touché Io », lui dit-il. Il la changea alors en une vache blanche, qu'Héra revendiqua comme étant la sienne et qu'elle mit sous la garde d'Argos Panoptès en lui disant : « Attache en secret cet animal à un olivier, à Némée. » Mais Zeus chargea Hermès de la ramener et lui-même se mit en route pour Némée ou, selon certains, pour Mycènes, déguisé en oiseau-pic ; Hermès, bien qu'il fût le plus habile des voleurs, savait qu'il ne parviendrait pas à voler Io sans être découvert par l'un des cent yeux d'Argos ; il le charma donc avec sa flûte et l'endormit, puis il l'assomma avec une grosse pierre, lui coupa la tête et délivra Io. Héra, après avoir placé les yeux d'Argos sur la queue d'un paon, en éternel souvenir de ce meurtre, affligea Io d'un taon qui la harcelait sans cesse et qui la poursuivit à travers le monde.

b. Io se rendit d'abord à Dodone puis gagna la mer qui fut appelée Ionienne, d'après son nom ; mais là, elle fit demi-tour et se dirigea au nord vers le mont Haemos ; passant par le delta du Danube et suivant le cours du soleil, elle fit le tour de la mer Noire, traversa le Bosphore en Crimée, remonta le cours du fleuve Hybristès jusqu'à sa source au Caucase, où Prométhée dépérissait toujours sur son rocher. Elle regagna l'Europe par la Colchide, terre des Chalybes, et le Bosphore de Thrace ; puis elle galopa à travers l'Asie Mineure jusqu'à Tarse et Joppé, puis elle se rendit en Médie, en Bactriane, aux Indes ; se dirigeant vers le sud-ouest, elle parcourut l'Arabie et, traversant le Bosphore indien [le détroit de Bab el-Mandeb] passa en Éthiopie. De là, elle s'en fut aux sources du Nil où les pygmées font la guerre aux grues et s'arrêta enfin en Égypte. Là, Zeus lui rendit sa forme humaine et, après avoir épousé Télégonos, elle donna naissance à Ipaphos, son fils par Zeus qui l'avait *touchée* dans cette intention, et institua le culte d'Isis — c'est ainsi qu'elle appelait Déméter. Épaphos dont on disait qu'il était le bœuf sacré Apis, régna sur l'Égypte et eut une fille, Libye, mère, par Poséidon, d'Agénor et de Bélos [1].

c. Mais d'aucuns disent qu'Io mit au monde Épaphos dans une caverne d'Eubée appelée Boösaule et qu'elle y mourut ensuite d'une piqûre de taon ; et que, lorsqu'elle était vache, elle changea plusieurs fois de couleur : d'abord blanche, elle devint rouge violacé, puis noire [2].

d. D'autres racontent une tout autre histoire. Ils disent qu'Inachos, un fils de Japet, gouvernait Argos et fonda la ville d'Iapolis — car Io est le nom sous lequel on vénérait autrefois la lune à Argos — et qu'il appela sa fille Io en l'honneur de la lune. Zeus-Picos, roi de l'Ouest, envoya ses serviteurs pour enlever Io et s'éprit d'elle dès qu'elle fut dans son palais. Après lui avoir donné une fille, du nom de Libye, Io s'enfuit en Égypte, mais elle s'aperçut qu'Hermès, fils de Zeus, régnait sur le pays ; fuyant toujours, elle poursuivit son chemin jusqu'au mont Silpium en Syrie, où elle mourut de honte et de chagrin. Inachos envoya alors ses frères et les parents d'Io à sa recherche en leur recommandant de ne pas revenir sans elle. En Syrie, ils frappèrent à toutes les portes, conduits par Triptolème, en disant : « Que l'esprit d'Io trouve le repos », jusqu'à ce qu'enfin ils aient atteint le mont Silpium où un fantôme de vache s'adressant à eux leur dit : « Me voici, c'est moi, Io. » Ils en conclurent qu'Io avait dû être enterrée en cet endroit, et en conséquence ils fondèrent une seconde Iopolis, appelée maintenant Antioche. Les Iopolitains frappent à la porte les uns des autres en l'honneur d'Io, de la même manière, tous les ans, en usant des mêmes mots, et les habitants d'Argos la pleurent chaque année [3].

★

1. *Ce mythe est constitué d'éléments différents. Les Argiens adoraient la lune sous forme de vache parce que la nouvelle lune à deux cornes était considérée comme la source de toutes les eaux et par conséquent créant le fourrage des troupeaux. Ses trois couleurs : blanc, pour la nouvelle lune, rouge, pour la lune des moissons, noire, pour la lune décroissante, représentaient les trois âges de la déesse-Lune — la Jeune Fille, la Nymphe et la Vieille Femme (voir 90.* 3*). Io changeait de couleur, à l'instar de la lune, mais au « rouge » le mythographe a substitué le « violet » parce qu'*ion *désigne en grec la violette. On croyait que les oiseaux pics frappaient pour obtenir la pluie lorsqu'ils cognaient leur bec sur le tronc des arbres ; et Io était la Lune en tant que faiseuse de pluie. Les gardiens de troupeaux avaient besoin de pluie de façon pressante à la fin de l'été au moment où les taons attaquaient leurs troupeaux et les rendaient furieux ; en Afrique, les tribus noires possédant des troupeaux, aujourd'hui encore, fuient de pâturage en pâturage lorsque leurs bêtes sont attaquées par les taons. Les prêtresses argiennes d'Io semblent avoir accompli une danse de la génisse tous les ans, au cours de laquelle elles*

simulaient d'avoir été rendues folles par des taons tandis que des hommes frappaient sur des portes en chêne, aux cris de « Io ! Io ! » et demandaient à la pluie de tomber pour faire cesser leur tourment. C'est là, semble-t-il, l'origine du mythe des femmes de Cos qui furent changées en vaches (voir 137. s*). Les colonies argiennes, établies en Eubée, sur le Bosphore, en Syrie, la mer Noire et l'Égypte amenèrent avec elles leurs danses pour faire venir la pluie (voir 152. 2).*

2. *La légende inventée pour expliquer l'extension vers l'est de ce rituel, ainsi que les similitudes entre le culte d'Io en Grèce, d'Isis en Égypte, d'Astarté en Syrie et de Kâli aux Indes, s'est greffée sur deux autres légendes sans lien entre elles : celle de la vache sacrée de la Lune parcourant les cieux, gardée par les étoiles, et celle des prêtresses de la Lune que les chefs des envahisseurs hellènes, chacun d'eux se dénommant Zeus, déflorèrent, à la consternation de la population indigène. Héra, en tant que femme de Zeus, vint donc exprimer la jalousie d'Io, bien qu'Io ne fût qu'un des noms d'Héra « aux-Yeux-de-Vache ». Le deuil, que porte Déméter à cause de Perséphone, est commémoré dans la fête du deuil argienne en l'honneur d'Io car Io a été assimilée à Déméter dans le mythe. De plus, on célébrait, tous les trois ans, les Mystères de Déméter à Celeae (« appel »), près de Corinthe, et ils furent, dit-on, fondés par un frère de Celeos (« oiseau pic »), roi d'Éleusis. On appelle Hermès le fils de Zeus Picos (oiseau pic) — Aristophane, dans ses* Oiseaux *(480), accuse Zeus de voler le sceptre de l'oiseau pic — de même qu'on dit que Pan a été le fils d'Hermès par la nymphe Dryopé « oiseau pic » ; Faunus, le Pan latin, était le fils de Picos (« oiseau pic ») que Circé changea en oiseau pic pour avoir repoussé son amour (Ovide :* Métamorphoses *XIV. 6). La tombe du Faune crétois portait cette épitaphe : « Ci-gît l'oiseau pic qui fut aussi Zeus » (Suidas* sub *Picos). Tous trois sont des dieux bergers faiseurs de pluie. Le mot « Libye » indique l'idée de pluie : les pluies d'hiver arrivaient en Grèce de la direction de la Libye.*

3. *Le fait que Zeus fût le père d'Épaphos qui devint l'ancêtre de Libye, d'Agénor, de Bélos, d'Aegyptos et de Danaos, implique que les Achéens, adorateurs de Zeus, revendiquaient la souveraineté sur toutes les populations maritimes de la Méditerranée orientale.*

4. *Le mythe des pygmées et des grues semble se rapporter aux éleveurs de haute taille constituant les tribus qui avaient fait irruption dans la vallée supérieure du Nil, venant de la Somalie ; ils avaient repoussé les pygmées indigènes vers le sud. On les appelait « les grues » parce qu'à ce moment-là, comme de nos jours, ils se tenaient pendant très longtemps sur un pied tandis*

que leur main, du côté opposé, retenait l'autre pied par la cheville et qu'ils s'appuyaient sur une lance.

57.
Phoronée

a. Le premier des humains à avoir réuni des hommes en une cité où se tenait un marché fut le frère d'Io, Phoronée, fils du dieu-Fleuve Inachos et de la Nymphe Mélia ; plus tard, le nom de Phoronicon, qu'elle portait, fut changé en Argos. Phoronée fut aussi le premier à découvrir l'usage du feu après que Prométhée l'eut volé. Il épousa la Nymphe Cerdo, gouverna tout le Péloponnèse et introduisit le culte d'Héra. A sa mort, ses fils Pélasgos, Iasos et Agénor se partagèrent le Péloponnèse ; son fils Gar fonda la ville de Mégare [1].

★

I. *Le nom de Phoronée que les Grecs interprètent comme « celui qui obtient le prix », parce que c'est lui qui a inventé les marchés, représente probablement Fearinos (« de l'aube de l'année », c'est-à-dire « du printemps ») ; il en existe de nombreuses variantes : Bran, Barn, Bergn, Vron, Éphron, Gwern, Fearn et Brennos, en tant qu'esprit de l'aune, qui présidait au quatrième mois de l'année sacrée (voir 28.* I *et* 5 ; *52.* 3 *et 170.* 8*) autour duquel la Fête du Feu du Printemps était célébrée ; on le décrivait comme un fils d'Inachos parce que les aunes poussent près des fleuves. Sa mère est la nymphe du frêne Mélia parce que le frêne, le premier arbre de la même série, attirait l'éclair, croyait-on — les arbres frappés par la foudre étaient la première source du feu pour l'homme primitif. Comme c'était un héros oraculaire, il était également associé au corbeau (voir 50.* I*). La découverte que fait Phoronée de l'usage du feu peut s'expliquer par la préférence des anciens forgerons et potiers pour le charbon de bois d'aune qui fournit plus de chaleur qu'aucun autre bois. Cerdo (« gain » ou « art ») est l'un des noms de Déméter ; on le lui décernait en tant que belette ou renarde, l'une et l'autre considérées comme des animaux prophétiques. « Phoronée » semble avoir été un nom de Cronos auquel sont aussi associés le corbeau et l'aune (voir 6. 2) et il est, par conséquent, le Titan du Septième Jour. Le partage du royaume de Phoronée entre ses fils Pélasgos, Iasos et Agénor rappelle le partage du royaume de Cronos entre Zeus, Poséidon et Hadès, mais il relate peut-être une division préachéenne du Péloponnèse.*

2. *Car est le Q're ou le Carios ou le Grand Dieu Ker qui semble avoir tiré son nom de sa mère-Lune, Artémis Caria ou Caryatis.*

58.
Europe et Cadmos

a. Agénor, fils de Libye par Poséidon et frère jumeau de Bélos, quitta l'Égypte pour se fixer sur la terre de Canaan, où il épousa Téléphassa, appelée aussi Argiopé, qui lui donna Cadmos, Phœnix, Cilix, Thasos, Phinée et une fille, Europe [1].

b. Zeus, s'étant épris d'Europe, envoya Hermès pour mener le troupeau d'Agénor jusqu'au rivage de Tyr, où elle et ses compagnes avaient coutume de se promener. Il se joignit lui-même au troupeau ayant pris la forme d'un taureau blanc avec de grands fanons et de petites cornes pareilles à des bourgeons et séparées par une bande noire. Europe fut frappée par sa beauté et, trouvant qu'il était doux comme un agneau, elle surmonta sa frayeur et se mit à jouer avec lui ; elle lui mit des fleurs dans la bouche et suspendit des guirlandes à ses cornes ; à la fin elle grimpa sur ses épaules et il descendit tout doucement jusqu'à la mer. Brusquement il entra dans l'eau et se mit à nager tandis qu'elle, la tête tournée vers la terre ferme, était prise de panique à la vue du rivage qui s'éloignait ; d'une main elle était agrippée à sa corne droite, et de l'autre elle retenait encore un panier de fleurs [2].

c. Zeus toucha terre non loin de Gortyne, en Crète ; là il devint un aigle et viola Europe dans un bois de saules, auprès d'une source ; ou, selon certains, sous un platane. Elle lui donna trois fils : Minos, Rhadamante et Sarpédon [3].

d. Agénor envoya ses fils à la recherche de leur sœur en leur interdisant de revenir sans elle. Ils prirent la mer aussitôt, mais n'ayant pas la moindre idée de l'endroit où était allé le taureau, chacun d'eux s'engagea dans une direction différente. Phœnix se dirigea vers l'ouest, s'en fut au-delà de la Libye, vers ce qui est devenu Carthage, et là il donna son nom aux Puniques ; mais, à la mort d'Agénor, il revint à Canaan, qui s'appelle depuis lors Phénicie en son honneur, et là il devint le père d'Adonis par Alphésibée [4]. Cilix se rendit au pays des Hypachéens, qui prit son nom, la Cilicie [5], et Phinée, à Thynie, une péninsule séparant la mer de Marmara de la mer Noire, où par la suite les Harpyes le tourmentèrent cruellement. Thasos et ses compagnons se rendirent d'abord à Olympie où ils dédièrent une statue de bronze à Héraclès Tyrien, tenant une massue et un arc, haute de dix aunes, puis ils se remirent en route, colonisèrent l'île de Thasos et en exploitèrent les riches mines d'or. Tout cela se passait cinq générations avant qu'Héraclès, fils d'Amphitryon, naquît en Grèce [6].

e. Cadmos s'embarqua avec Téléphassa pour Rhodes, où il dédia un chaudron d'airain à Héra de Lindos et érigea le temple de Poséidon ; il y laissa, après son départ, une communauté de prêtres pour le servir. Après cela, ils abordèrent à Théra et y bâtirent un temple semblable. Finalement ils atteignirent le pays des Édoniens de Thrace qui les reçurent de façon très hospitalière. Là Téléphassa mourut subitement et, après ses funérailles, Cadmos et ses compagnons se rendirent à pied à l'oracle de Delphes. Lorsqu'il demanda où se trouvait Europe, la Pythie lui conseilla de renoncer à la chercher mais plutôt de suivre une vache et de fonder une cité en chacun des endroits où elle se laisserait tomber.

f. Ayant pris la route qui mène de Delphes en Phocide, Cadmos rencontra des bergers au service du roi Pélagon qui lui vendirent une vache marquée d'une pleine lune blanche sur chaque flanc. Il mena la bête vers l'est, traversa la Béotie, sans la laisser se reposer, jusqu'à ce qu'enfin elle s'abattît, épuisée, sur l'emplacement actuel de la ville de Thèbes, et là Cadmos érigea une statue d'Athéna, à laquelle il donna son nom phénicien : Onga [7].

g. Cadmos déclara à ses compagnons que la vache devait être sacrifiée à Athéna sans tarder ; il les envoya chercher de l'eau lustrale à la Source d'Arès, appelée aujourd'hui source de Castalie, mais il ignorait qu'elle était gardée par un dragon. Ce dragon tua la plupart des hommes de Cadmos qui se vengea en lui écrasant la tête sous un rocher. Il n'avait pas plus tôt offert le sacrifice à Athéna que celle-ci lui apparut, le remercia pour ce qu'il avait fait et lui donna l'ordre de semer en terre les dents du dragon. Dès qu'il lui eut obéi, des Spartoi ou Hommes Semés se levèrent du sol en faisant cliqueter leurs armes. Cadmos lança une pierre au milieu d'eux. Une querelle s'ensuivit car ils s'accusaient réciproquement et, bientôt, ils en vinrent aux mains si furieusement qu'à la fin cinq d'entre eux seulement survécurent : Échion, Oudaeos, Chthonios, Hypérénor et Péloros, qui d'un commun accord offrirent leurs services à Cadmos. Cependant, Arès réclamait une vengeance pour le meurtre du dragon et Cadmos fut condamné, par un tribunal des dieux, à devenir son esclave pendant une Grande Année [8].

★

1. *Il existe de nombreuses variantes, et qui sont assez troublantes, de la généalogie indiquée ci-dessus par eux. Thasos est tantôt décrit comme le fils de Poséidon, Cilix (Apollodore : III. 1. 1) ou Tityos (Pindare :* Pythiques *IV. 46). Agénor est le héros phénicien Chnas qui figure dans la* Genèse *sous le nom de « Canaan » ; de nombreuses coutumes canaanites semblent provenir de l'Afrique orientale et les Canaanites sont peut-être venus, à l'origine, de l'Ouganda en Basse-Égypte. La dispersion des fils d'Agénor relate peut-être la fuite vers l'ouest des tribus canaanites au début du IIe millénaire avant J.-C., sous la poussée des envahisseurs aryens et sémitiques.*

2. *La légende des fils d'Inachos et de leur voyage à la recherche d'Io, la vache-Lune (voir 56.* d*) a influencé celle des fils d'Agénor et leur voyage pour retrouver Europe. Phœnix est la forme masculine de Phœnissa (« la rouge » ou « la sanguinaire »), nom donné à la Lune en tant que Déesse de la Mort-dans-la-Vie. Europe signifie « visage large » synonyme de pleine lune et c'est un nom des déesses-Lune Déméter, à Lébadée, et Astarté, à Sidon. Mais si le mot ne provient pas d'*eur-ope *mais d'*eu-rope *(voir le mot* euboea*), il peut aussi signifier « convenant au saule » c'est-à-dire « bien irrigué ». Le saule gouverne le cinquième mois de l'année sacrée (voir 52.* 3*) et il est associé à la sorcellerie (voir 28.* 5*) et aux rites de fertilité, dans toute l'Europe, particulièrement au début de mai, qui correspond précisément à ce mois-là. Libye, Téléphassa, Argiopé et Alphésibée sont, de même, tous, des noms de la déesse-Lune.*

3. *L'enlèvement d'Europe par Zeus qui relate une occupation de la Crète par les Hellènes, survenue dans des temps très anciens, a été inspiré de figurations préhelléniques de la déesse-Lune chevauchant triomphalement le taureau-Soleil, sa victime. Cette scène a survécu sur huit stèles, en verre bleu, découvertes dans la cité mycénienne de Midéa. Il semble qu'il s'agisse là du rituel de fertilité au cours duquel l'on portait en procession la guirlande de Mai d'Europe (Athénée : p. 678. a-b). Zeus séduisant Europe, déguisé en aigle, rappelle Zeus séduisant Héra, déguisé en coucou (voir 12. a) ; car (selon Hésychios) Héra portait le titre d'« Europia ». Le nom crétois et corinthien d'Europe était Hellotis qui rappelle Hélicé (saule) ; Hellé (voir 43.* I *et 70.* 8*) et Hélène sont le même personnage divin, Callimaque dit que le*

platane était aussi consacré à Hélène. Il était sacré à cause de ses feuilles à cinq pointes qui représentaient la main de la déesse (voir 54. a*) et à cause de son écorce qui tombait par plaques ; mais Apollon l'emprunta (voir 160. 10) comme le dieu Esmun le fit pour l'emblème de la main ouverte de Tanit (de Neith) (voir 21.* 3*).*

4. *Il est possible que la légende d'Europe commémore aussi une attaque contre la Phénicie par des Héllènes venus de Crète.*

5. *L'Héraclès Tyrien que Thésée vénérait à Olympie était le dieu Melkarth ; et une petite tribu, de langue sémitique, semble être venue des plaines syriennes à Cadmé, en Carie — Cadmos est un mot sémitique signifiant « venant de l'est » — d'où elle se rendit en Béotie vers la fin du IIe millénaire, s'empara de Thèbes et se rendit maîtresse du pays. Le mythe des Hommes Ensemencés et la soumission de Cadmos à Arès indiquent que les envahisseurs cadmiens affermirent leur puissance sur la Béotie en intervenant avec succès dans une guerre civile qui éclata parmi les tribus pélasgiennes, qui prétendaient être des autochtones, et qu'ils acceptèrent la règle locale selon laquelle le roi sacré devait régner pendant une période de huit ans. Cadmos tua le serpent de la même façon qu'Apollon tua le Python, à Delphes (voir 21.* 12*). Les noms des Hommes Ensemencés — Échion (« vipère ») ; Oudaeos (« de la terre ») ; Chthonios (« du sol ») ; Hypérénor (« homme qui surgit ») ; et Péloros (« serpent ») — sont des noms caractéristiques de héros oraculaires. Mais « Péloros » indique que tous les Pélasgiens et non pas seulement les Thébains prétendaient être nés de cette façon : ils avaient une fête commune, les Pélories (voir 1.* 2*). La récolte des dents du Dragon que fait Jason avait probablement été semée à Iolcos ou à Corinthe et non pas en Colchide (voir 152.* 3*).*

6. *Troie et Antioche avaient été fondées aussi, dit-on, sur des lieux choisis par des vaches sacrées (voir 158.* h *et 56.* d*). Mais il est peu probable que cette coutume ait été jamais mise à exécution et il est plus vraisemblable de penser qu'on lâchait la vache dans un lieu délimité et choisi et que l'on fondait le temple de la déesse-Lune à l'endroit où elle se couchait à terre. La sensibilité stratégique et commerciale de la vache n'est pas très développée.*

59.
Cadmos et Harmonie

a. Après que Cadmos eut travaillé comme esclave durant huit ans au service d'Arès pour expier le meurtre du dragon de Castalie, Athéna lui donna la Béotie. Aidé de ses hommes armés, il construisit la citadelle thébaine appelée Cadmée, en son honneur, et, après avoir été initié aux mystères que Zeus avait enseignés à Iasion, il épousa Harmonie, la fille d'Aphrodite et d'Arès ; selon certains, Athéna la lui donna en mariage lors de son voyage à Samothrace [1].

b. Ce fut le premier mariage auquel prenaient part les dieux de l'Olympe. On avait installé pour eux douze trônes d'or dans la maison de Cadmos qui se trouvait sur l'emplacement de l'actuelle place du marché à Thèbes ; chacun d'eux apporta un cadeau. Aphrodite donna en présent à Harmonie le célèbre collier d'or, œuvre d'Héphaïstos — que Zeus avait autrefois offert à Europe, sœur de Cadmos, lorsqu'il était épris d'elle — et qui conférait une beauté irrésistible à celle qui le portait [2]. Athéna lui fit don d'une robe tissée d'or qui donnait une démarche divine et aussi une paire de flûtes. Hermès offrit une lyre. Le cadeau de Cadmos à Harmonie fut aussi une robe magnifique ; Électre, mère d'Iasion, lui enseigna les rites de la Grande Déesse et Déméter lui assura une belle récolte d'orge en s'unissant avec Iasion durant la cérémonie dans un champ trois fois labouré. Les Thébains montrent encore aujourd'hui le lieu où les Muses jouaient de la flûte en chantant, ce jour-là, et où Apollon fit de la musique sur sa lyre [3].

c. Dans ses vieux jours, et pour plaire à Arès, qui ne lui avait pas tout à fait pardonné d'avoir tué le dragon, Cadmos abandonna le trône de Thèbes en faveur de son petit-fils Penthée, que sa fille Agavé avait eu d'Échion, l'Homme Semé, et il vécut paisiblement dans la ville. Mais lorsque Penthée fut tué par sa mère, Dionysos prédit que Cadmos et Harmonie, arrivant dans un char traîné par des génisses, régneraient sur des hordes barbares. Ces barbares, avait-il dit, mettraient à sac de nombreuses villes grecques et enfin pilleraient un temple d'Apollon, après quoi ils subiraient un juste châtiment ; mais Arès viendrait à l'aide de Cadmos et Harmonie en les changeant en serpents, et ils vivraient heureux pour toujours dans l'île des Bienheureux [4].

d. Cadmos et Harmonie émigrèrent donc chez les Enchéléens qui, lorsqu'ils furent attaqués par les Illyriens, choisirent d'être gouvernés par eux, sur le conseil de Dionysos. Agavé épousa Lycothersès, roi d'Illyrie, à la cour duquel elle s'était réfugiée après le meurtre de Penthée ; mais, en apprenant que ses parents étaient à la tête des forces enchéléennes, elle tua aussi Lycothersès et remit le royaume à Cadmos [5].

e. A la fin de leur vie, et lorsque ce qui avait été prédit se fut entièrement réalisé, Cadmos et Harmonie devinrent des serpents tachetés de bleu et Zeus les envoya aux îles des Bienheureux. Mais, selon certains, Arès les changea en lions. Leurs corps furent enterrés en Illyrie, où Cadmos avait bâti la ville de Buthoë. Illyrios, le fils qu'il avait eu dans sa vieillesse, lui succéda [6].

★

1. *Le mariage de Cadmos et Harmonie en présence des douze dieux de l'Olympe est l'équivalent du mariage de Pélée et de Thétis (voir 81.* 1*) et semble relater la reconnaissance, par les Hellènes, des conquérants cadmiens de Thèbes, après la garantie des Athéniens et après qu'ils eurent été sérieusement initiés aux Mystères de Samothrace. Le fait qu'il ait fondé Buthoë témoigne de la prétention des Illyriens à être considérés comme des Grecs et par conséquent à participer aux Jeux Olympiques. Cadmos, s'il avait été figuré sous forme de serpent, c'est qu'il devait avoir un oracle en Illyrie ; et les lions en lesquels lui et Harmonie furent changés étaient peut-être des fidèles jumeaux de la statue aniconique de la Grande Déesse — telle qu'elle est figurée sur la célèbre Porte du Lion, à Mycènes. Le mythographe pense qu'on lui permit d'émigrer, à la tête d'une colonie, à la fin de son règne, au lieu qu'il fût mis à mort (voir 117.* 5*).*

60.
Bélos et les Danaïdes

a. Le roi Bélos, qui régnait à Chemmis en Haute-Égypte, était le fils de Libye par Poséidon et frère jumeau d'Agénor. Sa femme Anchinoé, fille de Nilos, lui donna Aegyptos et Danaos et un troisième fils, Céphée [1].

b. Aegyptos reçut le royaume d'Arabie ; mais il conquit aussi le pays des Mélampodes, et l'appela : Égypte, d'après son nom. Il eut cinquante fils de différentes mères : les Libyens, les Arabes, les Phéniciens, etc. Danaos, qui avait été envoyé pour gouverner la Libye, avait cinquante filles appelées les Danaïdes, nées également de différentes mères : les Naïades, les Hamadryades, les princesses égyptiennes d'Éléphantis et de Memphis, les Éthiopiennes, etc.

c. A la mort de Bélos, les jumeaux se querellèrent sur leur héritage et, dans un geste de conciliation, Aegyptos proposa un mariage général entre les cinquante princes et les cinquantes princesses. Danaos, soupçonnant un complot, n'y consentit pas et, lorsqu'un oracle vint confirmer ses craintes en disant qu'Aegyptos avait l'intention de tuer les Danaïdes, il fit ses préparatifs pour fuir la Libye [2].

d. Avec l'aide d'Athéna, il construisit un bateau pour lui et ses filles, — le premier bateau à deux proues qui prit jamais la mer — et, tous réunis, ils voguèrent vers la Grèce en passant par Rhodes. Là, Danaos dédia une statue à Athéna dans un temple érigé pour elle par les Danaïdes, dont trois moururent durant leur séjour dans l'île. Les villes de Lindos, Ialysos et Camiros leur doivent leurs noms [3].

e. De Rhodes, ils se rendirent au Péloponnèse et abordèrent près de Lerne ; là, Danaos annonça qu'il avait été choisi par les dieux pour devenir roi d'Argos. Et, bien que le roi d'Argos, Gélanor, ne prit pas au sérieux ses prétentions, ses sujets se réunirent, ce soir-là, pour en discuter. Gélanor aurait certainement gardé son trône, en dépit des déclarations de Danaos qui prétendait posséder l'appui d'Athéna, si les Argiens n'avaient retardé leur décision jusqu'à l'aube du lendemain et qu'à ce moment-là fût descendu de la montagne un loup audacieux qui attaqua un troupeau au pâturage non loin des murs de la ville, tuant le taureau chef du troupeau. Ils considérèrent cet incident comme un présage indiquant que Danaos prendrait le trône par la force si on lui résistait et ils convainquirent Gélanor d'abandonner son trône sans résistance.

f. Danaos, persuadé que le loup n'était autre qu'Apollon, déguisé, lui dédia le fameux temple d'Apollon Lycien à Argos, et il devint si puissant que tous les Pélasges de Grèce s'appelèrent Danaens. Il construisit aussi la citadelle d'Argos et ses filles y apportèrent d'Égypte les Mystères de Déméter appelés Thesmophories, et les enseignèrent aux Pélasgiennes. Mais, depuis l'invasion dorienne, les Thesmophories, ne sont plus pratiquées dans le Péloponnèse sauf par les Arcadiens [4].

g. Danaos avait trouvé l'Argolide en proie à une longue sécheresse depuis le jour où Poséidon, mécontent de la décision d'Inachos qui avait proclamé que la terre appartenait à Héra, avait desséché toutes les rivières et tous les torrents. Il envoya ses filles en quête d'eau et leur donna l'ordre d'obtenir les bonnes grâces de Poséidon par tous les moyens. L'une d'elles, appelée Amymoné, qui poursuivait un cerf dans la forêt, réveilla par hasard un satyre qui dormait. Il se leva d'un bond et essaya de la violer ; mais Poséidon, qu'elle invoqua, lança son trident contre lui. Le satyre esquiva le trident et s'enfuit, le trident se planta dans un rocher et ce fut Poséidon qui s'unit à Amymoné, tout heureuse d'obéir aux instructions de son père de si agréable façon. En apprenant l'objet de sa mission, Poséidon, lui désignant son trident, lui dit de le retirer du rocher où il était planté et, des trois trous, jaillirent trois jets d'eau. Cette source, appelée aujourd'hui Amymoné, donne naissance au fleuve Lerne, dont l'eau ne tarit jamais même au cours de l'été[5]

h. C'est à Amymoné qu'Échidna mit au monde, sous un platane, l'Hydre monstrueuse. Elle vivait dans le lac de Lerne, tout proche et où les criminels venaient se purifier — d'où l'expression : « Un Lerne de méfaits[6]».

i. Aegyptos envoya alors ses fils à Argos en leur interdisant de revenir avant d'avoir châtié Danaos et toute sa famille. A leur arrivée, ils demandèrent à Danaos de revenir sur sa décision et de leur permettre d'épouser ses filles — ils avaient l'intention de les tuer le soir de leurs noces — ; comme il refusait encore, ils mirent le siège devant Argos. A présent, il n'y a plus de sources sur la citadelle d'Argos ; et, bien que les Danaïdes, par la suite, inventèrent l'art de forer des puits, et en donnèrent plusieurs à la ville — dont quatre puits sacrés — il n'y avait pas d'eau à l'époque dont il est question. Comprenant que la soif le contraindrait bientôt à capituler, Danaos promit de faire ce que demandaient les fils d'Aegyptos aussitôt que le siège serait levé[7].

j. Un mariage général fut décidé et Danaos apparia les couples : les raisons de son choix étaient dues tantôt au fait que les mères du marié et de la mariée étaient d'un même rang, et tantôt que leurs noms étaient semblables — ainsi Cléité, Sthénélé et Chrysippé épousèrent Cléitos, Sthénélos et Chrysippos — mais dans la plupart des cas il tira au sort[8].

k. Pendant les fêtes du mariage, Danaos distribua en secret de longues épingles que ses filles devaient cacher dans leurs cheveux et, à minuit, chacune des filles poignarda son mari en plein cœur. Il n'y eut qu'un seul survivant :

sur le conseil d'Artémis, Hypermnestre sauva la vie de Lyncée, parce qu'il avait respecté sa virginité ; elle l'aida dans sa fuite à la cité de Lyncée, à douze kilomètres de là. Hypermnestre lui demanda d'allumer un feu lorsqu'il arriverait pour lui indiquer qu'il était en sûreté ; elle-même en allumerait un à la citadelle. Les habitants d'Argos allument encore tous les ans des feux pour commémorer ce pacte. A l'aube, Danaos apprit qu'Hypermnestre lui avait désobéi ; elle passa en jugement mais fut acquittée par les juges d'Argos. En reconnaissance, elle éleva une statue à Aphrodite Victorieuse dans le temple d'Apollon Lycien et dédia un sanctuaire à Artémis du Bon Conseil [9].

l. Les têtes des hommes assassinés furent enterrées à Lerne, et on rendit à leurs corps les honneurs funèbres sous les murs d'Argos ; mais, bien qu'Athéna et Hermès eussent purifié les Danaïdes dans les eaux du lac de Lerne avec la permission de Zeus, les Juges des Morts les condamnèrent à transporter éternellement des jarres percées comme des tamis [10].

m. Lyncée et Hypermnestre furent réunis et Danaos, ayant décidé de marier ses autres filles aussitôt que possible, avant le milieu du jour de leur purification, se mit à la recherche de prétendants. Il suggéra une épreuve de course à pied en vue du mariage dont le point de départ se trouvait dans une rue appelée aujourd'hui Aphéta : le vainqueur aurait le droit de choisir sa femme le premier, parmi toutes les autres ; les autres auraient le second choix, d'après leur ordre d'arrivée. Comme il ne put réunir suffisamment d'hommes disposés à risquer leur vie en épousant des meurtrières, seul un petit nombre prit part à la course mais lorsqu'ils virent que la nuit de noces s'était bien passée, sans catastrophe pour les époux, d'autres prétendants se présentèrent et une autre course eut lieu, le lendemain. Tous les descendants de ces mariages figurent parmi les Danaens ; et les Argiens célèbrent encore cette course dans leurs Jeux Hyménéens. Par la suite, Lyncée tua Danaos et régna à sa place. Il aurait volontiers tué ses belles-sœurs en même temps, pour venger ses frères assassinés si les Argiens l'avaient permis [11].

n. Pendant ce temps, Aegyptos était arrivé en Grèce, mais, lorsqu'il connut le sort de son frère, il s'enfuit à Aroé où il mourut. Il fut enterré à Patras, dans un sanctuaire de Sérapis [12].

o. Le fils d'Amymoné par Poséidon, Nauplios, navigateur célèbre, découvrit l'art de la navigation grâce à la Grande Ourse et fonda la cité de Nauplie, où il fit s'établir l'équipage égyptien qui s'était embarqué avec son grand-père. Il fut l'ancêtre de Nauplios, le Naufrageur, qui conduisait les navires ennemis à leur perte en allumant des feux de signalisation trompeurs[13].

★

1. *Ce mythe raconte l'histoire de l'arrivée en Grèce des premiers colons helladiques venant de Palestine, ayant passé par Rhodes, et qui introduisaient l'agriculture au Péloponnèse. On prétend qu'il y avait parmi eux des émigrants de Libye et d'Éthiopie, ce qui semble probable (voir 6.* I *et 8.* 2*). Bélus est le Baal de l'Ancien Testament et le Bel des Apocryphes ; il a emprunté son nom à la déesse-Lune sumérienne Belili, qu'il a remplacée.*

2. *Les trois Danaïdes connues aussi sous le nom de Telchines, ou « magiciennes », qui donnèrent leur nom aux trois principales villes de Rhodes n'étaient autres que la Triple déesse-Lune Danaé (voir 54.* I *et 73.* 4). Les noms de Linda, Camira et Ialysa semblent être des formes dégradées de linodeousa *(« celle qui attache avec un fil de lin »),* catamerizousa *(« celle qui divise »)* et ialemistria *(« femme qui pousse des gémissements ») — ce sont en réalité les Trois Parques ou Moires connues aussi sous le nom de Clotho, Lachésis et Atropos (voir 10.* I*) parce qu'elles exerçaient ces fonctions. A la période classique, la conception du fil de lin venait du fait que la déesse attachait la créature à l'extrémité d'un fil mesuré avec soin, qu'elle déroulait tous les ans jusqu'à ce que vienne le moment pour elle de le couper et par conséquent de confier son âme à la Mort. Mais à l'origine, elle emmaillotait le nouveau-né avec des bandelettes en lin sur lesquelles les insignes de son clan et de sa famille étaient brodés — et ainsi elle lui assignait la place qui lui était destinée dans la société.*

3. *Le nom sumérien de Danaé était Dam-kina. Les Hébreux l'appelaient Dinah* (Genèse *XXXIV) dont la forme masculine est Dan. Cinquante prêtresses de la Lune constituaient l'effectif normal d'un collège et elles avaient pour tâche de veiller à ce que, grâce à des charmes amenant la pluie, la terre soit arrosée, irriguée et retournée ; c'est pour cette raison que le nom des Danaïdes a été rattaché au mot grec* dànos, *« desséché » et à* danos *« don » ; le premier* a *est quelquefois long et quelquefois bref. Le fait qu'Agénor et Bélos soient deux jumeaux comme Danaos et Aegyptos indique qu'il existait à Argos un système de royauté selon lequel chaque roi conjoint épousait une Grande Prêtresse et régnait pendant cinquante mois lunaires — ou une demi-Grande Année. On choisissait les Grandes Prêtresses au*

moyen d'une épreuve de course à pied (c'est là l'origine des Jeux Olympiques) qui se courait à la fin de cinquante mois ou des quarante-neuf mois, une année sur deux (voir 53. 4*). La course de la Nouvelle Année, à Olympie (voir 53.* 3*), à Sparte (voir 160.* d*), à Jérusalem (Hooke :* Origine du premier rituel sémitique *1935, p. 53) et à Babylone (Langdon :* Épopée de la création, *lignes 57 et 58) avait lieu pour désigner le roi sacré, comme à Argos. Un roi-Soleil doit être rapide.*

4. *L'Hydre (voir 34.* 3 *et 60.* h*), détruite par Héraclès, semble bien être la personnification de ce collège de prêtresses qui étaient chargées d'amener l'eau (voir 124 2-4), et le mythe des Danaïdes raconte probablement deux tentatives helléniques pour s'emparer de leurs sanctuaires, dont la première fut un échec notoire. Après la deuxième tentative, celle-là couronnée de succès, le chef des Hellènes épousa la Grande Prêtresse et répartit les prêtresses chargées de l'eau entre les différents chefs afin qu'ils les prennent pour épouses. « La rue appelée Apheta » était probablement l'endroit où avait lieu le départ de la course des jeunes filles dont la gagnante obtenait la fonction de Grande Prêtresse, mais on l'utilisait également lors de la course entre hommes pour obtenir la fonction de roi sacré (voir 53.* 3 *et 160.* d*). Lyncée, titre royal à Messène également (voir 74.* 1*), signifie « de lynx » — animal célèbre pour sa vue perçante.*

5. *« Aegyptos » et « Danaos » semblent avoir été des titres anciens pour les rois conjoints de Thèbes et, comme c'était un usage très répandu que d'enterrer la tête du roi sacré aux abords de la cité et ainsi de protéger celle-ci contre une invasion éventuelle (voir 146.* 2*), les prétendues têtes des fils d'Aegyptos, enterrées à Lerne, étaient probablement celles de plusieurs rois sacrés successifs. On appelait les Égyptiens Mélampodes (« pieds noirs ») parce qu'ils pataugeaient dans le limon noir du Nil à la saison des semailles.*

6. *Une société monogame plus tardive représenta les Danaïdes avec des jarres perdant perpétuellement leur eau en châtiment éternel du crime dont elles s'étaient rendues coupables. Mais dans la représentation d'où cette légende a été tirée, elles accomplissaient une opération magique nécessaire : asperger d'eau le sol pour amener des averses de pluie par magie sympathique (voir 41.* 5 *et 68.* 1*). Il semble que le tamis ou la jarre qui fuit soient demeurés la marque distinctive de la femme pleine de sagesse, plusieurs siècles après l'abolition des collèges des Danaïdes : Philostrate parle (*Vie d'Apollonios de Tyane *VI. 11) des « femmes porteuses de tamis et qui racontent partout qu'elles guérissent les bêtes des simples gardiens de troupeaux ».*

7. *Les feux d'Hypermnestre et de Lyncée devaient être ceux qu'on allumait aux Fêtes du Printemps, à Argos, pour célébrer le triomphe du Soleil. Il est possible qu'à Argos le roi sacré fût mis à mort au moyen d'une aiguille dont on lui transperçait le cœur : fin relativement douce.*

8. *Les Thesmophories (« présents convenables ») étaient des orgies agricoles, célébrées à Athènes notamment (voir 48.* b*), au cours desquelles les parties génitales du roi ou de son substitut, que l'on avait coupées, étaient transportées dans une corbeille ; on avait remplacé celles-ci, en des temps plus civilisés, par des pains en forme de phallus et par des serpents vivants. Apollon Lycien signifie peut-être « Apollon Lumière » plutôt qu'« Apollon Loup » mais ces deux conceptions sont liées car les loups ont l'habitude de hurler à la pleine lune.*

61.
Lamia

a. Bélos avait une fille très belle, appelée Lamia, qui régnait en Libye, et à qui Zeus, reconnaissant de ses faveurs, conféra le don singulier de se sortir les yeux de la tête et de les remettre en place à volonté. Elle lui donna plusieurs enfants mais tous, excepté Scylla, furent tués par Héra dans un accès de jalousie. Lamia se vengea en faisant périr les enfants des autres, et se montra si cruelle que son visage devint une figure de cauchemar.

b. Par la suite, elle se joignit aux Empuses ; elles s'unissait aux jeunes hommes et leur suçait le sang pendant qu'ils dormaient [1].

1. *Lamia était la Neith libyenne, déesse de l'Amour et de la Guerre, qu'on appelait aussi Anatha et Athéna (voir 8.* I ; *25.* 2 et 61. I*) dont les Achéens supprimèrent le culte ; comme l'Alphito d'Arcadie, elle finit par être le loup-garou des terreurs enfantines (voir 52.* 7*). Son nom, Lamia, semble se rattacher à* lamyros *(« gloutonne ») de* laimos *(« gosier ») — il s'agit donc d'une femme « sensuelle » et son visage repoussant n'est autre que le masque protecteur de la Gorgone que portaient les prêtresses au cours des Mystères (voir 33.* 3*), où l'on mettait à mort des enfants. Les yeux amovibles de Lamia sont peut être inspirés par une représentation de la déesse sur le point de conférer à un héros le don de la vision mystique en lui présentant un œil (voir 73.* 8*). Les Empuses étaient des incubes (voir 55.* I*).*

62.
Léda

a. D'aucuns disent que lorsque Zeus s'éprit de Némésis, elle s'enfuit et, pour lui échapper, se jeta dans l'eau et se transforma en poisson ; il la poursuivit sous la forme d'un castor (?) en labourant la mer de ses pattes. Elle sauta alors sur le rivage et se transforma en un animal sauvage puis en un autre mais elle ne parvenait pas à se débarrasser de Zeus car il devenait lui-même un animal toujours plus rapide et plus féroce qu'elle. A la fin, elle s'envola dans les airs sous la forme d'une oie sauvage ; il devint alors un cygne et l'étreignit à Rhamnante en Attique. Némésis, résignée, secoua ses plumes et vint à Sparte où Léda, femme du roi Tyndare, trouva dans un marais un œuf rouge orangé, qu'elle rapporta chez elle et cacha dans un coffret : de cet œuf sortit Hélène de Troie [1]. Mais, selon certains, cet œuf tomba de la lune — comme celui qui autrefois fut immergé dans l'Euphrate puis tiré sur le rivage par des poissons et couvé par des colombes — et s'ouvrit pour laisser sortir la Déesse syrienne de l'Amour [2].

b. Selon d'autres, Zeus fit semblant d'être un cygne poursuivi par un aigle et se réfugia dans le sein de Némésis ; il s'unit à elle et, lorsque le terme fut venu, elle pondit un œuf qu'Hermès jeta entre les cuisses de Léda assise sur un tabouret, les jambes écartées. Ainsi Léda donna naissance à Hélène et Zeus plaça les effigies du Cygne et de l'Aigle dans les cieux, pour commémorer cette ruse [3].

c. Mais l'histoire que l'on raconte généralement est que Zeus, sous la forme d'un cygne, s'unit à Léda en personne, auprès de l'Eurotas, qu'elle pondit un œuf d'où sortirent Hélène, Castor et Pollux et, que par la suite, elle fut divinisée sous le nom de la déesse Némésis [4]. Or, le mari de Léda, Tyndare, s'était aussi uni à elle durant la même nuit et, si certains prétendent que les trois enfants étaient nés de Zeus — ainsi que Clytemnestre qui était sortie avec Hélène d'un second œuf — d'autres disent qu'Hélène seule était fille de Zeus et que Castor et Pollux étaient fils de Tyndare [5] ; selon d'autres encore, Castor et Clytemnestre seraient les fils de Tyndare tandis qu'Hélène et Pollux seraient les enfants de Zeus [6].

1. *Némésis était la déesse-Lune sous son aspect de Nymphe (voir 32. 2) et, dans la forme la plus ancienne du mythe de la chasse d'amour, elle poursuit le roi sacré à travers tous ses changements saisonniers, où il apparaît sous les aspects de lièvre, de poisson, d'abeille et de souris — ou bien de lièvre, de poisson, d'oiseau et de grain de blé — et finalement elle le dévore. Avec le triomphe du système patriarcal, la chasse se trouve inversée :*

maintenant c'est la déesse qui fuit devant Zeus, comme dans la ballade anglaise du Forgeron (voir 89. 2*). Elle s'est changée en loutre ou en castor pour poursuivre le poisson et le nom du Castor (« castor ») est très nettement une survivance de ce mythe alors que le nom de Pollux (« beaucoup de vin doux ») rappelle le caractère des fêtes au cours desquelles avait lieu cette poursuite.*

2. Lada *est, croit-on, le mot lycien (i. e. crétois) pour « femme » et Léda était la déesse Latone ou Léto ou Lat qui porta dans son sein Apollon et Artémis à Délos (voir 14.* 2*). L'œuf rouge orangé rappelle l'œuf de Pâques rouge des Druides, qu'on appelait le* glain, *qu'ils cherchaient tous les ans sur la grève ; dans la Mythologie celtique cet œuf était pondu par la déesse sous l'aspect d'un serpent de mer. La légende selon laquelle il avait été lancé entre les cuisses de Léda a peut-être été inspirée par une représentation de la déesse assise sur le tabouret d'accouchement, la tête d'Apollon sortant de son corps.*

3. *Hélène et Hellé ou Seléné sont des variantes locales de la déesse-Lune (voir 43.* 10 ; *70.* 8, *et 159.* I*) dont Hygin souligne l'identification avec la déesse syrienne de Lucien. Mais le récit d'Hygin est confus : c'est la déesse elle-même qui pond l'œuf du monde après s'être unie avec le serpent Ophion et qui le couve ensuite sur les eaux en prenant la forme d'une colombe. Elle était née du Néant (voir 1.* a*). Hélène avait deux temples près de Sparte : l'un à Thérapnae, sur le territoire de Mycènes, un autre à Dendra, rattaché à un culte des arbres, comme l'était son sanctuaire à Rhodes (voir 88.* 10*). Pollux (X. 191) parle d'une fête à Sparte, qu'on appelait les Hélènéphories, qui ressemblait de très près aux Thesmophories d'Athéna, à Athènes (voir 48.* b*), au cours desquelles on transportait dans une corbeille spéciale, appelée* helene, *certains objets que l'on ne pouvait pas nommer. Hélène elle-même transporte une corbeille de ce genre sur des reliefs la figurant accompagnée par les Dioscures. Ces objets étaient peut-être des emblèmes phalliques ; elle était une déesse orgiaque.*

4. *Zeus avait trompé Némésis, la déesse du culte du cygne du Péloponnèse, en faisant appel à sa pitié exactement de la même manière qu'il avait trompé Héra, du culte du coucou crétois (voir 12.* a*). Ce mythe se rapporte semble-t-il à l'arrivée de guerriers helléniques dans les villes crétoises et pélasgiennes qui commencèrent à rendre hommage à la Grande Déesse et donnèrent à ses prêtresses des compagnes qui leur étaient soumises ; mais, par la suite, ils devaient lui retirer sa suprématie.*

63.
Ixion

a. Ixion, fils de Phlégyas, roi des Lapithes, accepta d'épouser Dia, fille d'Éionée, promit de riches cadeaux de mariage et invita Éionée à un festin, mais il avait aménagé devant le palais une fosse dissimulée par des branchages et où brûlait un peu de charbon de bois ; le roi Éionée qui ne se doutait de rien y tomba et périt dans la braise.

b. Bien que tous les autres dieux aient trouvé odieux cet acte et refusé de purifier Ixion de son crime, Zeus, qui s'était personnellement conduit de la même façon lorsqu'il avait été amoureux, non seulement le purifia mais le convia à sa table.

c. Ixion se montra ingrat et essaya de séduire Héra, qui, pensait-il, serait heureuse de trouver l'occasion de se venger des fréquentes infidélités de Zeus, mais Zeus, devinant ses pensées, façonna un nuage à la forme d'Héra, et Ixion, qui était trop ivre pour remarquer que c'était une créature illusoire, s'unit bel et bien à cette nuée. Il fut surpris dans ses étreintes par Zeus qui donna l'ordre à Hermès de le flageller sans pitié jusqu'à ce qu'il répète ces mots : « Il faut respecter son bienfaiteur », puis de l'attacher à une roue enflammée qui tournoierait sans cesse dans le ciel.

d. La fausse Héra, par la suite appelée Néphélé, donna à Ixion Centauros, enfant proscrit, qui, lorsqu'il atteignit l'âge d'homme, engendra, dit-on, des juments de Magnésie, les Centaures, dont le plus fameux était le docte Chiron [1].

★

1. *Le nom d'Ixion, formé d'*ischys *(« force ») et d'*io *(« lune »)* *(voir 61.* 2*) évoque aussi* ixias *(« gui »). En tant que roi-chêne, dont les organes génitaux (voir 50.* 2*) sont le gui, et représentant le dieu-tonnerre, il épousait rituellement la déesse-Lune faiseuse de pluie ; il était ensuite fouetté afin que son sang et son sperme fécondassent la terre (voir 116.* 4*), décapité avec une hache, émasculé, écartelé, attaché à un arbre et rôti ; après quoi, ses parents le mangeaient sacramentellement.* Éion *est une épithète homérique signifiant « fleuve » ; mais le père de Dia s'appelle aussi bien Déioneos, dont le sens est : « qui ravage », qu'Éioneos.*

2. *La déesse-Lune du culte du chêne était connue sous le nom de Dia (« du ciel »), un des noms de la déesse du chêne de Dodone (voir 51.* 1*) et par conséquent d'Héra, la femme de Zeus.*

Il déplaisait naturellement aux prêtres d'Olympie que des rois anciens s'appellent Zeus (voir 43. 2 *; 45.* 2 *; 68.* I *et 156.* 4*) et épousent Dia des Nuages de Pluie et ils interprétaient fautivement la représentation rituelle figurant le roi Lapithe écartelé, en châtiment de son impiété, aussi inventèrent-ils la légende du nuage. Sur un miroir étrusque, Ixion est représenté écartelé et attaché à une roue de feu avec, à ses pieds, une mèche faite de champignons séchés ; ailleurs, il est attaché avec le « quintuple lien » dont se servit le héros irlandais Curoi pour attacher Cuchulain — maintenu dans un grand cercle (Philostrate :* Vie d'Apollonios de thyane *VII. 12), les chevilles, les poignets et le cou reliés les uns aux autres, comme Osiris dans le* Livre des Morts. *Cette pose rappelle les roues enflammées que l'on faisait rouler du haut des collines au cours des fêtes de la mi-été, en Europe, pour indiquer que le soleil avait atteint le zénith et devait à présent redescendre jusqu'au solstice d'hiver. Le piège dans lequel tombe Ixion n'est pas une métaphore : les substituts du roi, destinés à périr, étaient nécessaires au roi sacré : c'étaient les prisonniers de guerre ou, à défaut de ceux-ci, les voyageurs capturés dans des embuscades. Ce mythe semble faire état d'un traité conclu entre les Hellènes de Zeus et les Lapithes, les Phlégiens et les Centaures, qui fut rompu par le meurtre rituel de voyageurs helléniques et la capture des femmes qui les accompagnaient. Les Hellènes demandèrent des excuses officielles et elles leur furent accordées.*

3. *Les chevaux étaient consacrés à la lune et des danses de chevaux de bois, destinées à faire descendre la pluie, ont probablement donné naissance à la légende des Centaures, moitié cheval, moitié homme. On a trouvé à Argos sur une pierre gravée mycénienne de l'Héraion la plus ancienne représentation grecque de Centaures : deux hommes réunis par la taille à des corps de chevaux, qui se font face et qui dansent. On peut voir également un couple similaire sur un sceau crétois en verre ; mais comme il n'y avait pas, en Crète, de culte local du cheval, ce motif a été évidemment introduit en Crète et provient du continent. Dans l'art archaïque, on représentait aussi les satyres déguisés en chevaux, et ce n'est que plus tard qu'on leur donna l'aspect de boucs. Centauros aurait été un héros oraculaire doté d'une queue de serpent et la légende de Borée s'unissant avec des juments doit donc lui être rattachée (voir 48.*e*).*

64.
Endymion

a. Endymion était très beau ; il était fils de Zeus et de la Nymphe Calycé, de race éolienne, bien qu'originaire de Carie, et il évinça Clymenos du trône d'Élis. Sa femme sous différents noms, Iphianassa, Hypérippé, Chromia et Néis, lui donna quatre fils ; il eut également cinquante filles de Séléné qui s'était éprise de lui [1].

b. Endymion était étendu dans une caverne du mont Latmos en Carie, et dormait, par une nuit sereine, lorsque Séléné le vit pour la première fois ; elle s'étendit auprès de lui et baisa doucement ses yeux fermés. On dit que par la suite, il revint dans cette même caverne et tomba dans un sommeil sans rêves. Ce sommeil dont il ne s'est encore jamais réveillé, c'est lui qui l'avait demandé, car l'idée de vieillir lui était insupportable ; ou bien il le doit à Zeus qui le soupçonnait d'avoir une intrigue amoureuse avec Héra ; ou bien à Séléné, qui trouvait qu'il était plus agréable de l'embrasser tendrement plutôt que d'être l'objet de sa passion par trop féconde. En tout cas, il n'a pas vieilli d'un seul jour et ses joues ont conservé la fraîcheur de la jeunesse. Mais selon d'autres, il est enterré à Olympie, où ses quatre fils disputèrent une course dont le vainqueur devait obtenir le trône, alors vacant ; ce fut Épéios qui gagna la course [2].

c. Un de ses fils, défait à la course, Aetolos, concourut plus tard dans une course de chars, aux Jeux funèbres d'Azan, fils d'Arcas, les premiers qui eurent lieu en Grèce. Et comme les spectateurs ignoraient qu'ils devaient se tenir en dehors du parcours, le char d'Aetolos renversa accidentellement Apis, fils de Phoronée, et le blessa mortellement. Salmonée, qui assistait à la course, exila Aetolos au-delà du golfe de Corinthe où il tua Doros ainsi que ses frères et conquit le territoire appelé maintenant Étolie d'après son nom [3].

★

1. *Ce mythe raconte la manière dont un chef éolien envahit l'Élide et accepta les conséquences d'un mariage avec celle qui représentait la déesse-Lune Héra — les noms des femmes d'Endymion sont tous des noms de la lune — et qui était à la tête d'un collège de cinquante prêtresses de l'eau (voir 60. 3). Lorsque son règne prit fin, il fut sacrifié, selon l'usage, et on lui octroya un autel héroïque à Olympie. Pisa, la cité dont faisait partie Olympie, signifiait, dit-on, en langue lydienne (ou crétoise) « lieu de repos privé » : c'est-à-dire de la lune (Servius,* sub *Virgile : X. 179).*

2. *Le nom d'Endymion, d'*enduein *(en latin :* inducere*), se rapporte à la lune séduisant le roi comme si elle était une Empuse*

(voir 55. a*) ; mais les Anciens l'expliquent comme se rapportant au* somnum ei inductum, *« le sommeil qui lui fut imposé ».*

3. *Aetolos, comme Pélops, aurait conduit son char dans le stade olympique en tant que personnification du soleil (voir 69.* I*) et son homicide involontaire d'Apis, qui a lieu pour expliquer la colonisation éléenne de l'Étolie, semble avoir été inspiré par une représentation figurant l'accident de char annuel au cours duquel le substitut du roi trouvait la mort (voir 71.* I *et 109.* 4*). Mais c'est la course à pied gagnée par Épéios (« le successeur ») qui était l'événement le plus ancien (voir 53.* 3*). La présence d'un sanctuaire d'Endymion sur le mont Latmos en Carie indique qu'une colonie éolienne d'Élide s'y était établie. Son mariage rituel avec Héra, comme celui d'Ixion, aurait offensé les prêtres de Zeus (voir 63.* 2*).*

4. *Apis est le substantif formé sur* apios, *adjectif du vocabulaire homérique signifiant généralement « éloigné », mais, lorsqu'il s'applique au Péloponnèse, il signifie (Eschyle :* Les Suppliantes *262) « du poirier » (voir 74.* 6*).*

65.
Pygmalion et Galatée

a. Pygmalion, fils de Bélos, s'éprit d'Aphrodite ; comme elle ne voulait pas lui céder, il fit d'elle une statue en ivoire et la coucha dans son lit, en la suppliant d'avoir pitié de lui. Aphrodite pénétra dans cette statue, lui donna la vie et elle devint Galatée qui lui donna Paphos et Métharmé. Paphos, le successeur de Pygmalion, était le père de Cinyras, et le fondateur de la cité de Paphos, à Chypre ; il y bâtit un temple à Aphrodite, qui est célèbre[1].

★

1. *Pygmalion, marié à la prêtresse d'Aphrodite à Paphos, avait sans doute gardé dans son lit la statue blanche du culte de la déesse (cf. 1* Samuel *XIX. 13) comme moyen de conserver le trône de Chypre. S'il est vrai que le successeur de Pygmalion fut un fils que lui donna la prêtresse, il aurait été alors le premier roi à imposer le système patrilinéaire aux Chypriotes. Mais il est plus probable qu'à l'instar de son petit-fils Cinyras (voir 18.* 5*), il refusa de renoncer à la statue de la déesse au terme des huit années de son règne et qu'il prolongea celui-ci en épousant une autre des prêtresses d'Aphrodite — celle-ci étant, en principe, sa*

fille puisqu'elle était l'héritière du trône — qu'on appelle Métharmé (« changement ») pour souligner l'innovation qui était faite.

66.
Éaque

a. Le dieu-Fleuve Asopos, que certains considèrent comme le fils d'Océanos et de Téthys ; d'autres de Poséidon et de Péro ; d'autres de Zeus et d'Eurynomé, épousa Métopé, fille du fleuve Ladon, de qui il eut deux fils, et soit douze, soit vingt filles [1].

b. Plusieurs d'entres elles avaient été enlevées et violées en diverses circonstances par Zeus, Poséidon ou Apollon et, lorsque la plus jeune Égine, sœur jumelle de Thébé, une des victimes de Zeus, eut disparu à son tour, Asopos se mit à sa recherche. A Corinthe, il apprit que Zeus, une fois de plus, était le coupable ; il se mit à sa poursuite pour se venger et le découvrit en train d'embrasser sa fille dans un petit bois. Zeus, qui était sans armes, s'enfuit ignominieusement dans les taillis et, lorsqu'il fut hors de vue, se transforma en rocher jusqu'à ce qu'Asopos fût parti, après quoi il se hâta de regagner l'Olympe d'où, bien à l'abri derrière ses remparts, il l'assaillit des traits de sa foudre. Et, depuis ce jour, Asopos se déplace lentement à la suite des blessures qu'il reçut dans cette aventure et on trouve encore sur ses bords des morceaux de charbon éteints [2].

c. Ayant ainsi disposé de son père, Zeus emporta Égine en secret dans l'île appelée alors Oenoné ou Oenopia ; là il s'unit à elle sous la forme d'un aigle, ou d'une flamme, tandis que des cupidons voltigeaient autour de leur couche en répandant sur eux les dons de l'amour [3]. Avec le temps, Héra s'aperçut qu'Égine avait donné à Zeus un fils appelé Éaque et, furieuse, elle résolut de tuer tous les habitants d'Oenoné où il régnait alors. Elle introduisit un serpent dans une de ses rivières qui souilla les eaux et pondit des milliers d'œufs ; de sorte que les serpents se mirent à grouiller et, traversant les champs, gagnèrent les autres fleuves et cours d'eau. Une épaisse obscurité accompagnée d'une chaleur lourde s'abattit sur l'île à laquelle Éaque avait donné le nouveau nom d'Égine et le mauvais vent du sud souffla pendant quatre mois entiers. Les récoltes et les prés furent brûlés par la sécheresse et la famine suivit ; mais les habitants de l'île souffraient surtout de la soif et, quand leur vin fut épuisé, ils rampèrent vers le cours d'eau le plus proche et là, ils moururent après avoir bu car ses eaux étaient empoisonnées.

d. Les recours à Zeus demeurèrent vains : les dévots amaigris ainsi que les animaux qu'ils venaient offrir en sacrifice mouraient devant ses autels au point qu'il ne resta presque plus de créatures à sang chaud[4].

e. Un jour, il y eut une réponse aux prières d'Éaque, accompagnée de tonnerre et d'éclairs. Encouragé par ce présage favorable, il demanda à Zeus de repeupler le pays, à présent vide, et de lui donner autant de sujets qu'il y avait de fourmis transportant des grains de blé le long du tronc d'un chêne proche. Cet arbre issu d'un gland de Dodone était consacré à Zeus ; c'est pourquoi il se mit à trembler, à la prière d'Éaque, et un frémissement parcourut ses larges branches, dont la cause n'était pas le vent. Éaque, bien que saisi de terreur, ne s'enfuit pas ; il embrassa plusieurs fois le tronc de l'arbre et la terre qui l'entourait. Cette nuit-là, il eut un rêve : il vit une pluie de fourmis s'abattant du chêne sacré et qui, lorsqu'elles touchaient terre, étaient des hommes. Lorsqu'il s'éveilla, il chassa ces visions, les considérant comme des phantasmes de son imagination ; mais tout à coup, son fils Télamon l'appela au-dehors pour regarder l'armée d'hommes qui s'avançait vers eux et il reconnut leurs visages pour les avoir vus dans son rêve. L'invasion des serpents avait disparu et une pluie continue s'était mise à tomber.

f. Éaque, qui s'était empressé de remercier Zeus, distribua la terre et la cité désertes à ses nouveaux sujets qu'il appela Myrmidons, c'est-à-dire « fourmis », et leurs descendants se montrèrent, à l'instar des fourmis, économes, patients et tenaces. Par la suite, ces Myrmidons suivirent Pélée, autre fils d'Éaque, lorsqu'il quitta Égine exilé, et combattirent aux côtés d'Achille et de Patrocle, à Troie[5].

g. Mais, selon certains, les alliés d'Achille, les Myrmidons, furent ainsi nommés en l'honneur du roi Myrmidas, dont la fille Eurymédusе fut séduite par Zeus qui avait pris la forme d'une fourmi — et c'est la raison pour laquelle les fourmis sont sacrées en Thessalie. D'autres racontent qu'une nymphe du nom de Myrmex, au moment où sa compagne Athéna inventa la charrue, se vanta que c'était elle qui en avait fait la découverte, et qu'elle fut transformée en fourmi pour sa punition [6].

h. Éaque, qui avait épousé Endéis de Mégare, était hautement réputé pour sa piété et on l'honorait au point que tous les hommes aspiraient au bonheur de poser leurs yeux sur lui. Tous les plus nobles héros de Sparte et d'Athènes demandaient à combattre sous son commandement bien qu'il ait fait d'Égine l'île Égéenne la plus difficile à approcher, en l'entourant de rochers immergés et de dangereux récifs pour la protéger contre les pirates [7].

Au moment où toute la Grèce était affligée d'une disette consécutive au meurtre du roi d'Arcadie, Stymphalos, perpétré par Pélops, ou, selon certains, à cause du meurtre d'Androgée à Athènes, l'Oracle de Delphes donna aux Grecs le conseil suivant : « Demandez à Éaque de prier pour votre délivrance ». Alors chaque cité envoya un messager à Éaque qui gravit le mont Panhellénios, le plus haut sommet de l'île, revêtu de sa robe de prêtre de Zeus. Et là, il sacrifia aux dieux et fit des prières pour que cesse la disette. La réponse à sa prière parvint sous forme d'un grand coup de tonnerre, le ciel s'obscurcit et une violente pluie se répandit sur toute la Grèce. Il dédia alors un temple à Zeus sur le mont Panhellénios et, depuis lors, un nuage sur le sommet de la montagne est un signe immanquable de pluie [8].

i. Apollon et Poséidon emmenèrent Éaque avec eux lorsqu'ils bâtirent les murs de Troie, car ils savaient que si un mortel se joignait à eux pour effectuer ce travail, la cité serait imprenable et que ses habitants deviendraient capables de défier les dieux. A peine avaient-ils terminé leur ouvrage que trois serpents aux yeux gris essayèrent d'escalader les murs ; deux d'entre eux choisirent la partie que les dieux venaient d'achever, mais ils tombèrent et se tuèrent ; le troisième, poussant un grand cri, se précipita vers la partie construite par Éaque et passa. Apollon prédit alors que Troie tomberait plus d'une fois et que les fils d'Éaque seraient parmi ses assiégeants, dans la deuxième et dans la quatrième génération ; ce qui se produisit effectivement en la personne de Télamon et d'Ajax [9].

j. Éaque, Minos et Rhadamante étaient les trois fils à qui Zeus aurait surtout voulu épargner le fardeau de la vieillesse. Mais les Parques n'y consentirent pas et Zeus, en acceptant de bonne grâce leur décision, donna ainsi le bon exemple aux autres dieux de l'Olympe[10].

k. Lorsque Éaque mourut, il devint l'un des trois Juges du Tartare, il promulgua les lois pour les ombres et on l'appelle même pour servir d'arbitre dans les querelles qui opposent les dieux entre eux. Certains ajoutent qu'il garde les clefs du Tartare, perçoit un droit de passage, contrôle les morts et arrête ceux qui sont amenés par Hermès sans l'ordre d'Atropos[11].

★

1. *Les filles d'Asopos, violées par Apollon et Poséidon, auraient été des collègues des prêtresses de la Lune dans la vallée de l'Asopos, dans le nord-est du Péloponnèse, dont les terres fertiles furent conquises par les Éoliens. Le viol d'Égine semble raconter la conquête achéenne de Phlionte, ville située aux sources de l'Asopos, et l'appel de leurs voisins, qui demeura sans écho, en vue d'une aide militaire de Corinthe. Eurynomé et Thétys (voir 1.* a *et* d*), les noms de la mère d'Asopos, étaient d'anciens titres de la déesse-Lune ; Péro évoque* pera, *sac en cuir (voir 36.* I*) et ainsi, l'égide en peau de chèvre d'Athéna — comme aussi le nom d'Égine.*

2. *Le mythe d'Éaque se rapporte à la conquête d'Égine par des Myrmidons Phthiotiens, dont l'emblème tribal était une fourmi. Auparavant, l'île était au pouvoir de Pélasgiens adonnés au culte de la chèvre et le fait qu'Héra empoisonne les rivières témoigne de leur hostilité envers les envahisseurs. Selon Strabon, qui cherchait toujours une explication rationnelle des mythes, mais qui allait rarement assez loin dans le sens profond, le sol d'Égine était recouvert d'une couche de cailloux et les habitants d'Égine se dénommaient eux-mêmes « les Myrmidons » parce que, à l'instar des fourmis, ils devaient creuser avant de pouvoir cultiver leurs champs et aussi parce qu'ils vivaient en troglodytes (Strabon : VIII. 6. 16). Mais la légende thessalienne de Myrmex est un simple mythe au sujet de leur origine : les Myrmidons Phthiotiens se prétendaient des autochtones comme le sont les fourmis, et ils témoignèrent tant de loyauté envers leur prêtresse, la Reine-fourmi, que le représentant hellénique de Zeus, qui l'épousa, fut obligé de devenir lui-même une fourmi honoraire. Si Myrmex était, en fait, un nom de la déesse-Mère de la Grèce septentrionale, elle aurait très bien pu prétendre avoir inventé la charrue car l'agriculture avait été introduite par des immigrants venus d'Asie Mineure avant que les Hellènes arrivent à Athènes.*

3. *Les colons phthiotiens d'Égine ont amalgamé leur mythe avec ceux des envahisseurs achéens venus de Phlionte, sur le fleuve Asopos ; et, comme les Phliontiens étaient restés soumis au chêne oraculaire de Dodone (voir 51.* a*), on a dit que les*

fourmis tombaient d'un arbre et non pas qu'elles venaient du sol.

4. *Dans le mythe original, Éaque aurait fait descendre la tempête de pluie non pas en faisant appel à Zeus, mais par magie, à la manière de Salmonée (voir 68.* I*). Sa fonction de juge et d'homme de loi au Tartare, comme celles de Minos et de Rhadamante, indique qu'un code légal éginois avait été adopté dans d'autres parties de la Grèce ; il s'agissait de lois commerciales plutôt que de lois pénales, à en juger par la reconnaissance unanime, à la période classique, du talent éginétique comme poids étalon pour le métal précieux. Il était d'origine crétoise et pesait environ trente-six kilos.*

67.
Sisyphe

a. Sisyphe, fils d'Éole, épousa la fille d'Atlas, Méropé, l'une des Pléiades, qui lui donna Glaucos, Ornytion et Sinon. Sisyphe possédait un beau troupeau dans l'isthme de Corinthe[1].

b. Non loin de lui vivait Autolycos, fils de Chioné, dont le frère jumeau Philammon était né des œuvres d'Apollon, alors qu'Autolycos se disait fils d'Hermès[2].

c. Autolycos était passé maître dans l'art de voler, Hermès lui ayant donné le pouvoir de métamorphoser toutes les bêtes qu'il volait, de donner des cornes à celles qui n'en avaient pas, de rendre noires celles qui étaient blanches et inversement. Ainsi et bien que Sisyphe eût remarqué que ses propres troupeaux diminuaient tous les jours, alors que ceux d'Autolycos augmentaient, il fut tout d'abord dans l'incapacité de l'accuser de vol ; un jour donc il grava, sous le sabot de ses animaux, le monogramme SS, ou, selon certains les mots : « volé par Autolycos ». Cette nuit-là, Autolycos se servit, comme à l'ordinaire, et, à l'aube, les empreintes de sabots sur la route fournirent à Sisyphe des preuves suffisamment concluantes pour convoquer les voisins et les prendre à témoin du vol. Il inspecta l'étable d'Autolycos, reconnut les animaux qui lui avaient été volés à leurs sabots gravés, et laissant aux témoins le soin de tancer le voleur, il fit vivement le tour de la maison, entra par le portail, et, pendant qu'on discutait au-dehors, il devint l'amant de la fille d'Autolycos,

Anticlée, femme de Laerte l'Argien. Elle lui donna Odysseus, et la manière dont il fut conçu explique à elle seule déjà la ruse et l'habileté qu'il sut déployer en toutes circonstances et aussi son surnom : « Hypsipylon »[3].

d. Sisyphe fonda Éphyra, connue par la suite sous le nom de Corinthe, et la peupla d'hommes nés de champignons à moins qu'il soit vrai que Médée lui ait donné le royaume en présent. Tous ses contemporains le considèrent comme un fieffé coquin mais reconnaissent qu'il a développé le commerce et la navigation, à Corinthe[4].

e. Lorsque à la mort d'Éole, Salmonée usurpa le trône de Thessalie, Sisyphe, qui était l'héritier légitime, consulta l'oracle de Delphes et il lui fut répondu : « Donne des enfants à ta nièce, ils te vengeront. » Il devint l'amant de Tyro, la fille de Salmonée, qui, ayant découvert qu'il s'était uni à elle non pas par amour mais par haine de son père, tua les fils qu'elle lui avait donnés. Sisyphe alors vint sur la place du marché à Larissa [? montra les cadavres, accusa perfidement Salmonée d'inceste et de meurtre] et le fit chasser de Thessalie[5].

f. Après que Zeus eut enlevé Égine, son père le dieu-Fleuve Asopos vint à Corinthe pour essayer de la retrouver. Sisyphe savait fort bien ce qui était arrivé à Égine mais il ne consentit à parler qu'à la condition qu'Asopos donnât une source perpétuelle à la citadelle de Corinthe. Asopos acquiesça et fit jaillir la source Piréné derrière le temple d'Aphrodite où se trouvent maintenant les statues de la déesse, armée, du Soleil et d'Éros portant son arc et ses flèches. Sisyphe alors lui raconta tout ce qu'il savait[6].

g. Zeus, qui avait échappé de justesse à la vengeance d'Asopos, donna l'ordre à son frère Hadès de mener Sisyphe au Tartare et de lui infliger un châtiment éternel pour avoir divulgué des secrets divins. Mais Sisyphe ne voulait pas se soumettre : usant d'une ruse, il convainquit Hadès d'essayer des menottes pour voir comment elles fonctionnaient et aussitôt qu'il les eut au poignet il les ferma. Ainsi Hadès fut prisonnier dans la maison de Sisyphe pour plusieurs jours — ce qui créa une situation intenable, puisque personne ne pouvait plus mourir, même des hommes dont on avait coupé la tête ou qu'on avait mis en pièces ; si bien qu'à la fin, Arès, dont les intérêts étaient menacés, arriva en toute hâte, le délivra et remit Sisyphe entre ses griffes.

h. Sisyphe, cependant, avait encore un tour dans son sac. Avant de descendre au Tartare, il avait recommandé à Méropé, sa femme, de ne pas l'enterrer ; et quand il arriva au palais d'Hadès, il alla droit à Perséphone et lui déclara, qu'étant sans sépulture, il n'avait aucun droit d'être là et qu'on aurait dû le laisser sur l'autre rive du Styx : « Donne-moi la permission de revenir sur la terre, dit-il, faire le nécessaire pour mon enterrement et châtier ceux qui ont manqué à leur devoir. Ma présence ici est tout à fait contraire aux règlements ; je serai de retour dans trois jours. » Perséphone se laissa tromper et lui accorda ce qu'il demandait ; mais Sisyphe, aussitôt qu'il se trouva à nouveau sous le soleil, renia sa promesse à Perséphone. Et, finalement, il fallut faire appel à Hermès pour le ramener de force [7].

i. Peut-être parce qu'il avait offensé Salmonée, ou qu'il avait trahi Zeus, ou parce qu'il avait vécu de rapines et maintes fois tué des voyageurs confiants — selon certains c'est Thésée qui aurait mis fin à la carrière de Sisyphe bien que cela ne figure pas dans les exploits de Thésée — toujours est-il que Sisyphe reçut un châtiment exemplaire [8]. Les Juges des Enfers lui montrèrent un énorme rocher, de la même taille que celui en lequel Zeus s'était changé lorsqu'il fuyait Asopos, et lui donnèrent l'ordre de le rouler en lui faisant remonter la pente jusqu'au sommet d'une colline et de le rejeter de l'autre côté pour qu'il retombe. Il n'a encore jamais réussi. Aussitôt qu'il est près d'atteindre le haut de la colline, il est rejeté en arrière sous le poids de l'énorme rocher, qui retombe tout en bas, et là, Sisyphe le reprend péniblement et doit tout recommencer tandis que la sueur baigne son corps et qu'un nuage de poussière s'élève au-dessus de sa tête [9].

j. Méropé, honteuse d'être la seule parmi les Pléiades dont le mari fût aux Enfers — de surcroît comme criminel —, quitta ses six sœurs étoilées dans le ciel nocturne et depuis lors on ne l'a plus revue. Et, comme le lieu où se trouvait la tombe de Nélée, dans l'isthme de Corinthe, était un secret que Sisyphe refusa de divulguer même à Nestor, les Corinthiens à leur tour sont aujourd'hui réticents quand on leur demande où se trouve la tombe de Sisyphe [10].

★

1. *« Sisyphe », bien que les Grecs en entendaient le sens comme « homme sage », Hésychius l'écrit* Sesephos, *et on pense que c'est une variante grecque de Tesup, le dieu-Soleil hittite, identique à l'Atabyrios, le dieu-Soleil de Rhodes (voir 42.* 4 *et 93.* 1*) dont l'animal sacré était un taureau. Les statuettes de bronze et les reliefs de ce taureau datant du IV*e *siècle avant J.-C., qu'on a découverts, portent un sceptre et deux disques à l'avers et un trèfle au revers. Des razzias sur les troupeaux, marqués au chiffre du dieu-Soleil, sont des incidents courants dans la mythologie grecque : les compagnons d'Odysseus en exécutèrent (170.* u*) ainsi qu'Alcyonée et son contemporain, Héraclès (voir 132* d *et* w*). Mais Autolycos employant la magie pour perpétrer son vol aux dépens de Sisyphe rappelle l'histoire de Jacob et Laban (*Genèse *XXIX et XXX). Jacob, comme Autolycos, avait le pouvoir de changer la couleur du troupeau à sa convenance et ainsi réduisait petit à petit les troupeaux de Laban. Les rapports cultuels entre Corinthe et Canaan, que l'on découvre dans les mythes de Nisos (voir 91.* 1*), d'Œdipe (voir 105.* I et *7), d'Alcathoos (voir 110.* 2*) et de Mélicerte (voir 70.* 2*), proviennent peut-être des Hittites. Alcyonée aussi venait de Corinthe.*

2. *« La pierre de l'impiété »* de *Sisyphe était, à l'origine, un disque solaire et la colline qu'il lui faisait remonter en la roulant n'est autre que la voûte céleste ; c'est là une représentation très courante. L'existence d'un culte du Soleil à Corinthe est établie de façon certaine : on dit qu'Hélios et Aphrodite se sont succédé à l'Acropole et qu'ils y partagèrent un temple (Pausanias : II. 4. 7). En outre, Sisyphe est invariablement placé à côté d'Ixion au Tartare ; la roue de feu d'Ixion symbolise le soleil. Ceci explique la raison pour laquelle les gens d'Éphyra naissaient de champignons : les champignons étaient la mèche de la roue de feu d'Ixion (voir 63.* 2*) et le dieu-Soleil demandait des sacrifices humains passés par le feu pour inaugurer son année. L'épisode d'Anticlée séduite par Sisyphe a peut-être été inspiré d'une fresque représentant le mariage d'Hélios et d'Aphrodite ; l'hostilité des mythographes à l'égard de Sisyphe exprime le mécontentement hellénique à l'égard de l'installation de colonies non helléniques dans l'isthme étroit séparant le Péloponnèse de l'Attique. Le fait qu'il ait trompé Hadès se rapporte probablement au refus du roi sacré d'abdiquer à la fin de son règne (voir 170.* 1*). D'après les signes dont étaient marqués les taureaux du soleil, il réussit à régner pendant deux Grandes Années, représentées par le sceptre et les disques solaires, et il obtint l'assentiment de la Triple-déesse, représentée par le trèfle ; Hypsipylon, le surnom d'Odysseus, est la forme masculine d'Hypsipylé : probablement un nom de la déesse-Lune (voir 106.* 3).

3. *Sisyphe et Nélée étaient probablement enterrés en des points stratégiques dans l'isthme et constituaient des talismans contre les invasions (voir 101.* 3 *et 146.* 2*). Il existe une lacune dans le récit que fait Hygin de la vengeance de Sisyphe contre Salmonée ;*

j'ai ajouté un passage (paragraphe e, ci-dessus) qui donne un sens à la légende.

4. *Piréné, la source située sur la citadelle de Corinthe, à laquelle Bellérophon fit boire Pégase (voir 75.* c*) ne tarissait jamais (Pausanias : II. 5.* 1 *; Strabon : VIII. 6. 21). Piréné était aussi le nom d'une source située en dehors des portes de la ville, sur la route qui mène de la place du marché à Léchaion, où Piréné (« de l'osier ») — que les mythographes décrivent comme la fille d'Achéloos ou d'Oebalos (Pausanias :* loc. cit.*) ; ou d'Asopos et Méropé (Diodore de Sicile : IV. 72) — fut, dit-on, changée en source au moment où elle pleurait son fils Cenchrias (« serpent moucheté »), qu'Artémis avait tué à contrecœur. « Le bronze corinthien » doit sa couleur caractéristique au fait qu'il était plongé dans cette source après avoir été chauffé à blanc (Pausanias : II. 3. 3).*

5. *Une des Pléiades disparut au début de la période classique et il fallut expliquer son absence (voir 41. 6).*

6. *Une question demeure : l'S double était-il vraiment le monogramme de Sisyphe ? La représentation qui illustre le mythe le figurait en train d'examiner l'empreinte des moutons et des vaches volés qui, puisqu'ils avaient le « sabot séparé », se présentait ainsi CƆ. Ce signe tenait lieu de l'SS, dans les plus anciennes figurations grecques, et on pouvait aussi l'interpréter comme signifiant la connexion des deux moitiés réunies du mois lunaire et tout ce que cela impliquait — croissance et décroissance, ascension et déclin, bénédiction et malédiction. Les animaux dont les sabots étaient séparés étaient consacrés à la Lune. Ce sont les sacrifices prescrits aux Fêtes de la Nouvelle Lune dans le* Lévitique *— et le SS se rapporterait donc à Séléné la Lune,* alias *Aphrodite, plutôt qu'à Sisyphe, qui, en tant que roi-Soleil, avait simplement la garde de son troupeau sacré (voir 42.* I*). Le signe CƆ représentant la pleine lune (différent du signe O, représentant simplement le disque solaire) était marqué sur les deux flancs de la vache sacrée qui conduisit Cadmos à la ville de Thèbes (voir 58.* f*).*

68.
Salmonée et Tyro

a. Salmonée, fils ou petit-fils d'Éole et d'Énarété, régna un certain temps en Thessalie avant de partir, à la tête d'une colonie éolienne, pour les confins orientaux de l'Élide où il fonda la cité de Salmoné non loin de la source du fleuve Énipée, affluent de l'Alphée[1]. Salmonée était détesté de ses sujets et poussa si loin l'orgueil de la royauté qu'il transféra les sacrifices de Zeus à ses propres autels et déclara qu'il était Zeus. Il parcourut même les rues de Salmoné en traînant des chaudrons de bronze attachés à son char pour imiter le tonnerre de Zeus et en lançant des torches enflammées dans les airs ; celles-ci, en tombant, brûlaient les malheureux sujets qui étaient censés les prendre pour des éclairs. Un beau jour, Zeus châtia Salmonée en lui lançant un véritable trait de sa foudre qui, non seulement l'anéantit ainsi que son char, mais détruisit la cité toute entière[2].

b. Alcidicé, femme de Salmonée, était morte depuis de nombreuses années en donnant le jour à une fille très belle du nom de Tyro. Tyro avait été confiée à sa marâtre, Sidéro, qui la maltraitait à cause de l'expulsion de toute sa famille hors de Thessalie à la suite du meurtre des deux fils qu'elle avait eus de son méchant oncle Sisyphe. A présent, elle était éprise du fleuve Énipée et se promenait tous les jours sur ses rives en pleurant, solitaire et désespérée. Mais le dieu-Fleuve, bien qu'amusé et flatté par la passion qu'il avait suscitée, ne lui donnait aucun espoir.

c. Poséidon décida de profiter de cette situation ridicule. Il prit la forme du dieu-fleuve et demanda à Tyro de le rejoindre au confluent de l'Énipée et de l'Alphée ; là, il la plongea dans un sommeil magique, tandis qu'une vague sombre s'élevait comme une montagne pour cacher sa mauvaise action derrière le rideau de sa crête onduleuse. Lorsque Tyro s'éveilla et s'aperçut qu'elle avait été violée, elle fut affolée d'avoir été trompée ; mais Poséidon se mit à rire et lui dit de rentrer chez elle et de garder le silence sur ce qui s'était passé. Sa récompense, lui dit-il, serait deux beaux jumeaux dont le père était mieux qu'un simple dieu-Fleuve[3].

d. Tyro s'arrangea pour garder le secret jusqu'à la venue promise des deux jumeaux, mais, à leur naissance, elle n'eut pas le courage d'affronter la colère de Sidéro et les exposa sur une montagne. Un gardien de chevaux qui passait par là les ramena chez lui, mais non sans que sa pouliche ait donné un coup de pied à l'aîné des deux, en plein visage. La femme du gardien de chevaux éleva les enfants et donna celui qui avait été blessé à la pouliche pour qu'elle l'allaite et l'appela Pélias. L'autre, qu'elle appela Nélée, emprunta sa nature sauvage à la chienne qui lui servait de mère nourricière. Mais selon certains, les jumeaux furent aperçus flottant sur l'Énipée dans une arche de bois. Dès que Pélias et Nélée eurent découvert le véritable nom de leur mère et qu'ils apprirent combien elle avait été maltraitée, ils entreprirent de la venger. Sidéro se réfugia dans le temple d'Héra ; mais Pélias l'abattit alors qu'elle était agrippée aux cornes de l'autel. Et ce fut la première des nombreuses offenses qu'il fit à la déesse[4].

e. Tyro épousa par la suite son oncle Créthée, fondateur d'Iolcos, à qui elle donna Aeson, père de Jason l'Argonaute ; il adopta également Pélias et Nélée et en fit ses enfants[5].

f. Après la mort de Créthée, les deux jumeaux se querellèrent : Pélias s'empara du trône d'Iolcos, bannit Nélée et garda Aeson prisonnier dans son palais. Nélée conduisit les petits-fils de Créthée, Mélampous et Bias, à la tête d'une troupe composée d'Achéens, de Phthiotiens et d'Éoliens jusqu'en Messénie où il chassa les Lélèges de Pylos et donna une telle renommée à la cité qu'on le considère maintenant comme son fondateur. Il épousa Chloris ; mais leurs douze enfants, excepté Nestor, furent tous finalement tués par Héraclès[6].

★

1. *Antigone de Carystos (*Récit des Merveilles *15) rapporte qu'on gardait à Crannon un chariot de bronze servant à faire descendre la pluie, qu'en période de sécheresse on conduisait sur des terrains irréguliers, pour le secouer et le faire résonner — et aussi (comme le montrent les monnaies crannoniennes) pour faire gicler l'eau des jarres qu'il contenait. La pluie survenait toujours, d'après Antigonos. Ainsi, le talisman de Salmonée pour faire éclater les orages aurait été une pratique religieuse courante : tout comme celle de faire cliqueter des cailloux dans une gourde sèche, ou de frapper sur des portes en chêne ou de remuer des cailloux dans un coffre, ou de danser, ou de frapper sur des boucliers, ou d'agiter des instruments à mugir. On en a fait un criminel uniquement après que les personnifications de Zeus eurent été interdites par l'autorité centrale achéenne (voir 45.* 2*). A en juger par les cribles des Danaïdes (voir 60.* 6*) et la danse de la vache argienne (voir 56.* 1*), faire descendre la pluie était, à l'origine, une prérogative féminine, comme elle l'est demeurée parmi certaines tribus africaines primitives telles que les Hereros et les Damaras — mais elle passa ensuite aux mains du roi sacré lorsque la reine l'autorisa à la représenter (voir 136.* 4*).*

2. *Tyro était la Déesse-mère des Tyriens et des Tyrrhéniens ou des Tyrséniens et peut-être aussi des Tirynthiens ; son nom est*

probablement préhellénique mais il a donné, en grec, le mot tyrsis *(« cité entourée de murs ») et, par là, le concept de « tyrannie ». Le fait qu'elle fût maltraitée par Sidéro rappelle la manière dont Antiopé fut maltraitée par Dircé : les deux mythes se ressemblent fortement (voir 76.* a*) ; il s'agit peut-être, à l'origine de l'histoire de l'oppression des Tyriens par leurs voisins les Sidoniens. On croyait que les rivières fécondaient les jeunes mariées qui s'y baignaient — le bain constituait un rite de purification après les règles ou après la naissance d'un enfant — et il est probable que l'Énipée de Tyro, comme le Scamandre (voir 137.* 3*), était invoqué pour faire cesser la virginité. L'histoire racontant comment Poséidon séduisit Tyro a pour but d'expliquer pourquoi on appelait les descendants de Salmonée, tantôt « fils d'Énipée », qui était leur patrie d'origine, et tantôt « fils de Poséidon », à cause de leur réputation navale. Auparavant elle avait été séduite par Sisyphe, ce qui indique que le culte du Soleil corinthien s'était implanté à Salmoné ; Antiope était également liée à Sisyphe par mariage (voir 76.* b*).*

3. *L'arche de Tyro, sur laquelle elle fit voguer les deux jumeaux sur les eaux de l'Énipée, était probablement en bois d'aune comme celle dans laquelle Rhéa Silvia déposa Romulus et Rémus sur les eaux du Tibre. La querelle entre Pélias et Nélée, comme celle qui opposa Étéocle et Polynice, Acrisios à Proetos, Atrée à Thyeste ainsi que d'autres couples de rois, semble raconter la fin du système d'après lequel le roi et son alter ego, son taniste, régnaient alternativement, pendant cinquante mois, sur le même royaume (voir 69.* I ; *73.* a *et 106.* b*).*

4. *Les cornes de l'autel auquel Sidéro s'accroche étaient celles qui sont habituellement fixées à la statue cultuelle de la déesse-Vache Héra, Astarté, Io, Isis ou Hathor ; et Pélias semble avoir été un conquérant achéen qui réorganisa par la force le culte de la déesse éolienne de Thessalie méridionale. En Palestine, des autels à cornes, celles mêmes que saisit Joab, réfugié au tabernacle de Yahvé (I Rois II. 28, etc), survécurent au détrônement de la Lune-vache et de son Veau d'or.*

69.
Alceste

a. Alceste, la plus belle fille de Pélias, fut demandée en mariage par des rois et des princes. Mais, craignant de s'exposer à des difficultés politiques en refusant l'un ou l'autre, et dans l'impossibilité néanmoins de donner satisfaction à plus d'un seul pami eux, Pélias fit savoir qu'il accorderait Alceste à l'homme capable d'atteler à un char, sous le même joug, un sanglier sauvage et un lion et de leur faire faire le tour du champ de course. C'est alors qu'Admète roi de Phères, fit venir Apollon — Zeus l'avait obligé à servir Admète durant une année en gardant ses chevaux — et lui dit : « T'ai-je traité avec les égards dus à ta qualité de dieu ? — Oui, répondit Apollon. Et je t'ai témoigné ma gratitude en faisant que tes brebis mettent bas des jumeaux. — Comme dernière faveur alors, fit Admète, je te prie de m'aider à obtenir Alceste en me donnant la possibilité de remplir les conditions de Pélias. — Avec plaisir », dit Apollon. Héraclès l'aida en domptant les deux bêtes et Admète fit faire à son char, attelé des deux animaux sauvages, le tour du champ de course d'Iolcos[1].

b. On ignore pourquoi Admète omit de faire le sacrifice habituel à Artémis avant d'épouser Alceste, mais la déesse ne tarda guère à le punir de cet oubli. Lorsque, le visage empourpré par le vin, le corps frotté d'essences de plantes et paré de guirlandes de fleurs, il pénétra dans la chambre nuptiale cette nuit-là, il recula d'horreur. Pas trace de la belle jeune mariée l'attendant nue sur son lit de noces, mais à sa place un nœud de serpents qui se tordaient en sifflant. Admète s'enfuit en appelant Apollon qui intervint gentiment pour lui auprès d'Artémis. Le sacrifice oublié par négligence ayant été offert sur-le-champ à la déesse, tout rentra dans l'ordre et Apollon obtint même d'Artémis la promesse que, lorsque viendrait le jour de sa mort, Admète pourrait être sauvé si un membre de sa famille s'offrait volontairement à mourir à sa place par amour pour lui.

c. Le jour fatal arriva plus tôt qu'Admète ne l'attendait. Hermès entra précipitamment un matin dans son palais et le conduisit au Tartare. Tout le monde était consterné, mais Apollon gagna un peu de temps pour Admète en enivrant les Trois Parques et retarda ainsi le fatal coup de ciseau qui allait couper le fil de son existence. Admète se rendit en toute hâte auprès de son père et de sa mère, tous deux forts âgés, leur embrassa les genoux et les supplia chacun à son tour d'abandonner en sa faveur le dernier tronçon de leur existence. Mais l'un et l'autre refusèrent catégoriquement en disant que la vie leur apportait encore beaucoup de joies et qu'il devait, quant à lui, accepter la part de vie qui lui était impartie, comme tout le monde.

d. Alors, par amour pour Admète, Alceste avala du poison et son ombre descendit au Tartare ; mais Perséphone, pensant qu'il était injuste qu'une femme meure à la place de son mari, lui cria : « Va-t'en, remonte vers la lumière ! »[2].

e. Certains racontent l'histoire différemment. Ils disent qu'Hadès était venu en personne chercher Admète et qu'Alceste, alors qu'il s'enfuyait, s'offrit pour prendre la place de son mari ; mais Héraclès survint inopinément avec une nouvelle massue en boie d'olivier sauvage et la sauva[3].

★

1. *L'attelage d'un lion et d'un sanglier à un même char constitue le thème d'un mythe thébain (voir 106.* a*) dont la signification primitive est devenue obscure. Le lion et le sanglier étaient les symboles animaux, respectivement de la première et de la seconde moitié de l'année sacrée — on les retrouve constamment face à face sur les vases étrusques — et l'oracle semble avoir proposé une solution pacifique pour mettre fin à la traditionnelle rivalité entre le roi sacré et son alter ego. Cette solution était que le royaume fût divisé en deux parties et qu'ils régnassent l'un et l'autre conjointement, comme Proétos et Acrisios, à Argos (voir 73.* a*), plutôt que chacun conservât le royaume tout entier et le gouvernât à tour de rôle, comme firent Polynice et Étéocle à Thèbes (voir 106.* b*). Accomplir en char le circuit de la course était la preuve de la royauté (voir 64.* 3*).*

2. *Artémis était hostile à la monogamie parce qu'elle appartenait au culte préhellénique où les femmes avaient des relations avec des hommes n'appartenant pas à leur clan ; les Hellènes se la rendirent donc favorable par des sacrifices de mariage, en portant des torches faites de chastes aubépine, en son honneur. La pratique patriarcale de la suttie, attestée ici dans les mythes d'Évadné (voir 106.* 1*) et de Polyxène (voir 168. k), provenait de la coutume indo-européenne interdisant aux femmes de se remarier ; après que cette interdiction eut prit fin, la suttie eut moins de succès (voir 74.* a*).*

3. *Dans la première version de ce mythe, Perséphone refusa le sacrifice d'Alceste — Perséphone représente le point de vue matriarcal ; dans la seconde version Héraclès l'interdit et il est choisi comme l'instrument de la volonté de Zeus, c'est-à-dire de la morale patriarcale, en invoquant qu'il avait un jour hersé l'Enfer et sauvé Thésée (voir 103.* d*). L'olivier servait en Grèce à*

chasser les influences maléfiques (voir 119. 2) ; comme en Italie et en Europe occidentale, le bouleau (voir 52. 3).

70.
Athamas

a. Athamas, le frère éolien de Sisyphe et de Salmonée, régnait en Béotie. Sur l'ordre d'Héra, il épousa Néphélé, un fantôme qu'il avait façonné à la ressemblance de la déesse lorsqu'il avait voulu tromper Ixion le Lapithe qui, à présent, errait, inconsolable, dans les grandes salles de l'Olympe. Elle donna a Athamas deux garçons : Phrixos et Leucon et une fille, Hellé. Mais, Athamas était affligé du mépris que lui témoignait Néphélé et s'était épris d'Ino, fille de Cadmos ; il l'introduisit un jour, en secret, dans son palais du mont Laphystion où il lui donna pour fils Léarchos et Mélicerte.

b. Néphélé, ayant appris par ses servantes qu'elle avait une rivale, s'en revint furieuse dans l'Olympe et se plaignit à Héra qu'elle avait été offensée. Héra prit son parti et proféra sa malédiction : « Ma vengeance s'attachera éternellement sur Athamas et sur sa Maison ! ».

c. Après cela, Néphélé retourna au mont Laphystion où elle fit connaître publiquement la malédiction d'Héra et demanda la mort d'Athamas. Mais les Béotiens, qui craignaient davantage Athamas qu'Héra, ne voulurent pas écouter Néphélé ; quant aux Béotiennes, elles étaient attachées à Ino, et celle-ci leur demanda de griller le grain des semences, à l'insu de leurs maris, afin qu'il n'y eût pas de récolte. Ino avait prévu que, lorsque viendrait le moment de la germination et que rien n'apparaîtrait à la surface de la terre, Athamas ferait demander à l'oracle de Delphes ce qui n'allait pas. Elle avait déjà soudoyé les envoyés d'Athamas pour qu'ils rapportent une réponse mensongère : à savoir que la terre ne redeviendrait fertile que si Phrixos, le fils de Néphélé, était sacrifié à Zeus sur le mont Laphystion.

d. Ce phrixos était un beau jeune homme, dont s'était éprise sa tante Biadicé, la femme de Créthée ; comme il avait refusé ses avances, elle l'accusa d'avoir essayé de la violer. Les Béotiens, croyant que ce que racontait Biadicé était vrai, approuvèrent la sage décision d'Apollon de sacrifier une victime expiatoire et demandèrent la mort de Phrixos. Là-dessus, Athamas, pleurant abondamment, conduisit Phrixos au sommet de la montagne. Il était sur le point de lui trancher la gorge quand Héraclès, qui se trouvait dans les environs, arriva en courant et arracha le silex sacrificiel de sa main : « Mon père Zeus, s'exclama Héraclès, a horreur des sacrifices humains ! » Néanmoins Phrixos aurait péri malgré cette intervention, si un bélier d'or ailé — amené par Hermès sur l'ordre d'Héra, ou selon certains, de Zeus lui-même — ne s'était soudain précipité du haut de l'Olympe pour le sauver :

« Grimpe sur mon dos », dit le bélier, et aussitôt Phrixos obéit.

« Emporte-moi aussi, implora Hellé, ne me laisse pas à la merci de mon père ! »

e. Et Phrixos la hissa derrière lui. Le bélier s'éleva dans les airs et se dirigea vers l'est, vers la Colchide, là où se trouvent les écuries des chevaux d'Hélios. Mais bientôt Hellé se sentit prise de vertige et lâcha prise ; elle tomba dans le détroit qui sépare l'Europe et l'Asie appelé aujourd'hui l'Hellespont en son honneur ; quant à Phrixos, il atteignit la Colchide, sain et sauf, et là, il sacrifia le bélier à Zeus Libérateur. Sa toison d'or devint célèbre, une génération plus tard ; c'est pour aller à sa recherche que les Argonautes entreprirent leur voyage.

f. Impressionnés par le miracle du mont Laphystion, les envoyés d'Athamas avouèrent qu'ils avaient été achetés par Ino pour rapporter une réponse mensongère de Delphes ; c'est alors que toutes ses ruses ainsi que celles de Biadicé furent découvertes ; Néphélé, là-dessus, demanda à nouveau qu'Athamas fût mis à mort ; le bandeau sacrificiel, que Phrixos avait porté, fut placé sur sa tête et c'est seulement une nouvelle intervention d'Héraclès qui le sauva de la mort.

g. Cependant, Héra était très irritée contre Athamas et elle le rendit fou, non pas seulement à cause de Néphélé mais aussi parce qu'il avait été de connivence avec Ino pour cacher le petit Dionysos, le bâtard de Zeus par sa sœur Sémélé, qu'on avait fait vivre au palais, déguisé en fille. S'étant saisi de son arc, Athamas se mit soudain à hurler : « Regardez, voilà un cerf blanc ! En arrière, je vais tirer ! » A ces mots, il transperça Léarchos d'une flèche et se mit à dépecer son corps encore frémissant.

h. Ino empoigna alors Mélicerte, son plus jeune fils, et s'enfuit. Mais elle n'aurait guère pu réussir à échapper à la vengeance d'Athamas si le jeune Dionysos ne l'avait momentanément aveuglé, de sorte qu'il se mit à fouetter une chèvre, la prenant pour Ino. Ino courut jusqu'aux roches Scironiennes, d'où elle se jeta dans la mer et se noya — ce promontoire eut par la suite la réputation de porter malheur parce que le féroce Sciron avait l'habitude de jeter les étrangers du haut du rocher. Mais Zeus, en souvenir de la bonté d'Ino envers Dionysos, n'envoya pas son ombre au Tartare et il la divinisa : elle devint la déesse Leucothée. Il divinisa également son fils Mélicerte : ce fut le dieu Palaemon ; il l'envoya dans l'isthme de Corinthe sur le dos d'un dauphin. Les Jeux Isthmiques, fondés en son honneur par Sisyphe, y furent célébrés tous les quatre ans.

i. Athamas, à présent exilé de Béotie et sans enfant car son dernier fils Leucon était tombé malade et avait péri, s'enquit, auprès de l'oracle de Delphes, du lieu où il devait se fixer : « Là où les bêtes sauvages te donneront à manger », lui fut-il répondu. Comme il errait en direction du nord, sans nourriture, il rencontra une meute de loups en train de dévorer un troupeau de moutons dans une plaine désolée de Thessalie. Les loups s'enfuirent à son approche et lui et ses compagnons, mourant de faim, mangèrent ce qui restait des moutons égorgés. Il se souvint alors de l'oracle et, ayant adopté Haliartos et Coronée, ses petits-neveux corinthiens, il fonda une cité qu'il appela Alos a cause de ses pérégrinations, ou du nom de sa servante Alos ; et ce pays fut appelé Athamantie ; par la suite, il épousa Thémisto et fonda une nouvelle famille [1].

j. D'autres racontent l'histoire différemment. Ils ne mentionnent pas le mariage avec Néphélé et disent qu'un jour, après la naissance de Léarchos et de Mélicerte, sa femme Ino s'en alla un matin à la chasse et ne revint pas. Des taches de sang sur une tunique déchirée le convainquirent qu'elle avait été tuée par les bêtes féroces. En réalité, elle avait été prise d'une brusque frénésie bachique au moment où un lynx l'attaquait ; elle l'avait étranglé, lui avait arraché la peau avec ses dents et ses ongles et était allée, couverte seulement de cette peau de bête, se livrer à une longue orgie sur le mont Parnasse. Après une période de deuil, Athamas épousa Thémisto, qui, un an plus tard, lui donna deux jumeaux. Puis, consterné, il apprit qu'Ino était toujours vivante. Il l'envoya chercher aussitôt, l'installa dans la chambre des enfants au palais et à Thémisto il déclara : « Nous avons une charmante nourrice, une captive, prise au cours du raid récent sur le mont Cithéron. » Thémisto, que ses servantes avaient mise au courant, se rendit à la chambre des enfants en faisant semblant de ne pas savoir qui était Ino. Elle lui dit : « Voulez-vous, je vous prie préparer des vêtements de laine blanche pour mes deux enfants et des vêtements noirs pour les enfants de l'épouse infortunée qui m'a précédée, car ils sont en deuil ; ils les porteront demain. »

Le lendemain, Thémisto donna l'ordre à ses gardes de pénétrer dans la nurserie royale, de tuer les deux enfants qui seraient vêtus de noir et d'épargner les deux autres. Or Ino, qui avait deviné les intentions de Thémisto, avait habillé ses propres enfants en blanc et les enfants de sa rivale en noir. Et ainsi les jumeaux de Thémisto furent tués ; la nouvelle, lorsqu'elle parvint à Athamas, le rendit fou. Il tua Léarchos, le prenant pour un cerf, mais Ino s'enfuit avec Mélicerte ; elle se jeta dans la mer et devint immortelle.

k. Selon d'autres encore, Phrixos et Hellé étaient les enfants de Néphélé, par Ixion. Un jour qu'ils se promenaient dans les bois, leur mère s'approcha d'eux dans un état de transe bachique, conduisant un bélier d'or par les cornes : « Regardez, bredouillait-elle, voilà un fils de votre cousine Théophané, elle avait trop de soupirants, c'est la raison pour laquelle Poséidon la changea en brebis puis se métamorphosa lui-même en bélier et s'unit à elle dans l'île de Crumissa. »

« Et qu'est-il arrivé aux soupirants, mère ? » demanda la jeune Hellé. « Ils ont été changés en loups, répondit Ino, et hurlent toute la nuit pour réclamer Théophané. A présent ne me posez plus de questions, grimpez tous les deux sur le dos de ce bélier et allez jusqu'au royaume de Colchide où régne Æétès, fils d'Hélios. Aussitôt que vous serez arrivés, sacrifiez le bélier à Arès. »

l. Phrixos suivit les étranges instructions de sa mère et suspendit la toison d'or dans un temple d'Arès à Colchis, où elle était gardée par un dragon ; et plusieurs années plus tard, son fils Presbon, ou Cytissoros, arrivant à Orchomène, venant de Colchis, sauva Athamas qu'on était en train d'offrir en sacrifice, comme victime expiatoire[2].

★

1. *Le nom d'Athamas est en rapport avec le mythe d'Athamantia, la ville qui fut, dit-on, fondée dans le désert de la Thessalie ; mais il semble dériver plutôt d'*Ath *(« haut »)* et *d'*amaein *(« moissonner » — qui signifie « le roi consacré à la moissonneuse d'en haut » c'est-à-dire la déesse-Lune de la Moisson. La querelle entre ses deux épouses rivales Ino et Néphélé était probablement celle qui opposait les premiers colons ioniens en Béotie, qui avaient adopté le culte de la déesse du Blé, Ino, et les envahisseurs éoliens, qui étaient des bergers. La tentative faite pour transférer les rites agricoles de la déesse ionienne Ino au dieu du tonnerre éolien et sa femme Néphélé, le nuage de pluie, semble avoir été mise en échec par les prêtresses qui séchaient le grain.*

2. *Le mythe d'Athamas et Phrixos raconte le sacrifice annuel, dans la montagne, du roi ou du substitut du roi — d'abord un enfant revêtu d'une toison de bélier et par la suite un bélier — pendant les fêtes pour faire descendre la pluie que les bergers célébraient à l'Équinoxe de Printemps. Le sacrifice d'un bélier à Zeus au sommet du mont Pélion, non loin du Laphystion, avait lieu en avril, au moment où, selon le Zodiaque, le Bélier était à l'ascendant ; les chefs de la contrée avaient coutume de combattre revêtus de peaux de moutons blancs (Dicéarque : II.* 8*) et ce rite a survécu dans le simulacre de mise à mort et de résurrection d'un vieil homme portant un masque de mouton noir (voir 148.* 10*). Les vêtements de deuil destinés aux enfants condamnés à mort indiquent que la victime portait une peau de mouton noir et que les spectateurs et les prêtres portaient des peaux de moutons blancs. L'amour de Biadicé pour Phrixos rappelle l'amour de la femme de Putiphar pour Joseph, mythe similaire en Canaan ; la même légende existe au sujet d'Antéia et Bellérophon (voir 75.* a*), Thétis et Pelée (voir 81.* g*), Phèdre et Hippolyte (voir 101.* a-g), *Philonomé et Ténès (voir 161.* g*).*

3. *Le fait que Néphélé (« nuage ») était un don d'Héra à Athamas, créée à sa propre image, indique que dans le version originale, Athamas, le roi éolien lui-même, représentait le dieu du tonnerre comme son prédécesseur Ixion (voir 63.* 1*) et son frère Salmonée (voir 68.* 1*) et que, lorsqu'il épousa Thémisto (qui, dans la version du mythe selon Euripide, est la rivale d'Ino), celle-ci prit la place de la femme du dieu-tonnerre.*

4. *Ino n'est autre que Leucothée, « la Déesse Blanche », et elle prouve qu'elle est identique à la Triple Muse par ses orgies sur le mont Parnasse. Son nom (« celle qui rend vigoureux ») indique qu'il s'agit d'orgies ithyphalliques et de la croissance d'un blé robuste ; on aurait fait en son honneur des sacrifices sanglants de jeunes garçons, tous les ans, avant les semailles d'hiver. On attribue à Zeus lui-même la déification d'Ino en témoignage de reconnaissance pour sa bonté à l'égard de Dionysos ; et Athamas porte un nom lié à l'agriculture, en son honneur ; en d'autres*

termes, les fermiers ioniens réglèrent à leur avantage leurs différends religieux avec les bergers éoliens.

5. *Ce mythe, à vrai dire, est un pot-pourri d'éléments très anciens. On indique qu'il s'agit du culte sacramentel de Zagreus qui devient celui de Dionysos Enfant (voir 30.* 3*), lorsque Athamas prend Ino pour une chèvre ; on indique qu'il s'agit d'Actéon lorsqu'il prend Léarchos pour un cerf, le tue et le découpe en morceaux (voir 22.* I*). Mélicerte, le plus jeune fils d'Ino, est l'Héraclès Melkarth canaanite (« protecteur de la cité »),* alias *Moloch qui, à l'instar du roi solaire nouvellement né, arrive sur le dos d'un dauphin en direction de l'isthme, et dont la mort, au terme des quatre années de son règne, était célébrée aux Jeux Funèbres Isthmiques ; on sacrifiait des enfants à Mélicerte dans l'île de Ténédos et, probablement aussi, à Corinthe (voir 156.* 2*) comme à Moloch, à Jérusalem (Lévitique XVIII. 21 et 1* Rois *XI. 7).*

6. *C'est seulement lorsque Zeus devint dieu du ciel clair et qu'il usurpa les attributs solaires de la déesse, que la toison devint une toison d'or — ainsi le Premier Mythographe du Vatican dit que c'était la « toison dans laquelle Zeus monta au ciel » — mais, pendant la période où il faisait les orages et le tonnerre, elle avait été noire pourpre (Simonide :* Fragment *21).*

7. *Dans une des versions du mythe (Hippias :* Fragment *12), Ino s'appelle Gorgopis (« au visage sévère ») qui est un nom d'Athéna ; le cruel Sciron qui précipitait les voyageurs du haut d'un rocher, doit son nom au parasol blanc — plus exactement c'était un paralune — que l'on portait au cours des processions en l'honneur d'Athéna. Il est évident que les roches Scironiennes étaient le promontoire du haut duquel le roi sacré, ou ses substituts, était précipité dans la mer en l'honneur de la déesse-Lune Athéna ou Ino ; le parasol servait apparemment à amortir la chute (voir 89.* 6; *92.* 3; *96.* 3 *et 98.* 7*).*

8. *La noyade d'Hellé est l'équivalent de celle d'Ino. L'une et l'autre sont des déesses-Lune et le mythe est ambivalent : il représente le coucher de la lune et en même temps l'abandon du culte lunaire d'Hellé en faveur du culte solaire de Zeus ; l'une et l'autre sont des déesses de la mer : Hellé donna son nom à la réunion de deux mers, Ino-Leucothée apparut à Odysseus sous l'aspect d'une mouette et l'empêcha de se noyer (voir 170.* y*).*

9. *Il est plus probable que la tribu d'Athamas ait émigré d'Athamantia et du mont Laphystion en Béotie vers le mont Laphystion et l'Athamantia de Thessalie, plutôt que l'inverse ; Athamas était étroitement relié à Corinthe, le royaume de son frère Sisyphe, et il fonda, dit-on, la cité d'Acraephia à l'est du lac Copaïs où existait un « Champ d'Athamas » (Stéphanos de Byzance* sub *Acraephia : Pausanias : IX. 24.* 1*). On a attribué aussi à plusieurs de ses fils la fondation de villes béotiennes. On en a fait, et de façon fort plausible, le fils de Minyas et le roi d'Orchomène, ce qui l'aurait rendu maître de la plaine de Copaïs*

et du mont Laphystion et également l'allié de Corinthe contre Athènes et Thèbes. La raison probable des voyages vers le nord, à l'intérieur de la Thessalie, des Athamantiens, était la guerre désastreuse entre Orchomène et Thèbes, racontée dans le cycle d'Héraclès (voir 121. d*). Les excès auxquels se livre Néphélé sur la montagne rappellent les filles de Minyas dont on dit qu'elles furent prises d'une frénésie bachique sur le mont Laphystion : ce serait là l'origine de la fête des Agrionies, à Orchomène.*

71.

Les juments de Glaucos

a. Glaucos, fils de Sisyphe et de Méropé, et père de Bellérophon vivait à Potnies, près de Thèbes, où sans tenir compte du pouvoir d'Aphrodite, il refusait de laisser s'accoupler ses juments. Il espérait ainsi les rendre plus rapides que les autres dans les courses de chars qui constituaient son principal intérêt. Mais Aphrodite était mécontente, et elle se plaignit à Zeus qu'il était allé jusqu'à les nourrir de chair humaine. Lorsque Zeus lui eut permis de prendre contre Glaucos les mesures qu'elle jugerait nécessaires, elle fit sortir les cavales la nuit, les fit boire à un puits qui lui était consacré et paître une herbe, appelée hippomanes, qui croissait tout autour du puits. Elle agit de la sorte juste avant que Jason ne célèbre les jeux funèbres de Pélias au bord de la mer, à Iolcos ; et Glaucos n'avait pas plutôt attelé ses juments à son char qu'elles s'emballèrent, renversèrent le char, le traînèrent sur le sol, empêtré dans les rênes, sur toute la longueur du stade et ensuite le dévorèrent vivant[1]. Mais, selon certains, cet événement se passa à Potniae et non pas à Iolcos ; selon d'autres, Glaucos se jeta dans la mer à cause du chagrin que lui avait causé la mort de Mélicerte, fils d'Athamas ; selon d'autres encore, Glaucos était le nom qui fut donné à Mélicerte après sa mort[2].

b. L'ombre de Glaucos, appelée Taraxippos ou Épouvantail à chevaux, hante toujours l'isthme de Corinthe, où son père Sisyphe lui enseigna pour la première fois l'art de conduire les chars, et prend plaisir à effrayer les chevaux au cours des Jeux Isthmiques, causant ainsi la mort de beaucoup d'hommes. L'ombre du cocher Myrtilos, que tua Pélops, est aussi un épouvantail à chevaux. Il hante le stade à Olympie où les conducteurs de chars lui offrent des sacrifices dans l'espoir d'éviter des accidents mortels [3].

★

1. *Les mythes de Lycurgue (voir 27. e) et de Diomède montrent que le roi sacré préhellénique était déchiqueté par des femmes, déguisées en juments, à la fin de son règne. A la période hellénique, cette coutume fut modifiée et le roi attaché à un char, tiré par quatre chevaux, et traîné jusqu'à ce que mort s'ensuive, comme dans le mythe d'Hippolyte (voir 101.* g*), de Laios (voir 105.* d*), d'Oenomaos (voir 109.* j*), d'Abdéros (voir 130.* I*), d'Hector (voir 163.* 4*), et d'autres. Aux fêtes babyloniennes de la Nouvelle Année, lorsqu'on croyait que le dieu soleil Marduk, incarné par le roi, se trouvait aux Enfers en train de combattre le monstre marin Tiamat (voir 73.* 7*), on lâchait dans les rues un char, attelé de quatre chevaux sans conducteur, pour symboliser l'état cahotique du monde pendant le transfert de la couronne d'un roi à un autre ; probablement existait-il une poupée, figurant le conducteur, et qui était prise dans les rênes. Si le rituel babylonien et le rituel grec ont une origine commune, un roi enfant intérimaire (*interrex*) aurait succédé au roi sur le trône et dans son lit, durant son règne d'un seul jour et, le lendemain matin à l'aube, il aurait été attaché à un char et traîné — comme dans le mythe de Phaéton (voir 42.* 2*) et celui d'Hippolyte (voir 101.* g*). Le roi était ensuite réinstallé sur son trône.*

2. *Le mythe de Glaucos est un peu différent : celui-ci en effet est non seulement victime d'un accident de char mais encore dévoré par des juments. Le fait qu'il méprisait Aphrodite et empêchait ses juments de procréer indique une tentative du système patriarcal pour supprimer les fêtes érotiques de Thèbes en faveur des Potnies, « les puissantes », c'est-à-dire la Triade lunaire.*

3. *Le Taraxippos semble avoir été une statue royale archaïque indiquant le premier virage du parcours de la course ; les chevaux qui n'étaient pas familialirés avec le stade étaient distraits par la statue, au moment précis où le conducteur de char essayait de ralentir pour se placer à la corde ; mais c'était aussi l'endroit fixé pour l'accident de char du vieux roi, ou de son intérim, et que l'on provoquait en retirant la clavette de l'essieu (voir 109.* j*).*

4. *Glaucos (« gris vert ») était probablement, dans un certain sens, le représentant minoen qui parcourait l'isthme (voir 90.* 7*) porteur des nouveaux édits, et, dans un autre sens, Mélicerte (Melkarth, « gardien de la cité ») titre phénicien du roi de Corinthe qui arrivait en principe tous les ans, au début de son règne, nouvellement né, sur le dos d'un dauphin (voir 70.* 5 *et*

87. 2) et était précipité dans la mer, à la fin de son règne (voir 96. 3).

72.
Mélampous

a. Mélampous le Minyen, petit-fils de Créthée, qui vivait à Pylos, en Messénie, fut le premier mortel à recevoir le don de prophétie, le premier à pratiquer la médecine, le premier à bâtir des temples à Dionysos en Grèce, et le premier à ajouter de l'eau au vin [1].

b. Son frère Bias, à qui il était profondément attaché, s'éprit de leur cousine Péro ; mais il y avait tant de prétendants à sa main que son père, Nélée, la promit à celui qui serait capable de prendre au roi Phylacos son troupeau à Phylacae. Phylacos tenait à ce troupeau plus qu'à tout au monde, excepté son fils unique Iphilcos, et il gardait lui-même son bétail, aidé d'un chien qui ne dormait jamais et qui ne se laissait pas approcher.

c. Mélampous comprenait la langue des oiseaux, ses oreilles ayant été purifiées par une nichée de jeunes serpents ; il les avait sauvés de la mort et avait pieusement enterré les corps de leur père et de leur mère. De plus, Apollon qu'il rencontra un jour sur les rives du fleuve Alphée lui avait enseigné l'art divinatoire d'après l'examen des entrailles des victimes sacrificielles [2]. Il sut ainsi que celui qui tenterait de voler le troupeau recevrait le bétail en cadeau mais, après avoir été emprisonné pendant exactement une année. Et, comme Bias se désespérait, Mélampous prit la décision de visiter l'étable de Phylacos au milieu de la nuit ; mais il n'eut pas plutôt posé la main sur une vache que le chien le mordit à la jambe et Phylacos, surgissant de la paille, le mit en prison. C'était là, évidemment, ce qu'attendait Mélampous.

d. Le soir du dernier jour de son année d'emprisonnement, Mélampous entendit deux vers du bois qui se parlaient, à l'extrémité d'une poutre enfoncée dans le mur au-dessus de sa tête. L'un demandait à l'autre avec un soupir de lassitude : « Combien de jours faut-il encore ronger, camarade ? » l'autre ver, la bouche encore pleine de poudre de bois, répondit : « Nous avançons sérieusement. La poutre s'effondrera demain à l'aube si nous ne perdons pas notre temps en bavardages inutiles. »

Mélampous se mit aussitôt à crier : « Phylacos, Phylacos, je t'en prie, mets-moi dans une autre cellule. » Phylacos rit des raisons de cette requête mais ne la rejeta pas. Lorsque la poutre s'effondra à l'heure dite en tuant une des femmes qui aidait à sortir le lit, Phylacos fut confondu par la prescience de Mélampous. « Je te donnerai à la fois la liberté et le troupeau, dit-il, si seulement tu guéris mon fils Iphilcos qui est impuissant. »

e. Mélampous accepta. Il commença par sacrifier deux taureaux à Apollon et, après avoir brûlé les os de la cuisse et la graisse, il laissa leurs carcasses près de l'autel. Deux vautours s'abattirent alors et l'un dit à l'autre : « Il y a bien plusieurs années que nous ne sommes venus ici — la dernière fois c'était quand Phylacos châtrait des béliers et nous avons eu nos petits profits. »

« Oui, je m'en souviens fort bien, répondit l'autre vautour, Iphilcos, qui était encore enfant à ce moment-là, avait vu son père venir vers lui avec un couteau taché de sang et avait été effrayé. Il avait évidemment eu peur d'être châtré, lui aussi, car il avait hurlé de toutes ses forces. Phylacos a planté son couteau dans le poirier sacré, pour le mettre à l'abri, et il a couru rassurer Iphilcos. Cette terreur qu'il a eue est la cause de son impuissance. Regarde, Phylacos a oublié de reprendre son couteau ! Le voilà ! Il est toujours planté dans l'arbre mais l'écorce a poussé et a recouvert la lame, on ne voit plus que le manche qui dépasse. »

« Dans ce cas, fit remarquer le premier vautour, le remède pour guérir l'impuissance d'Iphilcos serait de retirer le couteau, de gratter la rouille due au sang du bélier et la lui administrer, mélangée à de l'eau, pendant dix jours. »

« Je suis d'accord, dit l'autre vautour. Mais qui, en dehors de nous, aurait l'intelligence de lui prescrire un pareil remède ? »

f. Ainsi Mélampous fut-il en mesure de guérir Iphilcos qui, bientôt, eut un fils appelé Podarcès ; et, ayant exigé d'abord le troupeau et ensuite Péro, il l'offrit, encore vierge, à son ami Bias, reconnaissant [3].

g. Or, Proetos, fils d'Abas, qui régnait en même temps qu'Acrisios sur l'Argolide, avait épousé Sthénébée, qui lui donna trois filles nommées Lysippé, Iphinoé et Iphianassa, mais certains nomment les deux plus jeunes Hipponoé et Cyrianassa. C'était peut-être pour avoir offensé Dionysos ou Héra, ou à cause de leur indulgence excessive à l'égard des intrigues amoureuses, ou bien parce qu'elles avaient volé de l'or à la statue de la déesse à Tirynthe, la capitale de leur père, qu'elles furent frappées toutes trois de démence par les dieux et qu'elles se mirent à courir sur les montagnes comme des vaches piquées par des taons, faisant des gestes désordonnés et attaquant les voyageurs [4].

h. Mélampous, lorsqu'il apprit la nouvelle, vint à Tirynthe et proposa de les guérir à condition que Proetos lui donnât en paiement le tiers de son royaume.

« C'est un prix bien trop élevé », se récria Proetos ; et Mélampous se retira.

La folie gagna alors les femmes d'Argos, un grand nombre d'entre elles tuèrent leurs enfants, abandonnèrent leur foyer, et s'en furent rejoindre les trois filles de Proetos qui erraient, privées de raison ; en sorte que les routes n'étaient plus sûres et que les troupeaux subissaient de lourdes pertes parce que les femmes démentes mettaient en pièces le bétail et mangeaient les bêtes crues. Alors, Proetos envoya en toute hâte chercher Mélampous pour lui dire qu'il acceptait ses conditions.

« Non, dit Mélampous, comme le mal s'est aggravé, mes honoraires ont augmenté aussi ! Tu me donneras un tiers de ton royaume et un autre tiers pour mon frère Bias, alors je te délivrerai de cette calamité. Si tu refuses il ne restera plus une seule Argienne à son foyer. »

Après que Proetos eut accepté, Mélampous lui conseilla : « Consacre vingt bœufs à Hélios — je te dirai ce qu'il faut dire — et tout ira bien. »

i. Proetos, en conséquence, consacra les bœufs à Hélios, à la condition que ses filles et leurs compagnes fussent guéries ; et Hélios, qui voit tout, promit aussitôt à Artémis de lui donner les noms de certains rois qui avaient omis de lui faire des sacrifices, à la condition qu'elle persuaderait Héra de lever la malédiction qui pesait sur les Argiennes. Or, Artémis avait récemment poursuivi à la chasse la Nymphe Callisto jusqu'à ce qu'elle fût tombée morte, pour rendre service à Héra, de sorte qu'elle ne fit aucune difficulté pour assumer sa part dans le marché qu'on lui proposait. C'est ainsi que cela se passe au Ciel comme sur la Terre.

j. Puis Mélampous, avec l'aide de Bias et d'une troupe choisie de jeunes gens vigoureux, fit redescendre de la montagne les femmes échevelées et les conduisit à Sicyone, où leur démence les abandonna, puis il les purifia en les immergeant dans un puits sacré. N'ayant pas trouvé les filles de Proetos dans cette foule de femmes, Mélampous et Bias repartirent à la poursuite des trois filles jusqu'à Louses, en Arcadie, où elles se réfugièrent dans une caverne donnant sur le Styx. Lysippé et Iphianassa recouvrèrent la raison et furent purifiées ; mais Iphinoé mourut en chemin.

k. Mélampous épousa alors Lysippé, Bias (dont l'épouse Péro était morte quelque temps auparavant) épousa Iphianassa et Proetos les récompensa tous deux, comme il l'avait promis. Mais, selon certains, le véritable nom de Proetos était Anaxagoras[5].

★

1. *Les magiciens prétendaient que leurs oreilles avaient été léchées par un serpent — l'on considérait le serpent comme l'incarnation d'un héros oraculaire (« Le Langage des animaux », par J. R. Frazer,* Revue d'Archéologie *I, 1888) — et qu'ils étaient dès lors capables de comprendre le langage des oiseaux et des insectes (voir 105.* g *et 158.* p*). Les prêtres d'Apollon semblent ici avoir fait preuve de plus de sagacité qu'à l'ordinaire en expliquant ainsi leur don de prophétie.*

2. *L'impuissance d'Iphilcos est un fait réel et non pas un mythe : la rouille du couteau à châtrer devrait être une méthode psychologique efficace pour guérir l'impuissance causée par un frayeur subite et en accord avec les principes de la magie sympathique. Apollodore décrit l'arbre dans lequel était planté le couteau comme étant un chêne, mais il est plus prabable qu'il s'agissait du poirier sauvage consacré à la Déesse Blanche du Péloponnèse (voir 74.* 6*) qui porte des fruits en mai, mois de chasteté obligatoire ; Phylacos avait offensé la déesse en blessant son arbre. Les magiciens, en prétendant avoir appris la chose par des vautours — oiseaux d'une grande importance en matière de prophétie (voir 119.* i*) — donnent plus de poids à leurs paroles. L'interprétation du nom de Péro comme signifiant « mutilé ou déficient », allusion à l'impuissance d'Iphilcos, qui est au centre de la légende, doit être préférée au sens de « sac de cuir », allusion au contrôle des vents (voir 36.* I*).*

3. *Il semble que « Mélampous », chef éolien de Pylos, ait enlevé une partie de l'Argolide à des colons canaanites qui se disaient Fils d'Abas (mot sémitique signifiant « père »), c'est-à-dire le dieu Melkarth (voir 70.* 5*), et qu'il instaura un double*

royaume. L'enlèvement du troupeau de Phylacos (« gardien »), dont le chien ne dormait jamais, rappelle le dixième des travaux d'Héraclès et ce mythe est basé sur la coutume hellénique d'acheter une épouse avec les bénéfices que procurait un troupeau volé (voir 132. I*).*

4. *« Proetos » semble être un autre nom d'Ophion, le Démiurge (voir 1.* a*). La mère de ses filles était Sthénébée, la déesse-Lune sous son aspect de vache — c'est-à-dire Io, qui devint folle de la même façon (voir 56.* a*) — et leurs noms sont des titres de cette même déesse sous son aspect destructeur de Lamia et d'Hippolyte dont les juments sauvages déchiquetèrent le roi sacré à la fin de son règne (voir 71.* a*). Mais il faut distinguer l'orgie, au cours de laquelle les prêtresses de la Lune s'habillaient en juments, de la danse du taon faiseur de pluie, pour laquelle elles s'habillaient en génisses (voir 56.* I*), ainsi que des fêtes du culte du bouc au cours desquelles elles mettaient en pièces des enfants sous l'effet d'excitants tels que l'hydromel, le vin ou la bière de lierre (voir 27.* 2*). La prise du temple de la déesse, à Louses, par les Éoliens, racontée ici sous forme de mythe, avait probablement mis fin aux orgies de la jument sauvage ; le viol de Déméter par Poséidon (voir 16.* 5*) raconte le même événement. Les libations versées à la déesse-Serpent dans un autel arcadien, situé entre Sicyone et Louses, expliquent la légende de la mort d'Iphinoé.*

5. *La reconnaissance officielle, à Delphes, Corinthe, Sparte et Athènes, du culte extatique du vin de Dionysos, plusieurs siècles plus tard, avait pour but d'abolir tous les rites plus anciens et semble avoir mis un terme au cannibalisme et au meurtre rituel, excepté dans les parties les plus sauvages de la Grèce. A Patras, en Achaïe, par exemple, Arthémis Tridaria (« qui tire au sort par trois fois ») avait exigé un sacrifice annuel de garçons et de filles portant sur la tête des couronnes de lierre et de blé, à ses orgies de la moisson.*

6. Melampodes *(« pieds noirs ») est le nom que l'on donnait couramment aux Égyptiens (voir 60.* a*) et les légendes selon lesquelles Mélampous comprenait le langage des oiseaux et des insectes sont probablement d'origine africaine et non pas éolienne.*

73.
Persée

a. Abas, roi d'Argos et petit-fils de Danaos, était si célèbre comme guerrier qu'après sa mort les rebelles qui s'insurgeaient contre la Maison royale prenaient la fuite à la seule vue de son bouclier. Il épousa Aglaea et légua son royaume à ses fils jumeaux Proetos et Acrisios en leur demandant de gouverner à tour de rôle. Leur querelle, qui avait commencé dans le sein de leur mère, devint plus vive que jamais le jour où Proetos s'unit à la fille d'Acrisios, Danaé, et il eut toutes les peines du monde à s'en tirer vivant [1]. Or, comme Acrisios refusait d'abandonner le trône à la fin de la période qui lui était impartie pour régner, Proetos s'enfuit à la cour d'Iobatès, roi de Lycie, dont il épousa la fille Sthénébée ou Antéia ; il revint alors, à la tête d'une armée lycienne, pour appuyer ses revendications au trône. Il y eut une bataille sanglante, mais, comme aucun des deux camps n'avait l'avantage, Proetos et Acrisios acceptèrent à contre-cœur de se partager le royaume. La part d'Acrisios devait être Argos et ses environs ; Proetos recevait Tirynthe, l'Héraion, qui fait actuellement partie de Mycènes, Midée et la côte d'Argolide [2].

b. Sept Cyclopes géants, appelés Gastérochires parce qu'ils gagnaient leur vie comme maçons, accompagnèrent Proetos qui venait de Lycie et fortifièrent Tirynthe avec des murs épais en employant des blocs de pierre si énormes que deux mulets attelés auraient été incapables de les bouger [3].

c. Acrisios, qui était marié à Aganippé, n'avait pas d'enfants, excepté Danaé, sa fille unique, que Proetos avait séduite ; et, lorsqu'il demanda à un oracle comment il pourrait avoir un héritier mâle, il lui fut répondu : « Tu n'auras pas de fils et ton petit-fils te tuera. » Pour prévenir le destin, Acrisios enferma Danaé dans un donjon, dont les portes étaient d'airain, et la fit garder par des chiens féroces ; mais, en dépit de ces précautions, Zeus la posséda sous la forme d'une pluie d'or et elle lui donna un fils, nommé Persée. Lorsque Acrisios apprit la chose, il ne voulut pas croire que Zeus fût le père et soupçonna son frère Proetos d'avoir repris ses rapports avec elle ; mais, comme il n'osait pas tuer sa propre fille, il l'enferma, elle et le petit Persée, dans un coffre de bois qu'il lança à la mer. Ce coffre vogua vers l île de Sériphos, où un pêcheur, du nom de Dictys, le recueillit et le ramena sur le rivage ; il le cassa, l'ouvrit et trouva Danaé et Persée, encore vivants. Il les conduisit aussitôt chez son frère, le roi Polydectès qui éleva Persée dans sa maison [4].

d. Des années s'écoulèrent et Persée, devenu un homme, défendit Danaé contre Polydectès, qui, avec l'appui de ses sujets, avait essayé de la forcer à l'épouser. Polydectès réunit alors ses amis et, faisant semblant de solliciter la main d'Hippodamie, fille de Pélops, leur demanda comme contribution à son cadeau de mariage, de lui donner, chacun, un cheval. « Sériphos, dit-il, n'est qu'une petite île, mais je ne voudrais pas faire piètre figure auprès des riches prétendants du continent. Peux-tu m'aider, noble Persée ?

« Hélas, répondit Persée, je ne possède pas de cheval, ni d'or pour en acheter, mais si tu as l'intention d'épouser Hippodamie et non ma mère, je trouverai le moyen de t'apporter le cadeau que tu voudras » ; et il ajouta imprudemment : « Même la tête de la Méduse, s'il le faut. »

e. « Cela me ferait plus de plaisir qu'aucun cheval au monde », répondit aussitôt Polydectès [5]. Or, la Gorgone Méduse avait des cheveux en serpents, d'énormes dents, une langue pendante et, pour tout dire, elle avait un visage si terrible que tous ceux qui la regardaient étaient pétrifiés de terreur.

f. Athéna avait surpris la conversation à Sériphos et comme elle était une ennemie jurée de Méduse, celle-ci lui devant sa hideuse apparence, elle accompagna Persée dans son expédition. Elle le conduisit d'abord à la cité de Deicterion, à Samos, où se trouvent des statues des trois Gorgones, ainsi lui donna-t-elle l'occasion de distinguer Méduse de ses deux autres sœurs immortelles, Sthéno et Euryalé ; puis elle l'avertit de ne jamais regarder Méduse en face mais seulement son image réfléchie et elle lui fit cadeau d'une bouclier poli comme un miroir.

g. Hermès aida aussi Persée ; il lui donna une serpe en acier très dur, pour couper la tête de la Méduse. Mais il fallait encore à Persée une paire de sandales ailées, une besace magique pour mettre la tête de la Méduse et le casque sombre qui avait la propriété de rendre invisible, appartenant à Hadès. Tous ces objets se trouvaient auprès des Nymphes du Styx, chez qui Persée devait aller les chercher ; mais leur demeure n'était connue que des sœurs des Gorgones, les Trois Grées à corps de cygne qui n'avaient qu'un seul œil et une seule dent, à elles trois. Persée alla donc trouver les Grées, sur leur trône, au pied du mont Atlas. Rampant derrière elles, il s'empara de leur œil et de leur dent pendant qu'elles se les passaient l'une à l'autre, et il leur déclara qu'il ne les leur rendrait que lorsqu'elles lui auraient indiqué le lieu où vivaient les Nymphes du Styx [6].

h. Persée prit aux Nymphes les sandales, la besace, le casque et se dirigea à l'ouest, vers la terre des Hyperboréens, où il trouva les Gorgones endormies au milieu de formes humaines et de bêtes sauvages que la Méduse avait changées en pierre et que la pluie avait détériorées. Il fixa son regard sur le reflet dans le bouclier. Athéna guida sa main et il trancha la tête de Méduse, d'un seul coup de serpe ; alors, à sa grande surprise, Pégase, le cheval ailé, et le guerrier Chrysaor brandissant un sabre d'or, jaillirent de son corps. Persée ignorait qu'ils avaient été l'un et l'autre conçus par Poséidon avec Méduse dans l'un des temples d'Athéna, mais il décida de ne pas les combattre. Glissant précipitamment la tête dans la besace, il s'enfuit ; et, bien que Sthéno et Euryalé, réveillées par leurs nouveaux neveux, se fussent mises à sa poursuite, le casque rendant Persée invisible, il put s'enfuir en toute sécurité vers le sud [7].

i. Au coucher du soleil, Persée s'arrêta près du palais du Titan Atlas à qui — pour le punir de son manque d'hospitalité — il montra la tête de la Gorgone, le changeant ainsi en montagne ; le jour suivant, il se dirigea vers l'est et traversa le désert de Libye, tandis qu'Hermès l'aidait à porter la lourde tête. En passant, il jeta l'œil et la dent des Grées dans le lac Tritonis ; quelques gouttes du sang de la Gorgone tombèrent sur le sable du désert où elles donnèrent naissance à une multitude de serpents venimeux, dont l'un tua, par la suite, Mopsos l'Argonaute [8].

j. Persée s'arrêta pour se rafraîchir à Chemnis, en Égypte, où il est encore vénéré, puis reprit sa route en volant dans les airs. Comme il longeait la côte de Philistia en direction du nord, il aperçut une femme nue enchaînée à un rocher et aussitôt il tomba amoureux d'elle. C'était Andromède, fille de Céphée, le roi éthiopien de Joppé, et de Cassiopée [9]. Cassiopée s'était ventée qu'elle et sa fille étaient plus belles que les Néréides ; celles-ci se plaignirent de cette insulte à Poséidon, leur protecteur. Poséidon envoya un déluge et un monstre marin femelle pour dévaster Philistia, et, lorsque Céphée consulta l'oracle d'Ammon, il lui fut répondu qu'il n'avait qu'une seule chance d'être délivré : c'était de sacrifier Andromède au monstre marin. Ses sujets l'avaient donc contraint de l'attacher à un rocher, nue, portant seulement quelques bijoux, et de l'abandonner là pour être dévorée.

k. Comme Persée volait vers Andromède, il vit Céphée et Cassiopée qui l'observaient anxieusement du rivage proche et il se posa à terre auprès d'eux pour les consulter hâtivement. A la condition que, s'il la sauvait, elle deviendrait sa femme et reviendrait avec lui en Grèce, Persée s'éleva à nouveau dans les airs et, tenant fermement sa serpe, il plongea vers la mer et trancha la tête du monstre qui avait été trompé par l'ombre de Persée sur les vagues. Celui-ci avait retiré la tête de la Gorgone de sa besace, au cas où le monstre aurait regardé en l'air, et il l'avait déposée, le visage retourné, sur un lit de feuilles et d'algues (qui instantanément devinrent du corail) pendant qu'il se nettoyait les mains tachées de sang. Il avait ensuite élevé trois autels et sacrifié un veau, une vache et un taureau respectivement à Hermès, Athéna et Zeus [10].

l. Céphée et Cassiopée ne l'acceptèrent qu'à contre-cœur comme gendre et, sur l'insistance d'Andromède, le mariage eut lieu immédiatement ; mais les festivités furent brutalement interrompues par Agénor frère jumeau du roi Bélos qui arriva, à la tête d'une troupe en armes, réclamant Andromède pour lui-même. Il était sans aucun doute envoyé par Cassiopée. En effet, elle et son mari Céphée avaient aussitôt retiré leur parole à Persée sous le prétexte que la main d'Andromède lui avait été accordée contre leur gré, à cause des circonstances, et qu'Agénor l'avait demandée avant lui.

« Persée doit mourir ! », s'écria Cassiopée d'un air farouche.

m. Dans la bataille qui s'ensuivit, Persée abattit de nombreux adversaires, mais, près de succomber sous le nombre, il fut contraint de reprendre la tête de la Gorgone de son lit de corail et changea ses ennemis, au nombre de deux cents, en pierre [11].

n. Poséidon plaça les images de Céphée et Cassiopée au milieu des étoiles — cette dernière pour la punir de sa trahison est attachée dans un panier à provisions qui, à certaines périodes de l'année, se retourne, ce qui donne à Cassiopée un air tout à fait ridicule. Mais Athéna plaça Andromède dans une constellation plus digne, parce qu'elle avait insisté pour épouser Persée, malgré la mauvaise foi de ses parents. Les traces de ses chaînes sont encore visibles sur un rocher près de Joppé ; et on montrait, dans la cité, les os du monstre changé en pierre jusqu'au moment où Marcus Aemilius Scaurus les transporta à Rome au cours de la période où il fut édile de la cite [12].

o. Persée revint précipitamment à Sériphos, en emmenant Andromède avec lui. Là il découvrit que Danaé et Dictys, vivant dans la terreur de Polydectès qui, bien sûr, n'avait jamais eu l'intention d'épouser Hippodamie, s'étaient réfugiés dans un temple. Il se rendit donc tout droit au palais où Polydectès était en train de festoyer avec ses compagnons et annonça qu'il avait rapporté le cadeau de mariage promis. Comme il était accueilli par un torrent d'insultes, il leur montra la tête de la Gorgone en se détournant lui-même pour ne pas la regarder, et les changea en pierre ; on peut voir encore à Sériphos le groupe de grosses pierres qu'ils sont devenus. Il donna ensuite la tête à Athéna qui la fixa à son égide ; et Hermès rendit les sandales, la besace et le casque à la garde des Nymphes du Styx [13].

p. Après avoir donné le trône de Sériphos à Dictys, Persée prit la mer en direction d'Argos, accompagné de sa mère, de sa femme et d'un groupe de Cyclopes. Acrisios, en apprenant qu'ils approchaient, s'enfuit chez les Pélasges, à Larissa ; mais il se trouva justement que Persée y fut convié pour participer aux jeux funèbres que le roi Teutamidès avait organisés en l'honneur de son père mort, et il concourut dans le pentathlon. Quand vint le lancement du disque, son disque, quittant sa trajectoire à cause du vent et par la volonté des Dieux, atteignit Acrisios au pied et le tua [14].

q. Profondément affligé, Persée enterra son grand-père dans le temple d'Athéna qui couronne l'Acropole et, gêné de régner sur Argos, il alla à Tirynthe, où Mégapenthès avait succédé à son père Proetos, et ils convinrent d'échanger leurs royaumes. C'est ainsi que Mégapenthès se rendit à Argos tandis que Persée régnait à Tirynthe ; ils reprenaient ainsi les deux autres parties de l'ancien royaume de Proetos.

r. Persée fortifia Midée et fonda Mycènes, ainsi nommée parce qu'un jour, ayant soif, un champignon [*mycos*] s'était mis à pousser et lui avait procuré de l'eau. Les Cyclopes construisirent les murs des deux cités [15].

★

s. Il existe aussi une version tout à fait différente. On dit que Polydectès réussit à épouser Danaé et éleva Persée dans le temple d'Athéna. Quelques années plus tard, Acrisios apprit qu'ils étaient vivants et s'embarqua pour Sériphos, résolu, cette fois, à tuer Persée de sa propre main. Polydectès intervint et leur fit jurer de ne jamais attenter à la vie l'un de l'autre. Mais une tempête s'était levée et le navire d'Acrisios était encore amarré au rivage, empêché de prendre la mer à cause du mauvais temps, quand Polydectès mourut. Au cours des jeux funèbres en son honneur, Persée lança un disque qui atteignit accidentellement Acrisios à la tête et le tua. Persée s'embarqua alors pour Argos et réclama le trône, mais il découvrit que Proetos l'avait usurpé et pour cette raison il le changea en pierre ; ainsi régnait-il sur l'Argolide tout entière, jusqu'au jour où Mégapenthès le tua pour venger son père [16].

t. Quant à la Méduse Gorgone, on dit qu'elle était la ravissante fille de Phorcys qui avait offensé Athéna et dirigé les Libyens du lac Tritonis dans la bataille. Persée, venant d'Argos à la tête d'une armée, fut aidé par Athéna à assassiner la Méduse. Il lui trancha la tête pendant la nuit et l'enterra sous un tertre sur la place du marché à Argos ; ce tertre se trouve près de la tombe de la fille de Persée, Gorgophoné, célèbre pour avoir été la première veuve à se remarier [17].

★

1. *Le mythe d'Acrisios et Proetos raconte la fondation d'un double royaume argien : au lieu que le roi meure au milieu de l'été chaque année et que son alter ego lui succède pour le restant de la période annuelle, chacun d'eux régnait à tour de rôle pendant quarante-neuf ou cinquante mois — c'est-à-dire pendant la moitié d'une Grande Année (voir 106.* I*). Ce royaume fut, par la suite, divisé, semble-t-il, en deux parties et des co-rois gouvernaient conjointement durant une Grande Année entière. La conception primitive selon laquelle l'esprit lumineux de l'année ascendante et son frère jumeau, l'esprit obscur de l'année descendante, sont perpétuellement en lutte, se retrouve aussi bien dans les mythologies celtique et palestinienne que dans les mythologies grecque et latine.*

2. *Il existe deux couples de jumeaux dans la* Genèse : *Ésaü et Jacob (*Genèse *XXIV. 24-26), Pérèc (voir 159.* a*) et Zérah (*Genèse *XXXVIII. 27-30), et tous deux se querellent pour savoir qui de*

l'un ou de l'autre exista le premier dans le sein de sa mère comme le font Acrisios et Proetos. Dans la mythologie celtique par exemple, Gwyn et Gwythur, dans le Mabinogion, *se battent tous les ans au début de mai et jusqu'à la fin du monde pour la main de Creiddylad, fille de Llyr (Cordélia, la fille du roi Lear). Cette femme est toujours la prêtresse de la Lune, qui, si on l'épouse, confère la royauté.*

3. *La construction d'Argos et de Tirynthe par les sept Gastérochires (« ventres pourvus de mains ») ainsi que la mort d'Acrisios sont apparemment inspirées par la représentation d'une cité entourée de murs : sept disques solaires, ayant chacun trois jambes, mais dépourvus de têtes (voir 23.* 2*), se trouvent placés au-dessus et un roi sacré est en train d'être mis à mort par un huitième disque solaire, muni d'ailes, qui frappe son talon sacré. Cela signifierait que sept substituts de l'année meurent à la place du roi qu'on sacrifie ensuite lui-même sur les ordres de la prêtresse ; son successeur, Persée, le défend.*

4. *Le mythe de Danaé, Persée et l'arche semble être apparenté à celui d'Isis, Osiris, Set et le jeune Horus. Dans la version la plus ancienne, Proetos est le père de Persée, l'Osiris argien ; Danaé est sa femme et sa sœur : Isis ; Persée est le jeune Horus ; et Acrisios, Set jaloux qui tua son frère jumeau Osiris et qui subit la vengeance d'Horus. L'arche est le bateau en bois d'acacia à bord duquel Isis et Horus errèrent dans le Delta à la recherche du corps d'Osiris. Une légende similaire se retrouve dans une des versions du mythe de Sémélé (voir 27.* 6*) et dans celui de Rhoéo (voir 160.* 7*). Mais Danaé, emprisonnée dans sa tour d'airain, enceinte, constitue le sujet d'une représentation du Nouvel An, très familière (voir 43.* 2*). Zeus fécondant Danaé sous forme d'une pluie d'or se rapporte probablement au mariage rituel du Soleil et de la Lune, d'où naissait le roi de la Nouvelle Année. On peut aussi interpréter cet épisode comme une allégorie pastorale : « l'eau est d'or » pour le berger grec et Zeus envoie des pluies d'orage sur la terre-Danaé. Le mot « Deicterion » signifie que la tête de la Gorgone fut montrée à Persée à cet endroit.*

5. *Les querelles dynastiques à Argos se trouvaient compliquées par l'existence d'une colonie argienne en Carie — d'après ce mythe et d'après celui de Bellérophon (voir 75.* b*) ; après la chute de Cnosos en 1400 avant J.-C., la marine carienne fut, pendant un certain temps, une des plus puissantes de la Méditerranée. Les mythes de Persée et de Bellérophon sont étroitement apparentés. Persée tua le monstre Méduse grâce à des sandales ailées ; Bellérophon utilisa un cheval ailé né du corps décapité de Méduse pour tuer le monstre Chimère. Ces deux exploits racontent l'usurpation du pouvoir de la déesse-Lune par les envahisseurs helléniques et se trouvent réunis sur un vase peint béotien archaïque où est figurée la Jument à tête de Gorgone. Cette jument est la déesse-Lune dont le symbole était la Chimère (voir*

75. 2) ; la tête de la Gorgone était un masque protecteur que portaient les prêtresses pour faire fuir les non-initiés (voir 33. 3) et que les Hellènes leur enlevèrent.

6. *Dans la deuxième version, plus simple, de ce mythe, Persée combat une reine libyenne, la décapite et enterre sa tête sur la place du marché, à Argos. Cette scène raconte probablement une conquête argienne de la Libye, la suppression, dans ce pays, du système matriarcal et le viol des mystères de la déesse Neith (voir 8. 1). La mise en terre de la tête sur la place du marché indique que l'on enfermait dans un coffre des reliques sacrées sur la place centrale et que l'on plaçait au-dessus un masque protecteur pour empêcher ceux qui, en creusant, auraient gêné l'effet magique du contenu. Ces reliques étaient peut-être un couple de petits cochons, comme ceux dont il est dit, dans le* Mabinogion, *qu'ils avaient été enterrés par le roi Lud dans un coffre de pierre à Carpax, Oxford, en guise de talisman pour protéger tout le royaume de Grande-Bretagne ; les cochons, dans ce contexte, sont peut-être un euphémisme et désignent des enfants.*

7. *La légende d'Andromède a été sans doute inspirée par une représentation palestinienne du dieu du Soleil Marduk ou son prédécesseur Bel, monté sur son cheval blanc et tuant le monstre marin Tiamat. Ce mythe faisait aussi partie de la mythologie des Hébreux. Sur la même représentation, Andromède, nue, parée de ses bijoux et enchaînée à un rocher, n'est autre qu'Aphrodite ou Ishtar ou Astarté, la sensuelle déesse de la Mer, « qui gouverne les hommes ». Mais elle n'attend pas qu'on la délivre, c'est Marduk lui-même qui l'a enchaînée après avoir tué Tiamat, le serpent de mer, son émanation, pour l'empêcher de poursuivre ses méfaits. Dans l'épopée babylonienne de la Création c'est elle qui suscita le Déluge. Astarté, en tant que déesse de la Mer, possédait des temples tout au long de la côte palestinienne et, à Troie, elle était Hésioné, « reine de l'Asie », qu'Héraclès aurait sauvée d'un monstre marin (voir 137. 2).*

8. *Une colonie grecque, installée à Chemnis, vers la fin du second millénaire avant J.-C. semble-t-il, identifiait Persée au dieu Sem, dont le symbole était un oiseau ailé et un disque solaire ; et Hérodote souligne le rapport qui existe entre Danaé, mère de Persée, et l'invasion libyenne d'Argos par les Danaéens. Le mythe de Persée et du champignon est d'un intérêt exceptionnel. Au sujet de la théorie selon laquelle il s'agissait du champignon vénéneux de Dionysos, au culte duquel il avait été converti (voir 27. i), lire l'Avant-Propos.*

9. *La seconde version, plus simple, de ce mythe indique que la visite de Persée chez les Grées, l'œil, la dent, le sac, la serpe et le casque qui rend invisible, ainsi que sa fuite devant les Gorgones qui le poursuivent, sont des éléments étrangers à sa querelle avec Acrisios. Dans* La Déesse Blanche, *je formule l'hypothèse que ces éléments fantaisistes sont de fausses interprétations, inspirées par une représentation totalement différente qui montre Hermès,*

coiffé de son habituel casque et chaussé de sandales ailées, recevant un œil magique des Trois Parques (voir 61. 1*). Cet œil symbolise le don d'intelligence : Hermès est devenu capable de comprendre l'alphabet d'arbres qu'ils ont inventé. Elle lui donne également une dent divinatoire, semblable à celle dont se servit Fionn dans la légende irlandaise ; une faucille pour couper des petites branches dans les bois, un sac en peau de grue pour les ranger et un masque de Gorgone pour écarter les curieux. Hermès vole dans le ciel vers Tartessos où les Gorgones possédaient un bois sacré (voir 132.* 3*) ; il est escorté et non pas poursuivi par trois déesses portant des masques de Gorgones. Au-dessous, sur la terre, on voit encore la déesse tenant un miroir où se reflète une tête de Gorgone pour bien marquer le secret de cette affaire (voir 52.* 7*). Hermès associé aux Grées, les nymphes du Styx, ainsi que le casque d'invisibilité, prouvent que c'est lui le sujet de cette scène ; s'il y a eu confusion entre lui et Persée c'est sans doute parce qu'Hermès en tant que Messager de la Mort avait aussi droit au titre de* Perseos, « *le destructeur* ».

74.
Les jumeaux rivaux

a. Lorsque la descendance mâle de la Maison de Polycaon se fut éteinte, après cinq générations, les Messéniens demandèrent à Périérès, fils d'Éole d'être leur roi et il épousa Gorgophoné, la fille de Persée. Celle-ci lui survécut et fut la première veuve à se remarier. Son nouveau mari fut Oebalos le Spartiate [1]. Jusque-là, il était d'usage que les femmes se suicident à la mort de leurs maris : comme le fit la fille de Méléagre, Polydora, dont le mari Protésilas sauta le premier sur le rivage lorsque la flotte grecque atteignit la côte troyenne : comme le fit Marpessa, comme Cléopatra, comme Évadné, fille de Phylacos, qui se jeta sur le bûcher funèbre après que son mari eut péri à Thèbes [2].

b. Apharée et Leucippos étaient les fils de la Gorgone par Périérès, alors que Tyndare et Icarios étaient ses fils par Oebalos [3]. Tyndare succéda à son père sur le trône de Sparte, Icarios, partageant avec lui les charges du trône ; mais Hippocoon et ses douze fils les chassèrent tous deux — selon certains, Icarios (qui devait devenir le beau-père d'Odysseus) aurait pris le parti d'Hippocoon. Ayant trouvé refuge auprès du roi Thestios en Étolie, Tyndare épousa sa fille Léda qui lui donna Castor et Clytemnestre, dont elle fut enceinte en même temps qu'Hélène et Pollux par Zeus [4]. Par la suite, Tyndare, après avoir adopté Pollux, reconquit le trône de Sparte, et il fut parmi ceux qu'Asclépios ressuscita des morts. On peut encore voir sa tombe à Sparte [5].

c. Pendant ce temps, son demi-frère Apharée avait succédé à Périérès sur le trône de Messène, où Leucippos — à qui, d'après les Messéniens, la cité de Leuctres doit son nom — partageait avec lui le trône bien que jouissant de pouvoirs moins étendus. Apharée prit pour femme sa demi-sœur, Aréné, qui lui donna Idas et Lyncée, bien qu'Idas fût en réalité le fils de Poséidon [6]. Or, les filles de Leucippos, les Leucippides, c'est-à-dire Phœbé, prêtresse d'Athéna et Hilaera, prêtresse d'Artémis, étaient fiancées à leurs cousins Idas et Lyncée ; mais Castor et Pollux, généralement connus sous le nom de Dioscures, les enlevèrent et leur donnèrent des fils, ce qui fut cause d'une violente rivalité entre les deux couples de jumeaux [7].

d. Les Dioscures, qui ne se séparaient jamais en aucune circonstance, devinrent l'orgueil de Sparte. Castor était célèbre comme soldat et dompteur de chevaux sauvages, Pollux, comme le meilleur lutteur de son temps ; tous deux obtinrent des prix aux Jeux Olympiques. Leurs cousins rivaux n'étaient pas moins attachés l'un à l'autre ; Idas était plus fort que Lyncée mais Lyncée avait des yeux si perçants qu'il voyait dans l'obscurité ou avait le don de découvrir les trésors cachés [8].

e. Or, Événos, fils d'Arès, avait épousé Alcippé, et fut, par elle, le père de Marpessa. Souhaitant la voir demeurer vierge, il invita chacun de ses prétendants à faire une course de chars avec lui ; le vainqueur obtiendrait Marpessa, le vaincu aurait la tête tranchée. Il y eut bientôt beaucoup de têtes clouées aux murs de la maison d'Événos, et Apollon, qui s'était épris de Marpessa, manifesta son dégoût pour une façon d'agir aussi barbare ; il déclara qu'il y mettrait bientôt fin en défiant Événos à la course. Cependant, Idas avait aussi le cœur épris de Marpessa et il demanda à son père, Poséidon, un char ailé [9]. Avant qu'Apollon ait eu le temps d'agir, il s'était rendu en Étolie sur son char et avait enlevé Marpessa au milieu d'un groupe de danseurs. Événos se mit à sa poursuite, ne put rattraper Idas et il en ressentit une telle humiliation, qu'après avoir tué ses chevaux, il se noya dans le fleuve Lycormas, depuis lors appelé Événos [10].

f. Lorsque Idas atteignit Messène, Apollon essaya de lui prendre Marpessa. Ils engagèrent un combat, mais Zeus les sépara et décida que Marpessa choisirait elle-même celui qu'elle préférait pour mari. Et, craignant qu'Apollon ne l'abandonne quand elle serait vieille, comme il l'avait fait pour beaucoup d'autres femmes qu'il avait aimées, Marpessa choisit Idas [11].

g. Idas et Lyncée faisaient partie des chasseurs de Calydon et s'embarquèrent pour la Colchide à bord du navire *Argo*. Un jour, après la mort d'Apharée, ils décidèrent d'oublier les dissentiments qui les opposaient aux Dioscures et ils s'associèrent pour une razzia de troupeaux en Arcadie. L'opération fut couronnée de succès. On tira au sort et c'est à Idas qu'échut le soin de partager le butin entre eux quatre. Il découpa donc une vache en quatre parties et décréta que la moitié du butin reviendrait à l'homme qui mangerait sa part le premier et l'autre à celui qui terminerait second. Presque avant que les autres eussent commencé la compétition, Idas avala sa part et ensuite aida Lyncée à avaler la sienne ; aussitôt le dernier morceau absorbé, Lyncée et lui poussèrent le troupeau vers Messène. Les Dioscures restèrent jusqu'à ce que Pollux, le plus lent des deux frères, eût fini de manger, après quoi, ils marchèrent contre Messène ; là ils protestèrent auprès des citoyens de la ville, que Lyncée avait perdu sa part en acceptant d'être aidé par Idas et qu'Idas avait perdu sa part pour n'avoir pas attendu que tous les participants au concours fussent prêts. Idas et Lyncée étaient à ce moment-là sur le mont Taygète en train de faire un sacrifice à Poséidon ; aussi les Dioscures s'emparèrent-ils du troupeau ainsi que d'autre butin, se cachèrent dans un chêne creux et attendirent le retour de leurs rivaux. Mais Lyncée les avait aperçus du sommet du mont Taygète, et Idas, dévalant la montagne, jeta sa lance dans l'arbre et transperça Castor. Lorsque Pollux surgit hors du tronc pour venger son frère, Idas arracha la pierre frontale gravée qui recouvrait le tombeau d'Apharée et la jeta contre lui. Bien que grièvement blessé, Pollux trouva le moyen de tuer Lyncée de sa lance ; et c'est à ce moment que Zeus intervint en faveur de ses fils en tuant Idas d'un trait de sa foudre [12].

h. Mais les Messéniens disent que Castor tua Lyncée et qu'Idas, fou de douleur, cessa le combat et se mit en devoir de l'enterrer. Castor alors s'approcha et démolit impudemment le monument qu'Idas venait d'élever, en disant que Lyncée ne le méritait pas. « Votre frère s'est battu comme une femme », s'écria-t-il outrageusement. Idas se retourna et plongea son épée dans le ventre de Castor ; mais Pollux le vengea à l'instant même [13].

i. Selon d'autres, c'est Lyncée qui blessa mortellement Castor dans un combat qui eut lieu à Aphidna ; selon d'autres encore, Castor fut tué au moment où Idas et Lyncée attaquèrent Sparte ; d'autres enfin disent que les deux Dioscures survécurent au combat et que Castor fut tué par la suite par Méléagre et Polynice [14].

j. Mais en tout cas on admet généralement que Pollux fut celui des quatre jumeaux qui survécut le dernier et que, après avoir élevé un trophée auprès du champ de course de Sparte, pour célébrer sa victoire sur Lyncée, il dit à Zeus : « Père, ne me fais pas survivre à mon frère bien-aimé. » Mais comme il avait été décidé par le destin qu'un seul des fils de Léda mourrait, et que le père de Castor, Tyndare, était un mortel, Pollux, en tant que fils de Zeus, fut emporté au Ciel comme il convient. Cependant, il refusa l'immortalité si Castor ne la partageait pas avec lui, et Zeus en conséquence leur permit à l'un et à l'autre de passer leurs jours alternativement à l'air libre sous le soleil et sous la terre, à Thérapné. Et, comme ultime récompense de leur amour fraternel, il fixa leur forme parmi les étoiles où ils figurent les Gémeaux [15].

k. Après que les Dioscures eurent été divinisés, Tyndare fit venir Ménélas à Sparte et se désista du royaume en sa faveur ; et, comme la Maison d'Aphareós se trouvait alors aussi sans héritier, Nestor succéda au trône de toute la Messénie, excepté la partie gouvernée par les fils d'Asclépios [16].

l. Les Spartiates montrent encore aujourd'hui la maison où vécurent les Dioscures. C'est un certain Phormion qui en devint par la suite le propriétaire ; les Dioscures se rendirent chez lui, un soir, en se faisant passer pour des étrangers venant de Cyrène. Ils lui demandèrent l'hospitalité et le prièrent de les laisser, pour la nuit, dans leur ancienne chambre. Phormion leur répondit qu'ils étaient les bienvenus dans n'importe quelle autre partie de la maison, mais que malheureusement, sa fille occupait actuellement la chambre dont ils parlaient. Le lendemain, la jeune fille avec tout ce qui lui appartenait avait disparu et la chambre était vide ; il n'y avait que l'image des Dioscures et un brin de silphion posé sur une table [17].

m. Poséidon fit de Castor et Pollux les sauveteurs des marins naufragés et leur donna le pouvoir d'envoyer des vents favorables ; en retour d'un sacrifice d'agneaux blancs offert sur la proue d'un navire, ils descendent rapidement du ciel, escortés par des moineaux [18].

n. Les Dioscures combattirent du côté de la flotte spartiate, à Ægos Potamos, et les vainqueurs suspendirent deux étoiles d'or en leur honneur, à Delphes ; mais elles tombèrent et disparurent peu avant la fatale bataille de Leuctres Ægos Potamos [19].

o. Au cours de la seconde guerre messénienne, deux Messéniens attirèrent la colère des Dioscures en tenant leur rôle. L'armée de Sparte était en train de célébrer une fête pour les demi-dieux lorsque deux soldats, qui étaient frères jumeaux, pénétrèrent au galop au milieu du camp, vêtus de tuniques blanches, de manteaux pourpres, et coiffés de bonnets en forme d'œufs. Les Spartiates se précipitèrent face contre terre pour les vénérer, et les prétendus Dioscures, deux jeunes Messéniens appelés Gonippos et Panormos, tuèrent nombre d'entre eux. C'est pourquoi, après la bataille du Tombeau du Sanglier, les Dioscures s'assirent sur un poirier sauvage et enlevèrent par enchantement le bouclier appartenant au commandant messénien victorieux, Aristoménès, ce qui l'empêcha de poursuivre les Spartiates dans leur retraite ; ils sauvèrent ainsi de nombreuses vies humaines ; et encore, lorsque Aristoménès tenta de donner l'assaut à Sparte, la nuit, les fantômes des Dioscures et de leur sœur Hélène l'y firent renoncer. Par la suite, Castor et Pollux pardonnèrent aux Messéniens, qui leur offrirent des sacrifices quand Épaminondas fonda la nouvelle cité de Messène [20].

p. Ils président aux Jeux de Sparte et, parce qu'ils inventèrent la danse et la musique guerrières, ils sont les patrons et tous les bardes qui chantent les anciennes batailles. Aux sanctuaires d'Hilaera et de Phœbé à Sparte, on appelle encore les deux prêtresses les Leucippides et l'œuf dont naquirent les deux jumeaux de Léda est accroché au toit [21]. Les Spartiates représentent les Dioscures par deux poutres parallèles, réunies par deux poutres transversales. Les rois conjoints les emportent dans les batailles et, lorsque pour la première fois, une armée spartiate fut commandée par un seul roi, il fut décrété qu'une des deux poutres resterait à Sparte. Selon les dires de ceux qui ont vu les Dioscures, le seul détail qui les différencie est que le visage de Pollux porte les cicatrices de ses pugilats. Ils s'habillent de la même façon : chacun porte sa moitié d'œuf surmontée d'une étoile, l'un et l'autre ont une lance et un cheval blanc. Selon certains, c'est Poséidon qui leur donna leurs chevaux ; selon d'autres, le cheval de bataille thessalien de Pollux était un présent d'Hermès [22].

★

1. *Afin de donner la préséance au roi sacré sur son alter ego, le roi était en général décrit comme fils d'un dieu par une mère à qui son mari donnait ensuite un jumeau mortel. Ainsi Héraclès est le fils de Zeus par Alcmène, mais son frère jumeau Iphiclès est le fils de son époux Amphitryon ; on raconte la même légende au sujet des Dioscures de Laconie et au sujet de leurs rivaux Idas et Lyncée de Messénie. La parfaite harmonie qui régnait entre les jumeaux est le signe d'un nouveau stade du développement de la royauté ; l'alter ego agissait comme vizir ou premier ministre (voir 94.* I*) parce qu'il est nominalement moins puissant que le roi sacré. C'est par conséquent Castor et non Pollux qui fait autorité en matière militaire. Il enseigne même à Héraclès les arts de la guerre, s'identifiant ainsi à Iphiclès — et c'est Lyncée et non Idas qui est doté d'une vue perçante. Mais l'alter ego n'était pas considéré comme immortel et n'avait pas droit au même statut posthume que son jumeau jusqu'au moment où s'instaura le système de la double royauté.*

2. *Les Spartiates étaient souvent en guerre contre les Messéniens et, à la période classique, ils avaient assez de puissance militaire et d'influence sur l'oracle de Delphes pour imposer leurs frères jumeaux au reste de la Grèce comme jouissant de plus de faveur de la part de Zeus que tous les autres jumeaux ; et, effectivement, le royaume de Sparte survécut à tous les royaumes rivaux. S'il n'en avait pas été ainsi, la constellation des Gémeaux aurait commémoré Héraclès et Iphiclès ou Idas et Lyncée ou Acrisios et Protéos, au lieu de Castor et Pollux, qui n'étaient même pas les seuls héros qui eussent le privilège de monter des chevaux blancs ; tout héros digne d'une fête héroïque était un cavalier. Ce sont ces fêtes, au cours desquelles les descendants du héros mangeaient un bœuf entier, qui expliquent la gloutonnerie qu'on attribue à Lepreos (voir 138.* h*) et à Héraclès (voir 143.* a*) et ici, à Idas, Lyncée et leurs rivaux.*

3. *Le mariage avec les Leucippides donnait la royauté aux rois conjoints. On les décrivait comme prêtresses d'Athéna et d'Artémis, et on leur donnait des noms lunaires, car elles étaient, en réalité, des représentations de la Lune ; ainsi, dans les scènes peintes sur des vases, le char de Séléné est souvent escorté par les*

Dioscures. En tant qu'esprit de l'Année Ascendante, le roi sacré s'unissait tout naturellement à Artémis, déesse lunaire du printemps et de l'été ; et son jumeau, en tant qu'esprit de l'Année Descendante, avec Athéna, qui était devenue une déesse lunaire de l'automne et de l'hiver. Le mythographe indique que les Spartiates défirent les Messéniens et que leurs chefs épousèrent de force les héritières d'Aréné, ville importante de Messénie, où on vénérait la Mère à tête de Jument, s'assurant ainsi des droits sur les régions environnantes.

4. *De même pour Marpessa, il semble que les Messéniens aient fait une incursion militaire chez les Étoliens dans la vallée de l'Événos, où l'on vénérait la Mère-Truie et qu'ils enlevèrent l'héritière Marpessa (« celle qui enlève, qui avale gloutonnement »). Ils se heurtèrent aux Spartiates, adorateurs d'Apollon, qui leur gardaient rancune de leur succès ; la querelle fut soumise à l'autorité centrale à Mycènes, qui soutenait les Messéniens. Quant à la course de chars opposant Événos et Idas, elle rappelle les mythes de Pélops-Œnomaos (voir 109.* j*) et d'Héraclès-Cycnos (voir 143.* e. g.*). Dans les deux cas, il est question des crânes des rivaux du roi. Les représentations dont sont tirées toutes ces légendes devaient figurer le vieux roi partant pour la randonnée en char au cours de laquelle il devait trouver la mort dans un accident (voir 71.* I*) après avoir offert les sept substituts annuels à la déesse (voir 42.* 2*). Des chevaux sont sacrifiés comme préliminaires à l'intronisation du nouveau roi (voir 29.* I *et 81.* 4*). La noyade d'Événos a été probablement mal interprétée : elle montre Idas purifié avant son mariage puis, partant triomphalement dans le char de la reine. Cependant, ces rites de mariage pélasgien ont été amalgamés, dans la légende, à la coutume hellénique des mariages par enlèvement. L'attaque fatale contre le troupeau rend peut-être compte d'un événement historique : une querelle entre Messéniens et Spartiates au sujet d'un partage de butin au cours d'une expédition faite conjointement contre l'Arcadie (voir 17.* I*).*

5. *La visite, que font à Phormion Castor et Pollux, est rapportée avec une certaine mauvaise foi : on raconte encore un des mauvais tours des stupides Spartiates dont les auteurs sont une personnification de leurs héros nationaux. Cyrène, où les Dioscures étaient vénérés, fournissait le silphion, sorte d'asafoetida, dont l'odeur et le goût fort le faisaient apprécier comme condiment. Les deux marchands de Cyrène étaient sans nul doute véritablement ce qu'ils prétendaient être et, lorsqu'ils partirent avec la fille de Phormion, ils laissèrent leur marchandise en paiement ; Phormion décida d'appeler cela un miracle.*

6. *Les poiriers sauvages étaient consacrés à la Lune à cause de leurs fleurs blanches et la statue la plus ancienne de la Déesse de la Mort, Héra, dans l'Héraion de Mycènes, était en bois de poirier. Plutarque et Élien parlent de la poire comme d'un fruit particulièrement vénéré à Argos et à Tirynthe, c'est pourquoi on*

appelait le Péloponnèse Apia, « du poirier » (voir 64. 4*). Athéna, qui était aussi une Déesse de la Mort, portait le surnom d'Onca (« poirier ») en son sanctuaire de Thèbes, en Béotie. Les Dioscures avaient choisi cet arbre pour s'y percher, afin de prouver qu'ils étaient de véritables héros ; de plus, le poirier donne ses fruits vers la fin du mois de mai (voir 72.* 2*), lorsque le Soleil est dans le Signe des Gémeaux, au moment aussi où débute la saison des voyages sur mer, en Méditerranée orientale. Les moineaux, qui suivent les Dioscures lorsqu'ils apparaissent à la suite des prières des marins, appartiennent à la Déesse de la Mer, Aphrodite ; Xouthos (« moineau »), père d'Éole (voir 43.* I*) était un ancêtre des Dioscures qui le vénéraient.*

7. *En lisant l'*Hymne homérique aux Dioscures *(7 ss.), on ne sait pas bien si Castor et Pollux sont suivis de moineaux ou s'ils arrivent sur des ailes de moineaux pour aider les marins en détresse ; mais, sur certains miroirs étrusques, ils sont parfois figurés avec des ailes. Leur symbole à Sparte, les* docana, *représentait les deux colonnes soutenant le sanctuaire ; un autre symbole consistait en deux amphores entrelacées chacune d'un serpent — les serpents étaient l'incarnation des Dioscures qui venaient manger de la nourriture placée dans les amphores.*

8. *Gorgophoné rompit avec la tradition indo-européenne de la Suttie en se remariant (voir 69.* 2 ; *74.* a *et 106* b*).*

75.
Bellérophon

a. Bellérophon, fils de Glaucos et petit-fils de Sisyphe, quitta Corinthe dans le malheur. Il avait d'abord tué un certain Belléros, ce qui lui valut son nom de Bellérophontès, abrégé en Bellérophon, puis tué son propre frère à qui on donne généralement le nom de Déliadès [1]. Il se réfugia auprès de Proetos, roi de Tirynthe, afin que celui-ci le purifiât ; mais (par malchance) Antéia, la femme de Proetos, que certains appellent Sthénébée, tomba amoureuse de lui aussitôt qu'elle le vit. Comme il rejetait ses avances, elle l'accusa d'avoir essayé de la séduire. Proetos la crut et devint fou de colère. Cependant il ne voulut pas encourir la vengeance des Furies en tuant de ses propres mains un homme qui s'était mis sous sa protection ; il l'envoya donc au père d'Antéia, Iobatès, roi de Lycie, porteur d'une lettre où il était écrit : « Je te prie d'ôter de ce monde le porteur de cette lettre ; il a essayé de violer votre fille qui est ma femme. »

b. Iobatès, répugnant également à recevoir de cette façon un hôte royal, demanda à Bellérophon de lui rendre le service de tuer la Chimère, un monstre femelle qui soufflait le feu, avait une tête de lion, le corps d'une chèvre et une queue de dragon. « C'est une fille d'Échidna, expliqua-t-il, dont mon ennemi, le roi de Carie, a fait un animal familier qui vit dans sa maison. » Avant d'entreprendre cette tâche, Bellérophon consulta le devin Polyidos qui lui conseilla de capturer et de dompter Pégase, le cheval ailé aimé des Muses du mont Hélicon, pour lesquelles il avait fait naître la source Hippocrène d'un coup de son sabot en forme de croissant de lune [2].

c. Pégase n'était pas sur l'Hélicon mais Bellérophon le trouva en train de boire à Piréné, une autre de ses sources sur l'Acropole de Corinthe, et il lui passa autour du cou une bride d'or, cadeau fort opportun d'Athéna. Mais, selon certains, Athéna donna Pégase tout bridé à Bellérophon ; selon d'autres, c'est Poséidon, le véritable père de Bellérophon, qui l'aurait fait ; quoi qu'il en soit Bellérophon vainquit la Chimère en volant au-dessus d'elle sur le dos de Pégase, la criblant de flèches, puis en lui enfonçant entre les mâchoires un morceau de plomb qu'il avait fixé à la pointe de sa lance. Le souffle de feu de la Chimère fit fondre le plomb qui coula dans sa gorge et brûla tous ses organes [3].

d. Iobatès, cependant, loin de récompenser Bellérophon pour son audacieux exploit, l'envoya sur-le-champ contre les belliqueux Solymes et leurs alliés, les Amazones. Il vainquit les une et les autres en volant au-dessus d'eux, hors de la portée de leurs flèches ou en leur lançant sur la tête de grosses pierres. Ensuite, dans la plaine du Xanthe, en Lycie, il mit en déroute une bande de pirates cariens dont le chef était un certain Chéimarrhoos, guerrier fougueux et vantard, qui naviguait sur un navire décoré d'un lion à la proue et d'un dragon à la poupe. Mais comme, après cela, Iobatès non seulement ne lui témoignait aucune gratitude mais au contraire avait envoyé les gardes du palais lui tendre une embuscade à son retour, Bellérophon mit pied à terre et demanda à Poséidon, tandis qu'il s'avancerait à pied, d'inonder la plaine du Xanthe derrière lui. Poséidon l'exauça et envoya d'immenses vagues, qui avançaient doucement à mesure que Bellérophon approchait du palais d'Iobatès ; et comme aucun homme n'arrivait à le convaincre de se retirer, les femmes de la région relevèrent leurs jupes jusqu'à la taille et se ruèrent vers lui tête baissée, chacune s'offrant à lui s'il consentait à s'arrêter. Bellérophon était si timide qu'il fit demi-tour et s'enfuit ; et les vagues se retirèrent avec lui.

e. Iobatès, maintenant convaincu que Proetos avait dû se tromper au sujet de l'attentat à la vertu d'Antéia, montra la lettre et demanda un récit circonstancié de l'affaire. En apprenant la vérité il implora le pardon de Bellérophon, lui donna en mariage sa fille Philonoé, et lui légua le trône de Lycie. Il félicita aussi les femmes de la plaine du Xanthe de leur heureuse initiative et il décréta qu'à l'avenir tous les Xanthiens devraient leur descendance à la mère et non au père.

f. Bellérophon, au sommet de sa gloire, entreprit présomptueusement de voler vers l'Olympe comme s'il était un immortel. Mais Zeus envoya un taon qui piqua Pégase sous la queue, de sorte qu'il rua et jeta Bellérophon piteusement sur la terre. Pégase poursuivit son vol jusqu'à l'Olympe, où Zeus l'utilise à présent comme bête de somme pour transporter sa foudre ; et Bellérophon, qui était tombé dans un buisson épineux, erra sur la terre, en boitant, aveugle, solitaire et maudit, évitant les chemins où passent les hommes, jusqu'à ce que la mort vînt l'emporter [4].

★

1. *La tentative d'Antéia pour séduire Bellérophon a eu plusieurs équivalents en Grèce (voir* 70. 2*) outre celui de Joseph et de la femme de Putiphar, en Palestine et la légende égyptienne des Deux Frères. Les sources de ce mythe sont incertaines.*

2. *La fille d'Échidna, la Chimère, qui est peinte sur un monument hittite à Carchemish, était le symbole de l'Année Sacrée tripartie de la Grande Déesse-lion pour le printemps, chèvre pour l'été, serpent pour l'hiver. On peut voir sur une stèle très abîmée découverte à Dendra, près de Midée, un héros luttant contre un lion et derrière son dos apparaître une tête de chèvre, semble-t-il ; sa queue est longue et serpentine. Comme la stèle date d'une période où la déesse était encore la déesse suprême, cette figuration, dont on trouve un équivalent sur une fresque étrusque à Tarquinia — bien que le héros soit ici à cheval, comme Bellérophon — doit être interprétée comme le combat du couronnement d'un roi contre des hommes déguisés en animaux (voir* 81. 2 *et* 123. 1*) qui représentent les différentes saisons de l'année. Après la révolution religieuse achéenne qui soumit la déesse Héra à Zeus, la représentation figurée devint ambiguë :*

on pouvait aussi l'interpréter comme le témoignage de la suppression, par les envahisseurs helléniques, de l'ancien calendrier carien.

3. *Bellérophon domptant Pégase, le cheval lunaire employé pour faire venir la pluie, avec un licou fourni par Athéna, indique que le candidat à la royauté sacrée avait la tâche, que lui imposait la Triple Muse (« déesse de la Montagne ») ou sa représentante, de capturer un cheval sauvage ; c'est ainsi qu'Héraclès montait Aérion, lorsqu'il prit possession d'Élis (voir 138.* g*). A en juger par les pratiques primitives danoises et irlandaises, le roi mangeait sacramentellement la chair de ce cheval, après la seconde naissance symbolique de la Déesse-de-la-Montagne-à-tête-de-Jument. Mais cette partie du mythe est également ambiguë : on peut aussi l'interpréter comme signifiant la prise, par les envahisseurs helléniques, des autels de la Déesse de la Montagne à Ascra sur le mont Hélicon et à Corinthe. C'est un fait du même ordre que relate le viol par Poséidon de la Déméter-à-tête-de-Jument arcadienne (voir 16.* f*) dont il eut justement le cheval lunaire Aréion ; et c'est du viol de Méduse que naquit Pégase (voir 73.* h*), ce qui explique la présence de Poséidon dans la légende de Bellérophon. Zeus abaissant Bellérophon provient d'un conte moral fait pour décourager la révolte contre la foi en l'Olympe. Bellérophon, armé de son javelot, traversant le ciel est le même personnage que Sisyphe ou Tésup (voir 67.* 1*) héros solaire dont le culte fut remplacé par celui de Zeus solaire ; c'est la raison pour laquelle il a une fin malheureuse qui rappelle celle de Phaéthon, fils d'Hélios (voir 43.* 2*).*

4. *Les ennemis de Bellérophon, les Solymes, étaient Enfants de Salma. Comme toutes les villes et tous les promontoires dont les noms commencent par la syllabe* salm *sont situés à l'est, elle était probablement la Déesse de l'Équinoxe de Printemps, mais elle se masculinisa bientôt et devint le dieu solaire Solyma ou Sélim ou Salomon ou Ab-Salom, qui donna son nom à Jérusalem. Les Amazones étaient des prêtresses guerrières de la Déesse de la Lune (voir 100.* 1*).*

5. *La fuite de Bellérophon devant les femmes du Xanthe a peut-être été inspirée par une représentation où les Femmes Sauvages, rendues folles par l'*hippomanes *— qui était soit une herbe, soit le liquide gluant s'écoulant du vagin d'une jument en chaleur, soit la membrane noire prise au front d'un poulain nouveau-né — entourent le roi sacré à la fin de son règne, au bord de la mer. Leurs jupes sont relevées comme dans le culte érotique du dieu égyptien Apis (Diodore de Sicile : I. 85), afin qu'au moment où elles le démembrent, son sang, en giclant sur elles, stimule leur matrice. Comme Xanthos (« jaune ») est le nom d'un des chevaux d'Achille, d'un de ceux d'Hector ainsi que d'un de ceux que Poséidon donne à Pélée, ces femmes portaient peut-être des masques de chevaux à la crinière d'un jaune lunaire ; des juments sauvages avaient décoré Glaucos, le*

père de Bellérophon, sur la grève de Corinthe (voir 71. I*). Ce mythe remanié a, cependant, conservé un élément primitif : des femmes nues appartenant au même clan que le chef s'avancent, et comme les relations sexuelles sont interdites entre elles et lui, il s'enfuit et se cache le visage ; et, dans la mythologie irlandaise, on a recours à la même ruse pour venir à bout de Cuchulain.*

6. *Le nom de Cheimarrhoos vient de* chimaros *ou* chimaira *(« chèvre ») ; son caractère bouillant et son navire où figuraient un lion à la proue et un serpent à la poupe, ont été introduits dans la légende de Bellérophon pour expliquer la Chimère soufflant le feu. Le mont Chimère (« montagne de la chèvre ») était aussi le nom d'un volcan en activité près de Phasélis en Lycie (Pline :* Histoire naturelle *II. 106 et V. 27) qui explique qu'elle soufflait du feu.*

76.
Antiopé

a. Selon certains, lorsque Zeus séduisit Antiopé, fille de Nyctée le Thébain, elle s'enfuit auprès du roi de Sicyone, qui décida de l'épouser, déclenchant ainsi une guerre au cours de laquelle Nyctée fut tué. L'oncle d'Antiopé, Lycos, défit les Sicyoniens au cours d'une bataille sanglante et la ramena veuve, à Thèbes. Après avoir mis au monde, dans un buisson au bord de la route, les deux jumeaux Amphion et Zéthos, que Lycos exposa aussitôt sur le mont Cithéron, elle eut à souffrir cruellement des mauvais traitements de sa tante Dircé, durant plusieurs années. Elle trouva enfin le moyen de s'enfuir de la prison où elle était enfermée et se rendit dans la cabane où vivaient Amphion et Zéthos, qu'un berger qui passait par là avait sauvés. Mais ils prirent Antiopé pour une esclave échappée et refusèrent de la recueillir. Dircé arriva alors dans un état de frénésie bachique, s'empara d'Antiopé et la traîna de force derrière elle.

« Oh ! mes garçons, s'écria le berger, prenez garde aux Furies ! »

« Pourquoi aux Furies ? » demandèrent-ils.

« Parce que vous avez refusé de protéger votre mère, qu'on emmène à présent et qui va être mise à mort par sa féroce tante. »

Les jumeaux se mirent aussitôt à leur poursuite, délivrèrent Antiopé et attachèrent Dircé par les cheveux aux cornes d'un taureau sauvage, qui la mit en pièces [1].

b. Selon d'autres, le fleuve Asopos était père d'Antiopé, et une nuit, le roi de Sicyone prétendit être Lycos, à qui elle était mariée, et s'unit à elle. A la suite de cela, Lycos divorça d'Antiopé et épousa Dircé, laissant ainsi Zeus libre de courtiser la solitaire Antiopé qui fut bientôt enceinte. Dircé, croyant qu'elle était enceinte des œuvres de Lycos, enferma Antiopé dans un sombre donjon ; elle en fut cependant délivrée juste à temps pour mettre au monde Amphion et Zéthos sur le mont Cithéron. Les jumeaux grandirent parmi les bergers auprès de qui Antiopé s'était réfugiée, et, lorsqu'ils furent assez grands pour comprendre combien leur mère avait été maltraitée, elle les persuada de la venger. Ils rencontrèrent Dircé parcourant les pentes du mont Cithéron dans un état de frénésie bachique, l'attachèrent par les cheveux aux cornes d'un taureau sauvage et, lorsqu'elle fut morte, ils jetèrent son corps par terre ; et, en cet endroit, jaillit une source qui fut, par la suite, appelée Source de Dircé. Mais Dionysos vengea la mort de son adoratrice : il rendit folle Antiopé et l'envoya errer à travers toute la Grèce jusqu'au jour où enfin Phocos, petit-fils de Sisyphe, la guérit et l'épousa en Phocide.

c. Amphion et Zéthos visitèrent Thèbes d'où ils chassèrent le roi Laios et construisirent la cité basse, Cadmos ayant déjà bâti la cité haute. Or, Zéthos avait souvent fait des reproches à Amphion au sujet de sa passion pour la lyre dont Hermès lui avait fait présent. « Elle t'empêche de t'occuper de choses plus utiles », lui disait-il. Pourtant, lorsqu'ils devinrent maçons, les pierres d'Amphion se déplaçaient, obéissant aux accents de sa lyre, et se mettaient doucement en place, tandis que Zéthos, obligé d'employer toutes ses forces, était très en retard sur son frère. Les deux frères jumeaux régnèrent ensemble sur Thèbes où Zéthos épousa Thébé, à laquelle la ville, autrefois appelée Cadmée, doit son nom actuel ; et Amphion épousa Niobé. Mais tous ses enfants sauf deux furent tués par Apollon et Artémis dont elle avait offensé la mère, Léto. Amphion fut lui-même tué par Apollon pour avoir essayé de se venger des prêtres de Delphes et puni ensuite dans le Tartare [2]. Amphion et Zéthos sont enterrés dans la même tombe, à Thèbes ; et celle-ci est attentivement gardée lorsque le Soleil se trouve dans le Taureau, car, à ce moment, les habitants de Tithoréa en Phocide essayent de voler de la terre du tertre pour la mettre sur la tombe de

Phocos et Antiopé. Un oracle avait déclaré que cet acte augmenterait la fertilité de toute la Phocide aux dépens de Thèbes [3].

★

1. *Les deux versions du mythe de Dircé témoignent des libertés que prenaient les mythographes pour faire coïncider leur récit avec les éléments essentiels d'une tradition littéraire qui, ici, semble avoir été inspirée par une série de représentations sacrées. Antiopé, émergeant gaiement de son donjon et suivie de la menaçante Dircé, rappelle la réapparition annuelle de Coré en compagnie d'Hécate (voir 24.* k*). Elle s'appelle Antiopé (« face à face avec ») dans ce contexte, parce que son visage est levé vers le ciel et non penché vers le Monde Souterrain, et « fille de la nuit », — Nyctéis et non pas Nyctéos — parce qu'elle émerge de l'obscurité. Le « déchaînement » sur la montagne de Dircé et Antiopé a été à tort interprété comme une orgie bachique ; il s'agissait très nettement d'une danse érotique du taon, où elles se comportaient comme des génisses lunaires en chaleur (voir 56.* I*). Le nom de Dircé (« double ») symbolise la lune cornue et la représentation dont le mythe provient devait la figurer, non pas attachée au taureau, en guise de châtiment, mais épousant rituellement le roi-taureau (voir 88.* 7*). Un deuxième sens se dissimule peut-être dans* dircé *: celui de « fendue, ouverte » c'est-à-dire « dans un état érotique ». La fontaine de Dircé, comme la source Hippocrène, devait être en forme de croissant lunaire. Les fils d'Antiopé sont les jumeaux royaux bien connus nés de la Déesse-Lune : le roi sacré et son alter ego.*

2. *La lyre à trois cordes d'Amphion, grâce à laquelle il éleva les murs de la Basse-Thèbes — comme Hermès était son patron ce ne pouvait être qu'une lyre à trois cordes — fut fabriquée pour célébrer la Triple Déesse qui régnait dans les airs, sur la terre, et dans le Monde Souterrain ; il avait dû en jouer pendant la construction des murs pour protéger les fondations de la ville, les portes et les tours. Le nom d'Amphion (« originaire de deux pays ») rappelle qu'il était citoyen de Sicyone et de Thèbes.*

77.
Niobé

a. Niobé, sœur de Pélops, avait épousé Amphion, roi de Thèbes, et lui avait donné sept fils et sept filles dont elle était si exagérément fière qu'un jour elle dénigra Léto qui n'avait que deux enfants : Apollon et Artémis. Manto, qui était fille de Tirésias, et qui avait reçu le don de prophétie, ayant entendu cette remarque imprudente, conseilla aux femmes thébaines d'apaiser Léto et ses enfants sur-le-champ, en faisant brûler de l'encens et en mettant des branches de laurier dans leurs cheveux. Au moment où le parfum de l'encens commençait à s'exhaler, Niobé apparut, accompagnée d'une suite nombreuse, serrée dans une magnifique robe phrygienne, ses longs cheveux défaits flottant sur ses épaules ; elle interrompit le sacrifice et demanda pourquoi Léto, une femme d'obscure naissance, ayant une fille qui avait l'air d'un homme et un fils efféminé, était plus considérée qu'elle, Niobé, petite-fille de Zeus et d'Atlas, la terreur des Phrygiens, et reine de la Maison royale de Cadmos. Même si le destin ou le malheur lui enlevait deux ou trois de ses enfants, ne demeurerait-elle pas toujours la plus avantagée ?

b. Interrompant le sacrifice, les femmes thébaines, terrorisées, essayèrent d'apaiser Léto en murmurant des prières à voix basse, mais il était trop tard. Elle avait déjà envoyé Apollon et Artémis armés de leurs arcs pour châtier la présomption de Niobé. Apollon découvrit les garçons en train de chasser sur le mont Cithéron et les abattit l'un après l'autre, n'épargnant qu'Amyclas, qui avait eu la sagesse de faire à Léto des prières propitiatoires. Artémis trouva les filles en train de filer au palais, les tua toutes de ses flèches, excepté Méliboea qui avait suivi l'exemple d'Amyclas. Les deux enfants qui avaient survécu se hâtèrent de construire un temple à Léto, mais Méliboea était devenue si pâle à cause de la terreur qu'elle avait éprouvée, qu'on la surnommait encore Chloris lorsqu'elle épousa Nélée, quelques années plus tard. Mais, selon certains, aucun des enfants de Niobé ne survécut et son mari Amphion aurait été également tué par Apollon.

c. Pendant neuf jours et neuf nuits, Niobé pleura ses morts et ne trouva personne pour les enterrer, parce que Zeus, ayant pris le parti de Léto, avait changé tous les Thébains en pierre. Le dixième jour, les Dieux de l'Olympe acceptèrent de procéder eux-mêmes aux funérailles. Niobé s'enfuit, traversa la mer, se rendit sur le mont Sipyle, patrie de son père Tantale, où Zeus, pris de compassion, la changea en une statue que l'on peut voir encore, pleurant abondamment au début de l'été [1].

77. a — 77. c

d. Tous les hommes pleurèrent Amphion et furent affligés que sa race se fût éteinte, mais aucun ne pleura Niobé, excepté son frère Pélops qui était aussi orgueilleux qu'elle [2].

★

1. *Selon Homère, les enfants de Niobé étaient au nombre de douze et de vingt, selon Hésiode ; de quatre, selon Hérodote, de dix-huit, selon Sappho ; mais, d'après le récit d'Euripide et celui d'Apollodore — les plus vraisemblables —, elle avait sept fils et sept filles. Comme Niobé, dans la version thébaine du mythe, était une petite-fille du Titan Atlas et, dans la version argienne, la fille ou la mère de Phoronée (voir 57.* a*), qu'on disait aussi être un Titan, et de Pélasgos, et qu'elle pouvait se prétendre la première femme mortelle qui fût violée par Zeus, le mythe se rapporte peut-être à la défaite des sept Titans et Titanides par les Olympiens. S'il en est ainsi, le mythe relate la suppression du système de calendrier en usage dans la Grèce pélasgienne, la Palestine, la Syrie et l'Europe occidentale, qui était basé sur la division du mois en quatre semaines de sept jours, dont chacun était gouverné par une des sept planètes (voir 1.* 3 *et 43.* 4*). Amphion et ses douze enfants, dans la version homérique du mythe (*Iliade *XXIV. 603. 17), représentent peut-être les treize mois de ce calendrier. Le mont Sipyle a peut-être été le dernier centre, en Asie Mineure, du culte du Titan, comme Thèbes, en Grèce. La statue de Niobé est un rocher qui a vaguement une forme humaine, qui semble pleurer quand les rayons du soleil se posent sur son manteau de neige en hiver. « Niobé » veut probablement dire « de neige »,* b *étant pour* v *dans le mot latin* nivis *ou* ph *dans le mot grec* nipha. *Hygin appelle une de ses filles Chiadé : Mot qui n'a pas de signification en grec, à moins que ce ne soit une forme dégradée de* chionos niphades, *« flaques de neige ».*

2. *Parthénios* (Sur les Infortunes amoureuses *33) fait un récit différent du châtiment de Niobé : par un stratagème de Léto, le père de Niobé éprouva pour sa fille un amour incestueux et, comme elle le repoussait, il fit périr ses enfants en les brûlant ; son mari fut alors déchiqueté par un sanglier sauvage et elle se jeta du haut d'un rocher. Cette légende est influencée par les mythes de Cinyras, de Smyrna et Adonis (voir 18. h) et par la*

coutume de brûler des enfants en sacrifice au dieu Moloch (voir 70. 5 et 156. 2).

78.
Caenis et Caenée

a. Poséidon s'unit un jour à la Nymphe Caenis, fille d'Élatos le Magnésien, ou, selon certains, de Coronos le Lapithe, et lui demanda ce qu'elle souhaitait comme cadeau.

« Transforme-moi en un guerrier invulnérable, dit-elle, je suis fatiguée d'être une femme. »

Poséidon y consentit et changea son sexe. Elle devint Caenée et livra bataille avec tant d'ardeur et de succès que les Lapithes en firent bientôt leur roi ; elle eut même un fils, Coronos, qu'Héraclès tua, plusieurs années plus tard, alors qu'il combattait pour Aegimios le Dorien. Exalté par cette vie nouvelle, Caenée érigea une lance au centre de la place du marché, où la population s'assemblait, l'obligea à lui faire des sacrifices comme à un dieu et à n'honorer aucun autre dieu que sa lance.

b. Zeus, ayant eu vent de l'orgueil de Caenée, poussa les Centaures à commettre un meurtre. Pendant que se célébraient les noces de Pirithoos, ils se jetèrent brusquement sur Caenée, mais il n'eut aucune difficulté à en tuer cinq ou six, sans être atteint lui-même de la moindre blessure car les armes rebondissaient sur sa peau protégée par un charme magique, sans lui faire aucun mal. Cependant, le restant des Centaures le frappèrent sur la tête avec des troncs de sapin jusqu'à ce qu'ils l'aient enfoncé sous terre puis ils empilèrent des bûches par-dessus. Et ainsi Caenée étouffa et mourut. Peu après, un oiseau aux ailes couleur de sable sortit de terre et s'envola, et le devin Mopsos, qui était présent, le reconnut comme étant son âme ; lorsqu'on vint l'enterrer, son cadavre était redevenu celui d'une femme [1].

★

1. *Ce mythe comporte trois thèmes différents. En premier lieu, une coutume survivait encore en Albanie d'après laquelle des jeunes filles se joignaient aux troupes guerrières, vêtues en*

hommes, en sorte que lorsqu'elles étaient tuées dans la bataille, l'ennemi se trouvait surpris en constatant qu'elles n'étaient pas des hommes. En second lieu le refus des Lapithes d'accepter la domination hellénique ; la lance dressée qu'ils adoraient était probablement un mât de mai en l'honneur de la Déesse de la nouvelle Lune Caenis ou Élaté (« sapin »), à laquelle le sapin était consacré. Les Lapithes furent ensuite vaincus par les Éoliens d'Iolcos qui, avec l'aide de leurs alliés les Centaures, les soumirent à leur dieu Poséidon, mais n'intervinrent pas dans leurs lois tribales. Seule — et il en était de même à Argos — celle qui était chef du clan aurait été astreinte à porter une barbe postiche pour assurer ses droits à rendre la justice et à commander les troupes : ainsi Caenis devint Caenée et Élaté devint Élatos. En troisième lieu, le rituel figuré sur une jarre à huile (voir 9. I*) où l'on voit des hommes nus armés de maillets, frappant sur la tête une effigie de la Terre-Mère apparemment pour délivrer Coré, l'Esprit de l'Année Nouvelle ; « Caenis » signifie « nouvelle ».*

2. *L'espèce de l'oiseau aux ailes couleur de sable varie selon la saison au cours de laquelle on accomplissait le rite. Si c'était au printemps, c'était peut-être un coucou (voir 12.* I*).*

79.
Érigoné

a. Bien qu'Oenée fût le premier mortel à recevoir un plant de vigne de Dionysos, Icarios le précéda dans la fabrication du vin. Il offrit une amphore de vin contenant un échantillon de son premier essai à un groupe de bergers des forêts de Marathon, au pied du mont Pentélique ; ceux-ci, n'ayant pas pris la précaution de le couper d'eau, comme Oenopion le conseilla par la suite, devinrent ivres au point de voir double et, se croyant ensorcelés, ils tuèrent Icarios. Sa chienne Maera les surveillait pendant qu'ils l'enterraient sous un pin et, par la suite, elle conduisit Érigoné, fille d'Icarios, jusqu'à la tombe en la tirant par sa robe, puis elle gratta et déterra le cadavre. Désespérée, Érigoné se pendit au pin, et fit une prière pour que toutes les filles d'Athènes subissent le même sort tant qu'Icarios n'aurait pas été vengé. Seuls les dieux l'entendirent, et les bergers s'enfuirent par-delà la mer. Mais les jeunes filles athéniennes, l'une après l'autre, se pendaient au pin, jusqu'au jour où l'oracle de Delphes expliqua que c'était Érigoné qui avait demandé leurs vies. Les bergers coupables furent découverts et pendus sur-le-champ et on institua une Fête des Vendanges, au cours de laquelle des libations sont offertes à Icarios et à Érigoné, tandis que des jeunes filles se balancent au bout d'une corde, suspendues aux branches de l'arbre, les pieds posés sur une étroite plate-forme ; c'est ainsi que les balançoires furent inventées. On suspendait aussi aux arbres des masques qui se balançaient au vent.

b. L'image de Maera, la chienne, fut placée dans le ciel et devint la constellation du Chien ; c'est pourquoi certains identifient Icarios avec le Bouvier et Érigoné avec la constellation de la Vierge [1].

★

1. *Maera était le nom donné à la femme de Priam, Hécabe ou Hécube, après sa métamorphose en chien (voir 168.* 1*) et, comme Hécube était en réalité la déesse tricéphale Hécate (voir 31.* 7*), les libations répandues pour Érigoné et Icarios lui étaient probablement destinées. La vallée où avait lieu cette cérémonie porte le nom de « Dionysos ». Le pin d'Érigoné devait être l'arbre sous lequel Attis le Phrygien fut castré et saigna jusqu'à ce que mort s'ensuivît (Ovide :* Sur les Fêtes *II. 221 et ss. ; Servius,* L'Énéide de Virgile *IX. 116) ; l'explication de ce mythe semble être qu'au moment où la constellation du Chien était à l'ascendant, les bergers de Marathon sacrifiaient un des leurs comme victime annuelle à la déesse appelée Érigoné.*

2. *Icarios signifie « de la mer d'Icarie », c'est-à-dire des Cyclades, d'où le culte d'Attis arriva en Attique. Par la suite, le culte de Dionysos s'y surajouta ; et on a peut-être raconté la légende du suicide des jeunes filles athéniennes pour expliquer les effigies de Dionysos, pendues à un pin au milieu d'une vigne, qui s'agitaient dans le vent et qui étaient censées féconder les pieds de vigne vers lesquels elles se tournaient. Dionysos était généralement représenté avec de longs cheveux, sous la forme d'un jeune homme efféminé et ses effigies faisaient peut-être penser à des jeunes femmes pendues. Mais il est probable que des figurines représentant la déesse de la fertilité Ariane ou Hélène étaient autrefois suspendues à des arbres fruitiers (voir 88.* 10 *et 98.* 5*). Les jeunes filles se balançant à la fête des Vendanges devaient à l'origine avoir une raison magique : elles représentaient des déesses-oiseaux et leurs balancements traçaient un demi-cercle en l'honneur de la nouvelle lune. Cette coutume a peut-être été amenée d'Attique en Crète, car un groupe en terre cuite, découvert à Hagia Triada, représente une jeune fille se balançant entre deux colonnes sur le haut de chacune desquelles est perché un oiseau.*

3. *Les mythographes expliquent le nom d'Érigoné par « enfant de la guerre » à cause des ennuis qu'elle occasionna ; mais son*

sens évident est celui de « progéniture nombreuse », allusion à la récolte abondante, due aux figurines.

80.
Le sanglier de Calydon

a. Oenée, roi de Calydon, en Étolie, épousa Althée. Elle lui donna d'abord Toxée, qu'Oenée tua de ses propres mains pour avoir grossièrement sauté le fossé qu'il avait creusé pour défendre la ville, puis Méléagre, dont on dit qu'il était son fils par Arès. Lorsque Méléagre fut âgé de sept jours, les Parques vinrent dans la chambre à coucher d'Althée et lui annoncèrent qu'il vivrait aussi longtemps qu'un certain tison dans l'âtre ne serait pas consumé. Elle s'empara sur-le-champ du tison, l'éteignit avec le contenu d'un pichet d'eau, puis elle le cacha dans un coffre.

b. Méléagre grandit, devint un guerrier courageux et invulnérable, le meilleur lanceur de javeline de la Grèce, comme il en donna la preuve aux jeux funèbres d'Acaste. Il serait peut-être encore vivant sans une imprudence d'Oenée, qui, un été, oublia d'inclure Artémis dans les sacrifices annuels aux douze Dieux de l'Olympe. Artémis, lorsqu'elle eut connaissance de cet affront par Hélios, envoya un énorme sanglier pour tuer les troupeaux d'Oenée et de ses paysans et pour dévaster ses récoltes ; mais Oenée dépêcha des hérauts invitant les guerriers les plus courageux de Grèce à prendre part à la chasse au sanglier ; il promit que celui qui le tuerait aurait sa peau et ses défenses.

c. Nombreux furent ceux qui répondirent à l'appel, parmi eux figuraient Castor et Pollux de Sparte, Idas et Lyncée de Messène, Thésée d'Athènes et Pirithoos de Larissa, Jason d'Iolcos et Admète de Phères, Nestor de Pylos, Pélée et Eurytion de Phtie, Iphiclès de Thèbes, Amphiaraos d'Argos, Télamon de Salamine, Caenée de Magnésie, et enfin Ancée et Céphée d'Arcadie, suivis de leur compatriote, la chaste Atalante au pied léger, la fille unique d'Iasos et Clyméné [1]. Iasos souhaitait un héritier mâle et la naissance d'Atalante le déçut si cruellement qu'il l'exposa sur le mont Parthénion, près de Calydon, où elle fut allaitée par une ourse qu'Artémis envoya à son secours. Atalante grandit au milieu du groupe de chasseurs qui l'avaient trouvée et élevée mais elle demeura vierge et porta toujours les armes. Un jour, elle arriva à Cyphanta, mourant de soif et là, faisant appel à Artémis, et frappant un rocher de la pointe de sa lance, elle fit jaillir une source. Mais elle n'était pas encore réconciliée avec son père [2].

d. Oenée traita les chasseurs royalement pendant neuf jours ; et, bien qu'Ancée et Céphée, au début, aient refusé de participer à la chasse dans la compagnie d'une femme, Méléagre déclara, au nom d'Oenée, qu'à moins qu'ils ne retirent leur condition il annulerait purement et simplement la chasse. La vérité est que Méléagre qui avait épousé Cléopâtra, la fille d'Idas, était subitement tombé amoureux d'Atalante et espérait s'insinuer dans ses bonnes grâces. Ses oncles, les frères d'Althée, éprouvèrent tout de suite de l'antipathie pour la jeune fille, convaincus que sa présence ne pouvait qu'apporter le malheur, car il ne cessait de soupirer profondément en disant : « Heureux, l'homme qui l'épousera. » Ainsi donc la chasse commença sous de mauvais auspices ; Artémis y avait veillé.

e. Amphiaraos et Atalante étaient armés d'arcs et de flèches ; d'autres de lances à sanglier, de javelines ou de haches, et chacun désirait tellement obtenir la peau du sanglier que les règles de la chasse furent négligées. Sur le conseil de Méléagre, la troupe de chasseurs pénétra dans la forêt au moment où la lune était dans son deuxième quartier, en marchant à quelques pas l'un de l'autre, vers la retraite du sanglier.

f. Le premier sang répandu fut du sang humain. Atalante s'était placée à l'extrémité de l'aile droite à une certaine distance de ses compagnons de chasse et deux Centaures, Hylaeos et Rhoecos, qui s'étaient joints à la partie de chasse, décidèrent de la violer, chacun à son tour, pendant que l'autre l'aiderait. Mais à peine s'étaient-ils élancés vers elle qu'elle les abattit tous deux et reprit sa place auprès de Méléagre.

g. Bientôt le sanglier, qui était en train de se baigner dans un cours d'eau, bordé de saules, bondit hors de l'eau, tua deux chasseurs, coupa le jarret d'un autre et fit grimper dans un arbre le jeune Nestor, qui, plus tard, combattit devant Troie. Jason et plusieurs autres lancèrent leurs javelines vers le sanglier mais ils avaient mal visé et n'atteignirent pas la bête, seul Iphiclès réussit à lui effleurer l'épaule. Après cela, Télamon et Pélée s'élancèrent courageusement avec leurs lances à sanglier, mais Télamon se prit le pied dans une racine et tomba et, pendant que Pélée l'aidait à se remettre debout, le sanglier les aperçut et chargea. Atalante décocha une flèche juste à temps qui pénétra derrière l'oreille du sanglier et le mit précipitamment en fuite. « Ce n'est pas une façon de chasser, ricana Ancée, regarde bien » ; il balança sa hache de guerre sur le sanglier qui chargeait, mais il ne fut pas assez rapide et, un instant plus tard, il était étendu par terre, émasculé et éventré. Dans son émotion, Pélée tua Eurytion avec une javeline pointée vers le sanglier à qui Amphiaraos avait réussi à crever les yeux avec une flèche. Alors la bête fonça sur Thésée, dont la javeline la manqua, mais Méléagre avait lancé en même temps la sienne et transperça son flanc droit, puis, comme le sanglier tournait sur lui-même en essayant de retirer la javeline, il lui enfonça sa lance de chasse profondément sous l'omoplate droite jusqu'au cœur.

Le sanglier s'écroula, enfin, mort. Aussitôt, Méléagre l'écorcha et offrit sa peau à Atalante avec ces mots : « C'est vous qui, la première, avez fait couler le sang, et, si nous n'avions pas attaqué la bête à notre tour, elle n'en aurait pas moins succombé à vos flèches. »

h. Ses oncles furent profondément offensés. L'aîné, Plexippos, déclara que c'était Méléagre qui avait gagné la peau et que s'il n'en voulait pas elle devrait aller à la plus honorable des personnes présentes, c'est-à-dire à lui-même, puisqu'il était le beau-frère d'Oenée. Le plus jeune frère de Plexippos prit son parti en affirmant que c'était Iphiclès, et non pas Atalante, qui, le premier, avait fait couler le sang. Méléagre, qui était amoureux, devint fou de colère et les tua tous les deux.

i. Althée, les yeux fixés sur les corps morts qu'on transportait chez eux, lança une malédiction contre Méléagre ; et celle-ci l'empêcha de défendre Calydon, lorsque ses deux oncles survivants déclarèrent la guerre à la ville et tuèrent de nombreux guerriers qui la défendaient. Enfin Cléopâtra, sa femme, le convainquit de prendre les armes et il tua ses deux oncles bien qu'ils fussent appuyés par Apollon. Après cela, les Furies ordonnèrent à Althée de prendre le tison non entièrement consumé, dans le coffre, et de le jeter dans le feu. Méléagre sentit une soudaine brûlure dans tout son corps et ses ennemis le terrassèrent sans difficulté : Althée et Cléopâtra se pendirent et Artémis changea toutes les sœurs glapissantes de Méléagre en pintades, sauf deux. Elle les emmena dans son île de Léros, patrie des méchants [3].

j. Enchanté du succès d'Atalante, Iasos la reconnut enfin comme sa fille ; mais, lorsqu'elle arriva au palais, les premiers mots du roi furent : « Mon enfant doit prendre un mari ! » C'était une phrase désagréable car l'oracle de Delphes l'avait prévenue de ne pas se marier. Elle répondit : « Père, j'y consens à une seule condition : c'est que tout prétendant à ma main devra me vaincre à la course, sinon, si c'est moi qui suis victorieuse, je le tuerai. » « D'accord », dit Iasos.

k. De nombreux princes infortunés périrent ainsi, car elle était la plus rapide des mortelles ; mais Mélanion, fils d'Amphidamas l'Arcadien, demanda l'assistance d'Artémis. Elle lui donna trois pommes d'or et lui dit : « Tu retarderas Atalante en laissant tomber ces pommes d'or, l'une après l'autre, pendant la course. » Le stratagème réussit. Atalante s'arrêta chaque fois pour ramasser une pomme et atteignit le poteau d'arrivée après Mélanion.

l. Le mariage fut célébré, mais l'avertissement de l'oracle se trouva justifié car un jour, comme ils passaient devant un sanctuaire de Zeus, Mélanion persuada Atalante d'y entrer et là, il s'unit à elle. Indigné que son sanctuaire ait été profané, Zeus les changea tous deux en lions : car les lions, croyait-on alors, ne s'unissent pas entre eux mais avec des léopards, et ainsi ils furent privés du corps l'un de l'autre. C'était là la punition d'Aphrodite à l'égard d'Atalante, d'abord parce qu'elle s'était obstinée à vouloir rester vierge et ensuite parce qu'elle avait été ingrate dans l'affaire des pommes d'or [4]. Mais d'aucuns disent, qu'avant cela, Atalante avait été infidèle à Mélanion et qu'elle avait donné à Méléagre un enfant appelé Parthénopaeos, qu'elle exposa sur la même montagne où elle avait été elle-même allaitée par une ourse. Il survécut, lui aussi et, par la suite, vainquit Idas, en Ionie, et marcha avec les Sept contre Thèbes. Selon d'autres, c'est Arès et, non pas Méléagre, qui était le père de Parhénopaeos [5] ; le mari d'Atalante n'était pas Mélanion mais Hippoménès ; quant à elle, elle était la fille de Schoenée qui régnait à Onchestos, en Béotie. On ajoutait qu'Atalante et Hippoménès avaient profané un sanctuaire, non de Zeus, mais de Cybèle qui les changea en lions et les attela à son char [6].

★

1. *Les médecins grecs attribuaient à la guimauve (*althaia, *d'*althainein, *« guérir »)* *des propriétés curatives et, comme elle était la première fleur du printemps dont les abeilles tirent leur miel, elle avait la même importance que la fleur du lierre qui est la dernière. La chasse de Calydon était une saga héroïque basée peut-être sur une célèbre chasse au sanglier et sur une querelle de clan étolienne qu'elle aurait occasionnée. Mais la mort du roi sacré à la suite d'une charge de sanglier — dont les défenses recourbées indiquaient qu'il était consacré à la lune — est un mythe très ancien (voir 18.* 3*) et il explique qu'on ait introduit dans la légende des héros de différents États de la Grèce ayant subi le même sort. Le sanglier spécialement était l'emblème de Calydon et il était consacré à Arès dont on disait qu'il était le père de Méléagre.*

2. *Le saut de Toxée par-dessus le fossé a son équivalent dans le saut de Rémus par-dessus le mur de Romlus ; il évoque la coutume, largement répandue, de sacrifier un prince royal au moment de la fondation d'une ville (1* Rois *XVI. 34). L'épieu de Méléagre rappelle de nombreux mythes celtiques : la mort d'un héros survient lorsqu'un objet extérieur — un fruit, un arbre ou un animal — est détruit.*

3. *Artémis était vénérée en tant que* meleagris, *ou pintade, dans l'île de Léros et à l'Acropole d'Athènes ; ce culte est d'origine africaine, à en juger par cette espèce particulière de pintade — qui avait un barbillon bleu, différent de l'espèce italienne à barbillon rouge importée de Numidie — et ses étranges gloussements étaient considérés comme des cris de deuil. Les fidèles d'Artémis tout comme ceux d'Isis ne mangeaient jamais de pintades.*

4. *Les Ourses étaient consacrées à Artémis (voir 22.* 4*), et la course d'Atalante contre Mélanion a été probablement inspirée d'une scène représentant le roi condamné, tenant les pommes d'or dans sa main (voir 32.* I *et 53.* 5*), poursuivi jusqu'à la mort par la déesse. Une représentation, voisine de celle-là, devait figurer une statue d'Artémis soutenue par deux lions, comme sur la porte de Mycènes, ainsi que sur plusieurs sceaux mycéniens et crétois. La seconde version du mythe semble être la plus ancienne, ne serait-ce que parce que Schoenée, père d'Atalante, y remplace Schoenis, un des noms d'Aphrodite ; et aussi parce que Zeus n'y figure pas.*

5. *La raison pour laquelle les amants étaient punis — et ici les mythographes se réfèrent à tort à Pline, car Pline dit au contraire que les lions punissaient sévèrement les lionnes qui s'unissaient à des léopards (*Histoire naturelle *VIII. 17) — est un problème qui présente plus d'intérêt que ne lui en attribue Sir James Frazer dans ses notes sur Apollodore. Il semble attester une ancienne loi exogamique selon laquelle les membres d'un même clan totémique ne pouvaient pas se marier entre eux, pas plus que ceux du clan*

du lion ne pouvaient épouser ceux du clan du léopard qui faisaient partie de la même sous-phratrie ; de même qu'à Athènes les membres du clan de l'agneau et ceux du clan de la chèvre ne pouvaient pas se marier entre eux (voir 97. 3*).*

6. *Oenée ne fut pas le seul roi hellénique qui se refusa à sacrifier à Artémis (voir 69.* b *et 72.* i*). Les exigences de la déesse étaient beaucoup plus sévères que celles des autres divinités de l'Olympe et, même à la période classique, elles comportaient les holocaustes d'animaux vivants. Ceux-là, Oenée les eût difficilement refusés ; mais la coutume, en Arcadie et en Béotie, était de sacrifier le roi lui-même ou un substitut, tel le cerf d'Actéon (voir 22.* I*) ; et Oenée peut très bien avoir refusé d'être mis en pièces.*

81.
Télamon et Pélée

a. La mère des deux fils aînés d'Éaque, Télamon et Pélée, était Endéis, la fille de Sciron. Phocos, le plus jeune, était fils de la Néréide Psamathé, qui s'était changée en phoque alors qu'elle essayait en vain d'échapper aux étreintes d'Éaque. Ils vivaient tous ensemble dans l'île d'Égine [1].

b. Phocos était le favori d'Éaque et sa supériorité en athlétisme rendait fous de jalousie Télamon et Pélée — aussi, et pour maintenir la paix entre eux, il mena un groupe d'émigrants d'Égine en Phocide, où un autre Phocos, fils d'Ornytion le Corinthien, avait déjà colonisé le voisinage de Tithoréa et Delphes — et, avec le temps, ses fils étendirent la ville de Phocis jusqu'à ses limites actuelles. Un jour Éaque envoya chercher Phocos, peut-être dans l'intention de lui léguer son royaume dans l'île. Mais, encouragés par leur mère, Télamon et Pélée firent le projet de le tuer à son retour. Ils défièrent Phocos au pentathlon et c'est, ou bien Télamon, simulant un accident, qui l'abattit, en lui lançant un disque de pierre à la tête et Pélée qui le tua ensuite avec une hache, ou bien le contraire. On n'est pas d'accord à ce sujet. En tout cas, quoi qu'il en soit Télamon et Pélée s'étaient l'un et l'autre rendus coupables de fratricide et, ensemble, ils cachèrent le corps dans un bois où Éaque le découvrit. Phocos est enterré près de l'Aicéon [2].

c. Télamon se réfugia dans l'île de Salamine, où régnait Cychrée, et envoya un messager pour faire savoir qu'il n'avait pris aucune part dans le meurtre. Éaque, en réponse, lui interdit de jamais remettre les pieds à Égine, mais il lui permit de plaider sa cause debout dans la mer plutôt que sur le pont de son navire qui tanguait sur les vagues, ancré derrière les brisants. Télamon, une nuit, s'avança dans ce que l'on appelle aujourd'hui le *port caché* et envoya des maçons à terre pour construire une digue qui lui servirait de tribune ; ils achevèrent leur ouvrage avant l'aube et il existe encore de nos jours. Mais Éaque rejeta sa défense, malgré l'éloquence qu'il y déploya pour soutenir que la mort de Phocos était accidentelle. Télamon s'en retourna à Salamine où il épousa Glaucé, la fille du roi et il succéda à Cychrée sur le trône [3].

d. Ce Cychrée, fils de Poséidon et de Salamis, fille du dieu-Fleuve Asopos, avait été choisi pour être roi de Salamine après qu'il eut tué un dragon en mettant ainsi fin aux vastes ravages qu'il causait. Mais il conserva un jeune dragon de la même race qui se comporta de la même façon, détruisant tout, jusqu'à ce qu'Eurylochos, un compagnon d'Odysseus, l'eût chassé à son tour ; Déméter l'accueillit ensuite à Éleusis et en fit un de ses suivants. Mais certains expliquent ainsi la chose : ils disent que c'est Cychrée lui-même qu'on appelait le « Dragon » à cause de sa cruauté, qu'il fut banni par Eurylochos et qu'il se réfugia à Éleusis où il fut affecté à de modestes fonctions, au sanctuaire de Déméter. Il devint, en tout cas, un des héros qui gardèrent Salamine, l'île du Dragon ; il y fut enterré, le visage tourné vers l'ouest, et apparut sous la forme d'un dragon au milieu des navires grecs à la fameuse bataille de Salamine. On faisait des sacrifices sur sa tombe et, lorsque les Athéniens disputèrent l'île aux Mégariens, Solon, le célèbre législateur, traversa la mer et lui fit des sacrifices propitiatoires pour se le rendre favorable [4].

e. A la mort de sa femme Glaucé, Télamon épousa Périboea d'Athènes, petite-fille de Pélops, qui lui donna le Grand Ajax ; et, plus tard, Hésioné, une captive, fille de Laomédon, qui lui donna le non moins célèbre Teucer [5].

f. Pélée s'enfuit à la cour d'Actor, roi de Phthie, où il fut purifié par Eurytion, son fils adoptif. Actor lui donna alors en mariage sa fille Polyméla et un tiers du royaume. Un jour Eurytion, qui gouvernait un autre tiers du royaume, emmena Pélée à la chasse au sanglier de Calydon, mais Pélée le transperça accidentellement d'un coup de lance et s'enfuit à Iolcos où il fut une fois de plus purifié, cette fois par Acaste, fils de Pélias [6].

g. La femme d'Acaste, Créthéis, essaya de séduire Pélée et comme il refusait ses avances, elle dit perfidement à Polyméla : « Il a l'intention de te quitter et d'épouser ma fille Stéropé. » Polyméla, qui avait cru le mensonge de Créthéis, se pendit. Non contente du mal qu'elle avait fait, Créthéis, alla pleurer chez Acaste en accusant Pélée d'avoir voulu attenter à sa vertu [7].

h. Répugnant à tuer l'homme qu'il avait purifié, Acaste le défia à la chasse au mont Pélion. Or, en récompense de sa chasteté, les dieux avaient donné à Pélée une épée magique, forgée par Dédale, qui donnait à celui qui la possédait la victoire dans la bataille et également à la chasse. Aussi réussit-il aussitôt à rassembler un grand tas de cerfs, d'ours et de sangliers ; mais lorsqu'il repartit pour en chasser d'autres, les compagnons d'Acaste prétendirent que le gibier était à leur maître et raillèrent Pélée pour son manque d'adresse. « Que les bêtes tuées décident elles-mêmes de la chose et parlent par leurs propres bouches », s'écria Pélée, qui avait coupé leurs langues et qui à présent les avait sorties d'un sac pour apporter la preuve que c'était bien lui le vainqueur.

i. Après un grand festin, au cours duquel il l'emporta sur tout le monde comme mangeur, Pélée s'endormit profondément. Acaste lui vola alors son épée magique, la cacha sous un tas de fumier et prit la fuite avec ses compagnons. Lorsque Pélée s'éveilla, il se trouva abandonné, désarmé, et entouré de Centaures féroces qui étaient sur le point de le tuer ; cependant leur roi Chiron intervint et, non seulement il lui sauva la vie, mais découvrit le lieu où était cachée son épée et la lui rendit [8].

j. Pendant ce temps, sur les conseils de Thémis, Zeus choisit Pélée pour être le mari de Thétis la Néréide, qu'il aurait lui-même volontiers épousée s'il n'en avait pas été découragé par une prophétie des Parques disant que le fils qui naîtrait de Thétis deviendrait bien plus puissant que son père. Il était également dépité que Thétis eût repoussé ses avances, à cause d'Héra, sa mère nourricière et, en conséquence, il s'était juré de ne jamais plus s'unir à une immortelle. Quoi qu'il en soit, Héra, reconnaissante, décida de la marier au plus noble des mortels et invita tous les dieux de l'Olympe au mariage à la pleine lune suivante, en même temps qu'elle envoyait sa messagère Iris dans la caverne du roi Chiron avec ordre à Pélée de se préparer [9].

k. Or Chiron prévut que Thétis, parce qu'elle était immortelle, serait, au premier abord, humiliée de ce mariage ; et Pélée, suivant les instructions de Chiron, se cacha derrière un épais buisson de myrte sur le rivage d'un îlot thessalien où Thétis venait souvent, nue, à cheval sur un dauphin tout harnaché pour goûter tout à son aise sa sieste dans une caverne que ce buisson dissimulait en partie. Elle n'était pas plus tôt entrée dans la caverne et endormie que Pélée se jeta sur elle. Il y eut une lutte silencieuse et sauvage. Thétis se changea successivement en feu, en eau, en lion et en serpent [10] ; mais Pélée avait été averti et, comme il s'attendait à ce qui arrivait, il s'accrocha à elle résolument, même lorsqu'elle devint une énorme seiche toute glissante et cracha de l'encre — c'est à cette métamorphose que le promontoire voisin doit son nom de cap Sépia, dès lors consacré aux Néréides. Bien qu'il fût brûlé, étouffé, meurtri, piqué et couvert d'une encre épaisse et noire, Pélée ne la lâcha pas et, à la fin, elle céda et ils demeurèrent étroitement serrés dans une étreinte passionnée [11].

l. Leur mariage fut célébré hors de la caverne de Chiron sur le mont Pélion. Les dieux de l'Olympe y assistaient, assis sur douze trônes. Héra en personne portait la torche nuptiale et Zeus, à présent résigné à sa défaite, renonça à Thétis. Les Parques et les Muses chantèrent ; Ganymède versa le nectar et les cinquante Néréides exécutèrent une danse en spirale sur le sable blanc. Une foule de Centaures assistaient à la cérémonie ; ils portaient des colliers d'herbe, brandissaient des branches de sapin et prédisaient chance et bonheur [12].

m. Chiron donna à Pélée une lance ; Athéna en avait poli le manche, qui avait été taillé dans un frêne des hauteurs du mont Pélion, et c'est Héphaïstos qui en avait forgé le fer. Le cadeau de tous les dieux réunis était une magnifique armure en or, à laquelle Poséidon ajouta les deux chevaux immortels Balios et Xanthos, nés du Vent d'Ouest et de Podargé, la Harpye [13].

n. Mais la déesse Éris, qui n'avait pas été invitée, était décidée à semer le trouble parmi les invités divins ; pendant qu'Héra, Athéna et Aphrodite bavardaient amicalement, bras dessus, bras dessous, elle fit rouler une pomme d'or à leurs pieds. Pélée la ramassa et se trouva embarrassé après avoir lu l'inscription qu'elle portait : « A la plus belle », ne sachant à laquelle des trois elle était adressée. Cette pomme fut la cause de la guerre de Troie [14].

o. Certains font de Thétis, femme de Pélée, la fille de Chiron et une simple mortelle ; on disait que Chiron, pour honorer Pélée, répandit la nouvelle qu'il avait épousé la déesse qui était sa maîtresse [15].

p. Pendant ce temps, Pélée, à qui le bon Chiron avait rendu ses biens et qui avait acquis de nombreux troupeaux comme dot, en envoya quelques-uns à Phthie en guise d'indemnité pour la mort d'Eurytion qu'il avait tué par accident. Mais, lorsque les Phthiens refusèrent de payer, il laissa les bêtes errer en liberté dans la campagne. Cette idée s'avéra bonne, car un loup féroce, que Psamathé avait envoyé à sa poursuite pour venger la mort de son fils Phocos, se rassasia si bien de ces bêtes sans maître qu'il était à peine capable de marcher. Quand Pélée et Thétis se trouvèrent face à face avec le loup, celui-ci fit comme s'il allait sauter à la gorge de Pélée, mais Thétis le regarda d'un air menaçant en sortant la langue et le changea en une pierre qui se trouve encore dressée sur la route entre Locris et Phocis [16].

q. Après cela, Pélée revint à Iolcos où Zeus lui donna une armée de fourmis qui se changèrent en guerriers et c'est ainsi qu'il devint célèbre comme roi des Myrmidons. Il prit la cité, seul, tua d'abord Acaste et ensuite Créthéis terrorisée ; il fit pénétrer ses Myrmidons dans la cité à travers les morceaux de son corps démembré [17].

r. Thétis brûla l'une après l'autre les parties mortelles de ses six fils par Pélée, afin de les rendre immortels comme elle-même, et les envoya dans l'Olympe. Mais Pélée réussit à lui arracher le septième alors qu'elle avait déjà rendu immortel tout son corps, sauf l'osselet, en le mettant dans le feu et en le frottant d'ambroisie. L'osselet, à moitié carbonisé, avait échappé au traitement final. Furieuse de son intervention, Thétis dit adieu à Pélée et retourna chez elle dans la mer ; elle appela son fils « Achille » parce qu'il *n'avait pas encore posé ses lèvres* sur sa poitrine. Pélée donna à Achille un nouvel osselet pris sur le squelette du géant Damysos, rapide à la course, mais le destin devait en faire la cause de sa perte [18].

s. Trop âgé pour combattre en personne à Troie, Pélée donna plus tard à Achille l'armure d'or, la lance en bois de frêne et les deux chevaux qui lui avaient été offerts pour son mariage. Il fut finalement chassé de Phthie par les fils d'Acaste, qui, dès qu'ils apprirent la mort d'Achille, cessèrent de le craindre ; mais Thétis lui dit de se rendre à la caverne, près du buisson de myrte, où il l'avait soumise à son plaisir la première fois et, là, d'attendre qu'elle vienne l'emmener vivre avec elle dans les profondeurs de la mer. Pélée se rendit à la caverne tout en scrutant passionnément les navires qui passaient, dans l'espoir que l'un d'eux ramènerait peut-être de Troie son petit-fils Néoptolème [19].

t. Néoptolème, pendant ce temps, remettait en état sa flotte dispersée au pays des Molosses et, lorsqu'il apprit que Pélée avait été exilé, il se déguisa en captif troyen et prit la mer pour Iolcos ; là, il réussit à tuer les fils d'Acaste et à prendre la ville. Mais Pélée s'impatientait devant sa caverne ; il affréta un navire pour faire un voyage au pays des Molosses ; le mauvais temps le poussa vers l'île d'Icos, près de l'Eubée ; c'est là qu'il mourut et qu'il fut enterré ; ainsi avait-il perdu l'immortalité que Thétis lui avait promise [20].

★

1. *Le mythe d'Éaque, Psamathé (« plage de sable ») et Phocos (« phoque ») se retrouve dans le folklore de la plupart des pays européens. Le héros aperçoit généralement une bande de phoques nageant en direction d'une plage déserte éclairée par la pleine lune ; ils quittent alors leur peau et apparaissent sous la forme de jeunes femmes. Le héros se dissimule derrière un rocher tandis qu'elles dansent nues sur le sable ; il s'empare alors des peaux de phoque et a pouvoir sur celle qui en était revêtue, qu'il rend enceinte. Finalement ils se querellent ; la jeune femme reprend sa peau et regagne la mer. La danse des cinquante Néréides au mariage de Thétis et son retour à la mer, après la naissance d'Achille, reflètent des fragments de ce même mythe — dont l'origine semble avoir été une danse rituelle de cinquante prêtresses-phoques, consacrées à la Lune, qui constituait un préambule au choix, par la grande Prêtresse, d'un roi sacré. Ici la scène est située à Égine, mais si l'on en juge par le récit de la lutte de Pélée près du Cap Sepias, un rite similaire était pratiqué en Magnésie, par un collège de prêtresses-seiches — la seiche apparaît surtout dans les objets d'art crétois, et sur le poids-étalon du Trésor Royal de Cnossos, et aussi sur des monuments mégalithiques à Carnac et ailleurs en Bretagne. Elle possède huit tentacules, de même que l'anémone sacrée du Pelion compte huit pétales : 8 était le nombre de la fertilité dans la mythologie*

méditerranéenne. Pélée (bourbeux) était peut-être devenu le titre du roi sacré après qu'il avait été oint de la sécrétion de la seiche, puisqu'on en fait le fils d'Endéis (qui empêtre), synonyme de la seiche.

2. *La partie de chasse d'Acaste, le banquet qui s'ensuit et la perte de l'épée magique de Pélée semblent avoir été tirés fautivement d'une représentation figurant les préliminaires d'une cérémonie du couronnement : le couronnement impliquant le mariage avec l'héritière tribale. La scène représentait, semble-t-il, le combat rituel du roi avec des hommes déguisés en animaux et le retrait d'une épée royale d'un rocher fendu (fautivement interprété par le mythographe comme un monceau de bouse de vache) — comme dans les mythes de Thésée (voir 95.* e*) et le roi Arthur de Lyonesse. Toutefois la lance de Chiron, taillée dans un frêne du Mont Pélion, est un symbole de souveraineté plus ancien que l'épée.*

3. *Les métamorphoses de Thétis indiquent les puissances saisonnières de la déesse représentées par une série de danses (voir 9.* d *et 32.* b*). Le myrte, derrière lequel Pélée la rencontre pour la première fois, symbolise le dernier mois du règne de son prédécesseur (voir 52.3 et 109.4), et par conséquent sera leur lieu de rendez-vous au moment où son propre règne s'achève.*

Ce mythe semble être le récit d'un mariage-alliance, auquel assistaient les représentants d'une confédération de douze bus ou clans, entre un prince phthien et la déesse-Lune de Iolcos en Thessalie.

4. *Il est probable que l'auteur de l'ancien* Seege or Battayle of Troy *anglais a utilisé une source classique perdue lorsqu'il a fait Pélée « moitié homme et moitié cheval » : cela veut dire que Pélée avait été adopté par un clanéacide du culte du cheval. Ce choix devait impliquer une fête sacrificielle du cheval (voir 75.3) : c'est là l'explication du cadeau de mariage de Balios et Xanthos non attelés à un char. Les Centaures de Magnésie et les Thessaliens de Iolcos étaient, semble-t-il, liés par une alliance exogamique et c'est pourquoi le scholiaste d'Apollonios de Rhodes déclare que la femme de Pélée était en réalité la fille de Chiron.*

5. *L'embarras de Pélée, lorsqu'il considère la pomme lancée par Éris, suggère l'image de la déesse-Lune sous son aspect triple, présentant la pomme d'immortalité au roi sacré (voir 32. 4 ; 53. 5 ; et 159. 3). Le meurtre d'Acaste et la marche de Pélée dans la ville entre les morceaux du corps démembré de Créthéis est peut-être une interprétation fautive de la représentation figurant un nouveau roi sur le point de parcourir à cheval les rues de sa capitale après avoir rituellement coupé en morceaux son prédécesseur au moyen d'une hache.*

6. *Les meurtres fréquents, accidentels ou volontaires, qui obligeaient les princes à quitter leur pays et à être purifiés par des rois étrangers, dont ils épousaient ensuite les filles, sont une invention des mythographes tardifs. Il n'y a aucune raison de*

supposer que Pélée quitta Égine ou Phthie, sous un nuage ; à une certaine période, au moment où la succession royale était matrilinéaire, les candidats au trône venaient toujours de l'étranger et le nouveau roi devait passer par une nouvelle naissance dans la maison royale après avoir mis à mort rituellement son prédécesseur. Il changeait alors de nom et de tribu, ce qui était censé écarter de son chemin l'ombre vengeresse de l'homme assassiné. C'est ainsi que Télamon d'Égine se rend à Salamine, est choisi comme nouveau roi, tue le vieux roi — qui devient un héros oraculaire — et épouse la grande prêtresse d'un collège de chouettes. On trouva plus commode, à une époque ultérieure, alors qu'on utilisait ce même rituel pour purifier les criminels ordinaires, d'oublier que la royauté impliquait un meurtre et de suggérer que Pélée, Télamon et les autres avaient été impliqués dans des crimes ou des scandales sans rapport avec leur accession au trône. Ce scandale est souvent une accusation mensongère d'avoir attenté à la vertu d'une reine (voir 75. a *et 101.* e*). Les rapports entre Cychrée et les Mystères d'Éleusis, et le mariage de Télamon à une princesse athénienne prirent de l'importance lorsque, en 620 avant J.-C., Athènes et Mégare se disputèrent Salamine. Les Spartiates furent juges dans l'affaire et les ambassadeurs athéniens appuyèrent avec succès leur revendication sur la relation de Télamon avec l'Attique (Plutarque :* Solon *8 et 9).*

7. *La mort de Phoros occasionnée par un disque, comme celle d'Acrisios (voir 72.* p*) semble être une interprétation fautive d'une représentation figurant la fin du règne d'un roi-dauphin — le disque dans les airs est le disque solaire ; comme ce mythe l'atteste clairement, l'arme sacrificielle était une hache. Plusieurs héros, autres qu'Achille, furent tués par une blessure au talon, non pas uniquement dans la mythologie grecque mais également dans les mythologies égyptienne, celtique, lydienne, hindoue et scandinave (voir 90.* o *et 92. 10).*

8. *Brûler ses enfants comme le fait Thétis était une pratique courante : c'était le sacrifice de jeunes enfants, substituts du roi sacré (voir 24. 10 et 156. 2). Au terme de la huitième année, le roi lui-même mourait (voir 91. 4 et 109. 3). Il existe l'équivalent dans le* Mahâbhârata *: la déesse-Gange noie ses sept fils nés du dieu Krishna. Celui-ci sauve le dernier d'entre eux : Bhishma ; c'est alors qu'elle le quitte. Le partage par Actor de son royaume en trois parties a son équivalent dans le mythe de Proetos (voir 72.* h*) : le roi sacré, au lieu de se laisser sacrifier au moment où son règne arrive à son terme, conserve une partie de son royaume et lègue le reste à ses successeurs. Les rois par la suite insistèrent pour obtenir la jouissance de leur souveraineté durant la durée de leur vie.*

9. *La mort de Pélée à Icos indique que son nom y était un titre royal comme à Phthie, Iolcos et Salamine. Il devint roi des Myrmidons parce que les Phthiens adoraient leur déesse en tant que Myrmex (« fourmi » — voir 66. 2). L'histoire que raconte*

Antoninus Liberalis, au sujet de Thétis et du loup, semble avoir été inspirée par une figuration représentant une prêtresse d'Aphrodite Lycienne (Pausanias : II. 31. 6) portant un masque de Gorgone pendant qu'elle sacrifie du bétail.

82.
Aristée

a. Hypsée, ancien roi des Lapithes, que la Naïade Créüse avait engendré avec le dieu-Fleuve Pénée, épousa Chlidanopé, une autre Naïade, et eut d'elle une fille du nom de Cyrène. Cyrène n'aimait ni filer, ni tisser, ni les travaux domestiques de ce genre ; en revanche, elle allait sur le mont Pélion pour chasser les animaux sauvages toute la journée et une partie de la nuit sous le prétexte que les troupeaux de son père avaient besoin d'être protégés. Apollon, un jour, assista à sa lutte contre un puissant lion ; il appela Chiron, le roi des Centaures, pour observer le combat dont Cyrène, comme à l'ordinaire, sortit victorieuse ; il demanda son nom et si elle serait une bonne épouse pour lui. Chiron se mit à rire. Il savait fort bien qu'Apollon non seulement connaissait son nom mais qu'il avait déjà décidé de l'enlever, soit lorsqu'il l'avait vue gardant les troupeaux d'Hypsée près du fleuve Pénée, soit lorsqu'elle reçut de ses mains deux chiens de chasse comme prix de sa victoire dans la course à pieds au cours des Jeux funèbres en l'honneur de Pélias [1].

b. Chiron, en outre, prédit qu'Apollon conduirait Cyrène par-delà les mers aux plus beaux jardins de Zeus et ferait d'elle la reine d'une grande cité après avoir auparavant rassemblé la population d'une île autour d'une colline au milieu d'une plaine. Elle serait accueillie par Libye dans un palais d'or, elle deviendrait reine et serait charitable aux chasseurs et aux agriculteurs et là, dans ce pays, elle lui donnerait un fils. Hermès ferait l'office de sage-femme et porterait l'enfant, appelé Aristée, aux Heures et à la Mère-Terre en leur demandant de le nourrir de nectar et d'ambroisie. Lorsque Aristée devint un homme, il conquit les titres de « Zeus Immortel », de « Pur Apollon » et de « Gardien des troupeaux de moutons » [2].

c. Apollon emmena en effet Cyrène sur son char d'or, dans la région qui est maintenant la Cyrénaïque ; Aphrodite les attendait pour les accueillir à leur arrivée et les coucha dans la chambre d'or de Libye. Ce soir- là, Apollon promit à Cyrène une longue vie consacrée à la chasse, sa passion, et à son règne sur un pays fertile. Ensuite il la confia à des Nymphes du myrte, enfants d'Hermès, sur les collines voisines, où elle engendra Aristée, et, après une seconde visite d'Apollon, Idmon le devin. Mais elle s'unit aussi à Arès, une nuit, et lui donna Diomède de Thrace, qui possédait les juments mangeuses d'hommes [3].

d. Les Nymphes du myrte, qui avaient surnommé Aristée « Agreus » et « Nomios », lui enseignèrent à cailler le lait pour faire du fromage, à construire des ruches et à cultiver l'olivier. Il transmit ces arts utiles à d'autres qui, en reconnaissance, lui rendirent des honneurs divins. De Libye, il se rendit par mer en Béotie, après quoi, Apollon le conduisit à la caverne de Chiron afin que celui-ci l'initiât à certains Mystères.
le marièrent à Autonoé, et par elle, il devint père du malheureux Actéon et de Macris, la nourrice de Dionysos. Elles lui enseignèrent également l'art de guérir et celui de la prophétie et lui firent garder leurs moutons qui paissaient dans la plaine Atamanthia, à Phthie et sur le mont Othrys, et dans la vallée du fleuve Apidanos. C'est là qu'Aristée perfectionna l'art de la chasse que lui avait enseigné Cyrène [4].

f. Un jour, il alla consulter l'Oracle de Delphes et il lui fut dit d'aller à l'île de Céos où il recevrait de grands honneurs. Aristée s'embarqua aussitôt et découvrit que l'étoile du Chien avait été cause d'une épidémie de peste parmi les habitants de l'île, pour venger Icarios dont les meurtriers inconnus s'étaient cachés parmi eux. Aristée convoqua la population, éleva un grand autel sur la montagne et y fit des sacrifices à Zeus et en même temps il se rendit favorable l'étoile du Chien en mettant à mort les meurtriers. Zeus fut satisfait et donna l'ordre aux Vents Étésiens de rafraîchir la Grèce à l'avenir ainsi que toutes les îles avoisinantes pendant quarante jours dès que se lèverait l'étoile du Chien. Ainsi la peste cessa et les habitants de Céos non seulement comblèrent Aristée, mais ils continuent encore à faire des sacrifices à l'étoile du Chien avant son lever, pour se la rendre favorable [5].

g. Ensuite, il se rendit en Arcadie puis il se fixa à Tempé. Mais là, toutes ses chèvres moururent et, profondément affligé, il descendit dans les eaux profondes, sous le fleuve

Pénée, où il devait trouver Cyrène et ses sœurs les Naïades. Sa tante, Aréthuse, entendit une voix suppliante au milieu des eaux ; elle sortit la tête, reconnut Aristée et l'invita à venir tout au fond du merveilleux palais des Naïades. Celles-ci le lavèrent avec l'eau d'une source perpétuelle et, après une cérémonie sacrée, Cyrène lui dit : « Enchaîne mon cousin Protée et oblige-le à te dire pourquoi tes chèvres sont mortes. »

h. Protée était en train de faire sa sieste dans une caverne de l'île de Pharos, à l'abri de la chaleur en cette saison de l'étoile du Chien, et Aristée, l'ayant maîtrisé malgré ses nombreuses transformations, apprit que la maladie de ses chèvres était un châtiment qui lui était infligé pour avoir été la cause de la mort d'Eurydice : effectivement, c'est lorsqu'il lui avait fait la cour au bord de la rivière près de Tempé qu'elle s'était enfuie et avait été mordue par un serpent.

i. Aristée revint alors au palais des Naïades, où Cyrène lui dit d'élever dans la forêt quatre autels aux Driyades compagnes d'Eurydice et de sacrifier quatre jeunes taureaux et quatre génisses ; ensuite de faire une libation de sang et de laisser les cadavres là où ils se trouvaient et enfin de revenir le matin, neuf jours plus tard, en apportant les pavots de l'oubli, un veau engraissé et une brebis noire pour se rendre favorable l'ombre d'Orphée qui avait alors rejoint Eurydice dans le royaume d'en bas. Aristée obéit et, le neuvième matin, un essaim d'abeilles sortit des cadavres pourrissants et s'installa dans un arbre. Il s'empara de l'essaim qu'il mit dans une ruche ; et les Arcadiens l'honorent à présent à l'égal de Zeus pour leur avoir enseigné le moyen de faire naître de nouveaux essaims d'abeilles [6].

j. Par la suite, profondément affligé par la mort de son fils Actéon (c'est de là que venait sa haine de la Béotie), il s'embarqua avec sa suite pour la Libye et là, il demanda à Cyrène une flotte pour lui permettre d'émigrer. Elle acquiesça avec joie et, bientôt, il reprenait la mer en direction du nord-ouest. Émerveillé par la sauvage beauté de la Sardaigne, sa première escale, il entreprit d'en cultiver la terre et après avoir eu deux fils, il y fut rejoint par Dédale, mais aucun récit ne rapporte qu'il y fonda une cité [7].

k. Aristée se rendit dans d'autres îles lointaines et passa quelques années en Sicile, où il reçut des honneurs divins surtout de la part de ceux qui cultivaient l'olivier. Il se rendit enfin en Thrace et compléta son éducation en participant aux Mystères de Dionysos. Après avoir vécu quelque temps près du mont Haemos et y avoir fondé la cité d'Aristéon, il disparut sans laisser de traces. On le vénéra désormais comme une divinité à la fois chez les barbares de Thrace et chez les Grecs civilisés [8].

★

1. *Pindare a beaucoup brodé sur l'origine d'Aristée pour flatter un descendant de Battos qui, en 691 avant J.-C., conduisit une colonie de Théra en Libye, où il fonda Cyrène, et qui fut le premier roi d'une longue dynastie. Les Cyrénéens revendiquaient pour ancêtre Aristée — selon Justin (XIII. 7), Battos (« langue liée ») était seulement son surnom — fils d'Apollon, parce qu'Apollon avait été vénéré à Théra ; le port de Cyrène fut, pour cette raison, appelé Apollonia. Mais Cyrène était un personnage mythologique bien avant l'époque de Battos. Le fait qu'elle fût associée aux Centaures prouve qu'elle était une déesse d'un culte du cheval en Magnésie introduit à Théra ; en effet, le nom de Chiron apparaît aussi sur les inscriptions anciennes sur les rochers de Théra. Le mythe de la naissance d'Idmon, de Cyrène et Arès, se rapporte à une déesse plus ancienne.*

2. *Le myrte est, à l'origine, un arbre de la mort (voir 109. 4) et les nymphes du Myrte étaient donc des prophétesses capables d'instruire le jeune Aristée ; mais il devint le symbole de la colonisation, parce que les émigrants emportaient avec eux des branches de myrte pour montrer qu'ils avaient mis fin à une certaine période.*

3. *Aristée était le nom cultuel du Zeus d'Arcadie et du Zeus de Cios ; et ailleurs d'Apollon et d'Hermès. Selon Servius* (Les Géorgiques *de Virgile I. 14*), *Hésiode appelait Aristée un « Apollon berger ». A Tanagra, en Béotie (Pausanias : IX. 22. 1), on connaissait Hermès comme le « porteur de Bélier » et le poisson lui était consacré à Pharaé, en Achaïe (Pausanias : VII. 22. 2). Ainsi, une peinture tombale à Cyrène montre Aristée entouré de moutons et de poissons et portant un bélier. On explique par ses voyages le nom cultuel d'Aristée, qui se retrouve en Sicile, en Sardaigne, à Cios, en Béotie, en Thessalie, en Macédoine, en Arcadie. La constellation du Chien est le dieu égyptien Thoth, identifié à Hermès que les habitants de Cios connaissaient sous le nom d'Aristée.*

4. *La légende des abeilles nées du cadavre des taureaux a été racontée de façon inexacte par Virgile. L'essaim avait dû s'échapper plutôt du cadavre du lion que Cyrène avait tué ou qui avait été tué en son honneur. Ce mythe, comme celui des abeilles de Samson, qui naquirent d'une carcasse de lion, semble avoir été*

inspiré par une représentation primitive d'une femme nue luttant amoureusement avec un lion tandis qu'une abeille vole au-dessus du cadavre d'un autre lion. La femme nue est la déesse-Lion Cyrène, ou Hépatu la Hittite, ou Anatha de Syrie, ou Héra la déesse-Lion de Mycènes, et son partenaire est le roi sacré qui doit mourir dans le Signe du Lion au milieu de l'été, symbolisé par un couteau dans le Zodiaque égyptien. Comme Héraclès ou Thésée, il porte un masque de lion et une peau de lion et il est animé par l'esprit du lion mort, son prédécesseur, qui apparaît sous la forme d'une abeille (voir 90. 3*). C'est alors le printemps, la période où les abeilles essaiment pour la première fois, mais, plus tard, devenue déesse-Abeille du Milieu de l'Été, elle le piquera, le tuera et l'émasculera (voir 18.*3*). Le lion, que le roi sacré tuait lui-même — comme le firent Héraclès et son ami Phylios (voir 153.* e-f*) au Péloponnèse, ou Cyzicos sur le mont Dindyme dans la mer de Marmara (voir 179.* h*), ou Samson en Philistie (*Juges *XIV. 6), ou David à Bethléem (1* Samuel *XVII. 34) — était l'un des animaux qui le défiaient dans un combat rituel, à son couronnement.*

5. *Le récit que fait Virgile du voyage d'Aristée au fleuve Pénée illustre le mauvais usage que l'on peut faire d'un mythe : Protée qui vivait à Pharos au-delà du delta du Nil a été introduit de force dans la légende — il y avait un célèbre oracle d'Apollon à Tempé, qu'Aristée, son fils, aurait tout naturellement été consulter ; l'Aréthuse, rivière du Péloponnèse, n'avait rien à faire avec le Pénée et on montre à Aristée différentes salles du palais des Naïades où se trouvent les sources du Tibre, du Pô, de l'Anio, du Phase et d'autres fleuves très éloignés les uns des autres — ce qui est absurde du point de vue de la mythologie.*

6. *Les exportations d'huile en Sicile avaient dû être plus profitables aux Crétois que celles des greffons d'olivier ; mais, après que les colonies helléniques se furent établies sur la côte méridionale, à la période mycénienne tardive, la culture de l'olivier s'y installa. L'Aristée qui se rendit en Sicile peut être identifié à Zeus Morios qui distribua des greffons des oliviers sacrés issus de celui que planta Athéna sur l'Acropole d'Athènes (voir 16.* c*). Il a peut-être aussi introduit la science de l'élevage des abeilles, qui parvint à Athènes par la Crète minoenne où des éleveurs d'abeilles professionnels avaient une abeille et un gant comme insigne de leur commerce et utilisaient des ruches en terre cuite. Le mot grec pour élevage d'abeille,* cerinthos, *est crétois ; et tous les mots qui ont un rapport avec lui doivent l'être également, par exemple* cērion, *« rayon de miel »,* cērinos, *« de cire » et* c̄eraphis, *« larve d'abeille », une sorte de sauterelle. Cer, en vérité, dont le nom (qu'on écrivait aussi* Car ou Q're*) en vint à signifier « destin » — pluralisée en Kères, « malheurs, calamités ou maladies invisibles » — devait être la déesse-Abeille crétoise, une déesse de la Mort-dans-la-Vie. Ainsi, la déesse Sphinx, de Thèbes,*

*Eschyle (*Les Sept contre Thèbes *777) l'appelle « Kère, la voleuse d'hommes ».*

83.
Midas

a. Midas, fils de la Grande Déesse de l'Ida et d'un satyre, dont le nom a été perdu, était un roi de Bromion, en Macédoine, qui aimait le plaisir. Il régnait sur les Bryges (appelés aussi Mosches) et s'occupait des roses de son célèbre jardin [1]. Dans son enfance, on vit une procession de fourmis transporter des grains de blé au bord de son berceau et les placer entre ses lèvres pendant qu'il dormait — prodige où les devins virent un présage de grandes richesses ; et, lorsqu'il fut un peu plus grand, Orphée fut son professeur [2].

b. Un jour, Silène le satyre débauché, qui avait fait autrefois l'instruction de Dionysos, s'était écarté des troupes de l'armée rebelle de Dionysos qui quittait la Thrace et se dirigeait vers la Béotie et on le trouva profondément endormi, cuvant son vin dans le jardin des roses. Les jardiniers le ligotèrent avec des guirlandes de fleurs et le conduisirent à Midas à qui il raconta de merveilleuses histoires, lui parlant d'un immense continent au-delà de l'océan — et séparé de l'Europe, de l'Asie et de l'Afrique — où se trouvent de magnifiques cités dont les habitants sont très grands, très heureux, vivent très longtemps et jouissent de lois remarquables. Une grande expédition — comptant au moins dix millions d'hommes — partit un jour de là, sur des navires, en direction des îles Hyperboréennes ; mais ayant appris que ce pays était ce que l'ancien monde avait de mieux, ils préfèrerent rentrer chez eux. Entre autres merveilles, Silène parla d'un tourbillon effrayant qu'aucun voyageur ne pouvait franchir. Non loin de là, coulent deux fleuves ; sur les bords de l'un, les arbres portent des fruits qui font gémir et pleurer ceux qui les mangent ; mais sur les bords de l'autre fleuve, les fruits redonnent la jeunesse même aux gens très âgés : en fait après avoir rétrogradé jusqu'à la quarantaine puis à l'adolescence, ils redeviennent des enfants — et finalement ils disparaissent ! Midas fut ravi par les histoires de Silène, il le garda chez lui pendant cinq jours et cinq nuits puis il donna l'ordre à un guide de l'escorter jusqu'au quartier général de Dionysos[3].

c. Dionysos, qui avait été inquiet au sujet de Silène, envoya demander à Midas ce qu'il souhaitait comme récompense. Il répliqua sans hésiter : « Je te demande de faire que tout ce que je toucherai se transforme en or. » Mais ce ne furent pas seulement les pierres, les fleurs et les meubles de la maison qui se transformèrent en or ; lorsqu'il se mit à table, les aliments et l'eau se changèrent aussi en or. Midas ne tarda pas à implorer qu'on le délivre de ce don car il mourait de faim et de soif. Très amusé, Dionysos lui dit alors de se rendre à la source du fleuve Pactole, près du mont Tmolos, et de s'y laver. C'est ce qu'il fit et, aussitôt, il fut délivré de son don de changer tout en or, mais le sable du fleuve Pactole est, encore aujourd'hui, tout scintillant de paillettes d'or[4].

d. Midas étant ainsi arrivé en Asie, avec sa suite de Bryges, fut adopté par le roi Gordias, qui était sans enfants. Gordias, lorsqu'il était encore un pauvre paysan, avait été surpris, un jour, de voir un aigle royal se percher sur le timon de son char à bœufs, et, comme il paraissait décidé à rester là toute la journée, il conduisit son char vers Telmessos en Phrygie, qui fait maintenant partie de la Galatie, où se trouvait un oracle digne de confiance ; mais, aux portes de la ville, il rencontra une jeune prophétesse, qui en voyant l'aigle toujours perché sur le timon, insista pour qu'il fasse tout de suite un sacrifice à Zeus Roi. « Laisse-moi venir avec toi, paysan, dit-elle, pour t'aider à choisir les victimes du sacrifice. » « Mais oui, j'y tiens absolument, répondit Gordias, vous êtes, je crois, une jeune femme sage et pleine de sens. Voulez-vous m'épouser ? » « Oui, dès que tu auras fait le sacrifice », répondit-elle.

e. Pendant ce temps, le roi de Phrygie était mort subitement sans laisser d'héritier et un oracle annonça aux Phrygiens : « Votre nouveau roi approche en compagnie de sa fiancée dans un char à bœufs! »

Lorsque le char à bœufs arriva sur la place du marché à Telmessos, l'aigle attira tout de suite l'attention de la foule et Gordias fut nommé roi par acclamations, à l'unanimité. En signe de gratitude, il dédia le char à Zeus ainsi que le joug qu'il avait attaché au timon, d'une façon spéciale. Un oracle déclara alors que celui qui saurait défaire le nœud deviendrait maître de toute l'Asie. Le joug et le timon furent donc montés sur l'Acropole à Gordion, ville que Gordias avait fondée — et où les prêtres de Zeus les conservèrent jalousement pendant des siècles, jusqu'au jour où Alexandre de Macédoine trancha le nœud avec son épée[5].

f. A la mort de Gordias, Midas succéda au trône, institua le culte de Dionysos et fonda la ville d'Ancyre. Les Bryges qui étaient venus avec lui furent connus sous le nom de Phrygiens, et les rois de Phrygie sont appelés alternativement tantôt Midas et tantôt Gordias, jusqu'aujourd'hui ; c'est la raison pour laquelle le premier Midas est actuellement tenu, à tort, pour le fils de Gordias[6].

g. Midas prit part au fameux concours de musique entre Apollon et Marsyas dont le dieu-Fleuve Tmolos était l'arbitre. Tmolos donna le prix à Apollon qui, lorsque Midas contesta le verdict, punit celui-ci en lui faisant pousser des oreilles d'âne. Pendant longtemps, on s'arrangea pour les cacher sous un bonnet phrygien ; mais son coiffeur, qui connaissait la difformité monstrueuse de Midas, ne parvint pas à garder le honteux secret, comme Midas le lui avait ordonné sous peine de mort. Il creusa donc un trou au bord du fleuve et, après s'être assuré que personne ne se trouvait dans le voisinage, il chuchota : « Le roi Midas a des oreilles d'âne ! » Puis il combla le trou et s'en alla en paix avec lui-même, lorsqu'un jour, un roseau, qui avait poussé sur le bord du fleuve, se mit à murmurer le secret à tous ceux qui passaient. Quand Midas apprit que sa honte avait été rendue publique, il condamna à mort son coiffeur, but du sang de taureau et mourut misérablement[7].

★

1. *On a identifié avec assez de vraisemblance Midas avec Mita, roi des Mosches (« hommes-vieux ») ou Mushki, peuplade originaire du Pont, qui, au milieu du second millénaire avant J.-C., occupèrent la partie occidentale de la Thrace, par la suite connue sous le nom de Macédoine ; ils traversèrent l'Hellespont en l'an 1200 avant J.-C. environ, brisèrent la puissance des Hittites en Asie Mineure et s'emparèrent de Ptérié, leur capitale. « Mosches » se rapporte peut-être à un culte du jeune taureau comme esprit de l'année sacrée. Les jardins de roses de Midas et le récit de sa naissance indiquent un culte orgiaque d'Aphrodite, à qui la rose était consacrée. La légende selon laquelle tout ce qu'il touchait devenait de l'or a été inventée pour expliquer les*

richesses de la dynastie de Mita et la présence d'or dans le fleuve Pactole ; par ailleurs on dit que les oreilles d'âne ont été inspirées par les représentations de Midas en satyre, doté d'oreilles affreusement longues, dans les pièces comiques athéniennes.

2. *Mais, comme les ânes étaient consacrés à son bienfaiteur Dionysos, qui en plaça un couple dans les étoiles (Hygin :* Astronomie poétique *II. 23), il est probable que le Midas original se glorifiait de son déguisement d'âne. Une paire d'oreilles d'âne à l'extrémité de leur sceptre était le signe de la royauté de tous les dieux dynastiques égyptiens, en souvenir du temps où Set aux oreilles d'âne (voir 35.* 4*) régnait au Panthéon. Set avait beaucoup perdu de son pouvoir jusqu'à sa restauration provisoire par les rois Hyksos, au début du second millénaire avant J.-C. ; mais, comme les Hittites faisaient partie de la grande horde des conquérants venus du nord conduits par les Hyksos, il est possible que Midas aux oreilles d'âne ait revendiqué la souveraineté de l'Empire hittite au nom de Set. A la période prédynastique Set régnait pendant la deuxième partie de l'année, et tuait son frère Osiris, l'esprit de la première partie de l'année, et dont l'emblème était le taureau : en fait, ils étaient les deux jumeaux ennemis perpétuellement en lutte pour les faveurs de leur sœur, la déesse lunaire Isis.*

3. *Il est vraisemblable que la représentation d'où a été tirée la légende du barbier de Midas figurait la mort du roi-âne. Ses cheveux semblables aux rayons du soleil, siège du pouvoir royal, sont rasés, comme ceux de Samson (voir 91.* I*) ; sa tête décapitée est enterrée dans un trou pour protéger la ville d'Ancyre contre une invasion éventuelle. Le roseau est un symbole ambivalent : en tant qu'« arbre » du douzième mois (voir 52.* 3*), il lui donne un avertissement prophétique de sa mort imminente ; il confère aussi la royauté à son successeur. A cause de la puissance magique du sang du taureau, seules les prêtresses de la Terre-Mère pouvaient le boire sans danger (voir 51.* 4 *et 155.* a*) et, comme c'était le sang d'Osiris, il était particulièrement empoisonné pour un roi-âne.*

4. *Le secret du nœud gordien semble bien avoir été d'ordre religieux : c'était probablement le nom ineffable de Dionysos, un cryptogramme nœud d'une lanière en peau non tannée. Gordias était le chef de l'Asie Mineure car sa forteresse commandait la seule route commerciale praticable de Troie à Antioche ; et la prêtresse, ou le prêtre du lieu, avait dû communiquer le secret uniquement au roi de Phrygie, de même que l'on confiait uniquement au Grand Prêtre le nom ineffable de Jahveh, à Jérusalem. Alexandre, en tranchant brutalement le nœud au moment où il préparait son armée à Gordion, en vue de l'invasion de la Grande-Asie, mettait fin à l'ancien état de choses en plaçant la force de l'épée au-dessus des mystères religieux. Gordias (de* gruzein, *« grogner » ou « murmurer ») doit peut-être son nom au fait qu'il marmonnait à son autel oraculaire.*

83. 1 — 83. 4

5. *Il est assez naturel que la légende de l'Atlantide eût été attribuée à l'ivrogne Silène et cela pour trois raisons, rapportées par Plutarque (*Vie de Solon *25-29). La première c'est que Solon voyagea beaucoup en Asie Mineure et en Égypte ; la seconde c'est qu'il croyait à la légende de l'Atlantide (voir 39.* b*) et en fit un poème épique ; la troisième c'est qu'il se querella avec Thespis l'auteur dramatique, qui, dans ses pièces sur Dionysos, faisait tenir aux Satyres des propos comiques, apparemment pleins d'allusions à l'actualité. Élien, qui cite Théopompe comme une autorité, semble avoir eu connaissance d'une comédie de Thespis ou de son disciple Pratinas où il ridiculisait Solon pour les mensonges et les utopies qui se trouvaient dans son poème épique et où il le représentait sous les traits de Silène parcourant pieds nus l'Égypte et l'Asie Mineure (voir 27.* b*). Silène et Solon ne sont pas des noms différents ; Silène était le précepteur de Dionysos, tout comme Solon était le précepteur de Pisistrate qui — peut-être sur son conseil — institua les rites dionysiaques à Athènes (voir 27. 5).*

6. *Il est possible que Solon, au cours de ses voyages, ait recueilli des fragments de la science atlantéenne qu'il incorpora dans son poème épique et qui se prêtaient à la parodie au théâtre : par exemple, la légende gaélique du Pays de la Jeunesse au-delà des mers — où Niamh aux Cheveux d'Or emmena Oisin et d'où il revint plusieurs siècles plus tard en Irlande. Oisin, il faut s'en souvenir, était dégoûté de la dégénérescence de son peuple comparé à celui de Niamh et regrettait amèrement d'être revenu. Le tourbillon non navigable est le fameux tourbillon qu'imaginaient les hommes de sciences anciens, l'endroit où l'océan déborde, passe par-dessus le bord du monde et se déverse dans le néant. Solon semble aussi avoir entendu des géographes discuter de l'existence possible d'un continent atlantéen : Ératosthène, Méla, Cicéron et Strabon se livrèrent à des spéculations à ce sujet et Sénèque prédit sa découverte dans le second acte de sa* Médée. *Ce passage fit, dit-on, une profonde impression sur le jeune Christophe Colomb.*

84.
Cléobis et Biton

a. Cléobis et Biton, deux jeunes gens d'Argos, étaient fils de la prêtresse d'Héra, à Argos. Un jour, alors que le moment était venu pour elle d'accomplir les rites consacrés à la déesse, il se trouve que les bœufs blancs qui devaient tirer le char sacré n'étaient pas encore revenus du pâturage, et Cléobis et Biton s'attelèrent eux-mêmes au char et le tirèrent jusqu'au temple, à près de huit kilomètres de là. Heureuse des sentiments de dévotion de ses fils, la prêtresse demanda à la déesse de leur accorder le plus beau cadeau qu'on puisse faire à des mortels ; et, lorsque les rites furent accomplis, ils allèrent dormir dans le temple et ne se réveillèrent jamais[1].

b. Un don semblable fut fait à Agamède et Trophonios, fils d'Erginos. Ces deux jumeaux avaient construit un trépied en pierre avec les fondations qu'avait apportées Apollon lui-même pour son temple de Delphes. Son oracle leur dit : « Vivez joyeusement et goûtez tous les plaisirs pendant six jours ; le septième jour, votre désir le plus cher se trouvera exaucé. » Le septième jour ils furent tous deux trouvés morts dans leur lit. On dit, depuis lors : « Ceux qui sont aimés des Dieux meurent jeunes[2].»

c. On attribua par la suite un oracle à Trophonios, à Lébadée, en Béotie[3].

★

1. *Le mythe de Cléobis et Biton se rapporte clairement aux sacrifices humains offerts au moment où un temple était consacré à la déesse-Lune ; à Argos, on choisissait des frères jumeaux comme substituts aux rois conjoints et ils étaient attelés à un char lunaire à la place des taureaux blancs, habituellement sacrifiés. Ils devaient être enterrés sous le seuil du temple pour écarter les mauvaises influences (voir 169.* h*) ; peut-être est-ce la raison pour laquelle les jumeaux Castor et Pollux (voir 62.* c*) étaient appelés Oebalides, ce qui signifie « fils du seuil du temple » et non « à la peau de mouton mouchetée ». Les prêtres d'Apollon adoptèrent, de toute évidence, cet usage à Delphes bien que la déesse-Lune, à qui devait être fait le sacrifice, n'eût pas accès au temple.*

2. *Le septième jour, qui était consacré au Titan Cronos (et à Jahveh cronien, à Jérusalem) était un jour de repos, comme pour la fonction planétaire ; mais « repos » signifiait mort en l'honneur de la déesse — d'où l'oracle héroïque décerné à Trophonios (voir 51.* i*).*

85.
Narcisse

a. Narcisse était de Thespies ; il était fils de Liriopé, la Nymphe bleue que le dieu-Fleuve Céphise avait un jour emportée dans ses tourbillons et violée. Le devin Tirésias dit à Liriopé, qui fut la première personne à le consulter : « Narcisse vivra très vieux à condition qu'il ne se regarde jamais. » On était bien excusable alors de tomber amoureux de Narcisse ; enfant et adolescent déjà, sa route était semée des cœurs de ses soupirants des deux sexes qu'il avait repoussés avec indifférence ; il était, en effet, farouchement orgueilleux de sa propre beauté.

b. Parmi ses amoureux se trouvait la Nymphe Écho qui ne pouvait plus se servir de sa voix si ce n'est pour répéter comme une insensée les paroles de quelqu'un d'autre : c'était une punition pour avoir retenu l'attention d'Héra en lui racontant de longues histoires pendant que les concubines de Zeus, les nymphes de la montagne, échappaient à son œil jaloux et parvenaient à s'enfuir. Un jour que Narcisse était sorti pour prendre des cerfs au filet, Écho le suivit furtivement dans la forêt épaisse, dévorée du désir de lui adresser la parole mais incapable de parler la première. A la fin, Narcisse, s'étant aperçu qu'il s'était égaré et avait perdu ses compagnons, cria : « Holà, y a-t-il quelqu'un par ici ? »

« Par ici ! » répondit Écho, ce qui surprit Narcisse, car on ne voyait personne.

« Viens ! »

« Viens ! »

« Pourquoi me fuis-tu ? »

« Pourquoi me fuis-tu ? »

« Rejoignons-nous ! »

« Rejoignons-nous ! » répéta Écho et, sortant de sa cachette, tout heureuse, elle se précipita pour embrasser Narcisse. Mais il la repoussa brutalement et s'enfuit.

« Je mourrai plutôt que d'être à toi. »

« ... être à toi », implora Écho.

Mais Narcisse était parti, et elle passa le restant de sa vie dans des vallons abandonnés, se languissant d'amour et se laissant dépérir par mortification, au point que seule sa voix subsista[1].

c. Un jour, Narcisse envoya, en présent, une épée à Ameinias, le plus tenace de ses soupirants, et dont le fleuve Ameinias porte le nom ; c'est un affluent du fleuve Hélicon qui se jette dans l'Alphée. Ameinias se tua devant la porte de Narcisse, faisant appel aux Dieux pour venger sa mort.

d. Artémis l'entendit et fit que Narcisse tomba amoureux. Mais elle l'empêcha de consommer son amour. A Donacon, à Thespies, il vit une source ; elle était claire et argentée et n'avait encore jamais été touchée par un troupeau, ou des oiseaux, ou des bêtes sauvages ni même par des branches tombées des arbres qui l'ombrageaient ; et comme, épuisé de fatigue, il s'était laissé tomber sur l'herbe, pour étancher sa soif, il tomba amoureux de sa propre image reflétée dans l'eau. Il commença par essayer de saisir et d'embrasser le beau jeune homme qui se trouvait devant lui mais il se reconnut lui-même et, transporté d'amour, resta couché à regarder dans l'eau pendant des heures. Comment supporter à la fois de posséder et de ne pas posséder ? Il était miné par le chagrin et, cependant, il se réjouissait de son tourment ; il sut du moins que son autre moi lui serait fidèle, quoi qu'il arrive.

e. Écho, bien qu'elle n'eût pas pardonné à Narcisse, souffrait avec lui ; elle répéta, en écho à sa voix : « Hélas ! Hélas ! » comme il se plongeait un poignard dans la poitrine ; et elle redit aussi sa dernière phrase au moment où il expirait : « O toi, jeune homme que j'ai vainement aimé, adieu ! » Son sang s'écoula dans la terre et il naquit un narcisse blanc à corolle rouge dont on extrait un baume, à Chéronée, de nos jours encore. Il est recommandé dans les affections des oreilles (bien qu'il puisse occasionner des maux de tête) et comme vulnéraire contre les engelures [2].

★

1. *Le « narcisse » utilisé pour la couronne de Déméter et de Perséphone (Sophocle :* Œdipe à Colonne *682-684), et appelé aussi* leirion, *était la fleur de lis bleue à trois pétales ou iris consacré à la Triple Déesse et porté comme chapelet lorsqu'on voulait apaiser les Trois Vénérables (voir 115.* c*) ou Érinyes. Il fleurit tard en automne, un peu avant le « narcisse du poète », ce qui serait la raison pour laquelle on a fait de Liriopé la mère de Narcisse. Cette légende morale, pleine de fantaisie — qui explique incidemment les propriétés médicinales de l'huile de narcisse, narcotique bien connu comme l'indique la première syllabe de « Narcisse » — a peut-être été tirée d'une représentation où figure Alcméon (voir 107.* e*) ou Oreste (voir 114.* a*) couché, couronné de lis, auprès d'un étang dans les eaux duquel il a en vain essayé de se purifier après le meurtre de sa mère, les Érinyes n'ayant pas consenti à être apaisées. Écho, dans cette figuration, représenterait le personnage de l'ombre moqueuse de sa mère et Ameinias, son père assassiné.*

2. *Mais* issos, comme inthos, *est une terminaison crétoise et Narcisse et Hyacinthos semblent avoir été des noms de héros de fleurs de printemps crétois dont la déesse pleure la mort, sur*

l'anneau d'Or trouvé à l'Acropole de Mycènes ; ailleurs, on l'appelle Anthéos (voir 159. 4), surnom de Dionysos. De plus, le lis était l'emblème du roi de Cnossos. Sur un relief peint mis au jour dans les ruines du Palais, le roi marche, son sceptre à la main, dans un champ couvert de lis, portant une couronne et un collier en fleurs de lis.

86.
Phyllis et Carya

a. Phyllis, princesse de Thrace, était éprise d'Acamas, fils de Thésée, qui était parti pour combattre devant Troie. Lorsque Troie fut tombée et que la flotte athénienne eut pris le chemin du retour, Phyllis se rendait souvent au bord de la mer dans l'espoir d'apercevoir son navire ; mais celui-ci avait été retardé par une avarie et elle mourut de chagrin après s'être en vain rendue, pour la neuvième fois, sur le rivage en un lieu appelé Ennéodos. Elle fut transformée par Héra en amandier, et Acamas qui arriva le lendemain ne put qu'embrasser son écorce rugueuse. Pour répondre à ses caresses, des fleurs apparurent brusquement aux branches au lieu de feuilles, ce qui est, depuis ce jour, une particularité de l'amandier. Chaque année, les Athéniens dansent en leur honneur à tous deux [1].

b. Quant à Carya, fille du roi de Laconie, elle était aimée de Dionysos mais elle mourut subitement à Caryes et fut métamorphosée par lui en noyer. Artémis apporta la nouvelle aux Laconiens qui, par la suite, érigèrent un temple à Artémis Caryatis, à qui les Cariatides, les statues de femmes employées comme colonnes, doivent leur nom. A Caryes aussi, les femmes de Laconie dansent tous les ans en l'honneur de la déesse, après avoir suivi les leçons des Dioscures [2].

★

1. *Ces deux mythes ont été créés pour expliquer l'emploi, dans les fêtes, de l'amande ou de la noix, en l'honneur de Car ou Carya (voir 57. 2) connue aussi sous le nom de Métis (voir 1.* d *et 9.* d*), la Titanide de la Sagesse. Ils ont été tirés, semble-t-il, d'une représentation figurant un jeune poète adorant un noyer en présence d'une déesse, tandis que neuf jeunes femmes dansaient en cercle. Ennéodos, qui apparaît aussi dans la légende de la*

Phyllis de Thrace qui rendit fou Démophon (voir 169. i*), signifie « neuf voyages » et le nombre neuf était en rapport avec les noix chez les bardes irlandais ; les noix étaient également en rapport avec l'inspiration poétique ; dans leur alphabet d'arbres (voir 52.* 3*) la lettre* coll *(« c »), qui signifiait « noisette », exprimait aussi le nombre neuf. Selon le* Dinnschenchas *irlandais, la source de l'inspiration située dans le fleuve Boyne était à l'ombre des neuf noisetiers de l'art poétique, et des poissons mouchetés et chantants y vivaient. Une autre Caryes (« noyers ») en Arcadie se trouvait près du fleuve dont Pausanias rapporte qu'il recélait les mêmes étranges poissons.*

2. *La déesse Car, qui donna son nom à la Carie, devint la déesse prophétisante italienne Carmenta, « Car pleine de sagesse » (voir 52.* 5 *; 82.* 6 *; 95.* 5 *et 132.* o*) ; et les Cariatides sont les nymphes du noyer — comme les Mélies sont les nymphes du frêne, les Méliades les nymphes du pommier, et les Dryades les nymphes du chêne. Pline a recueilli la tradition selon laquelle Car inventa la prophétie (*Histoire naturelle *VIII. 57). Phyllis (« feuillue ») est peut-être une version pauvre de la Grande Déesse palestinienne et mésopotamienne Belili ; dans le mythe de Démophon elle est associée à Rhéa (voir 169.* j*).*

87.
Arion

a. Arion de Lesbos, fils de Poséidon et de la Nymphe Oenia, était passé maître dans l'art de la lyre ; il inventa le dithyrambe en l'honneur de Dionysos. Un jour, son maître Périandre, tyran de Corinthe, lui donna à regret la permission d'aller à Ténare, en Sicile, où il avait été invité à un concours de musique. Arion obtint le prix et ses admirateurs le comblèrent de cadeaux si précieux qu'ils éveillèrent la convoitise des marins engagés pour le ramener à Corinthe.

« Nous sommes désolés, Arion, mais tu dois mourir », dit le capitaine du navire.

« Mais quel crime ai-je commis ? » demanda Arion.

« Tu es trop riche », répondit le capitaine.

« Épargnez ma vie et je vous donnerai tous les cadeaux que j'ai reçus », implora Arion.

« Tu te rétracterais aussitôt arrivé à Corinthe, dit le capitaine, et je ferais de même si j'étais à ta place. Un cadeau forcé n'est pas un cadeau. »

« C'est bien, dit Arion, résigné, mais du moins permettez-moi, je vous prie, de chanter une dernière fois. »

Le capitaine accepta et Arion, vêtu de sa plus belle robe, se mit à la proue et là, il invoqua les dieux avec des accents passionnés — puis il sauta par-dessus bord. Le navire continua sa route.

b. Cependant, son chant avait attiré une troupe de dauphins appréciant la musique, dont l'un prit Arion sur son dos et, dépassant le navire, atteignit le port de Corinthe plusieurs jours avant que celui-ci y jette l'ancre. Périandre était tout heureux de cette évasion miraculeuse ; quant au dauphin, ne voulant pas se séparer d'Arion, il insista pour l'accompagner à la cour, où il succomba bientôt à une vie de luxe. Arion lui fit des funérailles magnifiques.

Lorsque le navire arriva au port, Périandre envoya chercher le capitaine et l'équipage à qui il demanda, avec une feinte inquiétude, des nouvelles d'Arion.

« Il a été retenu à Ténare, répondit le capitaine, par la population hospitalière et prodigue. »

Périandre les fit tous jurer sur la tombe du dauphin qu'ils disaient la vérité et, brusquement, il les mit en présence d'Arion. Dans l'impossibilité de nier leur crime, ils furent exécutés sur-le-champ. Apollon, par la suite, plaça les figures d'Arion et de sa lyre, dans le ciel, parmi les étoiles[1].

c. Arion ne fut pas le premier homme a être sauvé par un dauphin. Un dauphin sauva Énalos qui avait sauté par-dessus bord pour rejoindre sa fiancée Phinéis qui, après un oracle, avait été tirée au sort et jetée à la mer pour apaiser Amphitrite — c'était au cours de l'expédition que faisaient les fils de Penthilos, à Lesbos où ils furent les premiers colons — et un autre dauphin sauva Phinéis. Un dauphin empêcha également Phalanthos de se noyer dans la mer Chryséenne au cours de son voyage en Italie. De même Icadios le Crétois, frère d'Yapyx, lorsqu'il fit naufrage au cours d'un voyage en Italie, fut guidé par un dauphin jusqu'à Delphes ; il donna le nom du dauphin à l'endroit où il aborda : en effet le dauphin n'était autre qu'Apollon, déguisé[2].

★

1. *Arion et Périandre sont des personnages historiques du VIIe siècle avant J.-C. et un fragment de l'*Hymne à Poséidon

d'Arion a survécu. La légende est basée peut-être en partie sur une tradition selon laquelle Arion attira une troupe de dauphins et dissuada ainsi des marins de le tuer pour lui voler son argent — les dauphins et les phoques sont connus pour être sensibles à la musique — et en partie sur une mauvaise interprétation d'une statue représentant le dieu Palémon, une lyre à la main, arrivant à Corinthe sur le dos d'un dauphin (voir 70. 5). On a donné une coloration mystique à l'histoire en faisant d'Arion un fils de Poséidon, comme l'était son homonyme, le cheval sauvage Aréion (voir 16. f*) et en donnant son nom à la constellation de la Lyre. Pausanias, esprit pondéré et écrivain sérieux, met en doute l'histoire que raconte Hérodote, par ouï-dire, au sujet d'Arion ; mais il rapporte qu'il a vu de ses propres yeux, à Porosélénè, un dauphin blessé par des pêcheurs, dont un jeune garçon avait soigné les blessures et qui venait lorsque l'enfant l'appelait ; le dauphin reconnaissant le laissait aussi monter sur son dos (III. 25. 5). Cela indique que l'avènement rituel de l'Enfant de la Nouvelle Année était revécu au théâtre, à Corinthe, avec le concours d'un dauphin apprivoisé traîné par les prêtres du Soleil.*

2. *Le mythe d'Énalos et Phinéis est probablement tiré d'une représentation où Amphitrite et Triton chevauchaient des dauphins. Énalos est aussi associé à un culte de la pieuvre, et son nom rappelle celui d'Œdipe, l'Enfant de la Nouvelle Année, corinthien (voir 105.* I*) et dont il aurait été la réplique à Mytilène, comme Phalanthos l'était en Italie. Taras, fils de Poséidon par la fille de Minos, Satyraea (« de satyres »), était l'Enfant de la Nouvelle Année chevauchant un dauphin de Tarente, qu'il avait fondée, dit-on, et où il possédait un autel héroïque (Pausanias : X. 10. 4 et 13 ; Strabon : II. 3. 2) ; Phalanthos, le fondateur de la Tarente dorienne en 708 avant J.-C., emprunta le culte du dauphin aux Sicules crétois qu'il avait trouvés sur les lieux.*

3. *Le nom d'Icadios, qui signifie « vingtième », est en rapport peut-être avec la date du mois à laquelle on célébrait son avènement.*

88.
Minos et ses frères

a. Lorsque Europe fut quittée par Zeus après avoir eu de lui Minos, Rhadamante et Sarpédon, en Crète, elle épousa Astérios, le prince régnant, dont le père, Tectamos, fils de Doros, avait amené des colons éoliens et pélasges dans l'île ; là, il avait épousé une fille de Créthée l'Éolien [1].

b. Comme ce ménage était sans enfant, Astérios adopta Minos, Rhadamante et Sarpédon et en fit ses héritiers. Mais lorsque les trois frères eurent atteint l'âge d'homme, ils se disputèrent l'amour d'un beau jeune homme appelé Milétos, qu'Apollon avait eu de la Nymphe Aria, que certains appellent Déioné et d'autres Théia[2] ; Milétos, ayant décidé que c'était Sarpédon qu'il préférait, fut chassé de Crète par Minos et il s'embarqua, à la tête d'une importante flotte, pour la Carie, en Asie Mineure, où il fonda le royaume de Milet. Au cours des deux générations précédentes, le pays, alors appelé Anactorie, avait été gouverné par le géant Anax, fils d'Ouranos et de la Terre-Mère, et par son fils, également un géant, Astérios. Les os d'Astérios, que Milétos tua et enterra ensuite dans une petite île près de Ladé, ont été récemment découverts ; ils forment un squelette de plus de dix coudées. Selon certains, cependant, Minos suspecta Milétos de fomenter un complot pour se débarrasser de lui et s'emparer du royaume ; mais, craignant Apollon, il se retint de faire plus que donner un avertissement à Milétos, qui se rendit en Carie, en Asie Mineure, de son plein gré[3]. Selon d'autres, le jeune homme qui fut la cause de la querelle n'était pas Milétos mais Atymnios, fils de Zeus et de Cassiopée ou de Phœnix[4].

c. Après la mort d'Astérios, Minos réclama le trône de Crète et, comme preuve de ses droits à la succession, il se vanta que les dieux exauceraient toute prière qu'il leur ferait. Après avoir dédié un autel à Poséidon et fait tous les préparatifs pour le sacrifice, il demanda qu'un taureau sortît de la mer. Aussitôt un taureau d'un blanc éblouissant apparut et se mit à nager vers le rivage, mais Minos fut tellement impressionné par sa beauté qu'il l'envoya rejoindre ses propres troupeaux et il en tua un autre à sa place. Les droits de Minos au trône furent reconnus par les Crétois, sauf par Sarpédon, qui, encore affligé à cause de Milétos, déclara qu'Astérios avait eu l'intention de partager ce royaume à parties égales entre ses trois héritiers ; et, en effet, Minos avait déjà partagé lui-même l'île en trois régions et choisi une capitale pour chacune d'elles[5].

d. Chassé de Crète par Minos, Sarpédon s'enfuit en Cilicie, en Asie Mineure, où il s'allia à Cilix contre les Milyes ; il conquit leur pays et devint leur roi. Zeus lui accorda le privilège de vivre durant trois générations ; et, lorsqu'il mourut, le royaume milyen fut appelé Lycie, du nom de son successeur, Lycos, qui s'était réfugié auprès de lui après avoir été banni d'Athènes par Égée[6].

e. Pendant ce temps, Minos avait épousé Pasiphaé, fille d'Hélios et de la Nymphe Crété, connue aussi sous le nom de Perséis. Mais Poséidon, pour se venger de l'affront que lui avait fait Minos, fit que Pasiphaé s'éprit du taureau blanc qui avait été détourné du sacrifice. Elle confia sa passion contre nature à Dédale, le célèbre artiste athénien qui vivait à présent exilé à Cnossos, où il enchantait Minos et sa famille avec les poupées de bois, animées, qu'il fabriquait. Dédale promit de l'aider et construisit une vache creuse, en bois, qu'il revêtit de la peau d'une vraie vache ; il la plaça sur des roues, dissimulées dans ses sabots, et la poussa dans le pré, non loin de Gortyne, où le taureau de Poséidon broutait l'herbe sous les chênes parmi des vaches de Minos. Puis, après avoir montré à Pasiphaé comment ouvrir les portes repliées dans le dos de la vache et comment se glisser à l'intérieur en glissant ses jambes dans les pattes de derrière de la vache, il se retira discrètement. Bientôt le taureau blanc arriva et s'accoupla à la vache. Pasiphaé fut ainsi satisfaite et, quelque temps après, elle donna naissance au Minotaure, monstre à tête de taureau et à corps humain[7].

f. Mais, selon certains, Minos, après avoir sacrifié tous les ans à Poséidon le plus beau taureau qu'il possédait, s'était abstenu, une année, et en avait sacrifié un moins beau ; d'où la colère de Poséidon ; selon d'autres c'est Zeus qu'il offensa ; selon d'autres encore, Pasiphaé avait omis de sacrifier à Aphrodite pendant plusieurs années, et, à présent, celle-ci la punissait en suscitant en elle ce désir monstrueux. Par la suite, ce taureau devint sauvage et dévasta toute la Crète jusqu'au jour où Héraclès le captura et l'amena en Grèce où il fut finalement tué par Thésée[8].

g. Minos consulta un oracle pour savoir comment il pourrait éviter le scandale et cacher la honte de Pasiphaé. La réponse fut : « Demande à Dédale de te construire une demeure à Cnossos où tu te cacheras ! » C'est ce que fit Dédale et Minos passa le restant de sa vie dans l'inextricable dédale appelé le Labyrinthe, au centre duquel il cacha Pasiphaé et le Minotaure[9].

h. Rhadamante, plus sage que Sarpédon, reste en Crète ; il vécut en paix avec Minos et reçut un tiers des territoires d'Astérios. Renommé comme législateur, il était juste et vertueux ; il était inexorable dans les peines qu'il infligeait aux méchants. Il rendait la justice chez les Crétois et chez les peuples de l'Asie Mineure, dont un grand nombre ont adopté son code. Tous les neuf ans, il se rendait à la caverne de Zeus et rapportait une nouvelle série de lois ; son frère Minos suivit cette coutume, par la suite[10] ; mais d'aucuns disent que Rhadamante n'était pas le frère de Minos et en font un fils d'Héphaïstos ; de même, on dit que Minos n'était pas le fils de Zeus mais de Lycastos et d'une nymphe de l'Ida. Il légua le territoire de Crète à son fils Gortys qui donna son nom à la ville crétoise, bien que les Tégéens prétendent que Gortys était un Arcadien, fils de Tégéatès[11]. Rhadamante légua aussi un territoire d'Asie Mineure à son fils Érythros ; et l'île de Chios à Oenopion, fils d'Ariane, à qui Dionysos apprit le premier la manière de faire du vin ; et Lemnos, à Thoas, autre fils d'Ariane, et Cyrnos à Ényée, et Péparéthos à Staphylos ; et Marônéia à Euanthès, et Paros à Alcée ; et Délos à Anios ; et Andros à Andros[12].

i. Rhadamante, finalement, s'enfuit en Béotie parce qu'il avait tué un parent et vivait là en exil à Ocalée où il épousa Alcmène, mère d'Héraclès, après la mort d'Amphitryon. On peut voir sa tombe et celle d'Alcmène à Haliartos, non loin de la plantation de roseaux durs importés de Crète, dont on fait les javelines et les flûtes, mais d'aucuns disent qu'Alcmène épousa Rhadamante aux Champs Élysées, après sa mort[13]. Zeus, en effet, en avait fait un des trois Juges des Morts ; ses collègues étaient Minos et Éaque et il habitait les Champs Élysées[14].

★

1. *La classification due à Sir Arthur Evans des périodes préclassiques de la culture crétoise en Minoen I, II, III suggère que le souverain de Crète s'appelait déjà Minos au début du IIIe millénaire avant J.-C. ; mais c'est là une erreur. Minos était, semble-t-il, le titre royal d'une dynastie hellénique qui régnait sur la Crète au début du IIe millénaire ; chaque roi épousait rituellement la déesse-Lune de Cnossos et lui empruntait son titre de « créature de la Lune ». On a fait de Minos, anachroniquement, le successeur d'Astérios, petit-fils de Doros ; en effet, les Doriens n'envahirent la Crète qu'à la fin du IIe millénaire. Il est plus vraisemblable que les Éoliens et les Pélasges (comprenant peut-être les « Ioniens d'Attique») conduits par Tectanos (« artisan ») — son nom l'identifie avec Dédale et avec Héphaïstos, le père*

présomptif de Rhadamante — étaient les véritables compagnons de Minos ; Astérios (« étoilé ») est une masculinisation d'Astéria la déesse reine du Ciel et créatrice des puissances planétaires (voir I. d*).* Crete *est d'ailleurs un mot grec ; c'est une forme de* crateia, *« déesse puissante, ou régnante » — d'où Créthéis et Créthée. Les recherches récentes de M. Ventris et J. Shadwick sur le Linéaire B jusqu'à présent non déchiffré et dont on a trouvé d'autres exemples à Pylos, Thèbes et Mycènes et dans les ruines du palais de Cnossos, pillé en 1400 avant J.-C., montrent que la langue officielle à Cnossos au milieu du IIe millénaire était une forme primitive de grec éolien. Cette écriture semble avoir été créée, à l'origine, pour une langue non aryenne et adaptée avec quelque difficulté au grec. (On n'a pas encore établi de façon certaine si les inscriptions du Linéaire A sont écrites en grec ou en crétois.) On trouve à la fois dans les tablettes crétoises et dans les tablettes du continent un grand nombre de noms de la mythologie grecque, notamment : Achille, Idoménée, Thésée, Créthée, Nestor, Éphialtès, Xouthos, Ajax, Glaucos et Éole — ce qui indique que beaucoup de ces mythes remontent au-delà de la chute de Troie.*

2. *Comme Milétos est un nom masculin, le mythe bien connu des deux frères qui se disputent les faveurs d'une femme s'est teinté d'homosexualité. La vérité semble bien être qu'au cours d'une période de désordres, à la suite du sac de Cnossos en 1400 avant J.-C. environ, un grand nombre d'aristocrates grecs de race éolienne, pélasge ou ionienne et de langue grecque, pour lesquels la déesse-Lune était la divinité suprême, émigrèrent avec leur suite indigène en Asie Mineure, surtout en Carie, en Lycie et en Lydie ; en effet, Hérodote qui ne tient pas compte de la tradition de la dynastie de Sarpédon en Lycie, rapporte que les Lyciens de cette époque utilisaient encore le système de descendance matrilinéaire (Hérodote, I. 173 ; Strabon XII. 8. 5) comme les Cariens (voir 75.* 5*).* Milétos *est peut-être un mot indigène crétois ou une translitération de* milteios, *« la couleur de l'ocre rouge ou du plomb rouge », et donc synonyme d'Érythros ou de Phœnix, l'un et l'autre signifiant « rouge ». Le teint des Crétois était plus coloré que celui des Hellènes et les Lyciens et les Cariens étaient en partie d'origine crétoise comme les Puresati (Philistins) dont le nom signifie aussi « hommes rouges » (voir 38.* 3*).*

3. *Les souverains géants d'Anactorie rappellent les Anakim de la Genèse, géants (*Josué *XIV.* 13*) chassés par Caleb de l'autel oraculaire qui avait appartenu à Éphron le fils de Heth (Téthys ?). Éphron donna son nom à Hébron (*Genèse *XXIII.* 16*) et on peut peut-être l'identifier avec Phoronée. Ces Anakim semblent être venus de Grèce et avoir fait partie de la confédération des « peuples de la mer » qui causèrent aux Égyptiens tant de difficultés au* IVe *siècle avant J.-C. Ladé, le lieu où était inhumé Anax, fils d'Astérios, porte ce nom probablement en l'honneur de la déesse Lat, Léto ou Latone (voir 14.* 2*). Et le fait que*

cet Astérios porte le même nom que le père de Minos indique que les Milésiens, l'ayant imprunté à la Milet de Crète, l'apportèrent avec eux (voir 25. 6). Selon une tradition assez plausible du Livre des Invasions *irlandais, les Milésiens irlandais, d'origine crétoise, s'enfuirent en Syrie en passant par l'Asie Mineure et de là s'embarquèrent vers l'ouest, au* XIIIe *siècle avant J.-C., vers la Gaetulie en Afrique du Nord et arrivèrent enfin en Irlande en passant par Brigantium (Compostelle en Espagne du Nord-Ouest).*

4. *Milétos se prétendait fils d'Apollon, ce qui indique que l'on conférait aux rois milésiens des attributs solaires, comme à ceux de Corinthe (voir 67. 2).*

5. *La victoire de Minos, fils de Zeus, sur ses frères se rapporte à la domination de la Crète par les Doriens ultérieurs, mais c'est à Poséidon que Minos sacrifia le taureau, ce qui indique encore que les premiers possesseurs du titre de « Minos » étaient des Éoliens. La Crète avait été, durant des siècles, un pays très riche et, à la fin du* VIIIe *siècle avant J.-C., elle fut partagée entre les Achéens, les Doriens, les Pélasges, les Cydoniens (Éoliens) et, à l'extrême ouest de l'île, les « vrais Crétois » (*Odyssée *XIX. 171-175). Diodore de Sicile essaie de distinguer Minos, fils de Zeus, de son petit-fils Minos, fils de Lycastos ; mais deux ou même trois dynasties de Minos ont sans doute régné à Cnossos.*

6. *Le nom de Sarpédon (« reposant dans une arche en bois ») indique qu'il apporta de Lycie (voir 162.* h*) le rituel du héros solaire qui, au Nouvel An, fait son apparition annuelle sous l'aspect d'un enfant dans une arche flottant sur les eaux, comme Moïse, Persée (voir 73.* c*), Anios (voir 160.* t*), et d'autres. La connexion crétoise avec le mythe de Persée est attestée par Perséis, qui est la mère de Pasiphaé. La concession faite par Zeus à Sarpédon de vivre pendant trois générations signifie peut-être qu'au lieu des huit années habituelles — une Grande Année — qui constituaient la durée du règne de Minos, celui-ci était autorisé à conserver son trône jusqu'à la dix-neuvième année où avait lieu une synchronisation plus étroite du temps solaire et lunaire ; ainsi il entrait dans la troisième Grande Année (voir 67. 2).*

7. *« Pasiphaé », selon Pausanias (III. 26. 1), est un des noms de la Lune et « Itônia » son autre nom une appellation d'Athéna « faiseuse de pluie » (Pausanias : IX. 34. 1). Le mythe de Pasiphaé et du taureau indique qu'il s'agit d'un mariage rituel sous un chêne entre la prêtresse-Lune, portant des cornes de vache, et le roi-Minos, portant un masque de taureau (voir 76.* l*). Selon Hesychius (*sub *Carten), « Gortys » est mis pour* Carten, *mot crétois désignant la vache ; il semble qu'il s'agissait d'un mariage entre le Soleil et la Lune, car il y avait un troupeau consacré au Soleil, à Gortys (Servius, commentaire à Virgile :* Églogues *VI. 60.). Le départ discret de Dédale de la prairie indique que le mariage n'était pas consommé publiquement. Les*

Grecs postérieurs étaient nombreux à ne pas apprécier le mythe de Pasiphaé et préféraient croire qu'elle avait eu une aventure, non pas avec un taureau, mais avec un homme du nom de Tauros (Plutarque : Thésée *19 ; Palæphatos :* Histoires incroyables *II). Les taureaux blancs qui étaient particulièrement consacrés à la Lune (voir 84.* 1*) figuraient dans le sacrifice annuel, sur le mont Alba, à Rome, dans le culte du Dionysos thrace, dans le rituel du gui et du chêne des Druides gaulois (voir 50.* 1*) et, selon le Grand Livre de la Vache de Dun, dans les rites divinatoires qui précédaient le couronnement, en Irlande, dans les temps anciens.*

8. *Le palais de Minos à Cnossos comportait toute une série de chambres, de vestibules, de salles et de corridors et un visiteur étranger risquait facilement de s'y perdre. Sir Arthur Evans suggère que c'était là le Labyrinthe, qui doit son nom à la* labrys *ou hache double, emblème bien connu des souverains crétois, figurant les deux aspects de la Lune, croissante et décroissante, réunis dos à dos et symbolisant la puissance créatrice et destructrice de la déesse. Mais le labyrinthe de Cnossos était séparé du palais ; c'était un véritable labyrinthe, comme à Hampton Court, et il semble qu'il comportait un dallage en mosaïque où était marquée la place des danseurs au cours d'une danse rituelle et dont on trouve des exemples dans des régions très éloignées comme le pays de Galles et la Russie du Nord-Est. Ces sortes de scènes servaient pour la danse du Labyrinthe qui avait lieu à Pâques. Cette danse était pratiquée en Italie (Pline :* Histoire naturelle *XXXVI. 85) et à Troie (Scoliaste d'Euripide :* Andromaque *1139) ; elle semble avoir été introduite en Grande-Bretagne vers la fin du IIIe millénaire avant J.-C. par des immigrants de l'époque néolithique venant d'Afrique du Nord. Homère décrit le labyrinthe de Cnossos (*Iliade *XVIII. 592) :*

> *Dédale un jour imagina à Cnossos*
> *Une scène à danser pour la blonde Ariane.*

*et Lucien parle de danses populaires en Crète en rapport avec Ariane et le Labyrinthe (*De la Danse *49).*

9. *Le culte de Rhadamante était peut-être originaire de Béotie d'où il parvint en Crète et non pas l'inverse. Haliartos, où il avait un autel de héros, était semble-t-il consacré à la « Déesse Blanche du Pain » c'est-à-dire Déméter, car Halia, « de la mer », était un nom de la Lune comme Leucothée, « la Déesse Blanche » (Diodore de Sicile : V. 55), et* artos *signifie « pain ». Alcmène (« à la puissante colère ») est aussi un nom de la Lune. Bien que Rhadamante soit considéré comme un mot crétois, Rhadamantys est peut-être pris pour* Rhabdomantis, *« prédiction de l'avenir à l'aide d'une baguette divinatoire », nom qui vient des roseaux d'Haliartos, où leur esprit les agitait de façon oraculaire (voir 83.* 3*). S'il en était ainsi, la tradition selon laquelle il aurait été établi des lois pour toute la Crète et les îles d'Asie Mineure, signifierait que l'on consultait un oracle similaire au début de chaque nouveau règne et que ses déclarations faisaient autorité*

partout où les poids, les mesures et les conventions commerciales étaient acceptés. On le considérait comme le fils de Zeus plutôt que d'Héphaïstos, certainement parce que les Oracles de Rhadamante provenaient de la caverne de Dicté, consacrée à Zeus (voir 7. b*).*

10. *A Petsofa, en Crète, on a découvert un amas de têtes et de membres humains en argile, où avait été pratiqué un trou à travers lequel on pouvait passer une ficelle. Fixés à des troncs en bois, ce sont peut-être des morceaux des poupées articulées de Dédale qui représentaient la déesse-Fertilité. On les suspendait peut-être à un arbre fruitier et leurs membres se balançaient dans le vent afin d'assurer de bonnes récoltes. On peut voir une poupée de ce genre, suspendue à un arbre fruitier, sur le célèbre anneau d'or du Trésor de l'Acropole à Mycènes. Le culte de l'arbre est le sujet de nombreuses œuvres d'art et Ariane, la déesse crétoise, s'est, dit-on, pendue tout comme l'Érigone attique (voir 79.* a*). Artémis Condyléatis (« Pendue »), qui possédait un sanctuaire près de Caphyes, en Arcadie (Pausanias : VIII. 23. 6), et Hélène des Arbres, qui avait un sanctuaire à Rhodes et qui, dit-on, avait été pendue par Polyxo (Pausanias : III.19. 10) sont peut-être des variantes de la même déesse.*

89.
Les amours de Minos

a. Minos s'unit à la Nymphe Paria, dont les fils colonisèrent Paros et, par la suite, furent tués par Héraclès ; il s'unit aussi à Androgénie, mère d'Astérios [1], et à beaucoup d'autres ; mais il poursuivait spécialement Britomartis, de Gortyne, fille de Léto. C'est elle qui inventa les filets pour la chasse ; elle fut une compagne très intime d'Artémis, dont elle tenait les chiens à la laisse [2].

b. Britomartis se cacha de Minos sous de jeunes chênes épais, dans les prés humides, puis pendant neuf mois, il la poursuivit sur des montagnes rocailleuses et à travers de larges plaines jusqu'au jour où, désespérée, elle se jeta dans la mer et fut recueillie par des pêcheurs. Artémis divinisa Britomartis sous le nom de Dictynna ; mais à Égine elle est vénérée sous le nom d'Aphaea, parce qu'elle avait disparu ; à Sparte, sous le nom d'Artémis, et elle est surnommée « la Dame du Lac » ; et à Céphallonie, sous le nom de Laphria ; les Samiens, cependant, emploient son vrai nom dans leurs invocations [3].

c. Les nombreuses infidélités de Minos exaspérèrent à ce point Pasiphaé qu'elle lui jeta un sort : et chaque fois qu'il s'unissait à une autre femme qu'elle, il éjaculait, non du sperme, mais des serpents grouillants, des scorpions et des mille-pattes qui dévoraient ses organes intimes [4]. Un jour, Procris, fille du roi d'Athènes Érechthée, que son mari, Céphale, avait abandonnée, vint en Crète. Céphale avait été entraîné par Éôs qui s'était éprise de lui. Comme il refusait poliment ses avances, sous prétexte qu'il ne pouvait pas tromper Procris, avec laquelle il avait échangé des serments de fidélité éternelle, Éôs protesta en déclarant que Procris, qu'elle connaissait mieux que lui, était toute prête à se parjurer pour de l'or. Comme Céphale refusait de croire ces propos, Éôs le métamorphosa en un certain Ptéléon et lui conseilla de proposer à Procris une couronne en or en échange de ses faveurs. C'est ce qu'il fit, et, s'étant aperçu que Procris se laissait séduire sans difficulté, il n'eut pas de scrupule à s'unir à Éôs dont elle était affreusement jalouse.

d. Éôs donna à Céphale un fils appelé Phaéton ; mais Aphrodite le vola, alors qu'il était encore un enfant, pour en faire le gardien de nuit de ses outils les plus sacrés. Les Crétois l'appellent Adymnos, ce qui veut dire étoile du matin et étoile du soir [5].

e. Mais Procris ne supportait plus de vivre à Athènes car sa légèreté alimentait tous les commérages de la ville ; elle se rendit donc en Crète où Minos ne trouva pas plus de difficultés à la séduire que n'en eut le faux Ptéléon. Il la tenta avec un chien de chasse qui ne manquait jamais d'attraper sa proie et un javelot qui ne manquait jamais son but ; l'un et l'autre lui avaient été donnés par Artémis [6]. Procris, qui était passionnée de chasse, les accepta avec joie mais elle insista pour que Minos prît une potion prophylactique — une décoction de racines magiques préparée par la magicienne Circé — pour empêcher qu'il la remplisse de reptiles et d'insectes. Cette potion eut l'effet désiré, mais Procris craignit que Pasiphaé ne lui jetât un sort et elle retourna donc précipitamment à Athènes, déguisée en élégant jeune homme et après avoir changé son nom contre celui de Ptérélas. Elle ne revit jamais plus Minos.

f. Céphale, qu'elle venait de retrouver à une partie de chasse, ne la reconnut pas ; il convoitait si vivement Laelaps son chien de chasse et le javelot qui ne manquait jamais son but qu'il lui offrit de les acheter et proposa une somme énorme. Mais Procris refusa de se séparer de l'un ou de l'autre, excepté en échange d'amour, et, lorsqu'il eut accepté de la prendre dans son lit, elle fondit en larmes et se fit reconnaître comme sa femme. Ainsi se réconcilièrent-ils enfin et Céphale fut très heureux de son chien et de son javelot. Mais Artémis était furieuse que ses précieux présents aient passé par toutes les mains adultères et décida de se venger. Elle mit au cœur de Procris des soupçons au sujet de Céphale et lui fit croire qu'il allait toujours rendre visite à Éôs lorsqu'il se levait deux heures après minuit et partait pour la chasse.

g. Une nuit, Procris, vêtue d'une tunique sombre, se glissa derrière lui dans la pénombre. Il venait d'entendre un bruissement de feuilles dans un fourré derrière lui, Laelaps grogna et son poil se hérissa, Céphale laissa partir le javelot qui ne manquait jamais son but et transperça Procris. L'Aréopage le condamna au bannissement perpétuel, pour meurtre[7].

h. Céphale se retira à Thèbes, où le roi Amphitryon, le père présumé d'Héraclès, emprunta Laelaps pour chasser le renard de Teumesse qui dévastait Cadmée. Ce renard, qui avait reçu des dieux le privilège de n'être jamais pris, ne pouvait être apaisé que par le sacrifice d'un enfant tous les mois. Mais comme Laelaps avait reçu des dieux ce privilège d'attraper tout ce qu'il poursuivait, la question se posa, au Ciel, au sujet de cette contradiction ; comment la résoudre ? A la fin, Zeus, irrité, trouva la solution en changeant à la fois Laelaps et le renard en pierre[8].

i. Ensuite Céphale aida Amphitryon dans une guerre où il remporta la victoire contre les Téléboens et les Taphiens. Avant qu'elle commence, Amphitryon fit jurer, par Athéna et par Arès, à tous ses alliés de ne pas dissimuler de butin ; un seul, Panopée, viola son serment et fut puni en mettant au monde un lâche, le fameux Épéios. Le roi téléboen était Ptérélas[9], sur la tête duquel Poséidon, son grand-père, avait fixé une mèche de cheveux d'or qui lui conférait l'immortalité. Sa fille Comaetho s'éprit d'Amphitryon et, pour obtenir son amour, coupa la mèche de cheveux d'or de son père ; ainsi Ptérélas mourut et Amphitryon conquit rapidement les Téléboens, aidé de Céphale ; mais il condamna Comaetho à mort pour parricide.

j. La part de Céphale des territoires téléboens fut l'île de Céphalonie, qui porte encore son nom. Il ne pardonna jamais à Minos d'avoir séduit Procris et de lui avoir donné le javelot fatal ; il ne pouvait pas non plus s'empêcher de penser à sa propre responsabilité en la circonstance. En somme, c'est lui le premier qui s'était parjuré, car l'aventure de Procris avec le faux Ptéléon ne pouvait pas être considérée comme un parjure. « Non, non, se lamentait-il, je n'aurais jamais dû coucher avec Éôs ! » Bien qu'il se fût purifié de sa faute, le fantôme de Procris le hantait et, craignant de ne pas porter chance à ses compagnons, il se rendit un jour au cap Leucatas où il avait bâti un temple à Apollon du Rocher Blanc, et se jeta dans la mer du haut de la falaise. Au moment où il tombait, il dit à voix haute : Ptérélas ! C'était sous ce nom qu'il avait le plus aimé Procris[10].

★

1. *Minos séduisant des nymphes à la manière de Zeus atteste le mariage rituel du roi de Cnossos avec des prêtresses de la Lune de divers États de son empire.*

2. *La déesse de la Lune s'appelait Britomartis en Crète orientale. C'est pourquoi les Grecs l'identifièrent à Artémis (Diodore de Sicile : V. 76 ; Euripide :* Hippolyte *145 et* Iphigénie en Tauride *127 ; Hésychius* sub *Britomartis) et à Hécate (Euripide :* Hippolyte *141). En Crète occidentale c'était Dictynna comme le savait Virgile : « Ils appelaient la Lune, Dictynna, d'après votre nom » (Virgile :* Ciris *305). Dictynna est rattachée dans le mythe à Dictyon, qui signifie un filet, comme ceux utilisés pour la chasse ou la pêche ; et* Dicte *est, semble-t-il, une forme dégradée de* dictynnaeon *—« résidence de Dyctinna ». Après qu'on eut introduit le système patriarcal, la chasse donnée au roi sacré par la déesse, armée d'un filet, se transforme en poursuite amoureuse de la déesse par le roi sacré (voir 9.* I *et 32.* b*). Les deux types de poursuite se retrouvent fréquemment dans le folklore européen (voir 62.* I*). Minos poursuit Britomartis— il existe un équivalent en Philistie où Moxos, ou Mopsos, poursuit Derceto —au moment où les chênes ont toutes leurs feuilles— problablement à la période du Chien, au moment où Set poursuivait Isis et le jeune Horus dans les marais du Delta du Nil— et se termine neuf mois plus tard, au début de mai. Zeus séduit Europe aussi au début de mai (voir 58.* 3*).*

3. *D'après le rituel celte nordique, où la déesse s'appelle Goda (« la Bienfaisante ») —Néanthès traduit la syllabe « Brito » par « bienfaisante » — elle chevauchait à l'origine un bouc, elle était nue, voilée seulement d'un filet, tenait dans sa main une pomme et était accompagnée d'un lièvre, et d'un corbeau ; elle se rendait à ses fêtes amoureuses annuelles. En Allemagne celtique, en*

Scandinavie et probablement aussi en Angleterre, Goda a des rapports rituels avec un bouc ou avec un homme déguisé, revêtu d'une peau de chèvre — le roi sacré qui plus tard devint le Diable dans le culte des sorcières. La pomme est le signe de la mort prochaine du roi ; le lièvre symbolise la chasse au cours de laquelle elle se transforme en lévrier ; son filet le prendra lorsqu'il sera poisson ; le corbeau émettra des oracles sur sa tombe.

4. *Il semble qu'en Crète le culte du bouc précéda le culte du taureau et que Pasiphaé, à l'origine, épousa un roi-bouc. Laphria (« celle qui obtient un butin ») qui est le nom de Dictynna, à Égine, était aussi un nom de la Déesse-chèvre Athéna qui subit les assauts de Pallas le bouc, qu'elle écorcha et dans la peau duquel elle se tailla son égide (voir 9.* a*). « Laphria » indique que la déesse était celle qui poursuivait et non pas celle qui était poursuivie. Des inscriptions à Égine montrent que le grand temple d'Artémis appartenait à Artémis Aphaea (« non sombre », pour la distinguer d'Hécate) ; dans le mythe, Aphaea est mise pour signifier* aphanes, *« celle qui disparaît ».*

5. *La légende de Minos et Procris est passée du mythe à l'anecdote et de l'anecdote au mauvais roman populaire qui rappelle certains récits de l'Ane d'Or. Elle se rattache à la guerre de Minos contre Athènes et à la chute de Cnossos ; elle atteste peut-être le désir du roi crétois d'épouser rituellement la Grande Prêtresse d'Athènes, ce qui déplaisait aux Athéniens. Ptéléon (« bois d'ormes »), le nom du séducteur de Procris, se rapporte peut-être au culte de la vigne qui prit naissance en Crète à l'époque de Minos (voir 88.* h*) parce que les ormes servaient à faire pousser la vigne en espalier ; mais le nom peut venir aussi de* ptelos, *« sanglier sauvage ». Dans ce cas, Céphale et Ptéléon auraient été, à l'origine, le roi sacré et son alter ego, déguisé en sanglier sauvage (voir 18.* 7*). Les pouvoirs de sorcière de Pasiphaé caractérisent une déesse de la Lune irritée ; et Procris les a neutralisés à l'aide des pouvoirs magiques de Circé, autre nom de la même déesse.*

6. *Le saut de Céphale du haut du Rocher Blanc du cap Leucatas fait dire justement à Strabon (X. 2.9) que les Leucadiens avaient coutume chaque année de précipiter, du haut d'un rocher dans la mer, un homme muni d'ailes pour atténuer sa chute ou même d'oiseaux vivants attachés à son corps. La victime, le* pharmacos, *ou bouc émissaire dont le départ libérait l'île d'une faute, semble avoir aussi tenu un parasol blanc en guise de parachute (voir 70.* 7*). Des bateaux l'attendaient pour le recueillir s'il survivait et le conduisaient à une autre île (voir 96.* 3*).*

7. *Le mythe de Comaetho et Ptérélas se rapporte à la tonte des cheveux du roi solaire avant sa mort (voir 83.* 3 *; 91.* I *et 95. 5) ; mais le nom de Ptérélaos indique que le* pharmacos, *muni d'ailes et précipité dans la mort, était, à l'origine, le roi : la syllabe* el-aos ou elaios *signifie l'olivier sauvage, qui, de même que le bouleau en Italie et en Europe occidentale, était utilisé pour*

chasser les mauvais esprits (voir 89. 7 *et 52.* 3*) ; dans le dialecte rhodien,* elaios *signifiait simplement* pharmacos. *Les destins de Ptérélas et de Céphale sont reliés mythologiquement par l'adoption par Procris du nom Ptérélas, et ceci indique qu'elle n'était autre que la prêtresse d'Athéna, qui précipitait Céphale, tout empenné, dans la mort.*

8. *Le renard était l'emblème de Messène (Apollodore : I. 8. 5. —voir 49.* 2 *et 146.* 6*) ; probablement parce que les Éoliens adoraient la déesse de la Lune sous la forme d'une renarde ; et le mythe de la renarde de Teumesse atteste peut-être des incursions éoliennes à Cadmée en quête de sacrifices d'enfants, auxquels les Achéens, adorateurs de Zeus, mirent fin.*

9. *Phaéton et Adymnos (d'*a-dyomenos, « *celui qui ne se couche pas* »*) sont l'un et l'autre les noms allégoriques de la planète Vénus. Mais Phaéton, fils d'Éôs et de Céphale, a été confondu par Nonnos, avec Phaéton, fils d'Hélios, qui conduisait le char du Soleil et se noya (voir 42.* d*), et avec Atymnios (d'*atos et hymnos, « *insatiable de louanges* »*), héros solaire vénéré par les Milésiens (voir 88.* h*).*

10. *Épéios, qui construisit le cheval de bois (voir 167.* a*), apparaît, dans les premières légendes, comme un guerrier d'un courage remarquable ; mais son nom a été donné, par ironie, aux fanfarons et finalement il est devenu synonyme de lâcheté (Hesychios* sub *Épéios).*

90. Les enfants de Pasiphaé

a. Pasiphaé eut de Minos Acacallis, Ariane, Androgée, Catrée, Glaucos et Phèdre [1]. Elle eut d'Hermès Cydon, et, de Zeus, Ammon Libyen [2].

b. Ariane, d'abord aimée par Thésée, puis par Dionysos, eut de nombreux enfants qui furent célèbres. Catrée, qui succéda à Minos sur le trône, fut tué à Rhodes par son propre fils. Phèdre épousa Thésée et devint célèbre à cause de son amour malheureux pour son beau-fils Hippolyte. Acacallis fut le premier amour d'Apollon ; quand il se rendit à Tarrha, avec sa sœur Artémis, pour se purifier, venant d'Aegialie, sur le continent, il trouva Acacallis chez Carmanos à qui elle était apparentée du côté maternel et il la séduisit. Minos en fut irrité et bannit Acacallis en Libye où, selon certains, elle mit au monde Garamas, bien que l'on prétende qu'il fut le premier homme à venir au monde [3].

c. Glaucos, alors qu'il était encore enfant, jouait un jour à la balle au palais de Cnossos, ou peut-être poursuivait-il une souris, lorsque, subitement, il disparut. Minos et Pasiphaé eurent beau chercher, ils ne le trouvèrent nulle part ; alors ils s'adressèrent à l'Oracle de Delphes. Il leur fut répondu que celui qui ferait la meilleure description d'un prodige qui venait d'avoir lieu en Crète retrouverait ce qui était perdu. Minos se renseigna et apprit qu'une génisse était née dans ses troupeaux, qui changeait de couleur trois fois par jour — d'abord blanche, elle devenait rouge, puis noire. Il rassembla ses devins au palais, mais personne ne trouvait de comparaison quand Polyidos d'Argos, descendant de Mélampous, dit : « Cette jeune génisse ressemble tout à fait à une mûre parvenant à maturité. » Minos lui ordonna sur-le-champ de partir à la recherche de Glaucos [4].

d. Polyidos errait dans le palais labyrinthe quand il rencontra une chouette, assise à l'entrée d'un cellier, et dispersant un essaim d'abeilles. Il considéra cela comme un présage. Plus loin, dans le cellier, il découvrit une grande jarre utilisée pour conserver le miel et Glaucos, la tête en bas, noyé. Minos, quand on lui apprit la nouvelle, consulta les Curètes et suivit leurs conseils. Il dit à Polyidos : « Maintenant que tu as trouvé le corps de mon fils, il faut que tu lui rendes la vie ! » Polyidos protesta, disant qu'il n'était pas Asclépios et qu'il était incapable de ressusciter les morts. « Je sais ce que je dis, répondit Minos. Tu seras enfermé dans une tombe avec le corps de Glaucos et une épée et tu y resteras jusqu'à ce que mes ordres soient exécutés. »

e. Quand Polyidos se fut accoutumé à l'obscurité de la tombe, il aperçut un serpent qui s'approchait du cadavre de l'enfant, alors, saisissant son épée, il le tua. Mais un autre serpent venait de se glisser tout doucement dans la tombe et, voyant que son compagnon était mort, il se retira ; mais, après un moment, il revint, tenant dans sa bouche une herbe magique qu'il posa sur le corps du serpent mort. Et lentement le serpent ressuscita.

f. Polyidos fut stupéfait, mais il eut la présence d'esprit d'appliquer l'herbe sur le cadavre de Glaucos et le même heureux résultat s'ensuivit. Alors, Glaucos et lui appelèrent à l'aide de toute leur voix jusqu'à ce qu'un passant les entendît et courût prévenir Minos. Celui-ci fut transporté de joie lorsqu'il ouvrit la tombe et trouva son fils vivant.

Il chargea Polyidos de présents mais ne voulut pas le laisser rentrer à Argos avant qu'il eût enseigné à Glaucos l'art de la divination. Polyidos obéit à contrecœur et lorsqu'il fut sur le point de reprendre la mer pour rentrer chez lui, il dit à Glaucos : « Petit, crache dans ma bouche ! » C'est ce que fit Glaucos et il oublia immédiatement tout ce qu'il avait appris[5].

g. Par la suite, Glaucos prit la tête d'une expédition en direction de l'ouest et demanda un royaume aux Italiens ; mais ils le méprisaient parce qu'il n'avait pas réussi à être un aussi grand roi que son père ; cependant, il introduisit le ceinturon et le bouclier crétois en Italie, et à cause de cela on l'appela Labicos qui signifie : « portant le ceinturon »[6].

h. Androgée se rendit à Athènes et gagna tous les concours aux Jeux Athéniens. Mais le roi Égée savait l'amitié qui le liait aux cinquante fils de Pallas en révolte contre lui et, craignant qu'il ne persuadât son père Minos de prendre leur parti dans une guerre ouverte, il s'entendit avec les Mégariens et organisa une embuscade à Oenoé sur la route de Thèbes, où il se rendait pour prendre part à des jeux funèbres. Androgée se défendit courageusement, mais à l'issue d'un terrible combat il fut tué[7].

i. La nouvelle de la mort d'Androgée parvint à Minos pendant qu'il sacrifiait aux Grâces dans l'île de Paros. Il jeta sur le sol les guirlandes de fleurs et donna l'ordre aux joueurs de flûte de cesser leur musique, mais il acheva la cérémonie ; à dater de ce jour on sacrifia aux Grâces à Paros, sans musique et sans fleurs[8].

j. Glaucos, fils de Minos, a été parfois confondu avec Glaucos Anthédonien, fils d'Anthédon ou de Poséidon, qui avait remarqué les propriétés curatives d'une certaine herbe, semée par Cronos à l'Age d'Or. Un jour, un poisson mort (ou un lièvre, selon certains), déposé sur cette herbe, avait ressuscité. Il goûta de cette plante, et étant devenu immortel, il se jeta dans la mer, où il est actuellement un dieu marin, célèbre pour ses aventures amoureuses. Sa demeure sous-marine se trouve au large de la côte de Délos et, chaque année, il visite tous les ports et toutes les îles de la Grèce, en faisant des oracles très appréciés des marins et des pêcheurs. On dit qu'Apollon lui-même était un de ses disciples[9].

★

1. *On a attribué de nombreux fils à la Lune Pasiphaé (voir 51.* h*) : Cydon, le héros éponyme de Cydon près de Tégée et de la colonie cydonienne en Crète ; Glaucos, héros corinthien de la mer (voir 71.* 4*) ; Androgée, en l'honneur de qui on célébrait des jeux annuels dans le Céramique, et que les Athéniens adoraient comme « Eurygyes » (« large course ») indiquant par là qu'il était un esprit de l'année solaire (Hesychius sub* Androgée*) ; Ammon, le héros oraculaire de l'oasis d'Ammon, plus tard assimilé à Zeus ; et Catrée, dont le nom semble être une forme masculine de Catarrhua, la Lune faiseuse de pluie. Ses filles, Ariane et Phèdre, sont elles-mêmes sous d'autres noms ; Ariane bien qu'on lise* ariagne, *« très pure », semble être un nom sumérien,* Ar-ri-an-de, *« mère très féconde de l'orge », et Phèdre apparaît dans les inscriptions palestiniennes sous le nom de* Pdri.

2. *Le mythe d'Acacallis (« entourée de murs ») évoque, de toute évidence, la prise, par des envahisseurs hellènes venus d'Aegialie, de la ville de Tarrha en Crète occidentale, qui, comme d'autres villes crétoises, était entourée de murs (voir 98.* I*) ; ainsi que la fuite des notables en Libye où ils devinrent les chefs des pacifiques Garamantes.*

3. *Blanc, rouge et noir, les couleurs de la génisse de Minos étaient aussi celles d'Io la Lune-vache (voir 56.* I*) ; celles, également, des taureaux sacrés d'Augias (voir 127.* I*) ; et celles du taureau de Minos qui enleva Europe. En outre, des trépieds en argile ou en plâtre, consacrés à la déesse crétoise, découverts à Nirou Chani, et un trépied similaire, découvert à Mycènes, étaient peints en blanc, rouge et noir ; et, selon Ctésias, c'étaient les couleurs de la corne de la licorne. La licorne représentait la souveraineté de la déesse-Lune sur les cinq saisons de l'année osirienne. Le fait que Glaucos chassait une souris indique peut-être un conflit entre les adorateurs athéniens d'Athéna, accompagnée de sa chouette (*glaux*), et les adorateurs d'Apollon Sminthien (« Apollon-Souris ») ; ou bien la véritable légende était-elle que Minos lui donna une souris enrobée de miel à avaler — c'était un remède désespéré pour guérir les enfants malades dans l'anciene Méditerranée orientale. La manière dont il est mort se rapporte peut-être aussi à l'emploi de miel comme matière servant à embaumer — il y avait de nombreuses jarres funéraires d'enfants dans les maisons crétoises — et la chouette était un oiseau de la mort. Les abeilles s'expliquent peut-être par une mauvaise interprétation de certaines pierres précieuses taillées où Hermès était représenté appelant les morts, enfermés dans les urnes funéraires tandis que leurs âmes voletaient au-dessus, sous forme d'abeilles (voir 39.* 8 *et 82.* 4*).*

4. *Polyidos est à la fois Zagreus qui changeait de forme à volonté (voir 30.* a*) et le demi-dieu Asclépios dont la plante de vie devait être le gui (voir 50.* 2*) ou bien sa réplique en*

Europe orientale, le loranthus. Dans la légende babylonienne de Gilgamesh, on trouve un équivalent de la régénération du serpent — la plante de vie éternelle lui est dérobée par un serpent qui, ensuite, rejette sa peau et redevient jeune ; Gilgamesh, incapable de retrouver l'herbe, se résigne à mourir. On la décrit comme ressemblant au nerprun : plante que les Grecs utilisaient pour se purger avant d'accomplir leurs Mystères.

5. *Glaucos crachant dans la bouche ouverte de Polyidos rappelle un geste similaire d'Apollon lorsque Cassandre omit de le payer pour le don de prophétie qu'il lui avait fait ; dans le cas de Cassandre, cependant, il en résulta non pas qu'elle perdit le don de prophétie, mais que personne ne la crut (voir 158.* q*).*

6. *Les déesses à qui Minos sacrifia, sans les flûtes ou les fleurs habituelles, lorsqu'il apprit que son fils était mort, étaient les Paries ou les Vénérables (voir 89.* a*), probablement les Trois Parques appelées par euphémisme les « Grâces ». Le mythe ici a dégénéré en une anecdote de la rue. La mort d'Androgée est une invention utilisée pour expliquer la querelle qui opposa la Crète à Athènes (voir 98.* c*), basée peut-être sur la tradition étrangère d'un meurtre commis à Oenoé.*

7. *Le don de prophétie de Glaucos Anthédonien, son nom et ses amours, dont son aventure avec Scylla (voir 170.* t*), indiquent qu'il était une personnification de la puissance maritime de la Crète. Minos (qui recevait les oracles de Zeus) et Poséidon, chef de la fédération crétoise (voir 39.* 7*), avaient eu les faveurs de Scylla (voir 91.* 2 *) ; et Anthédon (« heureux par les fleurs ») était, semble-t-il, le nom du héros crétois des fleurs de printemps qu'incarnaient tous les rois du Minoen tardif (voir 85.* 2*). Le roi de Cnossos semble avoir été allié par des mariages sacrés avec tous les états membres de sa confédération (voir 89.* 1*) ; d'où la réputation amoureuse de Glaucos. Il est probable qu'un représentant de Cnossos faisait un voyage dans les possessions crétoises, un peu comme Talos (voir 92.* 7*), en communiquant les derniers oracles. Délos était une île crétoise et peut-être un centre de diffusion des oracles que l'on transmettait à Cnossos. Mais ce Glaucos ressemble aussi à Protée, le dieu de la mer, oracle de Pharos en Crète (voir 169.* 6*) et aussi à Mélicerte, le dieu de la mer de Corinthe, identifié à un autre Glaucos (voir 71.* 4*). L'herbe de l'âge d'or de Cronos est peut-être* l'herbe d'or *magique des Druides.*

8. *Une version du mythe de Glaucos est donnée par Pline (*Histoire naturelle *XXV. 14) qui cite Xanthos, l'historien Lydien, et par Nonnos (*Dionysiaques *XXV. 451-551) ; on la trouve également gravée sur une série de monnaies Sardes. Lorsque le héros Tylon ou Tylos (« nœud » ou « phallus ») fut victime de la morsure fatale du serpent au talon (voir 117.* 1*), sa sœur Moéra (« destin ») appela à son secours le géant Damasen dompteur qui le vengea. Un autre serpent apporta alors de la forêt « la fleur*

de Zeus », la posa sur les lèvres de son compagnon mort et celi-ci revint à la vie ; Moréa suivit son exemple et ressuscita Tylos de la même manière.

91.
Scylla et Nisos

a. Minos fut le premier roi à avoir le contrôle de la Méditerranée, qu'il débarrassa des pirates ; en Crète, il régnait sur quatre-vingt-dix cités. Après le meurtre de son fils Androgée par les Athéniens, il décida de se venger ; il fit le tour de la mer Égée, rassembla des navires et leva des troupes. Une partie de la population de l'île accepta de l'aider, l'autre refusa. La princesse Arné, qu'il avait achetée avec de l'or, lui procura Siphnos ; mais les dieux le métamorphosèrent en choucas qui aime l'or et tout ce qui brille. Il s'allia à la population d'Anaphé mais fut repoussé par le roi Éaque d'Égine et il dut repartir, mais en jurant de se venger. Après cela, Éaque repondit à l'appel de Céphale qui lui demandait de se joindre aux Athéniens contre Minos [1].

b. Pendant ce temps, Minos harcelait l'isthme de Corinthe. Il mit le siège devant Nisa, gouvernée par Nisos l'Égyptien, père d'une fille, nommée Scylla. Il existait une tour dans la ville, construite par Apollon (et Poséidon ?) et au pied de la tour se trouvait une pierre musicale, qui, lorsqu'on laissait tomber de tous petits cailloux sur sa paroi, résonnait comme une lyre, parce qu'Apollon y avait un jour déposé sa lyre lorsqu'il travaillait comme maçon. Scylla montait souvent au haut de la tour et jouait des airs sur la pierre en y lançant de petits cailloux ; et, depuis que la guerre avait éclaté, elle montait tous les jours au haut de la tour pour regarder la bataille.

c. Le siège de Nisa se prolongeait et Scylla connut bientôt tous les guerriers crétois par leur nom. Impressionnée par la beauté de Minos et par ses magnifiques vêtements et son cheval de bataille blanc, elle tomba malheureusement amoureuse de lui. Aphrodite le voulut ainsi — disent les uns ; les autres en rendent Héra responsable [2].

d. Une nuit, Scylla se glissa dans la chambre de son père et coupa la fameuse mèche d'or dont dépendaient sa vie et son trône ; puis, lui prenant les clefs de la ville, elle ouvrit la porte et se précipita dehors. Elle se rendit tout droit à la tente de Minos et lui offrit la mèche de cheveux en échange de son amour. « C'est un véritable marché », s'écria Minos ; et, cette nuit-là, après avoir pénétré dans la ville et l'avoir pillée, il s'unit à Scylla ; mais il ne voulut pas l'emmener en Crète parce que le crime de parricide lui faisait horreur. Alors Scylla suivit son bateau à la nage et s'accrocha au gouvernail, mais l'âme de son père Nisos, sous la forme d'un aigle de mer, s'abattit sur elle et la lacéra de ses serres et de son bec acéré. Scylla, terrifiée, lâcha prise et se noya ; son âme s'envola sous forme d'un oiseau, l'aigrette *(ciris)* reconnaissable à sa poitrine pourpre et à ses pattes rouges [3]. Mais certains disent que Minos donna l'ordre de noyer Scylla, et d'autres que son âme devint un poisson et non pas un oiseau [4].

e. Nisa fut, par la suite, appelée Mégare en l'honneur de Mégarée, fils dOenopé par Hippoménès ; il avait été l'allié de Nisos et avait épousé sa fille Iphinoé ; on dit qu'il lui succéda sur le trône [5].

f. La guerre traînait en longueur jusqu'au jour où Minos, s'apercevant qu'il ne pouvait pas soumettre Athènes, demanda à Zeus de venger la mort d'Androgée ; et, en conséquence, la Grèce entière subit des tremblements de terre et connut la famine. Les rois de toutes les villes et de tous les États se réunirent à Delphes pour consulter l'Oracle et il leur fut dit de faire faire par Éaque des prières de leur part. Lorsque cela fut fait, les tremblements de terre cessèrent partout sauf en Attique.

g. Les Athéniens, après cela, voulurent se libérer de la malédiction en sacrifiant à Perséphone les filles d'Hyacinthos, Anthéis, Aegléis, Lytaea et Orthaea, sur la tombe du Cyclope Géraestos. Ces jeunes filles, qui se trouvaient à Athènes, étaient venues de Sparte. Cependant les tremblements de terre ne cessèrent pas et, lorsque les Athéniens consultèrent encore une fois l'Oracle de Delphes, il leur fut répondu de donner à Minos ce qu'il exigerait ; il exigea un tribut de sept jeunes gens et sept jeunes filles qu'on devait envoyer en Crète tous les neuf ans pour être les victimes du Minotaure [6].

h. Alors Minos revint à Cnossos où il offrit en sacrifice pour sa victoire une hécatombe de taureaux. Mais sa mort survint au cours de la neuvième année qui suivit [7].

★

1. *Il semble que le mythe de Scylla s'appuie historiquement sur une querelle survenue entre les Athéniens et leurs suzerains crétois quelque temps avant le sac de Cnossos en 1400 avant J.-C. Le mythe lui-même, presque identique à la légende de Ptérélaos et Comaetho, rappelle les légendes de Samson et Dalila, en Philistie ; de Curoi, Blathnat et Cuchulain en Irlande ; de Llew Llaw, Blodeuwedd et Gronw des Gallois : ce sont des variations sur un même thème. Il s'agit de la rivalité entre le roi sacré et son alter ego pour obtenir les faveurs de la déesse-Lune qui, au milieu de l'été, coupe les cheveux du roi et le trahit ; la force du roi réside dans ses cheveux, parce qu'il représente le soleil et que ses cheveux évoquent les rayons du soleil. Dalila coupe les cheveux de Samson avant de faire entrer les Philistins ; Blathnat attache Curoi par les cheveux à la colonne du lit avant de faire venir son amant Cuchulain pour le tuer ; Blodeuwedd attache Llew Llaw à un arbre avant d'appeler son amant Gronw. L'âme de Llew Llaw prend la forme d'un aigle et Blodeuwedd (« belle fleur »), une femme composée magiquement de neuf fleurs différentes, est métamorphosée en chouette —comme le fut peut-être aussi Scylla dans la légende grecque primitive. En collationnant ces cinq mythes on voit que Scylla-Comaetho-Blodeuwedd-Blathnat-Dalila est la déesse-Lune sous son aspect de printemps et d'été en tant qu'Aphrodite-Comaetho (« aux cheveux brillants ») ; en automne elle devient une chouette, ou une* ciris, *et devient la déesse de la Mort Athéna — qui se manifestait sous la forme d'oiseaux divers, notamment de la chouette (voir 97.* 4*) — ou Héra ou Hécate. Son nom, Scylla, indique que le roi avait été mis en pièces après qu'on lui eut rasé les cheveux. Comme dans le mythe de Llew Llaw, la punition infligée par la suite à la perfide femme est une addition morale tardive.*

2. *Ovide (*L'Art d'aimer *I. 331) a identifié cette Scylla avec un homonyme qu'Aphrodite changea en un chien monstrueux parce que Poséidon l'avait séduite (voir 16.* 2*) et il dit qu'elle portait des chiens sauvages dans son sein en guise de châtiment pour avoir coupé les cheveux de Nisos. Ovide se trompe rarement dans sa mythologie, et peut-être rapporte-t-il une légende selon laquelle la malédiction de Pasiphaé contre Minos fit qu'il remplit de petits chiens le sein de Scylla, et non de serpents, de scorpions et de mille-pattes. Pasiphaé et Amphitrite sont toutes deux la même déesse de la Lune et de la Mer, et Minos, en tant que maître de la Méditerranée, fut identifié à Poséidon.*

3. *Le sacrifice des filles d'Hyacinthos sur la tombe de Géraestos se rapporte peut-être aux « Jardins d'Adonis » plantés en l'honneur du roi condamné — comme il s'agissait de fleurs coupées, elles se fanaient en quelques heures. Mais Géraestos était un cyclope préachéen (voir 3.* b*) et, selon l'*Etymologicum Magnum *(sub Géraestides), ses filles élevèrent Zeus enfant à Gortyne ; de*

plus, Géraestion était une ville en Arcadie où Rhéa langeait Zeus. Donc, les Hyacinthides étaient probablement les nourrices et non les filles d'Hyacinthos : des prêtresses d'Artémis, qui, à Cnide, portaient le nom d'« Hyacinthotrophos » (« nourrice d'Hyacinthos »), identifiables aux Géraestides, puisque le Zeus Crétois qui mourait tous les ans (voir 7. 1*) ne pouvait être distingué d'Hyacinthos. Peut-être donc ce mythe concerne-t-il quatre poupées pendues à un arbre fruitier en fleurs, face aux quatre points cardinaux, au cours d'une cérémonie en l'honneur de l'« Artémis Pendue » (voir 79.* 2 *et 88.* 10*).*

4. *Les sept jeunes hommes athéniens offerts au Minotaure étaient probablement des substituts sacrifiés tous les ans à la place du roi de Cnossos ; on devait considérer qu'il était plus pratique d'avoir des victimes étrangères, plutôt que des Crétois du pays. Les sept jeunes filles athéniennes n'étaient pas sacrifiées ; peut-être devenaient-elles les desservantes de la prêtresse de la Lune, et accomplissaient-elles des exploits acrobatiques aux courses de taureaux ainsi qu'on peut le voir sur les œuvres d'art crétoises : sport dangereux mais pas nécessairement mortel.*

5. *Une série de pierres musicales formant une sorte de xylophone a peut-être existé à Mégare ; l'instrument n'aurait pas été difficile à fabriquer. Mais peut-être y a-t-il ici un souvenir de la statue chantante de Memnon, en Égypte : celle-ci était creuse, avec un orifice derrière la bouche ouverte, à travers lequel l'air chaud s'engouffrait à l'aube lorsque le soleil chauffait la pierre (voir 164.* 2*).*

92.
Dédale et Talos

a. La naissance de Dédale est discutée. Selon certains, c'est Alcippé qui est sa mère, selon d'autres c'est Méropé, selon d'autres encore c'est Iphinoé. Et chacun lui attribue un père différent mais il est généralement admis qu'il appartient à la maison royale d'Athènes qui se dit descendante d'Érechtée. C'était un merveilleux forgeron qui avait été instruit dans son art par Athéna en personne[1].

b. Un de ses apprentis, Talos, fils de sa sœur Polycasté ou de Perdix, l'avait déjà dépassé en habileté alors qu'il n'était âgé que de douze ans. Un jour, Talos ramassa la mâchoire d'un serpent (certains disent l'arête d'un poisson) et, s'étant aperçu qu'il pouvait l'utiliser pour couper un bâton en deux, il fit le même en fer et ainsi inventa la scie. Cela, ajouté à d'autres inventions — telles que la roue du potier et le compas pour tracer des cercles — lui assura une très grande réputation à Athènes, et Dédale, qui prétendait avoir lui-même forgé la première scie, éprouva bientôt à son égard une jalousie insurmontable[2]. Ayant conduit Talos sur le toit du temple d'Athéna sur l'Acropole, il indiqua du doigt quelque chose au loin et, brusquement, il le balança dans le vide. Cependant, et malgré sa jalousie, il n'aurait jamais fait aucun mal à Talos s'il ne l'avait suspecté de rapports incestueux avec sa mère Polycasté. Dédale se hâta de descendre au bas de l'Acropole et enfouit le cadavre de Talos dans un sac, avec l'intention de l'enterrer en secret. A des passants qui l'interpellaient il expliqua qu'il avait ramassé pieusement un serpent mort comme le requiert la loi — ce qui n'était du reste pas tout à fait inexact, Talos étant un Érechtéide — mais il y avait des taches de sang sur le sac, et son crime fut bientôt découvert. Traduit en justice, l'Aréopage le bannit pour meurtre. Selon une autre version il se serait enfui avant le procès [3].

c. Or, l'âme de Talos — que certains appellent Calos, Circinos ou Tantale — s'envola sous la forme d'une perdrix, mais son corps fut enterré à l'endroit où il était tombé : Polycasté se pendit lorsqu'elle apprit sa mort et les Athéniens bâtirent un sanctuaire en son honneur près de l'Acropole[4].

d. Dédale se réfugia dans un dème de l'Attique, dont les habitants furent appelés Dédalides d'après son nom ; puis, à Cnossos, en Crète, où le roi Minos fut heureux d'accueillir un artiste aussi habile. Il vécut là paisiblement, pendant un certain temps, et entouré de considération jusqu'au jour où Minos, ayant appris qu'il avait aidé Pasiphaé à s'unir au taureau blanc de Poséidon, l'enferma quelque temps dans le labyrinthe avec son fils Icare dont la mère Naucraté était une esclave de Minos ; mais Pasiphaé les libéra tous les deux[5].

e. Il n'était pas facile de s'échapper de Crète car Minos faisait garder par des soldats tous ses navires et venait d'offrir une récompense à qui capturerait Dédale. Alors celui-ci se fabriqua une paire d'ailes pour lui et une pour Icare ; les grandes plumes étaient cousues mais les petites plumes tenaient avec de la cire. Pendant qu'il fixait les ailes d'Icare, il lui dit en pleurant : « Mon fils, prends garde, ne vole pas trop haut car le soleil ferait fondre la cire, ni trop bas, car les plumes seraient mouillées par la mer. » Puis il passa ses bras dans ses propres ailes et s'envola. « Suis-moi bien, lui cria-t-il, ne t'écarte pas. »

Comme ils s'éloignaient de l'île, en direction du nord-est, en agitant leurs ailes, les pêcheurs, les bergers et les laboureurs qui levaient la tête les prenaient pour des dieux.

f. Ils avaient laissé derrière eux Naxos, Délos et Paros sur la gauche, et dépassaient Lébynthos et Calymnos sur la droite lorsque Icare, enfreignant les ordres de son père, s'éleva et monta vers le soleil, tout heureux de se sentir porté par ses grandes ailes. Et, lorsque Dédale se retourna, il ne vit plus Icare ; mais dans la mer au-dessous de lui, des plumes flottaient sur les vagues. La chaleur du soleil avait fait fondre la cire, Icare était tombé dans la mer et s'était noyé. Dédale tournoya dans les airs autour de l'endroit jusqu'à ce que le cadavre eut remonté à la surface puis il le porta dans l'île voisine, appelée aujourd'hui Icaria, où il l'enterra. Une perdrix, perchée sur un chêne vert, l'observait, en jacassant bruyamment de plaisir : c'était l'âme de sa sœur Polycasté, enfin vengée. L'île a maintenant donné son nom à la mer qui l'entoure[6].

g. Mais certains racontent une autre histoire. Ils disent que Dédale s'enfuit de Crète sur un bateau que lui avait procuré Pasiphaé, et que, en approchant de la Sicile, ils s'apprêtaient à débarquer sur une petite île quand Icare tomba à la mer et se noya ; ils ajoutent que c'est Héraclès qui enterra Icare ; pour lui témoigner sa reconnaissance, Dédale lui fit une statue si ressemblante, à Pise, qu'Héraclès s'y trompa et, la prenant pour un rival, l'abattit d'un coup de pierre. D'autres disent que Dédale inventa la voile, et non les ailes, pour échapper aux galères de Minos ; et qu'Icare ayant fait une fausse manœuvre, leur bateau chavira et il se noya[7].

h. Dédale, continuant de voler vers l'ouest, s'arrêta à Cumes, près de Naples. Là il dédia ses ailes à Apollon et lui construisit un temple avec un toit d'or. Ensuite il se rendit à Camicos en Sicile, où il fut très bien reçu par le roi Cocalos. Il vécut là, parmi les Siciliens, entouré d'honneurs, et construisit de beaux édifices[8].

i. Pendant ce temps-là, Minos avait rassemblé une flotte importante et s'était mis à la recherche de Dédale. Il avait emporté une coquille d'escargot et, partout où il allait, il promettait une récompense à qui saurait y passer un fil, sachant fort bien que seul Dédale était capable de le faire. Arrivé à Camicos, il proposa la coquille à Cocalos qui se chargea d'y faire passer un fil ; bien entendu, Dédale découvrit un moyen. Il attacha un fil très léger à une fourmi, il fit un trou au sommet du coquillage et attira la fourmi dans les spirales en enduisant de miel les bords du trou. Puis il attacha le fil à l'autre extrémité et tira. C'était fait. Cocalos rendit la coquille enfilée et reclama la récompense. Or Minos était, maintenant, certain d'avoir trouvé le lieu où se cachait Dédale et il demanda qu'il lui fût livré. Mais les filles de Cocalos ne voulaient pas perdre Dédale qui leur avait confectionné de si beaux jouets, et avec son aide, elles tramèrent un complot. Dédale fit passer un tuyau dans le plafond de la salle de bain, par lequel elles firent couler de l'eau bouillante, certains disent de la poix bouillante, sur Minos qui se délassait dans son bain. Cocalos, qui ne voulait pas être impliqué dans le complot, renvoya le cadavre aux Crétois en disant que Minos s'était pris les pieds dans un tapis et était tombé dans une cuve d'eau bouillante [9].

j. Les gens de la suite de Minos l'enterrèrent en grande pompe et Zeus en fit un Juge des Morts au Tartare, avec son frère Rhadamante et son ennemi Éaque. Comme la tombe de Minos se trouvait au centre du temple d'Aphrodite à Camicos, il fut honoré par une foule innombrable de Siciliens qui venaient adorer Aphrodite. Plus tard, ses os furent ramenés en Crète par Théron, tyran d'Acragas.

k. Après sa mort, les Crétois connurent de grands désordres, car leur flotte fut brûlée par les Siciliens. Une partie des hommes qui en constituaient l'équipage, et qui fut contrainte de rester sur le continent, construisit la ville de Minoa, près du rivage où elle avait abordé ; d'autres la ville d'Hyria, en Messapie ; d'autres encore, ayant gagné le centre de la Sicile, fortifièrent une colline qui devint la ville d'Engyon, ainsi nommée à cause de la source « toute proche ». Ils y érigèrent un temple des Mères qui fut l'objet de grands honneurs, comme il l'était en Crète, leur pays natal [10].

l. Quant à Dédale, il quitta la Sicile pour retrouver Iolaos, neveu et conducteur du char d'Héraclès de Tirynthe, qui se rendit en Sardaigne à la tête d'un corps d'armée composé d'Athéniens et de Thespiens. Beaucoup de ses édifices ont survécu jusqu'à nos jours en Sardaigne ; on les appelle les Dédalies [11].

m. Quant à Talos, c'était le nom d'un serviteur de Minos : il était en bronze et sa tête était d'un taureau. Ce serviteur lui avait été donné par Zeus comme gardien de la Crète. Selon certains, c'était un survivant de la race du bronze, qui naquit des frênes ; selon d'autres, il avait été forgé par Héphaïstos, en Sardaigne, et il avait une veine unique qui partait du cou et qui descendait jusqu'à la cheville où elle était fermée par une épingle en bronze. Il avait pour tâche de faire tous les jours trois fois le tour de l'île de Crète au pas de course et de lancer des rochers sur tout navire étranger ; et aussi de traverser trois fois par an, à une allure plus modérée, les villages de Crète en montrant les lois de Minos inscrites sur des tablettes de bronze. Lorsque les habitants de la Sardaigne essayèrent d'envahir l'île, Talos se mit dans le feu, portant au rouge son corps métallique et les extermina tous en les serrant dans ses bras brûlants, avec un rire sauvage ; d'où l'expression : « un rire sardonique ». Pour finir, Médée tua Talos en retirant l'épingle de sa cheville de sorte que tout son sang s'échappa de son corps ; d'aucuns disent, cependant, que Poeas l'Argonaute le blessa à la cheville avec une flèche empoisonnée [12].

★

1. *On a fait quelquefois d'Héphaïstos le fils d'Héra et de Talos (voir 12.* c*), et de Talos, le jeune neveu de Dédale ; mais Dédale était un des jeunes membres de la maison d'Érechthée qui fut fondée longtemps après la naissance d'Héphaïstos. Les écarts de ce genre dans la chronologie sont tout à fait fréquents dans la mythologie. Dédale (« étincelant » ou « habilement façonné »), Talos (« celui qui souffre ») et Héphaïstos (« celui qui brille pendant le jour ») prouvent, par la similitude de leurs attributs, qu'ils sont un seul et même personnage mythique sous différents noms. Icare (d'*io-carios, « *consacré à la déesse-Lune Car ») était peut-être un autre de ces noms ; en effet, Héphaïstos le dieu forgeron épousa Aphrodite, à qui était consacrée la perdrix ; la sœur de Dédale le forgeron s'appelait Perdix (« perdrix ») ; l'âme de Talos le forgeron s'envola sous la forme d'une perdrix et c'est une perdrix qui apparut à l'enterrement d'Icare, le fils de Dédale. En outre, Héphaïstos fut précipité du haut de l'Olympe et Talos, précipité du haut de l'Acropole. Héphaïstos boitait et un des noms de Talos était Tantale (« celui qui boite et qui titube ») ; la perdrix mâle boitille dans sa danse d'amour et tient une patte levée, prête à attaquer ses rivaux éventuels. De plus, le dieu latin Vulcain boitait. Son culte provenait de Crète où il s'appelait Velchanos et il avait pour emblème un coq, parce que le coq chante à l'aube et convient par conséquent à un héros solaire.*

Mais le coq ne parvint en Crète qu'au VIe *siècle avant J.-C. et il a très probablement remplacé la perdrix comme oiseau de Vulcain.*

2. *Au printemps, il semble qu'on exécutait une danse érotique de la perdrix en l'honneur de la déesse-Lune et que les danseurs mâles boitaient et portaient des ailes. En Palestine, cette cérémonie, qu'on appelait* Pesach *(« le boitillement »), avait encore lieu, selon Jérôme, à Beth-Hoglah (« l'autel du boiteux ») et les fidèles dansaient à l'intérieur d'une spirale. On a identifié Beth-Hoglah avec « l'aire d'Atad » sur laquelle avaient lieu les lamentations du deuil après la mort du roi boiteux Jacob, dont le nom signifie peut-être* Jah-Aceb *(« le dieu talon »). Jérémie met en garde les Juifs contre ces rites canaanites orgiaques : « La perdrix, dit-il, s'entoure de petits qu'elle n'a pas mis au monde. » Anaphé, île située au nord de la Crète, avec laquelle Minos avait conclu un pacte (voir 91.* a*), était célèbre dans l'Antiquité parce que les perdrix s'y posaient lorsqu'elles émigraient.*

3. *Le mythe de Dédale et Talos, de même que sa variante, le mythe de Dédale et Icare, est une combinaison, semble-t-il, du rite consistant à brûler le substitut du roi solaire, muni d'ailes d'aigle (voir 29.* 1*), dans le feu de joie du printemps — époque à laquelle commençait la Nouvelle Année palestinienne —, des rites consistant à précipiter le* pharmacos, *muni d'ailes de perdrix, également un substitut, du haut d'une falaise dans la mer, ainsi que du rite consistant à planter une flèche empoisonnée dans le talon du roi (voir 10, ci-dessous). Quant aux pêcheurs et paysans admirant Dédale, ils sont probablement empruntés à une représentation de Persée ou de Marduk ailés (voir 73.* 7*).*

4. *Le labyrinthe d'où Dédale et Icare s'échappèrent était un sol en mosaïque dont le dessin figurait un labyrinthe ; ils en suivaient les détours au cours de leur danse de la perdrix (voir 98.* 2*). C'est là un des aspects de la question. Mais la fuite de Dédale en Sicile, à Cumes en Sardaigne, se rapporte peut-être à la fuite hors de Crète des artisans indigènes travaillant le bronze, à la suite de plusieurs invasions helléniques successives. Le stratagème de la conque de Triton et l'enterrement de Minos dans un temple d'Aphrodite, à laquelle cette conque était consacrée (voir 11.* 3*), indique que Minos, dans ce contexte, représentait aussi Héphaïstos, l'amant de la déesse de la Mer. Sa mort dans une baignoire est un incident, emprunté, semble-t-il, au mythe de Nisos et Scylla (voir 91.* b-d*) ; la réplique celtique de Nisos, Llew Llaw, trouva aussi la mort dans une baignoire à la suite d'un guet-apens ; il en fut de même pour un autre roi sacré, Agamemnon de Mycènes (voir 112.* 1*).*

5. *Le nom de Naucraté (« suprématie sur mer ») rappelle les conséquences de la défaite de Minos, en Sicile — la puissance maritime des Crétois passa alors aux mains des Grecs. Le fait qu'elle était une des esclaves de Minos indique qu'il s'agit d'une*

révolution de palais fomentée par des mercenaires helléniques, à Cnossos.

6. *Si Polycasté, autre nom de Perdix, la mère de Talos, signifie* polycassitere, *« beaucoup d'étain », c'est qu'il se rattache au mythe de l'homme de bronze, l'homonyme de Talos. La suprématie de la Crète dépendait en grande partie de l'étain destiné à être ajouté au cuivre de Chypre ; selon le professeur Christopher Hawkes, les mines d'étain les plus proches se trouvaient dans l'île de Majorque.*

7. *D'après Hésychius, Talos serait un des noms du Soleil. Donc, à l'origine, Talos aurait fait le tour de l'île de Crète une fois par jour seulement. Mais peut-être les ports de Crète étaient-ils gardés contre les pirates par trois vigies qui patrouillaient de temps en temps. Et, comme Talos le Soleil s'appelait aussi Tauros (« taureau » — Bekker :* Anecdotae *I. 344. 10 ss. ; Apollodore : I. 9. 26), ses visites, trois fois par an, dans les villages étaient probablement une procession royale du roi-Soleil, portant son masque rituel de taureau — l'Année crétoise étant divisée en trois saisons (voir 75. 2). L'étreinte brûlante de Talos constitue peut-être un récit évoquant les victimes humaines jetées au feu en sacrifice à Moloch,* alias *Melkarth, qu'on adorait à Corinthe, comme Mélicerte (voir 70. 5), et qu'on connaissait aussi probablement en Crète. Comme ce Talos venait de Sardaigne, où l'on disait que Dédale poursuivi par Minos s'était enfui, et qu'il était en même temps le cadeau de Zeus à Minos, les mythographes ont simplifié la légende en attribuant sa construction à Héphaïstos et non à Dédale ; Héphaïstos et Dédale étant le même personnage. Le* rire sardonique *ou* rictus, *cette contraction des muscles de la face caractéristique du trismus, portait peut-être ce nom parce que l'homme-cerf des bronzes sardes primitifs avait un sourire triste, la bouche ouverte.*

8. *La veine unique de Talos s'explique par le secret pour couler le bronze par la méthode de la* cire-perdue. *Le forgeron exécutait d'abord une statue en cire d'abeille qu'il recouvrait d'une couche de plâtre, puis il mettait le tout dans un four. Lorsque le plâtre était cuit, il pratiquait un trou entre le talon et la cheville afin que la cire puisse s'écouler ; il restait ainsi un moule dans lequel on pouvait introduire le bronze fondu. Lorsqu'il avait rempli son moule et que le métal était refroidi, à l'intérieur, il cassait le plâtre et se trouvait en possession d'une statue en bronze exactement semblable à son original en plâtre. Les Crétois introduisirent la méthode de la* cire-perdue *en Sardaigne en même temps que le culte de Dédale. Comme Dédale avait appris son art d'Athéna qui était connue à Corinthe sous le nom de Médée, la légende de la mort de Talos provient peut-être de l'interprétation fautive d'une représentation où figurait Athéna en train de faire une démonstration de la méthode de la* cire-perdue. *La tradition selon laquelle c'était la cire qui, en fondant, avait causé la mort d'Icare semble appartenir plutôt au mythe concernant son cousin*

Talos, parce que Talos, l'homme de bronze, est étroitement relié à son homonyme l'artisan du bronze et également l'inventeur célèbre du compas.

9. *Le compas fait partie du secret des artisans travaillant le bronze ; il est indispensable pour obtenir avec précision des cercles, lorsqu'on forge des coupes, des casques ou des masques. C'est pourquoi on appelait Talos Circinos, « celui qui fait des cercles », nom qui se rapportait à la fois à la marche du soleil et à l'usage du compas (voir 3. 2). On a fait un très grand cas de son invention de la scie et c'est justice : les Crétois possédaient de petites scies tournantes à double arête pour les travaux délicats, qu'ils maniaient avec une prodigieuse habileté. Talos est le fils d'une nymphe du frêne parce que le charbon de bois de frêne fournit une très forte chaleur indispensable au travail de la fonte. Ce mythe projette une certaine lumière sur celui de la création de l'homme par Prométhée à partir de l'argile ; dans la légende hébraïque, le rôle de Prométhée est tenu par l'archange Michel qui travaillait sous le regard de Jahvé.*

10. *Poeas tuant Talos rappelle Pâris tuant Achille ; l'un et l'autre de ces héros meurent, atteints au talon, de même que les Centaures Pholos et Chiron (voir 126. 3). Ces mythes sont étroitement reliés ; Pholos et Chiron meurent tous deux d'une flèche empoisonnée tirée par Héraclès ; Poeas était le père de Philoctète, et, lorsque Héraclès meurt empoisonné par un Centaure, il lui donne l'ordre d'allumer le bûcher ; et c'est à la suite de cela que Philoctète obtient ses fameuses flèches (voir 145.* f*) dont l'une le tue (voir 161. l) ; Pâris, de son côté, emprunte les flèches mortelles d'Apollon Thessalien, pour tuer Achille, le fils adoptif de Chiron (voir 164. j) ; finalement, lorsque Philoctète venge Achille, en tuant Pâris, il utilise encore une flèche du carquois d'Héraclès (voir 166.* e*). Le roi sacré thessalien fut tué, semble-t-il, par une flèche enduite de venin de vipère, que son alter ego lui décocha entre le talon et la cheville. Dans le* Mahâbhârata *sanscrit, le héros divin Krishna, que les Grecs d'Alexandre, lorsqu'ils arrivèrent aux Indes, identifièrent à Héraclès, avait été atteint au talon et tué par le chasseur Jara, qui, dans certains mythes, est son frère : c'est-à-dire son alter ego.*

11. *Dans la mythologie celtique, le labyrinthe en vint à signifier la tombe royale (la Déesse Blanche) ; d'après l'*Etymologicum Magnum, *qui le définit comme « une caverne dans la montagne », et Eustathes (*Odyssée *d'Homère XI, p. 1688) qui le définit comme « une caverne souterraine », il semble que les Grecs primitifs aient eu également cette conception du labyrinthe. Lars Porsena l'Étrusque construisit sa tombe en forme de labyrinthe (Varron, cité par Pline :* Histoire naturelle *XXXVI. 91-93), et il existait également des labyrinthes dans les cavernes des Cyclopes, c'est-à-dire préhelléniques, situées près de Nauplie (Strabon : VIII. 6. 2) ; à Samos (Pline :* Histoire naturelle *XXXIV. 83) ; et à Lemnos (Pline :* Histoire naturelle *XXXVI. 90). Par conséquent, sortir du labyrinthe, c'est se réincarner.*

12. *Bien que Dédale figure parmi les Athéniens puisqu'un dème en Attique porte son nom, les arts de Dédale furent introduits en Attique en provenance de la Crète et non pas l'inverse. Les jouets qu'il fabriqua pour les filles de Cocalos étaient probablement des poupées munies de membres amovibles, pareilles à celles qui avaient enchanté Pasiphaé et sa fille Ariane (voir 88.* e*), et il semble qu'on utilisait ces mêmes poupées pour le culte attique de l'arbre d'Érigoné. En tout cas, il y a une chose certaine, c'est que Polycasté, la sœur de Dédale, se pendit, comme le firent les deux Érigoné ainsi qu'Ariane (voir 79.* 2 *et 98.* 10*).*

13. *Les Messapiens d'Hyria, devenue Uria et actuellement Oria, étaient célèbres, à la période classique, pour leurs coutumes crétoises — cheveux bouclés, robes brodées de fleurs, haches doubles, etc. ; et les poteries qui y furent découvertes peuvent être datées de 1400 avant J.-C., ce qui corrobore la légende.*

93.
Catrée et Althaeménès

a. Catrée, l'aîné des fils survivants de Minos, avait trois filles, Aéropé, Clyméné et Apémosyné ; et un fils, Althaeménès. Lorsque l'oracle prédit que Catrée serait tué par un de ses enfants, Althaeménès et la rapide Apémosyné quittèrent la Crète par piété filiale, avec une nombreuse escorte dans l'espoir d'échapper à la malédiction. Ils abordèrent à l'île de Rhodes et fondèrent la ville de Crétténia, lui donnant ce nom en l'honneur de leur île natale[1]. Althaeménès se fixa par la suite à Camiros où il fut entouré d'honneurs par les habitants et il érigea un temple à Zeus sur le mont Atabyrios, tout proche, et du haut duquel il pouvait, quand le temps était clair, apercevoir, au loin, sa Crète bien-aimée. Il plaça autour du temple douze taureaux de bronze qui se mettaient à rugir quand un danger menaçait Rhodes[2].

b. Un jour, Hermès s'éprit d'Apémosyné qui repoussa ses avances et s'enfuit. Le soir même, il la surprit près d'une source. De nouveau elle se détourna, prête à fuir, mais il avait disposé des peaux de bêtes glissantes sur le seul chemin par où elle pouvait s'échapper ; elle tomba de tout son long et il réussit ainsi à la violer. Quand Apémosyné rentra au palais et fit tristement le récit de sa mésaventure à Althaeménès, il s'écria : « Tu n'es qu'une menteuse et une prostituée », et il la battit si fort qu'elle mourut.

c. Pendant ce temps-là, Catrée, se méfiant d'Aéropé et de Clyméné, les deux autres sœurs, les bannit de Crète dont il était le roi. Aéropé après avoir été séduite par Thyeste le Pélopide, épousa Pleisthénès et, par lui, devint la mère d'Agamemnon et de Ménélas ; et Clyméné épousa Nauplios le célèbre navigateur. A la fin, seul et vieux et n'ayant, à sa connaissance, aucun héritier, Catrée partit à la recherche d'Althaeménès qu'il aimait tendrement. Une nuit, Catrée et ses compagnons abordèrent à Rhodes, mais ayant été pris pour des pirates, ils furent attaqués par les bergers de Camiros. Catrée essaya d'expliquer qui il était et pourquoi il était venu, mais l'aboiement des chiens couvrit sa voix. Althaeménès se précipita hors de son palais pour donner la chasse à ceux qu'il croyait être des pirates et, n'ayant pas reconnu son père, il le tua d'un coup de lance. Quand il apprit que la prédiction venait de se réaliser en dépit de tout et malgré le long exil qu'il s'était volontairement imposé, il demanda à être englouti par la terre. La terre se fissura donc et il disparut. On devait lui rendre désormais les honneurs dus aux héros[3].

★

1. *Ce mythe, assez artificiel, qui évoque une occupation de Rhodes mycéno-minoenne au* XVe *siècle avant J.-C., se propose aussi d'expliquer les libations répandues dans une crevasse en l'honneur d'un héros rhodien, ainsi que des scènes érotiques au cours desquelles des femmes dansaient sur des peaux de bêtes sacrifiées et fraîchement écorchées. La terminaison* byrios *ou* buriash *se retrouve dans le titre royal de la Troisième Dynastie Babylonienne, fondée en 1750 avant J.-C. ; et Atabyrios en Crète, de même qu'Atabyrium (mont Tabor) en Palestine, célèbre pour son culte du veau d'or, était le dieu hittite Tésup, un dieu du Soleil possédant des troupeaux (voir 67.* 1*). Rhodes appartint d'abord à la déesse-Lune sumérienne Dam-Kina, ou Danaé (voir 60.* 3*), mais passa aux mains de Tésup (voir 42.* 4*) ; et, après l'effrondrement de l'empire hittite, fut colonisée par des Crétois de langue grecque qui conservèrent le culte du taureau mais firent d'Atabyrios le fils de Proetos (« premier homme ») et d'Eurynomé Creatrix (voir 1.* a*). A l'époque des Doriens, Zeus Atabyrios remplaça le culte rhodien de Tésup. Le rugissement des taureaux devait être produit par les* rhombs, *ou rugisseurs (voir 30.* 1*) qu'on utilisait pour effrayer les mauvais esprits.*

2. *La mort d'Apémosyné à Camiros se rapporte peut-être à une brutale suppression, par les envahisseurs hittites et non par*

les Crétois, d'un collège de prêtresses oraculaires à Camiros. Les trois filles de Catrée, comme les Danaïdes, sont la fameuse triade lunaire, dont Apémosyné forme la troisième personne, réplique de Camira. Catrée, tué accidentellement par Althaeménès, comme Laïos tué accidentellement par son fils Œdipe (voir 105. d*), comme Odysseus tué par son fils Télégonos (voir 170.* k*), serait un prédécesseur, un autre roi sacré, et non pas un père ; mais la légende a été mal racontée — c'est le fils, et non le père, qui aurait dû venir de la mer et donner le coup de lance terminée par un dard de raie.*

94.
Les fils de Pandion

a. Lorsque Érechthée, roi d'Athènes, fut tué par Poséidon, ses fils, Cécrops, Pandoros, Métion et Ornée se disputèrent sa succession et Xouthos, dont le verdict avait fait de Cécrops, l'aîné, le roi d'Athènes, fut obligé de quitter précipitamment l'Attique[1].

b. Cécrops que Métion et Ornée menaçaient de mort s'enfuit d'abord à Mégare puis en Eubée, où Pandoros le rejoignit et fonda une colonie. Le trône d'Athènes échut au fils de Cécrops, Pandion, dont la mère était Métiadousa, fille d'Eupalamos[2]. Mais il ne profita pas longtemps du pouvoir, car bien que Métion fût mort, ses enfants par Alcippé ou Iphinoë se montrèrent aussi jaloux que lui-même. Ces enfants furent appelés Dédale, qui d'ailleurs, selon certains, était son petit-fils, Eupalamos, que d'autres disent être son père, et Sicyon. Sicyon est aussi tantôt considéré comme fils d'Érechthée, tantôt de Pélops et tantôt de Marathon ; les généalogies sont assez confuses[3].

c. Lorsque les fils de Métion chassèrent Pandion d'Athènes, il s'enfuit à la cour de Pylas, Pylos ou Pylon, roi lélégien de Mégare[4] dont il épousa la fille, Pylia. Pylas tua son oncle Bias et, ayant quitté Pandion pour gouverner Mégare, il se réfugia en Messénie où il fonda la cité de Pylos. De là, poussé par Nélée et les Pélasges d'Iolcos, il entra en Élide où il fonda une seconde Pylos. Pylia donna à Pandion quatre fils à Mégare : Égée, Pallas, Nisos et Lycos, bien que les frères d'Égée, jaloux, aient répandu le bruit qu'il était un fils bâtard de Scyrios[5]. Pandion ne retourna jamais à Athènes. Il possède un sanctuaire en l'honneur des héros à Mégare, où l'on peut encore voir sa tombe sur la Falaise d'Athéna, avec l'emblème du martin-pêcheur qui rappelle que ce territoire appartint un jour à Athènes : car c'est déguisé en cet oiseau et caché sous les ailes d'Athéna que Cécrops avait été transporté à Mégare où il fut en sûreté [6].

d. Après la mort de Pandion, ses fils marchèrent sur Athènes, chassèrent les fils de Métion et divisèrent l'Attique en quatre parties comme le leur avait recommandé leur père. Égée, étant l'aîné, reçut Athènes en partage, tandis que ses frères tiraient au sort le restant du royaume : Nisos obtint Mégare et les territoires environnants jusqu'à Corinthe à l'ouest ; Lycos obtint l'Eubée et Pallas l'Attique méridionale où il créa une race de géants très vigoureux [7].

e. Le fils de Pylas, Sciron, qui épousa une fille de Pandion, contesta les droits de Nisos sur Mégare, et Éaque, à qui on avait fait appel pour juger le différend, attribua le royaume à Nisos et à ses descendants mais confia le commandement de ses armées à Sciron. En ce temps-là, Mégare s'appelait Nisa ; Nisos donna aussi son nom au port de Nisée qu'il fonda. Il fut tué par Minos et enterré à Athènes où on peut encore voir sa tombe derrière le Lycée. Les Mégariens, qui n'admettent pas que leur ville fût un jour tombée aux mains des Crétois, prétendent que Mégarée épousa la fille de Nisos, Iphinoé, et lui succéda [8].

f. Égée, comme Cécrops et Pandion, se trouva sans cesse menacé par les complots de ses parents, parmi lesquels Lycos, qu'il bannit, dit-on, d'Eubée. Lycos se réfugia auprès de Sarpédon et donna son nom à la Lycie après s'être rendu d'abord à Aréné chez Apharée et avoir initié la maison royale aux Mystères des Grandes Déesses Déméter et Perséphone et également à ceux d'Atthis, dans l'ancienne capitale messénienne d'Andania. Cette Atthis, qui donna son nom à l'Attique, était l'une des trois sœurs de Cranaos, le roi autochtone d'Athènes qui régnait au temps du Déluge de Deucalion. A Andania, le taillis de chênes où Lycos purifiait les initiés porte encore son nom [9]. Il avait été doué du don de prophétie et c'est lui qui prédit que si les Messéniens gardaient en lieu sûr une certaine chose secrète, ils recouvreraient leur patrimoine, sinon ils le perdraient pour toujours. Lycos faisait allusion à la description des Mystères de la Grande Déesse enfouis dans une urne de bronze entre un if et un myrte au sommet du mont Ithoné ; c'est Épaminondas le Thébain qui l'exhuma finalement lorsqu'il redonna aux Messéniens la gloire d'autrefois [10].

g. Le Lycée d'Athènes porte ce nom en l'honneur de Lycos ; dès les temps les plus reculés il fut consacré à Apollon qui reçut là, pour la première fois, le surnom de Lycien et chassa les loups d'Athènes grâce à l'odeur des sacrifices [11].

★

1. *On constituait des généalogies mythiques du genre de celle-ci lorsque survenait une querelle au sujet de la souveraineté des États ou des privilèges héréditaires. Le partage de Mégare entre le roi sacré qui faisait les sacrifices nécessaires et son alter ego qui commandait l'armée a son équivalent à Sparte (voir 74.* I*). Le nom d'Égée rappelle le culte de la chèvre, à Athènes (voir 8.* I*), et celui de Lycos le culte du loup. Le martin-pêcheur était consacré à Athéna protectrice des navires et comme la Falaise d'Athéna dominait la mer, il s'agit peut-être d'un des rochers du haut desquels sa prêtresse précipitait le* pharmacos *empenné (voir 70.* 7, *89.* 6, *etc.) — Atthis (*actes thea, *« déesse de la côte escarpée ») semble avoir été un nom de la Triple Déesse attique ; ses sœurs s'appelaient Cranaé (« de pierre ») et Cranaechmé (« pointe rocheuse » — Apollodore : III. 14. 5) ; et, comme Procné et Philomèle, lorsqu'elles furent changées en oiseaux, furent appelées l'une et l'autre Atthis (Martial : I. 54. 9 et V. 67. 2), il est probable qu'elle était rattachée au même rite du sommet de la falaise. Atthis, comme Athéna, se manifeste sous la forme de nombreux oiseaux dans Homère (voir 97.* 4*). Les Mystères des Grandes Déesses, qui concernaient la résurrection, étaient enfouis en terre entre un if et un myrte, parce que ceux-ci représentaient respectivement la dernière voyelle et la dernière consonne de l'alphabet des arbres (voir 52.* 3*) et qu'ils étaient consacrés à la déesse de la Mort.*

95.
La naissance de Thésée

a. La première femme d'Égée était Mélite, fille d'Hoplès, la seconde, Chalciopé, fille de Rhéxénor ; mais aucune des deux ne lui donna d'enfants. Ayant attribué cela, ainsi que les malheurs de ses sœurs Procné et Philomèle, à la colère d'Aphrodite, il introduisit son culte à Athènes, puis il alla consulter l'oracle de Delphes. L'oracle lui dit de ne pas délier le col de son outre gonflée de vin avant d'avoir atteint le point le plus haut d'Athènes, sous peine de mourir un jour de chagrin. Égée ne sut pas interpréter cette réponse[1].

b. Avant de rentrer chez lui, il se rendit à Corinthe et là, Médée lui fit jurer solennellement qu'il lui donnerait asile et la protégerait de ses ennemis si jamais elle était contrainte de chercher refuge à Athènes et, en retour, elle se chargea de lui faire avoir un fils par des moyens magiques. Ensuite, il se rendit à Trézène où ses anciens camarades Pitthée et Trézen, fils de Pélops, étaient venus pour partager un royaume avec le roi Aétios. Aétios avait succédé à son père Anthas, fils de Poséidon et d'Alcyoné qui, après avoir fondé les villes d'Anthéia et d'Hypéréia, était allé fonder Halicarnasse, en Carie. Mais il semble qu'Aétios n'ait guère régné longtemps, en effet, Pitthée, après la mort de Trézen, réunit Anthéia et Hypéréia en une seule ville qu'il dédia à Athéna et Poséidon, et qu'il appela Trézène[2].

c. Pitthée était l'homme le plus instruit de son temps et ses sentences sur l'amitié sont souvent citées.

Il fonda le temple d'Apollon Théarios à Trézène, le plus ancien sanctuaire de Grèce ; il dédia aussi un temple à la Triple Déesse Thémis. Trois trônes de marbre blanc, qui furent placés sur sa tombe derrière le temple d'Artémis Rédemptrice, lui servaient de sièges lorsqu'il rendait la justice. Il enseigna également l'art oratoire dans le sanctuaire des Muses à Trézène — qui fut fondé par Ardalos fils d'Héphaïstos, le fameux inventeur de la flûte — et il existait un traité de rhétorique écrit de sa main[3].

d. Or, au temps où Pitthée vivait encore à Pise, Bellérophon lui avait demandé la main de sa fille Æthra, mais il était tombé en disgrâce et il fut envoyé en Carie avant que le mariage pût être célébré ; Æthra, bien que toujours promise à Bellérophon, avait peu d'espoir de le voir revenir. Aussi Pitthée, attristé de la virginité forcée de sa fille et influencé par les enchantements magiques que leur envoyait à tous, de loin, Médée, grisa Égée et le mit dans le lit d'Æthra. Un peu plus tard au cours de la même nuit, Poséidon s'unit aussi à elle. Pour obéir à un songe que lui avait envoyé Athéna, elle s'était séparée d'Égée ivre et s'était rendue à gué dans l'île de Sphaéra qui se trouve près de Trézène, emportant des libations qu'elle devait répandre sur la tombe de Sphaéros, le conducteur du char de Pélops. Et là, sous les yeux d'Athéna, qui était de connivence, Poséidon la prit de force. Æthra changea alors le nom de l'île de Sphaéra en Hiéra et y fonda un temple à Athéna Apaturia, instituant que toute jeune fille de Trézène devait désormais dédier sa ceinture de chasteté à la déesse avant de se marier. Cependant, Poséidon consentit généreusement à Égée la paternité de tout enfant qui naîtrait à Æthra au cours des quatre mois qui suivraient [4].

e. Égée après s'être éveillé et se voyant dans le lit d'Æthra lui dit que si un enfant leur était donné il ne devrait pas être exposé ou renvoyé mais élevé en secret à Trézène. Puis il reprit la mer et rentra à Athènes pour célébrer la fête des Panathénées, mais il avait auparavant caché son épée et ses sandales sous un rocher creux connu sous le nom d'Autel de Zeus le Puissant, sur la route de Trézène à Hermioné. Quand l'enfant serait grand, s'il était capable de soulever le rocher et de reprendre les sandales et l'épée, il devait être envoyé à Athènes, porteur des preuves de sa naissance. D'ici là, Æthra devait garder le silence de crainte que les neveux d'Égée, les cinquante fils de Pallas, ne complotent contre sa vie. L'épée avait appartenu autrefois à Cécrops [5].

f. A l'endroit appelé aujourd'hui Généthlion, sur la route qui mène de la ville au port de Trézène, Æthra mit au monde un garçon. D'après les uns elle l'appela aussitôt Thésée, parce que les preuves avaient été « déposées » pour lui ; selon d'autres, il reçut son nom à Athènes. Il fut élevé à Trézène, sous la surveillance de Pitthée, qui fit discrètement courir le bruit que Poséidon était son père ; et un certain Connidas, auquel les Athéniens sacrifiaient encore un bélier la veille de la fête de Thésée, fut son pédagogue. Mais, selon certains, Thésée grandit à Marathon [6].

g. Un jour, Héraclès dînait à Trézène chez Pitthée, il ôta sa peau de lion et la lança sur un siège. Lorsque les enfants du palais entrèrent et qu'ils virent la dépouille du lion ils poussèrent des cris et s'enfuirent, excepté l'un d'eux, qui avait sept ans : c'était Thésée. Il se précipita sur une hache et se prépara courageusement à attaquer ce qu'il croyait être un véritable lion [7].

h. A l'âge de seize ans, il se rendit à Delphes et offrit ses premières boucles de cheveux à Apollon, mais il se rasa seulement le devant de la tête — à la manière des

Arabes et des Mysiens ou comme les belliqueux Abantes de l'Eubée, dont les ennemis n'avaient pratiquement aucune chance de salut au combat corps à corps. Cette sorte de tonsure ainsi que l'enceinte où se déroula la cérémonie portent encore son nom. Il était à présent un jeune homme vigoureux, intelligent et avisé ; et Æthra, l'ayant mené jusqu'au rocher sous lequel Égée avait caché son épée et ses sandales, lui fit le récit des circonstances de sa naissance. Il n'eut aucune difficulté à déplacer le rocher, depuis lors appelé « Rocher de Thésée », et emporta les preuves. Cependant, malgré la mise en garde de Pitthée et les supplications de sa mère, il refusa de se rendre à Athènes par la route de mer qui était sûre et insista pour emprunter la route de terre, poussé par le désir de rivaliser avec les exploits de son cousin germain, Héraclès, pour qui il avait la plus vive admiration [8].

★

1. *Pittheus est une forme masculine de Pitthéa. Les noms des villes qu'il réunit pour former Trézène indiquent un calendrier triadique matriarcal (voir 75.* 2*) comportant Athéna (« en fleur ») la déesse du Printemps ; Hyperéa (« au-dessus »), la déesse de l'Été, lorsque le soleil est au zénith ; et Pitthéa (« la déesse du pin ») adorée en automne lorsque Attis-Adonis (voir 79.* 1*) fut sacrifié sur son pin. Ils peuvent être identifiés avec la Triple Déesse Thémis à qui Pitthée éleva un autel puisque le nom de Trézène semble une forme dégradée de* trion hezomenon *(« la cité des trois assis ») qui se rapporte aux trois trônes blancs qui servaient de sièges pour rendre la justice à « Pitthée et à deux autres ».*

2. *Thésée devait, à l'origine, avoir eu un frère jumeau, puisque sa mère s'unit à la fois à un mortel et à un dieu au cours de la même nuit ; les mythes d'Idas et Lyncée, Castor et Pollux (voir 74.* 1*), Héraclès et Iphiclès (voir 118.* 3*) en donnent la certitude. De plus, il portait une peau de lion, comme Héraclès, et ce devait être le roi sacré et non l'alter ego. Mais, lorsque après les guerres contre les Perses, Thésée devint le héros national athénien le plus important, son père au moins devait être athénien car sa mère venait de Trézène. Les mythographes décidèrent donc d'en faire un Athénien, fils d'Égée et mortel, mais, chaque fois qu'il avait besoin de se proclamer fils de Poséidon, il pouvait le faire (voir 98.* j *et 101. f). Dans l'un et l'autre cas, sa mère demeurait trézénienne ; Athènes y avait intérêt. On lui accorde aussi un jumeau honoraire, Pirithoos qui, étant mortel, ne pouvait pas échapper au Tartare — comme Héraclès, Pollux et Thésée lui-même (voir 74.* j, *103.* d *et 134.* d*). On ne négligea aucun effort*

pour rattacher Thésée à Héraclès mais les Athéniens ne devinrent jamais assez puissants pour en faire un dieu de l'Olympe.

3. *Il semble cependant qu'il y ait eu au moins trois personnages mythiques du nom de Thésée ; l'un de Trézène, un autre de Marathon en Attique et le troisième du territoire lapithe. Ces trois personnages n'en constituèrent un seul qu'au* VIe *siècle avant J.-C. au moment où (comme l'indique le professeur George Thompson) les Butades, clan Lapithe, qui étaient devenus des aristocrates de la classe dirigeante à Athènes et qui usurpèrent même la prêtrise pélasgienne primitive d'Érechthée, firent de l'Athénien Thésée un rival du Dorien Héraclès (voir 47.* 4*). Encore une fois, Pitthée était nettement à la fois un titre éléen et trézénien — que portait aussi un héros éponyme d'un dème de l'Attique faisant partie de la tribu de Cécrops.*

4. *Le voyage d'Æthra à Sphaéra indique que l'ancienne coutume de se prostituer, pour les jeunes filles vierges, survécut dans le temple d'Athéna pendant quelque temps après que le système patriarcal eut été introduit. Il peut difficilement avoir été importé de Crète, puisque Trézène ne faisait pas partie de Mycènes, mais peut-être de Canaan, comme à Corinthe.*

5. *Les sandales et l'épée sont d'anciens symboles de royauté ; arracher un épée d'un rocher semble avoir fait partie du rituel de couronnement de l'Age de Bronze (voir 81.* 2*). Odin, Galaad et Arthur eurent chacun à accomplir un exploit identique ; une énorme épée, dont la garde était une tête de lion, plantée dans un rocher, est figurée dans la scène représentant le mariage sacré sculpté à Hattusas (voir 145.* 5*). Comme le rocher d'Égée s'appelle à la fois Autel de Zeus Puissant et Rocher de Thésée, on peut supposer que Zeus et Thésée étaient des noms portés alternativement par le roi sacré qui y était couronné, mais que c'est la déesse qui lui donnait ses armes. L'« Apollon » à qui Thésée dédia ses cheveux devait être Karu (« fils de la déesse Car » — voir 82.* 6 *et 86.* 2*) connu aussi sous le nom de Car ou Q're, ou Carys, le dieu solaire dont on rasait les cheveux tous les ans avant sa mort (voir 83.* 3*), comme on rasait ceux du Tyrien Samson et du Mégarien Nisos (voir 91.* 1*). Au cours d'une fête appelée les Comyries (« tonte des cheveux »), de jeunes hommes sacrifiaient leurs mèches frontales tous les ans en signe de deuil pour sa mort et ils furent connus par la suite sous le nom de Curètes (voir 7.* 4*). Cette coutume, probablement d'origine libyenne (Hérodote : IV. 194), s'était répandue en Asie Mineure et en Grèce ; on l'interdit dans le* Lévitique *XXI. 5. Mais, à l'époque de Plutarque, on vénérait Apollon comme dieu-Soleil immortel et, pour prouver qu'il l'était, il conservait rigoureusement tous ses cheveux, sans les tondre.*

6. *Le partage par Aétios de la Trézénie entre Trézen, Pitthée et lui-même rappelle l'accord survenu entre Proetos, Mélampous et Bias (voir 72.* h*). Le Pitthée qui enseignait la rhétorique, et dont*

les traités survécurent jusqu'à la période classique, doit être un personnage historique plus tardif.

96.
Les travaux de Thésée

a. Thésée entreprit de débarrasser des bandits qui l'infestaient la route qui menait de Trézène à Athènes, par la côte. Il ne cherchait querelle à personne mais se vengeait de tous ceux qui osaient s'attaquer à lui et le châtiment qu'il infligeait était à la mesure du crime [1]. A Épidaure, Périphétès le boiteux l'attaqua au passage. Périphétès, fils de Poséidon, selon certains, et selon d'autres fils d'Héphaïstos et d'Anticlée, avait une énorme massue de bronze avec laquelle il tuait les voyageurs ; d'où son surnom Corynétès ou « l'homme au bâton ». Thésée lui arracha sa massue des mains et l'abattit en l'en frappant. Heureux du poids et de la taille de la massue, par la suite il la porta fièrement partout où il allait ; et, bien que lui-même ait réussi à esquiver son coup mortel, entre ses mains elle était infaillible et ne manquait jamais de tuer l'adversaire [2].

b. A l'endroit le plus resserré de l'isthme, d'où l'on peut voir à la fois le golfe de Corinthe et le golfe de Saronique, vivait Sinis, fils de Pémon, ou, selon certains, de Polypémon et de Sylée, fille de Corinthos qui se disait le bâtard de Poséidon [3]. Il était surnommé Pityocamptès, « qui courbe les pins », parce que, doué d'une force prodigieuse, il courbait les pins jusqu'à leur faire toucher le sol et avait coutume de demander à d'innocents voyageurs de l'aider, puis brusquement il lâchait l'arbre ; celui-ci, en se redressant, projetait dans les airs le malheureux qui, en retombant violemment sur le sol, se tuait — ou bien aussi, il courbait deux arbres rapprochés jusqu'à les faire se toucher puis il attachait un bras de sa victime à chacun des deux arbres de sorte que, lorsque les arbres se redressaient, ses membres étaient arrachés [4].

c. Thésée se battit avec Sinis, le vainquit et le traita de la manière dont il avait traité les autres. A ce moment-là, une belle jeune fille s'élança et courut se cacher dans un fourré de joncs et d'asperges sauvages. Il la suivit et après l'avoir cherchée longtemps, il la trouva en train d'invoquer les herbes en promettant de ne jamais les brûler ni les détruire si elles la cachaient. Après que Thésée eut juré de ne lui faire aucun mal, elle consentit à sortir de sa cachette et il apparut que c'était Périgouné, la fille de Sinis. Périgouné s'éprit sur-le-champ de Thésée et lui pardonna avec joie le meurtre de son odieux père en se donnant à lui. Quand le terme fut venu, elle accoucha d'un fils, Mélanippos. Par la suite, Thésée la donna en mariage à Déionée l'Oechalien. Ioxos, le fils de Mélanippos, émigra en Carie où il devint l'ancêtre des Ioxides, qui ne brûlent jamais ni les joncs ni les asperges sauvages mais au contraire les vénèrent [5].

d. Selon certains cependant, Thésée tua Sinis plusieurs années plus tard et lui reconsacra les Jeux Isthmiques bien que ceux-ci aient été institués par Sisyphe en l'honneur de Mélicerte le fils d'Ino [6].

e. Ensuite, à Crommyon, il chassa et tua une féroce truie sauvage qui avait déjà fait périr tant d'hommes que les Crommyoniens n'osaient plus labourer leurs champs. Cet animal qui doit son nom à la vieille femme qui le nourrissait était né, dit-on, de Typhon et d'Échidna [7].

f. Poursuivant sa route, Thésée arriva aux rochers escarpés qui bordent la mer, et qui étaient devenus la forteresse du bandit Sciron. Selon certains, c'était un Corinthien fils de Pélops, ou de Poséidon, selon d'autres, le fils d'Hénioché et Canéthos [8]. Sciron avait coutume de s'asseoir sur un rocher et d'obliger les voyageurs qui passaient par là à lui laver les pieds. Pendant qu'ils étaient baissés, d'un coup de pied, il les précipitait du haut du rocher dans la mer, où une tortue géante les guettait pour les dévorer. (Les tortues de mer ressemblent tout à fait aux tortues de terre, excepté qu'elles sont plus grandes et qu'elles ont des nageoires au lieu d'avoir des pattes.) Thésée refusa de laver les pieds de Sciron, le souleva de son rocher et le précipita dans la mer [9].

g. Les Mégariens, cependant, disent que le seul Sciron que combattit Thésée était un prince de Mégare honnête et généreux, père d'Endéis qui épousa Éaque et lui donna Pélée et Télamon ; ils ajoutent que Thésée tua Sciron après la prise d'Éleusis, plusieurs années plus tard, et célébrèrent les Jeux Isthmiques en son honneur sous le patronage de Poséidon [10].

h. Les Roches Scironiennes sont proches des Roches Moluriennes et elles sont parcourues par le sentier de

Sciron, qu'il établit lui-même lorsqu'il commanda les armées de Mégare. Les Athéniens appellent Sciron un vent violent de nord-ouest qui souffle de la mer et balaye ces rochers [11].

i. Or, *sciron* signifie « parasol » ; et le mois de Scirophorion est ainsi nommé parce que, au cours de la Fête des Femmes, en l'honneur de Déméter et de Coré, le douzième jour de Scirophorion, le prêtre d'Érechthée porte une parasol blanc et une prêtresse d'Athéna Sciras en possède également un qu'elle porte solennellement au cours de la procession qui part de l'Acropole car, en cette circonstance, la statue de la déesse est enduite de *sciras,* sorte de plâtre, pour commémorer la statue blanche que fit d'elle Thésée après avoir tué le Minotaure [12].

j. Poursuivant son voyage vers Athènes, Thésée rencontra Cércyon l'Arcadien, fils de Branchos et de la Nymphe Argyopé, selon certains et, selon d'autres, fils d'Héphaïstos, ou de Poséidon [13]. Il défiait les voyageurs à la lutte puis les étouffait en les serrant dans ses bras puissants, mais Thésée le souleva en le prenant aux genoux et, à la joie de Déméter qui assistait à la lutte, le projeta sur le sol lui fracassant le crâne. Cércyon expira sur le coup. Thésée avait plutôt recours à l'adresse qu'à la force ; il avait inventé l'art de la lutte, dont les principes n'avaient jusqu'alors pas été bien compris. Le terrain de lutte de Cércyon est encore visible près d'Éleusis, sur la route qui mène à Mégare, non loin de la tombe de sa fille Alopé, dont on dit que Thésée la viola [14].

k. En arrivant à Corydallos, en Attique, Thésée tua le père de Sinis, Polypémon, surnommé Procruste, qui vivait près de la route et avait deux lits dans sa maison, l'un petit, l'autre grand. La nuit, il offrait le gîte aux voyageurs et faisait coucher les hommes petits dans le grand lit et il les étirait en leur arrachant les membres pour les adapter à la longueur du lit ; les autres, sur le lit trop petit, il leur sciait tout ce qui dépassait ; certains disent cependant qu'il n'avait qu'un lit et qu'il allongeait ou raccourcissait ses clients pour les mettre aux dimensions du lit. Quoi qu'il en soit, qu'il eût un lit ou bien deux, Thésée le traita comme il avait traité ses victimes.

★

1. *Le meurtre de Périphétès a été imaginé pour expliquer la massue cerclée de cuivre de Thésée, semblable à celle d'Héraclès (voir 120. 5). On a fait de Périphétès un estropié parce qu'il était le fils de Dédale le forgeron et les forgerons étaient souvent rituellement boiteux (voir 92.* I*).*

2. *Comme on croyait que le Vent du Nord qui ployait les pins fécondait les femmes, les animaux et les plantes, on a fait de « Pityocamptès », le père de Périgouné, une divinité des champs de blé (voir 48.* I*). L'attachement de ses descendants à l'asperge sauvage et au jonc indique que les corbeilles sacrées que l'on portait à la fête des Thesmophories en étaient tressées et, par conséquent, qu'il y avait sur elles un interdit pour l'usage ordinaire. La truie de Crommyon,* alias *Phaea, n'est autre que Déméter la Truie blanche (voir 24.* 7 *et 74.* 4*) dont le culte fut supprimé très tôt dans le Péloponnèse. Le fait que Thésée se soit donné la peine de tuer une vulgaire truie a troublé les mythographes : Hygin et Ovide, il est vrai, en font un sanglier et Plutarque la décrit comme un bandit féminin dont l'odieux comportement lui valut le nom de « truie ». Mais elle apparaît dans les mythes gallois primitifs où on l'appelle la Vieille Truie blanche, Hen Wen, gardée par le porcher magicien Coll ap Collfrewr, qui introduisit les céréales et les abeilles en Grande-Bretagne ; et on avait conservé le souvenir du porcher magicien de Déméter, Eubuléos, aux Fêtes des Thesmophories, à Éleusis, quand on précipitait en son honneur des porcs vivants dans une crevasse. Leurs restes pourrissants servaient d'engrais pour le blé.*

3. *Les légendes de Sciron et Cercyon sont basées, semble-t-il, sur une série de représentations illustrant la cérémonie au cours de laquelle on précipitait du haut du Rocher Blanc le roi sacré* pharmacos. *Le premier héros qui trouva ainsi la mort fut Mélicerte (voir 70.* h*), c'est-à-dire Héraclès-Melkarth de Tyr, qui semble avoir été dépouillé de ses vêtements et attributs royaux — la massue, la peau de lion, les brodequins — et pourvu d'ailes d'oiseaux vivants et d'un parasol pour adoucir sa chute (voir 89.* 6 ; *92.* 3 *et 98.* 7*). C'est là l'indication que Sciron, que l'on voit s'apprêtant à précipiter d'un coup de pied un voyageur dans la mer, est le* pharmacos *que l'on prépare à subir son épreuve aux Scirophories que l'on célébrait le dernier mois de l'année, c'est-à-dire au milieu de l'été ; une autre scène, qu'on explique comme étant la lutte entre Thésée et Cercyon, le montre soulevé par les pieds par son successeur, tandis que la prêtresse de la déesse regarde d'un air ravi. C'est là une situation mythique courante : Héraclès, par exemple, combattit à la lutte pour un royaume contre Antée en Libye (voir 133.* h*), et contre Éryx, en Sicile (voir 132.* q*) ; Odysseus lutta avec Philomélidès dans l'île de Ténédos (voir 161.* f*). Une troisième scène, qu'on a prise pour la revanche de Thésée sur Sciron, figure le* pharmacos *précipité dans le vide, un parasol à la main. Dans une autre scène, il a atteint la mer et son parasol flotte sur les vagues ; la prétendue*

tortue qui attendait pour le délivrer était sûrement le parasol, car il n'y a pas de récit concernant un culte de la tortue en Attique. Le Second Mythographe du Vatican (127) raconte que c'est Dédale, et non pas Thésée, qui tua Sciron, probablement à cause du rapport mythique avec le rituel du pharmacos *concernant le roi perdrix (voir 92.* 3*).*

4. *Tous les exploits de Thésée semblent avoir un rapport entre eux. Les grammairiens associent le parasol blanc à une statue d'Athéna en calcaire blanc. Ceci rappelle les poupées blanches représentant le* pharmacos, *qu'on appelait les « Argiens » (« hommes blancs ») et qu'on jetait dans une eau courante une fois par an au moment de la purification de mai des temples (voir 132.* p*) ; et aussi les gâteaux blancs en forme de petits cochons, faits de farine mélangée de gypse (Pline :* Histoire naturelle *XVII. 29. 2), qu'on utilisait dans les Thesmophories pour remplacer les restes des porcs retirés de la crevasse d'Eubuléos — « afin de ne pas frustrer les serpents sacrés qui y habitent ». La Fête des Scirophories faisait partie des Thesmophories.* Thes *dans le mot* thesmophories *a le même sens que dans le mot* Thésée : *c'est-à-dire « symboles déposés » — dans les paniers tressés en tiges d'asperges sauvages et en jonc que sanctifiait Périgouné. Il y avait des symboles phalliques et la fête était une fête érotique : ceci trouve sa justification dans le fait que Thésée séduisit Périgouné et qu'Hermès séduisit Hersé (voir 25.* d*). Le prêtre d'Érechthée portait un parasol parce qu'il présidait au culte du serpent et il conserva les fonctions sacrées des anciens rois après que la monarchie eut été abolie : comme elles furent conservées à Rome par les prêtres de Zeus.*

5. *Le nom de Cercyon le rattache au culte du cochon. De même sa généalogie : Branchos se rapporte au grognement des cochons et Argiopé est un synonyme de Phaea. C'est Thésée, le fils de Poséidon, qui viola Alopé : c'est-à-dire qui supprima le culte de la déesse de la Lune-Renarde, à Mégare (voir 49.* 2*).*

6. *On dit de Sinis et de Sciron qu'ils sont les héros en l'honneur de qui les Jeux Isthmiques furent reconsacrés. Le surnom de Sinis était Pityocamptès ; et Sciron, comme Pityocamptès, était un vent du nord-est. Mais comme les Jeux Isthmiques avaient été fondés, à l'origine, en souvenir d'Héraclès Melkarth, la mort de Pityocamptès semble évoquer la suppression du culte de Borée à Athènes — qui fut cependant restauré après la guerre contre les Perses (voir 48.* 4*). Les Jeux Isthmiques sont, à ce point de vue, analogues aux Jeux Pythiques, fondés en souvenir de Python, qui fut à la fois le Vent du Nord fécondant et l'ombre du roi sacré tué par son rival Apollon. En outre, Procruste n'était qu'un surnom de Sinis-Pityocamptès ; et Procruste semble être un personnage fictif, imaginé pour expliquer une représentation familière : les cheveux du vieux roi — Samson, Ptérélaos (voir 89.* 7*), Nisos (voir 91.* 1*), Curoi, Llew Llaw, quel qu'ait été son nom — sont attachés à la colonne du lit par sa perfide fiancée,*

tandis que son rival s'avance, une hache à la main, pour le tuer. Thésée et ses Hellènes abolirent la coutume de précipiter le vieux roi du haut du rocher et reconsacrèrent les Jeux à Poséidon aux dépens d'Ino, Ino étant l'un des noms primitifs d'Athéna.

97.
Thésée et Médée

a. Arrivé en Attique, Thésée rencontra près du Céphise les fils de Phytalos qui le purifièrent du sang qu'il avait répandu, surtout du sang de Sinis, qui était un de ses parents du côté maternel. Le temple de Zeus Meilichios (Clément), où se déroula la cérémonie, se trouvait encore, à l'époque historique, auprès du fleuve. Après cela les Phytalides accueillirent Thésée chez eux, et ce fut la première manifestation de véritable hospitalité qu'il eût reçue depuis son départ de Trézène. Vêtu d'une longue robe qui descendait jusqu'à ses pieds, les cheveux bien nattés, il entra à Athènes, le huitième jour du mois de Cronios, aujourd'hui appelé Hécatombéon. Comme il passait devant le temple, encore en construction, d'Apollon Delphinios (Dauphin), un groupe de maçons, en train de travailler au toit, le prirent pour une jeune fille et lui demandèrent impertinemment comment il se faisait qu'il eût la permission de se promener sans escorte. Dédaignant de leur répondre, Thésée détela les bœufs de la charrette des maçons et en projeta un dans les airs très haut pardessus le toit du temple [1].

b. Tandis que Thésée grandissait à Trézène, Égée avait tenu sa promesse à l'égard de Médée et lui avait donné refuge à Athènes après qu'elle se fut enfuie de Corinthe dans le fameux char attelé de deux serpents ailés, et il l'épousa, persuadé qu'elle parviendrait, par ses enchantements, à lui donner un héritier ; il ne savait pas encore qu'Æthra avait donné naissance à Thésée [2].

c. Médée, cependant, reconnut Thésée dès son arrivée dans la ville et devint jalouse à cause de Médos, le fils qu'elle avait eu d'Égée et qui devait normalement lui succéder sur le trône d'Athènes. Elle convainquit donc Égée que Thésée était un espion envoyé pour l'assassiner et le fit inviter à une fête au Temple d'Apollon Delphinios ; Égée qui avait fait du temple sa résidence personnelle devait lui offrir une coupe de vin préparée par ses soins. La coupe contenait de l'aconit, poison qu'elle avait apporté de l'Achérousias, en Bithynie, où il coula pour la première fois de la bave mortelle de Cerbère lorsque Héraclès le traîna hors du Tartare ; les paysans l'appellent « aconit » parce que la plante fleurit sur des rochers dénudés [3].

d. On dit que lorsque, au cours du festin, on apporta le rôti, Thésée tira insensiblement son épée, comme pour le découper et ainsi attira l'attention de son père, mais on dit aussi qu'il avait, confiant, porté jusqu'à ses lèvres la coupe empoisonnée, quand Égée reconnut les serpents Érechthéides gravés sur la garde en ivoire de l'épée et renversa le poison sur le sol. On montrait l'endroit où la coupe tomba et qui était séparé du reste du temple.

e. Alors, se déroulèrent les plus grandes réjouissances qu'Athènes eût jamais connues. Égée embrassa Thésée, réunit une assemblée et le fit reconnaître comme son fils. Il fit allumer des feux sur tous les autels et offrit de nouveaux dons aux dieux ; des hécatombes de bœufs, parés de guirlandes de fleurs, furent offertes en sacrifice dans le palais et la cité, les nobles et les gens du peuple festoyèrent ensemble et chantèrent les glorieux exploits de Thésée qui déjà dépassaient en nombre ses années d'âge [4].

f. Thésée s'élança alors à la poursuite de Médée pour se venger ; mais celle-ci lui échappa en s'entourant d'un nuage magique ; elle quitta ensuite Athènes avec le jeune Médos et une escorte qu'Égée lui octroya généreusement. Mais d'aucuns disent qu'elle s'enfuit en compagnie de Polyxénos, son fils par Jason [5].

g. Pallas et ses cinquante fils qui, déjà avant cet événement, avaient déclaré qu'Égée n'était pas un véritable Érechthéide et donc qu'il n'avait pas droit au trône, entrèrent en révolte ouverte lorsque ce va-nu-pieds vint menacer de ruiner leurs espoirs de régner un jour sur Athènes. Ils se partagèrent en deux groupes. Pallas en compagnie de vingt-cinq de ses fils et de nombreux serviteurs marcha contre la ville venant de Sphettos, tandis que les vingt-cinq autres préparaient une embuscade à Gargettos. Mais Thésée, averti de leurs projets par un héraut nommé Léos, du clan Agnien, déjoua leur embuscade et les anéantit tous. Pallas alors licencia ses troupes et demanda la paix. Les Pallantides n'ont jamais oublié la trahison de Léos. Depuis lors ils ne se marièrent plus avec les habitants d'Agnous, et ils ne permirent à aucun messager de commencer sa proclamation par les mots « *Akouete leoi !* » (« Écoutez, bonnes gens ! ») à cause de la similitude qui existe entre *leoi* et le nom de Léos [6].

h. Il faut distinguer ce Léos de l'autre Léos, fils d'Orphée et ancêtre des Léontides athéniens. Un jour, au cours d'une famine et d'une peste, Léos obéit à l'oracle de Delphes en sacrifiant ses filles Théopé, Praxithéa et Euboulé, pour sauver la ville. Les Athéniens édifièrent le Léocorion en leur honneur [7].

★

1. *Cette histoire romanesque et artificielle, avec le dénouement théâtral de la scène du poison, rappelle celle d'Ion (voir 44.* a*) ; et le bœuf, lancé en l'air, semble être une grossière imitation des exploits d'Héraclès. L'incident des maçons est anachronique car, à l'époque héroïque, les jeunes femmes circulaient sans escorte ; et Thésée n'aurait pas pu être pris pour une jeune fille s'il avait déjà dédié ses cheveux à Apollon ni faire partie encore des Couroi. Cependant, les faiblesses mêmes de la légende indiquent qu'elle a été constituée d'après une représentation ancienne qui — puisque les hommes sur le toit du temple étaient reconnaissables et que c'étaient des maçons — aurait figuré un sacrifice accompli le jour où le temple était terminé (voir 84.* 1*). Il est probable que le personnage qu'on a pris pour Thésée, et qui détela d'un chariot le bœuf blanc du sacrifice, est une prêtresse ; et qu'en raison de sa décoration à base de dauphins, le temple a été pris, à tort, pour un temple d'Apollon, bien que le dauphin fût à l'origine un emblème de la déesse de la Lune ; quant à l'animal, il n'a pas été lancé en l'air. Il est la divinité en l'honneur de laquelle on faisait le sacrifice : soit une vache lunaire blanche, la déesse elle-même, soit le taureau blanc de Poséidon (voir 88.* c*), qui partageait un temple sur l'Acropole avec Athéna et à qui, en tant que Dieu de la mer, les dauphins étaient consacrés ; les prêtres d'Apollon, et Plutarque le premier, essayaient toujours d'accroître leur pouvoir et leur autorité aux dépens des autres divinités. Une autre représentation qui inspira la légende de la coupe empoisonnée — l'aconit était un paralysant connu — figurait probablement un prêtre ou une prêtresse versant une libation aux ombres des hommes sacrifiés au moment où l'on posait les fondations, en présence de Perséphone et de Cerbère. Plutarque dit qu'Égée vivait dans le Temple du Dauphin et non dans une maison particulière ; cela est exact, car en tant que roi sacré, il avait des appartements dans le palais de la Reine (voir 25.* 7*).*

2. *L'expulsion de Médée, d'abord de Corinthe, puis d'Athènes, se rapporte à la suppression par les Hellènes du culte de la déesse-Terre — son char attelé de serpents prouvant qu'elle était une Déméter corinthienne (voir 24.* m*). De même la défaite des*

Pallantides par Thésée se rapporte à la suppression du culte primitif d'Athéna (voir 9. I *et 16.* 2*), avec son collège de cinquante prêtresses —* pallas *peut signifier soit « jeune homme » soit « jeune fille ». Une autre version encore de la même légende est le sacrifice des trois filles de Léos qui sont en vérité la déesse-Triple. La jeune fille est Théopé (« visage divin »), la nouvelle Lune ; la nymphe est Praxithéa (« déesse active ») la Reine-abeille. La mère de Cécrops portait le même nom en Eubée (Apollodore : III. 15. 1 et 5) ; la vieille femme est Euboulé (« de bon conseil »), la déesse oraculaire, dont Eubuléos, le gardien de cochons, était le desservant à Éleusis.*

3. *Le fait que les Pallantides et les Agniens évitaient de se marier entre eux est peut-être un vestige de l'exogamie qui est un système compliqué de mariages en groupes entre phratries ; chaque phratrie ou sous-phratrie était composée de plusieurs clans totémiques : ainsi, Pallantides et Agniens auraient appartenu à la même sous-phratrie, le mariage n'étant permis qu'entre membres de phratries différentes (voir 80. 5). Le clan Pallantide avait probablement pour totem une chèvre, les Agniens un agneau, les Léontides, un lion et les Érechthéides un serpent. On fait allusion à beaucoup d'autres totems de clan dans la mythologie de l'Attique : notamment le corbeau, le rossignol, le cygne, le loup, l'ours et la chouette.*

4. *D'après les mythes de Thésée et d'Héraclès, la grande prêtresse d'Athéna à Athènes et celle d'Héra à Argos appartenaient à un clan du lion où elles avaient des rois sacrés ; sur une bague en or, découverte à Tirynthe, on peut voir quatre hommes-lions offrant des vases de libations à une déesse assise, qui doit être Héra, puisqu'un coucou est perché derrière son trône (voir 12. 4). Malgré l'absence de lions en Crète, ils figuraient là aussi les animaux de la déesse. On n'associait guère Athéna et le coucou, mais la déesse se manifestait sous forme de nombreux autres oiseaux, qui sont peut-être d'origine totémique. Dans Homère, elle apparaît sous la forme d'un aigle de mer (*Odyssée *III. 371) et d'une hirondelle (*ibid. *XXII. 239) ; et, en compagnie d'Héra, sous la forme d'une colombe (*ibid. *V. 7. 78). Sur un petit vase athénien de 500 avant J.-C., elle apparaît sous la forme d'une alouette ; et Athéna l'oiseau-plongeur ou boubie avait un temple près de Mégare (Pausanias : I. 5-3 et 41. 6 — voir 94.* c*). Mais elle se manifestait surtout sous la forme de la chouette pleine de sagesse. Le clan de la chouette garda son rituel jusqu'à la fin de la période classique : les initiés, déguisés en chouette, accomplissaient une cérémonie au cours de laquelle ils capturaient leur oiseau totémique (Élien :* Variae Historiae *XV. 28 ; Pollux : IV. 103 ; Athénée : 391* a b *et 629* f*).*

5. *La légende d'*Akouete *que raconte Plutarque est assez plausible : il arrivait souvent, dans les religions primitives, que des mots fussent bannis parce qu'ils rappelaient le nom d'une personne, d'un objet ou d'un animal qu'il était imprudent de*

prononcer ; particulièrement les mots évoquant les noms de parents défunts, même s'ils étaient morts de mort naturelle.

6. *Le fait que les Pallantides se soient refusés à considérer Égée et Thésée comme d'authentiques Érechthéides reflète peut-être la protestation, qui eut lieu à Athènes au* VIe *siècle, contre l'usurpation par l'immigrant Boutadès (qui redonna de l'éclat à la légende de Thésée) de la prêtrise Érechthéide indigène (95. 3).*

98.
Thésée en Crète

a. On n'est pas d'accord quant à savoir si c'est Médée qui persuada Égée d'envoyer Thésée combattre le taureau blanc féroce de Poséidon, ou bien si c'est après son expulsion d'Athènes qu'il entreprit de tuer le monstre à l'haleine de feu, dans l'espoir de se concilier les Athéniens par son exploit. Ramené de Crète par Héraclès, caché dans la plaine d'Argos et, de là, poussé dans l'isthme de Marathon, le taureau avait tué des centaines d'hommes entre les cités de Probalinthos et de Tricorynthos, et notamment (selon certains) le fils de Minos, Androgée. Cependant, Thésée prit courageusement le taureau par les cornes et le traîna triomphalement à travers les rues d'Athènes puis dans la côte abrupte qui mène à l'Acropole ; là il le sacrifia à Athéna ou à Apollon [1].

b. Comme il approchait de Marathon, Thésée reçut l'hospitalité d'une vieille filandière très pauvre, appelée Hécalé ou Hécaléné, qui promit de sacrifier un bélier à Zeus s'il revenait sain et sauf. Mais elle mourut avant son retour et Thésée institua les cérémonies hécalésiennes, en son honneur et en l'honneur de Zeus Hécalésios, qui étaient encore pratiquées à l'époque historique. Comme Thésée n'était encore qu'un enfant à cette époque, Hécalé avait pour lui une affection toute maternelle et on l'appelait généralement du diminutif Hécaléné, comme le faisait le jeune Thésée, plutôt qu'Hécalé [2].

c. En représailles pour la mort d'Androgée, Minos exigea que les Athéniens envoient sept jeunes gens et sept jeunes filles tous les neuf ans — exactement à la fin de chaque Grande Année — au Labyrinthe crétois où le Minotaure les attendait pour les dévorer. Le Minotaure, qui s'appelait Astérios ou Astérion, était un monstre à tête de taureau que Pasiphaé avait engendré du taureau blanc [3]. Peu après l'arrivée à Athènes de Thésée, le tribut vint à échéance pour la troisième fois et Thésée compatit si profondément à la douleur des parents, dont les enfants étaient susceptibles d'être tirés au sort, qu'il s'offrit volontairement comme l'une des victimes en dépit de la pressante insistance d'Égée pour le dissuader. Mais, selon certains, le sort l'avait désigné. Selon d'autres, le roi Minos vint en personne à la tête d'une flotte importante pour choisir les victimes ; ses yeux se posèrent sur Thésée, qui, bien que natif de Trézène et non d'Athènes, s'était offert comme volontaire, étant bien entendu que s'il triomphait du Minotaure sans armes le tribut serait supprimé [4].

d. Au cours des deux précédents voyages le navire qui conduisait les quatorze victimes portait des voiles noires, mais Thésée avait confiance, il pensait que les dieux étaient de son côté et Égée lui remit donc une voile blanche pour qu'il la hisse à son retour en signe de victoire ; bien que, selon certains, c'était une voile rouge, teinte dans du jus de kermès, la baie du chêne [5].

e. Lorsque le tirage au sort fut achevé, au tribunal, Thésée mena ses compagnons au temple du Dauphin où il offrit de leur part à Apollon une branche d'olivier consacrée, nouée d'un fil de laine blanche. Les quatorze mères apportèrent des provisions pour le voyage et racontèrent à leurs enfants de belles histoires et leur firent des récits héroïques pour soutenir leur courage. Thésée, cependant, remplaça deux jeunes filles parmi les victimes, par deux jeunes gens efféminés, doués d'un rare courage et de présence d'esprit. Thésée leur recommanda de prendre des bains chauds, d'éviter les rayons du soleil, de se parfumer les cheveux et le corps avec des onguents et des huiles et de s'entraîner à parler et à se tenir comme des femmes. Ainsi, il parvint à tromper Minos en les faisant passer pour des jeunes filles [6].

f. Phaeax, l'ancêtre des Phéaciens, au milieu desquels tomba Odysseus, était le pilote et se tenait à la proue du bateau de trente rameurs à bord duquel ils s'embarquèrent, car aucun Athénien, jusqu'à présent, n'entendait quoi que ce soit à la navigation. Selon certains, c'était Phéréclos qui était timonier ; mais ceux qui disent que c'était Nausithéos ont probablement raison puisque Thésée, à son retour, éleva des monuments à Nausithéos et à Phaeax au

Phalère, le port où ils s'étaient embarqués ; et la fête des Pilotes est célébrée en leur honneur à tous deux [7].

g. L'oracle de Delphes avait conseillé à Thésée de prendre Aphrodite pour guide et compagnon de voyage. Il lui fit donc un sacrifice sur le rivage ; et voici que la victime, une chèvre, devint un bouc dans les convulsions de la mort. Ce prodige valut à Aphrodite le nom d'Épitragia [8].

h. Thésée s'embarqua le sixième jour de Mounychion (avril). Chaque année à cette date, les Athéniens envoyaient encore des vierges au temple du Dauphin pour se rendre Apollon favorable, parce que Thésée avait omis de le faire avant son départ. Le mécontentement du dieu se manifesta par une tempête qui contraignit Thésée à s'abriter à Delphes et là d'offrir un sacrifice tardif [9].

i. Lorsque le navire atteignit la Crète, quelques jours plus tard, Minos descendit à cheval jusqu'au port, pour compter les victimes. Il tomba amoureux d'une des jeunes Athéniennes — était-ce Périboea (qui devint la mère d'Ajax), ou Ériboea ou Phéréboea, on ne s'accorde pas sur ce point car leurs trois noms semblables portaient à confusion — et il l'aurait violée à l'instant même et sur place si Thésée n'avait protesté, disant qu'il était de son devoir, en tant que fils de Poséidon, d'empêcher que les vierges fussent outragées par les tyrans. Minos eut un rire lubrique et répondit que Poséidon n'avait guère la réputation de se montrer délicat en cette matière ni de témoigner beaucoup de respect envers les vierges qui lui plaisaient [10].

« Eh bien ! s'écria-t-il, prouvez que vous êtes fils de Poséidon en me rapportant ce petit jouet. » A ces mots, il jeta dans la mer l'anneau qui lui servait de sceau.

« Si vous prouvez d'abord que vous êtes fils de Zeus ! » rétorqua Thésée.

j. De cela, Minos donna la preuve sans attendre. Il s'écria : « Zeus, ô père, entends-moi », et en réponse à la prière il y eut un éclair dans le ciel et le tonnerre se mit à gronder. Alors, sans plus attendre, Thésée plongea dans la mer où une troupe de dauphins l'escorta en grande pompe au palais des Néréides. Selon certains, Thétis la Néréide lui remit alors la couronne incrustée de pierreries, son cadeau de mariage d'Aphrodite, qu'Ariane porta par la suite ; selon d'autres, c'est Amphitrite la déesse de la Mer qui la lui donna et qui envoya les Néréides nager dans toutes les directions pour retrouver l'anneau d'or. En tout cas, lorsque Thésée ressortit de la mer, il tenait l'anneau et la couronne, ainsi que le montrait Micon, sur la fresque du troisième mur, au sanctuaire de Thésée [11].

k. Aphrodite avait certainement accompagné Thésée : car non seulement Périboea et Phéréboea convièrent le chevaleresque Thésée à partager leurs couches respectives — et leur invitation fut loin d'être dédaignée — mais la propre fille de Minos, Ariane, eut le coup de foudre, dès qu'elle le vit. « Je t'aiderai à tuer mon demi-frère, le Minotaure, lui promit-elle en secret, si tu m'emmènes avec toi à Athènes comme ton épouse. » Thésée accepta avec joie cette offre et fit le serment de l'épouser. Or, avant de quitter la Crète, Dédale avait donné à Ariane un peloton de ficelle magique et lui avait expliqué comment entrer et sortir du Labyrinthe. Elle devait ouvrir la porte d'entrée et attacher l'extrémité du fil au linteau ; le peloton de ficelle se déroulerait alors, ferait des tours et des détours et se rendrait au repaire secret du Minotaure. Ariane donna à Thésée le peloton de ficelle et lui recommanda de le suivre jusqu'à ce qu'il se trouve auprès du monstre endormi, alors il lui faudrait le saisir par les cheveux et le sacrifier à Poséidon. Il retrouverait son chemin en réenroulant le peloton de ficelle [12].

l. La nuit même, Thésée suivit ses instructions. Tua-t-il le Minotaure avec l'épée que lui aurait donnée Ariane ou avec ses mains, ou avec sa fameuse massue, on n'est guère d'accord à ce sujet. Une frise d'Amyclées montre le Minotaure enchaîné et conduit en triomphe à Athènes par Thésée ; mais ce n'est pas là le récit communément admis [13].

m. Lorsque Thésée sortit du Labyrinthe, couvert de sang, Ariane le prit dans ses bras et l'embrassa passionnément, puis conduisit le groupe des Athéniens jusqu'au port. En effet, les deux jeunes gens efféminés avaient, entre-temps, tué les gardes du quartier des femmes et délivré les jeunes victimes. Ils montèrent tous en hâte sur leur navire où Nausithéos et Phaeax les attendaient et ramèrent vigoureusement vers le large. Mais, bien que Thésée avant de partir eût défoncé la coque de nombreux navires crétois, pour éviter d'être poursuivi, l'alerte avait été donnée et il fut obligé de livrer une bataille navale dans le port, avant de pouvoir gagner la haute mer à la faveur de l'obscurité [14].

n. Quelques jours plus tard, après avoir débarqué sur l'île alors appelée Dia, mais connue à présent sous le nom de Naxos, Thésée abandonna Ariane endormie sur le rivage et reprit la mer. La raison pour laquelle il agit ainsi demeure un mystère ; on dit qu'il l'abandonna pour une autre maîtresse, Aeglé, fille de Panopée ; on dit que, poussé par les vents vers Dia, il réfléchit au scandale que provoquerait l'arrivée d'Ariane à Athènes [15] ; on dit aussi que Dionysos était apparu en songe à Thésée et lui avait demandé Ariane en proférant des menaces. Lorsque, s'étant éveillé, Thésée vit les navires de Dionysos au large de Dia, subitement pris de terreur, il leva l'ancre, Dionysos, grâce à un sortilège, lui ayant au surplus fait oublier la promesse qu'il avait faite à Ariane et jusqu'à son existence même [16].

o. Quoi qu'il en soit de la vérité en la circonstance, les prêtres de Dionysos à Athènes déclarent qu'Ariane, lorsqu'elle se vit seule sur le rivage désert, éclata en sanglots et se lamenta amèrement ; elle se souvenait de son émotion et comme elle avait tremblé lorsque Thésée avait entrepris de tuer son monstrueux demi-frère ; elle se souvenait des vœux qu'elle avait faits dans son cœur pour qu'il réussisse, et qu'elle avait, pour lui, quitté ses parents et sa patrie. A présent elle invoquait le monde entier, elle criait vengeance, et Zeus, le père des dieux, inclina la tête en signe d'acquiescement. Alors, avec beaucoup de délicatesse et de gentillesse, Dionysos et sa joyeuse escorte de Satyres et de Ménades se porta à son secours. Il l'épousa aussitôt et posa sur sa tête la couronne de Thétis et elle lui donna beaucoup d'enfants [17]. Au nombre de ceux-ci, seuls Thoas et Œnopion sont considérés comme les fils de Thésée. La couronne que Dionysos plaça par la suite parmi les étoiles, appelée Couronne boréale, fut faite par Héphaïstos d'or étincelant et de rubis indiens taillés en forme de roses [18].

p. Cependant, les Crétois refusent d'admettre que le Minotaure ait jamais existé, ou que Thésée ait conquis Ariane par des moyens inavouables. Ils décrivent le Labyrinthe comme une simple prison bien gardée où l'on préparait les jeunes gens et les jeunes filles d'Athènes pour les Jeux funèbres d'Androgée ; certains d'entre eux étaient sacrifiés sur sa tombe ; d'autres étaient offerts aux vainqueurs comme esclaves. Or Tauros, général de Minos, cruel et arrogant remportait chaque année la victoire dans toutes les compétitions auxquelles il participait, ce qui irritait fort ses rivaux. Il aurait également trahi la confiance de Minos car le bruit courait qu'il avait eu des relations adultérines avec Pasiphaé, avec l'aide de Dédale, et du reste un des fils de Pasiphaé lui ressemblait étrangement. Aussi Minos fut-il heureux d'accorder à Thésée le privilège de combattre à la lutte contre Tauros. Dans l'ancienne Crète, les femmes aussi bien que les hommes assistaient aux jeux, et Ariane tomba amoureuse de Thésée lorsqu'elle le vit, trois fois de suite, lancer l'ancien champion par-dessus sa tête et lui faire toucher le sol des deux épaules. Ce spectacle procura à Minos un plaisir presque aussi grand qu'à Ariane : il donna le prix à Thésée, l'accepta comme gendre et fit remise du cruel tribut [19].

q. Un chant traditionnel de la Bottie confirme que les victimes n'étaient pas toutes mises à mort. Il rappelle que les Crétois envoyèrent en offrande à Delphes leurs premiers nés qui étaient, pour la plupart, des enfants d'esclaves athéniens devenus crétois. Les habitants de Delphes, cependant, n'étaient pas en mesure de subvenir aux besoins de ces enfants, les ressources de leur petite cité étant assez modestes, aussi les renvoyèrent-ils fonder une colonie en Iapygie, dans le sud de l'Italie. Par la suite, ils se fixèrent en Bottie, en Thrace, et le cri nostalgique des jeunes filles de Bottie : « Oh ! rentrons à Athènes ! » rappelle toujours leur origine [20].

r. Les Chypriotes, et d'autres, font un récit tout à fait différent. Ils disent que Thésée et Minos firent un pacte sous la foi du serment qu'aucun navire — excepté le navire *Argo* commandé par Jason et qui avait mission de débarrasser la mer des pirates — ne naviguerait dans les eaux grecques avec un équipage de plus de cinq hommes. Lorsque Dédale s'enfuit de Crète et se réfugia à Athènes, Minos rompit son pacte en le poursuivant avec des bateaux de guerre, s'attirant ainsi la colère de Poséidon qui avait été témoin du pacte et qui, alors, fit éclater une tempête qui le mena vers sa mort, en Sicile. Deucalion, fils de Minos, ayant hérité du conflit menaça les Athéniens, s'ils ne lui livraient pas Dédale, de mettre à mort tous les otages qui lui avaient été donnés par Thésée au moment où le pacte avait été conclu. Thésée répondit que Dédale et lui étaient unis par les liens du sang et demanda avec douceur s'il n'y aurait pas moyen d'aboutir à un compromis. Il échangea avec Deucalion plusieurs lettres à ce sujet, mais, pendant ce temps, il construisait en secret des navires de guerre : à Thymoetidae, port protégé de la grosse mer, et à Trézène, où Pitthée possédait un chantier de construction navale dont les Crétois ne soupçonnaient pas l'existence. Un ou deux mois plus tard, sa flottille mit à la voile, conduite par Dédale et d'autres fugitifs de Crète ; les Crétois prirent les navires qui approchaient pour ce qui restait de la flotte de Minos et leur firent un accueil triomphal. Aussi Thésée s'empara-t-il du port sans résistance et marcha droit sur Cnossos ; là, il tua les gardes de Deucalion et tua Deucalion lui-même dans la chambre la plus retirée du palais où il s'était réfugié. Le trône de la Crète passa alors à Ariane avec qui Thésée conclut un traité généreux ; elle restitua les otages athéniens et un traité d'amitié perpétuelle fut conclu entre les deux nations, scellé par la réunion des deux couronnes — et de fait, elle épousa Thésée [21].

s. Après une longue période de fêtes, ils s'embarquèrent tous deux pour Athènes, mais une tempête les jeta sur les côtes de Chypre. Là Ariane, déjà enceinte de Thésée et craignant de faire une fausse couche à cause du mal de mer, demanda à être débarquée à Amathos. C'est ce qui fut fait, mais à peine Thésée avait-il regagné son navire qu'un vent violent poussa toute la flotte vers le large. Les femmes d'Amathos traitèrent Ariane avec bonté, la consolèrent en lui faisant croire que des lettres de Thésée étaient arrivées et qu'il était en train de réparer son navire, sur la grève d'une île voisine ; et, après qu'elle fut morte en mettant son enfant au monde, elles lui firent de belles funérailles. On peut encore voir la tombe d'Ariane à Amathos dans un bosquet consacré à Aridéla. Thésée, en revenant plus tard de la côte de Syrie, fut profondément attristé en apprenant qu'elle était morte et donna une forte somme d'argent pour qu'on y entretienne son culte. Les Chypriotes célébraient la fête d'Ariane le second jour de septembre et, ce jour-là, un jeune homme se couche dans sa tombe et initie une femme au travail des couches ; ils adoraient deux statues qui la représentent, l'une en argent et l'autre en cuivre, que Thésée leur avait laissées. Ils disaient que Dionysos, loin d'épouser Ariane, fut indigné de ce qu'elle et Thésée eussent profané sa grotte de Naxos et se plaignit à Artémis qui la fit mourir pendant qu'elle accouchait en la perçant de ses impitoyables flèches ; mais selon certains, elle se pendit, par peur d'Artémis [22].

t. Mais reprenons l'histoire de Thésée : de Naxos, il s'embarqua pour Délos et là il sacrifia à Apollon et célébra des jeux athlétiques en son honneur. C'est à ce moment-là qu'il introduisit la coutume nouvelle de couronner le vainqueur de palmes et de placer une branche de palmier dans sa main droite. Par prudence, il dédia aussi au dieu une petite statue d'Aphrodite, en bois, œuvre de Dédale, qu'Ariane avait apportée de Crète et laissée à bord de son navire car elle risquait de susciter des commentaires inconvenants de la part des Athéniens. Cette statue, qu'on montrait encore à Délos, reposait sur un socle carré remplaçant les pieds et elle était continuellement fleurie de guirlandes [23].

u. Un autel en cornes s'élevait au bord du lac elliptique de Délos. C'est Apollon lui-même qui l'avait édifié, quand il n'était encore âgé que de quatre ans, avec les cornes concassées des innombrables chèvres tuées par Artémis sur le mont Cynthe. C'était son premier exploit en architecture. Les fondations de l'autel et les murs qui l'entouraient étaient également entièrement faits en cornes provenant toutes du même côté de l'animal, mais on ne sait pas si c'est le côté droit ou le côté gauche [24]. Ce qui a fait considérer l'édifice comme une des Sept Merveilles du monde c'est qu'il fut construit sans aucun mortier. C'est autour de cet autel, ou, selon une autre version, autour de l'autel d'Aphrodite — sur lequel une statue de Dédale avait été placée — que Thésée et ses compagnons dansèrent la danse de la Grue qui consiste en une marche sinueuse scandée de battements de pied accompagnant la musique de la forge. Les habitants de Délos pratiquaient encore cette danse que Thésée amena de Cnossos ; Dédale y avait construit pour Ariane une piste de danse parcourue d'un filet de marbre blanc dont l'inextricable enchevêtrement était la réplique du labyrinthe égyptien. Lorsque Thésée et ses compagnons dansèrent la « Grue » à Cnossos, c'était la première fois que des hommes et des femmes dansaient ensemble. Les personnes qui vivent à l'ancienne mode, et surtout les marins, dansent encore de cette façon dans différentes cités grecques et en Asie Mineure ; et aussi les enfants dans les campagnes en Italie ; et c'est là l'origine du Jeu de Troie [25].

v. Ariane fut bientôt vengée. Thésée, soit à cause de sa douleur pour l'avoir perdue, soit à cause de la joie d'apercevoir la côte de l'Attique, que des vents contraires l'avaient jusque-là empêché d'approcher, oublia sa promesse de hisser la voile blanche [26] ; Égée, qui scrutait l'horizon, debout sur l'Acropole à l'endroit où se trouve aujourd'hui le temple de la Victoire Aptère, aperçut la voile noire, perdit connaissance et bascula la tête la première dans le vide. Mais, selon certains, il se jeta volontairement dans la mer, qui, à la suite de cet événement, fut appelée la mer Égée [27].

w. Thésée ne fut informé de la triste nouvelle de l'accident qu'après avoir achevé les sacrifices qu'il offrait aux dieux en reconnaissance de l'heureuse issue de son voyage ; il enterra alors Égée et l'honora d'un autel dédié aux héros. Le huitième jour de Pyanépsion (octobre), date du retour de Crète, certains Athéniens fidèles s'assemblaient sur la plage avec des marmites où ils faisaient cuire différentes variétés de fèves — pour rappeler à leurs enfants comment Thésée, qui s'était vu contraint de rationner très sévèrement son équipage, avait mis à cuire tout ce qui restait de ses provisions dans une marmite, aussitôt débarqué, et ainsi fut en mesure d'enfin combler leur appétit et remplir leurs ventres vides. Au cours de cette même fête, un hymne d'action de grâces était chanté en remerciement pour la fin des privations, et une branche d'olivier tressée de laine blanche et à laquelle étaient suspendus les fruits de la saison était transportée solennellement pour commémorer celle que Thésée offrit rituellement avant de se mettre en route. Et, comme on était à la période des vendanges, Thésée institua aussi Oschophories (Fête des grappes de raisin) soit en reconnaissance à Athéna et à Dionysos, qui, l'un et l'autre, lui apparurent à Naxos, soit en l'honneur de Dionysos et d'Ariane. Les deux jeunes gens qui portaient les grappes représentaient ceux que Thésée avait emmenés en Crète, déguisés en jeunes filles, et qui marchèrent à ses côtés au cours de la procession triomphale qui eut lieu à son retour. Quatorze femmes portaient de la nourriture et participaient à ce sacrifice ; elles représentaient les mères des rescapés et elles avaient pour attribution de raconter des fables et des mythes anciens, comme l'avaient fait les mères avant l'embarquement [28].

x. Thésée dédia un temple à Artémis Auxiliatrice sur la place du marché à Trézène ; et ses concitoyens lui firent le grand honneur de lui bâtir un sanctuaire de son vivant. Les familles qui avaient été éprouvées par le tribut à la Crète eurent à cœur de faire les sacrifices nécessaires ; et Thésée conféra la prêtrise aux Phytalides en reconnaissance pour leur hospitalité. Le navire à bord duquel il s'embarqua pour la Crète faisait, depuis lors, chaque année le voyage aller et retour à Délos ; mais il a été si souvent réparé et remis en état que les philosophes anciens le citent traditionnellement en exemple lorsqu'ils entament la discussion du problème de l'identité à travers les changements [29].

★

1. *La Grèce fut investie par la Crète vers la fin du* XVIIIe *siècle avant J.-C., probablement par une aristocratie hellénique qui s'était emparée du pouvoir en Crète une ou deux générations auparavant et qui était à l'origine d'un âge nouveau. Le récit très direct de l'attaque de Thésée contre Cnossos, cité par Plutarque, d'après Cleidémos, est tout à fait plausible. Il raconte une révolte des Athéniens contre un seigneur crétois qui avait pris des otages en garantie de leur soumission ; la construction en secret d'une flottille, le sac de la ville de Cnossos qui n'était pas entourée de murs, durant l'absence du gros de la flotte crétoise, en Sicile, et le traité de paix qui suivit, ratifié par le mariage avec Ariane, héritière de la Crète. Ces événements, qui se situent aux environs de l'année 400 avant J.-C., se retrouvent dans le récit mythique : on exige d'Athènes une rançon de jeunes gens et de jeunes filles en compensation du meurtre d'un prince crétois. Thésée, qui réussit à tuer le taureau de Minos ou à vaincre son commandant en chef dans une épreuve de lutte, délivre Athènes de ce tribut, épouse Ariane l'héritière royale, et conclut la paix avec Minos.*

2. *Thésée tuant Astérios à tête de taureau, appelé le Minotaure ou « Taureau de Minos », son combat à la lutte avec Tauros (« taureau ») ainsi que la capture du taureau crétois sont des versions différentes d'un même événement ;* Bolynthos *qui donna son nom au Probalinthos attique est un mot crétois pour désigner le « taureau sauvage ». « Minos » était le titre d'une dynastie cnossienne qui avait pour emblème un taureau céleste — « Astérios » pourrait signifier « du soleil » ou « du ciel » — et il semble que ce soit sous l'aspect d'un taureau que le roi s'unissait rituellement à la grande prêtresse sous la forme de la vache-Lune (voir 88. 7). Un des éléments qui ont contribué à constituer le mythe du labyrinthe était peut-être que le palais de Cnossos — la maison de la* labrys *ou hache double — était un dédale de chambres et de corridors, et que les assaillants athéniens avaient eu quelques difficultés à découvrir et à tuer le roi après la prise du palais. Mais ce n'est pas tout. Il y avait, en face du palais, un théâtre servant à la danse du labyrinthe réservé à ceux qui exécutaient les danses érotiques de printemps (voir 92. 4). L'origine de cette construction, qu'on appelle de nos jours un labyrinthe, semble avoir été le fourré traditionnel, en forme de labyrinthe, dont on se servait pour attirer la perdrix vers un de ses mâles,*

*enfermé dans un enclos situé au centre et qui poussait des cris pour réclamer de la nourriture ou bien des cris amoureux ou bien encore des cris de guerre ; les exécutants de ces danses de printemps imitaient probablement, par leurs boitillements, la danse d'amour des perdrix mâles (voir 9. 2), qui étaient vouées à être assommées par le chasseur (*Ecclésiaste *XI. 30).*

3. *Une jarre à vin étrusque provenant de Tragliatella (voir 104. 4), sur laquelle figurent deux héros à cheval, donne l'explication de la théorie religieuse de la danse de la perdrix. Le chef tient un bouclier portant l'emblème de la perdrix et un démon de la mort est perché derrière lui ; l'autre héros tient une lance et un bouclier sur lequel figure un canard. Derrière eux, un labyrinthe d'un modèle qu'on retrouve non seulement sur certaines monnaies de Cnossos, mais également dans les labyrinthes en gazon que parcouraient les écoliers à Pâques, en Angleterre, jusqu'au* XIXe *siècle. L'amour-jalousie entraînait le roi à sa mort — telle est l'explication que donne l'artiste qui représente la scène — de la même façon que la perdrix est entraînée vers la mort dans le fourré en forme de labyrinthe — et son alter ego lui succédait. Seul un héros exceptionnel, tel Dédale ou Thésée, en revenait vivant ; et, de ce point de vue, la découverte récente près de Bosinney, en Cornouailles, d'un labyrinthe crétois sculpté dans le roc est d'une grande importance. Le ravin où le docteur Renton Green remarqua pour la première fois le labyrinthe est un des derniers repaires des choucas de Cornouailles ; cet oiseau abrite l'âme du roi Arthur — qui hersa l'enfer et avec qui Bosinney est étroitement lié dans la légende. Une danse du labyrinthe semble avoir été importée en Grande-Bretagne en provenance de la Méditerranée orientale, par des agriculteurs de l'âge néolithique, au IIIe millénaire avant J.-C., puisqu'on retrouve des labyrinthes en pierres brutes, semblables aux labyrinthes anglais en gazon, dans la zone « Beaker », en Scandinavie et en Russie septentrionale ; on trouve également des labyrinthes, utilisés autrefois par l'Église pour des pénitences, dans le sud-est de l'Europe. On appelle généralement les labyrinthes en gazon anglais des « villes de Troie », de même les* Caer-droia *gallois. Les Romains leur donnèrent probablement ce nom d'après leurs propres Jeux de Troie, danse du labyrinthe exécutée par de jeunes aristocrates en l'honneur d'Énée le Troyen, ancêtre d'Auguste, mais, selon Pline, cette danse était également exécutée par des enfants dans la campagne italienne.*

4. *A Cnossos, le culte du taureau céleste succéda au culte de la perdrix et les cercles exécutés par les danseurs représentaient les déplacements annuels des corps célestes. Si donc sept jeunes gens et sept jeunes filles y participaient, c'est qu'ils représentaient les sept Titans et Titanides du Soleil, de la Lune et des cinq planètes (voir 1. 3 et 43. 4) ; cependant, il n'existe aucune preuve solide du culte du Titan dans les œuvres d'art crétoises. Il semble que*

la Danse de la Grue à Délos — les grues exécutent aussi une danse d'amour — fût, de même, assimilée à une danse du labyrinthe. Dans certains labyrinthes, les danseurs tenaient une corde qui les aidait à garder leur place les uns par rapport aux autres et à exécuter leurs figures correctement ; c'est peut-être là ce qui a donné naissance à la légende du peloton de ficelle (A.B. Cook : Journal d'études helléniques *XIV. 101 ss., 1949). A Athènes et sur le mont Sipylos, on appelait la danse à la corde :* cordax *(Aristophane :* Les Nuées *540). Le spectacle qui avait lieu dans l'arène du taureau crétois consistait en démonstrations d'acrobaties exécutées par des jeunes gens et des jeunes filles qui, saisissant le taureau par les cornes au moment où il les chargeait, faisaient un saut périlleux entre les cornes et retombaient derrière lui. C'était là, de toute évidence, un rite religieux. Ici aussi les danseurs personnifiaient peut-être les planètes. Ces jeux n'étaient pas du tout aussi dangereux que le prétendent les écrivains qui ont étudié la question si on en juge par la rareté des accidents chez les* banderilleros *des arènes espagnoles ; d'ailleurs, on voit sur une fresque crétoise qu'un camarade se trouve toujours à proximité pour rattraper celui ou celle qui exécute le saut périlleux.*

5. *« Ariane », qui pour les Grecs était « « Ariadné » (« très sacrée »), devait être un nom de la déesse-Lune en l'honneur de qui on exécutait la danse, et dans l'arène elle était : « la très grande, très féconde mère-Orge », appelée aussi Aridela, « la très présente ». Le transport des branches, chargées de fruits, en l'honneur d'Ariane et de Dionysos, ainsi que son suicide par pendaison, « parce qu'elle redoutait Artémis », indiquent que des poupées-Ariane étaient suspendues à ces branches (voir 79. 2). La déesse-poupée béotienne en forme de cloche, dont les jambes sont pendantes, et qui se trouve au musée du Louvre, est une Ariane ou Érigoné ou Artémis pendue ; on a découvert des poupées de bronze dont les membres sont articulés et détachables, en Sardaigne, le pays de Dédale. La couronne de roses d'Ariane fabriquée par Héphaïstos n'est pas une simple fantaisie de l'imagination : on a découvert des couronnes en or avec des fleurs en pierres précieuses dans le trésor de Mochlos.*

6. *Le mariage de Thésée avec la prêtresse de la Lune fit de lui le seigneur de Cnossos et l'on peut voir sur une monnaie de Cnossos une nouvelle lune au centre d'un labyrinthe. La loi, dans le système matrilinéaire, privait cependant l'héritière de tous ses droits sur les terres qu'elle possédait si elle accompagnait son mari au-delà des mers ; ceci explique pourquoi Thésée ne ramena pas Ariane à Athènes et ne l'emmena pas plus loin que Dia, la petite île crétoise qu'on apercevait de Cnossos. Le Dionysos crétois, représenté sous forme de taureau — en réalité c'était Minos — était le mari légitime d'Ariane, et on avait dû servir du vin — produit crétois — au cours de ses orgies. Ceci expliquerait l'indignation de Dionysos, rapportée par Homère, lorsque Ariane partagea sa couche avec l'intrus Thésée.*

7. *Plutarque et d'autres auteurs expliquent un grand nombre de coutumes athéniennes anciennes de la période mycénienne d'après les incidents du voyage de Thésée en Crète : par exemple la prostitution rituelle de jeunes filles et la sodomie rituelle (qui caractérisa le culte d'Anatha à Jérusalem (voir 61.* 1*) et de celui de la déesse syrienne à Hiérapolis) dont certains vestiges ont survécu chez les Athéniens lorsqu'ils apaisaient Apollon en lui offrant des jeunes vierges et en lui faisant apporter des produits de la moisson par deux invertis mâles. La branche chargée de fruits rappelle le* lulab *que l'on portait à Jérusalem au cours de la Fête des Tabernacles, au Nouvel An, et que l'on célébrait aussi au début de l'automne. « Les Tabernacles » étaient une fête des vendanges et correspondaient aux Oschophories athéniennes ou « transports de grappes de raisin », dont l'essentiel était une épreuve de course à pied (Proclus,* Chrestomathie *28). A l'origine, le vainqueur devenait le nouveau roi sacré, comme à Olympie, et recevait un mélange de cinq aliments : « huile, vin, miel, fromage râpé et farine » — le divin nectar et l'ambroisie des dieux. Plutarque associe Thésée, le nouveau roi, à cette fête, en disant qu'il arriva par hasard alors qu'elle battait son plein et prétend qu'il n'a pris aucune part au meurtre de son prédécesseur Égée. Mais en réalité, le nouveau roi participa à une épreuve de lutte contre le vieux roi et le précipita — en tant que* pharmacos *— du haut de la falaise blanche, dans la mer (voir 96.* 3*). Dans la représentation illustrant cette scène, que le mythographe a de toute évidence mal interprétée, le navire à la voile noire de Thésée devait être une embarcation qui se trouvait sur les lieux pour porter secours au* pharmacos *; il avait une voile noire parce que les pêcheurs de la Méditerranée colorent généralement leurs filets et leurs voilures pour empêcher que l'eau de mer ne les pourrisse. Le kermès, ou cochenille, fournissait une teinture rouge vif dont on enduisait le visage du roi sacré et elle était, de ce fait, rattachée à l'idée de royauté. « Hécaléné », la vieille fille nécessiteuse, est probablement une forme dégradée d'« Hécate Séléné », la lune rapide, c'est-à-dire Artémis.*

8. *Il semble bien qu'à l'époque préhellénique il fût interdit aux hommes de manger des fèves — les Pythagoriciens s'abstenaient encore de fèves parce qu'ils considéraient que les âmes de leurs ancêtres risquaient de s'y trouver et, par conséquent, si un homme (et non une femme) mangeait une fève, il privait peut-être un de ses ancêtres de la possibilité de se réincarner. Ainsi la fête populaire de la fève montre que les Hellènes se moquaient franchement de la déesse qui avait imposé ce tabou ; c'est également dans ce sens qu'il faut interpréter l'installation de prêtres mâles chez les Phytalides (« planteurs »), mot dont la forme féminine rappelle que la culture du figuier, de même que celle de la fève, était, au début, un mystère réservé aux femmes (voir 24.* 13*).*

9. *Les Chypriotes adoraient Ariane comme « déesse de la naissance d'Amathos », titre qui appartenait à Aphrodite. Ses*

fêtes d'automne célébraient la naissance de l'Année Nouvelle et le jeune homme qui, par sympathie, l'imitait, lorsque les douleurs la prenaient, était probablement son royal amant, Dionysos. Cette coutume, connue sous le nom de couvade, *se retrouve en de nombreuses régions d'Europe.*

10. *Le temple en cornes d'Apollon, à Délos, a été récemment mis au jour. L'autel et ses fondations ont disparu et le taureau a succédé au bouc en tant qu'animal rituel dans les motifs décoratifs — si tant est qu'il y eût jamais un bouc ; on peut voir sur un sceau minoéen la déesse debout sur un autel entièrement fait de cornes de taureau.*

11. *La représentation allégorique du mur de Micon où est figurée Thétis offrant une couronne et un anneau à Thésée tandis que Minos, sur la grève, a un air furieux devait représenter le passage aux mains des Athéniens de la thalassocratie crétoise. Mais il est possible aussi que Minos ait épousé symboliquement la déesse de la Mer en jetant dans la mer un anneau comme le faisaient les doges au Moyen Age.*

12. *On dit parfois qu'Œnopion et Thoas sont les fils de Thésée parce qu'ils étaient les héros de Chios et de Lemnos (voir 88.* h*), dont les habitants étaient les sujets et les alliés des Athéniens.*

99.

La fédération de l'Attique

a. Lorsque Thésée succéda à son père Égée sur le trône d'Athènes, il consolida son pouvoir en faisant exécuter presque tous ses adversaires, excepté Pallas et ceux qui restaient de ses cinquante fils. Quelques années plus tard, il tua ceux-ci également, par précaution, et, lorsqu'il fut jugé pour ce meurtre au tribunal d'Apollon Delphinios, il plaida — ce qui était sans précédent — l'homicide justifié, ce qui lui valut d'être acquitté. Il fut purifié de leur sang à Trézène où, à présent, régnait son fils Hippolyte et il demeura une année entière dans cette cité. A son retour, il soupçonna un demi-frère, appelé aussi Pallas, d'être mécontent et il le bannit sur-le-champ. Pallas fonda alors Pallantion, en Arcadie, bien que l'on prétende que c'est de Pallas, fils de Lycaon, dont il s'agit et que celui-ci fonda la cité peu après le Déluge de Deucalion [1].

b. Thésée gouverna dans le respect des lois et introduisit une politique fédérale qui devait être plus tard à la base du bien-être de la société athénienne. Jusque-là l'Attique avait été divisée en douze communautés, chacune d'elles réglant ses affaires sans consulter le roi d'Athènes, sauf en cas de situations graves. Les Éleusiniens avaient même déclaré la guerre à la tribu d'Érechthée et les querelles intestines ne manquaient pas. Comme ces communautés allaient devoir renoncer à leur indépendance, Thésée allait voir chaque clan et chaque famille en particulier ; il trouva les petits propriétaires et les esclaves disposés à lui obéir et il persuada la plupart des grands propriétaires terriens d'accepter son projet en promettant d'abolir la monarchie et de la remplacer par la démocratie, tout en demeurant lui-même commandant en chef et juge suprême. Ceux que ses arguments ne convainquaient pas respectaient au moins sa force[2].

c. Ainsi fut-il donné plein pouvoir à Thésée pour dissoudre tous les gouvernements locaux après avoir convoqué leurs délégués à Athènes, où il leur donna une Assemblée et un Tribunal, qui existaient toujours à l'époque historique. Mais il s'abstint d'intervenir dans la propriété privée. Ensuite, il réunit la banlieue à la cité elle-même, qui jusqu'alors comprenait l'Acropole et ses faubourgs immédiats, au sud, dont faisaient partie les anciens temples de Zeus Olympien, d'Apollon Pythien, de la Mère-Terre, de Dionysos des Marais (Lénaios) et de l'aqueduc des Neuf Sources. Les Athéniens appelaient encore l'Acropole « la Cité ».

d. Il appela le seizième jour d'Hécatombéion (juillet) la « Journée de la fédération » et en fit une fête publique en l'honneur d'Athéna ; ce jour-là, on offre à la Paix un sacrifice non sanglant[3]. En changeant le nom des Jeux Athéniens, célébrés ce jour-là, en Panathénées, il les ouvrit à toute l'Attique ; et il introduisit aussi le culte d'Aphrodite Fédérale (Pandémos) et de la Persuasion (Peithô). Puis il abdiqua, comme il l'avait promis, et donna à l'Attique sa nouvelle constitution sous les meilleurs auspices : car l'Oracle de Delphes prophétisa qu'Athènes surmonterait à présent toutes les tempêtes aussi sûrement qu'une vessie de porc[4].

e. Pour donner plus d'importance encore à la cité, Thésée invita tous les étrangers fortunés à devenir ses concitoyens. Ses hérauts répandus à travers la Grèce usaient d'une formule qui était encore en usage à l'époque historique : « Venez à nous, venez tous, bonnes gens ! » Les hommes vinrent en foule à Athènes et Thésée divisa la population de l'Attique en trois classes : les Eupatrides ou « ceux qui ont bien mérité de la patrie », les Géôrgés ou « cultivateurs » et les Démiurges ou « artisans ». Les Eupatrides s'occupèrent des affaires religieuses, devinrent magistrats, interprétèrent les lois, et remplirent les plus hautes fonctions (c'étaient les plus hauts dignitaires du pays) ; les Géôrgés cultivaient la terre et constituaient l'ossature de l'État ; les Démiurges constituaient de loin la classe la plus nombreuse et faisaient les métiers les plus divers : ils étaient devins, chirurgiens, hérauts, charpentiers, sculpteurs, confiseurs [5]. Ainsi Thésée fut le premier roi à créer un Commonwealth et c'est pourquoi Homère, dans son *Catalogue des Bateaux,* qualifie les Athéniens seuls de peuple souverain. Sa constitution resta en vigueur jusqu'au moment où les tyrans s'emparèrent du pouvoir. Mais certains disent que cette tradition n'est pas authentique et que Thésée continua à régner comme par le passé et que, après la mort du roi Ménesthée, qui était à la tête des Athéniens contre Troie, sa dynastie occupa le trône pendant trois générations [6].

f. Thésée, qui fut le premier roi d'Athènes à battre monnaie, avait fait graver un taureau sur ses pièces. On ne sait pas si ce taureau était celui de Poséidon ou bien Tauros, le général de Minos, ou bien s'il voulait simplement par là encourager l'agriculture ; mais c'est à cette monnaie qu'on dut d'évaluer les choses en « dix bœufs » ou « cent bœufs » pendant très longtemps. Pour ne pas être en reste avec Héraclès qui avait instauré Zeus comme patron des Jeux Olympiques, Thésée institua son père Poséidon comme patron des Jeux Isthmiques. Jusqu'alors, le dieu qui avait eu ce privilège était Mélicerte fils d'Ino, et les Jeux qui se déroulaient la nuit étaient plutôt des Mystères qu'un spectacle public. Puis il jugea que les Athéniens avaient raison de réclamer Mégare, il réunit les délégués du Péloponnèse dans l'isthme, il réussit à les persuader de régler leur querelle au sujet des frontières avec leurs voisins ioniens, qui durait déjà depuis longtemps. A un endroit dont les deux parties étaient convenues, il éleva la fameuse colonne qui portait sur sa face méridionale l'inscription : « Ceci n'est pas le Péloponnèse, mais l'Ionie », et sur sa face occidentale : « Ceci n'est pas l'Ionie mais le Péloponnèse. » Il obtint également l'assentiment des Corinthiens pour que les Athéniens occupent la place d'honneur aux Jeux Isthmiques ; celle-ci consistait en un terrain dont la superficie correspondait à la surface de la grand-voile du navire qui les avait amenés[7].

★

1. *Les éléments mythiques de la légende de Thésée ont noyé ce que l'on considère comme l'histoire constitutionnelle d'Athènes ; mais la fédération de l'Attique a été située plusieurs centaines d'années trop tôt ; les réformes démocratiques de Thésée sont une propagande du* V^e^ *siècle, probablement inventée par Clisthène. Les réformes légales, intervenues au cours de la monarchie juive tardive, furent attribuées, de la même manière, à Moïse par les auteurs du Pentateuque.*

2. *Les bœufs constituaient une monnaie dans la Grèce ancienne, l'Italie, l'Irlande comme aujourd'hui encore dans certaines tribus arriérées de l'Afrique orientale ; les Athéniens ne fabriquèrent des pièces de monnaie qu'environ cinq cents ans après la guerre de Troie. Mais il est vrai que des lingots de cuivre crétois, d'un poids déterminé, étaient officiellement frappés à l'effigie d'une tête de taureau ou d'un veau couché (Sir Arthur Evans :* Poids et Monnaies minoens *p. 335) ; et les Boutades d'Athènes qui semblent être responsables, pour une grande part, du mythe de Thésée se sont peut-être souvenus de cette tradition lorsqu'ils frappèrent leur monnaie à l'effigie d'une tête de bœuf, emblème de leur clan.*

3. *La division de l'Attique en douze communautés se retrouve dans le Delta du Nil et en Étrurie et dans la répartition du territoire canaanite conquis, entre les douze tribus d'Israël ; ce nombre a peut-être été choisi pour permettre au monarque de se rendre chaque mois dans une tribu. Les Grecs des temps héroïques ne faisaient pas de différence entre le meurtre et l'homicide involontaire ; dans les deux cas, il fallait payer le prix du sang au clan de la victime ; le meurtrier changeait alors de nom et quittait la ville pour toujours. Ainsi Télamon et Pélée continuèrent à être tenus en haute considération par les dieux après le perfide assassinat de Phocos (voir 81.* b*) ; et Médée tua Apsyrtos sans s'aliéner ses nouveaux sujets corinthiens (voir 153.* a *et 156.* a*). Cependant à Athènes, un meurtre prémédité (*phonos*), à la période classique, était puni de mort ; l'homicide involontaire (*akousia*), du bannissement ; et le clan était obligé par la loi de mettre à exécution la sentence.* Phonos hécousios *(homicide justifié) et* phonos acousios *(homicide involontaire) étaient des raffinements que Dracon introduisit au* VIIe *siècle avant J.-C. ; seule la dernière catégorie exige une expiation par purification rituelle. Les mythographes n'ont pas compris que Thésée échappa à l'exil permanent pour le meurtre des Pallantides uniquement en exterminant le clan tout entier, comme le fit David avec la « Maison de Saül ». Une année d'absence de*

Trézène suffit à débarrasser la ville de la souillure qu'avait causée son meurtre.

100.
Thésée et les Amazones

a. Selon certains, Thésée prit part à l'expédition victorieuse contre les Amazones et reçut comme part du butin leur reine Antiopé, appelée aussi Mélanippé ; et on dit que ce ne fut pas pour elle un malheur, comme le prétendaient certains car elle trahit pour lui la cité de Thémiscyra sur le fleuve Thermodon, pour lui prouver la passion qu'il avait allumée dans son cœur, déjà [1].

b. D'autres disent que Thésée se rendit dans leur pays, quelques années plus tard, en compagnie de Pirithoos et ses camarades, et que les Amazones, ravies de voir arriver tant de si beaux guerriers, ne leur résistèrent pas. Antiopé vint à la rencontre de Thésée avec des présents, mais à peine s'était-elle hissée à bord de son navire qu'il leva l'ancre et l'enleva. D'autres encore disent qu'il resta quelque temps en Amazonie et qu'Antiopé habitait chez lui. Ils ajoutent que parmi ses compagnons se trouvaient trois frères athéniens, Eunéos, Thoas et Soloeis et que ce dernier tomba amoureux d'Antiopé ; mais, comme il n'osait pas l'approcher sans préparation, il demanda à Eunéos de plaider sa cause auprès de l'Amazone. Antiopé repoussa les avances qui lui étaient faites, tout en continuant à traiter Soloeis avec la même courtoisie, et ce n'est que lorsque celui-ci se fut jeté dans le fleuve Thermodon et s'y fut noyé que Thésée comprit ce qui se passait et éprouva un chagrin violent. Se souvenant alors qu'un jour l'Oracle de Delphes lui avait dit que s'il se trouvait en terre étrangère, affligé d'un grand chagrin, il devrait fonder une cité et y laisser quelques-uns de ses compagnons pour la gouverner, il fonda la ville de Pythopolis en l'honneur d'Apollon Pythien et nomma la rivière voisine Soloeis. Il y établit Eunéos, Thoas et un jeune noble athénien, un certain Hermos, dont l'ancienne demeure à Pythopolis est appelée maintenant, à tort : Maison d'Hermès. Puis il reprit la mer en compagnie d'Antiopé [2].

c. La sœur d'Antiopé, Orithyie, que l'on confond parfois avec Hippolyté dont Héraclès conquit la ceinture, jura de se venger de Thésée. Elle s'allia aux Scythes et, à la tête d'une importante armée d'Amazones, elle traversa le Bosphore Cimmérien gelé, puis le Danube et ensuite la Thrace, la Thessalie et la Béotie. A Athènes, elle installa son camp sur l'Aréopage et là elle sacrifia à Arès ; c'est à cela, selon certains, que la colline doit son nom ; mais d'abord elle donna l'ordre à une partie de ses troupes d'envahir la Laconie et d'empêcher ainsi les Péloponnésiens d'envoyer des renforts à Thésée par la route de l'isthme [3].

d. Les forces athéniennes étaient déjà rangées en ordre de bataille, mais aucun des deux camps ne voulait commencer le combat. Enfin, sur le conseil d'un oracle, Thésée sacrifia à Phobos, fils d'Arès, et livra bataille le septième jour de Boédromion, date à laquelle les Boédromies sont célébrées à Athènes ; certains disent cependant que la fête avait déjà été fondée, en l'honneur de la victoire de Xouthos sur Eumolpos, sous le règne d'Érechthée. Le front des Amazones s'étendait depuis ce que l'on appelle aujourd'hui l'Amazonion et la colline de la Pnyx, près de Chrysa. L'aile droite de Thésée, partie du Mouseion, entra en action et se jeta sur leur aile gauche mais elle fut mise en déroute et contrainte de se retirer jusqu'au Temple des Furies. Cet événement a été commémoré par une pierre dressée, en l'honneur de celui qui commandait les troupes en cet endroit, un nommé Chalcodon, dans une rue bordée des tombes de ceux qui tombèrent ce jour-là et qui porte son nom. Cependant, l'aile gauche athénienne, partie du Palladion, du mont Ardettos et du Lycée, chargea et repoussa l'aile droite des Amazones jusqu'à leur campement, leur infligeant de lourdes pertes [4].

e. Selon certains, les Amazones firent des propositions de paix seulement après quatre mois de durs combats ; l'armistice qui fut juré près du sanctuaire de Thésée était encore commémoré au cours du sacrifice des Amazones la veille de la cérémonie. Mais selon d'autres, Antiopé, devenue la femme de Thésée, combattit héroïquement à ses côtés, jusqu'au moment où elle fut tuée par une certaine Molpadia, qui fut ensuite tuée par Thésée ; et Orithyie, suivie de quelques Amazones, s'enfuit à Mégare où elle mourut de chagrin et de désespoir ; et, selon eux, le reste des Amazones, chassées d'Attique par Thésée victorieux, se fixa en Scythie [5].

f. C'était là en tout cas la première fois que les Athéniens repoussaient des envahisseurs étrangers. Certaines Amazones blessées, abandonnées sur le champ de bataille, furent envoyées à Chalcis pour y être soignées. Antiopé et Molpadia sont enterrées près du temple de la Mère-Terre, et un poteau en terre cuite indiquait l'emplacement de la tombe d'Antiopé. D'autres reposent dans l'Amazonion. Les Amazones qui succombèrent, alors qu'elles traversaient la Thessalie, sont enterrées entre Scotoussa et Cynocéphalée ; d'autres près de Chéronée, non loin du fleuve Haemon. A Pirrhicos, en Laconie, des autels marquent l'endroit où les Amazones furent arrêtées et où elles dédièrent deux statues en bois à Artémis et à Apollon ; et à Trézène un temple d'Arès commémore la victoire de Thésée sur un détachement qui tentait de se forcer un passage à travers l'isthme, au moment de leur retraite [6].

g. Selon un récit, les Amazones pénétrèrent en Thrace en passant par la Phrygie et non par la Scythie et fondèrent le sanctuaire d'Artémis Éphésienne au cours de leur marche le long de la côte. Selon un autre récit, elles s'étaient réfugiées dans ce sanctuaire en deux autres circonstances auparavant : une première fois, lorsqu'elles fuyaient Dionysos, et une seconde fois après qu'Héraclès eut défait la reine Hippolyté ; les véritables fondateurs du sanctuaire seraient Crésus et Éphésos [7].

h. Au sujet d'Antiopé, il semble bien que la vérité soit qu'elle survécut à la bataille et que Thésée fut, par la suite, obligé de la tuer, comme l'avait prédit l'Oracle de Delphes, lorsqu'il s'était allié avec le roi crétois Deucalion et avait épousé Phèdre sa sœur. Antiopé jalouse, et qui n'était pas sa femme légalement, fit irruption, toute armée, et interrompit la cérémonie du mariage, menaçant de massacrer tous les invités de Thésée ; ses compagnons fermèrent les portes en toute hâte et l'exécutèrent après un terrible combat ; pourtant, elle lui avait donné un fils, Hippolyte, appelé aussi Démophon, et elle n'avait jamais appartenu à aucun autre homme qu'à lui [8].

★

1. *« Amazones » que l'on fait venir de* a *et* mazon, *« sans seins », parce qu'on croyait qu'elles se desséchaient un sein afin de mieux tirer (cette croyance est tout à fait fantaisiste), semble être un mot arménien, signifiant « femmes de la lune ». Comme*

les prêtresses de la déesse-Lune, sur les rives orientales de la mer Noire, portaient des armes, de même que dans les Syrtes (voir 8. I*), il semble que les récits des voyageurs à leur sujet aient créé une certaine confusion dans l'interprétation de représentations athéniennes où figuraient des femmes guerrières et qu'ils soient à l'origine de la légende d'une invasion des Amazones venant du fleuve Thermodon. Ces figurations existaient à la période classique sur le tabouret du trône de Zeus à Olympie (Pausanias : V. 11. 2) ; sur le bouclier d'Athéna, dans le sanctuaire de Thésée et ailleurs (Pausanias : 1. 15. 2) ; elles représentaient ou bien le combat entre les prêtresses d'Athéna pour la fonction de grande prêtresse ou bien une invasion hellénique de l'Attique et la résistance qu'elles y opposaient. Il y aurait eu aussi des prêtresses armées à Éphèse — colonie minoenne, comme l'indique le nom de son fondateur, Crésus (Crétois) — et dans toutes les cités où existaient des tombes d'Amazones. Orithye, ou Hippolyté, est censée avoir pénétré à plusieurs centaines de milles à l'intérieur de la Scythie ; probablement parce que le Bosphore Cimmérien — la Crimée — était le siège du culte barbare d'Artémis, pratiqué par les Tauriens, où la prêtresse tuait des victimes mâles (voir 116.* 2*).*

2. *L'épisode d'Antiopé interrompant le mariage de Phèdre a peut-être été tiré d'une représentation qui figurait le conquérant hellénique sur le point de violer la grande prêtresse, après qu'il eut tué ses compagnes. Antiopé n'était pas la femme légitime de Thésée, car elle appartenait à une société opposée à la monogamie (voir 131.* k*). Les noms de Mélanippé et d'Hippolyté associent les Amazones au culte préhellénique du cheval (voir 43.* 2*). Le nom de* Soloeis *(poids en forme d'œuf) vient peut-être d'une épreuve de lancement du poids dans les Jeux funèbres célébrés dans la colonie grecque de Pythopolis, ainsi nommée à cause du serpent oraculaire du héros qui l'avait fondée ; il semble qu'il y ait eu là des cérémonies au cours desquelles l'on précipitait des victimes humaines dans les eaux du fleuve Thermodon. Les Boédromies (« courir pour chercher du secours ») étaient une fête d'Artémis, dont on sait peu de chose : peut-être des prêtresses armées y participaient-elles, comme dans la fête des Hybristica (voir 160.* 5*) à Argos.*

101.
Phèdre et Hippolyte

a. Lorsqu'il eut épousé Phèdre, Thésée envoya son fils bâtard Hippolyte à Pitthée qui l'adopta et en fit l'héritier du trône de Trézène. Ainsi Hippolyte n'eut pas de raisons de contester à ses frères légitimes, Acamas et Démophon, fils de Phèdre, le droit de régner sur Athènes[1].

b. Hippolyte, qui avait hérité de sa mère Antiopé une dévotion exclusive à la chaste Artémis, éleva un nouveau temple à la déesse, à Trézène, non loin du théâtre. Aphrodite, alors, décida de le punir de ce qu'elle considérait comme une insulte à sa personne et s'arrangea pour qu'au cours de la cérémonie des Mystères d'Éleusis, Phèdre tombât follement amoureuse de lui. Il arriva vêtu de lin blanc, des fleurs dans les cheveux et, bien que ses traits fussent empreints de dureté, elle les trouva admirables de gravité[2].

c. Comme, à cette époque-là, Thésée se trouvait en Thessalie en compagnie de Pirithoos — ou peut-être était-il au Tartare — Phèdre suivit Hippolyte à Trézène. Là elle érigea le temple d'Aphrodite Catascopia, qui dominait le Gymnase et qui lui permettait de le voir tous les jours, sans être aperçue, pendant qu'il s'entraînait, entièrement nu, à courir, sauter et faire de la lutte, pour se maintenir en forme. Un myrte très vieux se trouvait dans l'enceinte du temple ; et Phèdre, amoureuse et frustrée, en perçait nerveusement les feuilles, avec une épingle à cheveux ornée de pierreries : on les voyait encore à l'époque historique, perforées d'innombrables petits trous. Quelque temps après, Hippolyte, qui participait à la fête des Panathénées et habitait le palais de Thésée, se servit du temple d'Aphrodite sur l'Acropole aux mêmes fins[3].

d. Phèdre ne révélait à personne sa passion incestueuse, mais elle mangeait peu, dormait mal, perdait ses forces de jour en jour et, finalement, sa vieille nourrice comprit tout et la pressa d'envoyer une lettre à Hippolyte. Ainsi Phèdre écrivit à Hippolyte et lui avoua son amour ; elle s'était, disait-elle, convertie, à cause de lui, au culte d'Artémis à qui elle venait de consacrer les deux statues en bois apportées de Crète. Ne viendrait-il pas un jour chasser avec elle ? « Nous, les Crétoises de sang royal, écrivait-elle, il ne fait aucun doute que nous sommes vouées à être malheureuses en amour : ma grand-mère Europe, ma mère Pasiphaé et enfin ma propre sœur Ariane en sont la triste preuve ! Infortunée Ariane, abandonnée par Thésée votre père infidèle, qui a, depuis, assassiné votre royale mère — ah ! les Furies, que ne vous ont-elles châtié pour avoir témoigné, bien qu'étant son fils, d'une si profonde indifférence à son égard ? — et qui, un jour, me tuera, moi aussi ! Je compte bien que vous nous vengerez de lui en honorant Aphrodite en ma compagnie. Ne pourrions-nous pas partir tous deux et vivre ensemble, pour un certain temps tout au moins, en laissant entendre que nous sommes à une partie de chasse ? Et, du reste, personne ne soupçonnerait jamais les véritables sentiments qui nous lient. Déjà ici, nous habitons sous le même toit, et notre affection l'un pour l'autre paraît à tous innocente et même banale[4]. »

e. Hippolyte brûla la lettre avec un sentiment d'horreur, se rendit aussitôt dans les appartements de Phèdre, l'accabla de reproches et stigmatisa son sentiment ; alors Phèdre déchira ses vêtements, ouvrit violemment toutes les portes de son appartement et se mit à crier : « Au secours ! Au secours ! On me viole ! » Puis elle se pendit au linteau après avoir laissé une lettre l'accusant des crimes les plus horribles[5].

f. Thésée lut la lettre et maudit Hippolyte. Il donna les ordres pour qu'il quitte Athènes sur-le-champ et pour toujours. Puis il se souvint que son père Poséidon lui avait promis d'exaucer trois vœux qu'il pourrait former et il pria ardemment qu'Hippolyte mourût le jour même. « Père, demanda-t-il, envoie un animal sauvage sur la route d'Hippolyte, lorsqu'il se rendra à Trézène ! »

g. Hippolyte, fouettant ses chevaux, était sorti d'Athènes, à vive allure[6]. Son char roulait sur le côté étroit de l'isthme lorsqu'une gigantesque vague s'éleva dans la mer, dépassant le sommet de la Roche Molurienne, et s'avança en grondant vers la côte ; de sa crête s'élança un énorme chien de mer (certains disent que c'était un taureau blanc) soufflant et crachant de l'eau. Les quatre chevaux d'Hippolyte, fous de terreur, firent un écart du côté de la falaise, mais, comme il était un excellent conducteur de char, il les empêcha de tomber dans le vide. La bête de la mer, alors, se mit à galoper derrière le char de façon menaçante et il ne put maintenir son attelage sur la route. Non loin du sanctuaire d'Artémis Saronique, on pouvait voir encore, à l'époque historique, un olivier sauvage qu'on appelle le Rhachos noueux — le mot trézénien pour dire olivier est *rhachos* — et c'est à une des branches de cet arbre que se prirent les rênes d'Hippolyte. Son char fut projeté sur le côté contre un rocher et se brisa. Hippolyte, empêtré dans les rênes, fut projeté contre le tronc de l'olivier d'abord, puis contre le roc ; traîné par ses chevaux, son corps se rompit contre les rochers. La bête monstrueuse qui le poursuivait avait disparu [7].

h. Certains disent, bien que ce soit improbable, qu'Artémis alors raconta la vérité à Thésée et le transporta en un clin d'œil à Trézène — il arriva sur le lieu de l'accident juste à temps pour se réconcilier avec son fils mourant — et qu'elle se vengea d'Aphrodite en causant la mort d'Adonis ; ce qui est certain, c'est qu'elle enjoignit aux Tréséniens de rendre à Hippolyte les honneurs divins et, à partir de ce jour, aux jeunes mariées de Trézène de couper une boucle de leurs cheveux et de la lui dédier. Ce fut Diomède qui consacra l'ancien temple et la statue d'Hippolyte à Trézène et qui, le premier, lui offrit son sacrifice annuel. Les tombeaux de Phèdre et d'Hippolyte — celui-ci n'était qu'un simple tertre — se trouvaient dans l'enceinte de ce temple, non loin du myrte aux feuilles transpercées.

i. Les Trézéniens, quant à eux, prétendirent qu'Hippolyte ne fut pas déchiqueté par ses chevaux contre les rochers, et qu'il ne reposait pas dans le temple ; ils refusèrent de divulguer le lieu où se trouvait sa véritable tombe. Ils déclarèrent que les dieux l'ont placé dans le Ciel où il conduit son char parmi les étoiles : c'est la constellation du Chariot [8].

j. Les Athéniens édifièrent un tumulus en souvenir d'Hippolyte tout près du temple de Thémis, car sa mort avait été causée par une malédiction. Selon certains, Thésée fut accusé de l'avoir tué, fut jugé coupable, ostracisé et banni à Scyros, où il finit ses jours dans le doute et le chagrin. Mais sa chute est généralement considérée comme étant survenue à la suite d'une tentative de viol sur la personne de Perséphone [9].

k. L'ombre d'Hippolyte descendit au Tartare, et Artémis, au comble de l'indignation, demanda à Asclépios de ressusciter son cadavre. Asclépios ouvrit les portes de sa petite armoire à médicaments en ivoire et en tira une herbe qui avait ressuscité le Crétois Glaucos. Il toucha de cette herbe, par trois fois, la poitrine d'Hippolyte en répétant des paroles magiques et, à la troisième fois, le mort leva la tête. Mais Hadès et les Trois Parques, choqués de ce traitement privilégié, persuadèrent Zeus de tuer Asclépios d'un trait de sa foudre.

l. Les Latins racontent qu'Artémis enveloppa alors Hippolyte dans un nuage épais, le déguisa en vieillard et changea ses traits. Après avoir hésité entre la Crète et Délos pour le cacher, elle l'emmena dans son bois sacré à Aricie, en Italie[10]. Là, il épousa, avec son consentement, la Nymphe Égérie et il vit toujours près du lac, au milieu des sombres chênes, entouré de rochers à pic. Et, pour qu'il ne se souvienne jamais de sa mort, Artémis changea son nom en celui de Virbius, ce qui veut dire *vir bis,* ou « deux fois homme » ; il était interdit aux chevaux d'approcher de ces lieux. La prêtrise d'Artémis Aricienne était ouverte uniquement à des esclaves fugitifs[11]. Dans son bois sacré s'élevait un vieux chêne dont on ne devait pas casser les branches, mais si un esclave avait l'audace d'en casser une, alors le prêtre, qui avait lui-même tué son prédécesseur et qui, par conséquent, vivait dans la crainte de mourir d'une heure à l'autre, devait combattre à l'épée, pour la prêtrise. Les Ariciens disent que Thésée pria Hippolyte de rester auprès dc lui à Athènes, mais qu'Hippolyte refusa.

m. Une tablette, dans le sanctuaire d'Asclépios, à Épidaure, rappelle qu'Hippolyte lui consacra vingt chevaux en témoignage de reconnaissance parce qu'il l'avait ressuscité[12].

★

I. *L'incident de l'amour incestueux de Phèdre pour Hippolyte, comme celui de la femme de Putiphar et son amour adultère pour Joseph (voir 75.* I*), est emprunté soit à la légende égyptienne des deux frères, soit à une source canaanite commune. La suite se base sur la représentation familière d'un accident de char à la fin du règne d'un roi sacré (voir 71.* I*). Si, comme dans l'Irlande ancienne, un mugissement prophétique de la mer en novembre avertissait le roi que son heure était venue, cet avertissement était figuré par un taureau, ou un phoque dressé, la gueule ouverte sur la crête d'une vague. Les rênes d'Hippolyte avaient dû se prendre dans le myrte, et non dans l'olivier à l'aspect sinistre qui fut plus tard associé à l'accident ; c'est le myrte en réalité qui poussait près de son autel et il était célèbre pour ses feuilles perforées. Le myrte symbolisait le dernier mois du règne du héros, comme dans la légende de l'accident de char d'Oenomaos (voir 109.* j*), tandis que l'olivier sauvage symbolisait le premier mois du règne de son successeur.* Vir bis *est une fausse étymologie de Virbius, qui semble être le grec* hiérobios, *« vie sacrée » —* h *devient souvent* v : *comme dans* Hestia *et* Vesta *ou* Hesperos *et* Vesper. *Dans* Le Rameau d'Or, *Sir James Frazer a montré que la branche que gardait si jalousement le prêtre était du gui ; et il* *est probable que Glaucos, fils de Minos (voir 90.* c*), qui a été confondu avec Sisyphe (voir 71.* a*), fut ressuscité par du gui. Bien que le culte préhellénique du gui et du chêne eût été supprimé en Grèce (voir 50.* 2*), des prêtres réfugiés, venant de l'isthme, auraient pu l'introduire à Aricie. Le nom d'Égérie indique qu'elle était une déesse de la mort qui habitait un bosquet de peupliers noirs (voir 51.* 7 *et 170.* 1*).*

2. *La boucle de cheveux coupée des jeunes mariées doit être une innovation patriarcale, destinée sans doute à priver les femmes du pouvoir magique que possédaient leurs cheveux ; les femmes musulmanes sont rasées le jour de leur mariage.*

3. *Le secret de l'emplacement de la tombe d'Hippolyte se retrouve dans les légendes de Sisyphe et de Nélée (voir 67.* 3*), ce qui donne à penser qu'il était enterré en un point stratégique de l'isthme.*

102.
Lapithes et Centaures

a. On dit que Pirithoos le Lapithe était fils d'Ixion et de Dia, fille d'Éionée, on dit aussi qu'il était fils de Zeus qui, métamorphosé en étalon, galopa d'abord lentement autour de Dia avant de s'unir à elle[1].

b. On faisait de la force et du courage de Thésée des récits presque incroyables à Pirithoos qui régnait sur les Magnésiens, à l'embouchure du Pénée. Un jour, il résolut de les éprouver en faisant une incursion en Attique et il vola un troupeau de bêtes à cornes qui paissaient à Marathon. Thésée se mit aussitôt à la poursuite et Pirithoos, courageusement, s'arrêta et lui fit face ; mais, saisis l'un et l'autre d'une admiration réciproque pour leur noblesse, le troupeau fut oublié et ils se jurèrent une amitié éternelle[2].

c. Pirithoos épousa Hippodamie ou Déidamie, fille de Boutès — ou selon certains d'Adraste — et il invita tous les dieux de l'Olympe à son mariage, sauf Arès et Éris ; il avait le souvenir des ennuis dont Éris avait été la cause au mariage de Pélée et de Thétis. Comme il était venu pour le mariage de Pirithoos plus de convives que le palais n'en pouvait contenir, ses cousins les Centaures, ainsi que Nestor, Caenée et d'autres princes thessaliens avaient été installés dans une caverne voisine, bien ombragée.

d. Mais les Centaures n'avaient pas l'habitude du vin et, lorsqu'ils eurent senti son parfum, ils repoussèrent le lait caillé qu'on avait posé devant eux et coururent emplir leurs cornes d'argent aux outres de vin. Dans leur ignorance, ils avalèrent d'un seul trait la forte liqueur sans la couper d'eau et devinrent tellement ivres que, lorsque la mariée arriva, suivie de son cortège, dans la caverne pour les saluer, Eurytos ou Eurytion sauta de son siège, renversa la table et, la prenant par les cheveux, l'entraîna de force. Aussitôt, les autres Centaures suivant son exemple, se jetèrent sur les femmes et les jeunes garçons en essayant de les violer. Pirithoos, suivi de Thésée, s'élança au secours d'Hippodamie, coupa le nez et les oreilles d'Eurytion, et, avec l'aide des Lapithes, il le jeta hors de la caverne. La bataille qui s'ensuivit, et au cours de laquelle Caenée le Lapithe fut tué, dura jusqu'à la nuit. C'est ainsi que commença la longue guerre qui opposa les Centaures à leurs voisins les Lapithes, dirigés par Arès et Éris, pour venger l'affront qui leur avait été fait [3].

e. A cette occasion, les Centaures subirent de sérieuses défaites, et Thésée les chassa de leur ancien terrain de chasse sur le mont Pélion jusqu'au pays des Aethices, près du Pinde. Mais ce n'était pas une tâche aisée que de soumettre les Centaures, qui, déjà, s'étaient querellés avec Pirithoos au sujet du royaume d'Ixion, et qui, maintenant, ralliant leurs forces, envahissaient le territoire des Lapithes. Ils prirent par surprise et exterminèrent la principale armée lapithe et, lorsque les quelques survivants s'enfuirent à Pholoé, en Élide, les Centaures les en chassèrent, occupèrent Pholoé et en firent un repaire de bandits. Finalement, les Lapithes se fixèrent à Maléa [4].

f. C'est au cours de son expédition contre les Centaures que Thésée rencontra Héraclès à nouveau. Il ne l'avait pas revu depuis son enfance ; il l'initia, peu après, aux Mystères de Déméter, à Éleusis [5].

★

1. *Les Lapithes et les Centaures prétendaient les uns et les autres descendre d'Ixion, un héros du chêne, et ils avaient en commun le culte du chêne (voir 63.* a *et* d*). C'étaient des tribus montagnardes primitives de la Grèce septentrionale et les Hellènes tirèrent parti de leur rivalité en s'alliant d'abord aux uns puis aux autres (voir 35.* 2 ; *78.* I *et 81.* 3*). Centaures et Lapithes sont peut-être les mots italiques :* centuria, *« troupe composée de cent guerriers » et* lapicida, *« briseurs de pierres » (l'étymologie classique est respectivement,* centauroi, *« ceux qui transpercent*

les taureaux », et lapizein, *« faire le fanfaron ») ; ces montagnards semblent avoir pratiqué des orgies érotiques et ont, de ce fait, passé pour des débauchés parmi les Hellènes monogames ; des membres de cette race néolithique ont survécu dans les montagnes d'Arcadie et sur le mont Pinde jusqu'à la période classique ; on trouve des vestiges de leur langue préhellénique dans l'Albanie moderne.*

2. *Il est cependant improbable que la guerre entre les Lapithes et les Centaures — figurée sur le fronton occidental du temple de Zeus à Olympie (Pausanias : V. 10. 2) ; à Athènes dans le sanctuaire de Thésée (Pausanias : I. 17. 2) et sur l'égide d'Athéna (Pausanias : I. 28. 2) — ne soit qu'une simple bataille entre des tribus à frontières communes. Comme elle est reliée à un banquet de mariage royal, présidé par les dieux et auquel assistait Thésée revêtu de sa peau de lion, il s'agit sans doute d'un événement rituel très important pour tous les Hellènes. Héraclès, revêtu de sa peau de lion, combattit également contre les Centaures au cours d'un festin de ce genre (voir 126. 2). Homère les appelle « des bêtes sauvages au poil touffu » et, comme on ne les différenciait pas des satyres, sur les anciens vases peints grecs, il s'agit probablement d'un roi nouvellement intronisé — peu importe lequel, luttant contre des danseurs déguisés en animaux : A. C. Hocart dans sa* Royauté *prouve que cet événement faisait partie de l'ancienne cérémonie du couronnement. Eurytion joue le rôle classique de l'intrus (voir 142. 5).*

3. *Si Ixion ou Zeus était le père de Pirithoos, c'est qu'Ixion avait le droit de jouer le rôle de Zeus. Le mythe de sa généalogie a, de toute évidence, été tiré d'une représentation où l'on voyait une prêtresse de Thétis — Dia, fille d'Éionée, « la divine fille de la grève » — un licou à la main, encourager le candidat à la royauté à dompter un cheval (voir 75. 3). Le nom d'Hippodamie (« dresseuse de chevaux ») se rapporte à la même figuration. Zeus, déguisé en étalon, « galopait autour » de Dia, parce que c'est ce que signifie le nom de Pirithoos ; et Ixion, en tant que dieu du Soleil, attaché à sa roue, faisait le tour des cieux (voir 63. 2).*

103.
Thésée au Tartare

a. Après la mort d'Hippodamie, Pirithoos persuada Thésée dont la femme, Phèdre, s'était pendue récemment, de se rendre à Sparte avec lui et d'enlever Hélène, sœur des Dioscures, Castor et Pollux, à laquelle tous deux souhaitaient s'unir par les liens du mariage. A l'endroit où se trouve actuellement le sanctuaire de Sérapis à Athènes, ils jurèrent de s'aider dans cette périlleuse entreprise, de tirer Hélène au sort lorsqu'ils l'auraient conquise, et ensuite d'enlever une autre fille de Zeus pour le perdant, quels que soient les dangers et les difficultés[1].

b. Cela décidé, ils entrèrent à Lacédémone à la tête d'une armée, et là ils s'emparèrent d'Hélène, alors qu'elle faisait un sacrifice à Artémis Orthia, à Sparte, la couchèrent sur un cheval et repartirent au galop. Ils eurent bientôt distancé leurs poursuivants et se débarrassèrent d'eux à Tégée ; là, selon ce qui avait été convenu entre eux, on tira Hélène au sort ; et ce fut Thésée qui l'obtint[2]. Mais, prévoyant que les Athéniens le désapprouveraient violemment d'avoir cherché querelle aux redoutables Dioscures, il envoya Hélène, qui n'était pas encore nubile — elle avait seulement douze ans et même moins, selon certains — au village d'Aphidna en Attique, où il chargea son ami Aphidnos de veiller attentivement sur elle et d'en prendre le plus grand soin. Æthra, la mère de Thésée, accompagna Hélène et s'occupa d'elle. Certains essaient de disculper Thésée et disent que c'était Idas et Lyncée qui enlevèrent Hélène et qu'ils la confièrent à la garde de Thésée, pour se venger de l'enlèvement des Leucippides. Selon d'autres, c'est Tyndare, le père d'Hélène, qui la confia lui-même à Thésée en apprenant que son neveu Énarophoros, fils d'Hippocoon, avait formé le projet de l'enlever[3].

c. Quelques années s'écoulèrent et lorsque Hélène fut en âge de se marier avec Thésée, Pirithoos lui rappela leur pacte. Ils allèrent ensemble consulter un oracle de Zeus, dont ils avaient fait le témoin de leur serment, et voici sa réponse ironique : « Pourquoi ne pas descendre au Tartare et demander à Perséphone, la femme d'Hadès, d'épouser Pirithoos ? Elle est la plus noble de nos filles. » Thésée eut un haut-le-corps quand Pirithoos, qui avait pris au sérieux cette suggestion, lui rappela son serment ; mais il n'osa pas refuser et ainsi ils descendirent au Tartare, l'épée à la main. Évitant le bac qui traverse le Léthé, ils passèrent par-derrière et pénétrèrent par l'entrée qui se trouve dans une grotte du Ténare en Laconie, et bientôt ils frappaient aux portes du palais d'Hadès. Hadès écouta calmement leur impudente requête, feignit d'être heureux de les recevoir et les pria de s'asseoir. Sans méfiance, ils prirent le siège qu'il leur offrait et qui n'était autre que le fauteuil de l'oubli et, à l'instant, il fit partie de leur chair même, en sorte qu'il leur était impossible de se lever sans se déchirer le corps. Des serpents s'enroulèrent autour d'eux en sifflant, ils furent fouettés par les Furies et mordus par Cerbère tandis qu'Hadès les regardait, un sourire cruel sur les lèvres [4].

d. Ils furent ainsi tourmentés pendant quatre ans, jusqu'au jour où Héraclès, venu, sur l'ordre d'Eurysthée, chercher Cerbère, les reconnut, alors qu'ils tendaient les bras pour demander du secours. Perséphone reçut Héraclès comme un frère et l'autorisa à libérer les fautifs et à les ramener à l'air libre, s'il en était capable [5]. Héraclès saisit alors Thésée par les deux mains et le tira de toute sa force herculéenne et, dans un bruit de vêtements déchirés, il l'arracha à son fauteuil et le délivra ; mais une grande partie de sa chair resta collée au siège, et c'est la raison pour laquelle les descendants athéniens de Thésée passaient pour avoir un postérieur si ridiculement plat. Ensuite il saisit les mains de Pirithoos, mais la terre se mit à trembler en signe d'avertissement et il renonça à le sauver. C'était Pirithoos, après tout, qui avait eu l'idée de cette entreprise blasphématoire [6].

e. Selon certains récits cependant, Héraclès délivra Pirithoos en même temps que Thésée alors que selon d'autres, il ne délivra ni l'un ni l'autre mais laissa Thésée enchaîné pour toujours à un fauteuil de feu et Pirithoos couché près d'Ixion sur un lit d'or — tandis qu'affamés ils voient apparaître les plats les plus fins et les plus savoureux, que les Furies leur retirent perpétuellement. On a même dit que Thésée et Pirithoos n'étaient jamais descendus au Tartare mais qu'ils s'étaient seulement rendus dans une cité thesprotienne, ou molossienne, du nom de Cichyros, dont le roi Aidonée, s'étant aperçu que Pirithoos avait l'intention d'enlever sa femme, l'avait livré à une meute de chiens et avait enfermé Thésée dans une tour, d'où plus tard Héraclès l'avait délivré [7].

★

I. *Des héros importants dans plusieurs mythologies ont, dit-on, hersé l'Enfer : Thésée, Héraclès (voir 134.* c*), Dionysos (voir 170.* m*) et Orphée (voir 28.* c*), en Grèce ; Bel et Marduk, en Babylonie (voir 71.* I*) ; Énée, en Italie ; Cuchulain, en Irlande ;*

Arthur, Gywydion et Amathaon en Grande-Bretagne ; Ogier le Danois, en Bretagne. L'origine du mythe semble être une mort temporaire que le roi sacré faisait semblant de subir au terme normal de son règne, tandis qu'un intérim, qui était un jeune garçon, le remplaçait pendant un jour ; il circonvenait ainsi la loi qui lui interdisait de prolonger la période de son règne au-delà des treize mois de l'année solaire (voir 7. I ; *41.* I ; *123.* 4, *etc.).*

2. *Bel et son successeur Marduk passaient la période de leur règne à se battre contre le monstre marin Tiamat, incarnation de la déesse de la mer Ishtar qui envoya le Déluge (voir 73.* 7*) ; comme les anciens rois irlandais, dont on dit qu'ils combattirent les pirates de l'Atlantique, ils se noyaient au cours d'une cérémonie. Sur un vase étrusque figure un roi agonisant, Jason, dit-on (voir 148.* 4*), pris entre les mâchoires d'un monstre marin : c'est de cette représentation qu'a été tirée, semble-t-il, l'histoire de Jonas et de la baleine, Jonas étant Marduk.*

3. *Les mythographes athéniens ont réussi à masquer la violente rivalité qui opposait Thésée à son jumeau Pirithoos (voir 95.* 2*) en vue d'obtenir les faveurs de la déesse de la Mort-dans-la-Vie — qui apparaît dans le mythe à la fois sous la forme d'Hélène (voir 62.* 3*) et de Perséphone — en les présentant comme deux rois généreux qui, à l'exemple de Castor et Pollux, avaient fait une incursion dans une ville voisine dans des buts amoureux (voir 74.* c*), et dont l'un fut dispensé de la mort en raison de sa naissance divine. Idas et Lyncée, deux jumeaux du même type, ont été introduits dans la légende pour souligner ce fait. Mais le nom de Pirithoos, « celui qui revient », indique qu'il était roi sacré de plein droit, et sur un vase peint de l'Italie du Sud on le voit montant vers le monde d'en haut et disant au revoir à Thésée qui demeure auprès de la déesse de la Justice, comme si Thésée était seulement son alter ego.*

4. *L'enlèvement d'Hélène au cours d'une cérémonie rituelle rappelle celui d'Orithyie par Borée (voir 48.* a*) et a peut-être été tiré de la même représentation, figurant des orgies érotiques aux Thesmophories athéniennes. Il est possible naturellement qu'un temple de la déesse de l'Attique, Hélène, à Aphidna, ait contenu une statue (ou un autre objet du culte) volée par les Athéniens à son homologue laconienne — si sa descente au Tartare est un doublet de cette légende ils ont pu faire une incursion par voie de mer sur Ténare — et que la statue ait été, par la suite, reprise par les Spartiates.*

5. *Les quatre ans du séjour de Thésée au Tartare constituent la période habituelle après laquelle le roi sacré cédait sa place à son alter ego ; un nouveau roi sacré, Thésée ressuscité, devait alors s'installer sur le trône. Les Athéniens firent une tentative pour donner à leur héros national le statut d'un dieu olympien, comme Héraclès et Dionysos, en assurant qu'il n'avait pas subi la mort ; mais leurs ennemis du Péloponnèse nièrent le fait.*

Certains affirmaient qu'il n'avait pas été épargné par la mort et qu'il avait été puni pour l'éternité de son insolence, comme Ixion et Sisyphe. D'autres rationalisèrent la légende en disant qu'il fit une incursion à Cichyros et non au Tartare et imaginèrent laborieusement que Pirithoos n'avait pas été mordu par Cerbère mais par des Molosses, les chiens les plus féroces de la Grèce. La concession la plus large faite au mythe athénien était que Thésée, libéré sans condition après une humiliante station sur la Chaise de l'Oubli (voir 37. 2), avait transféré, pour s'excuser, la plupart de ses temples et sanctuaires à Héraclès Sauveur, dont il imitait les travaux et les souffrances.

6. *Cependant Thésée fut un héros important et il ne faut pas lui contester le hersage de l'Enfer, en ce sens qu'il pénétra jusqu'au centre du labyrinthe crétois, où la mort l'attendait et qu'il en ressortit sain et sauf. Si les Athéniens avaient été aussi puissants sur terre qu'ils l'étaient sur mer, il serait certainement devenu un dieu de l'Olympe ou, au moins, un demi-dieu national. La principale source de cette hostilité à l'égard de Thésée doit être recherchée à Delphes où l'oracle d'Apollon était notoirement aux ordres des Spartiates en lutte contre Athènes.*

104.
La mort de Thésée

a. Pendant la réclusion de Thésée au Tartare, les Dioscures, à la tête d'une armée formée de Laconiens et d'Arcadiens, avaient marché sur Athènes et demandé le retour d'Hélène. Comme les Athéniens affirmaient qu'elle n'était pas chez eux et qu'ils n'avaient pas la moindre idée du lieu où elle se trouvait, les Dioscures ravagèrent l'Attique jusqu'à ce qu'un jour les habitants de Décélie, qui désapprouvaient la conduite de Thésée, les conduisissent à Aphidna où ils retrouvèrent leur sœur. Les Dioscures rasèrent alors totalement Aphidna ; quant aux Décéliens, ils furent, depuis lors, exemptés de tout impôt de la part de Sparte, et des places d'honneur leur furent réservées aux fêtes de la cité — leurs terres furent les seules à être épargnées au cours de la guerre du Péloponnèse au moment où les Spartiates dévastèrent l'Attique [1].

b. Selon d'autres versions, celui qui avait indiqué la retraite d'Hélène était un certain Académos, ou Échédémos, un Arcadien venu en Attique sur l'invitation de Thésée. Les Spartiates lui prodiguèrent beaucoup d'honneurs, il va sans dire que durant toute sa vie et, au cours de leurs invasions, par la suite, ils épargnèrent son petit État, situé au bord du Céphée, à six stades d'Athènes. C'est ce qu'on appela l'Académie ; un beau jardin plein de fraîcheur et de ruisseaux où se réunissent les philosophes pour échanger leurs conceptions athées sur la nature des dieux [2].

c. C'est Marathos qui marchait en avant du contingent arcadien de l'armée des Dioscures et, pour obéir à un oracle, il s'offrit lui-même en sacrifice à la tête de ses troupes. Selon certains, c'est lui, et non pas Marathon le père de Sicyon et de Corinthos, qui donna son nom à la cité de Marathon [3].

d. Or, Pétéos, fils d'Ornéos et petit-fils d'Érechthée, avait été banni par Égée, et les Dioscures, pour contrarier Thésée, tirèrent son fils Ménesthée de l'exil et en firent le régent d'Athènes. Ce Ménesthée fut le premier démagogue. Durant l'absence de Thésée, retenu au Tartare, il obtint la faveur des habitants en parlant aux nobles du pouvoir qu'ils avaient perdu du fait du synœcisme et en disant aux pauvres qu'on les avait dépossédés de leurs terres et de leurs dieux et qu'ils s'étaient soumis à un aventurier d'origine obscure, qui de toute façon avait abandonné le trône et était probablement mort [4].

e. Lorsque Aphidna fut tombée et qu'Athènes se trouva en danger, Ménesthée persuada les habitants d'accueillir les Dioscures dans la cité comme leurs bienfaiteurs et leurs libérateurs. En vérité, ils se conduisirent de façon très correcte et demandèrent à être admis aux Mystères d'Éleusis, comme l'avait été Hercule. On accéda à leurs vœux et les Dioscures devinrent citoyens d'honneur d'Athènes. Aphionus devint leur père adoptif, comme Héraclès l'avait été en une occasion semblable — les honneurs divins leur furent rendus ensuite, lorsque se levait leur constellation, en témoignage de reconnaissance pour la clémence dont ils avaient fait preuve à l'égard du peuple ; ils ramenèrent joyeusement Hélène à Sparte et, avec elle, la mère de Thésée, Æthra, et une sœur de Pirithoos comme dame de compagnie. Selon certains, Hélène était toujours vierge et selon d'autres, Thésée l'avait rendue enceinte et sur la route du retour à Argos, elle mit au monde une fille, Iphigénie ; elle consacra un autel à Artémis en témoignage de reconnaissance pour sa libération [5].

f. Thésée, qui était revenu du Tartare peu de temps après, éleva aussi un temple à Héraclès Sauveur et lui reconsacra tous ses autels et ses bois sacrés à l'exception de quatre. Mais il était très affaibli par les tortures qu'il avait subies et il trouva Athènes à ce point divisée par les factions et la dissidence, qu'il ne fut plus en mesure de maintenir l'ordre[6]. Il fit d'abord partir ses enfants d'Athènes et les fit passer en Eubée, où Elpénor, fils de Chalcodon, leur donna refuge, mais, selon certains, ils s'étaient réfugiés là avant son retour — puis, ayant maudit solennellement Athènes du haut du mont Gargettos, il s'embarqua pour la Crète où Deucalion avait promis de lui donner asile.

g. Une tempête détourna le navire de sa route et il aborda à l'île de Scyros, près d'Eubée, où le roi Lycomède, bien qu'ami de Ménesthée, le reçut avec les honneurs dus à sa renommée et à sa naissance. Thésée, qui avait hérité d'un État à Scyros, demanda l'autorisation de s'y fixer. Mais Lycomède avait longtemps considéré ce pays comme le sien — et, sous le prétexte de montrer ses frontières à Thésée, il l'attira en haut d'une falaise escarpée et le poussa dans le vide. Il raconta ensuite qu'il était tombé accidentellement, alors qu'ayant trop bu et trop mangé, il faisait une petite promenade pour retrouver ses esprits[7].

h. Ménesthée, qui était maintenant tranquille pour son trône, était un des soupirants d'Hélène ; il était à la tête des forces athéniennes, à Troie où il acquit une grande réputation comme stratège mais il fut tué dans une bataille. Les fils de Thésée lui succédèrent[8].

i. On dit que Thésée avait pris de force Anaxo de Trézène, et qu'il s'était uni à Iopé, fille d'Iphiclès de Tirynthe. Ses aventures amoureuses causèrent si souvent des ennuis aux Athéniens qu'ils mirent pas mal de temps à reconnaître sa véritable valeur, même plusieurs générations après sa mort. A la bataille de Marathon cependant, son esprit sortit du sol pour les encourager, et se porta tout armé contre les Perses ; après la victoire, l'Oracle de Delphes donna l'ordre que ses os fussent ramenés à Athènes. Les Athéniens subissaient les insultes des habitants de Scyros depuis de nombreuses années et l'oracle annonça que cela continuerait aussi longtemps qu'ils garderaient les os de Thésée chez eux[9]. Mais les ramener n'était pas chose aisée, car les Scyriens étaient des gens féroces et, lorsque Cimon eut pris l'île, ils refusèrent d'indiquer le lieu où était enterré Thésée. Mais Cimon remarqua un aigle sur une colline qui labourait la terre de ses serres. Voyant là un signe du ciel, il se munit d'une pioche, se rendit en toute hâte à l'endroit où l'aigle avait fait un trou et se mit à creuser. Presque aussitôt sa pioche heurta un cercueil de pierre à l'intérieur duquel il trouva le squelette d'un homme de haute taille, tenant une lance de bronze d'une main et de l'autre, une épée : ce ne pouvait être que Thésée. Le squelette, ramené à Athènes avec les marques de la plus profonde vénération, fut enterré à nouveau en grande pompe dans le sanctuaire de Thésée près du Gymnase [10].

j. Thésée avait été un très habile joueur de lyre et à présent, en compagnie d'Héraclès et d'Hermès, il était le patron de tous les gymnases et écoles de lutte en Grèce. Sa ressemblance avec Héraclès était proverbiale. Il prit part à la chasse de Calydon ; vengea les héros qui tombèrent devant Thèbes ; et, s'il ne fit pas partie des Argonautes, c'est parce qu'il était retenu prisonnier au Tartare au moment où ceux-ci s'embarquèrent pour la Colchide. La première guerre entre le Péloponnèse et Athènes éclata à cause de l'enlèvement d'Hélène, et la seconde parce que Thésée refusa de livrer les fils d'Héraclès au roi Eurysthée [11].

k. Les esclaves et les cultivateurs maltraités, dont les ancêtres avaient demandé son aide contre leurs oppresseurs, cherchèrent désormais refuge dans son sanctuaire, où des sacrifices lui étaient offerts le huitième jour de chaque mois. Ce jour a peut-être été choisi parce qu'il arriva pour la première fois à Athènes le huitième jour d'Hécatombéon, et revint de Crète le huitième jour de Pyanepsion. Ou bien peut-être parce qu'il était fils de Poséidon : les fêtes de Poséidon, en effet, sont aussi célébrées à cette date du mois, car huit, étant la première puissance au cube d'un nombre pair, représente la puissance inamovible de Poséidon [12].

★

1. *Ménesthée l'Érechthéide, que l'*Iliade *(II. 552 et ss.) glorifie pour son génie militaire et qui régna quatre ans à Athènes durant le voyage de Thésée au Tartare, semble avoir été son jumeau mortel et avoir régné conjointement avec lui ; il est l'homologue athénien de Pirithoos le Lapithe. Il apparaît ici comme le prototype du démagogue, qui, pendant la guerre du Péloponnèse, fut partisan de la paix à tout prix avec Sparte ; mais le mythographe, tout en déplorant sa politique, prend bien garde de ne pas offenser les Dioscures, à qui les marins athéniens*

adressaient des prières et dont ils imploraient le secours lorsqu'ils étaient surpris par la tempête.

2. *Le thème du* pharmacos *empenné réapparaît dans les noms du père et du grand-père de Ménesthée, ainsi que dans la mort de Thésée lui-même. Celle-ci survint dans l'île de Scyros (« pierreuse ») qu'on écrivait aussi* Sciros *; ce qui indique que sur la représentation dont la légende a été tirée, le mot* scin *(forme abrégée de Scirophoria, qui explique pourquoi le roi était précipité du haut d'un rocher) a été pris fautivement pour le nom de l'île. S'il en est ainsi, la victime aurait été Lycomède. Ce nom était très répandu à Athènes. Il semble qu'à l'origine on faisait des sacrifices à la déesse de la Lune le huitième jour de chaque lunaison, lorsqu'elle entrait dans sa seconde phase, ce qui était le meilleur moment du mois pour les plantations ; mais, lorsque Poséidon l'épousa et s'appropria son culte, le mois devint une période solaire et ne fut plus rattaché à la lune.*

3. *L'importance de Marathos (« fenouil ») du point de vue du mythe vient de l'emploi qu'on faisait des tiges de fenouil qui servaient à transporter le nouveau feu sacré d'un foyer cultuel à des foyers particuliers (voir 39.* g*), après leur extinction annuelle (voir 149.* 3*).*

4. *Avant d'en finir avec la légende de Thésée, permettez-moi d'ajouter ici une note sur le vase de Tragliatella (voir 98.* 3*) sur lequel on peut voir, d'un côté le roi sacré et son alter ego sortant d'un labyrinthe, tandis que sur l'autre côté, une scène d'un extraordinaire intérêt, qui constitue un prologue à la sortie du labyrinthe, figure une procession dans le sens de la marche du soleil conduite par le roi sacré sans armes. Il est escorté par sept hommes portant trois javelots et un grand bouclier sur lequel figure un sanglier ; l'alter ego, armé d'une lance, forme l'arrière-garde. Ces sept hommes représentent évidemment les sept mois du règne de l'alter ego qui se situent entre la récolte des pommes et Pâques. Le sanglier était l'emblème de sa maison (voir 18. 7). La scène a lieu le jour de la mort rituelle du roi et la reine-Lune (Pasiphaé — voir 88. 7) est venue à sa rencontre : silhouette menaçante, le poing sur la hanche et revêtue d'une robe de cérémonie ; son autre bras tendu offre une pomme qui est un laissez-passer pour le Paradis ; les trois lances que tiennent les trois hommes signifient la mort. Mais le roi est guidé par un petit personnage féminin revêtu d'une grande robe comme le précédent — que nous pouvons appeler la princesse Ariane (voir 98. 9), qui aida Thésée à échapper au labyrinthe de la mort à Cnossos. Et il présente hardiment un objet magique dont la signification est inverse à celle de la pomme, un œuf de Pâques, l'œuf de la résurrection — Pâques étant la saison où les danses de la ville de Troie avaient lieu dans les labyrinthes en gazon en Grande-Bretagne et aussi en Étrurie. Un œuf sacré étrusque, en trachite noire polie, entouré d'une flèche en relief, a été découvert à Pérouse : c'est l'œuf de la résurrection.*

[illegible]

Notes

1. LE MYTHE PÉLASGE DE LA CRÉATION

1. Pline : *Histoire naturelle* IV. 35 et VIII. 67 ; Homère : *Iliade* XX. 223.

2. Seuls subsistent dans la littérature grecque quelques fragments de ce mythe préhellénique ; les plus importants sont ceux d'Apollonios de Rhodes, *Argonautiques* I. 496-505 et ceux de Tzetzès : *Lycophron* 1191 ; mais il est implicite dans les Mystères orphiques et on peut le reconstituer, tel qu'il est ici donné, par le Fragment de Bérose et les cosmogonies phéniciennes citées par Philon de Byblos et Damascius ; par les éléments canaanites de la légende de la Création hébraïque ; d'après Hygin (*Fables* 197, voir 62. *a*) ; par la légende béotienne des Dents du Dragon (voir 58. 5) ; et d'après les rituels primitifs représentés dans les œuvres d'art. Le sacrifice qu'ils pratiquaient : les Peloria, indique que tous les Pélasges étaient nés d'Ophion (Athénée : XIV. 45. 639. 640) ; Ophion en effet était un *Pelor* ou « serpent prodigieux ».

3. Homère : *Iliade* V. 898 ; Apollonios de Rhodes : II. 1232 ; Apollodore : I. 1. 3 ; Hésiode : *Théogonie* 133 ; Stephanos de Byzance *sub* Adana ; Aristophane : *Les Oiseaux* 692 ss. ; Clément de Rome : *Homélies* VI. 4. 72 ; Proclus, *Timée* de Platon II. p. 307.

4. Pausanias : VIII. 1. 2.

2. LES MYTHES HOMÉRIQUE ET ORPHIQUE DE LA CRÉATION

1. Homère : *Iliade* XIV. 201.

2. *Ibid.* : XIV. 261.
3. *Fragments orphiques* 60, 61 et 70.
4. *Ibid.* : 86.

3. LE MYTHE OLYMPIEN DE LA CRÉATION

1. Apollodore : I. 1-2 ; Euripide : *Chrysippe,* cité par Sextus Empiricus, p. 751 ; Lucrèce : I. 250 et II. 991 ss.
2. Homère : *Odyssée* IX. 106-566 ; Apollodore : III. 10. 4.
3. Apollonios de Rhodes : IV. 1493 ss ; Pindare : *Fragment* 84, éd. Bergk.

4. DEUX MYTHES PHILOSOPHIQUES DE LA CRÉATION

1. Hésiode : *Théogonie* 211-32 ; Hygin : *Fables ;* Apollodore : I. 7. 1 ; Lucien : *Prométhée sur le Caucase* 13 ; Pausanias : X. 4. 3.
2. Ovide : *Les Métamorphoses* I-II.

5. LES CINQ ÂGES DE L'HOMME

1. Platon : *Ménéxène* 6-7.
2. Hippolyte : *Réfutation de toutes les hérésies* V. 6. 3 ; Eusèbe : *Préparation aux Évangiles* III. 1. 3.
3. Hésiode : *Les travaux et les Jours* 109-201, et Scholies.

6. LA CASTRATION D'OURANOS

1. Hésiode : *Théogonie* 133-187 et 616-623 ; Apollodore : I. 1. 5.5 ; Servius ; *L'Enéide* de Virgile v. 801.

7. LE RENVERSEMENT DE CRONOS

1. Scholiaste d'Apollonios de Rhodes I. 1124.
2. Apollodore : I. 1. 5 ; Hésiode : *Théogonie* 453-467.
3. Polybe : XVI. 12. 6. ss. ; Pausanias : VIII. 38. 5.
4. Hygin : *Astronomie Poétique* II. 13 ; Aratos de Soli : *Phénomènes* 163 ; Hésiode : *loc. cit.*
5. Philémon : *Fragment de Pterygium* I. 1. ss. ; Apollodore : I. 1. 6 ; Athénée 375. *f.* et 376. *a* ; Callimaque : *Hymne à Zeus* 42.
6. Hésiode : 485. ss. ; Apollodore : I. 1. 7 ; Premier Mythographe du Vatican : 104 ; Callimaque : *Hymne à Zeus* 52. ss ; Lucrèce : II. 633-639 ; Scholiaste d'Aratos de Soli : V. 46 ; Hygin : *Fables* 139.
7. Hygin : *loc. cit. ;* Apollodore : *loc. cit. :* Hésiode : *loc. cit.*

8. Hésiode : *loc. cit.* ; Hygin : *Fables* 118 ; Apollodore : I. 1. 7. et I. 2. 1 ; Callimaque : *Hymne à Zeus* 52 ss. ; Diodore de Sicile : v. 70 ; Ératosthène : *Catasterismoi* 27 ; *Notions sur les Astres ;* Pausanias : VIII. 8. 2 ; Plutarque : *Pourquoi les oracles ont cessé* 16.

9. Pausanias : X. 24. 5.

10. *Ibid.* : VIII. 8. 2.

11. Antoninus Liberalis : *Métamorphoses* 19 ; Callimaque : *Hymne à Zeus* 8.

8. LA NAISSANCE D'ATHÉNA

1. Apollonios de Rhodes : IV. 1310.
2. Apollodore : III. 12. 3 ; Pausanias : IX. 33. 5.

9. ZEUS ET MÉTIS

1. Tzetzès : *Lycophron* 355.
2. Euripide : *Ion* 995.
3. Pausanias : IX. 34. 1.
4. Hérodote : IV. 180.
5. Hésiode : *Théogonie* 886-900 ; Pindare : *Olympiades* VII. 34. ss. ; Apollodore : I. 3. 6.

10. LES PARQUES

1. Homère : *Iliade* XXIV. 49 ; *Hymne orphique* XXXIII ; Hésiode : *Théogonie* 217 ss. et 904, *Le Bouclier d'Héraclès* 259.
2. Homère : *Iliade* VIII. 69 et XXII. 209 ; XVI. 434 et 441-443 ; Virgile : *Énéide* X. 814 ; Homère : *Odyssée* I. 34 ; *Iliade* IX. 411.
3. Eschyle : *Prométhée* 511 et 515 ; Hérodote : I. 91 ; Platon : *République* X. 14-16 ; Simonide : VIII. 20.
4. Pausanias : X. 24. 4 et I. 19. 2.

11. LA NAISSANCE D'APHRODITE

1. Hésiode : *Théogonie* 188-200 et 353 ; Festus Grammaticus : III. 2 ; *Hymne homérique à Aphrodite* II. 5 ; Apollodore : I. 1. 3.

12. HÉRA ET SES ENFANTS

1. Pausanias : VII. 4. 4 et VIII. 22. 2 ; Strabon : IX. 2. 36 ; Olen, cité par Pausanias : II. 13. 3.
2. Diodore de Sicile : V. 72 ; Pausanias : II.36. 2 et 17. 4.

3. Scholiaste d'Homère, *Iliade* I. 609 ; Pausanias : II. 38. 2.

4. Homère : *Iliade* IV. 441 ; Ovide : *Des Fêtes* V. 255 ; Premier Mythographe du Vatican : 204.

5. Servius, *Églogues* de Virgile : IV. 62 ; Cinaethon, cité par Pausanias : VIII. 53.2.

13. ZEUS ET HÉRA

1. *Fragment orphique* 58 ; Hésiode : *Théogonie* 56.

2. Apollodore : I. 3. 1-2.

3. Homère : *Iliade* XIX. 407.

4. *Ibid.* : I. 547 ; XVI. 458 ; VIII. 407-408 ; XV. 17 ; VIII. 397-404 ; XIV. 197-223.

5. Scholiaste d'Homère : *Iliade* XXI. 444 ; Tzetzès : *Lycophron* 34 ; Homère : *Iliade* I. 339 ss. et XV. 18-22.

14. NAISSANCE D'HERMÈS, APOLLON, ARTEMIS ET DIONYSOS...

1. Hésiode : *Théogonie* 918 ; Apollodore : I. 4 ; Aristophane : *Les Oiseaux* 870 ; Servius, *L'Énéide* de Virgile : III. 72.

2. Hymne homérique à Apollon : 14. ss. ; Hygin : *Fables* 140 ; Elien : *Histoires variées* V. 4 ; Thucydide : III. 104 ; Strabon : X. 5. 5.

3. Diodore de Sicile : III. 62 et 74 ; IV. 4.

4. Scholiaste de Pindare : *Pythiques* III. 177 ; Fragment orphique 59 ; Plutarque : *Symposiaques* VII. 5.

5. Apollodore : III. 4. 3 ; Apollonios de Rhodes : IV. 1137.

15. LA NAISSANCE D'ÉROS

1. *Hymne orphique* V ; Aristote : *Métaphysique* I. 4 ; Hésiode : *Théogonie* 120 ; Méléagre : *Épigrammes* 50 ; Olen, cité par Pausanias : IX. 27. 2.

2. Cicéron : *De la nature des dieux* III. 23 ; Virgile : *Ciris* 134 ; Alcée, cité par Plutarque : *Amatorius* 20.

16. POSÉIDON : CARACTÉRISTIQUES ET ATTRIBUTIONS

1. Homère : *Iliade* XV. 187-193 ; VIII. 210-211 ; XIII. 21-30 ; *Odyssée* V. 381 ; Apollonios de Rhodes : III. 1240.

2. Apollodore : III. 13 ; Hygin : *Astronomie poétique II.* 17.

3. Tzetzès : *Lycophron* 45 et 50.

4. Hérodote : VIII. 55 ; Apollodore : III. 14. 1 ; Pausanias : I. 24. 3 ; saint Augustin : *De la Cité de Dieu* XVIII. 9 ; Hygin : *Fables* 164.

5. Pausanias : II. 30. 6 ; Plutarque : *Symposiaques* IX. 6 ; Pausanias : II. 1. 6 ; II. 15. 5 ; II. 22. 5.

6. Pindare : *Phythiques* VI. 50 ; Pausanias : VIII. 25. 3-5 ; Apollodore : III. 6. 8.

17. HERMÈS : CARACTÉRISTIQUES ET ATTRIBUTIONS

1. *Hymne homérique à Hermès* 1-543 ; Sophocle : *Fragments ;* Apollodore : III. 10. 2.

2. Diodore de Sicile : V. 75 ; Hygin : *Fables* 277 ; Plutarque : *Symposiaques* IX. 3.

3. *Hymne homérique à Hermès* 51 ; Diodore de Sicile : I. 16 ; Macrobe : *Saturnaliorum Conviviorum* I. 19 ; Callimaque : *Hymne à Délos* 253.

4. Diodore de Sicile : IV. 84 ; Servius, Virgile : *Églogues* V. 20 ; VIII. 68 ; X. 26 ; Philargyrius, Virgile : *Églogues* V. 20 ; Elien : *Histoires variées* X. 18.

18. APHRODITE : CARACTÉRISTIQUES ET ATTRIBUTIONS

1. Homère : *Odyssée* VIII. 266-367.

2. Diodore de Sicile : IV. 6 ; Scholiaste de Pindare : *Pythiques* VIII. 24.

3. Pausanias : IX. 31. 2 ; Scholiaste d'Apollonios de Rhodes : I. 932.

4. *Hymne homérique à Aphrodite* 45-200 ; Théocrite : *Idylles* I. 105-107 ; Hygin : *Fables* 94.

5. Servius, Virgile : *L'Énéide* II. 649.

6. Apollodore : III. 14. 3-4 ; Hygin : *Astronomie poétique II.* 7, et *Fables* 58, 164, 251 ; Fulgence : *Mythologie* III. 8.

7. Servius, Virgile : *Égloguex* X. 18 ; *Hymne orphique* LV. 10 ; Ptolémée Héphaïstion : I. 306.

8. Apollonios de Rhodes : IV. 914-919 ; Diodore de Sicile : IV. 83 ; Scholiaste de Théocrite : *Idylles* XV. 100 ; Tzetzès : *Lycophron* 831.

9. Hésiode : *Théogonie* 203-204 ; Nonnos : *Dionysiaques* XXIV. 274-281.

19. ARÈS : CARACTÉRISTIQUES ET ATTRIBUTIONS

1. Apollodore : III. 14. 2 ; Pausanias : I. 21. 7.

20. HESTIA : CARACTÉRISTIQUES ET ATTRIBUTIONS

1. *Hymne homérique à Aphrodite* 21-30.
2. Ovide : *Des Fêtes* VI. 319 ss.
3. Diodore de Sicile : V. 68.

21. APOLLON : CARACTÉRISTIQUES ET ATTRIBUTIONS

1. Hygin : *Fables* 140 ; Apollodore : I. 4. 1 ; *Hymne homérique à Apollon* 300-306 ; Scholiaste d'Appolonios de Rhodes : II. 706.
2. Élien : *Histoires variées* III. 1 ; Plutarque : *Questions grecques 12 ; Pourquoi les Oracles ont cessé* 15 ; Pausanias : II. 7. 7 ; X. 16. 3.
3. Apollodore : I. 4. 1. ; Pausanias : II. 30. 3 et X. 6. 5 ; Plutarque : *Questions grecques* 12 ; Hygin : *Fables* 55 ; Homère : *Odyssée* XI. 576 ss. ; Pindare : *Pythiques* IV. 90 ss.
4. Diodore de Sicile : III. 58-59 ; Hygin : *Fables* 165 ; Apollodore : I. 4. 2 ; Deuxième Mythographe du Vatican : 115 ; Pline : *Histoire naturelle* XVI. 89 ; Xénophon : *Anabase* I. 1. b.
5. Hygin : *Fables* 191 ; Homère : *Iliade* I. 603.
6. Apollodore : I. 7. 6 ; I. 3. 4 ; III. 10. 3 ; III. 1. 2 ; Pausanias : X. 17. 3.
7. Antoninus Liberalis : 32 ; Stephanos de Byzance *sub* Dryope ; Ovide : *Métamorphoses* IX. 325 ss.
8. Apollodore : I. 7. 9 ; Plutarque : Agis 9.
9. Hygin : *Fables* 203 ; Pausanias : VIII. 20. 2 ; X. 5. 3 ; Parthénios : *Sur les Infortunes amoureuses* 15 ; Tzetzès : *Lycophron* 6.
10. Homère : *Iliade* II. 595-600 ; Lucien : *Dialogues des dieux* 14 ; Apollodore : I. 3. 3 ; Pausanias : III. 1. 3.
11. Apollodore : II. 10. 4 ; Diodore de Sicile : IV. 71.
12. Homère : *Iliade* I. 603-604 ; Plutarque : *Pythiques* 17.

22. ARTÉMIS : CARACTÉRISTIQUES ET ATTRIBUTIONS

1. Callimaque : *Hymne à Artémis* 1. ss.
2. *Ibid. :* 26 ss.
3. *Ibid. :* 40 ss.
4. *Ibid. :* 47 ss.
5. *Ibid. :* 69 ss.

6. *Ibid. :* 110 ss.
7. *Ibid. :* 162 ss.
8. Pausanias : VI. 22. 5 ; Scholiaste de Pindare : *Pythiques* II. 12.
9. Hygin : *Astronomie poétique* II. 1 ; Apollodore : III. 8. 2.
10. Hygin : *Fables* 181 ; Pausanias : IX. 2. 3.

23. HÉPHAÏSTOS : CARACTÉRISTIQUES ET ATTRIBUTIONS

1. Homère : *Iliade* XVIII. 394-409.
2. *Ibid. :* I. 586-594.
3. *Ibid. :* XVIII. 368 ss.

24. DÉMÉTER : CARACTÉRISTIQUES ET ATTRIBUTIONS

1. Aristophane : *Les Grenouilles* 338 ; *Hymne orphique* LI.
2. Homère : *Odyssée* V. 125-128 ; Diodore de Sicile : V. 49 ; Hésiode : *Théogonie* 969 ss.
3. Servius, *L'Énéide* de Virgile : III. 167 ; Hygin : *Fables* 250 ; Callimaque : *Hymne à Déméter* 34 ss. ; Antoninus Liberalis : *Métamorphoses* II ; Pausanias : X. 30.1.
4. Hygin : *Fables* 146 ; Diodore de Sicile : V. 3 ; Scholiaste de Sophocle, *Œdipe à Colone* 1590 ; Apollodore : I. 5. 1 ; Scholiaste d'Hésiode : *Théogonie* 914 ; Pausanias : VI. 21. 1 et I. 38. 5 ; Conon : *Narrations* 15 ; *Hymne homérique à Déméter* 17.
5. Apollodore : I. 5. 1-3 et 12 ; *Hymne homérique à Déméter* 398 ss. et 445 ss.
6. Pausanias : VIII. 15. 1 et I. 37. 3.
7. *Hymne homérique à Déméter* 231-274 ; Apollodore : I. 5. 2 ; *Fragment orphique* 50 ; Hygin : *Fables* 146 ; Ovide : *Métamorphoses* V. 450-563, et *Des Fêtes* IV. 614 ; Nicandre : *Thériaques ;* Pausanias : I. 14. 2 et 37. 2.

25. ATHÉNA : CARACTÉRISTIQUES ET ATTRIBUTIONS

1. Tzetzès : *Lycophron* 520 ; Hesychius *sub* Hippia ; Servius, *L'Énéide* de Virgile : IV. 402 ; Pindare : *Olympiades* XIII. 79 ; Tite-Live : VII. 3 ; Pausanias : I. 24. 3, etc. ; Homère : *Iliade* I. 199 ss. ; V. 736 ; V. 840-863 ; XXI. 391-422 ; Eschyle : *Euménides* 753.
2. Hygin : *Astronomie poétique* II. 13 ; Apollodore : III. 14 ; Hygin : *Fables* 166.
3. Pausanias : I. 5. 3 ; VIII. 2. 1 ; Apollodore : III. 14. 1 ; Strabon : IX. 1. 20 ; Aristophane : *Plutos* 773 ; Athénée : p. 555 c ; Eustathe : *Homère* p. 1156 ; Marbre de Paros : lignes 2-4.

4. Apollodore : III. 14. 3 et 6 ; *Inscriptions grecques* XIV. 1389 ; Hygin : *Fables* 166.

5. Antigonus Carystius : I2 ; Callimaque : *Hécale* I. 2. 3 ; Philostrate : *Vie d'Apollonios de Tyane* VII. 24 ; Hygin : *Astronomie poétique* II. 13 ; *Fables* 274 ; Apollodore : III. 14. 1.

6. Suidas et Hesychios *sub* Agraulos : Plutarque : *Alcibiade* 15.

7. Callimaque : *Le Bain de Pallas.*

8. Ovide : *Métamorphoses,* VI. 1-145 ; Virgile : *Géorgiques* IV. 246.

26. PAN : CARACTÉRISTIQUES ET ATTRIBUTIONS

1. *Hymne homérique à Pan* 34 ss. ; Scholiaste de Théocrite : *Idylles* I. 3 ; Hérodote : II. 145 ; Ératosthène : *Notions sur les Astres* 27.

2. *Hymne homérique à Pan :* loc. cit. ; Servius, *Géorgiques* de Virgile : I. 16 ; Duris, cité par Tzetzès : *Lycophron* 772 ; Apollodore : I. 4. 1 ; Scholiaste d'Eschyle : *Rhesos* 30.

3. Théocrite : *Idylles* I. 16 ; Euripide : *Rhesos* 36 ; Hesychios *sub* Agreus ; Théocrite : *Idylles* VII. 107.

4. Ovide : *Métamorphoses* III. 356-401 ; Hygin : *Fables* 224 ; *Astronomie poétique* II. 27.

5. Lucien : *Dialogues des Dieux* XXII. 4 ; Ovide : *Métamorphoses* I. 694-712 ; Philargyrios, *Les Géorgiques* de Virgile : III. 392.

6. Plutarque : *Pourquoi les oracles ont cessé* 17.

27. DIONYSOS : CARACTÉRISTIQUES ET ATTRIBUTIONS

1. Euripide : *Bacchantes* 99-102 ; Onomacritos, cité par Pausanias : VIII. 37. 3 ; Diodore de Sicile : III. 62 ; *Hymne orphique* XIV. 6 ; Clément d'Alexandrie : *Exhortation aux Grecs* II. 16.

2. Apollodore : III. 4. 3 ; Hygin : *Fables* 182 ; Theon Aratos, *Phénomènes* 177 ; Diodore de Sicile : III. 68-69 ; Apollonios de Rhodes : IV. 1131 ; Servius, *Églogues* de Virgile : VI. 15.

3. Apollodore : III. 5. 1 ; Eschyle : *Les Édoniens, fragment ;* Diodore de Sicile : III. 70-71.

4. Euripide : *Bacchantes* 13 ; Theophilus, cité par Plutarque : *Les Fleuves* 24 ; Pausanias : X. 29. 2 ; Diodore de Sicile : II. 38 ; Strabon : XI. 5. 5 ; Philostrate : *Vie d'Apollonios de Tyane* II. 8-9 ; Arrien : *Indica* 5.

5. Pausanias : VII. 2. 4-5 ; Plutarque : *Questions grecques* 56.

6. Apollodore : III. 5. 1 ; Homère : *Iliade* VI. 130-140.

7. Théocrite : *Idylles* XXVI ; Ovide : *Métamorphoses* III. 714 ss. ; Euripide : *Bacchantes, passim.*

8. Ovide : *Métamorphoses* IV. 1-40 ; 390-415 ; Antoninus Liberalis : 10 ; Élien : *Histoires variées* III. 42 ; Plutarque : *Questions grecques* 38.

9. Plutarque : *loc. cit.*

10. *Hymne homérique à Dionysos* 6 ss. ; Apollodore : III. 5. 3 ; Ovide : *Métamorphoses* III. 577-699.

11. Scholiaste d'Apollonios de Rhodes : III. 996 ; Hésiode : *Théogonie* 947 ; Hygin : *Astronomie poétique* II. 5.

12. Apollodore : III. 5. 3 ; Pausanias : II. 31. 2.

28. ORPHÉE

1. Pindare : *Odes pythiennes* IV. 176, avec Scholiaste ; Eschyle : *Agamemnon* 1629-1630 ; Euripide : *Bacchantes* 561-564 ; Apollonios de Rhodes : I. 28-31.

2. Diodore de Sicile : IV. 25 ; Hygin : *Fables* 164 ; Athénée : XIII. 7.

3. Hygin : *loc. cit.* ; Diodore de Sicile : *loc. cit.* ; Pausanias : IX. 30. 3 ; Euripide : *Alceste* 357, et Scholiaste.

4. Aristophane : *Les Grenouilles* 1032 ; Ovide : *Métamorphoses* XI. I-85 ; Conon : *Narrations* 45.

5. Eschyle : *Bassarides,* cité par Ératosthène : *Notions sur les Astres* 24 ; Pausanias : IX. 30. 3-4.

6. Ovide : *loc. cit.* ; Conon : *loc. cit.* ; Plutarque : *Les délais de la Justice divine* 12.

7. Lucien : *Contre les ignorants* II ; Philostrate : *Héroïques* V. 704 ; *Vie d'Apollonios de Tyane* IV. 14.

8. Lucien : *loc. cit.* ; Ératosthène : *Notions sur les Astres* 24 ; Hygin : *Astronomie poétique* II. 7.

9. Pausanias : IX. 30. 3 ; II. 30. 2 ; III. 14. 5.

29. GANYMÈDE

1. Homère : *Iliade* XX. 231-235 ; Apollodore : II. 12. 2 ; Virgile : *Énéide* V. 252 ss. ; Ovide : *Métamorphoses* X. 155 ss.

2. Scholiaste d'Euripide : *Oreste* 1391 ; Homère : *Iliade* V. 266 ; *Hymne homérique à Aphrodite* 202-217 ; Apollodore : II. 5. 9 ; Pausanias : V. 24. 1.

3. Scholiaste d'Apollonios de Rhodes : III. 115 : Virgile : *Énéide* I. 32, et Scholiaste ; Hygin : *Fables* 224 ; Virgile : *Géorgiques* III. 304.

30. ZAGREUS

1. Diodore de Sicile : V. 75. 4 ; Nonnos : *Dionysiaques* VI. 269 et XXVII. 228 ; Harpocration *sub* apomatton ; Tzetzès : *Lycophron*

355 ; Eustathios, Homère : *L'Iliade* II. 735 ; Firmicus Maternus : *De l'Erreur des religions profanes* VI ; Euripide : *Les Crétoises, Fragment* 475. Fragments orphiques (*Kern,* 34).

31. LES DIEUX DU MONDE SOUTERRAIN

1. Pausanias : X. 28. 1.
2. Apollodore : II. 5. 2 ; Strabon : VIII. 5. 1.
3. Homère : *Iliade* VIII. 368 ; Hésiode : *Théogonie* 311 ; Apollodore : *loc. cit. ;* Euripide : *Héraclès* 24.
4. Homère : *Odyssée* XI. 539 ; XI. 572-575 ; XI. 487-491.
5. *Tablette orphique de Pétélia.*
6. Platon : *Gorgias* 168 ; Pindare : *Olympiades* II. 68-80 ; Hésiode : *Les Travaux et les Jours* 167 ss.
7. Pausanias : III. 19. 11 ; Philostrate : *Héroïque* X. 32-40.
8. Strabon : VIII. 3. 14 ; Servius, *Églogues* de Virgile : VII. 61.
9. Homère : *Iliade* IX. 158-159 ; XX. 61.
10. Homère : *Iliade* IX. 567 ss. ; Apollodore : II. 5. 10 ; Scholiaste de Pindare, *Isthmiques* VI. 32.
11. Apollonios de Rhodes : III. 529 ; Ovide : *Métamorphoses* XIV. 405 ; Scholiaste de Théocrite, *Idylles* II. 12.
12. Hésiode : *Théogonie* 411-452.
13. Apollodore : I. 1. 4 ; Homère : *Iliade* IX. 454-457 ; XV. 204 ; XIX. 259 ; *Odyssée* II. 135 et XVII. 475 ; Eschyle : *Euménides* 835 et *Échansons* 290 et 924 ; Euripide : *Oreste* 317 ss. ; *Hymne orphique* LXVIII. 5.

32. TYCHÉ ET NÉMÉSIS

1. Pindare : *Olympiades* XII. 1-2 ; Hérodote : I. 34 et III. 40 ; Apollonios de Rhodes : IV. 1042-1043 ; Sophocle : *Philoctète* 518.
2. Pausanias : I. 33. 3 ; *Cypria* d'Homère, cité par Athénée : p. 334 b ; Apollodore : III. 10. 7.

33. LES ENFANTS DE LA MER.

1. Homère : *Iliade* XVIII. 36 ss. ; Apollodore : I. 2. 7.
2. Hésiode : *Théogonie* 270 ss. et 333 ss. ; Apollodore : II. 4. 3 ; Ovide : *Métamorphoses* IV. 792-802 ; Scholiaste d'Apollonios de Rhodes : IV. 1399 ; Euripide : *Ion* 989 ss.
3. Hésiode : *Théogonie* 270-274 ; Apollodore : II. 4. 2.
4. Hésiode : *Théogonie* 215 et 518 ; Diodore de Sicile : IV. 27. 2 ; Euripide : *Héraclès* 394.
5. Homère : *Iliade* 783 ; Hésiode : *Théogonie* 295 ss. ; Apollodore : II. 1. 2.

6. Hésiode : *Théogonie* 333-335 ; Apollonios de Rhodes : IV. 1397 ; Apollodore : II. 5. 11.

7. Apollodore : I. 2. 6 ; Hésiode : *Théogonie* 265-269 ; Homère : *Odyssée* XX. 77-78 ; Apollonios de Rhodes : II. 298-299.

34. LES ENFANTS D'ÉCHIDNA

1. Hésiode : *Théogonie* 306 ss.

35. LA RÉVOLTE DES GÉANTS

1. Apollodore : I. 6. 1 ; Hygin : *Fables*.
2. Apollodore : I. 6. 2.
3. Apollodore : *loc. cit.* ; Strabon : X. 5. 16.
4. Pausanias : VIII. 29. 1-2 ; Apollodore : *loc. cit.* ; Diodore de Sicile : IV. 21.
5. Euripide : *Cyclope* 5 ss.

36. TYPHON

1. Hésiode : *Théogonie* 819 ss. ; Pindare : *Pythiques* I. 15. ss. ; Hygin : *Fables* 152.
2. Apollodore : I. 6. 3.
3. Nonnos : *Dionysiaques* I. 481 ss. ; Apollonios de Rhodes : II. 706.
4. Apollodore : *loc. cit.* ; Pindare : *loc. cit.*

37. LES ALOADES

1. Apollodore : I. 7. 4 ; Pausanias : II. 3. 8 ; Pindare : *Pythiques* IV. 88-92.
2. Homère : *Odyssée* XI. 305-320 ; *Iliade* V. 385-390 ; Pausanias : IX. 29. 1-2.
3. Apollodore : I. 7. 4 ; Hygin : *Fables* 28.

38. LE DÉLUGE DE DEUCALION

1. Apollodore : III. 8. 1 ; Pausanias : VIII. 2. 1 ; Scholiaste de César Germanicus : *Aratea* 89 ; Ovide : *Métamorphoses* I. 230 ss.
2. Apollodore : *loc. cit.* ; Tzetzès : *Lycophron* 481 ; Pausanias : VIII. 3. 1 ; Ovide : *Métamorphoses* I. 230 ss.
3. Ovide : *ibid.* I. 317 ; Scholiaste d'Euripide : *Oreste* 1095 ; Hygin : *Fables* 153 ; Servius, *Églogues* de Virgile : VI. 41 ; Scholiaste

de Pindare : *Olympiades* IX. 42 ; Plutarque : *Les Animaux les plus rusés* 13.

4. Apollodore : I. 7. 2 ; Ovide : *Métamorphoses* I. 260-415.

5. Pausanias : I. 40. 1 ; Ovide : *Métamorphoses* VII. 352-356.

6. Pausanias : X. 6. 1-2.

7. Pausanias : VIII. 2. 3 et VI. 8. 2 ; Pline : *Histoire naturelle* VIII. 34 ; Platon : *La République* VIII. 16.

8. Pausanias : X. 38. 1 ; Eustathe, *Homère* : p. 1815 ; Apollodore : I. 7. 2.

39. ATLAS ET PROMÉTHÉE

1. Eustathe : *Homère* p. 987 ; Hésiode : *Théogonie* 507 ss. ; Apollodore : I. 2. 3.

2. Platon : *Timée* 6 et *Critias* 9-10.

3. Homère : *Odyssée* I. 52-54 ; Hésiode : *loc. cit.* ; Hygin : *Fables* 150.

4. Diodore dc Sicile : IV. 27 ; Apollodore : II. 5. 11 ; Ovide : *Métamorphoses* IV. 630.

5. Eschyle : *Prométhée enchaîné* 218. 252. 445 ss., 478 ss. et 228-236.

6. Hésiode : *Théogonie* 521-564 ; Lucien : *Dialogues des Dieux* I et *Prométhée ou le Caucase* 3.

7. Servius, Virgile : *Églogues* VI. 42.

8. Hésiode : *Les Travaux et les Jours* 44-105, et *Théogonie* 565-616 ; Scholiaste d'Apollonios de Rhodes : II. 1249.

40. ÉÔS

1. Homère : *Odyssée* V. 1 et XXIII. 244-246 ; Théocrite : *Idylles* II. 148.

2. Apollodore : I. 4. 4 ; Homère : *Odyssée* XV. 250 ; Hésiode : *Théogonie* 378-382.

3. Scholiaste d'Apollonios de Rhodes : III. 115 ; *Hymne homérique à Aphrodite* 218-238 ; Hésiode : *Théogonie* 984 ; Apollodore : III. 12. 4 ; Horace : *Odes* III. 20 ; Ovide : *Sur les Fêtes* I. 461.

41. ORION

1. Homère : *Odyssée* XI. 310 ; Apollodore : I. 4. 3-4 ; Parthénios : *Souffrances d'Amour* 20 ; Lucien : 28 ; Théon : *Aratos* 638 ; Hygin : *Astronomie poétique* II. 34.

2. Apollodore : *loc. cit.*

3. Servius, Virgile : *L'Énéide* I. 539 ; Ovide : *Sur les Fêtes* V. 537 ss. ; Hygin : *Astronomie poétique* II. 34.

42. HÉLIOS

1. *Hymne homérique à Hélios* 2 et 9-16 ; *Hymne homérique à Athéna* 13 ; Hésiode : *Théogonie* 371-374 ; Pausanias : V. 25. 5 ; Nonnos : *Dionysiaques* XII. 1 ; Ovide : *Métamorphoses* II. 1 ss. et 106 ss. ; Hygin : *Fables* 183 ; Athénée : VII. 296.

2. Apollodore : II. 5. 10 ; Athénée : XI. 39.

3. Homère : *Odyssée* XII. 323 et 375 ; Apollodore : I. 6. 1 ; Théocrite : *Idylles* XXV. 130.

4. Pindare : *Olympiades* VII. 54 ss.

5. Scholiaste de Pindare : *Olympiades* VI. 78 ; Tzetzès : *Chiliades* IV. 137 ; Hygin : *Fables* 52, 152 et 154 ; Euripide : *Hippolyte* 737 ; Apollonios de Rhodes : IV. 598 ss. ; Lucien : *Dialogues des Dieux* 25 ; Ovide : *Métamorphoses* I. 755 ss. ; Virgile : *Églogues* VI. 62 ; Diodore de Sicile : V. 3 ; Apollodore : I. 4. 5.

43. LES FILS D'HELLEN

1. Apollodore : I. 7. 3.

2. Hérodote : I. 56 ; Pausanias : VII. 1. 2.

3. Hygin : *Fables* I86 ; *Astronomie poétique* II. 18.

4. Diodore de Sicile : IV. 67. 6 ; Pausanias : IX. 40. 3.

5. Ovide : *Héroïdes* XI ; Homère : *Odyssée* X. 1 ss. ; Hygin : *Fables* 238 ; Plutarque : *Histoires parallèles* 28 ; Diodore de Sicile : V. 8 ; Pausanias : X. 38. 2.

6. Homère : *Odyssée, loc. cit. ;* Virgile : *L'Énéide* I. 142-145.

44. ION

1. Pausanias : VII. 1. 2 ; Euripide : *Ion ;* Strabon : VIII. 7. 1 ; Conon : *Récits* 27.

45. ALCYONÉ ET CEYX

1. Apollodore : 1. 7. 3 ; Scholiaste d'Aristophane : *Les Oiseaux* 250 ; Scholiaste et Eustathe, Homère : *Iliade* IX. 562 ; Pline : *Histoire naturelle* X. 47 ; Hygin : *Fables* 65 ; Ovide : *Métamorphoses* XI. 410-748 ; Lucien : *Alcyon* I ; Plutarque : *Les Animaux les plus ingénieux* 35.

46. TÉRÉE

1. Apollodore : III. 14. 8 ; Thucydide : II. 29 ; Strabon : IX. 3. 13 ; Pausanias : I. 41. 8.

2. Apollodore : III. 14. 8 ; Nonnos : *Dionysiaques* IV. 320 ; Pausanias : I. 5. 4 ; I. 41. 8 et X. 4. 6 ; Hygin : *Fables* 45 ; Sophocle : *Térée,* Fragments ; Eustathe, Homère : *Odyssée* XIX. 418 ; Ovide : *Métamorphoses* VI. 426-674 ; Premier Mythographe du Vatican : 217.

3. Hygin : *Fables* 45.

47. ÉRECHTHÉE ET EUMOLPOS

1. Ovide : *Métamorphoses* VI. 675 ss. ; Apollodore : III. 15. I.

2. Ovide : *loc. cit. ;* Suidas *sub* Parthenoï ; Apollodore : *loc. cit. ;* Hygin : *Fables* 46.

3. Plutarque : *De l'Exil* 17 ; Apollodore : II. 5. 12 ; Théocrite : *Idylles* XXIV. 110 ; Hygin : *Fables* 273 ; Pausanias : I. 38. 3.

4. Apollodore : III. 15. 4 ; Hygin : *Fables* 46 ; Suidas : *loc. cit.*

5. Pausanias : VII. 1. 2 ; I. 38. 3 ; Euripide : *Ion* 277 ss.

6. Scholiaste de Sophocle : *Œdipe à Colone* 100.

48. BORÉE

1. Apollodore : III. 15. 1-2 ; Apollonios de Rhodes : I. 212 ss.

2. Ovide : *Métamorphoses* VI. 677 ss.; Scholiaste d'Homère : *Odyssée* IV. 533 ; Apollodore : III. 15. 3.

3. Pausanias : V. I9. I ; Callimaque : *Hymne à Artémis* 114 ; *Hymne à Délos* 26 et 63-65.

4. Homère : *Iliade* XX. 219 ss.

5. Hérodote : VII. 189.

49. ALOPÉ

1. Hygin : *Fables* 38 et 187.

2. Pausanias : I. 39. 3 ; Aristophane : *Les Oiseaux* 533 ; Hygin : *Fables* 187.

50. ASCLÉPIOS

1. Strabon : IX. 21 et XIV. 1. 40.

2. Pausanias : II. 26. 5 ; Pindare : *Pythiques* III. 25 ss. ; Apollodore : III. 10. 3.

3. Pindare : *Pythiques* III. 8 ss. ; Pausanias : *loc. cit. :* Hygin : *Fables* 202 ; Ovide : *Métamorphoses* II. 612 ss.

4. Apollodore : III. 10. 3 ; Hygin : *loc. cit.,* et *Astronomie poétique* II. 40.

5. Pausanias : IX. 36.1 et II. 26. 4 ; *Inscriptions grecques* IV. 1. 28.

6. Diodore de Sicile : V. 74. 6 ; Apollodore : III. 10. 3 ; Tatien : *Discours aux Grecs ;* Euripide : *Ion* 999 ss.

7. Apollodore : III. 10. 3-4 ; Lucien : *De la Danse* 45 ; Hygin : *Fables* 49 ; Ératosthène, cité par Hygin : *Astronomie poétique* II. 14 ; Pindare : *Pythiques* III. 55 ss. ; avec Scholiaste.

8. Germanicus César : *Les « Phénomènes » d'Aratos* 77 ss. ; Ovide : *Métamorphoses* 642 ss. ; Hygin : *loc. cit.*

9. Pausanias : II. 26. 6 ; VIII. 25. 6 ; III. 14. 7 et II. 10. 3 ; Strabon : XIV. 1. 39.

10. Homère : *Iliade* II. 732 ; Hygin : *Astronomie poétique* II. 14.

51. LES ORACLES

1. Hérodote : II. 55 et VIII. 134 ; Denys d'Halicarnasse : I. 15 ; Homère : *Odyssée* XIV. 328 ; Eschyle : *Prométhée enchaîné :* 832 ; Suidas *sub* Dodona ; Sophocle : *Œdipe Roi* 900.

2. Eschyle : *Euménides* I-I9 ; Pausanias : X. 5. 3-5.

3. Pausanias : II. 24. 1 ; Plutarque : *Pyrrhus* 31 ; Hérodote : VIII. 134 et I. 78 ; Tacite : *Annales* II. 54.

4. Pausanias : VII. 21. 5 et 22. 2.

5. Strabon : VIII. 6. 22 ; Pline : *Histoire naturelle* 28. 41 ; Apollodore : I. 9. 27.

6. Pausanias : VII. 25. 6.

7. *Ibid. :* II. 27. 2.

8. *Ibid. :* I. 34. 2 ; Hérodote : VIII. 134.

9. Plutarque : *Cléoménès* 7 ; Pausanias : III. 26. 1.

10. Pausanias : IX. 39. 1-5 ; Plutarque : *Du Démon de Socrate* XII, et *Le Visage de l'orbe de la lune* XXX.

52. L'ALPHABET

1. Hygin : *Fables* 277 ; Isidore de Séville : *Origines* VIII. 2. 84 ; Philostrate : *Héroïque* X. 3 ; Pline : *Histoire naturelle* VII. 57 ; Scholiaste d'Homère, *Iliade* XIX. 593 ; Plutarque : *Symposiaques* IX. 3.

53. LES DACTYLES

1. Diodore de Sicile : V. 64 ; Sophocle : *Les Satyres sourds,* cité par Strabon : X. 3. 22 ; Apollonios de Rhodes : I. 509 et 1130.

2. Pausanias : V. 7. 4 ; Phlégon de Tralles : *Fragmenta Historica Graeca* III. 604.

3. Scholiaste d'Apollonios de Rhodes : I. 1129 ; Ovide : *Métamorphoses :* IV. 281.

54. LES TELCHINES

1. Eustathe, sur Homère : p. 771-772 ; Ovide : *Métamorphoses* VII. 365-367 ; Diodore de Sicile : III. 55. 2-3 ; Strabon : XIV. 2. 7 ; Callimaque : *Hymne à Délos* 31 ; Servius, Virgile : *L'Enéide* IV. 377.

55. LES EMPUSES

1. Aristophane : *Les Grenouilles* 288 ss. ; *L'Aassemblée des Femmes* 1056 et 1094 ; *Papyrus magiques grecs* IV. 2334 ; Philostrate : *Vie d'Apollonios de Tyane* IV. 25 ; Suidas *sub* Empusae.

56. IO

1. Callimaque : *Des oiseaux, Fragment* 100 ; Apollodore : II. 1. 3 ; Hygin : *Fables* 145 ; Suidas *sub* Io ; Lucien : *Dialogues des Dieux* 3 ; Moschos : *Idylles* II. 59 ; Hérodote : I. 1 et II. 41 ; Homère : *Iliade* III. 6 ; Eschyle : *Prométhée enchaîné* 305 ss., et *Les suppliantes* 547 ss ; Euripide : *Iphigénie en Tauride* 382 ; Tzetzès : *Lycophron* 835 ss.

2. Strabon : X. 1. 3 ; Stéphanos de Byzance *sub* Argura ; Suidas *sub* Isis.

3. John Malalas : *Chroniques* II. p. 28, éd. Dindorff.

57. PHORONÉE

1. Hygin : *Fables* 143 et 274 ; Apollodore : II. 1. 1 ; Pausanias : I. 39. 4-6 ; II. 15. 5 et IV. 40. 5.

58. EUROPE ET CADMOS

1. Apollodore : III. 1. 1 ; Hygin : *Fables* 178 et 19 ; Pausanias : V. 25. 7 ; Apollonios de Rhodes : II. 178.

2. Ovide : *Métamorphoses* II. 836 ss. ; Moschos : Idylles II. 37-62.

3. Les monnaies de Gortyne ; Théophraste : *Sur les Plantes* I. 9. 5 ; Hygin : *Fables* 178.

4. Hygin : *loc. cit. ;* Apollodore : III. 1. 1 et 14. 4.

5. Hérodote : VII. 91.

6. Pausanias : V. 25. 7 ; Hérodote : IV. 47 et II. 44.

7 Pausanias : IX. 12. 1-2.

8. Hygin : *Fables* 178 ; Apollodore : III. 4. 1-2.

59. CADMOS ET HARMONIE

1. Pausanias : IX. 5. 1 ; Diodore de Sicile : V. 48 ; Apollodore : III. 4. 2.

2. Diodore de Sicile : V. 49 et IV. 65. 5 ; Pindare : *Pythiques* III. 94 ; Pausanias : IX. 12. 3 ; Phérécyde, cité par Apollodore : III. 4. 2.

3. Diodore de Sicile : V. 49 ; Pausanias : IX. 12. 3.

4. Hygin : *Fables* 6 ; Apollodore : III. 4. 2 ; Euripide : *Bacchus* 43 et 1350 ss.

5. Hygin : *Fables* 184 et 240.

6. Ovide : *Métamorphoses* IV. 562-602 ; Apollodore : III. 5. 4 ; Ptolémée Héphaestion : I ; Apollonios de Rhodes : IV. 517.

60. BÉLOS ET LES DANAÏDES

1. Hérodote : II. 91 ; Euripide, cité par Apollodore : II. 1. 4.

2. Apollodore : II. 1. 5 ; Hygin : *Fables* 168 ; Eustathe, sur Homère, p. 37.

3. Hygin : *loc. cit. ;* Apollodore : II. 1. 4 ; Hérodote : II. 234 ; Diodore de sicile : V. 58. 1 ; Strabon : XIV. 2. 8.

4. Pausanias : II. 38. 4 et 19. 3 ; Euripide, cité par Strabon : VIII. 6. 9 ; Strabon : *loc. cit. ;* Hérodote : III. 171 ; Plutarque : *De la Malignité d'Hérodote* 13.

5. Hygin : *Fables* 169 ; Apollodore : II. 1. 4.

6. Pausanias : II. 371. 1 et 4 ; Strabon : VIII. 6. 8.

7. Hygin : *Fables* 168 ; Apollodore : II. 1. 5 ; Strabon : VIII. 6. 9.

8. Apollodore : *loc. cit. ;* Hygin : *Fables* 170.

9. Apollodore : *loc. cit. ;* Pausanias : II. 25. 4 ; 19. 6 et 21. 1.

10. Apollodore : *loc. cit. ;* Lucien : *Dialogues des dieux marins* VI ; Hygin : *Fables* 168 ; Ovide : *Héroïdes* XIV ; Horace : *Odes* III. 11. 30.

11. Pindare : *Pythiques* IX. 117 ss. ; Pausanias : III. 12. 2 ; Hygin : *Fables* 170 ; Servius, Virgile : *L'Énéide* X. 497.

12. Pausanias : VII. 21. 6.

13. Apollonios de Rhodes : I. 136-138 ; Théon, *Phénomènes* 27, d'Aratos ; Pausanias : IV. 35. 2.

61. LAMIA

1. Diodore de Sicile : XX. 41 ; Suidas *sub* Lamia ; Plutarque : *De la Curiosité* 2 ; Scholiaste d'Aristophane : *La Paix* 757 ; Strabon : I. 11. 8 ; Eustathe, *Homère* p. 1714 ; Aristote : *Éthique* VII. 5.

62. LÉDA

1. Athénée, citant Homère : *Chypre* p. 334 b ; Apollodore : III. 10. 7 ; Sappho : *Fragments* 105 ; Pausanias : I. 33. 7 ; Ératosthène : *Notions sur les Astres* 25.

2. Athénée : 57 f. ; Plutarque : *Symposiaques* II. 3. 3 ; Hygin : *Fables* 197.

3. Hygin : *Astronomie poétique* II. 8.

4. Lactance : I. 21 ; Hygin : *Fables* 77 ; Premier Mythographe du Vatican : 78 et 204.

5 Homère : *Odyssée* XI. 299 ; *Iliade* III. 426 ; Euripide : *Hélène* 254, 1497 et 1680.

6. Pindare : *Néméennes* X. 80 ; Apollodore : III. 10. 6-7.

63. IXION

1. Scholiaste d'Apollonios de Rhodes : III. 62 ; Hygin : *Fables* 33 et 62 ; Pindare : *Pythiques* II. 33-89, avec Scholiaste ; Lucien : *Dialogues des Dieux* 6 ; Scholiaste d'Euripide : *Les Phéniciennes* 1185.

64. ENDYMION

1. Apollodore : I.. 7. 5-6 ; Pausanias : V. 8. 1 et 1. 2.

2. Apollodore : I. 7. 6 ; Scholiaste de Théocrite : *Idylles* III. 49 ; Cicéron : *Tusculanes* I. 38 ; Pausanias : V. 1. 3.

3. Pausanias : VIII. 4. 2-3 et V. 1. 6 ; Apollodore : I. 7. 6 ; Strabon : VIII. 3-33.

65. PYGMALION ET GALATÉE

1. Apollodore : III. 14. 3 ; Ovide : *Métamorphoses* X. 243 ss. ; Arnobe : *Contre les Païens* VI. 22.

66. ÉAQUE

1. Apollodore : III. 12. 6 ; Diodore de Sicile : IV. 72.

2. Diodore de Sicile : *loc. cit.* ; Pindare : *Isthmiques* VIII. 17 ss. ; Callimaque : *Hymne à Délos* 78 ; Apollodore : *loc. cit.* ; Lactance, sur la *Thébaïde* de Stace : VII. 215.

3. Apollodore III. 12. 6 ; Pindare *loc. cit.* ; Scholiaste d'Homère : *Iliade* I. 7 ; Pindare : *Néméennes* VIII. 6 ; Ovide : *Métamorphoses* VI. 113.

4. Hygin : *Fables* 52 ; Ovide : *Métamorphoses* VII. 520 ss.

5. Ovide : *Métamorphoses* VII. 614 ss. ; Hygin : *loc. cit. ;* Apollodore : *loc. cit. ;* Pausanias : II. 29. 2 ; Strabon : VIII. 6. 16 et IX. 5. 9.
6. Servius, Virgile : *Énéide* II. 7 et IV. 402 ; Clément d'Alexandrie : *Exhortation aux Grecs* II. 39. 6.
7. Apollodore : III. 12. 6 ; Pindare : *Néméennes* VIII : 8 ss. ; Pausanias : II. 29. 5.
8. Diodore de Sicile : IV. 61. 1 ; Clément d'Alexandrie : *Stromates.*
9. Pindare : *Olympiades* VIII. 30 ss. et Scholiaste.
10. Ovide : *Métamorphoses* IX. 426 ss.
11. *Ibid.* : XIII. 25 ; Pindare : *Isthmiques* VIII. 24 ; Apollodore : III. 12. 6 ; Lucien : *Dialogues des Morts* XX. 1 ; *Charon* 2, et *Voyage dans le Monde souterrain* IV.

67. SISYPHE

1. Apollodore : I. 9. 3 ; Pausanias : II. 4. 3 ; Servius, Virgile : *L'Énéide* II. 79.
2. Hygin : *Fables* 200.
3. Polyen : VI. 52 ; Hygin : *Fables* 201 ; Suidas *sub* Sisyphos ; Sophocle : *Ajax* 190 ; Scholiaste de Sophocle : *Philoctète* 417.
4. Apollodore : I. 9. 3 ; Ovide : *Métamorphoses* VII. 393 ; Eumelos, cité par Pausanias : II. 3. 8 ; Homère, *Iliade* VI. 153 ; Scholiaste d'Aristophane : *Les Acarnaniens* 390 ; Scholiaste de Sophocle : *Ajax* 190 ; Tzetzès : *Lycophron* 980 ; Ovide : *Héroïdes* XII. 203 ; Horace : *Satires* II. 17. 18.
5. Hygin : *Fables* 60.
6. Pausanias : II. 5. 1.
7. Theognis : 712 ss. ; Eustathe, Homère : *Iliade* pp. 487, 631 et 1702.
8. Servius, Virgile : *Énéide* VI. 616 ; Scholiaste de Stace : *Thébaïde* II. 380 ; Hygin : *Fables* 38.
9. Scholiaste d'Homère : *Iliade* I. 180 ; Pausanias : X. 31. 3 ; Ovide : *Métamorphoses* IV. 459 ; Homère : *Odyssée* XI. 593-600.
10. Ovide : *Sur les Fêtes* IV. 175-176 ; Eumelos, cité par Pausanias : II. 2. 2.

68. SALMONÉE ET TYRO

1. Apollodore : I. 7. 3 ; Hygin : *Astronomie poétique* II. 20 ; Strabon : VIII. 3. 32.
2. Diodore de Sicile : IV. 68. 1 ; Apollodore : I. 9. 7 ; Hygin : *Fables* 61.
3. Apollodore : I. 9. 8 ; Homère : *Odyssée* I. 235 ss. ; Lucien : *Dialogues des dieux marins 13.*
4. Apollodore : *loc. cit. ;* Eustathe, Homère : *Odyssée* XI. 253 ; Sophocle : *Tyro,* cité par Aristote : *Poétique* XVI. 1454.

5. Pausanias : IV. 2. 3 ; Apollodore : I. 9. 11 ; Hygin : *Fables* 12.
6. Hésiode : *Théogonie* 996 ; Scholiaste d'Euripide : *Alceste* 225 ; Diodore de Sicile : IV. 68. 6 ; Pausanias : IV. 2. 3 ; 36. 1 et X. 29. 3 ; Homère : *Iliade* XI. 682.

69. ALCESTE

1. Hygin : *Fables* 50 ; Apollodore : III. 10. 4 ; Callimaque : *Hymne à Apollon* 47-54 ; Scholiaste d'Euripide : *Alceste* 2 ; Fulgence : I. 27.
2. Apollodore : I. 9. 15.
3. Euripide : *Alceste.*

70. ATHAMAS

1. Pausanias : I. 44. 11 ; IX. 34. 4-5 et 23. 3 ; Apollodore : I. 7. 3 et III. 4. 3 ; Hygin : *Fables* 2 et 4 ; *Astronomie poétique* II. 20 ; Fragments de l'*Athamas* de Sophocle ; Nonnos : *Dionysiaques* X. 1 ss. ; Scholiaste d'Homère : *Iliade* VII. 86 ; Eustathe sur le même ; Ovide : *Métamorphoses* IV. 480-541 ; *Etymologicum magnum* 70.8 ; Stéphanos de Byzance : *sub* Athamania.
2. Hygin : *Fables* 1, 3, 5 et 88 ; Fragments de l'*Ino* d'Euripide ; Hérodote : VII. 197 ; Pausanias : IX. 34. 5.

71. LES JUMENTS DE GLAUCOS

1. Homère : *Iliade* VI. 154 ; Apollodore : II. 3. 1 ; Pausanias : VI. 20. 9 ; Hygin : *Fables* 250 et 273 ; Ovide : *Ibis* 557 ; Scholiaste d'Euripide : *Oreste* 318, et *Phéniciennes* 1131 ; Élien : *De la nature des Animaux* XV. 25.
2. Strabon : IX. 2. 24 ; Athénée : VII, pp. 296-297.
3. Pausanias : VI. 20. 8.

72. MÉLAMPOUS

1. Apollodore : II. 2. 2 ; Athénée : II. p. 45.
2. Apollodore : I. 9. 11.
3. Homère : *Odyssée* XI. 281-297 ; Apollodore : I. 9. 12.
4. Hésiode : *Catalogue des Femmes ;* Apollodore : II. 4. 1 ; Diodore de Sicile : IV. 68 ; Servius, Virgile : *Églogues* VI. 48.
5. Apollodore : II. 2. 1-2 ; Bacchylide : *Epinicia* X. 40-112 ; Hérodote : IX. 34 ; Diodore de Sicile : IV. 68 ; Pausanias : II. 18. 4 ; IV. 36. 3 ; V. 5. 5 et VIII. 18. 3 ; Scholiaste de Pindare : *Néméennes* IX. 13.

73. PERSÉE

1. Servius, Virgile : *Énéide* III. 286 ; Scholiaste d'Euripide : *Oreste* 965 ; Apollodore : II. 2. 1 et 4. 7.

2. Homère : *Iliade* VI. 160 ; Apollodore : II. 2. 1 ; Pausanias : II. 16. 2.

3. Pausanias : II. 25. 7 ; Strabon : VIII. 6. 11.

4. Hygin : *Fables* 63 ; Apollodore : II. 4. 1 ; Horace : *Odes* III. 16. 1.

5. Apollodore : II. 4. 2.

6. Apollodore : *loc. cit. ;* Hygin : *Astronomie poétique* II. 12.

7. Pindare : *Pythiques* X. 31 ; Ovide : *Métamorphoses* IV. 780 ; Apollodore : II. 4. 3.

8. Euripide : *Électre* 459-463 ; Hygin : *Astronomie poétique* II. 12 ; Apollonios de Rhode : IV. 1513 ss.

9. Hérodote : II. 91 ; Tzetzès : *Lycophron* 836 ; Strabon : I. 2. 35 ; Pline : *Histoire naturelle* VI. 35.

10. Apollodore : II. 4. 3 ; Hygin : *Fables* 64 ; Ovide : *Métamorphoses* IV. 740 ss.

11. Hygin : *loc. cit. ;* Ovide : *Métamorphoses* V. 1-235 ; Apollodore : *loc. cit.*

12. Hygin : *Astronomie poétique* II. 9. 10 et 12 ; Flavius Josèphe : *La Guerre juive* III. 9. 2 ; Pline : *Histoire naturelle* IX. 4.

13. Strabon : X. 5. 10 ; Apollodore : II. 4. 3.

14. Scholiaste d'Euripide : *Oreste* 953 ; Apollodore : II. 4. 4.

15. Clément d'Alexandrie : *Exhortation aux Grecs* III. 45 ; Apollodore : II. 4. 4-5.

16. Ovide : *Métamorphoses* V. 236-241 ; Hygin : *Fables* 63 et 244.

17. Pausanias : II. 21. 6-8.

74. LES JUMEAUX RIVAUX

1. Pausanias : IV. 2. 2 et III. 1. 4 ; Apollodore : I. 9. 5.

2. *Cypria,* cité par Pausanias : IV. 2. 5 ; Pausanias : III. 1. 4.

3. Apollodore : I. 9. 5 ; Pausanias : *loc. cit.*

4. Pausanias : *loc. cit. :* Apollodore : III. 10. 5-7.

5. Panyasis, cité par Apollodore : III. 10. 3 ; Pausanias : III. 17. 4.

6. Pausanias : III. 26. 3 et IV. 2. 3 ; Apollodore : III. 10. 3.

7. Apollodore : III. 11. 2 ; Hygin : *Fables* 80.

8. Apollodore : *loc. cit.* et III. 10. 3 ; Homère : *Odyssée* XI. 300 ; Pausanias : IV. 2. 4 ; Hygin : *Fables* 14 ; Palaephatos : *Histoires incroyables* X.

9. Hygin : *Fables* 242 ; Apollodore : I. 7. 8 ; Plutarque : *Histoires parallèles* 40 ; Scholiaste et Eustathe, *Homère : Iliade* IX. 557.

10. Plutarque : *loc. cit. ;* Apollodore : *loc. cit.*

11. Apollodore : I. 7. 9.

12. Apollodore : I. 8. 2 ; I. 9. 16 et III. 11. 2 ; Théocrite : *Idylles* XXII. 137 ss. ; Pindare : *Néméennes* X. 55 ss.

13. Hygin : *Fables* 80.
14. Ovide : *Sur les Fêtes* p. 699 ss. ; Hygin : *Astronomie poétique* : II. 22 ; Théocrite : *loc. cit.* ; Scholiaste d'Homère : *Odyssée* XI. 300.
15. Pausanias : II. 14. 7 ; Apollodore : III. 11.2 ; Pindare : *Néméennes* X. 55 ss. ; Lucien : *Dialogues des Dieux* 26 ; Hygin : *loc. cit.*
16. Apollodore : *loc. cit. ;* Pausanias : IV. 3. 1.
17. Pausanias : III. 16. 3.
18. Hygin : *Astronomie poétique* II. 22 ; Euripide : *Hélène* 1503 ; *Hymne homérique aux Dioscures* 7 ss.
19. Cicéron : *De la divination* I. 34. 75 et II. 32. 68.
20. Pausanias : IV. 27. 1 ; IV. 16. 2 et V. 27. 3.
21. Pindare : *Néméennes* X. 49 ; Cicéron : *De la prière* II. 8. 86 ; Théocrite : *Idylles* XXII. 215-220 ; Pausanias : III. 16. 1-2.
22. Plutarque : *De l'amour fraternel* I ; Hérodote : V. 75 ; Lucien : *Dialogues des Dieux* 26 ; Hygin : *Astronomie poétique* II. 22 ; Ptolémée Héphaestion : VIII, cité par Photius : p. 490.

75. BELLÉROPHON

1. Apollodore : I. 9. 3 ; Homère : *Iliade* VI. 155.
2. Homère : *Iliade* VI. 160 ; Eustathe, le même texte ; Apollodore : II. 3. 1 ; Antoninus Liberalis : 9 ; Homère : *Iliade* XVI. 328 ss.
3. Hésiode : *Théogonie* 319 ss. ; Apollodore : II. 3. 2 ; Pindare : *Olympiades :* XIII. 63 ss. ; Pausanias : II. 4. 1 ; Hygin : *Fables* 157 ; Scholiaste d'Homère : *Iliade* VI. 155 ; Tzetzès : *Lycophron* 17.
4. Pindare : *Olympiades* : XIII. 87-90 ; *Isthmiques* VII. 44 ; Apollodore : *loc. cit. ;* Plutarque : *Des vertus féminines* 9 ; Homère : *Iliade* VI. 155-203 et XVI. 328 ; Ovide : *Métamorphoses* IX. 646 ; Tzetzès : *Lycophron.* 838.

76. ANTIOPÉ

1. Hygin : *Fables* 8 ; Apollodore : III. 5. 5 ; Pausanias : II. 6. 2 ; Euripide : *Antiopé,* Fragments ; Apollonios de Rhodes : IV. 1090 et Scholiaste.
2. Homère : *Odyssée* XI. 260 ; Hygin : *Fables* 7 ; Pausanias : VI. 20. 8 ; XI. 5. 3 et 17. 4 ; Horace : *Lettres* I. 18. 49 ; Apollonios de Rhodes : I. 735-741.
3. Pausanias : IX. 17. 3.

77. NIOBÉ

1. Hygin : *Fables* 9 et 10 ; Apollodore : III. 5. 6 ; Homère : *Iliade* XXIV. 612 ss. ; Ovide : *Métamorphoses* VI. 146-312 ; Pausanias : V. 16. 3 ; VIII. 2. 5, et I. 21. 5 ; Sophocle : *Électre* 150-152.

2. Ovide : *Métamorphoses* VI. 401-404.

78. CAENIS ET CAENÉE

1. Apollodore : I. 9. 16 ; II. 7. 7, et *Épitomé* I. 22 ; Apollonios de Rhodes : I. 57-64 et Scholiaste ; Hygin : *Fables* 14 ; *Oxyrhynchus Papyri* XIII. p. 133 ss. ; Servius, Virgile *Énéide* VI. 448 ; Ovide : *Métamorphoses* XII. 458-531 ; Scholiaste d'Homère, *Iliade* I. 264.

79. ÉRIGONÉ

1. Scholiaste d'Homère : *Iliade* XXII. 29 ; Nonnos : *Dionysiaques* XLVII. 34-245 ; Hygin : *Fables* 130, et *Astronomie poétique* : II. 4 ; Apollodore : I. 8. 1 et III. 14. 7 ; Athénée : XIV. 10 ; Festus *sub* Oscillantes ; Statios : *Thébaïde* XI. 644-647 ; Servius, Virgile : *Géorgiques* II. 388-389.

80. LE SANGLIER DE CALYDON

1. Élien : *Histoires variées* XIII. 1 ; Callimaque : *Hymne à Artémis* 216.

2. Apollodore : III. 9. 2.

3. Homère : *Iliade* IX. 527-600 ; Apollodore : I. 8. 2-3 ; Hygin : *Fables* 171. 174 et 273 ; Ovide : *Métamorphoses* VIII. 270-545 ; Diodore de Sicile : IV. 48 ; Pausanias : 4. 2. 5 ; VII. 4. 7, et X. 31. 2 ; Callimaque : *Hymne à Artémis* : 220-224 ; Antoninus Liberalis : 2 ; Athénée XIV. 71.

4. Apollodore : III. 9. 2 ; Hygin : *Fables* 185 ; Servius, Virgile : *Énéide* III. 113 : Premier Mythographe du Vatican : 39.

5. Hygin : *Fables* 70, 99 et 270 ; Premier Mythographe du Vatican : 174.

6. Apollodore : III. 9. 2, citant Euripide : *Méléagre ;* Ovide : *Métamorphoses* X. 565 ss. ; Tzetzès : *Chiliades* XII. 453 ; Lactance, Statios : *Thébaïde* VI. 563 ; Hygin : *Fables* 185.

81. TÉLAMON ET PÉLÉE

1. Apollodore : III. 12. 6 ; Pindare : *Néméennes* V. 13.

2. Plutarque : *Histoires parallèles* 25 ; Pausanias : X. I. I et II. 29. 7 ; Apollodore : *loc. cit. ;* l'*Alcméonide,* cité par Scholiasted'Euripide, *Andromaque* 687 ; Tzetzès : *Lycophron* 175 ; Diodore de Sicile : IV. 72.

3. Apollodore : III. 12. 7 ; Pausanias : II. 29. 7 ; Diodore de Sicile : *loc. cit.*

4. Apollodore : *loc. cit.* ; Hésiode, cité par Strabon : IX. I. 9 ; Stéphanos de Byzance *sub* Kychreios Pagos ; Eustathe, *Description de la Terre de Dionysios* 507 ; Plutarque : *Solon ;* Lycophron : *Cassandre* 110 ; Pausanias : I. 36. 1.

5. Apollodore : *loc. cit.*

6. *Ibid.,* III. 13. 1-2 ; Diodore de Sicile : *loc. cit.* ; Tzetzès : *Lycophron* 175 ; Eustathe, Homère *Iliade* II. 648.

7. Pindare : *Néméennes* V. 26 ss. et IV. 59 ; Scholiaste de Pindare, *Néméennes* IV. 54 et 59 ; Zenobius : *Proverbes* V. 20 ; Apollodore : *loc. cit.*

8. Apollodore : III. 13. 3 ; Hésiode, cité par Scholiaste de Pindare : *Néméennes* IV. 59.

9. Apollonios de Rhodes : IV. 790 ss. Pindare : *Isthmiques* VIII. 41 ss.

10. Ovide : *Métamorphoses* XI. 221 ss. Sophocle : *Troilus*, cité par Scholiaste de Pindare, *Néméennes* III. 35 ; Apollodore : III. 13. 5 ; Pindare : *Néméennes* IV. 62 ; Pausanias : V. 18. I.

11. Tzetzès : *Lycophron* 175 et 178 ; Scholiaste d'Apollonios de Rhodes I. 582 ; Hérodote : VII. 191 ; Philostrate : *Héroïque* XIX. 1.

12. Euripide : *Iphigénie en Aulide* 703 ss. et 1036 ss. ; Apollonios de Rhodes : IV. 790 ; Catulle : XLIV. 305 ss.

13. Apollodore : III. 13. 5 ; Homère : *Iliade* XVI. 144 ; XVIII. 84 et XVI. 149 ; *Cypria* cité par Scholiaste d'Homère : *Iliade* XVI. 140.

14. Hygin : *Fables* 92 ; Fulgence : III. 7.

15. Apollonios de Rhodes : I. 558 ; Scholiaste d'Apollonios de Rhodes : IV. 816.

16. Antoninus Liberalis : *Métamorphoses* 38 ; Tzetzès : *Lycophron* 175 et 901.

17. Tzetzès : *Lycophron* 175 ; Homère : *Iliade* XXIV. 536 ; Pindare : *Néméennes* III. 34 ; Apollodore : III. 13. 7 ; Scholiaste d'Apollonios de Rhodes : I. 224.

18. Ptolémée Héphaïstion : IV, cité par Photius : p. 487 ; Apollodore : III. 13. 6 ; Lycophron : *Cassandre* 178 ss. ; scoliaste d'Homère : *Iliade* XVI. 37.

19. Homère : *Iliade* XVIII. 434 et XVI. 149 ; Euripide : *Les Troyennes* 1128 et Scholiaste ; *Andromaque* 1553 ss.

20. Dictys de Crète : VI. 7-9 ; Stéphanos de Byzance *sub* Icos ; *Anthologie palatine* VII. 2. 9 ss.

82. ARISTÉE

1. Pindare : *Pythiques* IX. 5 ss. ; Apollonios de Rhodes : II. 500 ss. ; Callimaque : *Hymne à Artémis* 206.

2. Pindare : *loc. cit.*

3. Diodore de Sicile : IV. 81 ; Pindare : *loc. cit.* ; Apollonios de Rhodes : *loc. cit.* ; Hygin : *Fables* 14 ; Apollodore : II. 5. 8.

4. Diodore de Sicile : *loc. cit.* ; Apollodore : III. 4. 4 ; Apollonios de Rhodes : IV. 1131 et II. 500 ss. ; Pindare : *loc. cit.*

5. Apollonios de Rhodes : II. 500 ss. ; Diodore de Sicile : IV. 82 ; Hygin : *Astronomie poétique* : II. 4.

6. Virgile : *Géorgiques* IV. 317-558 ; Pindare, cité par Servius, Virgile : *Géorgiques* I. 14.

7. Servius : *loc. cit.*

8. Diodore de Sicile : *loc. cit.* ; Pausanias : X. 17. 3.

83. MIDAS

1. Hygin : *Fables* 274 ; Philostrate : *Vie d'Apollonios de Tyane* : VI. 27 ; Hérodote : I. 14 et VIII. 138.

2. Cicéron : *De la Divination* I. 36 ; Valerius Maximus : I. 6. 3 ; Ovide : *Métamorphoses* XI. 92-93.

3. Élien : *Histoires variées* III. 18.

4. Plutarque : *Minos* 5 ; Ovide : *Métamorphoses* XI. 90 ss. ; Hygin : *Fables* 191 ; Virgile : *Églogues* 13 ss.

5. Arrien : *Anabase d'Alexandre* II. 3.

6. Justin : XI. 7 ; Pausanias : I. 4. 5 ; Élien : *Histoires variées* IV. 17.

7. Ovide : *Métamorphoses* XI. 146 ss. ; Perse : *Satires* I. 121 ; Strabon : I. 321.

84. CLÉOBIS ET BITON

1. Hérodote : I. 31 ; Pausanias : II. 2.

2. Pindare, cité par Plutarque : *Consolation à Apollonius* 14 ; *Hymne homérique à Apollon* 294-299 ; Ménandre : *Fragments de comédies grecques* IV. 105, éd. Meinecke.

3. Hérodote : I. 46 ; Euripide : *Ion* 300.

85. NARCISSE

1. Ovide : *Métamorphoses* III. 341-401.

2. Pausanias : VIII. 29. 4 et IX. 31. 6 ; Ovide : *Métamorphoses* 402-510 ; Conon : *Narrations* 24 ; Pline : *Histoire naturelle* XXI. 75.

86. PHYLLIS ET CARYA

1. Lucien : *De la danse* 40 ; Hygin : *Fables* 59 ; Servius, Virgile : *Églogues* V. 10 ; Premier Mythographe du Vatican : 159.

2. Pausanias : III. 10. 8 et IV. 16. 5 ; Servius, Virgile : *Églogues* VIII. 29.

87. ARION

1. Hérodote : I. 24 ; Scholiaste de Pindare : *Olympiques* XIII. 25 ; Hygin : *Fables* 194 ; Pausanias : III. 25. 5.

2. Plutarque : *Le Banquet des Sept Sages* 20 ; Pausanias : X. 13. 5 ; Servius, Virgile : *Énéide* III. 332.

88. MINOS ET SES FRÈRES

1. Diodore de Sicile : IV. 60 et V. 80.

2. Diodore de Sicile : IV. 60 ; Apollodore : II. 1. 2 ; Ovide : *Métamorphoses* IX. 442 ; Antoninus Liberalis : *Métamorphoses* 30.

3. Pausanias : VII. 2. 3 et I. 35. 5 ; Ovide : *Métamorphoses* IX. 436 ss.

4. Apollodore : *loc. cit.* ; Scholiaste d'Apollonios de Rhodes : II. 178.

5. Strabon : X. 4. 8.

6. Apollodore : *loc. cit.* ; Hérodote : I. 173.

7. Diodore de Sicile : *loc. cit.* ; Pausanias : VII. 4. 5 ; Virgile : *Églogues* VI. 5 ss ; Apollodore : *loc. cit.* III. 1. 3-4.

8. Diodore de Sicile : IV. 77. 2 et 13. 4 ; Premier Mythographe du Vatican : 47 ; Hygin : *Fables* 40 (mais le texte est fautif).

9. Ovide : *Métamorphoses* VIII. 155 ss. ; Apollodore : III. 1. 4.

10. Diodore de Sicile : IV. 60 et V. 79 ; Apollodore : III. 1. 2 ; Strabon : *loc. cit.*

11. Cinéthon, cité par Pausanias : VIII. 53. 2 ; Diodore de Sicile : IV. 60 ; Pausanias : VIII. 53. 2.

12. Scholiaste d'Apollonios de Rhodes : III. 997 ; Diodore de Sicile : V. 79. 1-2.

13. Tzetzès : *Lycophron* 50 ; Apollodore : II. 4. 11 ; Plutarque : *Lysandre* 28 ; Strabon : IX. 11. 30 ; Phérécyde, cité par Antoninus Liberalis : *Métamorphoses* 33.

14. Diodore de Sicile : V. 79 ; Homère : *Odyssée* IV. 564.

89. LES AMOURS DE MINOS

1. Apollodore : II. 50. 9 et III. 1. 2 ; Nonnos : *Dionysiaques* XIII. 222 et XL. 284.

2. Solinos : XI. 8 ; Callimaque : *Hymne à Artémis* 189 ; Euripide : *Iphigénie en Tauride* 126 ; Diodore de Sicile : V. 76 ; Aristophane : *Les Grenouilles* 1359.

3. Pausanias : II. 30. 3 et III. 14. 2 ; Antoninus Liberalis : *Métamorphoses* 40 ; Hérodote : III. 59.

4. Antoninus Liberalis : *Métamorphoses* 41.

5. Hésiode : *Théogonie* 986 ; Solinos : XI. 9 ; Nonnos : *Dionysiaques* XI. 131 et XII. 217.
6. Apollodore : II. 4. 7 ; Ovide : *Métamorphoses* VII. 771 ; Hygin : *Fables* 189.
7. Apollodore : *loc. cit.,* et III. 15. 1 ; Antoninus Liberalis : *loc. cit. ;* Hygin : *Fables* 125 et 189 ; Scholiaste de Callimaque : *Hymne à Artémis* 209.
8. Pausanias : I. 37. 6 et IX. 19. 1.
9. Tzetzès : *Lycophron* 933.
10. Apollodore : II. 4. 7 ; Strabon : X. 9 et 14.

90. LES ENFANTS DE PASIPHAÉ

1. Pausanias : VIII. 53. 2 ; Diodore de Sicile : IV. 60 ; Apollodore : III. 1. 2.
2. Pausanias : *loc. cit. ;* Plutarque : *Agis* 9.
3. Plutarque : *Thésée* 20 ; Apollodore : III. 2. 1-2 ; Euripide : *Hippolyte ;* Pausanias : II. 7. 7 ; Apollonios de Rhodes : IV. 1493 ss.
4. Hygin : *Fables* 136 ; Apollodore : III. 3. 1 ; Pausanias : I. 43. 5.
5. Apollodore : *loc. cit. ;* Hygin : *loc. cit.*
6. Servius, Virgile : *Énéide* VII. 796.
7. Diodore de Sicile : IV. 60. 4 ; Apollodore : III. 15. 7 ; Servius, Virgile : *Énéide,* VI. I4 ; Hygin : *Fables* 4I.
8. Apollodore : III. I5. 7.
9. Athénaeos : VII. 48 ; Tzetzès : *Lycophron* 754 ; Ovide : *Métamorphoses* XIII. 924 ss. ; Pausanias : IX. 22. 6 ; Servius, Virgile : *Géorgiques* I. 437.

91. SCYLLA ET NISOS

1. Strabon : X. 4. 8. I5 ; Ovide : *Métamorphoses* VII. 480-VIII. 6.
2. Hygin : *Fables* I98 ; Virgile : *Ciris.*
3. Apollodore : III. I5. 8 ; Hygin : *loc. cit. ;* Ovide : *Métamorphoses* VIII. 6-I5I ; Virgile : *loc. cit.* ; Pausanias : II. 34. 7:
4. Apollodore : *loc. cit.* ; Pausanias : *loc. cit.*
5. Pausanias : I. 39. 4-5.
6. Diodore de Sicile : IV. 6I.
7. Ovide : *Métamorphoses* VIII. I52 ss. ; Homère : *Odyssée* XIX. I78.

92. DÉDALE ET TALOS

1. Apollodore : III. I5. 8 ; Plutarque : *Thésée* I9 ; Phérécyde, cité

par le Scholiaste de Sophocle : *Œdipe à Colone* 472 ; Hygin, *Fables* 39.

2. Apollodore : *loc. cit.* ; Ovide : *Métamorphoses* VIII. 236-259 ; Hygin : *Fables* 274 ; Pline : *Histoire naturelle* VII. 57.

3. Fulgence : *Mythes* III. 2 ; Premier Mythographe du Vatican : 232 ; Second Mythographe du Vatican : I30 ; Diodore de Sicile : IV. 76. 6 ; Hygin : *Fables* 39 ; Pausanias : VII. 4. 5.

4. Pausanias : I. 2I. 6 ; Servius, Virgile : *Énéide* VI. I4 ; Hellanicos, cité par le Scholiaste d'Euripide : *Oreste* I650 ; Ovide : *loc. cit. ;* Suidas et Phocius *sub* Sanctuaire de Perdix.

5. Diodore de Sicile : *loc. cit. ;* Apollodore : *Épitomé* I. I2.

6. Isidore de Séville : *Origines* XIV. 6 ; Hygin : *Fables* 40 ; Ovide : *Métamorphoses* VIII. I82-235.

7. Diodore de Sicile : IV. 77 ; Apollodore : II. 6. 3 ; Pausanias : IX. 11. 2-3.

8. Virgile : *Énéide* VI. 14. ss. ; Pausanias : VII. 4. 5 ; Diodore de Sicile : IV. 78.

9. Pausanias : *loc. cit. ;* Apollodore : *Épitomé* I. 14-15 ; Zenobius : *Proverbes* IV. 92 ; Diodore de Sicile : IV. 79.

10. Diodore de Sicile : *loc. cit.* ; Hérodote : VII. 170.

11. Pausanias : VII. 2. 2 ; Diodore de Sicile : IV. 30.

12. Suidas *sub* Risus Sardonicus ; Apollonios de Rhodes : *Argonautiques* 1639 ss. ; Apollodore : I. 9. 26 ; Platon : *Minos* 320 c.

93. CATRÉE ET ALTHAEMÉNÉS

1. Apollodore : III. 2. 1.

2. Diodore de Sicile : V. 78 ; Apollodore : *loc. cit.* ; Strabon : XIV. 2. 2 ; Scholiaste de Pindare : *Olympiques* VII. 159.

3. Apollodore : III. 2. 1-2 ; Diodore de Sicile : *loc. cit.*

94. LES FILS DE PANDION

1. Apollodore : III. 15. 1 et 5 ; Plutarque : *Thésée* 32 ; Pausianas- :VII. 1. 2.

2. *Ibid.* I. 5. 3 ; Eustathe, sur Homère p. 281 ; Apollodore : III. 15. 5.

3. Phérécyde, cité par le Scholiaste de Sophocle : *Œdipe à Colone* 472 ; Apollodore : III. 15. 8 ; Diodore de Sicile : IV. 76. 1 ; Pausanias : II. 6. 3.

4. Apollodore : III. 15. 5 ; Pausanias : IV. 36. 1 et I. 29. 5.

5. Apollodore : *loc. cit.* ; Pausanias : IV. 36. 1.

6. Pausanias : I. 41. 6 ; I. 5. 3 , et I. 39. 4 ; Hésychius *sub* Aethyia.

7. Apollodore : III. 15. 6 ; Sophocle, cité par Strabon : I. 6 ; Pausanias : I. 5. 4 et I. 39. 4.

8. Pausanias : I. 39. 4-5 et 19. 5 ; Strabon : IX. 1. 6.

9. Hérodote : I. 173 ; Pausanias : I. 2. 5 et IV. 1. 4-5.

10. Pausanias : X. 12. 5 ; IV. 20. 2 et 26. 6.

11. *Ibid.* I. 1914 ; Scholiaste de Démosthène : XXIV. 114.

95. LA NAISSANCE DE THÉSÉE

1. Scholiaste d'Euripide, *Médée* 668 ; Apollodore : III. 15. 6 ; Pausanias : I. 14. 6.

2. Euripide : *Médée* 660 ss. ; Strabon : VIII. 6. 14 ; Plutarque : *Thésée* 2.

3. Plutarque : *loc. cit.* ; Pausanias : II. 31. 3-4 et 8-9.

4. Pausanias : II. 31. 12 et 33 ; Apollodore : III. 15. 7 ; Plutarque : *Thésée* III ; Hygin : *Fables* 37.

5. Plutarque : *loc. cit.* ; Apollodore : *loc. cit.* ; Pausanias : II. 32. 7.

6. Pausanias : II. 32. 8 ; Plutarque : *Thésée* 4 et 6 ; Lactance sur Statios : *Thébaïde* XII. 194.

7. Pausanias : I. 27. 8.

8. Homère : *Iliade* II. 542 ; Pausanias : *loc. cit.* II. 37. 7 ; Plutarque : *Thésée* 5 et 7.

96. LES TRAVAUX DE THÉSÉE

1. Diodore de Sicile : IV. 59 ; Plutarque : *Thésée* 7 et 11.

2. Hygin : *Fables* 38 ; Apollodore : III. 16. 1 ; Pausanias : II. 1. 4 ; Plutarque : *Thésée* 8.

3. Pausanias : *loc. cit.* ; Ovide : *Ibis* 507 ss. ; Apollodore : III. 16. 2 ; Scholiaste d'Euripide : *Hippolyte* 977.

4. Ovide : *Métamorphoses* VII. 433 ss. ; Apollodore : *loc. cit.* ; Hygin : *loc. cit.* ; Diodore de Sicile : IV. 59 ; Pausanias : *loc. cit.*

5. Plutarque : Thésée 8 et 29.

6. *Le Marbre de Paros* 35 ss. ; Plutarque : *Thésée* 25.

7. Plutarque : *Thésée* 9 ; Diodore de Sicile : IV. 59 ; Ovide : *Métamorphoses* VII. 433 ss. ; Apollodore : *Épitomé* I. 1 ; Hygin : *Fables* 38.

8. Strabon : IX. 1. 4 ; Apollodore : *Épitomé* I. 2 ; Plutarque : *Thésée* 25.

9. Scholiaste de Statios, *Thébaïde* I. 339 ; Pausanias : I. 44. 12 ; Apollodore : *Épitomé* I. 2-3.

10. Plutarque : *Thésée* 10 et 25.

11. Pausanias : I. 44. 10-12 ; Strabon : IX. 1. 4.

12. Scholiaste d'Aristophane : *L'Assemblée des Femmes* 18 ; Aristophane : *Les Guêpes* 925 ; *Etymologicum Magnum : sub* Scirophorion.

13. Plutarque : *Thésée* 11 ; Apollodore : *Épitomé* : I. 3 ; Hygin : *Fables* 38 ; Aulu-Gelle : XII. 21.

14. Ovide : *Ibis* 407 ss. ; Apollodore : *loc. cit.* ; Pausanias : I. 39. 3 ; Plutarque : *Thésée* 11. 29 ; Diodore de Sicile : IV. 59 ; Apollodore :

Épitomé : I. 4 ; Pausanias : I. 38. 5 ; Hygin : *Fables* 38 ; Plutarque : *Thésée* 11.

97. THÉSÉE ET MÉDÉE

1. Pausanias : I. 37. 3 et 19. 1 ; Plutarque : *Thésée* 12.
2. Euripide : *Médée* 660 ss. ; Apollodore : I. 9. 28.
3. Plutarque : *Thésée* 12 ; Apollodore : *Épitomé* I. 6 ; Ovide : *Métamorphoses* VII. 402 ss.
4. Plutarque : *loc. cit.* ; Ovide : *loc. cit.*
5. Ovide : *loc. cit.* ; Apollodore : *loc. cit.* ; Diodore de Sicile : IV. 55. 6 ; Hellanicos, cité par Pausanias : II. 3. 7.
6. Plutarque : *Thésée* 13.
7. Pausanias : I. 5. 2 ; Suidas *sub* Leos ; Aristide : *Prière panathénienne* ; Jérôme contre Jovinianus : p. 185, éd. Mart ; Suidas *sub* Leocorium ; Élien : *Variae Historiae* XII. 28.

98. THÉSÉE EN CRÈTE

1. Apollodore : *Épitomé* I. 5 ; Servius, Virgile : *Énéide* VIII. 294 ; Premier Mythographe du Vatican : 47 ; Pausanias : I. 27. 9 ; Plutarque : *Thésée* 14 ; Hesychius *sub* Bolynthos.
2. Plutarque : *loc. cit.* ; Callimaque : *Fragment* 40, éd. Bentley ; Ovide : *Les Remèdes de l'Amour* 747.
3. Diodore de Sicile : IV. 61 ; Hygin : *Fables* 41 ; Apollodore : III. 1. 4 ; Pausanias : II. 31. 1.
4. Plutarque : *Thésée* 17 ; Apollodore : *Épitomé* I. 7 ; Scholiaste d'Homère : *Iliade* XVIII. 590 ; Diodore de Sicile : *loc. cit.* ; Hellanicos, cité par Plutarque : *Thésée* 19.
5. Plutarque : *loc. cit.* ; Simonide, cité par Plutarque : *loc. cit.*
6. Plutarque : *Thésée* 18 ; *Histoire* de Démon, cité par Plutarque : *Thésée* 23.
7. Philochoros, cité par Plutarque : *Thésée* 17 ; Simonide, cité par Plutarque : *loc. cit.* ; Pausanias : I. 1. 2.
8. Plutarque : *Thésée* 18.
9. Plutarque : *loc. cit.* ; Scholiaste des *Chevaliers* d'Aristophane 725.
10. Pausanias : I. 42. 1 ; Hygin : *Astronomie poétique* II. 5 ; Plutarque : *Thésée* 29.
11. Pausanias : I. 17. 3 ; Hygin : *loc. cit.*
12. Plutarque : *Thésée* 29 ; Apollodore : *Épitomé* I.8.
13. Scholiaste d'Homère : *Odyssée* XI. 322. cité par Phérécyde ; Homère : *Iliade* XVIII. 590 ; Eustathe, Homère : *Odyssée* XI. 320 ; Apollodore : *Épitomé* I. 9 ; Ovide : *Héroïdes* IV. 115 ; Pausanias : III. 18. 7.
14. Pausanias : II. 31. 1 ; Phérécyde, cité par Plutarque : *Thésée* 19 ; Démon, cité par Plutarque : *loc. cit.*

15. Scholiaste de Théocrite : *Idylles* II. 45 ; Diodore de Sicile : IV. 61. 5 ; Catulle : LXIV. 50 ss. ; Plutarque : *Thésée* 29 ; Hygin : *Fables* 43.

16. Pausanias : X. 29. 2 ; Diodore de Sicile : V. 51. 4 ; Scholiaste de Théocrite : *loc. cit.*

17. Pausanias : I. 20. 2 ; Catulle : LXIV. 50 ss. ; Hygin : *Astronomie poétique* II. 5.

18. Plutarque : *Thésée* 20 ; Bacchylide : XVI. 116.

19. Plutarque : *Romulus et Thésée* ; Philochoros, cité par Plutarque : *Thésée* 15 ; Servius, Virgile : *Énéide* VI. 14 ; Philochoros, cité par Plutarque : *Thésée* 19.

20. Aristote : *Constitution des Bottiens,* cité par Plutarque : *Thésée* 16 ; Plutarque : *Questions grecques* 35.

21. *Clidème,* cité par Plutarque : *Thésée* 19.

22. Hesychius *sub* Aridela ; Paeonios, cité par Plutarque : *Thésée* 21 ; *Tournoi entre Homère et Hésiode* 14.

23. Plutarque : *loc. cit.* ; Pausanias : VIII. 48. 2 et IX. 40. 2 ; Callimaque : *Hymne à Délos* 312.

24. Callimaque : *Hymne à Apollon* 60 ss. ; Plutarque : *loc. cit.,* et *Les Animaux les plus ingénieux* 35.

25. Plutarque : *Thésée* 21 ; Callimaque : *Hymne à Délos* 312 ss. ; Homère : *Iliade* XVIII. 591-592 ; Pausanias IX. 40. 2 ; Pline : *Histoire naturelle* XXXVI. 19 ; Scholiaste d'Homère : *Iliade* XVIII. 590 ; Eustathe, Homère : *Iliade,* p. 1166 ; Virgile : *Énéide* V. 588 ss.

26. Catulle : LXIV. 50 ss. ; Apollodore : *Épitomé* I. 10 ; Plutarque : *Thésée* 22.

27. Catulle : *loc. cit.* ; Pausanias : I. 22. 4-5 ; Plutarque : *loc. cit.,* et *Romulus et Thésée* ; Hygin : *Fables* 43.

28. Pausanias : I. 22. 5 ; Plutarque : *Thésée* 22 et 23 ; Proclus : *Chrestomathie,* cité par Photius : 989.

29. Pausanias : II. 31. 1 ; Plutarque : *loc. cit.*

99. LA FÉDÉRATION DE L'ATTIQUE

1. Hygin : *Fables* 244 ; Apollodore : *Épitomé* I. 11 ; Servius, Virgile : *Énéide* VIII. 54 ; Euripide : *Hippolyte* 34-37 ; Pausanias : I. 22. 2 ; I. 28. 10 et VIII. 3. 1.

2. Diodore de Sicile : IV. 61 ; Thucydide : II. 15 ; Plutarque : *Thésée* 24.

3. Thucydide : *loc. cit.* ; Plutarque : *loc. cit.* ; Scholiaste d'Aristophane : *La Paix* 962.

4. Pausanias : VIII. 2. I et 1. 22. 3 ; Plutarque : *loc. cit.*

5. Plutarque : *Thésée* 25 ; Homère : *Odyssée* 383 ss., et XIX. 135 ; Platon : *Banquet* 188 d, et *République* 529 e ; Hérodote : VII. 31.

6. Plutarque : *loc. cit.* ; Homère : *Iliade* II. 552 ss. ; Pausanias : I. 3. 2.

7. Strabon : IX. 1. 6.

100. THÉSÉE ET LES AMAZONES

1. Apollodore : *Épitomé* I. 16 ; Hégias de Trézène, cité par Pausanias : I. 2. 1.

2. Pindare, cité par Pausanias : I. 2 1 ; Phérécyde et Bion, cités par Plutarque : *Thésée* 26 ; Ménécrate, cité par Plutarque : *loc. cit.*

3. Justin : II. 4 ; Hellanicos, cité par Plutarque : *Thésée* 26-27 ; Diodore de Sicile : IV. 28 ; Apollodore : *Épitomé* : I. 16 ; Eschyle : *Euménides* 680 ss.

4. Plutarque : *Thésée* 27 ; *Etymologicum Magnum* : *sub* Boedromia, Euripide : *Ion* 59 ; *Clidème,* cité par Plutarque : *loc. cit.*

5. *Clidème,* cité par Plutarque : *loc. cit.* ; Plutarque : *loc. cit.* ; Pausanias : I. 41. 7 ; Diodore de Sicile : IV. 28.

6. Plutarque : *loc. cit.* ; Pausanias : I. 2. 1 ; I. 41. 7 ; III. 25. 2 et II. 32. 8.

7. Pindare, cité par Pausanias : VII. 2. 4.

8. Hygin : *Fables* 241 ; Apollodore : *Épitomé* I. 17 ; Diodore de Sicile : IV. 62 ; Ovide : *Héroïdes* 121 ss. ; Pausanias : I. 22. 2 ; Pindare, cité par Plutarque : *Thésée* 28.

101. PHÈDRE ET HIPPOLYTE

1. Apollodore : *Épitomé* : I. 18 ; Pausanias : I. 22. 2 ; Ovide : *Héroïdes* IV. 67 ss.

2. Pausanias : II. 31. 6 ; Ovide : *loc. cit.*

3. Ovide : *loc. cit.* ; Sénèque : *Hippolyte* 835 ss. ; Pausanias : II. 32. 3 et I. 22. 2 ; Euripide : *Hippolyte* 1. ss. ; Diodore de Sicile : IV. 62.

4. Ovide : *loc. cit.* ; Pausanias : I. 18. 5.

5. Apollodore : *Épitomé* : I. 18 ; Diodore de Sicile : IV. 62 ; *Hygin :Fables* 47.

6. Plutarque : *Histoires parallèles* 34 ; Servius, Virgile : *Énéide* VI. 445.

7. Pausanias : II. 32. 8 ; Euripide : *Hippolyte* 1193 ss. ; Ovide : *Métamorphoses* XV. 506 ss. ; Plutarque : *loc. cit.* ; Diodore de Sicile : IV. 62.

8. Euripide : *Hippolyte* 1282 ss. et 1423 ss. ; Pausanias : II. 32. 1-2.

9. Pausanias : I. 22. 1 ; Philostrate : *Vie d'Apollonios de Tyane* VII. 42 ; Diodore de Sicile : IV. 62.

10. Ovide : *Métamorphoses* XV. 532 ss., et *Des Fêtes* VI. 475.

11. Virgile : *Énéide* VII. 775 ; Ovide : *Des Fêtes* V. 312, et *Métamorphoses* XV. 545 ; Strabon : III. 263 ss. ; Pausanias : II. 27. 4.

12. Servius, Virgile : *Énéide* VI. 136 ; Strabon : V. 3. 12 ; Suétone : *Calligula* 35 ; Pausanias : *loc. cit.*

102. LAPITHES ET CENTAURES

1. Diodore de Sicile : IV. 70 ; Eustathe : sur Homère p. 101.
2. Strabon : *Fragment* 14 ; Plutarque : *Thésée* 30.
3. Apollodore : *Épitomé* I. 21 ; Diodore de Sicile IV. 70 ; Hygin : *Fables* 33 ; Servius, Virgile, *Énéide* : VII. 304.
4. Pindare : *Fragment* 166 f : cité par Athénée XI. 476 b ; Apollodore : *loc. cit.* ; Ovide : *Métamorphoses* XII. 210 ss. ; Homère : *Odyssée* XXI. 295 ; Pausanias : V. 10. 2.
5. Plutarque : *loc. cit.* ; Homère : *Iliade* : II. 470 ss. ; Diodore de Sicile : *loc. cit.* ; Hérodote cité par Plutarque : *loc. cit.*

103. THÉSÉE AU TARTARE

1. Diodore de Sicile : IV. 63 ; Pindare, cité par Pausanias : I. 18. 5 ; Pausanias : I. 41. 5.
2. Diodore de Sicile : *loc. cit.* ; Hygin : *Fables* 79 ; Plutarque : *Thésée* 31.
3. Apollodore : *Épitomé* : I. 24 ; Tzetzès : *Lycophron* 743 ; Eustathios, sur Homère : *Iliade* p. 215 ; Plutarque : *loc. cit.*
4. Hygin : *Fables* 79 ; Diodore de Sicile : *loc. cit.*; Horace : *Odes* IV. 7. 27 ; Panyasis, cité par Pausanias : X. 29. 4 ; Apollodore : *Épitomé* I. 24.
5. Sénèque : *Hippolyte* 835 ss. ; Apollodore : II. 5. 12 ; Diodore de Sicile : IV. 26 ; Euripide : *Folie d'Héraclès* 619 ; Hygin : *loc. cit.*
6. Apollodore : *loc. cit.* ; Suidas *sub* Lispoi ; Scholiaste d'Aristophane : *Les Chevaliers* 1368.
7. Diodore de Sicile : IV. 63 ; Virgile : *Énéide* VI. 601-619 ; Élien : *Histoires variées* IV. 5 ; Plutarque : *Thésée* 31.

104. LA MORT DE THÉSÉE

1. Apollodore : *Épitomé* I. 23 ; Héréas, cité par Plutarque : *Thésée* 32 ; Hérodote : IX. 73.
2. Dicéarque, cité par Plutarque : *loc. cit.* ; Diogène Laerte : III. 1. 9 ; Plutarque : *Cimon* 13.
3. Dicéarque cité par Plutarque : *Thésée* 32 ; Pausanias : II. 1. 1.
4. Pausanias : X. 35. 5 ; Apollodore : *Épitomé* I. 23 ; Plutarque : *loc. cit.*
5. Plutarque : *Thésée* 33 ; Hygin : *Fables* 79 ; Pausanias : II. 22. 7.
6. Élien : *Histoires variées* IV. 5 ; Philochoros, cité par Plutarque : *Thésée* 35 ; Plutarque : *loc. cit.*
7. Pausanias : I. 17. 6 ; Plutarque : *loc. cit.*
8. Plutarque : *loc. cit.* ; Apollodore : III. 10. 8.
9. Plutarque : *Thésée* 29. 36 ; Pausanias : I. 15. 4 et III. 3. 6.

10. Pausanias : I. 17. 6 ; Plutarque : *loc. cit.*
11. Pausanias : V. 19. 1 ; IV. 32. 1 et I. 32. 5 ; Plutarque : *Thésée* 29 et 36 ; Apollonios de Rhodes : I. 101.
12. Plutarque : *Thésée* 36.

Mieux que des rééditions,

Pluriel

propose de nouvelles
éditions de titres « classiques »
ou récents dans une
présentation éditoriale
de qualité — préfaces, notes,
revues de presse, etc. —
qui en facilite l'accès
et en renouvelle l'intérêt.

« … « Pluriel » marque incontestablement une date dans l'édition des sciences humaines, car cette collection, loin de se cantonner dans la simple réimpression d'ouvrages rares ou épuisés, vise à rivaliser avec l'édition grand format, voire à faire mieux qu'elle… »

Nicole Zand,
« Vingt-cinq ans de livres de poche : une édition à part entière ? »
« *Le Monde des Livres* », Le Monde.

Pierre Boulez, Patrice Chéreau,
Richard Peduzzi, Jacques Schmidt

Histoire d'un « Ring »

Bayreuth 1976-1980

Bayreuth, 1976 : La nouvelle production de « L'Anneau du Nibelung » *(Der Ring des Nibelungen)* de Wagner, qui marque le centenaire de l'œuvre et du festival, déclenche un scandale historique. Raconté par ses auteurs eux-mêmes, avec la collaboration de Sylvie de Nussac et de François Regnault, le récit de l'élaboration de ce spectacle retentissant ne passionnera pas seulement les « wagnériens » mais tous les amateurs d'art lyrique et de théâtre.

Édition illustrée de seize pages de photos 8373

Gilles Cantagrel

Bach en son temps *Inédit*

Bach n'a peut-être jamais été aussi actuel qu'aujourd'hui. Mais on le voit et l'entend le plus souvent au travers du prisme déformant de traditions sclérosées, d'idées a priori et de récits légendaires. Il était grand temps que le mélomane français puisse disposer de textes d'époque authentiques, éclairant sous leur véritable jour une figure et une période généralement bien moins connues qu'on ne le pense.

De l'ensemble exceptionnel de documents rassemblés dans ce livre — dont la première biographie de Bach, celle de Forkel parue en 1802 — on voit se dégager un portrait vivant du musicien tel que l'ont connu ses contemporains, ses enfants et ses successeurs immédiats.

De nombreuses idées reçues se trouvent ainsi remises en cause, notamment sur la personnalité réelle de l'homme et la fortune posthume de son œuvre. 8380

J.M. Corredor

Conversations avec Pablo Casals

« Celui qui n'a jamais entendu Pablo Casals, a écrit Wilhelm Furtwängler, ne sait pas comment peut sonner un instrument à cordes. Cette synthèse de beauté matérielle et de spiritualité est unique. »

L'un des plus grands interprètes de ce siècle évoque ici, librement, sa vie, ses maîtres, son art. Au fil d'un itinéraire étonnant, jalonné de rencontres exceptionnelles, toute une époque revit, qui est encore la nôtre : le Paris 1900 où Casals fait ses débuts, l'Amérique des tournées spectaculaires, la Catalogne républicaine ; Granados, Richard Strauss, Henri Bergson, Alfred Cortot, Jacques Thibaud, Rudolf Serkin...

Soigneusement présentée et annotée par J.F. Labie, augmentée d'une discographie complète établie P. Morin, cette nouvelle édition est une somme indispensable au mélomane d'aujourd'hui. 8389

Wilhelm Furtwängler

Musique et Verbe *Inédit*

En lisant ce recueil, *composé pour moitié de textes inédits en français,* le musicologue, le musicien et le mélomane découvriront l'itinéraire intellectuel et artistique d'un interprète dont la puissance d'évocation ne paraît pas avoir été dépassée. Un répertoire discographique détaillé fait le point sur le style du chef d'orchestre et sur les différentes édtitions de ses enregistrements. 8348

Thomas Mann

Wagner et notre temps *Inédit*

Pour la première fois en français, un recueil des textes que Thomas Mann, tout au long de sa vie, a consacrés avec une passion lucide et critique à celui que Nietzsche appelait *l'artiste moderne par excellence.*

Loin d'éluder les contradictions dont sont tissées l'œuvre, la vie et les idées de Wagner, ce recueil les fait ressortir avec l'équité d'un « esprit non prévenu », tandis que l'homme est serré de près par le plus subtil des psychologues.

Avant-propos et notes de G. Liébert 8315

Lorenzo da Ponte

Mémoires et Livrets

De la Venise de Casanova aux États-Unis de la conquête de l'Ouest en passant par la Vienne de Joseph II, voici l'étonnante équipée du librettiste de Mozart : intrigues, libertinage, déguisements, c'est le monde même des *Noces de Figaro,* de *Don Giovanni* et de *Gosi fan Tutte* que le lecteur découvrira dans ce « classique » devenu introuvable.

Nouvelle édition revue, complétée, présentée et annotée par Jean-François Labie, avec une édition bilingue des livrets de *Don Giovanni, Les Noces de Figaro* et *Cosi fan Tutte.* 8357

Victor L. Tapié

Baroque et Classicisme

Lorsque parut la première édition de ce livre, le « baroque » faisait fureur. Ne cédant au courant que pour mieux le circonscrire, Victor L. Tapié s'attachait à doter d'un contenu historique précis cette notion que le caprice mondain et la mode littéraire avaient rendu inutilisable et suspecte. Considérablement enrichie depuis sa première édition, cette brillante synthèse présentée ici par Marc Fumaroli est d'une lecture indispensable à qui veut comprendre l'avènement de l'Europe moderne.

8355

Dora Vallier

L'Art abstrait

Parmi tous les textes consacrés à l'art abstrait, cette brillante synthèse — présentée ici dans une édition revue et augmentée — est demeurée sans équivalent. Elle offre également au lecteur une information abondante sur les artistes qui ont contribué à l'affirmation de cet art. 8361

Bruno Walter

Gustav Mahler *Inédit*

« Mon temps viendra ! » répétait Mahler lorsqu'il affrontait l'incompréhension de ses contemporains. Son temps est venu ou plutôt revenu, après un purgatoire qui fut en France un « oubli » de plus d'un demi-siècle. Redécouverte, son œuvre a suscité ces dernières années un véritable raz de marée discrographique.

Le temps est maintenant également venu d'analyser cette œuvre souvent déroutante, de la situer dans notre héritage, de mieux connaître enfin la personnalité complexe et attachante de son créateur. C'est à quoi nous convie le témoignage irremplaçable de Bruno Walter qui, après avoir été l'assistant et le disciple de Mahler, demeura jusqu'à sa mort son défenseur le plus actif et l'un de ses plus grands interprètes.

Préface de Pierre Boulez. Notes de Georges Liébert. 8343

Raymond Aron

Essai sur les libertés

Les libertés politiques, personnelles, intellectuelles dont jouissent les citoyens des sociétés libérales n'ont-elles aucune portée effective ? Une « révolution » modifiant la propriété des moyens de production peut-elle seule instaurer et garantir une liberté réelle ?

Nouvelle édition revue et augmentée d'un ouvrage essentiel de la réflexion socio-politique contemporaine sur un thème inépuisable et d'une actualité permanente. 8301

Bertrand Badie et Pierre Birnbaum

Sociologie de l'État

L'État est-il la seule forme possible de centre politique dans les sociétés modernes ? Peut-il être adapté à toutes les sociétés, notamment à celles où se manifeste un réveil des cultures autochtones ? Faut-il le considérer, en définitive, comme le produit de l'Histoire ou d'une certaine histoire bien particulière ? La crise du modèle étatique dans nos pays, tout comme les difficultés que ce modèle trouve à s'imposer dans le tiers monde, donnent à ces questions une brûlante actualité.

Brassant de riches matériaux historiques et théoriques, Bertrand Badie et Pierre Birnbaum jettent les bases d'une nouvelle théorie sociologique de l'État. 8402

Julien Benda

La Trahison des clercs

« Les hommes dont la fonction est de défendre les valeurs éternelles et désintéressées comme la justice et la raison, et que j'appelle les clercs, ont trahi cette fonction au profit d'intérêts pratiques. »

Les mises en garde de Benda pouvaient, en 1927, au nom du réalisme, passer pour peu fondées. Au nom du réalisme, l'ouvrage apparaît aujourd'hui comme étrangement prophétique. Les thèses de Benda, parce qu'elles se réfèrent à l'universel, ont triomphé de la double épreuve du temps et de l'histoire.

Nouvelle édition augmentée d'une présentation de Julien Benda par Pierre Chambat.

Auguste Comte

Du pouvoir spirituel

Des *Considérations sur le pouvoir spirituel* (1825) à l'*Appel aux conservateurs* (1855), ce recueil d'œuvres de circonstance, méconnues ou oubliées, réunies et présentées par Pierre Arnaud, permet de découvrir avec une sorte de ravissement qu'Auguste Comte a formulé quelques-unes des réponses les plus éclairantes aux interrogations anxieuses de notre temps. 8328

Benjamin Constant

De la liberté chez les Modernes

Entre tous les auteurs politiques oubliés ou négligés du XIXe siècle, s'il en est un auquel il est temps de rendre justice c'est assurément Benjamin Constant. Le très célèbre auteur d'*Adolphe* a été aussi — on l'a trop longtemps méconnu — un des théoriciens les plus originaux et les plus conséquents du libéralisme. Réunissant un ensemble de textes devenus pour la plupart introuvables, c'est cet aspect de son œuvre que ce volume met vigoureusement en lumière. Édition établie, présentée et annotée par Marcel Gauchet. 8346

Jacques Ellul

L'Illusion politique

L'homme politique croit maîtriser le pouvoir et prendre des décisions efficaces et le citoyen croit pouvoir orienter et participer ; une double illusion que le verbalisme politique contemporain crée, exprime et dissimule. *Nouvelle édition* revue et augmentée d'une longue postface de l'auteur. 8314

René Girard

Mensonge romantique et vérité romanesque

Nous nous croyons libres, autonomes dans nos choix, que ce soit celui d'une femme ou d'une cravate. Illusion romantique ! En réalité, comme le montre René Girard, à partir d'une analyse renouvelée des plus grands chefs-d'œuvre de la littérature romanesque, nous ne choisissons que des objets désirés par les autres, mus, le plus souvent, par ce que Stendhal appelle le sentiment *moderne*, fruits de l'universelle vanité : « l'envie, la jalousie et la haine impuissante. » 8321

André Glucksmann

Cynisme et passion

Depuis son apparition, notre espèce n'a de cesse de se mettre en voie de disparition. Témoins : la tragédie d'Oreste, les guerres de Religion, la dissuasion nucléaire. Elle affronte des tensions fulgurantes, mais elle expérimente aussi des répliques avec la longue vue du cynisme et les microscopes de la passion.

Contre les fatalités de notre temps, ce sont les actes de naissance et de renaissance du sujet individuel (Montaigne), pathétique (Eschyle) et souverain (Bodin) que André Gluksmann nous fait revivre. Depuis deux mille ans, il n'est d'autre moment pour penser que celui des crises. 8393

Henri Heine

De l'Allemagne

Comment l'Allemagne des légendes romantiques et des philosophes s'apprête à vivre « un drame auprès duquel la Révolution française prendra l'apparence d'une innocente idylle ». Un grand classique présenté et annoté par Pierre Grappin. 8360

Bertrand de Jouvenel

Du pouvoir

Fasciné par la croissance ininterrompue du pouvoir qui rendit possible la guerre *totale* déclenchée par Hitler, Bertrand de Jouvenel s'est donné pour tâche d'étudier cette croissance, ce gonflement irrésistible qui aboutit au contraste inquiétant que nous constatons aujourd'hui, entre les moyens formidables dont dispose l'État et le relâchement dans le contrôle de leur emploi.

Protecteur de l'ordre social, le pouvoir en est tout autant l'agresseur, et avec la complicité de tous : pour tout faire, comme on l'attend de lui, ne faut-il pas qu'il puisse tout ? 8302

Ernst Jünger

Chasses subtiles

Antimémoires du plus illustre écrivain allemand d'aujourd'hui, à la fois léger et savant, humoristique et grave, ce grand voyage autour du monde et à l'intérieur de l'homme est peut-être, à ce jour, le maître livre de Ernst Jünger.

Nouvelle édition augmentée d'une présentation de Jünger et d'une esquisse bibliographique par Jean Plumyène. 8316

Jean-François Revel

Pourquoi des philosophes, *suivie de* La Cabale des dévots

Ces deux essais, au-delà du pamphlet de circonstance, constituent une mise en question de l'essence même de l'activité philosophique, et ne forment en fait qu'une seule œuvre qui demeure d'une étonnante actualité.

Nouvelle édition revue et augmentée. 8339

Jean-Jacques Rousseau

Du contrat social

Nouvelle édition de ce classique de la philosophie politique, précédée d'un important *Essai sur la politique de Rousseau* par Bertrand de Jouvenel, accompagnée de notes de Voltaire et d'autres contemporains de l'auteur, et suivie de deux autres essais de Bertrand de Jouvenel sur la pensée de Rousseau. 8326

Raymond Ruyer

La Gnose de Princeton

Revu et préfacé par l'auteur, ce livre déconcertant tend à renouveler les rapports de la science, de la philosophie et de la religion, en renversant nombre de perspectives comme en témoigne la « revue de presse » détaillée qui figure dans cette *nouvelle édition*. 8303

SCIENCES HUMAINES

Bruno Bettelheim

Le Cœur conscient

Témoin direct et survivant « conscient » de Dachau et de Buchenwald, le célèbre éducateur et psychologue américain a inventé spontanément, pour échapper à la folie et à la mort, une « méthode de survie » à l'usage des sociétés industrielles modernes exposées aux menaces du conformisme et du totalitarisme. *Nouvelle édition* présentée par Madeleine Chapsal. 8305

Un Lieu où renaître

L'histoire de l'École orthogénique de Chicago, à laquelle Bruno Bettelheim a consacré vingt-neuf ans de sa vie. Une institution psychiatrique sans pouvoir hiérarchisé, où la guérison est le fruit de l'investissement intellectuel et affectif de tous, patients, équipe soignante, éducateurs. Le livre le plus important peut-être de Bruno Bettelheim, parce qu'il y a mis toute sa foi et toute son expérience. 8354

Psychanalyse des contes de fées

Où l'on découvre la richesse inépuisable du patrimoine sans âge que constituent les contes de fées dont Bruno Bettelheim montre qu'ils exercent sur l'enfant une fonction thérapeutique en informant des épreuves à venir et des efforts à accomplir. 8342

Survivre

A la fois somme et testament, ce livre fait le point de trente ans de réflexion sur l'homme d'aujourd'hui à partir des grands thèmes que Bettelheim nous a rendus familiers : la menace que représente une « civilisation de masse », écrasante et destructrice, la violence, la « volonté d'échec », les problèmes posés par l'éducation. 8366

René Girard

La Violence et le Sacré

Préparant le dévoilement audacieux *des choses cachées depuis la fondation du monde*, René Girard remonte aux origines de l'édifice culturel et social qui est au cœur de notre civilisation, pour y découvrir le rôle fondamental de la « violence fondatrice » et de la « victime émissaire. » 8352

Henri Lepage

Demain le capitalisme *Inédit*

La crise que nous vivons n'est pas celle du capitalisme, mais celle de l'étato-capitalisme. Ce dont nous souffrons, ce n'est pas de trop de marché, mais de pas assez de marché. Il faut dénationaliser, supprimer les monopoles bureaucratiques, dénoncer les escroqueries de l'État providence, réinventer de nouveaux droits de propriété. Tel est le message que répand une nouvelle génération d'économistes contestataires dont certains n'hésitent pas à se dire « libertariens » ou même « anarcho-capitalistes. » 8322

Demain le libéralisme *Inédit*

Après le succès de *Demain le capitalisme*, Henri Lepage poursuit son analyse vigoureuse des impasses auxquelles nous ont conduits une vision trop angélique de l'État et une conception trop quantitative de la science économique. Comment redécouvrir le véritable sens économique et politique du mot libéralisme. 8358

Marthe Robert

D'Œdipe à Moïse

Cette étude rigoureuse et concise éclaire, pour la première fois, les rapports de Freud avec le judaïsme et la façon dont ils ont influé sur la genèse de son œuvre. 8323

Alfred Sauvy

L'Économie du diable

Tournant le dos à la création de richesses, refusant aussi la création d'hommes pour survivre, les Européens en sont venus à considérer l'emploi comme un but en soi, alors qu'il n'est que le moyen. Recherchant éperdument l'improductivité, après avoir chanté pendant deux siècles les mérites de l'efficience et en avoir bénéficié, ils sont tout étonnés de trouver comme résultat la pauvreté. C'est *l'économie du diable*. 8310

La Tragédie du pouvoir

Les années 80 représentent, pour la France, une période essentielle. Une mutation profonde s'impose. Plus que jamais Alfred Sauvy, grâce à une vue en profondeur des problèmes de l'économie, propose des solutions claires et novatrices. 8347

La Machine et le chômage

Les échecs répétés des politiques de l'emploi dans de nombreux pays industriels, et les innovations présentes et attendues de l'informatique ont redonné une pressante actualité à une question vieille de plus de deux siècles : quelle est l'influence du progrès technique sur l'emploi ?

Cette question n'avait jamais été clairement exposée. Alfred Sauvy pallie cette lacune grave, avec la clarté et la pénétration qui lui ont valu la fidélité d'un vaste public. 8384

Christian Stoffaës

La Grande Menace industrielle

Face à l'émergeance du tiers monde et à la concurrence accrue de ses partenaires occidentaux, que peut faire la France dans la situation de crise que nous connaissons depuis 1973 ? C'est à cette interrogation décisive que Christian Stoffaës s'efforce de répondre en analysant avec rigueur tout l'arsenal possible des stratégies « défensives » et « offensives ». L'enjeu : l'avenir de l'économie française. *Nouvelle édition* entièrement revue et considérablement augmentée. 8340

HISTOIRE

Jean-Pierre Azéma et Michel Winock

La Troisième République

Comment est-elle née ? Quels furent les secrets de sa longévité ? Où en est aujourd'hui le procès de sa chute ? Une synthèse d'une concision et d'un brio exemplaires.

Nouvelle édition revue et augmentée d'une chronologie détaillée et d'une revue de presse. 8330

Alain Besançon

Présent soviétique et passé russe *Inédit*

Comment l'U.R.S.S. se relie-t-elle à son passé russe ? Rupture ou continuité ? Cette question domine toute interprétation du phénomène soviétique. Seule une réflexion historique rigoureuse permet d'y voir clair, ce qui est aujourd'hui tout à fait urgent. Car plus difficile encore à comprendre que l'U.R.S.S est l'incompréhension dont elle fait l'objet en Occident. 8351

Pierre Charnu

La Mémoire et le sacré

Pour comprendre la crise démographique sans précédent qui menace l'Occident, et la surmonter, nous devons écouter ce que nous enseigne la mémoire millénaire qui a forgé notre civilisation. Laisserons-nous se rompre le fil d'une histoire féconde et glorieuse ? 8336

La France

De quoi est donc faite la sensibilité des Français à la France ?

Pourquoi la carte, sur le mur de la classe, fait-elle jaillir une image gratifiante de la réalité française associée aux idées d'unité, de mesure, d'équilibre ? Mais pourquoi, simultanément, dans toutes les mémoires et à tout propos, l'obsession de l'affrontement, de la « rupture », la hantise de la guerre civile ? Pourquoi est-ce dans cette nation très ancienne, mais foncièrement hétérogène, éclatée en une multitude de cultures locales et de particularismes, qu'est née la Déclaration universelle des Droits de l'Homme ? Pourquoi de 1914 à 1918, à la surprise générale, la France réputée légère, frivole, inconstante, a-t-elle « tenu », résisté à l'usure d'un interminable carnage ? Pourquoi la république paysanne et rétive au grand large est-elle devenue, un moment, le troisième pays exportateur du monde, tout en rêvant toujours de mettre le reste de l'univers à l'heure de son clocher ? Mais en vérité : qu'est-ce que la France ?

Pierre Chaunu répond, et ce grand livre d'histoire est aussi une méditation passionnée sur notre destin. 8398

Jean-Claude Chesnais

Histoire de la Violence

Contrairement à ce que prétend la rumeur ambiante, amplifiée par les médias et la classe politique, nos sociétés ne sont pas menacées par une irrésistible ascension de la violence. L'idée d'une poussée continue de la grande criminalité est fausse : seules la petite et la moyenne délinquance ont augmenté. Mais plus un mal diminue, plus insupportable paraît ce qui en reste. D'où le sentiment d'insécurité qui semble croître aujourd'hui dans nos sociétés et qui témoigne, paradoxalement, de cette progressive civilisation des mœurs, partie, du temps de la Renaissance, des foyers de modernisation de l'Europe du nord-ouest, pour diffuser lentement à travers tout l'Occident et atteindre toutes les sphères de la vie quotidienne. 8386

Louis Chevalier

Classes laborieuses et classes dangereuses

Le Paris de Balzac, de Victor Hugo et d'Eugène Sue est un Paris pathologique, qui souffre du déséquilibre des sexes, qui pullule d'enfants trouvés et de naissances illégitimes, que terrorise la peur des maladies vénériennes. Le crime y pousse en terrain privilégié comme la fleur empoisonnée d'une civilisation. Un « classique » capital de l'histoire des mœurs et des mentalités. 8334

Jean Delumeau

La Peur en Occident

Non seulement les individus, mais les collectivités et même les civilisations, sont engagés dans un dialogue permanent avec la peur. Pourtant les historiens n'ont guère jusqu'à présent étudié le passé sous cet angle. Un vide restait à combler que ce livre s'efforce de remplir en nous faisant découvrir une civilisation — la nôtre — dans son intimité et ses cauchemars. 8350

Georges Duby

Le Chevalier, la femme et le prêtre

Pas d'année, presque de mois, voire de semaine où la « crise du mariage » n'agite les « médias », où l'on n'annonce l'imminente dissolution de la famille. Mais que sait-on des origines et de l'histoire de cette institution matrimoniale à la fois si menacée et si endurante ? C'est entre l'an mil et le début du XIIIe siècle, nous montre Georges Duby, qu'elle s'est mise en place, imposée par les dirigeants de l'Église qui rêvaient d'enfermer le peuple laïque dans la cellule conjugale, cadre consacré, contrôlé par le clergé. Mais ils ne l'imposèrent qu'au terme d'un conflit long et spectaculaire. Car l'ordre qu'ils voulaient instaurer ne se substituait pas au désordre, mais à un ordre différent, contrariait d'autres obligations morales et de vieilles habitudes. 8376

Norbert Elias

La Civilisation des mœurs

Quoi de plus naturel que nos façons de vivre, que l'on considère la table, l'hygiène ou le lit ? Quoi de plus naturel... ou de plus culturel ? Les contacts que nous avons avec d'autres civilisations nous montrent, en effet, que notre comportement quotidien constitue un trait culturel parmi d'autres. Ce qui dérange déjà quelque peu notre confort mental.

Norbert Elias, lui, va encore plus loin. Il démontre, en se fondant sur des sources aussi savoureuses que déroutantes, que nos habitudes se placent à un stade déterminé d'une évolution séculaire. Du Moyen Age, où le contrôle des pulsions est réduit, jusqu'à nos jours, les classes dirigeantes ont été lentement modelées par la vie de cour, et la spontanéité a fait place à la règle, au refoulement et au rejet dans la vie privée. Les mœurs évoluent toujours. Peut-être nos descendants trouveront-ils les nôtres aussi rudes et surprenantes que nous-mêmes jugeons celles d'un passé encore proche. Rien ne permet en effet de penser que nous soyons en fin d'évolution.

Nouvelle édition augmentée d'une revue de presse détaillée qui recense les commentaires nombreux que ce livre souvent surprenant a suscités.

8312

François Fejtö

L'Héritage de Lénine

Quelle est la part de Marx et celle de Lénine dans ce qu'on appelle communément « marxisme-léninisme » ? Staline a-t-il trahi Lénine ou, au contraire, parachevé son œuvre ? La grande crise d'identité du communisme ouverte par la déstalinisation et qui se poursuit dans le gauchisme et l'« eurocommunisme » sera-t-elle décisive ou passagère ?

Nouvelle édition à jour et augmentée. 8318

Jean Fourastié

Les Trente Glorieuses

Les Trente Glorieuses ce sont les trente années — de 1945 à 1975 — pendant lesquelles le peuple français a été affranchi des grandes contraintes de la rareté millénaire, a triplé son niveau de vie et profondément transformé son genre de vie.

Un livre capital, qui aide à comprendre les désillusions, les inquiétudes et les troubles qui sont aujourd'hui les nôtres. 8363

Raoul Girardet

L'Idée coloniale en France (1971-1962)

L'aventure coloniale a tenu trop de place et pendant trop longtemps dans l'esprit des Français pour que son histoire les laisse aujourd'hui indifférents. Cet ouvrage pionnier est tout à la fois un livre d'histoire des mentalités et le roman d'une idée. 8338

Maxime Gorki

Pensées intempestives

Ne pas connaître ce Gorki hérétique qui interpelle avec violence en 1917 les nouveaux maîtres de la Russie, ce serait ne pas connaître Gorki et bien peu connaître la « Révolution bolchevique » qu'il qualifiait alors de « révolte russe sans vrais socialistes ».

Présentée par Boris Souvarine, cette *nouvelle édition* est augmentée de témoignages sur Gorki par N. Valentinov, B. Souvarine, etc. 8311

Pierre Goubert

Louis XIV et vingt millions de Français

Confrontant le monarque à son royaume et à son temps, Pierre Goubert présente une autopsie de la France du XVIIe siècle. Une grande préface inédite de l'auteur fait le point des recherches en cours sur le XVIIe siècle. Une revue de presse détaillée recense les réactions souvent passionnées que ce livre a suscitées. 8306

Daniel Halévy

Visites aux paysans du Centre

À l'heure où la civilisation rurale traditionnelle, menacée de disparition, suscite un vif regain d'intérêt, voici un document précieux sur la vie dans les campagnes françaises au début du XXe siècle par un voyageur parisien devenu ethnologue sans le savoir et précurseur incontestable de l'histoire des mentalités.

Nouvelle édition présentée par Suzanne Souchon-Guillaumin, préfacée par Maurice Agulhon. 8325

Jacques Julliard

La Quatrième République

Pourquoi ce régime qui a suscité tant d'espoirs à sa naissance s'est-il effacé onze ans plus tard dans l'indifférence ? Pourquoi a-t-il duré si peu ? Le bilan est-il si négatif qu'on a coutume de le dire ? Une synthèse brillante et vigoureuse.

Nouvelle édition revue et augmentée. 8362

Yvonne Knibiehler et Catherine Fouquet

Histoire des mères

Les mères ont une histoire, même si jusqu'à présent les historiens ne sont guère occupés d'elles. À de rares exceptions près — Blanche de Castille ou Marie de Médicis —, les mères appartenaient à la vie quotidienne, à l'intimité familiale : elles n'étaient pas dans l'histoire. Mais, de nos jours, la vie privée tombe par grands pans dans le domaine de l'historien, la condition maternelle également. D'où l'importance et l'intérêt de ce livre, au moment où l'institution familiale connaît une crise décisive d'adaptation et où les mères entrent dans un nouvel âge de leur histoire. 8388

Jacques Lacarrière

En cheminant avec Hérodote

Voyageur infatigable, Jacques Lacarrière a choisi cette fois de mettre ses pas dans ceux d'un voyageur célèbre du Ve siècle avant J.-C., l'historien et géographe Hérodote, dont il présente ici les fameuses « enquêtes » en Perse et dans les pays du Proche-Orient. Grâce au génie du conteur, le mot « barbare » revit sous nos yeux. Qu'il raconte les suicides de chats en Égypte, la capture des crocodiles sacrés, ou les mésaventures du roi Khampsinite, Hérodote nous tient littéralement sous le charme. Et l'émotion nous gagne peu à peu, lorsque apparaissent en filigrane « le mouvement du visage, la silhouette de la tendresse » de ceux qui demeurent pour nous l'enfance de l'humanité. 8379

Walter Laqueur

Weimar, 1918-1933

L'expressionnisme, Einstein, Bertolt Brecht, Gropius, Thomas Mann, Fritz Lang, le Bauhaus, Heidegger, Paul Klee... : c'est en Allemagne, pendant les années 20, que s'est développée la première culture authentiquement « moderne ». Synthèse brillante, assortie d'une abondante biographie et d'une revue de presse détaillée, ce livre est en même temps un remarquable instrument de travail. 8344

Hervé Le Bras et Emmanuel Todd

L'invention de la France *Inédit*

La France n'est pas une nation comme les autres ; elle n'est pas un peuple mais cent, qui ont décidé de vivre ensemble. Or, du nord au sud, de l'est à l'ouest de l'hexagone, les mœurs varient aujourd'hui comme en 1750. Chacun des pays de France a sa façon de naître, de vivre et de mourir.

L'invention de la France est un atlas qui cartographie cette diversité en révélant le sens caché de l'histoire nationale : hétérogène, la France avait besoin pour exister de l'idée d'homme universel, qui nie les enracinements et les cloisonnements ethniques. Produit d'une cohabition réussie, la Déclaration universelle des droits de l'homme jaillit d'une conscience aiguë mais refoulée de la différence. 8365

Régine Pernoud

Lumière du Moyen Âge

Le Moyen Âge, ère de ténèbres : telle est l'image que l'on garde généralement de ses études. Longtemps les bâtisseurs de cathédrales ont été présentés comme des barbares et les auditeurs de Saint-Thomas d'Aquin comme des naïfs.

C'est contre ces jugements préfabriqués que se dresse Régine Pernoud. Elle révèle le Moyen Âge dans sa « lumière » et nous invite à la découverte fabuleuse d'un temps encore mal connu où se mêlent le profane et le sacré, où se développent le commerce, les sciences et les arts : les XIIe et XIIIe siècles sont sans doute les vrais « Grands Siècles » de notre histoire. 8394

Béatrice Philippe

Être juif dans la société française

Comment depuis quinze siècles, au gré des événements, les juifs, tolérés, exclus, persécutés, intégrés, ont vécu en France et comment les autres Français les ont perçus.

Historienne, membre de la Commission française des archives juives, Béatrice Philippe jette un éclairage nouveau sur l'évolution des esprits et des mœurs. 8372

Léon Poliakov

Histoire de l'antisémitisme (I et II)

De l'Antiquité à l'Europe contemporaine, les métamorphoses de l'aberration la plus tenace et la plus sanglante de l'histoire de l'Occident.

À partir d'une documentation impressionnante, Léon Poliakov a édifié une somme qui est, en même temps, un appel à la vigilance.

8370/8371

Hermann Rauschning

Hitler m'a dit

Publiée en 1939 comme un cri d'alarme, ce livre est un document d'histoire d'un intérêt capital. C'est un Hitler en liberté qui se livre ici : à la fois politicien retors et visionnaire titubant, messianique et sentimental, fasciné par l'abîme qui le délivrera de son fardeau d'anxiété.

Nouvelle édition, complétée et présentée par Raoul Girardet. 8341

Jean-François Revel

Un festin en paroles

Autant que la sexualité, la nourriture est inséparable de l'imagination. C'est la raison pour laquelle, reprenant une expression d'Athénée, le présent livre s'intitule : *Un festin en paroles.*

Tout autant et plus que les livres de cuisine proprement dits, ce sont donc les textes littéraires en général qui ont servi de trame à ce livre. D'Aristophane à Zola, de Juvénal à Gogol en passant par Fielding ou Goldoni, la poésie, le roman ou le théâtre nous livrent pour chaque société un reflet de la sensibilité gastronomique courante, d'autant plus crédible qu'il est le plus souvent involontaire et marginal. Cela dit, ce livre ne prétend pas être exhaustif. Le composer des années durant, au fil des vacances, fut la récréation, de Jean-François Revel, et le lecteur devrait y trouver la sienne. 8378

BIOGRAPHIES ET TÉMOIGNAGES

Jean Cocteau

Portraits-souvenir

De l'enfance bourgeoise aux premiers succès dans la France laïque et positiviste de l'affaire Dreyfus et de la « montée des périls », Cocteau découvre, et le lecteur avec lui, quelles réserves de sensibilité et de fantaisie recelait une société qui paraissait racornie dans son conformisme.

Cette *nouvelle édition,* présentée et annotée par Pierre Georgel, fait revivre un monde étrange, cocasse, rayonnant d'« intensité poétique » dont 1914 a marqué la fin. Les *Articles de Paris* (1937-1938) qui complètent ce volume illustrent le désarroi de Cocteau devant la dégradation de ses valeurs. Au fil de l'actualité, le nostalgique de « l'âge des choses légères » voit se dissiper ce qui faisait à ses yeux l'honneur et le plaisir de vivre. 8308

Giuseppe Fiori

La Vie de Antonio Gramsci

Alors que Gramsci connaît une popularité surprenante, cette biographie rétablit dans leur vérité la vie et la pensée de celui qui fut peut-être le plus grand penseur marxiste européen.

Nouvelle édition augmentée d'une préface de Renato Mieli qui révèle certains aspects méconnus de l'itinéraire de Gramsci et de sa fin, à partir de documents récemment découverts. 8319

Composition réalisée par NORD-COMPO

IMPRIMÉ EN FRANCE PAR BRODARD ET TAUPIN
7, bd Romain-Rolland - Montrouge - Usine de La Flèche.
HACHETTE/PLURIEL - 79, bd Saint-Germain - Paris.
ISBN : 2 - 01 - 009291 - 0

27.8399.1